어반 컴퓨팅

빅데이터로 변화하는 도시의 현재와 미래

어반 컴퓨팅

빅데이터로 변화하는 도시의 현재와 미래

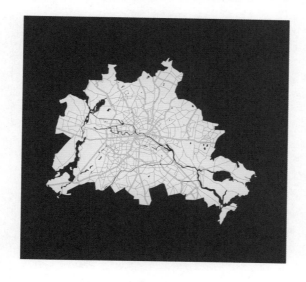

유 정 지음 최만균 옮김

i!i
에이콘

에이콘출판의 기틀을 마련하신 故 정완재 선생님 (1935-2004)

지은이 소개

유 정^{Yu Zheng}

중국 징둥 파이낸스^{JD Finance}의 부사장 겸 수석 데이터 과학자이며, 빅데이터와 인공지능 기술을 활용해서 도시 문제를 해결하기 위해 일하고 있다. 어반 컴퓨팅 비즈니스 유닛^{Urban Computing Business Unit}의 사장이며, JD 인텔리전트 시티 리서치^{JD Intelligent City Research}의 이사로 재직하고 있다. JD 그룹에 입사하기 전에는 마이크로소프트 리서치의 수석 연구 책임자로 빅데이터 분석, 시공간 데이터 마이닝, 머신러닝 및 인공지능에 대한 다양한 연구를 수행했다.

또한 상하이 자오퉁 대학^{Shanghai Jiao Tong University}의 석좌 교수이며, 홍콩 과학기술대학^{Hong Kong University of Science and Technology}의 겸임 교수도 역임하고 있다. 현재 ACM의 트랜잭션 온 인텔리전트 시스템 앤드 테크놀로지^{Transactions on Intelligent Systems and Technology}의 책임 편집자이며 IEEE 스펙트럼^{IEEE Spectrum}의 편집 자문 위원이다. 또한 IEEE 트랜잭션 온 빅데이터^{IEEE Transactions on Big Data}의 편집 위원이며, SIGKDD 중국 챕터 창립 멤버다. ICDE 2014(산업 트랙), CIKM 2017(산업 트랙) 및 IJCAI(산업 트랙)의 프로그램 공동 의장 및 AAAI 2019의 지역 의장 등 10개 이상의 권위 있는 국제 회의 의장을 역임했다. 해당 논문들은 2018년 10월 기준 2만 번 이상 인용됐다(Google Scholar H-Index: 63). ICDE'13과 ACM SIGSPATIAL'10에서 5번의 최고 논문상을 수상했다. 매사추세츠 공과대학^{MIT}, 카네기멜론대학, 코넬대학 등에서 10회 이상 기조연설을 하고 초청 강연도 했다. 저서 『Computing with Spatial Trajectories』(Springer, 2011)는 전 세계 대학에서 교재로 사용됐으며, 스프링거^{Springer}에서 중국인 저자가 발표한 가장 인기 있는 컴퓨터 과학 서적 TOP10에 올랐다.

마이크로소프트에서 3차례 기술 이전 상^{technical transfer awards}을 수상했으며, 24개의 특허를 출원했다. 그의 기술은 Bing Maps와 같은 마이크로소프트 제품에 반영됐다. Urban Air라는 그의 프로젝트 중 하나는 중국 환경보호부에서 활용되며, 빅데이터를 기반으로 300여 개가 넘는 중국 도시의 대기질을 예측한다. 또한 도시 빅데이터 플랫폼 기반의 중국의 파일럿 프로젝트를 이끌고 있다. 해당 프로젝트는 구이양시^{Guiyang City}에 적용됐다.

영향력 있는 저널에 여러 번 실렸다. 2013년에는 《MIT 테크놀로지 리뷰^{MIT Technology Review}》(TR35)에 35세 미만 최고 혁신가 중 한 명으로 선정됐으며, 어반 컴퓨팅에 관한 연구로 《타임^{Time magazine}》에 실렸다. 2014년에는 《포춘^{Fortune magazine}》이 선정한 40세 미만 비즈니스 엘리트 중 한 명으로 선정되기도 했는데, 2008년부터 지지해 온 어반 컴퓨팅의 비즈니스 영향 때문이다. 2016년에는 ACM 저명 과학자^{ACM Distinguished Scientist}를 수상했다. 2017년에는 중국 내 AI 혁신 10대 혁신가로 인정받았다.

감사의 글

이 책에 소개된 많은 연구 프로젝트를 포함해 지난 몇 년 동안 나와 협력해 준 동료인 제바오[Jie Bao] 박사와 준보 장[Junbo Zhang] 박사에게 깊은 감사를 표한다. 우리는 또한 해당 연구에서 언급한 다른 출판물을 공동 저술했다.

이 책의 일부를 쓰는 것을 도와준 나의 제자 루이위안 리[Ruiyuan Li], 선궁 지[Shenggong Ji], 예신 리[Yexin Li], 제이 판[Zheyi Pan], 유수안 량[Yuxuan Liang]에게 감사한다. 몇 차례의 건설적인 논의를 거쳐 몇몇 절에 대한 구체적인 내용을 작성했다. 또한 시우웬 이[Xiuwen Yi], 후이추 장[Huichu Zhang], 시제 루안[Sijie Ruan], 준카이 선[Junkai Sun], 티엔푸 허[Tianfu He]에게도 동일한 감사의 마음을 전한다.

그 밖에 예 리우[Ye Liu], 춰시 멍[Chuishi Meng], 신위안 잔[Xianyuan Zhan], 쉬앤 주[Yixuan Zhu], 유홍 리[Yuhong Li], 차오 장[Chao Zhang], 쉬쉬 첸[Xuxu Chen], 유비아오 첸[Yubiao Chen], 징보 상[Jingbo Shang], 웬주 퉁[Wenzhu Tong], 이룬 왕[Yilun Wang], 퉁 류[Tong Liu], 예샹 쉬에[Yexiang Xue], 선-핑 셰[Hsun-Ping Hsie], 가 와이 융[Ka Wai Yung], 푸루이 류[Furui Liu], 데이비드 윌키[David Wilkie], 베이 판[Bei Pan], 옌지예 푸[Yanjie Fu], 슈오 마[Shuo Ma], 카이 정[Kai Zheng], 루-안 탕[Lu-an Tang], 링-잉 웨이[Ling-Ying Wei], 웨이 류[Wei Liu], 웬레이 셰[Wenlei Xie], 효석 윤[Hyoseok Yoon], 빈센트 웬첸 정[Vincent Wenchen Zheng], 징 위안[Jing Yuan], 자이벤 첸[Zaiben Chen], 샹예 샤오[Xiangye Xiao], 청양 장[Chengyang Zhang], 인 로우[Yin Lou], 예 양[Ye Yang], 리주 장[Lizhu Zhang], 유쿤 첸[Yukun Chen], 취안난 리[Quannan Li], 마이크로소프트 연구소에서 인턴으로 함께 일했던 류[Liu]와 룽하오 왕[Longhao Wang]에게도 감사를 전한다. 여기에 모든 이름을 나열할 수 없지만, 그들과 한 팀으로 일할 수 있어서 감사한다. 그들 대부분은 나와 함께 출판물을 공동 저술했다. 해당 출판물은 이 책에서 참고되고 소개됐다. 7.3.4절의 그래프 패턴 마이닝에 관한 유용한 내용을 제공해 준 량 홍[Liang Hong] 교수와 2.3.4절의 지하철 마이닝 데이터 연구에 기여해 준 리시아 카프라[Licia Capra] 교수에게 감사한다. 해당 부분은 「Transactions on Intelligent Systems and Technology」에 발표된 어반 컴퓨팅에 관한 연구에 포함된 내용을 개정한 것이다.

또한 『Computing with Spatial Trajectories』를 공동 편집한 샤오팡 저우[Xiaofang Zhou] 교수에게도 감사하다. 존 크럼[John Krumm] 박사, 왕치엔 리[Wang-Chien Lee] 교수, 커 덩[Ke Deng] 박사, 고스 트라체프스키 교수[Goce Trajcevski], 치인 차우 교수[Chi-Yin Chow], 모하메드 모크벨[Mohamed Mokbel] 교수, 호영 정[Hoyoung Jeung] 박사, 크리스티안 젠슨[Christian Jensen] 교수, 인 주[Yin Zhu] 박사 그리고 창 양 교수[Qiang Yang]가 저술에 기여해 주었다. 10.2절의 주요 내용은 경로 데이터 마이닝에 관한 연구조사 논문에서 나온 것이며, 그중 일부는 「Computing with Spatial Trajectories」에서 파생된 것이다.

지아웨이 한[Jiawei Han] 교수, 미셸린 캠버[Micheline Kamber] 교수, 지안 페이[Jian Pei] 교수에게 감사드린다. 그들이 저술한 『Data Mining: Concepts and Techniques[데이터 마이닝 개념과 기법]』(Elsievier)는 7.2절, 7.3절 그리고 7.4절을 저술할 때 중요한 참고가 됐다. 내 연구와 경력에 있어서 지아웨이 한 교수의 지속적인 지원에 대단히 감사드린다. 또한 차루 아가왈[Charu C. Aggarwal]의 책 『Data Mining: The Text Book』(Springer)은 7장의 내용을 정리할 때 많은 영감을 받았다.

옮긴이 소개

최만균(ferozah83@naver.com)
한국과 뉴질랜드에서 12년 동안 IT 관련 일을 하고 있다. 한국에서는 네트워크 및 보안 분야 엔지니어로 근무하며, 다수의 국내외 대기업 및 정부 프로젝트에 참여했다. 뉴질랜드에서는 기업의 소프트웨어 테스팅, 자동화 테스팅 및 웹 보안 업무를 수행하고 있다. 또한 빅데이터 분석, AI 활용, 클라우드 보안에 관심이 많다.

매일같이 오라일리Oreilly와 미디엄Medium 사이트를 누비며 다양한 원서와 영문 아티클을 통해 끊임없이 공부하며 연구하고 있다. 기술 관련 도서 번역을 제2의 직업으로 생각하며, 『사이버 보안』(에이콘, 2019)을 번역했고, 앞으로도 다양한 원서를 번역하고자 하는 목표가 있다.

옮긴이의 말

현대는 모든 것이 연결되고 통합되는 시대다. 그로 인해 빅데이터와 AI가 각광을 받고 있다. 이제 빅데이터와 AI는 우리 삶의 실제적인 부분까지도 영향을 주고 있는데, 그중에서도 어반 컴퓨팅은 도시와 삶의 빅데이터를 연구하는 분야다.

어반 컴퓨팅은 이 책의 저자 유 정$^{Yu Zheng}$ 박사가 이끈 마이크로소프트 연구 프로젝트이기도 하다. 저자는 빅데이터를 활용해 도시의 문제점을 해결하고자 많은 연구를 진행해 왔다. 어반 컴퓨팅도 그 노력의 결과 중 하나다. 어쩌면 어반 컴퓨팅 분야의 창시자가 직접 쓴 책이라고도 할 수 있다. 그만큼 자세한 설명과 풍부한 자료가 포함돼 있다.

어반 컴퓨팅은 어쩌면 아직은 낯설지만 흥미로운 분야다. 어반 컴퓨팅은 도시에서 수집되는 다양한 빅데이터를 활용해 대도시의 문제를 해결해 나가는 과정을 상세히 설명한다. 이를 통해 도시의 현재를 조명하고 미래를 예측하는 것이 어반 컴퓨팅의 목표다. 예를 들어, 사람들의 모바일 데이터를 활용해 도시 계획을 개선하고 지하철역의 이동 데이터를 수집해서 출퇴근 패턴을 확인한다. 또한 대기질과 도로의 교통량을 예측한다. 이미 뉴욕과 시카고와 같은 몇몇 대도시는 도시의 데이터셋을 공개해서 언제든지 도시 데이터에 접근할 수 있다. 이 책을 통해 어반 컴퓨팅에 대한 흥미와 새로운 분야를 탐색할 수 있는 기회를 갖게 되길 희망해 본다.

차례

PART 1 개념 및 프레임워크

들어가며

급속한 도시화가 일어남에 따라 많은 사람의 삶이 현대화됐고 대기 오염, 에너지 소비, 교통 혼잡과 같은 대도시의 문제가 일어났다. 도시의 복잡하고 역동적인 환경을 고려할 때 이러한 문제를 해결하는 것은 불과 몇 년 전만 해도 거의 불가능해 보였다. 최근 센싱 기술과 대규모 컴퓨팅 인프라는 휴먼 모빌리티human-mobility, 날씨 정보, 교통 패턴 및 지리 데이터와 같은 다양한 빅데이터를 생성하고 있다. 해당 빅데이터는 도시에 관련한 풍부한 데이터를 담고 있으며, 적절하게 사용하면 도시의 문제를 해결하기 위해 활용할 수 있다. 또한 클라우드 컴퓨팅cloud computing과 인공지능AI, Artificial Intelligence과 같은 컴퓨팅 기술의 발달로 전례 없는 데이터 처리 능력을 갖추게 됐다.

이러한 상황에서 어반 컴퓨팅urban computing은 도시 계획, 교통, 환경 과학, 에너지 공학, 경제, 사회학과 같이 도시와 관련된 분야를 결합하는 통합 학문 분야interdisciplinary field로 발전했다. 어반 컴퓨팅은 도시의 주요 문제를 해결하고자 도시 데이터를 활용해 사람, 도시 운영 시스템과 환경의 상생을 목표로 한다. 즉, 어반 컴퓨팅은 클라우드 컴퓨팅 및 AI와 같은 빅데이터 및 고급 컴퓨팅 기술을 사용해 도시 문제를 다루게 된다. 사람들은 삶의 질을 향상시키고자 다양한 정보통신 기술을 통합하는 스마트 시티smart city의 비전을 논의하는 데 많은 시간을 보냈다. 하지만 이러한 광범위한 비전이 어떻게 실현되고 달성될 수 있는지는 아직 명확하지 않다. 스마트 시티의 비전에 대한 끝없는 논의에서 길을 잃는 대신 어반 컴퓨팅은 도시 감지, 도시 데이터 관리, 도시 데이터 분석, 제공된 서비스로 구성된 데이터 중심 컴퓨팅 프레임워크에서 구체적인 방법론으로 특정 도시 과제를 해결한다.

도시정보학에 관한 책은 몇 권 있지만, 이 책은 어반 컴퓨팅에 관한 최초의 책으로서 폭넓은 범위와 권위 있는 개요를 담고 있다. 이 책은 컴퓨터 과학 관점에서 도시 컴퓨팅의 범용 프레임워크, 주요 연구 문제, 방법론, 애플리케이션을 다룬다. 구체적으로 자료와 컴퓨팅에 초점을 맞추며, 어반 컴퓨팅을 고전적 모델과 경험적 가정에 기반하는 전통적인 도시 과학과 구별 짓는다.

이 책의 대상 독자

고학년 학부생, 대학원생, 연구원, 전문가를 대상으로 하며 해당 분야를 구성하는 주요 기본 사항과 고급 주제를 다룬다. 연구원과 애플리케이션 개발자에게는 도시 감지, 도시 데이터 관리, 도시 데이터 분석, 제공된 서비스의 일반적인 개념과 기술, 애플리케이션에 대한 포괄적인 개요를 소개한다. 흥미로운 분야를 탐색해 더 친환경적이고 스마트한 도시를 만들 수 있는 새로운 방법을 배우고 애플리케이션을 개발할 수 있도록 도와준다. 또한 학생뿐만 아니라, 관심 있는 독자에게 각광 받는 연구 분야의 최근 발전에 대한 총론을 소개한다.

이 책에서 다루는 내용

그림 1과 같이 어반 컴퓨팅의 프레임워크를 기반으로 설명하며 크게 개념 및 프레임워크, 어반 센싱urban sensing, 데이터 수집, 도시 데이터 관리, 도시 데이터 분석으로 구성된다.

1부인 1장과 2장에서 어반 컴퓨팅의 개요를 다룬다.

1장, 개요 어반 컴퓨팅의 핵심 개념과 프레임워크를 소개하고, 컴퓨터 과학의 관점으로 프레임워크 각 계층의 주요 과제를 논한다. 도시의 데이터를 수집해 데이터 구조와 시공간 속성과 관련된 6가지 범주로 분류한다. 일부 공개 도시 데이터셋도 다룬다.

2장, 어반 컴퓨팅 애플리케이션 교통, 도시 계획, 환경 보호, 에너지, 경제, 공공 보안과 사회 및 엔터테인먼트로 구성된 다양한 영역에서 어반 컴퓨팅의 일반적인 애플리케이션을 다룬다. 이러한 애플리케이션은 해당 분야에 시야를 넓혀 주고 새로운 연구 주제를 제안하며 신규 아이디어를 만든다.

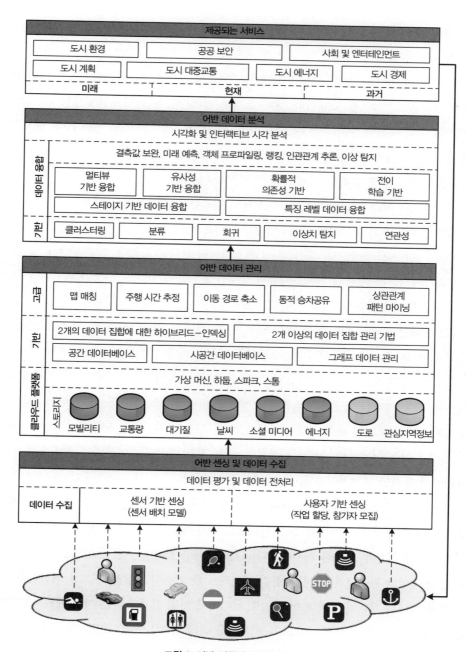

그림 1 어반 컴퓨팅 프레임워크

2부에 해당하는 3장에서는 데이터의 출처와 수집을 다룬다.

3장, 어반 센싱 정적 센싱static sensing, 모바일 센싱mobile sensing, 수동 크라우드 센싱passive crowd sensing, 능동 크라우드 센싱active crowd sensing으로 구성된 4가지 어반 센싱 패러다임paradigms of urban sensing을 소개한다. 처음 2개의 패러다임은 센서-기반 센싱sensor-centric sensing 범주에 속하며, 나머지는 사용자-기반 센싱human-centric sensing과 관련 있다. 센서-기반 센싱 패러다임에 대해서는 4가지의 센서 배치 모델을 다룬다. 사용자-기반 센싱 패러다임은 참가자 모집 및 작업 설계 기술task design을 다룬다.

마지막으로 지오 센싱된geosensory 데이터의 결측값을 채우고자 공간 모델, 시간 모델 그리고 시공간 모델로 구성된 3가지 범주의 모델을 제시한다.

3부는 4장, 5장, 6장으로, 공간 및 시공간 데이터 관리를 다룬다. 기본 인덱싱 및 검색 알고리즘에서 시작하고 클라우드 컴퓨팅 플랫폼을 사용해 공간 및 시공간 데이터를 관리하는 기술을 논의한다.

4장, 시공간 데이터 관리 먼저 그리드grid-기반 인덱스, 쿼드트리quadtree-기반 인덱스, K-d 트리, R-트리로 구성된 인덱싱 구조를 다룬다. 해당 인덱싱 구조는 인덱싱 생성, 시공간 범위 쿼리 제공, 최근접 이웃 쿼리 제공, 인덱스 업데이트로 구성된 시공간 데이터를 사용한다. 그다음 이동하는 객체moving-object 데이터베이스 및 이동 경로 데이터 관리로 구성된 시공간 데이터 관리 기법을 다룬다. 이동하는 객체는 특정 시간대(일반적으로 최근)의 특정 지역을 이동하는 객체와 관련된다. 이동 경로 데이터는 이동하는 객체가 특정 시간대에서 통과한 연속적인 이동(예. 경로)에 관한 것이다. 이동하는 객체 데이터베이스와 관련해서 3가지 유형의 쿼리와 2가지의 인덱싱 접근법을 소개한다. 첫 번째 인덱싱 접근법은 각 타임스탬프time stamp에 공간 인덱스를 생성하고 연속적인 시간대 동안 인덱스의 변경되지 않은 하부 구조를 재사용한다. 다른 인덱싱 접근법은 공간 인덱싱 구조를 2차원 공간 데이터 관리에서 3차원 시공간 데이터로 확장해 시간을 3차원으로 취급한다. 이동 경로 데이터 관리와 관련해 이동 경로 데이터에 대해 설계된 다른 거리 메트릭metric뿐만 아니라 범위 쿼리range queries, k-최근접 이웃 쿼리k-nearest neighbor queires 및 경로 쿼리path queries로 구성된 3가지 유형의 쿼리가 제공된다. 마지막으로 다양한 데이터셋을 처리하는 데 필요한 하이브리드 인덱싱 구조를 다룬다.

5장, 클라우드 컴퓨팅 소개 스토리지, 컴퓨팅, 애플리케이션 인터페이스 관점에서 클라우드 컴퓨팅 플랫폼의 주요 요소를 다룬다. 각 구성 요소의 프레임워크와 이를 사용하기 위한 일반적인 절차는 마이크로소프트 애저^{Azure}를 대표적인 플랫폼으로 사용해 설명한다. 애저의 스토리지는 추가로 SQL Server, Azure Storage, Redis로 구성된다. 애저 컴퓨팅 리소스는 Virtual Machine, Cloud Services, HDInsight로 구성된다. HDInsight는 하둡, 스파크, 스톰을 포함하는 대규모 데이터 전처리, 데이터 관리 그리고 마이닝을 수행하는 애저의 분산 컴퓨팅 컴포넌트다. 애저의 애플리케이션 인터페이스는 Web Apps, Mobiles Apps, API Apps로 구성된다. 해당 컴포넌트를 통해 어반 컴퓨팅 애플리케이션을 원활하고 안정적으로 구현할 수 있다.

6장, 클라우드에서 시공간 데이터 관리 시공간 데이터의 6가지 유형에 맞게 각각 설계돼 현재 사용 중인 클라우드 컴퓨팅 플랫폼을 효과적으로 활용해 대규모의 동적 시공간 데이터를 관리할 수 있는 데이터 관리 체계를 소개한다. 각 데이터 유형은 공간적 또는 시공간적 인덱스의 사용 여부, 분산형 시스템 활용 여부에 따라 4가지 종류의 데이터 관리 체계를 나타낸다. 가장 진보된 데이터 관리 체계(4가지 체계 중)는 공간 및 시공간 인덱스 (예, 그리드 기반 인덱스, R-트리 및 3D R-트리)를 HDInsight의 스파크 및 스톰과 같은 분산 컴퓨팅 시스템에 통합한다. 해당 체계는 양쪽의 장점을 결합해 더 적은 컴퓨팅 자원을 사용하는 동시에 더 큰 규모의 시공간 데이터를 더 효율적으로 처리할 수 있게 해준다.

7장, 8장, 9장, 10장으로 구성된 4부는 도시 빅데이터의 마이닝 지식에 대한 기본 기술과 고급 주제를 소개한다. 기초적인 데이터 마이닝 알고리즘에서부터 시공간 데이터를 위해 설계된 고급 머신러닝 기법과 크로스 도메인 지식 융합 방법을 적용한다. 관련 데이터셋 선택$^{selecting\ relevant\ datasets}$, 경로 데이터 마이닝$^{trajectory\ data\ mining}$, 데이터베이스 기술과 머신러닝 모델의 결합$^{combining\ database\ techniques\ with\ machine-learning\ models}$, 인터랙티브 시각 데이터 분석$^{interactive\ visual\ data\ analytics}$과 같은 일부 고급 주제도 어반 컴퓨팅에 활용된다.

7장, 어반 데이터를 위한 기본적인 데이터 마이닝 기술 데이터 전처리 및 데이터 분석으로 구성된 데이터 마이닝의 범용 프레임워크를 소개한다. 데이터 전처리는 데이터 정제$^{data\ cleaning}$, 데이터 전환$^{data\ transformation}$, 데이터 통합$^{data\ integration}$으로 추가 구성된다. 데이터 분석은 다양한 데이터 마이닝 모델, 결과 표현 및 평가로 추가 구성된다. 모델의 동작 방식을 기반으로 데이터 마이닝 모델은 빈번한 패턴 마이닝^{frequent pattern mining}, 클러스터링 clustering, 분류classification, 회귀 분석regression analysis, 이상치 탐지outlier detection의 5가지 주요 범주로 나눌 수 있다. 각 모델 범주와 관련해서 공간 및 시공간 데이터에서 지식을 마이 닝하는 맥락 안에서 모델의 일반적인 개념과 구체적인 예시를 보여 준다.

8장, 시공간 데이터를 위한 고급 머신러닝 기술 이미지 및 텍스트 데이터와 비교해 시공간 데이터의 고유한 속성을 먼저 설명한다. 공간 속성은 공간 거리spatial distance와 공간 계층 spatial hierarchy으로 이뤄진다. 시간적 특성은 시간적 근접성temporal closeness, 기간period 및 추 세trend로 구성된다. 이러한 고유 속성은 시공간 데이터를 위해 특별히 설계된 고급 머신 러닝 알고리즘이 필요하다. 그다음 시공간 데이터의 맥락에서 협업 필터링collaborative filtering, 행렬 분해matrix factorization, 텐서 분해tensor decomposition, 확률론적 그래픽 모델 probabilistic graphical model, 딥러닝deep learning, 강화학습reinforcement learning으로 구성된 6가지 범 주의 머신러닝 알고리즘 원리를 소개한다. 머신러닝 알고리즘이 어떻게 시공간 데이터를 처리하도록 조정돼야 하는지를 보여 주는 다양한 예시를 제공한다. 예를 들어, 결합 행렬 분해coupled matrix factorization는 위치 추천location recommendation과 교통 상황 추정traffic condition estimation에 활용된다. 베이지안 네트워크는 교통량 추정, 맵 매칭map matching 수행, 지역의 잠재 기능latent function을 발견하고자 각각 사용된다. 일부 마르코프 랜덤 필드Markov random field는 사용자의 이동 방법transportation mode 및 지역의 대기질을 예측하고자 설계된다. 도시 전체의 모든 지역에서 군중의 흐름을 예측하고자 설계된 특정 딥러닝 모델 또한 사용된 다.

기존의 데이터 마이닝은 일반적으로 단일 도메인의 데이터를 처리했다. 빅데이터 분 야에서는 서로 다른 도메인의 다양한 소스에서 여러 데이터셋을 사용한다. 데이터셋은 다양한 양식으로 구성되며, 각 양식은 서로 다른 표현, 분포, 스케일 및 밀도를 갖는다. 여러 데이터셋의 결합을 통해 결측값 보완missing value, 미래 예측predicting the future, 인과 관 계 추론inferring causality, 객체 프로파일링profiling object, 순위 지정ranking 및 이상 탐지detecting anomaly를 수행한다. 빅데이터 연구에서 기존의 데이터 마이닝 작업과 빅데이터를 구분하 는 핵심적인 요소는 다양한 (그러나 잠재적으로 연결된) 데이터셋에서 인사이트를 얻는 것이 중요하다. 이러한 작업은 다양한 데이터셋의 지식을 머신러닝 및 데이터 마이닝 작업 유기적으로 융합할 수 있는 고급 기법이 필요하다.

9장, 크로스 도메인 지식 융합 스테이지 기반stage-based, 특징 레벨 기반feature level-based, 시맨틱 의미 기반semantic meaning-based 기법으로 구성된 지식 융합 방법의 3가지 범주를 소개한다. 융합 기법의 마지막 범주는 추가로 멀티-뷰multi-view 학습 기반, 유사성similarity 기반, 확률적 의존성probabilistic dependency 기반 및 전이학습transfer learning 기반 방법의 4가지 그룹으로 나뉜다. 이러한 방법들은 스키마 매핑과 데이터 통합보다는 지식 융합에 초점을 맞추며, 데이터베이스 커뮤니티에서 연구된 기존 데이터 융합 방식과 매우 다르다. 여기에서는 각 범주의 고수준 기법뿐만 아니라 실제 빅데이터 문제를 해결하고자 사용되는 중요 예시를 소개한다.

10장, 어반 데이터 분석의 고급 주제 프레임워크에 기존 작업을 포함해 다양한 지식 융합 기법 사이의 관계와 차이점을 살펴본다. 우선 어반 컴퓨팅 문제를 고려할 때 일반적으로 주어진 문제를 해결하고자 어떤 데이터셋을 선택할 것인지 결정해야 한다. 적절한 데이터셋을 선택하면 효율적이고 효과적으로 문제를 해결할 수 있다. 두 번째, 이동 경로 데이터는 복잡한 데이터 모델을 가지며 이동하는 객체에 대한 자세한 정보를 포함한다. 해당 객체는 특정 데이터 마이닝 기법을 사용해야 한다. 세 번째, 대규모 데이터셋에서 지식을 추출하려면 효율적인 데이터 관리 기술과 효과적인 머신러닝 모델이 모두 필요하다. 어반 컴퓨팅 과제를 완성하기 위해서는 해당 기술의 유기적 통합이 필수적이다. 결과적으로 어반 컴퓨팅 문제를 해결하는 데 데이터 과학data science과 도메인 지식domain knowledge이 모두 필요하다. 인간 지능human intelligence을 어떻게 기계 지능machine intelligence에 접목시킬 것인가 하는 것은 토론할 가치가 있는 중요한 주제다. 인터랙티브 시각 데이터 분석을 통해 해당 주제를 다룰 것이다.

이 책이 새롭게 발전하고 있는 어반 컴퓨팅 분야의 유용한 개요와 실용적인 자습서가 되기를 바란다.

유 정(Yu Zheng)

PART 1
개념 및 프레임 워크

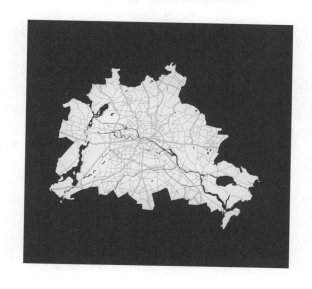

01

개요

초록: 1장에서는 어반 컴퓨팅(urban computing)의 4계층에 대해 정의하고, 각 계층의 주요 과제들을 컴퓨터 사이언스의 시각으로 논의한다. 그다음 도시에서 수집된 데이터를 확인하고, 데이터 구조 및 시공간 속성에 따라 6개의 범주(category)로 어반 빅데이터를 분류한다. 각 범주는 독자에게 어반 컴퓨팅의 중요한 측면을 소개하고 관련 연구에 대한 핵심적인 참고자료를 제공하는 튜토리얼이다. 신규 클라우드 플랫폼을 처음부터 다시 구축하는 대신 현재 클라우드에서 클라우드 스토리지 및 HDInsight와 같은 기존 리소스 및 아키텍처를 활용해 공간 및 시공간 데이터를 위한 개선된 데이터 관리 플랫폼을 생성한다. 10장에서는 이전 장에서 소개된 기본적인 기법을 기반으로 하는 몇 가지 고급 어반 데이터 분석 주제를 다룬다.

1.1 소개

도시화의 급속한 진행은 대도시의 개발과 팽창을 불러왔고, 대다수 사람들의 삶이 현대화됐을 뿐만 아니라 대기오염, 에너지 사용량 증가, 교통 체증과 같은 문제들을 가중시켰다. 도시의 복잡하고 역동적인 환경을 고려할 때 불과 몇 년 전까지 이와 같은 문제들을 해결하는 것은 거의 불가능해 보였다. 최근에는 센싱 테크놀로지^{sensing technology}와 대규모 컴퓨팅 인프라를 통해 휴먼 모빌리티^{human mobility}, 대기질^{air quality}, 날씨^{meteorology}, 교통 패턴, 지리 데이터와 같은 도시 공간의 다양한 빅데이터가 생성되고 있다. 빅데이터는 도시와 관련된 다양한 데이터이며, 올바르게 사용될 경우 도시에서 발생되는 문제들을 다루는 데 도움을 줄 수 있다. 예를 들어, 도시 전체의 휴먼 모빌리티 데이터를 분석함으로써 도로망의 근본적인 문제를 알아낼 수 있다. 해당 분석을 통해 도시들이 미래에 더 나은 도시 계획을 수립하고 시행할 수 있도록 도울 수 있다[74]. 또 다른 예는 대기질과 교통 흐름 및 관심지역정보^{POI, Point of Interest}의 상관관계를 연구해 도시 대기 오염의 근본원인을 탐색하는 것이다[51, 54].

어반 컴퓨팅은 도시 계획, 교통, 환경 과학, 에너지 공학, 경제 및 사회학과 같은 전통적인 도시 관련 분야와 융합돼 확산되고 있다. 그림 1.1과 같이 어반 컴퓨팅은 도시의 주요 문제를 해결하기 위해 데이터의 힘을 활용함으로써 사람, 도시 운영 시스템, 환경의 상생을 목표로 한다[66].

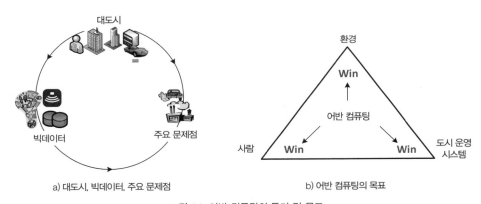

a) 대도시, 빅데이터, 주요 문제점

b) 어반 컴퓨팅의 목표

그림 1.1 어반 컴퓨팅의 동기 및 목표

어반 컴퓨팅에 관한 몇몇 자료가 있지만, 아직까진 정의되지 않은 애매한 개념으로 돼 있다. 예를 들어, 어반 컴퓨팅을 연구하는 데 있어서 주요 문제점은 무엇인가? 어반 컴퓨팅 분야에서 제기된 문제점은 무엇인가? 어반 컴퓨팅의 주요 방법론은 무엇인가? 대표적인 애플리케이션은 무엇이며, 어반 컴퓨팅 시스템은 어떻게 동작하는가? 해당 문제들을 다루고자 1장에서 어반 컴퓨팅의 개념을 공식적으로 정의하고, 범용적인 프레임워크와 컴퓨터 사이언스 관점의 주요 연구 과제들을 소개한다.

1.2 어반 컴퓨팅의 정의

어반 컴퓨팅은 도시가 직면한 공기 오염, 에너지 사용량 증가, 교통 체증과 같은 주요 이슈를 해결하기 위해 센서, 디바이스, 차량, 건물 그리고 사람과 같은 도시 공간의 다양한 소스에서 생성된 빅데이터 및 다양한 데이터를 수집, 통합, 분석하는 프로세스다. 어반 컴퓨팅은 도시 환경, 삶의 질 그리고 도시 운영 시스템을 개선하는 상생 솔루션을 만들고자 눈에 잘 띄지 않는 유비쿼터스ubiquitous 센싱 테크놀로지, 고급 데이터 관리 및 분석 모델, 최신 시각화 기술을 활용한다. 어반 컴퓨팅은 또한 사람들이 도시 생활의 특성을 이해할 수 있도록 돕고, 심지어 도시의 미래를 예측할 수도 있다. 어반 컴퓨팅은 도시 공간의 관점에서 컴퓨터 사이언스와 정보 기술이 도시 계획, 교통, 도시 설계, 경제, 생태계 그리고 사회학 전통적인 도시 관련 분야와 융합된 분야다.

1.3 범용 프레임워크

1.3.1 개요 및 예시

그림 1.2는 4개의 계층(어반 센싱, 어반 데이터 관리, 어반 데이터 분석, 서비스)으로 구성된 범용적인 어반 컴퓨팅 프레임워크를 보여 준다. 도시의 이상 탐지anomaly detection를 예시로 사용해 먼저 프레임워크의 개요를 간략하게 요약한 후에 1.3.2절에서 각 계층의 기능을 각각 소개한다.

어반 센싱 계층에서는 GPS 센서 또는 휴대전화 시그널을 이용해 지속적으로 사람들의 이동성(도로망의 라우팅 동작)을 탐색한다. 또한 인터넷에서 사람들의 소셜 미디어 게시물을 지속적으로 수집한다. 데이터 관리 계층에서는 휴먼 모빌리티 데이터 및 소셜 미디어가 효과적인 데이터 분석을 지원하기 위해 시공간 정보와 텍스트를 동시에 통합하는 인덱싱 구조로 구성된다. 데이터 분석 계층에서는 이상 현상이 발생하면 사람들의 모빌리티 데이터를 기반으로 기존 패턴과는 다른 사람들의 위치를 식별할 수 있다. 위치와 관련돼 소셜 미디어에서 사용되는 대표적인 용어와 이상 현상이 탐지된 시간 범위$^{time\ span}$를 대상으로 마이닝^{mining}을 수행함으로써 이상 현상을 설명할 수 있다. 서비스 제공 단계에서는 이상 현상이 발생한 위치와 정보가 가까운 운전자들에게 전송되며, 운전자들은 문제가 발생한 지역을 우회할 수 있다.

교통 정체를 분산시키고 이상 현상을 진단하고자 해당 정보가 교통국$^{transportation\ authorities}$에 전달된다. 시스템은 즉각적이고 눈에 띄지 않게 도시의 이상 현상을 탐지하고, 사람들의 주행 경험을 개선하고 교통 혼잡을 완화하려고 지속적으로 위에서 언급한 4개의 단계를 반복한다.

언어 번역 및 이미지 인식 엔진과 같은 정보 시스템과 비교해 볼 때 해당 시스템들은 일반적으로 단일 데이터, 단일 작업 프레임워크이지만, 어반 컴퓨팅은 멀티 데이터, 멀티 태스크 프레임워크다. 어반 컴퓨팅의 역할은 도시 계획 개선, 교통 혼잡 완화, 에너지 절약, 대기 오염 감소 등이 포함된다. 또한 어반 컴퓨팅은 일반적으로 단일 작업을 수행할 때도 다양한 종류의 데이터셋^{dataset}을 활용한다. 예를 들어, 앞에서 언급한 이상 현상 탐지는 휴먼 모빌리티 데이터, 도로망, 소셜 미디어 데이터를 활용한다. 프레임워크의 다양한 계층에서 다양한 데이터 수집, 관리, 분석 기술을 사용해 다양한 출처의 데이터를 결합함으로써 다양한 작업을 수행할 수 있다.

1.3.2 각 계층의 기능

1.3.2절에서는 어반 컴퓨팅 프레임워크의 계층별 기능과 주요 컴포넌트에 대해 논의한다.

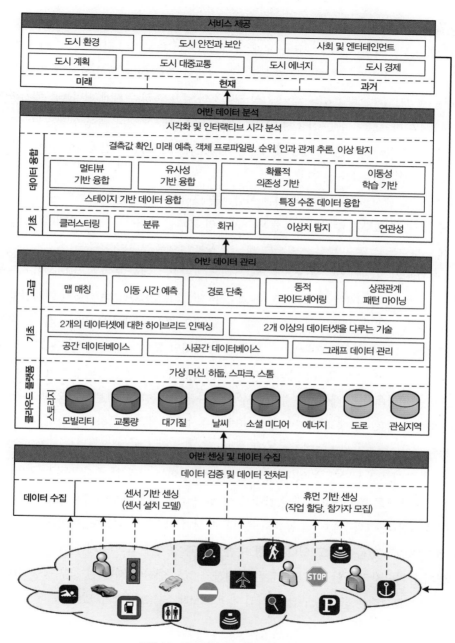

그림 1.2 어반 컴퓨팅의 범용 프레임워크

1.3.2.1 어반 센싱

어반 센싱은 도시 센서 또는 사람들로부터 다양한 데이터를 수집한다. 센서 기반sensor-centric과 휴먼 기반human-centric 센싱으로 구성된 2개의 주요 어반 센싱 모드가 존재한다. 센서 기반 모드는 그림 1.3a와 같이 기상 관측소와 같은 특정 위치에 센서들을 배치하며 정적 센싱이라고도 한다. 또한 1.3b와 같이 같이 버스, 택시와 같은 운송수단은 모바일 센싱mobile sensing이라고 부른다. 해당 센서들이 배치된 후에는 사람의 간섭 없이 지속적으로 백엔드 시스템에 자료를 전송한다.

휴먼 기반 센싱 모드는 도시에 사는 사람들을 도시의 역동성을 탐지하는 센서로 활용한다. 개개인으로부터 수집된 정보들은 전체적인 문제를 해결하는 데 사용된다. 휴먼 기반 센싱 모드는 수동 및 능동 크라우드 센싱crowd sensing으로 분류된다.

수동 크라우드 센싱passive crowd-sensing 프로그램은 그림 1.3c에서 보이는 것과 같이 사람들이 도시의 무선 통신 시스템 및 대중교통과 같은 인프라를 이용할 때 사용자 개개인의 데이터를 수동으로 수집한다. 예를 들면, 개인간 모바일 통신을 위해 무선 셀룰러 네트워크가 구축된 경우 사람들의 모바일 시그널은 도시 전체의 통신 패턴을 분석하는 데 활용돼 도시 계획을 개선할 수 있다[5]. 또한 대중 교통 요금을 청구하고자 도입된 발권 시스템으로 지하철역의 이동 데이터를 수집해서 도시 사람들의 출퇴근 패턴을 확인할 수 있다. 통근자들은 개표구를 통과할 때 센싱 데이터가 수집되는 것을 인식하지 못한다.

능동 크라우드 센싱active crowd-sensing은 크라우드 소싱crowd sourcing과 참여 센싱participatory sensing의 조합으로 생각할 수 있다[4]. 그림 1.3d에 보이는 것과 같이 사람들은 주변의 정보를 적극적으로 획득하고 문제를 해결할 수 있는 집단 지식을 만들고자 자신들의 데이터를 공유한다. 그들은 데이터 공유의 목적을 분명히 인지하고 있으며, 참여 센싱 프로그램에 기여하고 있음을 알고 있다. 또한 주변 상황과 동기에 의해 언제 어디서 해당 프로그램에 참여할지 결정할 수 있다. 많은 참여자가 있고 예산이 제한 된 경우 능동 크라우드 센싱 프로그램은 참여자 모집 및 작업 할당 프로세스를 포함할 수 있다.

a) 고정 센싱　　　b) 모바일 센싱　　　c) 수동 크라우드 센싱　　　d) 능동 크라우드 센싱

센서 기반 센싱　　　　　　　　　　휴먼 기반 센싱: 어반 크라우드 센싱

그림 1.3　어반 센싱의 다양한 모드

1.3.2.2 어반 데이터 관리 계층

어반 데이터 관리 계층은 클라우드 컴퓨팅 플랫폼, 인덱싱 구조 그리고 검색 알고리즘을 사용해 교통, 날씨, 휴먼 모빌리티 그리고 관심지역정보 등과 같은 다양한 도메인으로부터 대규모의 동적 어반 데이터를 관리한다.

첫 번째, 해당 계층은 다양한 어반 데이터를 통해 클라우드에 여러 가지 스토리지 메커니즘을 생성한다. 데이터 구조에 따라 어반 데이터는 지점 데이터point data와 네트워크 데이터로 분류된다. 또한 어반 데이터는 시공간 정적 데이터, 공간 통계적 동적 데이터 그리고 시공간적 동적 데이터로 구성된 3개의 범주로 분류될 수도 있다.

두 번째, 대부분의 어반 데이터는 공간 및 시간 데이터와 연동되므로 해당 계층은 시공간 데이터에 대한 인덱싱 구조 및 검색 알고리즘으로 디자인된다. 또한 상위 레벨 크로스 도메인 데이터 마이닝 작업upper-level cross-domain data-mining task을 지원하고자 서로 다른 도메인으로부터 수집된 복합적인 데이터에 대한 하이브리드 인덱싱 구조가 요구된다.

세 번째, 해당 계층은 또한 맵 매칭map matching[31, 56], 경로 단축[7, 42], 최대 k-coverage 탐색, 동적 디스패치dynamic dispatch[32, 33, 62]를 포함한 몇몇 고급 데이터 관리 기능들을 활용한다. 해당 기능들을 통해 어반 컴퓨팅의 다양한 문제를 해결할 수 있다.

1.3.2.3 어반 데이터 분석 계층

해당 계층은 다양한 도메인으로부터 수집된 데이터를 활용해 다양한 데이터 마이닝 모델과 머신러닝 알고리즘을 적용한다. 시공간 데이터를 다루고자 기본적인 데이터 마이닝 및 클러스터링clustering, 분류, 회귀, 이상 탐지 알고리즘과 같은 머신러닝 모델을 사용한다. 또한 딥러닝 기반[61], 멀티뷰 기반, 확률적 의존성probabilistic dependency 기반 그리고 전이학습transfer learning 기반의 크로스 도메인 결합 기법[64]을 통해 여러 종류의 데이터셋을 융합한다. 대부분의 어반 컴퓨팅 애플리케이션은 실시간 서비스가 요구되므로 데이터 마이닝 과정에서 데이터베이스 기술과 머신러닝 알고리즘을 결합하는 것이 중요하다. 앞서 언급한 계층의 컴포넌트, 고급 토픽들은 시공간 데이터의 결측값, 예측 모델, 객체 프로파일링, 인과관계 추론을 포함한다. 데이터 마이닝 작업에서 도메인 전문가를 참여시킴으로써 사람의 지식과 머신러닝의 결과를 결합하는 상호보완적인 시각적 데이터 분석 [28]을 도입하는 것 또한 중요하다.

1.3.2.4 서비스 계층

서비스 계층은 도메인 시스템이 클라우드 컴퓨팅 플랫폼을 통해 어반 컴퓨팅 애플리케이션으로부터 정보를 활용할 수 있는 인터페이스를 제공한다. 어반 컴퓨팅은 융합 분야이므로 의사결정에 반영하려면 수집된 데이터 정보는 반드시 기존 도메인 시스템과 통합돼야 한다. 예를 들어, 그림 1.4에서 보이는 것과 같이 API application programming interface를 통해 어반 컴퓨팅 애플리케이션 대기질에 대한 정보를 기존 모바일 앱과 통합시킴으로써 사람들이 여행 계획을 세울 때 정보를 제공하거나 환경 보호 단체 시스템에서 환경 오염에 대한 의사결정을 수행하는 데 사용될 수 있다.

서비스가 생성되는 타이밍 측면에서 서비스 계층은 현재 상황 분석, 미래 예측 그리고 과거 분석이라는 서비스 범주를 제공한다. 예를 들면, 첫 번째 범주에 포함된 빅데이터 기반으로 도시 전체의 자세한 실시간 대기질을 예측할 수 있고[71], 반면 대기질 예보는 두 번째 범주에 속한다[77]. 장기간 축적된 데이터를 기반으로 대기 오염의 근본 원인을 분석하는 것은 마지막 범주에 포함된다[80]. 서비스가 생성된 도메인을 기반으로 이 계층에서 제공하는 서비스는 대중 교통에서부터 환경 보호, 도시 계획, 에너지 절약, 사회적 기능 및 엔터테인먼트 그리고 치안에 이르기까지 다양하다.

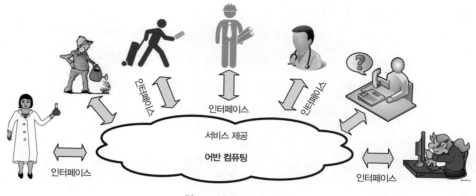

그림 1.4 어반 컴퓨팅 서비스

1.4 어반 컴퓨팅의 주요 과제

1.4절에서는 어반 컴퓨팅의 각 계층에서 제기되는 문제점들을 컴퓨팅 관점에서 논의한다.

1.4.1 어반 센싱 문제

도시의 대다수 컴퓨팅 어플리케이션은 도시 규모 데이터를 방해 받지 않고 지속적으로 수집할 수 있는 데이터 수집 기술이 필요하다. 굵은 서체로 표시된 내용은 중요한 문제다. 각 도로 구간에서 교통 흐름을 감시하는 것은 쉽지만, 모든 도로 구간에 센서가 배치돼 있지 않기 때문에 도시 전체의 교통량을 지속적으로 조사하는 것은 어렵다. 신규 센싱 인프라를 구축하는 작업을 수행할 수 있지만, 결과적으로 도시의 부담을 증가시킬 것이다. 도시에 이미 있는 것을 어떻게 창의적으로 활용해 데이터 획득 기술을 가능하게 할 것인지는 추가적인 연구가 필요하다.

보다 구체적으로 어반 센싱의 문제점은 (1) 편향된 샘플 데이터skewed sample data, (2) 데이터 누락 및 희소성sparsity, (3) 불분명하고 잡음이 있는 데이터, (4) 자원 배치다. 표 1.1은 어반 센싱 모드가 직면한 문제점을 보여 준다. 1.4.1.1절에서 각 항목에 대해 자세히 설명할 것이다.

1.4.1.1 편향된 샘플 데이터

그림 1.5a와 같이 어반 컴퓨팅 시나리오에서 수집할 수 있는 데이터셋은 일반적으로 샘플이며, 전체 데이터셋을 정확하게 나타내지 못할 수도 있다. 샘플의 일부 속성 분포는 전체 데이터셋에서 편향될 수 있다. 데이터 샘플에서 전체 데이터셋에 대한 정확한 정보를 얻는 것은 여전히 과제로 남아 있다.

표 1.1 배열의 차원과 모양을 조작하는 NumPy 함수들 요약

어반 센싱 모드		편향된 샘플 데이터	데이터 누락 및 희소성	불분명하고 잡음이 있는 데이터	자원 배치
센서 기반	고정 센싱		✓		✓
	모바일 센싱	✓	✓		✓
휴먼 기반	수동 크라우드 센싱	✓	✓	✓	
	능동 크라우드 센싱	✓	✓		✓

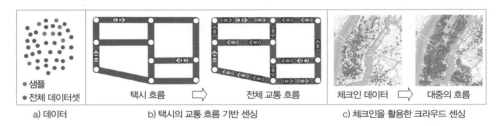

a) 데이터   b) 택시의 교통 흐름 기반 센싱   c) 체크인을 활용한 크라우드 센싱

그림 1.5 편향된 샘플 데이터 분포

예를 들어, 택시의 GPS 위치 정보를 수집할 수 있지만, 도시에서 이동하는 모든 차량들을 추적하는 것은 거의 불가능하다. 택시의 위치 정보는 샘플일 뿐이며, 다른 차량들과는 지리적 분포가 상당히 다르다. 그림 1.5b에서 볼 수 있듯이 일부 도로 구간에서 많은 수의 개인 차량을 찾을 수 있지만 택시는 거의 찾을 수 없는 반면, 개인 차량은 거의 없지만 택시가 존재하는 구간을 볼 수 있다. 따라서 택시의 위치정보를 기반으로 도로의 교통량을 예측하려고 단순히 도로상의 택시 대수를 특정 요인으로 곱할 수는 없다. 샘플링된 데이터로부터 도로의 실제 교통 흐름을 얻는 것은 여전히 해결해야 할 과제다.

또한 그림 1.5c에 보이는 바와 같이 온라인 소셜 네트워킹 서비스의 사용자 체크인 데이터는 도시 인구의 부분적인 휴먼 모빌리티를 나타낸다. 자신들이 방문한 장소에서 체

크인하지 않는 사람들이 많기 때문에 체크인 데이터의 지리적 분포는 도시의 실제 인구 분포와 매우 다를 수 있다. 따라서 체크인 데이터 기반의 인구 유동성 예측은 과제로 남아 있다. 앞에서 언급한 문제를 해결하려면 샘플 데이터로부터 얻은 어떤 종류의 정보가 전체 데이터셋을 대표할 수 있는지 아닌지를 알아야 한다. 예를 들어, 도로 구간의 이동 속도는 해당 구간을 통과하는 택시의 GPS 경로를 통해 얻을 수 있다. 동일한 도로 구간을 주행하는 차량은 일반적으로 비슷한 속도로 운행하므로 차량 샘플인 택시에서 얻은 속도 정보는 모든 차량의 속도 정보를 나타내게 된다. 하지만 택시 대수가 전체 차량 대수를 대체할 만큼 충분하지 않다. 이와 같은 상황에서 도로상의 전체 교통량을 예측하기 위해 관심지역정보, 도로망 구조, 날씨와 같은 데이터셋을 통합해야 한다[41].

1.4.1.2 데이터 희소성 및 누락 데이터

데이터 희소성

대다수의 센싱 시스템은 도시의 일부 위치에 제한된 수의 센서가 배치돼 있다. 제한된 수의 센서를 기반으로 도시 전체의 자세한 정보를 수집하는 것은 어려움이 따른다.

예를 들어, 그림 1.6a 왼쪽에 보이는 것과 같이 크기가 약 40km×50km인 베이징 시내에는 단지 35개의 대기질 측정소air quality-monitoring station가 존재한다. 해당 센서들이 부족함에도 그림 1.6a 오른쪽과 같이 사람들은 도시 전체의 대기질을 정확하게 측정하기를 바란다[71].

그림 1.6b는 소음에 대한 사람들의 민원을 기반으로 뉴욕시의 도시 소음을 조사한 또 다른 예시다[73]. 모든 곳에서 그리고 매번 주변의 소음 상황을 보고하는 것은 거의 불가능하기 때문에 수집된 데이터는 시공간에서 매우 희소하다. 희소한 데이터를 기반으로 뉴욕시 전역의 소음 상태를 진단하는 것은 여전히 어려운 일이다.

데이터 누락

데이터 누락missing data은 데이터 희소성과는 다른 개념이며, 획득해야 하는 데이터가 존재하지 않음을 나타낸다. 예를 들면, 그림 1.7에서 보이는 것과 같이 대기질 측정소 s_1은 1시간마다 대기 오염 정보를 생성한다. 하지만 커뮤니케이션 에러 또는 디바이스 에러가 발생하는 경우 일부 센서의 정보가 누락될 수 있다. 예를 들면, t_2에 위치한 정보 s_1과 t_{i+1}의 s_3은 데이터 누락이라고 한다[50]. 결측값을 보완하는 것은 모니터링 및 추후 데이터 분석에 있어서 중요하지만, 2가지 이유로 어려움을 겪고 있다.

첫째, 특정 센서 및 타임 스탬프에 해당 정보가 존재하지 않을 수 있다. 최악의 경우 특정 시간의 센서 정보가 모두 누락될 수도 있다(t_1부터 t_2까지 s_2가 누락된 경우) 또는 모든 센서의 정보 특정 시간 동안 동시에 누락될 수도 있다(t_2의 경우). 이러한 상황을 누락된 블록 missing block이라고 한다. 모델에 대한 정상적인 입력을 찾을 수 없기 때문에 기존 모델이 누락된 블록 문제를 처리하는 것은 매우 어렵다.

둘째, 여러 복합적인 요소의 영향을 받은 센서 정보는 위치와 시간이 상당히 비선형적으로 변경된다. 더 짧은 거리의 센서 정보와 원거리의 센서 정보가 항상 일치하지 않을 수 있다. 또한 시간이 경과함에 따라 센서 정보가 크게 변동되며, 때로는 급격한 변화가 발생한다.

1.4.1.3 불분명하고 잡음이 있는 데이터

기존 센서에서 생성된 데이터는 정확하고 분명하며, 쉽게 이해할 수 있다. 하지만 예를 들어, 수동 크라우드 센싱 프로그램을 통해 배포된 데이터는 일반적으로 텍스트 또는 이미지와 같은 제한 없는 포맷이며, 기존 센서와 달리 명시적으로 최종 목표를 제시하지 못한다.

예를 들면, 장Zhang과 연구진[59, 60]은 택시에 주유를 하는 동안 주유소에서 대기하는 시간을 측정하고자 GPS가 장착된 택시를 센서로 활용했으며, 더 나아가 주유소에서 연료를 보충하는 사람들의 숫자를 예측하고자 했다. 주유소의 유류 소비량을 예측하고 최종적으로는 특정 기간 동안 도시 전체의 유류 소비량을 예측하는 것이 목표였다. 해당 프로그램에서 수집 가능한 데이터는 택시 운전사의 GPS 경로이며, 해당 정보는 유류 소비량의 결과를 정확하게 알려 주지 못했다. 해당 정보를 수집하는 동안 택시 운전사들은 주유소 근처에 주차하고 휴식을 취하거나 교통 신호를 기다릴 때 정차할 수 있다.

택시 운전사들이 실제로 주유를 하지 않고 정차할 수 있기 때문에 GPS 경로 추적 데이터는 잡음noise이 포함된다.

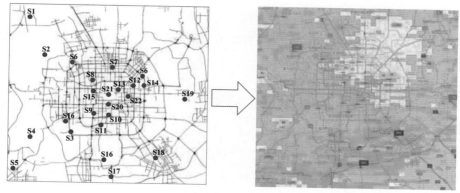

a) 대기질 모니터링

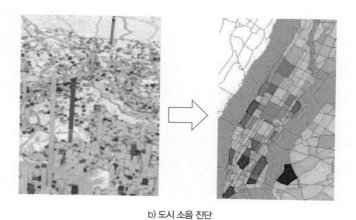

b) 도시 소음 진단

그림 1.6 어반 센싱의 데이터 희소성 및 데이터 누락

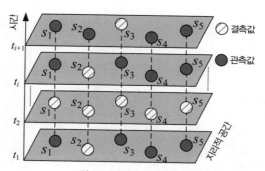

그림 1.7 시공간 데이터셋의 누락값

1.4.1.4 자원 할당

어반 센싱 프로그램은 데이터 수집의 범위와 품질을 극대화할 것으로 기대하는 반면, 일반적으로 예산, 센서, 인력과 같은 자원 제약에 직면하게 된다. 데이터 품질 측정 및 선정이라는 과제가 존재한다.

데이터 품질 측정

센싱 프로그램에 의해 수집된 데이터를 검증하기 위한 명확한 측정법이 필요하다. 측정법은 수량, 적용 범위, 균형, 중복성 및 안정성을 포함한 다양한 애플리케이션에 따라 변경된다. 일부 애플리케이션에서는 측정이 쉽게 계량된다. 예를 들면, 특정 경로의 최대 개수를 포함하는 것이다. 그러나 다른 애플리케이션에서는 측정법을 정의하는 것이 매우 중요한 작업이다. 예를 들면, 그림 1.8a에서 볼 수 있듯이 도시 전체의 대기질에 대한 모니터링을 강화하기 위해 4개의 신규 대기질 측정소를 건설하려고 한다. 도시 전체에 대한 검증 자료ground truth를 갖고 있지 않기 때문에 최선의 감시best monitor를 정의하기 어렵다 [71].

　마찬가지로 그림 1.8b에서 볼 수 있듯이 능동 크라우드 센싱 프로그램에 의해 수집된 데이터의 적용 범위를 정의하는 것은 공간 및 시간 차원이 서로 다른 세분성을 가질 수 있는 공간에서 매우 중요하다. 서로 다른 지리적 위치와 시간대에서 수집된 데이터는 서로 다른 분포를 나타낼 것이다[20]. 데이터 범위 평가는 능동 크라우드 센싱 프로그램에서 작업 설계 및 참가자 모집에 상당한 영향을 미친다.

a) 고정 센싱 모드의 신규 센서 배치

b) 능동 크라우드 센싱 모드에 대한 작업 할당

그림 1.8 자원 배치에 대한 문제점

데이터 선정

앞에서 언급한 측정법에 근거해 대규모 데이터로부터 위치, 차량 그리고 사람과 같은 몇몇 데이터를 선정해야 한다. 이 작업은 매우 복잡하고 때로는 NP-hard 문제로 보인다. 예를 들면, 도로 네트워크에서 고유한 경로의 최댓값을 갖는 k-location 집합을 찾는 것은[27] 고정 센서 배치의 전형적인 문제점이다. 이 문제는 NP 컴퓨팅 복잡도를 갖는 서브 모듈 근사submodular approximation 문제로 전환될 수 있다. 모바일 센싱의 또 다른 예는 광고를 보는 사람들의 수를 최대화하고자 상업적 광고를 게재할 버스를 선정하는 것이다.

그림 1.8b에서 볼 수 있듯이 능동 크라우드 센싱 프로그램에서는 예산이 제한돼 있으므로 센싱 계획은 참여자들의 이동성을 기반으로 적정한 참여자를 선택해야 하고, 참여자들의 기존 이동 계획을 방해하지 않는 작업을 제공해야 한다. 도시의 인구는 휴먼 모빌리티가 크게 편향돼 있으므로 해당 작업은 쉽지 않다. 인기 관광지와 같은 몇몇 지역들은 충분하거나 과도한 데이터가 존재하는 반면, 일부 위치는 참여자 데이터가 부족하게 돼서 자원을 낭비하게 될 수 있다. 그 결과 상위 단계의 애플리케이션을 지원하기 위해 최선의 데이터 범위를 보장할 수 없다.

1.4.2 어반 데이터 관리 문제

텍스트, 이미지, 트래픽 그리고 날씨와 다양한 종류의 데이터가 존재하고, 해당 데이터들은 모두 도시의 다른 공간에서 지속적으로 생성되고 있다. 상위 레벨 데이터 마이닝 및 서비스를 지원하고자 서로 다른 도메인의 대용량 및 동적 데이터셋dynamic dataset을 통합해야 한다. 마이크로소프트 애저Azure 및 아마존 웹 서비스Amazon Web Service와 같은 클라우드 컴퓨팅 플랫폼은 대용량 및 동적 데이터를 처리하기 위한 이상적인 인프라스트럭처로 생각된다. 대부분의 어반 데이터는 시공간 정보와 속성을 가지므로 어반 컴퓨팅은 시공간 데이터를 관리하기 위해 클라우드 컴퓨팅 기술이 필요하다. 하지만 현재의 클라우드 컴퓨팅 플랫폼은 시공간 데이터를 처리하도록 특별히 설계되지 않았다. 아래 내용은 시공간 데이터를 처리할 때의 주요 문제점이다.

1.4.2.1 고유한 데이터 구조

시공간 데이터에는 텍스트 및 이미지와 다른 고유한 데이터 구조가 있다. 예를 들면, 촬영한 사진의 크기는 고정된 반면, 택시가 도시를 이동할 때 이동 경로는 계속 증가한다. 이동 경로에 대한 데이터는 클라우드에 순차적으로 전송되며 변경되지 않는다. 전체적인 이동 경로와 크기를 예측할 수 없다. 또한 고유한 쿼리를 지원하기 위한 시공간 데이터 스토리지 메커니즘에 차이가 있다.

1.4.2.2 고유한 쿼리

사용자들은 일반적으로 핵심 단어, 즉 몇 개의 키워드를 정확하게 또는 대략적으로 문서 모음과 일치시킴으로써 문서를 질의한다. 하지만 어반 컴퓨팅에서는 시공간 데이터를 다루려면 일반적으로 시공간 범위 쿼리 또는 k-최근접 이웃$^{k\text{-nearest neighboring}}$ 쿼리를 해야 한다. 예를 들어, 60초 동안 근처의 빈 택시를 찾는 것은 택시 경로 데이터에 대한 시공간 범위 쿼리다. 마찬가지로 주행 중 가장 가까운 주유소를 검색하는 것은 관심지역정보에 대한 연속적인 k-최근접 이웃 쿼리다. 대부분의 클라우드 스토리지 시스템에서는 인덱싱 및 검색 알고리즘을 지원하지 않기 때문에 클라우드의 기존 컴포넌트는 직접적이고 효율적으로 시공간 쿼리를 처리할 수 없다.

1.4.2.3 하이브리드 인덱싱 구조

전통적인 인덱싱과 쿼리 알고리즘은 일반적으로 단일 유형의 데이터를 처리하기 위해 사용한다. 예를 들어, R-트리는 공간 지점 데이터를 인덱싱하고자 제안됐으며, 역색인$^{\text{Inverted indexing}}$은 텍스트 문서를 처리하고자 디자인됐다. 그러나 어반 컴퓨팅에서는 여러 종류의 데이터셋을 사용하고 서로 다른 도메인 간 정보를 업데이트해야 한다. 따라서 다차원 데이터(경로, 관심지역정보, 대기질 데이터를 동시에 관리할 수 있는) 하이브리드 인덱싱 구조가 필요하다. 이러한 하이브리드 인덱싱 구조가 없다면 상위 레벨 머신러닝 온라인 검색 프로세스 모델은 정보 검색에 상당히 오랜 시간이 필요하게 되며, 결과적으로 실시간 서비스를 제공할 수 없게 된다.

1.4.2.4 클라우드와 시공간 데이터 인덱싱 통합

텍스트와 이미지를 처리하는 경우 텍스트 및 이미지를 위해 설계된 인덱싱 구조의 기능이 상당히 제한적이기 때문에 클라우드 컴퓨팅 플랫폼은 일반적으로 스파크^{Spark}, 스톰^{Storm}, 하둡^{Hadoop}과 같은 분산 컴퓨팅 환경에 의존한다. 예를 들어, 역색인은 일반적으로 역색인이 포함된 단어와 문서 사이의 관계를 유지할 때 사용된다. 하지만 시공간 데이터의 경우 효과적인 인덱싱 구조는 10배 또는 몇 배의 검색 알고리즘의 성능을 개선할 수 있다. 시공간 데이터 인덱스와 분산 컴퓨팅 시스템의 장점을 결합하면 클라우드 플랫폼의 더 적은 컴퓨팅 자원을 사용하면서 더 큰 규모의 데이터를 보다 효율적으로 처리할 수 있다.

시공간 인덱스를 클라우드의 병렬 컴퓨팅 환경에 통합하는 것은 특히 대량의 경로 데이터가 클라우드로 스트리밍되는 경우 중요한 작업이다. 예를 들어, 몇 분 동안 특정 도로 구간을 이동하는 차량을 찾으려면 경로 인덱싱 구조와 스톰 기반 컴퓨팅 프레임워크가 유기적으로 통합돼야 한다. 병렬 컴퓨팅 프레임워크와 인덱싱 구조에 기반한 메모리와 입출력$^{I/O}$ 처리량의 균형을 유지하는 것은 어려운 일이며, 분산 시스템, 클라우드 스토리지 그리고 인덱싱 알고리즘에 대한 지식이 필요하다. 일부 인덱싱 구조는 독립적인 환경에서도 잘 동작하지만, 인덱스 파티셔닝$^{index\ partitioning}$ 및 업데이트의 잠재적인 문제점을 고려하면 분산 환경에 적합하지 않을 수 있다.

1.4.3 어반 데이터 분석 문제

1.4.3.1 머신러닝 알고리즘을 시공간 데이터에 적용하기

시공간 데이터는 이미지와 텍스트에 비해 고유한 특성을 갖고 있다. 시공간 데이터를 다루고자 기존의 머신러닝 알고리즘을 적용하는 것은 아래와 같은 문제점을 발생시킨다.

공간 특성

공간 특성$^{spatial\ property}$은 지리적인 거리와 계층구조로 구성된다. 예를 들어, "모든 것은 다른 모든 것과 관련이 있지만, 가까운 것은 먼 것보다 더 관련이 있다[45]"라고 기술된 지리학의 첫 번째 법칙에 따르면 머신러닝 알고리즘은 거리에 따른 객체의 유사성을 구별할 수 있어야 한다. 거리는 지리적인 거리뿐만 아니라 특징 공간^{feature space}과 같은 시맨틱 공간도 포함된다.

a) 센서의 위치정보

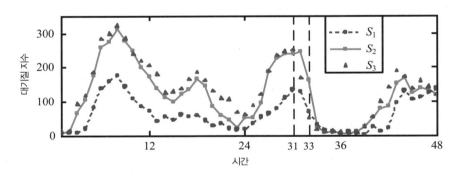

b) 시간 경과에 따른 대기질 지수

그림 1.9 시공간 데이터의 공간적인 거리

예를 들어, 그림 1.9a에 볼 수 있듯이 4개의 대기질 측정소(s_1, s_2, s_3, s_4)가 도시에 배치돼 있다. 지리적 유클리드 거리에 따르면 s_4는 s_2에 가장 가깝고, 다른 측정소보다 대기질이 s_2와 더 비슷하다. 하지만 이 상황은 s_1과 s_3에는 적용되지 않는다. s_1이 지리적으로는 s_3보다 s_2에 더 가깝지만, 그림 1.9b에서 볼 수 있듯이 s_2의 대기질 수치는 s_1보다 s_3과 더 유사하다. 그 이유는 s_2와 s_3이 관심지역정보 및 교통 패턴과 같은 유사한 지리적 맥락에 위치해 있기 때문이다. 반면 s_1은 숲에 배치돼 있고 s_2와 s_1 사이에는 호수가 있다. 따라서 특징 공간에서 s_3은 s_2보다 s_1에 더 가깝다.

또한 위치의 세분화로 인해 자연적인 계층이 형성된다. 예를 들면, 국가는 많은 카운티^{county}로 구성돼 있으며, 각 카운티는 많은 도시로 구성돼 있다. 서로 다른 계층의 데이터 표현은 서로 다른 수준의 지식을 의미한다. 머신러닝 알고리즘을 활용해서 서로 다른 세분성을 지닌 시공간 데이터의 정보를 획득하는 것은 도전과제다.

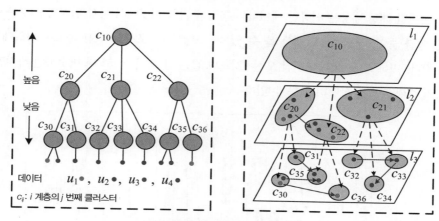

그림 1.10 공간 데이터의 계층적 특성

예를 들어, 그림 1.10에서 볼 수 있듯이 다양한 개인의 위치 기록은 상위 레벨의 노드가 보다 세분화된 위치 클러스터링^{cluster}을 나타내는 지리적 계층을 형성한다. 그림 1.10에서 사용자의 위치 기록을 기반으로 사용자(u_1, u_2, u_3, u_4)의 유사성을 예측하고자 하며, 일반적으로 비슷한 유형의 사용자들은 더 많은 위치 기록을 공유하는 것으로 알려져 있다[25,79]. u_1, u_2 그리고 u_3 모두 $c_{20} \rightarrow c_{22}$로 이동하므로 단순히 두 번째 계층($l_2$)만 확인해서는 해당 사용자들의 위치 기록을 구별할 수 없다. 하지만 세 번째 계층을 확인하면 u_2와 u_3이 c_{35}를 방문한 것을 알 수 있다. 결과적으로 u_3은 u_1과 비교해 u_2와 더 비슷하다고 할 수 있다. 마찬가지로 u_1과 u_3이 함께 c_{30}을 방문했기 때문에 u_3은 u_2에 비해 u_1과 더 비슷하다. 만약 세 번째 계층의 u_1, u_2 그리고 u_4의 개별 데이터만 확인한다면 해당 사용자들은 어떠한 위치도 공유하지 않기 때문에 비교하기 어렵다. u_1과 u_2는 $c_{20} \rightarrow c_{22}$를 통해 이동하지만 u_1과 u_2는 그렇지 않기 때문에 u_2와 u_4를 구별할 수 있다.

시간적 특성

시간적 특성은 시간적 근접성closeness, 주기적 패턴, 트렌드 패턴으로 구성된다. 시간적 정확성은 공간적 거리 개념과 매우 비슷하며, 2개의 근접한 타임스탬프에서 생성된 데이터셋이 일반적으로 그렇지 않은 타임스탬프 데이터셋보다 더 비슷하다는 것을 나타낸다 [50]. 하지만 해당 내용은 시공간 데이터의 특정 주기적 패턴에서 항상 일치하는 것은 아니다. 예를 들어, 그림 1.11a에서 볼 수 있듯이 오전 8시 도로의 주행 속도는 평일에는 거의 같다. 비록 오전 11시가 전날 오전 8시보다 같은 날 오전 8시와 더 비슷하긴 하지만, 11시의 주행 속도는 상당히 다를 수 있다.

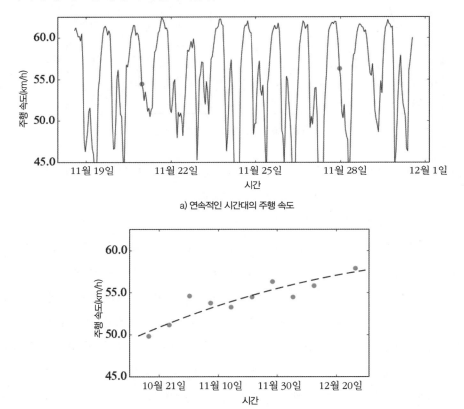

a) 연속적인 시간대의 주행 속도

b) 연속적인 오전 9~10시 주행 속도

그림 1.11 시공간 데이터의 시간적인 특성: 베이징의 4번째 순환 도로 북쪽 구간의 시간대별 주행 속도 예시

게다가 속도는 시간이 지남에 따라 증가한다. 그림 1.11b에서 볼 수 있듯이 주말 오전 9시부터 오전 10시까지의 주행 속도는 겨울이 다가옴에 따라 지속적으로 증가한다. 기온이 내려가면 사람들은 주말 활동 시간을 연기한다. 따라서 오전 9시의 해당 도로의 교통 상황이 점점 좋아지게 된다. 요약하면 머신러닝 알고리즘을 사용해서 시공간 데이터의 시간적 근접성, 주기적 패턴 그리고 트렌드 특성을 모델링할 수 있다.

1.4.3.2 머신러닝 알고리즘과 데이터베이스 기술 결합

머신러닝 및 데이터베이스는 각각 고유의 커뮤니티와 컨퍼런스를 보유한 컴퓨터 사이언스 분야다. 두 분야의 커뮤니티는 일반적으로 교류가 거의 없지만, 어반 컴퓨팅을 위한 데이터 분석 방법을 설계하는 경우 해당 분야의 지식은 물론 다양한 빅데이터 프로젝트 또한 필요하다. 해당 분야의 구성원들이 데이터베이스 및 머신러닝 지식을 조직적이고 유기적으로 통합할 수 있는 효과적인 데이터 분석 방법을 설계하는 것은 어려운 과제다. 통합을 위한 3가지 주요 접근법이 있다.

첫째, 머신러닝 알고리즘에서 정보 검색 및 특징 추출 프로세스를 가속화할 수 있는 시공간적 인덱싱 구조를 디자인할 수 있다. 예를 들어, 특정 지역의 대기질을 예측하는 경우 각 지역을 이동하는 택시의 GPS 이동경로를 통해 교통 정보를 추출할 수 있다. 시공간 인덱싱 구조 없이는 특징 추출 프로세스가 몇 시간 이상 걸리게 된다[71].

둘째, 데이터베이스 기술을 사용해 복잡한 학습 알고리즘의 검색 공간을 축소하고 머신러닝 알고리즘을 위한 후보군을 생성할 수 있다. 예를 들어, 인과관계 추론 알고리즘은 일반적으로 매우 복잡하고 비효율적이어서 빅데이터에 직접 적용하기가 어렵다. 데이터베이스 분야의 패턴 마이닝 기법을 사용하면 대량의 데이터에서 몇 가지 상관관계 패턴을 찾을 수 있다. 그 다음 인과관계 추론 알고리즘은 원본 데이터보다 훨씬 작은 상관 패턴을 입력으로 사용해 서로 다른 객체 또는 데이터셋 사이의 인과관계를 도출할 수 있다.

셋째, 검색 공간을 줄이고자 데이터베이스 기술에서 파생된 상한과 하한을 사용할 수 있다. 예를 들어, [37, 78]의 저자는 이상 탐지 프로세스를 신속하게 처리할 수 있도록 로그 우도비log-likelihood ratio 테스트의 상한선을 도출한다.

1.4.3.3 도메인 간 지식 융합 방법

다양한 종류의 데이터셋에서 융합된 지식이 빅데이터 프로젝트에서 매우 중요하며, 도메인 간 데이터 융합은 몇 가지 중요한 이유가 있다.

첫째, 단순히 다른 데이터셋에서 추출한 특징feature을 단일 특징 벡터로 연결하면 다른 데이터 소스에 매우 다른 특징 공간, 분포 및 유의수준levels of significance[35]을 가질 수 있기 때문에 작업 성능이 저하될 수 있다.

둘째, 작업과 관련된 데이터 유형이 많을수록 데이터 부족 현상 발생할 가능성이 커진다. 예를 들어, [71]에서 교통, 날씨, 관심지역정보, 도로망 그리고 대기질 수치로 이루어진 5개의 데이터 소스는 도시 전체의 대기질을 세부적으로 예측하는 데 사용된다. 하지만 해당 방법을 다른 도시에 적용하는 경우 많은 도시가 각 도메인에서 충분한 데이터를 찾을 수 없거나(대기질 데이터를 수집할 수 있는 측정소가 충분히 없는 경우) 교통 데이터와 같은 특정 도메인의 데이터가 전혀 없을 수도 있다[48].

1.4.3.4 인터랙티브 시각 데이터 분석

데이터 시각화는 원본 데이터를 표시하고 결과를 보여 주는 것이 일반적인 목적이긴 하지만, 그것만이 전부는 아니다. 인터랙티브 시각 데이터 분석Interactive visual data analytics은 패턴 분석, 탐지, 트렌드 그리고 특정 조사 방향에 따른 데이터의 상관관계를 탐지하고 데이터를 설명할 수 있기 때문에 어반 컴퓨팅에서 매우 중요하다[1, 34]. 데이터에서 관련성이 발견되면 새로운 문제가 발생해 특정 부분을 더 자세히 볼 수 있다. 시각화는 또한 데이터 마이닝 모델의 파라미터를 조정하고 개선하는 데 도움이 된다. 인터랙티브 시각 데이터 분석은 인간의 지능과 기계 지능의 결합에 대한 접근방식을 제공한다. 또한 사람들이 데이터 과학에 도시 계획과 같은 도메인 지식을 통합해 도시 계획 전문가 또는 환경론자 등과 같은 도메인 전문가와 데이터 과학자들이 협력해 특정 도메인의 문제를 해결할 수 있도록 한다.

인터랙티브 시각 데이터 분석은 다음과 같은 기술의 2가지 기술을 사용한다. 첫째, 데이터 마이닝 알고리즘과 시각화를 원활하게 통합하는 것뿐만 아니라 클라우드 플랫폼에 통합을 배포하는 것이다. 둘째, 단순한 가설 검증이 아닌 가설 생성을 수반하는, 인간과 디지털 데이터 처리의 강점을 인터랙티브 방법으로 결합하는 것이다[1].

1.4.4 어반 서비스 문제

어반 서비스 계층^{urban service layer}은 어반 컴퓨팅과 도시 계획, 환경 이론 및 교통과 같은 기존 도시 관련 분야의 격차를 해소하지만 다음과 같은 문제에 직면해 있다. 하나는 데이터 과학과 도메인 지식의 융합이고, 다른 하나는 기존 도메인 시스템과 어반 컴퓨팅 시스템을 통합하는 것이다.

1.4.4.1 데이터 과학과 도메인 지식 융합

해당 분야에서 어반 컴퓨팅 애플리케이션을 사용하려면 특정 수준의 정보가 필요하다. 예를 들어, 특정 장소의 도시 교통 상황을 예측하려면 무엇이 교통 흐름에 영향을 미칠 수 있는지 알아야 한다. 하지만 도메인 전문가와 데이터 과학자는 일반적으로 공통 지식을 거의 공유하지 않는 개별 그룹이다. 전자는 풍부한 도메인 지식과 경험을 갖고 있지만, 대개 데이터 과학에 대해서는 거의 알지 못한다. 후자는 다양한 데이터 과학 기술을 갖추고 있지만, 도메인 지식은 부족하다. 또한 도메인 지식은 명시적으로 지정하기에는 너무 복잡할 수 있으므로 지능형 알고리즘으로 정확하게 모델링할 수 없다. 이 문제를 해결하기 위한 2가지 방법이 있다.

첫째, 데이터 과학자는 도메인 전문가와 소통하거나 출판된 기존 자료를 학습해 일정한 수준의 도메인 지식을 습득해야 한다. 데이터 과학자는 도메인 전문가와 협력해 미션 크리티컬^{mission critical}하고 데이터 과학으로 해결할 수 있는 도메인의 핵심 문제를 파악해야 한다. 데이터 과학자는 문제를 일으킬 수 있는 요인을 알고 이를 해결하기 위한 데이터셋을 선택해야 한다. 그들은 도메인에서 사용되는 기존 방법의 원리를 이해하고, 자신들의 통찰력을 활용해, 이러한 방법의 단점을 보완해야 한다.

둘째, 도메인 전문가들이 지능형 기술과 상호작용할 수 있도록 데이터 과학자들이 제작한 시각 분석 툴을 사용하는 것이 좋다. 이것은 기계 지능과 인간의 지능을 결합하는 방법이다. 또한 도메인 지식과 데이터 과학을 통합할 수 있다. 예를 들어, 지능형 기술을 사용해 데이터 과학자는 간단한 몇 개의 기준들과 몇몇 예비 설정을 기반으로 일부 사전 결과를 생성할 수 있다. 해당 결과가 나오면 도메인 전문가는 자신들의 도메인 지식을 기반으로 결과를 개선할 것이다. 개선 작업은 일부 확인하기 어려운 자료들을 결과에서 제거하거나 몇 개의 의미 있는 변수들을 조정하는 것이 포함된다. 지능형 기술은 만족스러운 결과를 얻을 때까지 도메인 전문가들로부터 피드백을 받으면서 계속해서 또 다른 결과를 생성한다. 이와 같은 상호작용을 통해 도메인 지식과 인간의 지능은 데이터 과학을 사용해 지능형 기술로 통합된다. 도메인 전문가들은 인터랙티브 시각 데이터 분석 툴을 사용해서 어반 컴퓨팅 프로젝트에 더 많은 지식을 제공할 가능성이 높다.

1.4.4.2 시스템 통합

가장 이상적인 상황은 그림 1.12에서 보는 것과 같이 프레임워크를 적용한 도메인 애플리케이션을 위해 근본적으로 어반 컴퓨팅 시스템을 구축하는 것이다. 하지만 실제로는 대다수의 도메인 애플리케이션은 이미 센서를 통해 데이터를 수집하고 의사결정할 수 있는 자신들의 시스템을 보유하고 있다. 도메인 전문가들은 신규 시스템을 완전히 도입하기 전에 새로운 어반 컴퓨팅 시스템을 테스트하고자 할 것이다. 이와 같은 상황에는 2가지 문제가 있다.

첫째, 데이터 분석 모델과 같은 어반 컴퓨팅 시스템의 주요 컴포넌트를 기존 도메인 시스템에 적용하는 것이 거의 불가능하다. 왜냐하면 해당 컴포넌트는 현재 데이터를 사용해서 업데이트해야 하기 때문이다. 데이터 과학자가 수행하는 변수 최적화 및 시각화 프로세스가 포함된 학습 프로세스는 완전히 자동화되지 않는다. 예를 들어, 도시의 교통 및 기상 조건이 크게 바뀔 수 있기 때문에 대기질 예측 모델은 몇 달마다 다시 학습시켜야 한다. 하지만 머신러닝 모델을 다시 학습시키는 것은 도메인 전문가의 주요 역할이 아니다.

단순히 데이터 과학자를 기존 도메인 시스템에 배치하면 해당 문제는 해결되지만, 또 다른 문제가 발생한다. 데이터 과학자들의 수가 데이터 과학을 필요로 하는 도메인 애플리케이션의 수보다 훨씬 적다는 점을 고려하면 더 많은 도메인 요청을 처리하는 경우 많은 시간과 노력이 필요하다. 주요 컴포넌트들을 엄격하게 기존 도메인 시스템에 통합하는 경우 데이터 과학자들의 업무가 과중될 수 있다. 예를 들면, 데이터 과학자들은 어떻게 특정 도메인 시스템이 동작하는지와 앞에서 언급한 도메인 지식을 추가로 학습해야 한다. 또한 서로 다른 도메인 시스템에서 동작하는 다양한 컴포넌트들을 유지보수해야 한다.

둘째, 데이터가 공개되는 것을 방지하기 위해 도메인 시스템은 가끔 프라이빗 클라우드private cloud에 구축된다. 따라서 어반 컴퓨팅 시스템은 도메인 시스템에 대한 접근이 완전하지 않을 수 있다.

해당 문제를 해결하고자 그림 1.12는 가능한 한 느슨한 통합 전략을 제시한다. 해당 전략에서 기존 도메인 시스템은 원본 데이터를 계속 수집한다. 데이터 보안 이슈가 있는 경우 처리된 데이터(원본 데이터에서 추출된 특징)를 어반 컴퓨팅 시스템에 제공한다. 특징 추출 기능이 동적으로 수행되지 않고 데이터 과학자를 포함하지 않기 때문에 기존 도메인 시스템에 쉽게 적용할 수 있다. 어반 컴퓨팅 시스템 분야의 데이터 과학자들은 필요한 새로운 모델을 학습시킬 수 있다(도메인 시스템이 어떻게 동작하는지 여부와 관계없이). 어반 컴퓨팅 시스템에서 동작하는 모델은 도메인 시스템으로부터 수집된 데이터를 사용하며, 교통량 예측과 같은 결과물을 지속적으로 생성한다. 어반 컴퓨팅 시스템은 클라우드 API를 통해 도메인 시스템에게 결과물을 서비스로 제공한다. 어반 컴퓨팅 시스템의 결과를 기반으로 도메인 시스템은 도메인 애플리케이션을 운영하고자 최종 의사결정을 도출할 수 있다. 어반 컴퓨팅 시스템의 API셋은 교통량 예측이 필요한 도시의 또 다른 도메인 시스템에도 제공될 수 있다. 따라서 한 개의 모델이 다양한 도메인 애플리케이션에 결과물을 제공할 수 있고, 한 명의 데이터 과학자는 비슷한 유형의 다양한 요청을 처리할 수 있다.

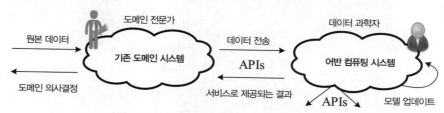

그림 1.12 어반 컴퓨팅 서비스를 위한 시스템 통합 전략

1.4.4.3 데이터 과학자 양성

많은 어반 컴퓨팅 프로젝트에서 데이터 과학자들이 가장 중요한 역할을 수행하긴 하지만, 데이터 과학 분야가 초창기이므로 데이터 과학자의 수가 많지 않다. 또한 데이터 과학자를 양성하는 것은 데이터 분석가를 양성하는 것보다 훨씬 어렵다. 표 1.2에서는 데이터 분석가와 데이터 과학자의 차이점을 보여 준다.

일반적으로 데이터 분석가는 주어진 데이터셋을 사용해서 사전 정의된 스키마schema를 기반으로 결과물을 생성하며, 기존 데이터 분석 툴을 사용해서 공식화된 데이터 마이닝 또는 머신러닝 문제를 해결할 수 있다. 예를 들어, 신용카드 신청서를 승인 또는 거절해야 하는 경우 데이터 분석가는 이전 신청서 및 상환 이력을 활용해 의사결정 트리decision tree와 같은 이진 분류 알고리즘을 학습시킬 수 있다. 신청자의 양식에서 나이, 직업 및 소득과 같은 일련의 특징을 추출할 수 있다. 카드 발급 후 신청자의 상환 이력을 기준으로 해당 레이블(예, 아니오)을 도출할 수 있다. 항상 상환을 정상적으로 하는 경우 레이블은 '예'로 설정되고, 그렇지 않으면 '아니오'로 설정된다. 일단 모델이 학습을 완료하면 새로운 양식의 특징을 기반으로 신규 신청서의 레이블을 예측할 수 있다. 레이블이 '예'인 경우 신청이 승인되고, 그렇지 않은 경우 거절된다. 간단히 말해서 이것은 공식화된 이진 분류 문제로서, 주어진 데이터셋(신청자의 이전 양식과 상환 이력)과 사전 정의된 결과(거절 또는 승인)가 있다.

표 1.2 데이터 분석가와 데이터 과학자 비교

	예시	문제 공식화	데이터 주어진 정보	방법 기존 도구	결과 사전 정의
데이터 분석가	"은행에서 신청서를 기준으로 이용자에게 신용카드를 발급해야 하는가?"	이진 분류	1. 소득, 연령, 직종 등 신청자 정보를 포함한 이전 신청 양식 2. 해당 신청자의 상환 이력에서 파생된 레이블 (Y 또는 N)	의사결정 트리 또는 랜덤 포레스트와 같은 분류 모델	Y: 신청 승인 N: 신청 거절
		공식화되지 않음	알 수 없음	사용자 정의된	정의되지 않음
데이터 과학자	미세먼지(PM2.5)의 몇 퍼센트가 차량에 의해 발생하는가?	클러스터링? 분류? 회귀?	차량 배출 데이터? 경로? 도로 네트워크? 날씨?	콘텍스트 기반 행렬 분해? 그래픽 모델	???

데이터 분석가와는 다르게 데이터 과학자는 다음과 같은 질문에 직면할 수 있다. 예를 들어, 미세먼지의 몇 퍼센트가 차량에 의해 발생되는가? 베이징 정부를 지방으로 이전하면 베이징의 교통 및 경제에 미치는 영향은 무엇인가? 도시의 소음 공해를 어떻게 줄일 것인가? 이러한 종류의 질문은 단순한 클러스터링clustering, 분류classification, 회귀regression 또는 인과관계causality 분석 작업이 아니기 때문에 공식화된 데이터 분석 문제가 아니다. 또한 어떤 데이터셋이 문제와 관련이 있는지 알 수 없다. 기존의 툴로는 문제를 해결할 수 없으며, 결과의 스키마를 예 또는 아니오와 같은 단순한 레이블로 쉽게 정의할 수 없다. 대신 데이터 과학자는 해당 문제를 분석하고, 문제와 관련된 실제 데이터셋을 식별하고, 문제에 대한 사용자 정의된 데이터 분석 모델을 설계하고, 최종 결과를 도출해야 한다.

대부분의 경우 정부기관 고객들은 문제조차 정의하지 못한다. 이와 같은 상황에서 데이터 과학자들은 도메인에 대한 미션 크리티컬한 핵심 문제를 스스로 파악하고 기존 솔루션보다 데이터 과학을 문제에 적합하도록 적용한다. 이것은 주어진 문제를 해결하는 것보다 훨씬 어렵다.

보다 구체적으로 그림 1.13에서 보이는 바와 같이 데이터 과학자는 다음과 같은 4가지 기술 역량을 갖춰야 한다.

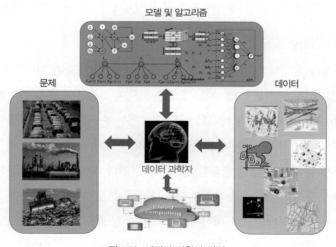

그림 1.13 데이터 과학자 정의

문제 정의

데이터 과학자가 어반 컴퓨팅에서 해결해야 하는 문제는 일반적으로 컴퓨터 과학이 아닌 교통, 에너지 및 환경과 같은 다른 영역에서 발생한다. 데이터 과학자가 도메인 전문가가 될 필요는 없지만, 데이터 과학자는 문제가 무엇인지, 왜 이 문제가 발생하는지, 어떤 요인이 이 문제를 일으킬 수 있는지, 기존의 솔루션이 어떻게 이 문제를 해결하는지, 왜 이 방법들이 해당 문제를 완전히 해결할 수 없는지를 알아야 한다. 해당 질문들에 대한 대답은 상식, 해당 도메인의 기존 출판물, 단순화된 데이터 시각화에서 도출된다.

예를 들어, 특정 지역의 대기질을 예측하기 위해 데이터 과학자들은 공장 및 차량의 배출량, 기상과 분산 조건 등과 같이 대기 오염을 일으킬 수 있는 요소들을 알아야 한다. 해당 요소를 알면 데이터 과학자는 해당 요소를 나타내거나 표시할 수 있는 적절한 데이터셋을 선택할 수 있다. 기존의 문헌을 통해 대기 오염은 지역 배출, 외부 전파 및 화학 반응으로 구성된 여러 복잡한 프로세스의 결과라는 것을 알고 있다. 따라서 우리는 전통적인 물리적 분산 모델이 처음 두 프로세스만 고려하기 때문에 이 문제를 해결할 수 없다는 것을 알고 있다. 또한 모든 오염원을 포착하는 것이 현실 세계에서는 실용적이지 않기 때문에 처음 두 프로세스를 정확하게 모델링하는 것은 어렵다. 반면에 데이터 과학자는 기존 방법에서 추출할 특징과 데이터 분석 모델 설계에 영감을 주는 원리를 배울 수 있다.

데이터로부터 인사이트 도출

데이터 과학자들은 데이터 형식과 속성 외에도 데이터에 내포된 의미를 이해할 수 있어야 한다. 예를 들어, 택시의 GPS 이동 경로는 도로의 교통 상황뿐만 아니라 사람들의 이동 패턴을 암시한다. 왜냐하면 택시의 이동 경로에는 승객의 승하차 지점도 포함돼 있기 때문이다. 다양한 승하차 기록은 사람들의 출발지 및 목적지 및 출도착 시간을 나타내고, 해당 기록은 이동 패턴에 대한 중요한 정보를 제공한다. 더 나아가 사람들의 이동 패턴은 지역의 역할과 경제뿐만 아니라 자연환경을 나타낼 수 있다. 이와 같은 분석을 토대로 특정 도메인에서 다른 도메인으로 데이터셋을 적용해 문제를 해결할 수 있고, 도메인 간 데이터 통합과 데이터 희소성 문제에 대응할 수 있다. 예를 들어, 지역의 역할을 예측하기 위해 교통 상황과 사람들의 이동 패턴을 나타내는 택시 경로를 관심지역정보와 도로망 데이터셋과 통합할 수 있다. 또한 택시 경로를 입력값으로 활용해 부동산의 잠재적인 가치를 평가할 수 있다.

다양한 유형의 데이터 분석 모델에 대한 전문성

데이터 과학자들은 데이터 관리, 데이터 마이닝, 머신러닝 그리고 시각화를 포함해 데이터 과학의 다양한 모델과 알고리즘을 활용해야 한다. 실제 문제를 해결하고자 데이터 과학자들은 서로 다른 데이터 과학 분야의 알고리즘을 유기적으로 통합해야 한다. 때때로 솔루션의 한 단계로서 알고리즘을 설계하는 것은 이전 단계와 다음 단계에 따라 달라진다. 예를 들어, 데이터 관리 알고리즘을 설계하는 경우 클라우드 플랫폼 및 상위 레벨 머신러닝 알고리즘의 특성을 고려해야 한다.

클라우드 컴퓨팅 플랫폼 활용

빅데이터 분야에서 데이터는 더 이상 단일 컴퓨터에만 국한되지 않는다. 클라우드 컴퓨팅 플랫폼은 어반 컴퓨팅을 포함해 빅데이터 연구의 일반적인 인프라로 인식되고 있다. 해당 플랫폼을 활용하는 것은 자신들의 솔루션을 적용하기 위한 데이터 과학자들에게 필수적이다. 클라우드 컴퓨팅 플랫폼의 특징은 알고리즘 설계에도 영향을 미친다. 또한 신규 컴포넌트와 인터미디어^{intermedia} 계층을 추가해 클라우드 플랫폼을 어떻게 개선할 수 있는지 알고 있어야 한다. 개선된 클라우드 컴퓨팅 플랫폼은 더욱 효과적으로 어반 컴퓨팅 시스템을 지원할 수 있다(6장에서 자세히 다룬다).

1.5 어반 데이터

1.5.1 어반 데이터 분류

1.5.1.1 데이터 구조 및 시공간 특성 기반

그림 1.14에서 볼 수 있듯이 데이터셋 형식은 데이터 구조와 시공간 특성에 따라 6개의 범주로 분류될 수 있다. 데이터 구조와 관련해 포인트 기반^{point-based}과 네트워크 기반^{network-based} 데이터셋이 있으며, 각각 그림 상단과 하단에 있다. 시공간 특성에 따라 시공

간 정적 데이터, 공간 정적 및 시간 동적 데이터 그리고 시공간 정적 데이터가 존재하며, 3개의 칼럼column으로 표현된다.

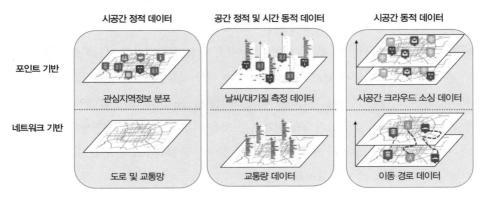

그림 1.14 어반 빅데이터의 6가지 데이터 유형

예를 들어, 포인트 데이터 구조로 표현된 그림 1.14의 첫 번째 칼럼에 표시된 것처럼 관심지역정보POI 데이터는 이름, 주소, 범주와 같은 시간에 영향을 받지 않는 정적인 위치와 고정된 특성을 갖는다.

네트워크 구조에서 볼 수 있듯이 도시의 도로 또한 위치, 이름, 차선의 개수 그리고 속도 제한과 같은 정적인 시공간 특성을 갖는다. 그림 1.14의 하단 가운데 칼럼에서 보이듯이 교통량과 관련해서 시간 경과에 따라 도로 교통량 데이터는 공간적으로 정적이지만 시간적으로는 동적인 데이터가 된다.

상단 가운데 칼럼을 보면 대부분의 날씨 데이터 및 대기질과 같은 지리적인 데이터는 고정된 센서가 배치됐지만 동적인 데이터를 지속적으로 생성하는 정적인 위치를 갖는다.

시공간 크라우드 센싱 데이터는 포인트 기반 시공간 동적 데이터셋으로 분류할 수 있다. 마지막 칼럼의 상단과 하단 사이의 차이점은 상단의 연속적인 포인트 사이의 순차적 특성이 하단보다 훨씬 약하다는 것이다. 예를 들어, 특정 장소에서 지리정보가 포함된 트윗tweet을 한 경우 며칠 후 또 다른 장소에서 트윗을 할 수 있다. 사람들이 두 장소 사이의 다른 많은 장소를 방문할 수 있기 때문에 두 장소의 관계성은 거의 없다.

1.5.1.2 데이터 소스 기반

어반 데이터를 분류하는 또 다른 방법은 소스에 기반하는 것이다. 예를 들어, 지리적 데이터, 교통 데이터, 이동 데이터, 환경 모니터링 데이터, 소셜 네트워크 데이터, 경제, 소비 그리고 헬스케어 데이터 등이다. 각 소스는 몇 개의 하위 범주로 구성될 수 있다. 예를 들어, 컴퓨팅 데이터는 사람들의 버스, 지하철 발권 데이터와 자전거 공유 시스템을 포함할 수 있다.

또한 데이터 소스는 어떻게 활용하는지에 따라 다양한 구조를 형성할 수 있다. 예를 들어, 자전거 공유 대여소의 관점에서 각 대여소의 자전거 대여 데이터는 포인트 기반의 공간적으로 정적 및 시간적으로 동적 데이터셋이 된다. 하지만 사람들이 대여소에서 자전거를 빌리고 다른 대여소에 반납하기 때문에 여러 대여소의 다양한 자전거 대여 데이터를 추가함으로써 자전거 대여소 사이에 네트워크를 형성할 수 있다. 또한 서로 다른 대여소 사이의 자전거 대여량은 시간이 지남에 따라 변화한다. 결과적으로 대량의 다양한 대여소의 자전거 공유 데이터는 네트워크 기반의 공간적으로 정적이고 시간적으로 동적인 데이터셋으로 여겨진다.

표 1.3 분류 체계에서 서로 다른 범주와 매핑되는 데이터 소스

데이터 구조	시공간 특성		
	시공간 정적 데이터	공간 정적 및 시간 동적 데이터	시공간 동적 데이터
포인트 기반	관심지역정보, 지리 정보 사용	날씨 데이터, 대기질, 차량 루프 감지기, 감시 카메라 데이터, 자전거 공유 대여소 데이터, 주택 가격, 전기세	위치 기반의 소셜 네트워크 체크인 데이터, 크라우드 센싱 데이터, 신용카드 결제 데이터
네트워크 기반	도로망 및 강, 철도, 지하철 시스템 구조	교통량, 무선 통신 네트워크, 철도, 지하철 그리고 자전거 공유 시스템	개인 휴대전화 시그널, 차량의 GPS 이동 경로, 동물들의 이동 그리고 허리케인

이 두 가지 요인을 고려할 때 한 소스의 데이터는 표 1.3에 보이는 것과 같이 데이터 구조와 시공간 분포 특성에 기반한 분류 체계에서 복수의 범주에 포함될 수 있다.

1.5.2절에서는 소스를 기반으로 하는 어반 데이터의 유형을 소개하고, 어반 컴퓨팅 애플리케이션에서 발생할 수 있는 잠재적인 문제점을 논의할 것이다.

1.5.2 지리 데이터

1.5.2.1 도로망 데이터

도로망 데이터는 어반 컴퓨팅에서 가장 자주 사용되는 지리 데이터일 수 있다(예. 교통 모니터링 및 예측, 도시 계획, 경로 및 에너지 소비 분석). 일반적으로 노드를 연결하는 에지(^{edge}, 도로 구간 표시)와 노드 집합(도로 교차로)으로 구성된 그래프로 나타낸다. 각 노드는 고유한 ID와 지리 공간 좌표를 갖고 있으며, 각 에지는 2개의 노드(또는 터미널)와 여러 개의 특정 지리 공간(도로 구간이 직선이 아닌 경우)으로 나타낸다. 길이, 속도 제한, 도로 종류(고속도로, 대로 또는 거리), 편도 또는 양방향, 차선 수와 같은 다른 특성은 에지와 관련된다.

1.5.2.2 관심지역정보 데이터

레스토랑 또는 쇼핑몰과 같은 관심지역정보^{POI}는 일반적으로 이름, 주소, 범주 및 지리 공간 좌표로 구성된다. 레스토랑이 상호를 변경하거나 다른 곳으로 이전하는 경우가 가끔씩 있긴 하지만, 관심지역정보는 한번 생성되면 거의 변경되지 않는다. 도시에는 대량의 관심지역정보 데이터가 존재하기 때문에 해당 데이터를 수집하는 것은 쉬운 일이 아니다. 일반적으로 관심지역정보 데이터를 생성하는 방법에는 두 가지가 있다.

한 가지 방법은 지오코딩^{geocoding} 알고리즘을 사용해 전화번호부의 주소와 같은 좌푯값을 통해 관심지역정보 데이터를 획득하는 것이다. 다른 하나는 실제 존재하는 관심지역정보 데이터를 수동으로 수집하는 것이다. 예를 들어, 관심지역정보 좌표를 기록하려고 GPS 로거^{logger}를 휴대하는 것이다. 이 방법은 데이터 제공자의 상당한 노력이 요구된다. 포스퀘어^{Foursquare}와 같은 최근 위치 기반 소셜 네트워킹 서비스에서는 사용자가 직접 신규 관심지역정보를 생성할 수 있다.

최대한 넓은 관심지역정보를 확보하기 위해 가장 많이 사용되는 빙^{Bing}, 구글 맵$^{Google Maps}$과 같은 온라인 지도 서비스는 위의 두 가지 방법 모두를 사용한다. 그 결과 관심지역정보를 어떻게 검증할 것인지와 같은 몇 가지 문제점이 발생한다. 때때로 관심지역정보의 좌표가 부정확할 수 있으며, 사용자들을 잘못된 곳으로 안내할 수 있다. 또 다른 주요 문제점은 서로 다른 소스와 방법으로부터 생성된 데이터를 어떻게 통합할 것인가다[69].

1.5.2.3 토지 이용 데이터

토지 이용 데이터는 원래 도시 계획가에 의해 설계되고 위성 사진을 통해 대략적으로 확인된 거주 지역, 교외, 자연 지역과 같은 지역의 역할을 설명한다[23]. 예를 들어, 미국 지질 조사국$^{Geological Survey}$은 각 30m×30m 사각형을 각각 초원, 물, 상업용 등 21개의 지질 유형으로 분류한다. 시간이 지남에 따라 도시가 변하고 다양한 인프라 공사가 진행되고 오래된 건물들이 사라지는 많은 개발 도상국에서는 실제 도시의 모습이 원래 계획과 달라질 수 있다. 대부분의 위성 이미지는 교육, 상업 및 주거 지역과 같은 세부적인 토지 이용 범주를 구별할 수 없기 때문에 대도시의 현재 토지 이용 데이터를 획득하려면 휴먼 모빌리티 및 관심지역정보와 같은 데이터셋에 기반한 일정한 수준의 추론이 필요하다 [51, 54].

1.5.3 도로망의 교통 데이터

1.5.3.1 차량 루프 감지기 데이터

차량 루프^{loop} 감지기, 감시 카메라, 시험차량$^{floating\ car}$을 이용해 교통 데이터를 수집하는 다양한 방법들이 있다. 차량이 고속도로를 통행하는 데 걸리는 시간 간격을 확인하기 위해 일반적으로 한 쌍의 차량 루프 감지기가 고속도로와 같은 주요 도로에 배치돼 있다. 한 쌍의 루프 감지기 사이의 거리를 시간 간격으로 나누면 도로의 차량 이동 속도를 예측할 수 있다. 한편 도로의 교통량은 각 시간별 루프 감지기를 통과하는 차량의 수를 계산하면 알 수 있다. 루프 감지기를 배치하고 관리하는 것은 상당한 비용과 인력이 요구되기 때문에 차량 모니터링 기술은 통행량이 적은 도로보다는 주요 도로에 사용된다. 따라서 루프 감지기의 감지 범위는 매우 제한적이다. 또한 루프 감지기 데이터는 차량들의 단일 도로 및 도로 간 이동에 관련한 데이터를 제공해 주지 못한다. 결과적으로 교차로에서 보내는 이동 시간(신호등 및 방향 전환 대기)은 해당 종류의 센서 데이터에서 찾아낼 수 없다.

1.5.3.2 감시 카메라

감시 카메라는 도시에 폭넓게 설치돼 대량의 이미지와 비디오를 생성한다. 해당 데이터는 실제 교통 상황을 시각적으로 전달한다. 하지만 해당 이미지와 비디오를 자동으로 특정 교통량 및 이동 속도로 변환하는 것은 어렵다. 높이, 각도, 초점과 같은 카메라 설정과 도로의 위치 구조에 영향을 받기 때문에 특정 장소에서 학습시킨 머신러닝 모델을 다른 장소에 적용하는 것은 어렵다. 따라서 도시 전체의 교통 상황에 대한 모니터링은 여전히 사람의 개입이 필요하다.

1.5.3.3 시험차량 데이터

시험차량 데이터[40]는 GPS 센서를 탑재하고 도시 전체를 이동하는 차량에 의해 생성된다. 해당 차량의 이동 경로는 중앙 시스템으로 전송되고, 도로의 주행 속도를 알아내기 위해 도로 상황에 맞게 주행을 한다. 이미 많은 도시에서 택시, 버스, 그리고 화물 트럭에 GPS가 여러 목적으로 설치돼 있기 때문에 시험차량 데이터는 이미 폭넓게 사용되고 있다. 루프 감지기 및 감시 카메라 기반 접근과 달리 시험차량 기반 교통 모니터링 방법은 유연성이 높고 설치 비용도 낮다. 하지만 시험차량 데이터의 범위는 탐지 차량의 분포에 따라 달라지며, 시간이 흐름에 따라 오류가 생길 수 있다. 제한적이고 왜곡된 데이터를 기반으로 한 도시 전체의 교통 상황을 유추할 수 있는 고급 데이터 탐색 기술이 요구된다 [41].

교통 상황을 예측하기 위해 시험차량 데이터를 활용하는 것 외에 택시의 GPS 경로를 소셜 및 커뮤니티 동적 데이터로 변환할 수 있다[6]. 예를 들어, 택시의 승객 승하차 지점은 휴먼 모빌리티 데이터 유형으로 분류될 수 있고, 도시의 이동 패턴을 연구해 도시 계획을 개선하는 데 도움을 줄 수 있다[74]. 또한 휴먼 모빌리티 데이터는 지역의 역할을 나타내며[51, 54], 비즈니스 및 상업[10, 11] 그리고 환경 보호와 관련 있다[71].

1.5.4 휴대전화 데이터

어반 컴퓨팅에 기여하는 휴대전화 데이터의 종류에는 통화기록^{CDR, Call Detail Record}, 휴대전화 위치 데이터 그리고 모바일 앱 로그가 있다.

1.5.4.1 통화기록

통화기록[CDR]은 전화 통화에 의해 생성되는 데이터 기록으로 발신자와 수신자의 전화번호, 기지국, 통화 시작 시간 및 통화 시간 등 단일 인스턴스에 특정한 속성을 포함한다 [17, 38]. 통화기록은 다양한 기능을 제공한다. 전화 서비스 제공 업체의 경우 전화 요금 청구서를 발행하는 데 사용된다. 법 집행 기관의 경우 통화기록은 기지국을 통해 전화 통화를 하는 동안 용의자 식별에 도움이 되는 다양한 정보를 제공한다. 또한 개인의 대인관계, 의사소통 및 행동 패턴에 대한 세부 사항을 확인할 수 있다. 따라서 사용자들의 네트워크를 구축하고 다른 사용자들 사이의 유사성과 상관관계를 추정할 수 있다.

1.5.4.2 휴대전화 위치 데이터

휴대전화 위치 데이터는 사용자 간의 통신이 아닌 휴대전화의 위치를 식별하는 휴대전화 신호다. 휴대전화의 위치 파악에는 2가지 방법이 있는데 하나는 삼각 측량 알고리즘 triangle-positioning algorithm을 사용해 3개 이상의 기지국이 수신한 신호를 기준으로 휴대전화 위치를 대략적으로 추정하는 것이다. 다른 하나는 사용자의 스마트폰에서 실행되는 모바일 앱의 데이터 통신에서 GPS 좌표를 추출하는 것이다. 첫 번째 방법은 휴대전화를 무선 통신망에 연결하기만 하면 위치를 추정할 수 있다는 점에서 널리 이용할 수 있지만, 기지국 개수에 따라 위치 정확도가 영향을 받는다. 두 번째 방법은 사용자가 GPS 값을 사용하는 모바일 앱을 실행하지 않으면 위치 정보를 알 수 없기 때문에 가용성이 낮다. 하지만 기지국 기반의 삼각 측량 알고리즘이 아닌 GPS 센서에 의해 위치 정보가 생성되므로 위치 정확도는 매우 높다.

휴대전화 위치 데이터는 기지국 정보를 기반으로 휴대전화의 위치를 확인할 수 있으므로 통화기록보다 훨씬 더 자세한 위치 정보를 제공한다. 만약 사람들이 휴대전화를 사용하지 않으면 위치를 알 수 없다. 또한 기지국은 일반적으로 특정 영역에 한정되므로 사용자의 위치를 정확히 알아내기 어렵다. 휴대전화 위치 데이터는 도시 전체의 휴먼 모빌리티를 나타내며 해당 데이터는 도시의 이상 현상 감지 및 장기적 도시의 역할과 도시 계획을 연구하는 데 사용될 수 있다. 때때로 두 종류의 휴대전화 데이터가 통합된다. 즉, 통화 기록과 각 휴대전화의 위치에 관한 기록이 보관된다.

1.5.4.3 모바일 앱 로그

대다수의 모바일 앱은 스마트폰을 사용하는 경우 사용자의 행동을 기록한다. 이러한 사용자 로그는 사용자의 환경 설정과 프로필을 의미하며, 앱 디자인을 개선하고 개인 맞춤형 광고를 할 수 있게 한다. 대용량 모바일 앱 로그를 활용하면 해당 지역 사용자들의 생활 패턴과 생활 방식을 보여 준다. 또한 상업적인 트렌드를 예측할 수도 있다. 예를 들어, 많은 사람이 모바일 앱을 사용해 특정 부동산을 검색하면 부동산 가격이 상승할 수 있다. 원칙적으로 앱 로그는 운영자만 접근할 수 있다. 하지만 데이터가 암호화되지 않은 경우에는 무선 네트워크 사업자와 휴대전화 제조업체가 데이터에 접근할 수 있다. 모바일 앱 로그를 활용하면서 사용자의 개인 정보를 보호하는 것은 어려운 과제다.

1.5.5 이동 데이터

도시를 이동하는 사람들은 지하철 및 버스 시스템의 카드 스와이핑^{card swiping} 데이터, 자전거 공유 데이터, 택시 요금 데이터 및 주차장에서 티켓 발권과 같은 대규모 이동 데이터를 생성한다.

1.5.5.1 카드 스와이핑 데이터

카드 스와이핑 데이터는 도시의 대중교통 시스템에서 광범위하게 사용된다. 사람들은 지하철역에 들어가거나 버스에 탑승할 때 RFID 카드를 스와이프^{swipe}한다. 일부 시스템은 또한 버스를 하차하거나 지하철역을 나올 때 다시 한번 카드를 스와이프해야 한다. 각각의 스와이프 기록들은 버스역, 지하철역 ID와 버스역과 지하철역의 출도착 시간과 날짜, 비용으로 구성된다. 카드 스와이핑 데이터는 원래 대중교통 이용 요금 청구서를 위해 만들어졌지만, 대규모 카드 스와이핑 데이터는 기존 대중교통 시스템을 개선할 수 있다. 예를 들어, 기존 버스 및 지하철의 스케줄을 최적화하거나 신규 버스 및 지하철 노선을 계획할 수 있다.

1.5.5.2 자전거 공유 데이터

자전거 공유 시스템은 뉴욕, 파리, 베이징 등 많은 주요 도시에서 폭넓게 사용되며, 사람들의 통근에 편리한 교통 수단을 제공한다. 사용자는 가까운 대여소에서 자전거를 빌려서(체크아웃) 목적지에서 가까운 대여소에 반납(체크인)할 수 있다. 사용자들은 자전거를 대여 또는 반납할 때 RFID 카드를 스와이프해야 한다. 스와이프 기록은 자전거 ID, 시간과 날짜 그리고 대여소 ID로 구성되며 각 카드가 스와이프될 때 생성된다. 자전거 공유 시스템은 대여소 간 자전거 수량 조정에 대한 어려움에 처해 있다. 본질적으로 자전거 사용량은 편차가 있으며, 시간과 장소에 따라 변화한다. 결과적으로 일부 대여소는 반환된 자전거를 세워 둘 장소가 부족할 수 있고, 반면 다른 대여소는 이용할 수 있는 자전거가 부족할 수 있다[26]. 자전거 공유 데이터는 각 대여소의 현재 자전거 대수를 모니터링하고 향후 자전거 수요를 예측해 운영자가 자전거를 사전에 배치할 수 있도록 한다. 또한 대여소 배치 계획에도 활용될 수 있다.

최근 일부 대여소 없는 자전거 공유 시스템을 통해 사용자는 임의의 위치에서 자전거를 편리하게 주차하고 픽업할 수 있다. 해당 시스템은 사용자의 이동 경로를 기록해 도시에서 자전거 도로를 효과적으로 계획하는 데 도움이 된다[2].

1.5.5.3 택시 기록

택시 기록은 택시 요금 데이터와 이동 데이터의 2가지 유형의 정보로 구성된다. 이동 데이터는 승하차 위치와 시간, 각 이동 시간 및 거리, 택시 ID 그리고 승객 수가 포함된다. 요금 데이터는 택시 요금, 팁 그리고 각 이동 거리에 대한 세금이 포함된다.

1.5.5.4 주차 데이터

도로변 주차는 일반적으로 파킹미터parking meter를 통해 요금을 지불한다. 주차 요금 정보는 티켓이 발부된 시간과 주차 요금이 포함된다. 해당 정보는 주변의 교통량을 나타내며, 도시의 주차 시설 개선뿐만 아니라 사람들의 이동 패턴을 분석하는 데 활용할 수 있다. 후자는 위치 기반 광고 및 비즈니스 위치 선정에 도움을 준다.

1.5.6 환경 모니터링 데이터

1.5.6.1 날씨 데이터

날씨 데이터는 습도, 온도, 기압계, 풍속, 풍향, 강수량 그리고 맑음, 흐림, 비와 같은 날씨 정보를 포함한다. 날씨 데이터는 기상 관측소에서 생성되고 공개 웹 사이트에 발표된다. 날씨 데이터의 시간 정밀도는 도시와 국가에 따라 다르며, 분과 시간으로 나타낼 수 있다. 공간 정밀도는 관측소 모니터링부터 도시까지 가능하다. 날씨 예보는 항공, 해양 그리고 농업 분야를 포함한 다양한 분야에서 항상 중요한 과제다. 현재 날씨 예보는 기존 예보 모델을 활용하며 사람이 개입해야 한다.

1.5.6.2 대기질 데이터

초미세먼지, 이산화질소(NO_2), 아황산가스(SO_2) 농도와 같은 대기질 데이터는 대기질 모니터링 관측소를 통해 수집된다. 이산화탄소(CO_2) 및 일산화탄소(CO)와 같은 일부 가스는 모바일 센서에 의해 탐지될 수 있지만, 초미세먼지 및 미세먼지를 정확하게 측정하려면 충분한 대기가 센서에 흡수돼야 한다. 따라서 이와 같은 관측소는 특정한 토지 면적과 유지보수 인력이 필요하기 때문에 일반적으로 매우 크고 비용이 많이 든다.

관측소 데이터는 다양한 대기 오염물질 농도를 나타낸다. 예를 들어, $0.0014\mu g/m^3$ 값을 나타낼 수 있다. 날씨 예보에서는 대기 오염물질의 농도를 0부터 500 사이의 개별 대기질 지수^{AQI, Air Quality Index}로 변환한다. 몇몇 국가는 변환에 대한 자체적인 표준을 갖고 있다(자세한 내용은 [81] 참조). 최종적으로 시간 간격 동안 대기질의 간격을 나타내기 위해 모든 대기 오염 물질의 최대 개별 대기질 지수가 선택된다. 대기질 지수 범위는 서로 다른 색을 가진 여섯 단계로 나뉜다. 표 1.4는 미국의 대기질 지수 표준을 나타낸다. 예를 들어, 대기질 지수 0부터 50은 대기질이 좋음으로 나타내며, 색깔은 녹색이다.

표 1.4 대기질 지수값, 설명, 색

대기질 지수	건강과 관련된 대기질 지수	색
0 – 50	좋음	녹색
51 – 100	보통	노란색
101 – 150	나쁨(민감군 대상)	주황색
151 – 200	나쁨	빨간색
201 – 300	매우 나쁨	보라색
301 – 500	위험	갈색

교통 흐름과 토지 용도와 같은 여러 복잡한 요인에 의해 영향을 받는 도시의 대기질은 지역에 따라 크게 달라지며 시간이 지남에 따라 수시로 변화한다. 따라서 제한된 개수의 측정소는 도시 전체의 세밀한 대기질을 보여 줄 수 없다[71]. 게다가 최근에는 높은 수준의 대기질 예측에 대한 수요가 증가하고 있다.

1.5.6.3 노이즈 데이터

노이즈 데이터는 사람들의 정신적, 육체적 건강에 직접적으로 영향을 미치는 환경 데이터다[15]. 많은 도시가 소음 수준을 측정하고자 센서를 설치한다. 대부분의 외부 소음은 기계, 교통 시스템, 자동차, 항공 그리고 기차에 의해서 발생된다[16]. 하지만 소음 공해 수준은 소음 강도 및 소음에 대한 사람들의 인식에 의해 좌우된다[15]. 후자는 시간에 따라 다르며 사람마다 매우 다양하다. 또한 소음은 여러 가지 소리의 혼합이다. 소음 센서는 특정 위치의 소음 구성에 대해 알려 줄 수 없으며, 시간과 위치에 따라 소음이 크게 달라진다는 사실은 말할 것도 없다.

최근에는 사람을 센서로 활용해 소음 데이터를 수집하는 여러 연구 시도가 있었다. 예를 들어, 뉴욕과 같은 도시에는 사람들이 전화로 긴급하지 않은 불만을 등록할 수 있는 311 플랫폼311 platfrom이 있다. 접수된 불만 기록은 각각 시간과 날짜, 지역 그리고 범주로 분류된다. 소음은 도시의 소음 공해를 진단할 수 있는 데이터에서 세 번째로 큰 범주다[73]. 다른 연구 프로젝트에서는 특정 장소의 소음을 수집하고자 사용자의 휴대전화를 활용했으며, 사용자들이 들었던 소음 유형을 태그tag하도록 요청했다.

1.5.6.4 도시의 수질

도시의 수질이란 수역$^{body\ of\ water}$의 물리적, 화학적, 생물학적 특성을 의미한다. 수질은 '강력한 환경 결정 요인' 및 '수인성 질병의 예방과 통제를 위한 토대'의 역할을 한다[49]. 잔류 염소$^{residual\ chlorine}$, 혼탁도^{turbidity} 그리고 pH 농도와 일부 지표는 분산 시스템에서 도시 수질의 화학적 특성을 측정하는 데 사용된다[39]. 다른 유형의 센서는 수압, 온도, 흐름과 같은 수질의 물리적 특성을 감지하기 위해 배치된다. 도시의 물리, 화학적 수질 특성을 감지하는 센서들은 같은 장소에 설치되지 않는다. 해당 센서에 의해 생성되는 데이터는 몇 분 간격으로 업데이트된다. 수십만 개의 노드와 파이프를 포함하는 수질 시스템에 설치된 센서의 개수가 매우 제한적이기 때문에 효과적으로 수질을 모니터링하는 것은 여전히 매우 어렵다[30].

1.5.6.5 위성 원격 감지

위성 원격 감지는 지구의 표면을 다양한 길이의 빛으로 스캔해 넓은 지역의 생태 및 날씨를 나타내는 이미지를 생성한다. 해당 데이터는 도시 계획을 수정, 환경 오염 통제 및 환경 재해에 대응하기 위해 사용할 수 있다.

1.5.7 소셜 네트워크 데이터

소셜 네트워크 데이터는 3개의 파트로 구성된다. 첫째는 사용자 프로필이며, 성별, 주소 및 나이와 같은 사용자의 개인 특성이다. 개인 정보에 대한 우려가 있기 때문에 해당 정보는 일반적으로 정확하게 입력돼 있지 않을 수 있다. 프로필 정보는 여러 종류의 추천 (광고)을 하는 데 유용하다.

둘째는 그래프로 표현된 소셜 구조로서 관계, 상호의존성, 사용자 간의 상호작용을 나타낸다. 소셜 구조는 커뮤니티 구성원을 파악하고, 소셜 네트워크를 통한 정보의 확산 그리고 심지어 사용자 프로필에서 누락된 가치를 예측하는 데 도움을 줄 수 있다.

셋째는 텍스트, 사진 그리고 비디오와 같은 사용자가 생성한 소셜 미디어다. 해당 데이터는 사용자의 행동과 관심사에 대한 많은 정보를 포함한다. 위치 정보가 포함된 트윗을 하거나 포스퀘어의 체크인 데이터와 같이 사용자가 소셜 미디어에 위치를 추가하는 경우 사람들의 이동성을 모델링할 수 있다. 해당 모델링은 도시 계획 및 이상 현상 탐지에 유용하다[36].

1.5.8 에너지

1.5.8.1 차량의 에너지 소비

도로 또는 주유소의 차량 유류 소비량은 도시의 에너지 소비를 반영한다. 해당 데이터는 보험 회사가 차량에서 수많은 유형의 센서 데이터를 수집하기 위해 사용하는 센서에서 직접 획득할 수 있다. 또는 차량의 GPS 이동 경로[59, 60]와 같은 데이터를 통해 추론할 수 있다. 해당 데이터를 통해 주유소의 분포와 같은 도시의 에너지 인프라를 검증하고, 차량에서 배출되는 오염 물질을 계산하거나 가장 효율적인 경로를 찾는 데 사용될 수 있다.

최근 많은 전기차가 생산돼 자주 충전되고 있다. 충전 데이터는 전기차가 충전된 장소와 시간 및 사용된 전기 소비로 구성돼 충전소 배치에 대한 의사결정을 내릴 수 있도록 한다. 이 데이터는 또한 전기차의 배터리 설계를 개선하는 데 도움이 된다.

1.5.8.2 스마트 그리드 기술

스마트 그리드^{smart grid} 기술[9]은 전력망의 전자 제어, 계측 그리고 모니터링하기 위한 일환으로 등장했다. 최근 몇 년 동안 많은 스마트 미터와 센서가 전기 그리드에 설치돼 전력 소비, 전송 및 분배에 관한 데이터를 생성했다[13]. 아파트 또는 건물의 주거용 에너지 사용을 최적화하고 전력 수요가 낮은 시간대를 활용할 수 있다. 전력망의 센서 데이터는 에너지 전송 및 분배 최적화에 활용된다.

1.5.8.3 가정용 에너지 소비

가정의 전기, 수도 및 가스 소비를 원격으로 모니터링하고자 많은 스마트 미터가 설치됐다. 해당 데이터는 가정의 생활 패턴을 파악하고 가정의 경제적 상황을 예측할 수 있다. 해당 정보는 개인 맞춤형 마케팅에 유용하다. 해당 데이터를 적극적으로 활용해 지역 경제 수준을 추론하고 해당 지역의 부동산 가치를 예측하는 데 활용할 수 있다.

1.5.8.4 발전소

다양한 데이터셋이 석탄 보일러, 송풍기 그리고 배기 가스 정화 장치와 같은 화력 발전소 구성 요소에 의해 끊임없이 생성되고 있다. 해당 데이터는 에너지 효율을 향상시키기 위해 사용될 수 있으며, 더 적은 석탄으로 더 많은 전기를 생산할 수 있다.

1.5.9 경제

신용카드 거래 기록, 주가, 주택 가격 및 개인 소득과 같은 도시의 경제적 역학을 나타내는 다양한 데이터가 있다. 이 데이터 유형의 각 레코드는 위치, 시간, 날짜 및 가격과 연관된다. 해당 데이터셋을 종합적으로 사용하면 도시의 경제 리듬을 포착해 미래 경제를 예측할 수 있다.

1.5.10 헬스케어

이미 의료 행위 및 건강 검진 보고서에 대한 데이터셋을 비롯해 병원 및 클리닉에서 생성된 헬스케어 및 질병 데이터가 많이 존재한다. 건강 검진 보고서에는 다양한 수치, 흉부 X-선과 같은 이미지, 과거 이력 그리고 심전도와 같은 차트가 담겨 있다.

또한 웨어러블wearable 컴퓨팅의 발전으로 사람들이 손목밴드와 같은 웨어러블 장치로 심장 박동, 맥박 그리고 수면 시간과 같은 자신의 건강 상태를 모니터링할 수 있다. 심지어 진찰 및 원격 진료를 위해 데이터를 클라우드로 보낼 수 있다. 해당 데이터셋을 활용해 대기 오염이 도시의 천식 증상과 어떻게 관련돼 있는지 분석하거나 도시의 소음이 뉴욕에 사는 사람들의 정신 건강에 어떤 영향을 미치는지와 같이 환경 변화와 사람들의 건강과의 관계를 연구할 수 있다.

1.6 공개 데이터셋

뉴욕과 시카고를 포함한 몇몇 도시들은 데이터셋을 공개했다. 아래는 오픈 데이터셋 링크다.

- 뉴욕시 오픈 데이터: https://data.cityofnewyork.us/
- 시카고 오픈 데이터: https://data.cityofchicago.org/
- 마이크로소프트 어반 컴퓨팅 연구: https://www.microsoft.com/en-us/research/project/urban-computing/[66].
- 도시 소음: 뉴욕시의 소셜 미디어, 관심지역정보 그리고 도로망에서 수집된 311개의 불만 접수 데이터(https://www.microsoft.com/en-us/research/publication/diagnosing-new-york-citys-noises-with-ubiquitous-data/) [73].
- 도시 대기: 중국 5개 도시의 날씨 데이터 및 예보 데이터가 포함된 대기질 데이터 [19, 71, 77]. https://www.microsoft.com/en-us/research/publication/forecasting-fine-grained-air-quality-based-on-big-data/.
- 차량 속도와 관심지역정보, 도로망: 베이징 데이터셋에서 추출한 3가지 특성을 [41]에서 사용되는 3가지 모형으로 수용한다. https://www.microsoft.com/en-us/research/publication/travel-time-estimation-of-a-path-using-sparse-trajectories/. 데이터에 사용자 차원을 추가함으로써 특정 시간 슬롯의 특정 도로에서 특정 사용자의 이동시간을 설명하는 텐서tensor가 생성된다. 데이터는 [46]에서 사용됐으며 해당 URL(ttps://www.microsoft.com/en-us/research/publication/travel-time-estimation-of-a-path-using-sparse-trajectories/)에서 다운로드할 수 있다.
- 지오라이프GeoLife 경로 데이터셋[82]: 마이크로소프트 지오라이프 연구 프로젝트로서 2007년 4월부터 2012년 8월까지 182명의 사용자로부터 수집된 GPS 경로 데이터셋이다. 해당 데이터셋은 사용자들[25] 사이의 유사성을 추정하는 데 사용됐으며, 해당 유사성을 통해 친구 및 위치 추천을 가능하게 한다[75,79]. 또한 질의 지점에서 가장 가까운 경로를 찾는 문제를 연구할 때 사용됐다[8].
- T-드라이브Drive 택시 경로[83]: 2008년 1주일 동안 1만 대 이상의 베이징 택시에서 생성된 마이크로소프트 T-드라이브 연구 프로젝트[52, 53, 55]의 이동 경로 샘플. 전체 데이터셋을 사용해 택시 운전사에게 가장 빠른 실질적인 경로를 제시하고, 승객 픽업 장소를 추천하며[55, 57], 택시 합승을 활성화시키고[32, 33], 도시 교통망에서 문제가 되는 디자인을 수집하고[74], 도시 기능 영역을 식

별한다[51, 54].

- 교통 레이블이 포함된 GPS 경로[84]: 각각의 경로는 운전, 버스 타기, 자전거 타기 그리고 걷기와 같은 교통 모드 레이블을 가진다. 해당 데이터셋은 이동 경로 분류와 활동 인식을 검증할 때도 사용될 수 있다[67, 70, 72].

- 위치 기반 소셜 네트워크의 체크인 데이터[85]: 해당 데이터셋은 뉴욕시의 4만 9,000명 이상의 사용자와 로스엔젤레스의 3만 명의 사용자가 생성한 체크인 데이터와 사용자의 사회적 구조로 구성된다. 각 체크인 데이터는 위치 ID, 위치 범주, 시간과 날짜 그리고 사용자 ID를 포함한다. 사용자의 체크인 데이터는 샘플링 비율이 낮기 때문에 이동 경로의 불확실성을 연구하고 장소 추천을 평가하는 데 사용돼 왔다[3].

- 허리케인 경로[86]: 해당 데이터셋은 1851년부터 2012년까지 1,740개의 대서양 허리케인(공식적으로는 열대성 사이클론으로 정의되는) 이동경로를 포함한 미국 국립 허리케인 센터National Hurricane Center에 의해 제공된다. 국립 허리케인 센터는 또한 6월 11월까지 매년 허리케인 시즌 동안 매월 전형적인 허리케인 경로에 대한 정보를 제공한다. 해당 데이터셋은 경로 클러스터링 및 불확실성을 테스트하기 위해 사용된다.

- 그리스 트럭 경로[87]: 해당 데이터셋은 그리스 아테네 주변에서 콘크리트를 운반하는 50대의 트럭으로부터 수집된 1,100개의 이동 경로를 포함한다. 해당 데이터는 이동 패턴을 마이닝하는 데 사용된다[12].

- 무브뱅크Movebank 동물 추적 데이터[88]: 무브뱅크는 동물 추적 연구자들이 데이터 관리, 공유, 보호, 분석, 조회하기 위한 무료 온라인 데이터 베이스다.

참고문헌

[1] Andrienko, N., G. Andrienko, and P. Gatalsky. 2003. "Exploratory Spatio-Temporal Visualization: An Analytical Review." *Journal of Visual Languages and Computing* 14 (6): 503–541.

[2] Bao, J., T. He, S. Ruan, Y. Li, and Y. Zheng. 2017. "Planning Bike Lanes Based

on SharingBike's Trajectories." In *Proceedings of the 23rd SIGKDD Conference on Knowledge Discovery and Data Mining*. New York: Association for Computing Machinery (ACM).

[3] Bao, J., Y. Zheng, and M. F. Mokbel. 2012. "Location-Based and Preference-Aware Recommendation Using Sparse Geo-Social Networking Data." In *Proceedings of the 20th ACM SIGSPATIAL International Conference on Advances in Geographic Information Systems*. New York: ACM, 199–208.

[4] Burke, J. A., D. Estrin, M. Hansen, A. Parker, N. Ramanathan, S. Reddy, and M. B. Srivastava. 2006. *Participatory Sensing*. Los Angeles: Center for Embedded Network Sensing.

[5] Candia, J., M. C. González, P. Wang, T. Schoenharl, G. Madey, and A. L. Barabási. 2012. "Uncovering Individual and Collective Human Dynamics from Mobile Phone Records." *Journal of Physics A: Mathematical and Theoretical* 41 (22): 224015.

[6] Castro, P. S., D. Zhang, C. Chen, S. Li, and G. Pan. 2013. "From Taxi GPS Traces to Social and Community Dynamics: A Survey." *ACM Computer Survey* 46 (2), article no. 17.

[7] Chen, Y., Kai Jiang, Yu Zheng, Chunping Li, and Nenghai Yu. 2009. "Trajectory Simplification Method for Location-Based Social Networking Services." In *Proceedings of the ACM GIS Workshop on Location-Based Social Networking Services*. New York: ACM.

[8] Chen, Zaiben, Heng Tao Shen, Xiaofang Zhou, Yu Zheng, and Xing Xie. 2010. "Searching Trajectories by Locations: An Efficiency Study." In *Proceedings of the ACM SIGMOD International Conference on Management of Data*. New York: ACM.

[9] Farhangi, H. 2010. "The Path of the Smart Grid." *IEEE Power and Energy Magazine* 8 (1): 18–28.

[10] Fu, Y., Yong Ge, Yu Zheng, Zijun Yao, Yanchi Liu, Hui Xiong, and Nicholas Jing Yuan. 2014. "Sparse Real Estate Ranking with Online User Reviews and Offline Moving Behaviors." Washington, DC: Institute of Electrical and Electronics Engineers (IEEE) Computer Society Press.

[11] Fu, Y., H. Xiong, Yong Ge, Zijun Yao, and Y. Zheng. 2014. "Exploiting Geographic Dependencies for Real Estate Appraisal: A Mutual Perspective of Ranking and Clustering." In *Proceedings of the 20th SIGKDD Conference on Knowledge*

Discovery and Data Mining. New York: ACM.

[12] Giannotti, F., M. Nanni, F. Pinelli, and D. Pedreschi. 2007. "Trajectory Pattern Mining." In *Proceedings of the 13th ACM SIGKDD International Conference on Knowledge Discovery and Data Mining*. New York: ACM, 330–339.

[13] Gungor, V. C., D. Sahin, T. Kocak, S. Ergut, C. Buccella, C. Cecati, and G. P. Hancke. 2011. "Smart Grid Technologies: Communication Technologies and Standards." *IEEE Transactions on Industrial Informatics* 7 (4): 529–539.

[14] Guo, B., Z. Yu, X. Zhou, and D. Zhang. 2014. "From Participatory Sensing to Mobile Crowd Sensing." In *Pervasive Computing and Communications Workshops (PERCOM Workshops), 2014 IEEE International Conference*. Washington, DC: IEEE Computer Society Press, 593–598.

[15] Hoffmann, B., S. Moebus, A. Stang, E. M. Beck, N. Dragano, S. Möhlenkamp, A. Schmermund, M. Memmesheimer, K. Mann, R. Erbel, and K. H. Jöckel. 2006. "Residence Close to High Traffic and Prevalence of Coronary Heart Disease." *European Heart Journal* 27 (22): 2696–2702.

[16] Hogan, C.M., and G. L. Latshaw. 1973. "The Relationship between Highway Planning and Urban Noise." In *Proceedings of the ASCE Urban Transportation Division Environment Impact Specialty Conference*. New York: American Society of Civil Engineers.

[17] Horak, R. 2007. *Telecommunications and Data Communications Handbook*. Hoboken, NJ: WileyInterscience, 110–111.

[18] Howe, J. 2006. "The Rise of Crowdsourcing." *Wired Magazine* 14 (6): 1–4.

[19] Hsieh, H.-P., S.-D. Lin, and Y. Zheng. 2015. "Inferring Air Quality for Station Location Recommendation Based on Big Data." In *Proceedings of the 21st SIGKDD Conference on Knowledge Discovery and Data Mining*. New York: ACM.

[20] Ji, S., Y. Zheng, and Tianrui Li. 2016. "Urban Sensing Based on Human Mobility." In *Proceedings of the 18th ACM International Conference on Ubiquitous Computing*. New York: ACM.

[21] Kindberg, T., M. Chalmers, and E. Paulos. 2007. "Guest Editors' Introduction: Urban Computing." *Pervasive Computing* 6 (3): 18–20.

[22] Kostakos, V., and E. O'Neill. 2008. "Cityware: Urban Computing to Bridge Online and RealWorld Social Networks." *Handbook of Research on Urban Informatics*. Hershey, PA: IGI Global.

[23] Krumm, J., and Eric Horvitz. 2006. "Predestination: Inferring Destinations from Partial Trajectories." In *Proceedings of the 8th International Conference on Ubiquitous Computing*. New York:ACM.

[24] Lee, R., and K. Sumiya. 2010. "Measuring Geographical Regularities of Crowd Behaviors for Twitter-Based Geo-social Event Detection." In *Proceedings of the 2nd ACM SIGSPATIAL GIS Workshop on Location Based Social Networks*. New York: ACM, 1–10.

[25] Li, Q., Yu Zheng, Xing Xie, Yukun Chen, Wenyu Liu, and Wei-Ying Ma. 2008. "Mining User Similarity Based on Location History." In *Proceedings of the 16th ACM SIGSPATIAL Conference on Advances in Geographical Information Systems*. New York: ACM, 1-10.

[26] Li, Yexin, Yu Zheng, Huichu Zhang, and Lei Chen. 2015. "Traffic Prediction in a BikeSharing System." In *Proceedings of the 23rd ACM International Conference on Advances in Geographical Information Systems*. New York: ACM.

[27] Li, Y., Jie Bao, Yanhua Li, Zhiguo Gong, and Yu Zheng. 2017. "Mining the Most Influential k-Location Set from Massive Trajectories." *IEEE Transactions on Big Data*. doi:10.1109/TBDATA.2017.2717978.Overview 43

[28] Liu, D., D. Weng, Y. Li, J. Bao, Y. Zheng, H. Qu, and Y. Wu. 2017. "SmartAdP: Visual Analytics of Large-Scale Taxi Trajectories for Selecting Billboard Locations." *IEEE Transactions on Visualization and Computer Graphics* 1:1–10.

[29] Liu, W., Yu Zheng, Sanjay Chawla, Jing Yuan, and Xing Xie. 2011. "Discovering Spatiotemporal Causal Interactions in Traffic Data Streams." In *Proceedings of the 17th SIGKDD Conference on Knowledge Discovery and Data Mining*. New York: ACM.

[30] Liu, Y., Yu Zheng, Yuxuan Liang, Shuming Liu, and David S. Rosenblum. 2016. "Urban Water Quality Prediction Based on Multi-task Multi-view Learning." In *Proceedings of the 25th International Joint Conference on Artificial Intelligence*. Pasadena, CA: International Joint Conferences on Artificial Intelligence Organization (IJCAI).

[31] Lou, Y., Chengyang Zhang, Yu Zheng, Xing Xie, Wei Wang, and Yan Huang. 2009. "MapMatching for Low-Sampling-Rate GPS Trajectories." In *Proceedings of the 17th ACM SIGSPATIAL Conference on Geographical Information Systems*. New York: ACM.

[32] Ma, Shuo, Yu Zheng, and Ouri Wolfson. 2013. "T-Share: A Large-Scale

Dynamic Taxi Ridesharing Service." In *Proceedings of the 29th IEEE International Conference on Data Engineering*. Washington, DC: IEEE Computer Society Press.

[33] Ma, Shuo, Yu Zheng, and Ouri Wolfson. 2015. "Real-Time City-Scale Taxi Ridesharing." *IEEE Transactions on Knowledge and Data Engineering* 27, no. 7 (July): 1782 – 1785.

[34] Martinoc, D., S. M. Bertolottoa, F. Ferruccic, T. Kechadi, and P. Compieta. 2007. "Exploratory Spatio-temporal Data Mining and Visualization." *Journal of Visual Languages and Computing* 18 (3): 255 – 279.

[35] Ngiam, J., A. Khosla, M. Kim, J. Nam, H. Lee, and A. Y. Ng. 2011. "Multimodal Deep Learning." In *Proceedings of the 28th International Conference on Machine Learning*. Pittsburgh, PA: International Machine Learning Society, 689 – 696.

[36] Pan, B., Y. Zheng, D. Wilkie, and C. Shahabi. 2013. "Crowd Sensing of Traffic Anomalies Based on Human Mobility and Social Media." In *Proceedings of the 21st ACM SIGSPATIAL Conference Advances in Geographic Information Systems*. New York: ACM, 334 – 343.

[37] Pang, L. X., Sanjay Chawla, Wei Liu, and Yu Zheng. 2013. "On Detection of Emerging Anomalous Traffic Patterns Using GPS Data." *Data and Knowledge Engineering* 87 (September): 357 – 373.

[38] Peterson, K. 2000. *Business Telecom Systems: A Guide to Choosing the Best Technologies and Services*. New York: CMP Books.

[39] Rossman, Lewis A., Robert M. Clark, and Walter M. Grayman. 1994. "Modeling Chlorine Residuals in Drinking Water Distribution Systems." *Journal of Environmental Engineering* 120 (4): 803 – 820.

[40] Schäfer, R. P., K. U. Thiessenhusen, and P. Wagner. 2002. "A Traffic Information System by Means of Real-Time Floating-Car Data." *ITS World Congress* 11 (October): 14.

[41] Shang, J., Yu Zheng, Wenzhu Tong, Eric Chang, and Yong Yu. 2014. "Inferring Gas Consumption and Pollution Emission of Vehicles throughout a City." In *Proceedings of the 20th SIGKDD Conference on Knowledge Discovery and Data Mining*. New York: ACM.

[42] Song, R., Weiwei Sun, Baihua Zheng, and Yu Zheng. 2014. "Press: A Novel Framework of Trajectory Compression in Road Networks." In *Proceedings of the 40th International Conference on Very Large Data Bases*. San Jose, CA: Very Large Data

Bases Endowment (VLDB).

[43] Srivastava, N., and R. R. Salakhutdinov. 2012. "Multimodal Learning with Deep Boltzmann Machines." *Neural Information Processing Systems* (NIPS), 2222–2230.

[44] Sun, Yu, Jianzhong Qi, Yu Zheng, and Rui Zhang. 2015. "K-Nearest Neighbor Temporal Aggregate Queries." In *Proceedings of the 18th International Conference on Extending Database Technology*. Konstanz, Germany: Extending Database Technology.

[45] Tobler W. 1970. "A Computer Movie Simulating Urban Growth in the Detroit Region." *Economic Geography* 46 (2): 234–240.

[46] Wang, Y., Yu Zheng, and Yexiang Xue. 2014. "Travel Time Estimation of a Path Using Sparse Trajectories." In *Proceedings of the 20th SIGKDD Conference on Knowledge Discovery and Data Mining*. New York: ACM.

[47] Wei, L., Y. Zheng, and W. Peng. 2012. "Constructing Popular Routes from Uncertain Trajectories." In *Proceedings of the 18th ACM SIGKDD International Conference on Knowledge Discovery and Data Mining*. New York: ACM, 195–203.

[48] Wei, Ying, Yu Zheng, and Qiang Yang. 2016. "Transfer Knowledge between Cities." In *Proceedings of the 22nd SIGKDD Conference on Knowledge Discovery and Data Mining*. New York: ACM.

[49] World Health Organization. 2004. "Guidelines for Drinking-Water Quality." Volume 3.

[50] Yi, X., Yu Zheng, Junbo Zhang, and Tianrui Li. 2016. "ST-MVL: Filling Missing Values in Geo-sensory Time Series Data." In *Proceedings of the 25th International Joint Conference on Artificial Intelligence*. Pasadena, CA: IJCAI.

[51] Yuan, J., Yu Zheng, and Xing Xie. 2012. "Discovering Regions of Different Functions in a City Using Human Mobility and POIs." In *Proceedings of the 18th SIGKDD Conference on Knowledge Discovery and Data Mining*. New York: ACM.

[52] Yuan, J., Y. Zheng, X. Xie, and G. Sun. 2011. "Driving with Knowledge from the Physical World." In *Proceedings of the 17th SIGKDD Conference on Knowledge Discovery and Data Mining*. New York: ACM, 316–324.

[53] Yuan, J., Y. Zheng, X. Xie, and G. Sun. 2013. "T-Drive: Enhancing Driving Directions with Taxi Drivers' Intelligence." *IEEE Transactions on Knowledge and Data Engineering* 25 (1): 220–232.

[54] Yuan, N. J., Yu Zheng, Xing Xie, Y. Wang, Kai Zheng, and Hui Xiong. 2015. "Discovering Urban Functional Zones Using Latent Activity Trajectories." *IEEE Transactions on Knowledge and Data Engineering* 27 (3): 1041–4347.

[55] Yuan, N. J., Y. Zheng, L. Zhang, and X. Xie. 2013. "T-Finder: A Recommender System for Finding Passengers and Vacant Taxis." *IEEE Transactions on Knowledge and Data Engineering* 25 (10): 2390–2403.

[56] Yuan, J., Y. Zheng, C. Zhang, X. Xie, and Guangzhong Sun. 2010. "An Interactive-Voting Based Map Matching Algorithm." In *Proceedings of the Eleventh International Conference on Mobile Data Management*. Washington, DC: IEEE Computer Society Press.

[57] Yuan, J., Y. Zheng, L. Zhang, X. Xie, and G. Sun. 2011. "Where to Find My Next Passenger?" In *Proceedings of the 13th ACM International Conference on Ubiquitous Computing*. New York: ACM, 109–118.

[58] Yuan, J., Y. Zheng, C. Zhang, W. Xie, X. Xie, G. Sun, and Y. Huang. 2010. "T-Drive: Driving Directions Based on Taxi Trajectories." In *Proceedings of the 18th ACM SIGSPATIAL Conference on Advances in Geographical Information Systems*. New York: ACM, 99–108.

[59] Zhang, F., David Wilkie, Yu Zheng, and Xing Xie. 2013. "Sensing the Pulse of Urban Refueling Behavior." In *Proceedings of the 15th ACM International Conference on Ubiquitous Computing*. New York: ACM.

[60] Zhang, F., Nicholas Jing Yuan, David Wilkie, Yu Zheng, and Xing Xie. 2015. "Sensing the Pulse of Urban Refueling Behavior: A Perspective from Taxi Mobility." *ACM Transaction on Intelligent Systems and Technology* 6 (3): 16–34.

[61] Zhang, Junbo, Yu Zheng, and Dekang Qi. 2017. "Deep Spatio-Temporal Residual Networks for Citywide Crowd Flows Prediction." In *Proceedings of the 31st AAAI Conference*. Menlo Park, CA: AAAI Press.

[62] Zhang, Siyuan, Lu Qin, Yu Zheng, and Hong Cheng. 2016. "Effective and Efficient: LargeScale Dynamic City Express." *IEEE Transactions on Data Engineering* 28, no. 12 (December): 3203–3217.

[63] Zheng, Y. 2011. "Location-Based Social Networks: Users." In *Computing with Spatial Trajectories*, edited by Y. Zheng and X. Zhou, 243–276. Berlin: Springer.

[64] Zheng, Yu. 2015. "Methodologies for Cross-Domain Data Fusion: An Overview." *IEEE Transactions on Big Data* 1 (1): 16–34.

[65] Zheng, Yu. 2015. "Trajectory Data Mining: An Overview." *ACM Transactions on Intelligent Systems and Technology* 6 (3), article no. 29.

[66] Zheng, Y., L. Capra, O. Wolfson, and H. Yang. 2014. "Urban Computing: Concepts, Methodologies, and Applications." *ACM Transactions on Intelligent Systems and Technology* 5 (3): 38 – 55.

[67] Zheng, Y., Y. Chen, Q. Li, X. Xie, and W.-Y. Ma. 2010. "Understanding Transportation Modes Based on GPS Data for Web Applications." *ACM Transactions on the Web* 4 (1): 1 – 36.

[68] Zheng, Y., Y. Chen, X. Xie, and Wei-Ying Ma. 2009. "GeoLife2.0: A Location-Based Social Networking Service." In *Proceedings of the 10th International Conference on Mobile Data Management*. Washington, DC: IEEE Computer Society Press.

[69] Zheng, Y., X. Feng, Xing Xie, Shuang Peng, and James Fu. 2010. "Detecting Nearly Duplicated Records in Location Datasets." In *Proceedings of the 18th ACM SIGSPATIAL Conference on Advances in Geographical Information Systems*. New York: ACM.

[70] Zheng, Y., Q. Li, Y. Chen, and X. Xie. 2008. "Understanding Mobility Based on GPS Data." In *Proceedings of the 11th International Conference on Ubiquitous Computing*. New York: ACM, 312 – 321.

[71] Zheng, Y., F. Liu, and H. P. Hsieh. 2013. "U-Air: When Urban Air Quality Inference Meets Big Data." In *Proceedings of the 19th SIGKDD Conference on Knowledge Discovery and Data Mining*. New York: ACM, 1436 – 1444.

[72] Zheng, Y., L. Liu, L. Wang, and X. Xie. 2008. "Learning Transportation Mode from Raw GPS Data for Geographic Application on the Web." In *Proceedings of the 17th International Conference on World Wide Web*. New York: ACM, 247 – 256.

[73] Zheng, Y., T. Liu, Yilun Wang, Yanchi Liu, Yanmin Zhu, and Eric Chang. 2014. "Diagnosing New York City's Noises with Ubiquitous Data." In *Proceedings of the 16th ACM International Joint Conference on Pervasive and Ubiquitous Computing*. New York: ACM.

[74] Zheng, Y., Y. Liu, J. Yuan, and X. Xie. 2011. "Urban Computing with Taxicabs." In *Proceedings of the 13th ACM Conference on Ubiquitous Computing*. New York: ACM, 89 – 98.

[75] Zheng, Y., and X. Xie. 2011. "Learning Travel Recommendations from User-Generated GPS Traces." *ACM Transactions on Intelligent Systems and Technology* 2 (1): 2 – 19.

[76] Yu Zheng, X. Xie, and Wei-Ying Ma. 2010. "GeoLife: A Collaborative Social Networking Service among User, Location and Trajectory." *IEEE Data Engineering Bulletin* 33 (2): 32–40.

[77] Zheng, Y., X. Yi, M. Li, R. Li, Z. Shan, E. Chang, and T. Li. 2015. "Forecasting Fine-Grained Air Quality Based on Big Data." In *Proceedings of the 21st SIGKDD Conference on Knowledge Discovery and Data Mining*. New York: ACM.

[78] Zheng, Y., H. Zhang, and Y. Yu. 2015. "Detecting Collective Anomalies from Multiple Spatio-temporal Datasets across Different Domains." In *Proceedings of the 23rd ACM International Conference on Advances in Geographical Information Systems*. New York: ACM.

[79] Zheng, Y., L. Zhang, Z. Ma, X. Xie, and W.-Y. Ma. 2011. "Recommending Friends and Locations Based on Individual Location History." *ACM Transactions on the Web* 5 (1), article no. 5.

[80] Zhu, J. Y., Y. Zheng, Xiuwen Yi, and Victor O. K. Li. 2016. "A Gaussian Bayesian Model to Identify Spatiotemporal Causalities for Air Pollution Based on Urban Big Data." Paper presented at Workshop on Smart Cities at InforCom, San Francisco, CA.

[81] *Wikipedia*. https://en.wikipedia.org/wiki/Air_quality_index.

[82] GeoLife GPS Trajectories. http://research.microsoft.com/en-us/downloads/b16d359d-d164-469e-9fd4-daa38f2b2e13/default.aspx.

[83] T-Drive Trajectory Data Sample. http://research.microsoft.com/apps/pubs/?id=152883.

[84] GPS Trajectories with Transportation Mode Labels. http://research.microsoft.com/apps/pubs/?id=141896.

[85] User check-in data. https://www.dropbox.com/s/4nwb7zpsj25ibyh/check-in%20data.zip.

[86] National Hurricane Center Data Archive. HURDAT. http://www.nhc.noaa.gov/data/hurdat.

[87] The Greek Trucks Dataset. http://www.chorochronos.org.

[88] Movebank. https://www.movebank.org/.

02

어반 컴퓨팅 애플리케이션

초록: 2장은 교통, 도시 계획, 환경 보호, 에너지 경제, 치안 그리고 소셜 엔터테인먼트로 구성되는 여러 도메인의 일반적인 어반 애플리케이션을 소개한다.

2.1 소개

그림 2.1에 나온 어반 컴퓨팅 기술을 소개하기 전에 7개의 범주 애플리케이션 시나리오 (도시 계획, 교통, 환경, 치안, 에너지, 경제 그리고 소셜 엔터테인먼트)를 열거했다. 각 범주에서 먼저 기존 분야의 연구 진행 상황을 간단히 언급한 다음 대표적인 어반 컴퓨팅 애플리케이션을 제시한다. 2장에서는 애플리케이션에서의 목표, 동기, 결과 및 데이터에 초점을 맞추며 자세한 방법론은 이후의 장에서 논의한다.

2.2 도시 계획을 위한 어반 컴퓨팅

2.2.1 교통 네트워크의 근본적인 문제점

효과적인 계획은 지능형 도시를 건설하는 데 매우 중요하다. 도시 계획을 수립하려면 교통 흐름, 휴먼 모빌리티, 관심지역정보 및 도로망 구조와 같은 광범위한 요소를 평가해야 한다. 해당 요소는 복잡하고 빠르게 진화하기 때문에 도시 계획을 수립하는 데 어려움을 겪는다.

전통적으로 도시 계획 담당자들은 의사결정을 하고자 노동 집약적인 조사에 의존한다. 예를 들어, 도시의 통근 패턴을 알기 위해 설문조사 데이터[7, 61, 71]를 기반으로 조사를 수행하지만, 설문 조사를 통해 획득한 정보는 정확하지 않고 상황에 맞지 않을 수 있다.

최근 도시 공간에서 생성된 폭넓게 사용 가능한 휴먼 모빌리티 데이터는 도시의 근본적인 문제를 반영하며, 도시 계획 담당자들이 향후 계획을 보다 정확하게 수립할 수 있도록 해준다[185].

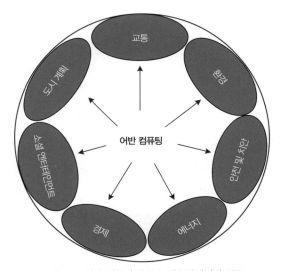

그림 2.1 어반 컴퓨팅의 주요 애플리케이션 범주

정^{Zheng}과 연구진[185]은 3년간 3만 3,000대의 택시에서 생성된 GPS 경로를 분석해 베이징 교통망의 근본적인 문제점을 수집했다. 연구진은 먼저 베이징의 도심을 고속도로와 간선 도로로 분리하고, 그림 2.2a와 같이 지도 세분화 방법[155]을 적용했다. 택시의 이동 경로를 통해 승객 승하차 지점을 추출해 출발지와 목적지 정보를 생성한다. 지역에 대한 그래프는 출발지 목적지 전환에 의해 생성되고, 노드는 지역을 나타내므로 에지는 그림 2.2b에 보이는 것과 같이 두 지역 사이의 전이 집합을 나타낸다.

데이터 드리븐$^{data-driven}$ 방법을 사용하는 경우 하루를 오전 러시아워, 저녁 퇴근 시간 그리고 그 외 시간으로 나눈다. 각각의 시간 범위 동안 해당 시간에 포함되는 택시 이동 경로를 기반으로 지역 그래프가 생성된다.

그림 2.2c와 같이 택시 대수($|S|$) 택시의 평균 속도 $E(V)$ 그리고 우회율(θ)로 이루어진 3개의 특징은 택시 이동 경로와 관련된 각 에지에서 추출된다. 3차원 공간에서 에지는 특징을 나타내며, 밀집된 택시 대수, 낮은 평균 속도 그리고 높은 우회율은 도심의 근본적인 문제점을 나타낸다. 이것은 두 지역 간의 연결이 교통량을 감당할 수 있을 만큼 충분하지 않음을 의미하며, 결과적으로 높은 교통량, 낮은 속도 그리고 높은 우회율을 나타낸다.

스카이라인 탐지 알고리즘$^{skyline\ detection\ algorithm}$[20]을 사용해 각 타임슬롯의 데이터로부터 스카이라인 에지$^{skyline\ edge}$라고 불리는 포인트 집합을 탐지할 수 있다. 그림 2.2g에서 볼 수 있듯이 같은 날의 다른 타임슬롯 스카이라인 에지는 일부 노드들이 공간적 또는 시간적으로 인접한 경우 스카이라인 그래프를 표현하기 위해 연결된다.

결과적으로 일부 하위 그래프 패턴[146]은 3일 동안 발생한 $r_1 \rightarrow r_2 \rightarrow r_8 \rightarrow r_4$ 패턴과 같이 여러 날 동안 스카이라인 그래프 마이닝을 통해 획득한다. 이러한 패턴은 각 지역과 일부 교통 사고로 인해 발생할 수 있는 오경보를 피하는 것의 상관관계를 보여 줌으로써 도로망의 근본적인 문제를 나타낸다.

2년 동안의 결과를 비교함으로써 신규 건설된 교통 시설이 정상 운영되는지도 평가할 수 있다. 그림 2.2d, e, f에서 볼 수 있듯이 2010년에 인지된 근본적인 문제는 2011년에 새로 개통된 지하철 노선으로 인해 사라졌다. 요약하면 지하철 노선이 문제해결에 중요한 역할을 했다.

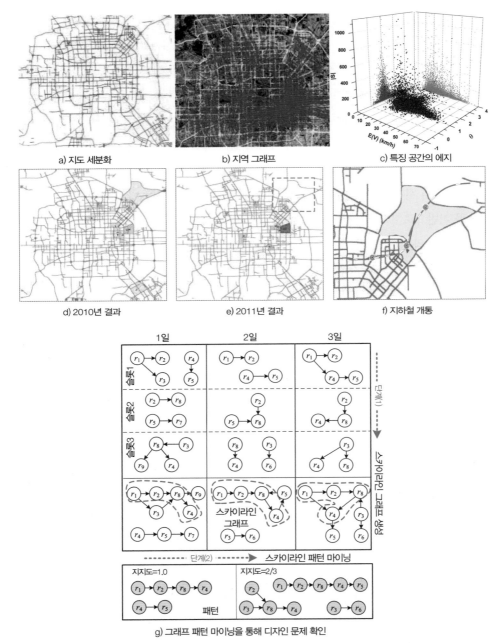

a) 지도 세분화

b) 지역 그래프

c) 특징 공간의 에지

d) 2010년 결과

e) 2011년 결과

f) 지하철 개통

g) 그래프 패턴 마이닝을 통해 디자인 문제 확인

그림 2.2 택시 이동 경로를 활용한 베이징 도로망의 근본적인 문제점 연구

2.2.2 지역의 역할

도시의 개발은 점차 교육 지역, 주거 지역, 상업 지구와 같은 서로 다른 기능 지역[7]을 육성해 다양한 사람들의 요구를 수용하고, 수도권의 상세 정보를 구축하기 위한 중요한 조직화 기법으로 사용된다. 도시 계획 담당자에 의해 인위적으로 설계됐거나 사람들의 요구 사항으로 인해 발생한 지역은 시간이 지남에 따라 역할과 범위가 달라질 수 있다. 도시 지역의 역할을 이해하면 도시 계획을 조정하고 상거래 및 자원 배분을 위한 위치 선택과 같은 다른 애플리케이션을 용이하게 할 수 있다.

지역의 역할은 GIS[Geographical Information System] 및 도시 계획 분야에서 오랫동안 연구돼 왔다. 이 분야의 방법론은 일반적으로 지역의 역할을 식별하고자 클러스터링 알고리즘을 적용한다[77]. 예를 들어, 몇몇 네트워크 기반 클러스터링 알고리즘(스펙트럼 클러스터링)은 경제 활동 및 지역 간 사람들의 이동과 같은 상호작용 데이터를 기반으로 지역의 역할을 식별하고자 사용된다. 지역 간 경제 거래 및 사람들의 움직임과 같은 상호작용 데이터를 기반으로 기능 영역을 식별하는 데 사용된다. 또한 위성 원격 감지 데이터를 기반으로 지역의 토지 이용을 식별하는 분류 알고리즘을 사용하는 것에 관한 연구가 있다[132].

최근에는 소셜 미디어와 휴먼 모빌리티와 같은 사용자 중심의 콘텐츠를 활용해 지역의 토픽을 연구해 오고 있다. 예를 들어, 인[Yin]과 연구진[150]은 플리커[Flickr]의 지리적 태그가 포함된 사진을 사용해 미국의 해변, 하이킹, 일몰과 같은 몇몇 지리 관련 토픽의 분포도를 조사했다. 포즈드누코프[Pozdnoukhov]와 연구진[114]은 대량의 지오트윗[geotweets]을 기반으로 주제별 콘텐츠의 시공간 구조를 연구했다. 치[Qi]와 연구진[115]은 한 지역의 택시 승객들의 승/하차 기록이 그 지역의 사화 활동의 역동성을 나타낼 수 있음을 확인했다.

위안[Yuan]과 연구진[154]은 지역과 관심지역정보 사이의 휴먼 모빌리티를 사용해서 도시의 새로운 기능을 발견하는 프레임워크를 제안한다. 예를 들어, 그림 2.3a의 붉은 지역은 베이징의 교육 및 과학과 관련된 영역을 나타낸다. 하지만 지역의 기능은 복합적이며, 다양한 기능과 관련된 분포를 나타낸다.

반면에 어떤 지역이 교육 지역으로 인식되더라도 지역의 모든 부분이 해당 기능을 수행한다는 것을 의미하진 않는다. 예를 들어, 대학 주변에 쇼핑 센터가 생길 수 있다. 따라서 이와 같은 상황에서 위안과 연구진[162]은 조금 더 심층적으로 지역의 커널 밀도 분포 kernel density distribution를 연구했다. 그림 2.3b는 베이징의 상업 지구 분포의 밀도를 보여 준다. 색깔이 진할수록 해당 위치가 상업 지역일 가능성이 더 높다.

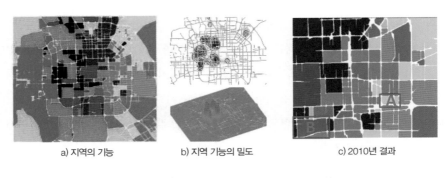

a) 지역의 기능   b) 지역 기능의 밀도   c) 2010년 결과

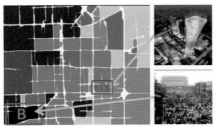

d) 2011년 결과

그림 2.3 휴먼 모빌리티와 관심지역정보를 활용한 지역의 기능 식별

해당 방법론에서 도시는 먼저 고속도로 및 도시 고속도로와 같은 주요 도로에 의해 분리된다. 각 지역의 기능은 토픽 기반 추론 모델[100]을 사용해 예측한다. 토픽 기반 추론 모델은 지역을 문서로, 기능을 토픽으로, 관심지역정보 범주(레스토랑 및 쇼핑몰)를 메타데이터(작성자, 제휴 그리고 키워드)로, 휴먼 모빌리티 패턴(사람들의 언제 방문하고 떠나는지 또는 어디서부터 왔고 어디로 가는지)을 문자로 인식한다. 그 결과, 지역은 기능 분포를 보여 주며, 더 나아가 모빌리티 패턴 분포를 나타낸다.

이제 휴먼 모빌리티는 동일한 범주에 포함된 관심지역정보의 인기도를 구분할 수 있게 됐다. 또한 지역의 기능(사람들이 아침에 주거 지역을 떠나고 저녁에 돌아오는)도 나타낸다. 정확히는 휴먼 모빌리티 데이터는 2010년과 2012년 각각 3개월에 걸쳐 3만 3,000대의 택시에서 생성된 GPS 경로에서 추출됐다. 결국 클러스터링 결과 및 휴먼 레이블링을 기반으로 9개 종류의 기능 영역들이 식별됐다.

2.2.3 도시 경계 탐지

정부에 의해 정의된 지리적 경계는 사람들의 공간 이동성을 고려하지 않는다. 사람들 사이의 상호작용을 통한 실제적인 지역 경계의 발견은 정책 입안자들에게 최적화된 도시 행정 구역을 제안하는 의사결정 도구로 활용될 수 있다[118, 119].

해당 경계의 발견은 또한 정부가 도시 경계의 진화를 이해하는 데 도움을 줄 수 있다. 해당 연구에 대한 범용적인 개념은 먼저 인간 상호작용(예, GPS 추적 또는 통화 기록)을 기반으로 각 지역을 연결하는 네트워크를 구축한다. 그 다음 클러스터 내에서 지역 사이의 상호작용이 클러스터 사이에서 발생하는 것보다 더 활발하게 이뤄지는 지역 클러스터를 찾는 몇몇 커뮤니티 발견 기법을 사용하여 해당 네트워크를 분할하는 것이다.

래티Ratti와 연구진[118]은 영국의 대규모 통신 데이터를 통해 예측한 휴먼 네트워크를 분석해 지역을 설명하는 세밀한 접근법을 제안한다. 지리적 영역과 주민들 사이의 연결 강도를 측정할 때 각 개인의 연결 고리에 대한 혼란을 최소화하면서 영역을 작고, 겹치지 않는 영역으로 분할한다. 이 알고리즘은 이전에는 이론적으로만 가능했던 예기치 못한 공간 구조를 공개함으로써 행정 구역에 해당하는 지리적으로 연관성이 높은 지역을 산출한다.

란지비요Rinzivillo와 연구진[119]은 지방 도시 및 카운티의 낮은 공간 해상도에서 휴먼 모빌리티의 경계를 찾는 문제를 다룬다. 피사Pisa의 복잡한 네트워크를 생성하고자 차량 GPS 트랙을 지역에 매핑mapping한다. 커뮤니티 발견 알고리즘, 즉 인포맵Infomap[122]은 네트워크를 겹치지 않는 서브 그래프로 분할하는 데 사용된다.

2.2.4 시설과 자원 배치

도시 생활의 수요를 충족시키고자 일반적으로 구급차 센터, 버스 정류장 그리고 전기차 충전소와 같은 새로운 인프라와 시설을 건설해야 한다. 인구, 날씨 그리고 교통 상황과 같은 다양한 요소들을 고려해 기능을 극대화하기 위한 신규 시설물의 위치는 여전히 도시 계획 담당자에게 해결해야 할 과제다. 마지막으로 자원 배치에 적용할 수 있는 모델(데이터 과학에서 유래)의 4가지 범주를 소개한다. 4가지 범주는 (1) 최적의 미팅 포인트 검색, (2) 커버리지 최대화, (3) 후보군 평가 학습 그리고 (4) 불확실성 최소화다. 2장에서는 해당 범주의 콘셉트와 애플리케이션 적용 시나리오에 초점을 맞춘다. 세부 사항은 3장에서 자세히 논의한다.

2.2.4.1 최적의 미팅 포인트 검색

해당 범주는 이동 시간과 같은 값을 전반적으로 최소한의 비용을 사용해 객체 그룹이 도달하거나 닿을 수 있는 미팅 포인트 집합을 찾는 것을 목표로 한다. 예를 들어, 그림 2.4a는 총 이동 시간 또는 거리를 최소로 해 7개의 객체가 도달할 수 있는 최적의 미팅 포인트를 보여 준다. 그림 2.4c는 2개의 최적 미팅 포인트에서 7개의 객체에 도달할 수 있는 동일한 예를 보여 준다.

이제 구급차 스테이션 배치에 대한 조금 더 구체적인 예를 볼 수 있다. 응급 의료 서비스 또는 구급차 서비스라고도 불리며, 외래$^{out-of-hospital}$ 급성 의료 서비스 제공, 의료 기관으로 이송 그리고 스스로 의료 기관을 방문할 수 없는 질병과 부상을 가진 환자의 의료 수송과 같은 다양한 서비스를 제공한다[138]. 구급차의 제한된 숫자를 고려할 때 응급 서비스 제공 업체가 갖고 있는 주요 과제 중 하나는 더 많은 환자에게 서비스를 제공할 수 있는 능력을 극대화하기 위한 구급차 스테이션의 위치를 선정하는 것이다.

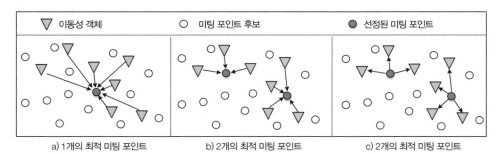

▽ 이동성 객체　　○ 미팅 포인트 후보　　● 선정된 미팅 포인트

a) 1개의 최적 미팅 포인트　　b) 2개의 최적 미팅 포인트　　c) 2개의 최적 미팅 포인트

그림 2.4 최적의 미팅 포인트 검색

응급 요청에 대한 평균 이동 시간을 최소화하는 것을 목표로, 리니와 연구진[85]은 과거 응급 요청 및 실제 교통 상황을 기반으로 구급차 스테이션의 최적 위치를 제안한다. 구급차 스테이션을 알고리즘이 제안한 위치로 옮겼을 경우 텐진Tianjin에서 수집된 실제 데이터를 기반으로 평가한 결과 응급 요청에 대한 이동 시간이 30% 단축됐음을 알 수 있다. 과거에는 위치를 선정하는 경우 유클리드 공간Euclidean space 또는 정적 도로망에서 공간적 근접성을 단독으로 측정했다. 또 다른 유사한 적용도 가능하다. 예를 들어, 선전시Shenzhen city의 대규모 전기 택시의 경로 데이터를 장기간 분석해, 리와 연구진[84]은 선전시에서 전기차의 충전소를 찾기 위한 평균 시간을 26% 단축할 수 있는 프레임워크를 제안했다.

2.2.4.2 커버리지 최대화

해당 모델의 범주는 다양한 후보군으로부터 최대한의 객체를 포함할 수 있는 위치 집합을 선택하는 것을 목표로 한다. 예를 들어, 그림 2.5a에서 볼 수 있듯이 차량의 GPS 경로를 기반으로 최대한의 전기차를 커버할 수 있도록 2개의 교차로에 각각 전기차 충전소를 설치할 수 있다. n_1과 n_3이 총 5대의 차량을 커버할 수 있는 최고의 조합으로 밝혀졌다. 마찬가지로 그림 2.5b에서 볼 수 있듯이 사용자의 체크인 데이터에 따라 사용자가 중복되지 않는 두 지역에 광고용 게시판을 배치할 수 있다. 그림 2.5c와 같이 철새들의 이동 경로에 기반해 최대한 많은 철새를 관찰하기 위해 두 지역에 감시소를 설치할 수 있다.

해당 모델을 적용하는 것은 경로 데이터에 대한 커버리지 극대화 문제를 해결하는 것과 동일하다[82]. 즉 NP-난해NP-hard다. 고급 시공간 인덱싱 구조를 클라우드 컴퓨팅 플랫폼에 통합함으로써 리와 연구진[82]은 거의 최대 경로 커버리지를 포함하는 k-location을 찾을 수 있다. 리의 방법과 플랫폼을 기반으로 류와 연구진[90]은 광고용 게시판을 배치하기 위한 k-location을 검색했다. 해당 연구진은 도시 계획 담당자들이 반복적으로 검색 알고리즘에 의해 제안된 위치를 개선하기 위한 인터랙티브 시각 데이터 분석 시스템interactive visual data analytics system을 개발했다. 인간을 데이터 마이닝 순환에 포함시킴으로써 인터랙티브 시각 데이터 분석 시스템은 인간의 지식과 기계 지능을 결합하고 도메인 지식과 데이터 과학을 융합한다.

2.2.4.3 평가 학습

해당 모델의 범주는 원래 정보 검색 커뮤니티에서 제안됐고, 후보군의 특성에 기반한 과거 평가 이력을 학습한다. 어반 컴퓨팅 분야에서 위치 집합의 순위를 평가함으로써 자원 또는 시설을 배치할 top-k 최고 후보군을 선택할 수 있다. 예를 들어, 수익성이 좋은 쇼핑몰을 오픈하는 경우 주변 관심지역정보, 대중 교통, 교통 상황 그리고 주변 인구 등과 같은 여러 요소를 기준으로 후보군의 순위를 정해 최적의 장소를 선정한다. 기존 쇼핑몰과 쇼핑몰의 과거 수익을 검토함으로써 다양한 요소들이 순위에 미치는 영향도를 알 수 있다[47, 48].

 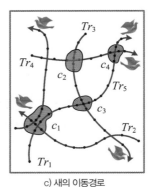

a) 도로망의 택시 경로 b) 관심지역정보에 대한 사용자 체크인 c) 새의 이동경로

그림 2.5 커버리지 극대화 문제

2.2.4.4 불확실성 최소화

해당 범주의 모델은 어반 센싱urban-sensing 시스템의 불확실성을 감소시키는 것을 목표로 한다. 고정 센서 중심 어반 센싱에 대한 예시를 살펴보자. 대부분의 도시들은 사람들에게 주변 대기질에 정보를 시간별로 제공하려고 대기질 측정소를 설치했다. 대기질 측정소의 설치 및 유지보수에 많은 비용이 필요하기 때문에 도시에 설치된 측정소의 숫자는 많지 않다. 하지만 대기질은 편차가 심하고, 시간과 공간에 따라 비선형적으로 변화한다. 해당 문제를 다루고자 측정소를 사용하지 않고 대기질을 정밀하게 예측하는 머신러닝 모델이 제안됐다. 신규 측정소를 설치하기 위해 예산을 책정하는 경우 모니터링 효율을 극대화하기 위한 위치 선정은 여전히 과제로 남아 있다. 제안된 핵심 아이디어는[65] 대기질 예

측의 불확실성을 최소화하는 것이다. 즉, 머신러닝 모델에 의해 신뢰성 있는 대기질을 예측할 수 있는 경우 더 이상 해당 위치에는 측정소를 설치할 필요가 없다. 이와는 반대로 대기질을 예측할 수 없는 경우에는 측정소를 설치해야 한다. 예를 들어, 5개의 다른 범주에서 예측된 대기질이 ⟨0.20, 0.21, 0.19, 0.22, 0.18⟩인 경우다.

또 다른 예시는 능동 크라우드 센싱이며, 사용자의 휴대전화를 통해 도시의 소음을 수집할 수 있다. 지[ji]와 연구진[70]은 적절한 참여를 선택하고 참여자들의 스케줄, 출발지 그리고 목적지를 데이터 수집 경로로 계획했다. 참가자를 정하고 경로를 설계하는 일반적인 원칙은 시공간으로부터 수집된 데이터의 불확실성을 최소화하는 것이다. 보다 정확하게는 충분한 이동 경로 데이터보다는 부족한 위치 데이터를 수집할 수 있는 사용자를 선호한다. 수집된 데이터의 불확실성은 지리적 공간의 다른 세부 정보를 포함한 사용자에 의해 탐지된 가능성을 계산하는 계층적 정보 엔트로피[70]에 의해 측정된다.

2.3 교통 시스템을 위한 어반 컴퓨팅

2050년에는 세계 인구의 70%가 도시에 거주하게 될 것으로 예측된다. 도시 계획 담당자들은 점차 도시화되고 오염된 세계와 직면할 것이고, 도시들은 과도한 교통 체증에 시달릴 것이다. 이 문제를 해결하기 위해 기존 택시 시스템의 운영을 개선하고 버스, 지하철 그리고 공유 자전거 제도를 포함한 신규 대중교통 시스템 건설해 사람들의 운전 경험을 개선하기 위해 노력하고 있다. 이어지는 2.3.1절에서는 앞에서 언급한 해결책을 각각 살펴볼 것이다.

2.3.1 운전 경험 개선

빠른 주행 경로는 시간과 에너지를 절약한다[68, 75]. 과거의 교통 패턴을 학습하기 위한 광범위한 연구가 수행됐다[16, 63]. 차량의 GPS 경로, 와이파이 그리고 GSM[Global System for Mobile communication]과 같은 차량 주행 데이터를[110, 111] 기반으로 각 도로의 실시간 교통 흐름을 추정하고 미래의 교통 상황을 예측한다. 하지만 모델링 연구 및 도시 전체의 교통 상황을 예측하는 것은 여전히 흔하지 않다.

2.3.1.1 실제 가장 빠른 주행 경로 제시

T-드라이브$^{T-Drive}$[156, 157, 159]는 날씨, 교통 상황 그리고 운전자의 운전 습관을 적용한 개인 맞춤형 운전 경로를 제공하는 시스템이다. 해당 시스템의 초기 버전[159]은 택시의 과거 이동 경로를 기반으로 단지 가장 빠른 경로만을 제공한다. 핵심 정보는 2개의 파트로 구성된다. (1) GPS가 탑재된 택시는 지속적으로 도로상의 교통 패턴을 탐지하는 모바일 센서로 여겨진다. (2) 택시 운전사들은 자신들의 경험을 기반으로 가장 빠른 경로를 찾을 수 있는 경험 많은 운전자다. 해당 경험은 이동 거리뿐만 아니라 교통 상황을 포함하며 택시의 이동 경로는 교통 패턴 및 휴먼 인텔리전스를 의미한다. 데이터 희소성(택시가 모든 도로 구간을 지나가지 않기 때문에)을 다루고자 도시 전체의 교통 패턴은 그림 2.6a와 같이 랜드마크 그래프로 모델링되며, 빨간색 노드는 택시가 빈번하게 이동하는 $top-k$ 도로 구간(랜드마크)이다. 파란색 에지는 2개의 랜드마크 사이의 택시 이동 경로 집합을 나타낸다. 각 랜드마크 에지의 이동 시간은 VE$^{Variance\ and\ Entropy}$-클러스터링 알고리즘을 사용한 택시 데이터를 기반으로 추정된다. T-드라이브는 먼저 랜드마크 그래프를 검색해 대략적인 경로를 찾은 후 해당 랜드마크와 세부적인 경로를 연결하는 2단계 라우팅 알고리즘을 사용한다.

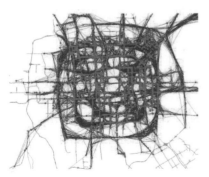

a) 베이징의 랜드마크 그래프(k = 4000)

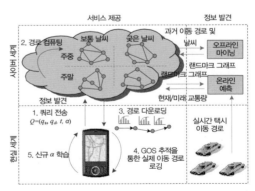

b) T-드라이브 시스템 프레임워크

그림 2.6 T-드라이브: 택시 이동 경로에 기반한 운전 경로

T-드라이브의 두 번째 버전[156, 157]은 과거의 택시 경로 및 기상 조건 기록을 사용해 그림 2.6b와 같이 서로 다른 날씨와 요일에 해당하는 4개의 랜드마크 그래프를 작성한다. 또한 해당 시스템은 최근 수신한 택시 경로에 따라 실시간 교통량을 계산하고, 실시간 교통량과 랜드마크 그래프에 따라 향후 교통 상황을 예측한다. 사용자는 GPS가 활성화된 휴대전화를 사용해 출발지 q_s, 목적지 q_d, 출발 시간 t 그리고 사용자 지정 요소 α로 구성된 쿼리를 전송한다. α는 사용자가 일반적으로 서로 다른 랜드마크 에지에서 얼마나 빨리 운전하는지를 나타내는 벡터다. α는 초기에 디폴트 값으로 설정되며, 실제로 주행한 경로에 따라 점진적으로 업데이트된다. T-드라이브 시스템은 각 사용자에게 훨씬 더 정확한 추정 값을 제공하며, 시간이 경과함에 따라 운전자의 습관이 바뀌면 제안 사항들을 조정한다. 그 결과 운전하는 시간의 30분당 5분을 절약하게 된다.

2.3.1.2 주행 경로의 이동 시간 추정

VTrack[129]은 와이파이 시그널을 기반으로 이동 시간을 추정하는 시스템이며, 지연 측정 위치를 확인한다. 해당 시스템은 사용자가 주행할 가능성이 가장 높은 도로 구간을 식별하려고 불충분한 데이터를 보충하는 지도 매칭 알고리즘에 기반한 은닉 마르코프 모델 HMM, Hidden Markov Model을 사용한다. 그다음 이동 시간 추정 방법은 이동 시간을 해당 구간으로 제안한다. 실험 결과에 따르면 VTrack은 이러한 위치 추정치에서 상당한 소음과 정전을 견딜 수 있으며, 지연 가능성이 높은 구간을 성공적으로 식별할 수 있음을 보여준다.

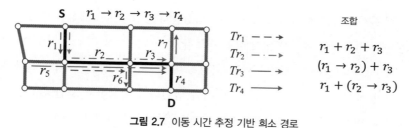

그림 2.7 이동 시간 추정 기반 희소 경로

왕Wang과 연구진[135]은 현재 시간 간격과 일정 기간에 걸쳐 수신된 차량의 GPS 이동 경로와 지도 데이터를 기반으로 주어진 시간 동안 특정 경로의 이동 시간을 추정하기 위한 도시 전체 및 실시간 모델을 제안한다. 그림 2.7은 4개의 궤적, 즉 Tr_1, Tr_2, Tr_3 및 Tr_4에 기초해 경로 $r_1 \rightarrow r_2 \rightarrow r_3 \rightarrow r_4$의 이동 시간을 추정하는 예를 보여 준다. 만약 문제를 해결하고자 한다면 3가지 과제가 있다.

첫째, 데이터 희소성이다. 즉, 많은 도로 구간(예, r_4)은 GPS 장착 차량이 동일한 시간대에 지나가지 않을 수 있다. 대부분의 경우 쿼리 경로를 정확히 통과하는 경로를 찾을 수 없다($r_1 \rightarrow r_2 \rightarrow r_3 \rightarrow r_4$).

둘째, 도로가 이동 경로의 일부를 포함하는 경우($r_1 \rightarrow r_2 \rightarrow r_3$), 이동 시간을 추정하기 위해 이동 경로를 활용 및 결합하는 다양한 방법이 있다. 예를 들어, r_1, r_2 그리고 r_3에 대한 이동 시간을 각각 계산한 후에 $r_1 \rightarrow r_2 \rightarrow r_3$의 이동 시간을 추정하기 위해 시간 비용을 추가한다. 또는 Tr_1과 Tr_2를 기반으로 $r_1 \rightarrow r_2$의 이동 시간과 r_3를 기반으로 Tr_1, Tr_2 그리고 Tr_3의 이동 시간을 계산할 수 있다. 그런 다음 두 부분의 이동 시간을 결합해 $r_1 \rightarrow r_2 \rightarrow r_3$의 이동 시간을 추정할 수 있다. 최적의 조합을 찾는 것은 경로의 길이와 경로를 통과하는 주행 경로의 개수 사이에 트레이드 오프$^{trade-off}$가 발생함으로써 어려움에 직면한다. 가장 이상적인 상황은 전체 경로를 포함하는 Tr_2와 같이 다양한 주행 경로를 사용해 $r_1 \rightarrow r_2 \rightarrow r_3$의 이동 시간을 추정하는 것이다. 다양한 주행 경로는 교차로, 신호등 그리고 방향 전환 등을 포함한 전체 경로의 교통 상황을 반영한다. 따라서 이러한 복잡한 요소들을 각각 명시적으로 모델링하지 않아도 된다.

하지만 경로의 길이가 증가함에 따라 경로를 지나가는 주행 경로는 감소했다. 결과적으로 일부 운전자에 의해 도출된 이동 시간의 신뢰도는 감소했다. 예를 들어, Tr_2는 평범하지 않은 운전자 또는 보행자가 길을 건너는 비정상적인 상황에서 생성될 수 있다. 다시 말해 짧은 하위 경로들을 결합하면 각 하위 경로를 통과하는 주행 경로가 더 많이 발생한다(각 하위 경로에서 도출된 이동 시간이 높은 수준의 신뢰성을 가질 수 있음). 그러나 결과적으로 앞에서 언급한 복잡한 요소들에 대한 더 심각한 단편화가 발생하고 모델링하기 어렵게 된다. 단편화된 연결이 많을 수록, 경로의 이동 시간은 더 부정확하게 된다.

셋째, 우리는 도시에서 발생할 수 있는 사용자의 쿼리에 즉시 응답해야 한다. 이를 위해서는 도시 전체 및 실시간 이동 시간 추정을 가능하게 하는 효율적이고 확장 가능하며 효과적인 솔루션이 필요하다.

해당 문제를 해결하기 위해 왕Wang과 연구진은 3차원 텐서tensor를 갖는 서로 다른 시간대의 서로 다른 도로 구간에서 서로 다른 운전자의 이동 시간을 모델링한다. 3차원 텐서는 이동 경로 및 지도 데이터로부터 학습한 지리적, 시간적 그리고 과거 기록과 관련된 맥락과 결합하며, 이를 통해 상황 인식 텐서 분해 접근법을 통해 텐서의 결측값을 채워 준다. 그런 다음 3차원 텐서는 앞에서 언급한 트레이드 오프를 모델링하는 객체 함수를 고안하고 증명한다. 결과적으로 가장 적합한 이동 경로를 추정하고자 동적 프로그래밍 솔루션을 활용한다. 또한 과거 경로 데이터 마이닝을 통해 얻은 빈번한 이동 경로 패턴을 사용해 연결해야 할 후보군을 축소하고, 현재 시간대에서 수신된 경로를 관리하기 위한 서픽스suffix 트리 기반 인덱스를 제안한다. 제안된 솔루션은 2개월 동안 3만 2,000대 이상의 택시에서 생성된 GPS 경로를 사용해 광범위하게 수행한 실험에 근거해 평가된다. 결과는 각 도로 구간별 이동 시간의 합계와 같은 베이스라인 접근법을 탈피한 방법의 효과, 효율성 및 확장성을 보여 준다.

2.3.2 택시 서비스 개선

택시는 공공 및 민간 교통 수단 간의 중요한 이동 수단으로서 거의 모든 이동 서비스를 제공한다. 뉴욕이나 베이징과 같은 주요 도시에서는 일반적으로 손쉽게 빈 택시를 잡을 수 있는 반면, 택시 운전사는 손님을 태우려고 노력해야 한다. 빈 택시와 승객을 효과적으로 연결하는 것은 사람들의 대기 시간을 줄이고, 택시 운전사들의 이익을 증가시키며, 불필요한 교통과 에너지 소비를 줄이는 데 매우 중요하다. 해당 이슈를 다루고자 3가지 범주의 연구가 수행됐다.

2.3.2.1 택시 호출 시스템

해당 시스템[10, 80, 123, 145]은 사용자의 예약 요청을 받고, 사용자를 태우고자 택시를 할당한다. 대부분의 시스템은 미리 사용자들에게 택시를 예약하도록 함으로써 택시 서비스의 대기 시간을 감소시킨다. 우버와 같은 실시간 택시 호출 시스템은 최근접 이웃 알고리즘에 근거해 사용자 주변의 차량을 검색한다. 택시 호출 시스템이 직면한 가장 큰 문제는 주변 차량을 검색할 때 택시들의 예측할 수 없는 이동성이다[112, 145]. 그림 2.8a와 같이 택시 K가 다른 택시들이 공간 범위를 벗어나는 동안 사용자 쪽으로 이동한다고 판단되는 경우 사용자를 태우기 위해 X, Y 또는 Z보다 더 나은 후보일 수 있다. 사용자를 태우기 위한 이동 시간을 추정할 때 노선의 교통 조건도 고려해야 한다[46].

2.3.2.2 택시 추천 시스템

해당 범주의 시스템은 앞서 언급한 문제를 추천의 관점에서 해결한다[140, 163] 거Ge와 연구진[55]은 택시 운전사들을 위한 일련의 픽업 포인트 또는 승객을 태울 수 있는 잠재적 주차 위치를 추천할 수 있는 모바일 추천 시스템을 개발했다. 이 시스템의 목표는 사업 성공의 확률을 극대화하고 에너지 소비를 줄이는 것이다.

T-파인더Finder[160, 163]는 택시 운전사에게 승객을 손쉽게 태울 수 있는 위치와 경로를 제공하고 이익을 극대화할 수 있게 한다. T-파인더는 또한 승객에게 빈 택시를 쉽게 찾을 수 있는 몇몇 위치(도보로 이동 가능한)를 제안한다. 그럼 2.8b는 여러 도로 구간에서 빈 택시를 찾을 가능성을 시각화해서 보여 준다. 빨간색은 빈 택시를 찾기 어렵다는 것을 의미하며, 파란색은 빈 택시를 찾을 확률이 높다는 것을 의미한다. 택시가 주차돼 있는 위치 또한 택시의 GPS 이동 경로를 통해 탐지되며, 30분 이내로 도착할 택시의 대수를 추정한다. 택시 추천 시스템 범주의 주요 과제는 충분한 데이터가 없는 도로 구간에서 빈 택시를 찾을 확률을 계산하는 것과 같은 데이터 희소성 문제를 다루는 것이다.

2.3.2.3 택시 승차공유 서비스

사람들의 이동 서비스에 대한 수요를 만족시키면서 에너지를 절약하고 교통 체증을 완화시키는 데 승차공유Ridesharing는 매우 중요한 역할을 한다. 후루하타Furuhata와 연구진[50]은 승차공유 서비스에 대한 3가지 주요 문제를 정리했다. 즉, 매력적인 가격과 인센티브 메커니즘의 설계, 적절한 승차 방식 그리고 온라인 시스템 사용자들간의 신뢰 구축이다. 승차공유 유형에는 정적 승차공유와 동적 승차공유 2가지 유형이 있다.

정적 승차공유

흔히 카풀링carpooling이라고 부르는 정적 승차공유는 오랫동안 연구돼 왔다. 정적 승차공유는 사전에 승객이 자신들의 인적사항을 등록하도록 한다. 소규모 그룹인 경우 연구자들은 선형 프로그래밍 기술을[11, 22] 사용해 정적 승차공유를 최적화할 수 있다.

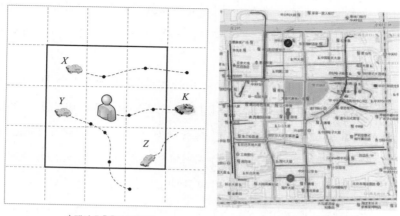

a) 택시 호출을 위한 검색　　　　　　　b) 택시 승객을 위한 추천 시스템

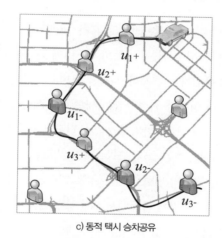

c) 동적 택시 승차공유

그림 2.8 택시 서비스를 개선하기 위한 시스템의 3가지 범주

동적 승차공유

사전에 승차 요청을 하는 카풀링과는 달리 동적 승차공유는 승차 요청이 즉각적으로 발생하고 차량의 경로가 지속적으로 변경되기 때문에 더욱 복잡한 과제다. 아가츠^{Agatz}와 연구진[3]은 동적 승차공유 시스템의 최적화 문제를 검토했다 동적 승차공유의 한 형태로서 택시와 승차 요청의 수가 일반 카풀 서비스보다 훨씬 많기 때문에 실시간 택시 공유

는 더욱 어려운 문제다. 또한 승차 공유의 경우 금전적인 제약을 고려해야 한다. 그림 2.8c에서 볼 수 있듯이 택시 공유 서비스에서 u_1과 u_2를 순서대로 픽업하고, u_1이 하차한 후, u_3를 픽업한다. 그리고 u_2와 u_3이 하차한다. +는 픽업을 의미하고 −는 하차를 의미한다.

택시 공유 문제는 일반적인 교통약자들을 위한 차량 서비스[DARP, Dial-A-Ride Problem]의 특별 회원으로 볼 수 있다. 차량 서비스는 다양한 운송 시나리오로서 비롯됐고, 특히 화물 운송과[42] 장애인 및 교통약자를[15] 위한 보조 대중 교통으로 연구됐다. DARP에 대한 기존 연구는 주로 모든 고객의 승차 요청을 사전에 알고 있는 정적 DARP에 초점을 맞추고 있다. 일반적인 DARP는 NP-hard이기 때문에(소수의 차량과 수십 개의 승차 요청만 포함) 주로 정수 프로그래밍 기법을[34, 69] 사용해 소규모의 인스턴스[instance]만 효율적으로 처리할 수 있다.

대규모 정적 DARP 인스턴스는 일반적으로 휴리스틱[heuristic]을 포함한 2단계 스케줄링 전략을[9, 35, 36, 141] 사용해 해결한다. 특히, 첫 번째 단계는 승차 요청을 몇 개의 그룹으로 나누고 각 그룹에 운전자를 배치하기 위한 스케줄링 초안을 계산한다. 두 번째 단계에서는 사전 정의된 객체 함수를 최적화하는 새로운 스케줄을 찾기 위해 여러 개의 그룹에 포함된 승차 요청을 교환한다. 하지만 2단계 전략은 실시간 택시 공유에 적합하지 않다. 2단계 전략을 적용하는 경우 클라우드는 즉시 새로운 요청을 처리하지 않을 것이다. 대신 두 번째 단계를 수행하기 위한 추가 요청을 기다리게 되며, 요청에 대한 응답 시간에 지연이 발생한다. 또한 두 번째 단계에서 컴퓨팅 로드가 높아지면서 응답 시간이 더욱 길어지며, 결과적으로 많은 요청을 처리할 수 없게 된다.

실시간 승차공유

최근의 몇몇 연구에서 실시간 택시 공유 문제를 다뤘다. [22, 41, 56, 95]와 같은 초기 연구에서는 승차공유의 시간과 금전적 제약을 고려하지 않았다. T-셰어[Share]는[96, 97] 스마트폰으로 접수된 실시간 승차 요청을 처리하고 시간, 승객 수 그리고 금전적인 제약에 따라 승객을 태우기 위한 택시를 스케줄링하는 대규모 동적 택시 공유 시스템이다. T-셰어는 현재 위치, 탑승한 승객 수 그리고 승객이 원하는 목적지로 향하는 경로 정보로 구성된 각 택시의 상태를 저장하는 시공간 인덱스를 유지한다. 승차 요청을 받게 되면 T-셰어는 우선 일부 시간적 제약에 기초해 사용자의 요청을 만족시킬 가능성이 높은 택시의 후보군을 인덱스에서 검색한 후 각 후보 택시의 기존 스케줄에 신규 승차 요청을 삽입하고, 최소한의 이동 시간을 갖는 택시를 찾는 스케줄링 알고리즘이 제안된다.

해당 시스템은 상당한 사회적, 환경적 이익을 창출하는 윈-윈 시나리오win-win-win scenario를 만든다. 베이징의 3만 대 이상의 택시에 의해 생성된 이동 경로를 기반으로 시뮬레이션한 결과에 따르면 전통적인 승차 방식과 비교했을 때 해당 기술은 베이징에서 연간 1억 2,000만 리터의 휘발유를 절약할 수 있었다. 자동차 100만 대를 1.5개월 지원할 수 있고, 1억 5,000만 달러를 절감하며, 2억 4,600만 킬로그램의 CO_2 배출량을 줄일 수 있다. 또한 승객은 택시 요금의 7%를 절약할 수 있고, 택시를 이용할 수 있는 확률이 300% 높아지며, 택시 운전사의 소득은 10% 증가한다.

해당 택시 공유 시스템에는 2가지 문제점이 있다. 하나는 시간, 승객 수 그리고 금전적 제약을 모델링하는 것이다. 또 다른 하나는 효율적인 검색 및 스케줄링 알고리즘을 필요로 하는 대규모 택시 및 승객의 동적 데이터에 대한 막대한 컴퓨팅 부하다.

산티Santi와 연구진[124]은 승객의 불만 사항을 함수로 승차공유의 공동 이익을 모델링하고자 공유 가능한 네트워크 개념을 도입했다. 연구진은 뉴욕시에서 발생한 수백만 건의 택시 운행 데이터셋을 해당 프레임워크에 적용했다. 택시 운행 데이터셋은 승객 불편도가 상대적으로 낮을 경우 누적 주행 거리가 40% 이상 감소될 수 있음을 보여 준다. 또한 승차공유에 대한 승객의 개인 정보와 사회적 맥락을 고려한 연구 분과가 있다.

2.3.3 버스 서비스 개선

통합 요금 관리 및 고급 여행자 정보 시스템과 결합된 대중 교통 시스템은 보다 나은 이동성 관리를 가능하게 하는 핵심 요소로 여겨진다.

2.3.3.1 버스 도착 시간 추정

더 많은 승객을 유치하고자 버스 서비스는 더 자주 운행돼야 할 뿐 아니라 신뢰할 수 있어야 한다. 왓킨스Watkins와 연구진[136]은 승객의 휴대전화에 실시간 버스 도착 정보를 직접 제공하는 것의 영향을 연구했으며, 이미 버스 정류장에 있는 사람들이 인식하는 대기 시간뿐만 아니라 해당 도착 정보를 사용하고자 하는 사람들이 경험한 실제 대기 시간도 감소시키는 것으로 나타났다. 다시 말해 버스 정류장에 도착하기 전에 버스 도착 정보를 활용할 수 있게 함으로써 실시간 버스 도착 정보는 대중 교통 승객들의 경험을 개선시킬 수 있는 것으로 밝혀졌다.

GPS 수신기가 버스에 설치돼 있지 않는 경우 동일한 정보를 수집하고자 보다 저렴하고 간섭이 적은 방식을 개발했다. 짐머만Zimmerman과 연구진[200]은 티라미수Tiramisu라고 불리는 시스템을 최초로 개발, 배포 및 평가했다. 사람들은 GPS 장치에서 수집된 위치 기록을 자신들의 휴대전화로 공유한다. 티라미수 시스템은 공유된 위치를 처리하고 버스의 실시간 도착 시간을 예측한다. GPS 경로는 다양한 이동 방식의 조합일 수 있기 때문에(예를 들어, 버스를 탄 후 걸어가는 것), 정Zheng과 연구진[177, 181, 183]은 각 이동 경로에서 사용자들의 이동 방식(운전, 걷기, 자전거 타기 그리고 버스타기)을 추론하는 방법을 제안한다. 이동 방식에 의해 경로가 분류되면 버스 운행 시간 또는 주행 시간 예측이 보다 정확하게 이루어진다.

2.3.3.2 버스 노선 계획

도시화가 지속적으로 도시를 변화시킴에 따라 버스 운송 서비스가 시민들의 이동성 요구를 충족시키고자 계속해서 노선을 변경하는 것이 필수적이다. 하지만 버스 노선이 업데이트되는 속도는 시민들의 요구가 바뀌는 속도보다 훨씬 느리다. 바스타니Bastani와 연구진[14]은 이 문제를 해결하기 위한 데이터 중심 접근법을 제안한다. 연구진은 대규모 택시 경로의 승객 이동 데이터를 분석해 실제 승객의 요청을 기반으로 유연하게 경로를 도출하는 새로운 미니 셔틀 운송 시스템을 개발했다.

비슷한 맥락에서 베링게리오Berlingerio와 연구진[18]은 휴대전화를 이용한 도시의 대중 교통망 계획을 알리기 위해 아이보리 코스트Ivory Coast에 위치한 아비장Abidjan에서 익명으로 집계된 통화기록CDR, Call Detail Record을 분석했다. 이러한 맥락에서 서구에서 흔히 볼 수 있는 자원 집약적인 교통 계획은 수용하기 어렵다. 교통 체계 분석 및 최적화를 수행하하고자 휴대전화 데이터를 사용하는 것은 휴대전화가 보급된 개발도상국에서는 교통 계획

수립을 위한 새로운 영역이므로 익명화된 흐름 데이터를 쉽게 취득할 수 있다.

첸Chen과 연구진[28]은 택시 GPS 경로를 사용해 야간 버스 노선을 계획하는 것을 목표로 연구를 수행했다. 양방향 야간 버스 노선 계획을 위한 2단계 접근 방식을 제안했다. 첫 번째 단계에서는 택시 승객의 승하차 기록을 특정 크기의 그룹으로 묶고, 각각의 후보 버스 정류장을 선택한다. 두 번째 단계에서는 버스 노선 출발지, 목적지, 후보 버스 정류장, 버스 운행 시간 제약을 고려해 버스 노선 그래프가 작성되고 반복적으로 정리된다. 마지막으로 주어진 조건하에서 최대 승객 수를 가진 최상의 양방향 버스 경로가 선택된다.

2.3.4 지하철 서비스

런던의 오이스터 카드Oyster card, 시애틀의 오르카Orca, 베이징의 이카통Yikatong, 홍콩의 옥토퍼스Octopus와 같은 자동 요금 징수AFC, Automated Fare Collection 시스템이 도입돼 현재 세계 여러 대도시에서 널리 채택되고 있다. 이러한 스마트 카드는 기차 서비스의 도시 지하철 네트워크에 대한 접근을 단순화하는 것 외에도 이동이 이루어질 때마다 디지털 기록을 만들어 내는데, 이것은 개별 사용자와 관련돼 있다. 사용자가 지하철 역에 출입할 때 만들어진 이동 데이터를 취득하면 사용자의 묵시적 선호도, 이동 시간, 통근 습관에 대한 방대한 통찰력을 얻을 수 있다.

라티아Lathia와 연구진[78]은 보다 정확한 여행 경로 플래너 구축을 목표로 AFC 시스템을 마이닝했다. 연구진은 무선 주파수 식별RFID, Radio Frequency Identification 기반의 비접촉식 스마트 카드인 오이스터 카드를 기반으로 런던 지하철tube 시스템에서 데이터를 수집했다. 일부 AFC 시스템과는 달리 오이스터 카드는 지하철 역을 들어오고 나갈 때 반드시 사용된다. 런던 지하철 사용 현황과 관련된 2개의 큰 데이터셋에 대한 심층 분석은 여행자들 사이에 상당한 차이가 있다는 것을 보여 준다. 연구진은 통찰력을 바탕으로 여행에 대한 사용자의 친숙성, 다른 여행자와 사용자의 유사성, 사용자의 여행 맥락을 암묵적으로 포착하는 AFC 데이터에서 특징을 자동으로 추출했다. 마지막으로 예측과 관련된 문제를 해결하고자 개인화된 여행 도구를 개발했다. (1) 출발지와 도착지 사이의 개인화된 여행 시간을 예측해 사용자에게 정확한 교통 시간의 추정치를 제공한다. (2) 개별 여행자의 특정 지하철역에 대한 알림을 수신한 과거 기록을 기반으로 여행자의 관심사에 대한 예측 및 순위를 지정한다.

후속 연구에서 세아파^{Ceapa}와 연구진[25]은 오이스터 카드 이력에 대한 시공간 분석을 수행했으며, 짧은 시간 동안 카드 사용이 급증하는 높은 혼잡도는 주중에 매우 정상적인 현상으로 규정했다. 연구진은 혼잡도 수준을 예측할 수 있는 요소를 도입했다. 해당 요소는 고급 수준의 여행자 정보 시스템에 통합돼 여행자에게 보다 개인화되고 높은 수준의 계획 서비스를 제공한다.

쉬에^{Xue}와 연구진[144]은 스마트 카드에서 여행 데이터를 기반으로 지하철 시스템의 관광객과 일반 출퇴근 사용자를 구분했다. 그 외에도 우^{Wu}와 연구진[139]은 각 여행자의 경로를 그들의 스마트 카드 데이터에서 추출했다. 해당 경로는 관광객의 여행 패턴과 개인적인 관심사를 의미하며 지능형 여행지 추천에 활용할 수 있다.

2.3.5 자전거 공유 시스템

세계 인구가 증가하고 도시에 사는 사람들의 비율이 증가함에 따라 지속 가능한 도시의 모빌리티 방식을 설계, 유지 및 발전시키는 것의 중요성이 점차 증가하고 있다. 공유 자전거 정책은 대표적인 사례다. 전 세계 대도시로 확산되는 자전거는 건강한 (그리고 빠른) 교통수단을 쉽게 이용할 수 있게 되면 도시가 현재 직면하고 있는 혼잡과 오염 문제를 피할 수 있다는 인식을 반영한다. 공유 자전거 사용에 대한 자세한 기록(언제 어디서 사용했고 언제 어디서 반환됐는지)을 통해 연구원들은 해당 디지털 기록을 분석해 사용자들이 여행 계획을 세울 때 어떻게 시스템이 동작하는지 이해하고 예측할 수 있게 도울 수 있다. 즉 자전거 사용의 정확한 모델을 활용해 대여소의 자전거를 적절히 분산시킴으로써 자전거 공유 시스템 운영자는 혜택을 받을 수 있으며, 도시 계획 담당자는 사회 공간과 정책 조정을 설계할 때 실시간 데이터를 활용할 수 있다.

2.3.5.1 자전거 시스템 계획

자전거 공유 시스템 계획은 일반적으로 타당성 조사, 세부 설계 및 사업 계획의 세 단계로 구성된다. 델오일리오^{Dell'Olio}와 연구진[38]은 자전거 공유에 대한 시민들의 수요와 자전거 공유 시스템을 사용하는 것에 대한 지불 의사를 예측하기 위해 타당성 조사를 수행했다. 새로운 시스템을 구축하고자 최적의 자전거 공유 대여소 위치를 추정하고자 위치 선정 모델을 제안한다. 린[Lin]과 연구진[87]은 요구되는 자전거 대여소의 수와 위치를 추정하기 위해 체계적인 방법을 제안했다. 또한 자전거 대여소 사이에 경로를 제안하고 출발지와 목적지를 입력한 사용자에게 최적화된 경로를 추천한다.

바오[Bao]와 연구진[12]은 사용자들의 다양한 자전거 주행 경로를 기반으로 대여소 없는 자전거 공유 시스템을 위한 자전거 도로 계획을 제안했다. 여기에는 3가지 제약 조건이 있다. 첫째, 정부의 예산 제한과 현재 도로망의 공간 제한이다. 따라서 모든 도로 구간에 자전거 도로를 만들 수 없다. 둘째, 자전거를 이용할 수 있는 사용자와 각 사용자가 자전거를 이용할 수 있는 시간 사이에 트레이드오프가 존재한다. 가능한 한 사용자 개개인에 집중하려고 한다면 많은 사용자에게 동시에 서비스를 제공할 수 없다. 셋째, 자전거 주행 경험에 대한 고려다. 계획된 자전거 도로가 도시의 여러 지역에 분산돼 있지 않고 일부 지역과 연결되기를 바란다. 물론 모든 자전거 도로가 도시 전체와 연결돼야 한다고 할 수는 없다. 따라서 보다 합리적인 결론은 각각 지역적으로 연결된 자전거 네트워크를 가진 k 지역에 총 길이 $x$km(예를 들어, 예산)보다 짧은 자전거 도로를 건설하는 것이다. 3가지 제약을 고려할 때 이 문제는 NP-hard가 된다. 탐욕스러운 확장 전략과 객관적 기능을 이용해 합리적인 시간 간격 내에 거의 최적의 솔루션을 찾을 수 있다.

첸[Chen]과 연구진[29]은 회귀[regression] 및 순위 방법론을 사용해서 도시의 여러 지역에 대한 잠재적인 자전거 수요를 예측했다. 또한 다양한 도시 데이터셋에서 추출한 특성을 선택하기 위한 준 지도 특성 선택 방법[semi-supervised feature selection method]을 제안했다. 가르시아-팔로마레스[García-Palomares]와 연구진[53]은 위치 할당 모델을 기반으로 자전거 대여소의 위치와 크기를 결정하려고 잠재적인 자전거 수요의 공간적인 분포를 추정했다. 사업 계획에 대한 연구는 현재 매우 드물며, 주로 시스템 유지보수, 재할당, 인건비 등을 포함한 고객 요금과 운영 비용 사이의 트레이드오프에 초점을 맞추고 있다[54].

2.3.5.2 자전거 이용 패턴

프로흘리히[Froehlich]와 연구진[46]은 도시 데이터의 시공간적 추세를 알아 내기 위해 다양한 데이터 마이닝 기술을 적용해 공유 자전거 시스템에 대한 데이터 중심 접근법을 처음으로 도입했다. 연구진은 스페인 바르셀로나의 비씽Bicing 시스템을 13주 동안 심층 분석을 수행해 시간대, 위치(특히 도시 내의 지리학적 영역 내의 대여소 그룹) 및 이용 방법 간의 관계를 명확히 보여 줬다.

칼텐브루너Kaltenbrunner외 연구진[74]은 바르셀로나에서 자전거 공유 시스템에 대한 유사한 연구를 수행했고, 보그낫Borgnat과 연구진은 프랑스 리옹에서 해당 연구를 수행했다. 연구진은 각 대여소의 상태(사용 가능한 자전거)를 예측하는 분류기를 학습시키고 테스트하기 위해 자전거 대여소 데이터의 시간적 특성에 초점을 맞췄다. 나이르Nair는 프랑스 파리의 벨리브Vélib' 데이터를 기반으로 기차역 근접성과 자전거 사용률에 대한 관련성을 분석했다. 연구진은 자전거 사용률과 멀티모달multimodal 이동 사이의 관련성을 밝혀 냄으로써 대여소 위치 선정에 대한 중요한 인사이트를 제공했다. 라티아와 연구진[79]은 서로 다른 3개월에 걸쳐 런던의 사이클 하이어Cycle Hire 정책을 분석함으로써 접근 정책 변화가 도시 전체의 자전거 사용에 어떤 영향을 미치는지에 대한 정량적 증거를 도출했다.

2.3.5.3 자전거 사용량 예측

이벤트, 날씨 및 인근 대여소의 자전거 수요와 같은 복합적인 요인의 영향을 받음으로써 일반적으로 각 대여소의 자전거 사용량(그림 2.9a의 S_1과 S_2)은 낮아지고 시간에 따라 거의 무작위로 변동한다(그림 2.9b와 2.9c). 따라서 개별적인 대여소의 자전거 사용량을 정확하게 예측하는 것은 대단히 어렵다.

해당 문제를 해결하고자 리Li와 연구진[86]은 지리적 위치 및 자전거 사용 패턴을 기반으로 자전거 대여소를 그룹으로(그림 2.9a의 C_1, C_2, C_3) 클러스터링하기 위해 두 부분bipartite 클러스터링 알고리즘을 제안했다. C_1과 같이 클러스터링된 자전거 사용량은 일정한 수준의 패턴을 나타내면서 상당히 안정됐다(그림 2.9d). 도시에서 대여할 수 있는 전체 자전거 대수는 그림 2.9e에서 볼 수 있듯이 그래디언트 부스팅 회귀 트리GBRT, Gradient Boosting Regression Tree를 통해 예측할 수 있다. 그런 다음 그림 2.9f와 자전거 대수 클러스터 전체의 대여 비율과 클러스터 간 전환을 예측하기 위해 다중 유사성 기반 추론 모델multisimilarity-based inference model을 제안했다. 다중 유사성 기반 추론 모델을 기반으로 각 클러스터에서 대여 및 반납한 자전거의 대수를 쉽게 추론할 수 있다. 이 모델은 각각 뉴욕시와 워싱턴 DC의 자전거 공유 시스템을 통해 평가됐으며, 베이스라인 접근법을 넘어서는 우수한 성능을 제공했다.

리와 정의 연구[86]를 이은 양^{Yang}과 연구진[147]은 30분 간격으로 개별 대여소의 자전거 사용량을 예측하기 위한 시공간 자전거 이동성 모델과 교통량 예측 메커니즘을 제안했다. 해당 시스템은 2,800개 이상의 대여소를 보유한 항저우의 자전거 공유 데이터를 기반으로 평가됐다.

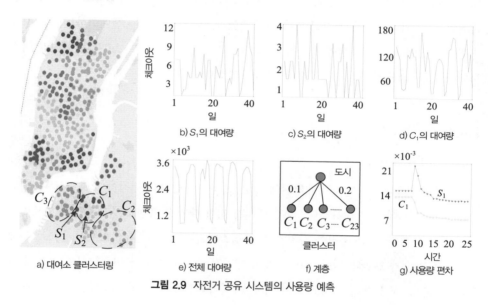

그림 2.9 자전거 공유 시스템의 사용량 예측

2.3.5.4 시스템 운영

자전거 사용에 대한 공간적, 시간적 편향으로 인해 사용자의 자전거 수요에 대응하고자 대여소 사이에 자전거를 재배치해야 한다. 지금은 운영자가 일반적으로 각 대여소의 자전거 사용량 실시간 모니터링을 통해 여러 대여소 사이의 자전거 재배치를 위한 트럭을 보낸다. 몇몇 연구[17, 27, 33, 91]에서 트럭의 수용 능력과 각 대여소의 불균형한 분배에 따른 트럭의 경로 할당을 설계함과 동시에 해당 문제를 제한적인 최적화로 공식화했다. 류^{Liu}와 연구진[91]은 대여소를 그룹으로 클러스터링한 후 혼합 정수 비선형 프로그래밍을 사용해 클러스터에서 트럭의 총 이동 거리를 최소화하는 경로를 설계하는 주목할 만한 제안을 했다.

2.4 환경을 위한 어반 컴퓨팅

효과적이고 유연한 계획 없이 도시화가 급속히 진행되면서 도시 환경의 잠재적인 위협이 되고 있다. 우리는 대기질 문제, 소음 그리고 쓰레기와 같은 도시 환경의 여러 가지 오염 물질이 전 세계적으로 증가하고 있음을 목격했다. 사람들의 삶을 현대화하면서 환경을 보호하는 것이 어반 컴퓨팅에서 가장 중요하다. 2.4절에서는 수질 보호뿐만 아니라 대기 오염 및 도시 소음에 대한 기술적인 부분을 소개한다.

2.4.1 대기질

2.4.1.1 실외 대기질

초미세먼지 농도와 같은 도시 대기질에 대한 정보는 사람들의 건강을 보호하고 대기 오염을 통제하는 데 매우 중요하다. 많은 도시가 지상 대기질 측정소를 건설해 초미세먼지를 감시하고 있다. 많은 공간을 차지하고, 측정소의 건설과 높은 유지보수 비용으로 인해 측정소의 개수가 제한돼 있다. 안타깝게도 대기질은 위치에 따라 비선형적이고 크게 달라지며, 날씨, 교통 흐름 그리고 토지 이용 등 복합적인 요소의 영향을 받는다. 결과적으로 측정소가 설치되지 않은 지역의 대기질을 측정할 수 없다.

대기질 모니터링

모바일 통신과 센싱 기술의 발전으로 복잡한 문제를 작은 작업으로 나눠서 사용자 네트워크에 배포하는 크라우드 소싱 기반 응용프로그램이 확산됐다. 개별 사용자의 참여는 문제를 해결할 수 있는 집단 지식을 형성한다.

코펜하겐 휠Copenhagen Wheel[128]은 온도, 습도 및 CO_2 농도와 같은 도시의 미세한 환경 데이터를 감지하기 위해 자전거 바퀴에 환경 센서를 설치하는 프로젝트다. 자전거를 타는 데 필요한 인간의 에너지는 자전거에 장착된 센서의 작동을 지원하기 위한 동력으로 변환된다. 또한 자전거 바퀴는 사용자의 휴대전화와 통신할 수 있으며, 이를 통해 수집된 정보를 백엔드 시스템으로 전송할 수 있다.

마찬가지로 데바라콘다^{Devarakonda}와 연구진[39]은 미세 입자 대기질을 실시간으로 측정하기 위한 차량 기반 접근법을 제시했다. 연구진은 GPS 수신기, CO_2 센서 그리고 셀룰러 모뎀으로 구성된 모바일 장치를 고안했다. 이 장치를 여러 대의 차량에 장착해 도시 전체의 CO_2 농도를 모니터링했다.

크라우드 소싱은 엄청난 잠재력을 지니고 있지만, 크라우드 소싱을 통한 환경 모니터링은 CO_2 및 NO와 같은 소수의 가스에 대해서만 유효하다. 미세먼지(PM2.5) 및 초미세먼지(PM10)와 같은 에어로졸을 측정하는 장치는 개인용으로 쉽게 휴대할 수 없다. 또한 이러한 기기는 정확한 측정을 수행하기 전에 감지 시간이 비교적 길어야 하며, 보통 최소 1시간 이상 소요된다.

또 다른 연구 분과[59]에서는 교통 흐름 데이터를 기반으로 도로상의 교통 흐름을 추정해 환경 보호론자들이 공식화한 일부 경험 방정식을 바탕으로 차량의 배출량을 계산한다. 이 방법은 도로 주변의 대기 오염을 추정하기 위한 효과적인 접근법이지만, 자동차의 배출가스는 한 가지 오염원에 불과하기 때문에 도시 전체의 대기질을 밝힐 수는 없다.

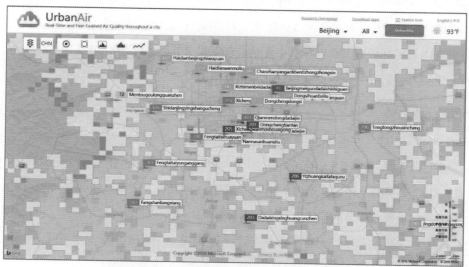

그림 2.10 빅데이터를 활용한 실시간 모니터링 및 대기질 측정

대기질 예측

기존 솔루션과는 달리 정^{Zheng}과 연구진[176, 182]은 기존 측정소에서 수집한 과거 및 실시간 대기질 데이터와 날씨, 교통 흐름, 휴먼 모빌리티, 도로망 구조, 관심지역정보 등 도시에서 수집한 다양한 데이터셋을 바탕으로 도시 전체(그림 2.10)의 실시간 및 세밀한 대기질 정보를 예측했다. 경험에 따른 추정에 기초한 공식에서 요인을 명시적으로 결합하는 기존 물리적 모델을 사용하는 대신 데이터 마이닝과 머신러닝 기술을 사용해 다양한 데이터와 대기질 지수(더 자세한 내용은 9.4.1절 참고) 사이에 네트워크를 구축하는 빅데이터 관점에서 이 문제에 접근했다. 대기질의 세부적인 정보는 정부에게 오염 통제에 대한 결정을 할 수 있도록 돕는다. 또한 사람들이 언제 어디서 조깅을 해야 하는지 혹은 언제 창문을 닫거나 마스크를 써야 하는지 알아내는 데 도움을 줄 수 있다. 이런 종류의 기술을 사용하는 어반 에어$^{Urban Air}$라고 불리는 시스템이 중국 도시 300여 곳에 배치됐고, http://urbanair.msra.cn/에서 공개적으로 이용할 수 있는 데이터를 갖고 있다.

측정소 배치 모니터링

이 연구 주제에 따라 쉐이^{Hsieh}와 연구진[65]은 정확한 대기질을 추론하고자 확률론적 그래픽 모델 기반 이론을 제안했다. 연구진은 또한 주어진 위치에서 추론된 대기질에 대한 엔트로피를 바탕으로 새로운 측정소를 건설하기 위한 장소를 제안했다. 한 위치에서 추론된 대기질에 대한 엔트로피가 클수록 예측의 불확실성은 높아진다. 따라서 예측모델을 사용해 대기질을 유추하는 것이 아니라 그러한 장소에 측정소를 배치해야 한다.

대기질 예측

어반 에어 시스템은 또한 현재 측정소와 수백 킬로미터 위치한 다른 측정소의 기상 데이터, 날씨 예보 그리고 대기질 데이터를 고려해 데이터 주도 방법론을 사용해서 48시간 전에[191] 각 측정소의 대기질을 예측한다. 그림 2.11은 예측 기능의 사용자 인터페이스를 보여 주며, 다음 6시간마다 시간당 예측이 생성되고, 다음 7시간에서 12시간, 13시간에서 24시간 그리고 각각 25시간에서 48시간 동안 최대 대기질 범위가 생성된다. 각 시간 간격의 상단에 표시된 숫자는 48시간 동안의 예측 정확도를 나타낸다.

대기 오염의 근본 원인 진단

장Zhang과 연구진[164]은 대기질 데이터로부터 공간적 공진화 패턴spatial coevolving pattern을 마이닝하는 문제를 연구했다. 공간적 공진화 패턴은 공간적으로 상관관계가 있고 결괏값이 일반적 공진화하는 센서 그룹을 나타낸다. 대기질의 공간적 공진화 패턴은 지리적인 공간에서의 대기 오염 전파 경로를 추론할 수 있도록 해준다.

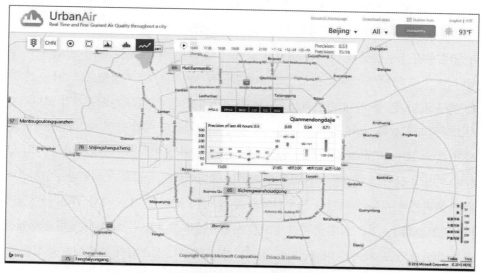

그림 2.11 빅데이터 기반 대기질 예측

주Zhu와 연구진[199]은 대기 오염의 근본 원인을 식별하는 문제에 대해 인과관계 추론 모델을 적용했다. 그다음 주와 연구진[198]은 다양한 위치에서 대기 오염의 시공간 인과관계를 추론하기 위해 공진화 패턴 마이닝 기술과 가우스 베이지안Gaussian Bayesian 네트워크와 결합했다. 예를 들어, 풍속이 5m/s 미만이면 미세먼지(PM10)의 고농도는 주로 장지아쿠Zhangjiakou의 SO_2 농도와 바오딩Baoding의 미세먼지 농도에 의해 발생한다. 또한 바오딩의 미세먼지 농도가 높은 것은 주로 형수이Hengshui와 캉저우Cangzhou의 NO_2가 원인이다. 이 방법은 먼저 각 관련 위치의 대기 오염 물질 사이에서 공간적 공진화 패턴을 찾아내어 그 사이의 상관관계를 계산한다. 그런 다음 대기 오염 물질에 대한 최상위 N개 상관 계수를 선택해 베이지안 네트워크를 구축한다. 두 기법의 조합은 추론 결과의 정확성을 높이는 동시에 베이지안 네트워크의 복잡성을 감소시킨다.

2.4.1.2 실내 공기질

실내 공기질은 다양한 센서에 의해 모니터링됐다[72]. 실내 공기질 예측에 관한 연구도 있다. 예를 들어, [73]은 몬테카를로 모델^{Monte Carlo model}을 사용해 스토브 배출에 의해 발생하는 실내 공기 오염을 예측하는 접근 방식을 제시했다. 흡연 활동을 기반으로 실내 공기 품질을 예측하고자 다른 수학적 모델[107]이 제안됐다.

실내 공기질의 센싱 및 예측은 에너지 소비를 최소화하기 위해 건물 내 난방, 환기 및 에어컨^{HVAC, Heating, Ventilation, and Air Conditioning}의 작동을 제어하는 데 사용됐다[2, 31]. 첸^{Chen}과 연구진[31]은 중국 내 마이크로소프트 캠퍼스 4곳에 배치된 실내 공기질 모니터링 시스템을 도입했다. 실내 공기질 모니터링 시스템은 건물의 여러 층에 배치된 센서와 센서의 데이터를 수집하고 분석하는 클라우드, 공공 대기 오염 정보, 사용자에게 실외 및 실내 환경의 실시간 대기질 데이터를 표시하는 클라이언트 등으로 구성된다. 이 시스템은 체육관에서 운동을 하거나 사무실에서 추가 공기 필터를 켜는 것과 같은 사람들이 의사결정을 할 수 있는 실내 공기질 정보를 사용자에게 제공한다. 실외 및 실내 환경에서의 미세먼지 농도 차이는 미세먼지를 필터링하는 HVAC 시스템의 효율성을 측정할 수 있다.

실내 공기질 모니터링 시스템은 또한 실외 공기질 정보와 실내 측정값을 통합해 에너지 효율 및 공기질 보존에 관련한 런타임 최적을 위해 HVAC 설정을 적절히 제어한다. 신경망 기반 접근법을 사용해 HVAC가 실외/실내 미세먼지 농도, 기압계 압력 및 습도와 같은 6가지 요소에 따라 건강을 위협하지 않는 수치 이하로 실내 미세먼지 농도를 낮춰야 하는 공기 정화 시간을 예측할 수 있다. 정화 시간과 사람들이 건물에서 일하기 시작하는 시간을 고려할 때 HVAC 시스템을 원래 일정보다 먼저 켜야 하는 시간을 권장할 수 있으므로 많은 에너지를 절약할 수 있다. 3개월의 데이터를 사용한 광범위한 실험을 통해 선형 회귀와 접근법을 사용해서 기존의 베이스라인 접근법보다 더 나은 결과를 보여준다.

2.4.2 소음 공해

도시의 다양한 기능과 인프라 및 수백만 명의 사람들을 포함하는 복잡한 환경은 필연적으로 많은 환경 소음을 발생시킨다. 결과적으로 전 세계의 많은 사람이 청력 장애에서부터 생산성 및 사회적 행동에 부정적인 영향을 미치는 심각한 질병을 일으킬 수 있는 높은 수준의 소음 공해에 노출된다[116].

2.4.2.1 도시 소음 모니터링

완화 전략으로서 미국, 영국, 독일과 같은 많은 나라가 소음 공해를 모니터링하기 시작했다. 많은 나라에서는 일반적으로 소음 공해 수준을 평가하고자 노이즈 맵(특정 영역의 소음 수준을 시각적으로 표현)을 사용한다. 노이즈 맵은 교통 흐름 데이터, 도로 또는 철도 유형 및 차량 유형과 같은 입력에 기반한 시뮬레이션을 사용해 계산된다. 입력 데이터의 수집은 매우 많은 비용이 요구되고, 노이즈 맵을 업데이트하려면 일반적으로 오랜 시간이 걸린다. 실비아Silvia와 연구진[127]은 무선 센서 네트워크를 사용해 도시 지역의 환경 소음 공해를 평가했다. 그러나 뉴욕과 같은 주요 도시에서 도시 전역의 센서 네트워크를 구축하고 유지보수하기 위한 비용과 인적 자원 면에서 많은 비용이 요구된다.

또 다른 솔루션은 크라우드 소싱이며, 모바일 기기를 활용해 주변 환경의 정보를 수집하고 공유하는 것이다. 예를 들어, 노이즈튜브NoiseTube[105]는 도시의 노이즈 맵을 표시하기 위해 휴대전화에서 공유된 소음 측정값을 활용한 사람 중심 접근법을 보여 준다. 노이즈튜브를 기반으로 던트D'Hondt와 스티브스Stevens는[40] 앤트워프Antwerp시의 $1km^2$에 해당하는 영역의 노이즈 매핑을 하기 위해 시민 과학 실험을 수행했다. 주파수 의존성 및 백색 소음White noise의 값을 확인하면서 광범위한 보정 실험도 수행됐다. 보정 실험의 핵심 주제는 휴대전화로부터 수집된 센싱 데이터와, 공식적인 시뮬레이션 기반의 노이즈 맵의 데이터를 비교함으로써 획득한 노이즈 맵의 정확성을 확인하는 것이었다.

[116]에서는 이어폰Ear-Phone이라고 불리는 엔드-투-엔드end-to-end, 상황 인식context-aware, 노이즈 매핑 시스템이 설계되고 구현됐다. [40, 105]의 적극적으로 측정값을 업로드하는 휴대전화 사용자들과는 달리 스마트폰 사용자들에게 알리지 않고 노이즈 레벨 데이터를 수집하는 기회적opportunistic 센싱 접근법을 제안했다. 기회적 센싱 접근법 연구에

서 해결된 주요 문제는 휴대폰 센싱 상황을 분류하는 것(가방, 주머니 또는 손에 쥐고 있는 상황)이며, 이것은 센싱된 데이터의 정확성과 관련돼 있다. 미완성 또는 무작위 샘플로부터 노이즈 맵을 복구하고자 라나[Rana]와 연구진[117]은 선형 보간법, 최근접 이웃 보간법, 가우스 프로세스 보간법, L1-표준 최소화 방법을 포함한 여러 가지 보간법과 정규화 방법을 추가로 연구했다.

2.4.2.2 도시의 소음 예측

도시 전체의 소음 공해 모델링은 단순히 소음의 강도를 측정하는 것 이상을 의미한다. 소음 공해의 측정은 사람들이 가진 소음에 대한 내성에 의존적이기 때문에 시간에 따라 또는 각 개인마다 차이가 있을 수 있다. 예를 들어, 밤 시간대의 소음에 대한 사람들의 내성은 낮 시간에 비해서 현저히 낮아지게 된다. 그럼에도 밤에 더 낮은 소음이 더 심한 소음 공해로 간주될 수 있다. 결과적으로 사운드 센서를 모든 장소에 설치할 수 있다고 해도 도시 소음 공해는 단지 센서 데이터를 기반으로 도시의 소음 공해를 진단하는 것은 충분하지 않을 수 있다. 또한 도시의 소음은 일반적으로 여러 요소가 혼합돼 있다(예를 들어, 퇴근 시간대의 러시아워에는 소음의 40%가 술집 음악에서, 30%는 차량 운행에서, 10%는 건설 현장에서 나옴). 소음 공해를 줄이려면 도시 소음의 구성을 이해하는 것이 중요하다.

2001년부터 뉴욕시는 사람들이 모바일 앱을 사용하거나 전화를 걸어 긴급하지 않은 소란을 등록할 수 있는 311 플랫폼을 운영했다. 소음은 시스템에서 세 번째로 큰 불만 유형에 속한다. 소음에 대한 각 불만사항은 위치, 시간 및 날짜 그리고 시끄러운 음악 또는 건설 소음과 같은 세분화된 소음 유형과 관련돼 있다. 그림 2.12는 디지털 맵에 소음에 대한 236일 동안 311개의 불만사항을 표시하며, 바의 높이는 한 위치의 불만사항 수를 나타낸다. 예를 들어, 로어맨해튼[Lower Manhattan]이 건설 소음과 시끄러운 음악/파티 소음으로 고통받고 있다는 것을 알 수 있다.

311 플랫폼의 데이터는 실제적으로 '센서로서의 인간[human as a sensor]'과 '크라우드 센싱'의 결과이며, 각 개인이 주변 소음에 대한 자신의 정보를 제공해 도시 전체의 소음 공해를 종합적으로 진단할 수 있다. 더 구체적으로는 311 플랫폼에 불만 접수가 많아질수록 해당 지역의 소음이 더욱 심해지는 경향이 있다. 또한 불만사항을 태그[tag]한 소음 범주는

지역의 소음 종류를 분석하는 데 유용할 수 있다. 예를 들어, 최근 한 달 동안 교통에 대한 불만사항 50건, 건설 현장에 대한 불만사항 30건, 시끄러운 음악에 대한 20건의 불만사항이 포함된 100개의 불만사항이 311 플랫폼에 접수됐다면 해당 지역의 소음 구성은 교통 50%, 건설: 30%, 시끄러운 음악: 20%가 될 수 있다.

그림 2.12 뉴욕시의 소음 불만사항 접수(2012년 5월 23일~2014년 1월 13일)

하지만 사람들이 주변의 소음 대한 정보를 항상 보고할 것이라고 기대할 수 없기 때문에 311 플랫폼 데이터는 오히려 충분하지 않을 수 있다. 때로는 소음에 방해를 받고 있으면서도 너무 바쁘거나 귀찮아서 불만사항을 접수하지 않을 수 있다. 해당 문제를 해결하고자 정^{Zheng}과 연구진[184]은 311 플랫폼의 불만사항 데이터를 소셜 미디어, 도로 네트워크 데이터, 관심지역정보와 함께 사용해 뉴욕시의 각 지역별 서로 다른 시간대의 세분화된 소음 환경(소음 공해 지표와 소음 종류로 구성된)을 추정했다. 전반적인 소음 공해 지표에 기반해 그림 2.13a에서 볼 수 있듯이 평일 0시부터 5시, 평일 7시부터 11시와 같이 다른 시간대에 소음이 발생되는 지역에 순위를 매길 수 있었다. 더 짙은 색을 가진 지역은 더 심한 소음 공해를 겪고 있는 지역이다. 또는 그림 2.13b와 같이 건설 현장과 같은 특정 소음 범주로 지역의 순위를 정할 수 있다. 또한 그림 2.13c의 타임스퀘어$^{Times\ Square}$와 같이 시간 흐름에 따른 특정 지역의 소음 종류를 확인할 수 있다.

연구진은 지역, 소음 범주 그리고 시간대로 구성된 뉴욕시의 소음 환경을 3차원 텐서로 모형화했다. 문맥 인식^{context-aware} 텐서 분해 접근법을 통해 텐서의 결측값을 보충했으며, 뉴욕시의 소음 환경을 복구했다. 소음 정보는 개인의 라이프 스타일(주거하려고 조용한 장소를 찾는 것)을 개선할 수 있을 뿐만 아니라 소음 공해를 줄이려는 정부의 공식적인 의사결정을 도울 수 있다.

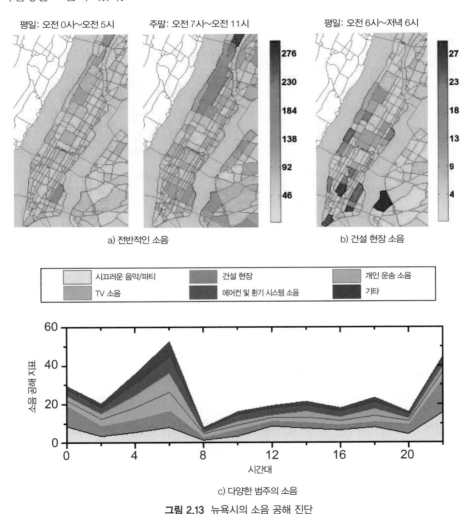

그림 2.13 뉴욕시의 소음 공해 진단

2.4.3 도시 용수

도시 용수는 사람들의 건강과 안전에 다양한 영향을 미치는 중요한 자원이다. 도시에 거주하는 사람들이 점차 용수 환경(수질, 흐름 그리고 수압), 물과 관련된 사고(홍수 및 예상치 못한 폭풍우)에 대해 우려함에 따라 해당 문제를 예측하고 모델링할 수 있는 기술이 요구됐다. 해당 분야의 연구는 주로 지표수surface water, 지하수 및 파이프 워터와 관련된 문제를 다루고 있다.

2.4.3.1 지표수 관련 문제

지표수는 지하수 및 수증기와는 다른 강, 호수, 습지 또는 빗물과 같은 지구 표면의 물이다. 지표수 연구에서 강우 유출rainfall-runoff 과정을 모델링하고, 물 흐름 예측과 홍수 예측과 같은 물의 순환hydrological과 관련된 문제를 해결하는 데 상당한 연구가 진행됐다.

지표 유수(또는 강우 유출)는 과도한 빗물이나 다른 원인들이 지표면으로 흐를 때 발생하는 물의 흐름이다. 일반적으로 강우량 유출 과정은 시간과 장소에 따라 매우 비선형적인 것으로 여겨지며, 이는 단순한 모델로는 쉽게 설명되지 않는다[66]. 아모로코Amorocho와 연구진[6]은 강우량과 하천 흐름 사이의 관계를 확인하는 문제에 대한 2개의 다른 접근 방식을 검증했다. 하나는 물리 수문학physical hydrology이며, 다른 하나는 시스템 조사system investigation다. 듀안Duan과 연구진[42]은 개념적인 강우 유출 모델에 대한 효과적이고 효율적인 글로벌 최적화를 제시했다. 지난 10년 동안 동안 유럽 수문학 시스템European Hydrological System과 같은 흐름 예측에 초점을 맞추고 물리적 기반과 공간적으로 분산된 다양한 물리 기반 수문학 모델이 개발됐다[1].

반대로 물리적 고려 사항 대신에 데이터 가용성에 의해 제약을 받는 상황에서[101] 이러한 동적 프로세스를 모델링하기 위해 몇 가지 데이터 중심 접근법이 널리 적용돼 왔다. 예를 들어, 쉬Hsu와 연구진[66]은 시뮬레이션 및 강우량 예측을 하기 위해 3단 피드 전송feed-forward 인공 신경망ANN, Artificial Neural Network 모델을 제시했다. 토스Toth와 연구진[130]은 인공 신경망에 기반한 강우량 예측이 k-최근접 이웃KNN 및 자기 회귀 이동 평균autoregressive moving average보다 높은 성능을 갖고 있음을 증명했다. 브레이Bray와 연구진[21]은 강우 유출을 예측하고자 서포트 벡터 머신support vector machine을 적용했고, 인공 신경망 기반 방법보다 더 나은 성능을 확인했다. 또한 연구진은 다양한 모델 구조와 커널 기능 사이의 관계를 연구했다. 유^{Yu}와 연구진[153]은 또한 서포트 벡터 머신을 활용해 강우 유출 프로세스를 모델링하고 서포트 벡터 머신 모델이 신경망 모델보다 뛰어남을 증명했다.

2.4.3.2 지하수 관련 작업

지하수는 토양 공극$^{soil\ pore}$과 암석의 틈에서 지표면 아래에 존재하는 물로서 국내, 산업 및 농업 용도로 물을 공급함으로써 많은 수자원 시스템의 핵심적인 요소를 구성한다[8].

지하수 유압 관리 모델은 수위 감소, 유압 경사도 및 물 생산 목표[99]에 대한 다양한 제한 사항하에서 수많은 우물^{well}에 대한 최적의 위치와 펌프 비율을 결정할 수 있게 해준다. 아구아도^{Aguado}와 연구진[4]은 지하수 시스템의 물리적 동작이 모델을 최적화하는 데 필수적임을 인식했다. 연구진은 문제를 펌핑^{pumping}과 우물 설치 비용이 발생하는 '고정 청구 문제'로 재정립했다[5, 57].

지하수 흐름을 모델링하기 위해서 아놀드^{Arnold}와 연구진[8]은 기존 분지 규모의 지표 수 모델에 지하수 흐름 및 높이 모델을 추가하고, 텍사스 주 와코^{Waco} 근처의 $471km^2$ 유역에서 이 모델을 검증했다. 진화 다항 회귀 분석$^{evolutionary\ polynomial\ regression}$의 하이브리드 다목적 패러다임$^{hybrid\ multiobjective\ paradigm}$을 기반으로 한 가이우스톨리시^{Giustolisi}와 연구진 [57]은 강우의 깊이 및 지하 수면의 깊이 시험을 포함해 지하수 자원의 관리를 목적으로 하는 모델링 접근법을 도입했다. 지하수의 수압 특성에 초점을 맞추지 않고, 류^{Liu}와 연구진[89]은 요인^{factor} 분석법을 적용해 지하수 수질과 13가지 수리화학적 파라미터 사이의 상관관계를 탐구했다.

2.4.3.3 파이프 워터 수질

도시 용수는 사람들의 삶과 밀접하게 연관돼 있기 때문에 파이프 수질에 관한 연구(예를 들어, 잔류염소)는 살균제 농도를 관리하고 공중보건을 유지하는 데 매우 중요하다. 그러나 파이프 네트워크 전체에서 파이프 수질을 모델링하는 것은 공간적 및 시간적 변동성으로 인해 어려움이 있다. 몇몇 실험에서 염소 분해는 벌크 액체$^{bulk\ liquid}$의 1차 반응과 파이프 벽의 물질 전달$^{mass\ transfer}$ 제한 반응의 조합으로 정의될 수 있음을 보여 주었다[131]. 일반적으로 대량 물과 파이프 벽의 2배인 염소 소비를 설명하고자 첫 번째 또는 더 높은 순서의 분해 동역학$^{decay\ kinetics}$을 활용해[120, 121] 물리 기반 모델이 다양한 물 분배 시스템에서 사용됐다. 실제 네트워크에서 염소 분해를 모델링하고자 EPANET 소프트웨어를 사용하는 1차 동역학의 많은 애플리케이션이 있다[23, 103]. 해당 모델을 확장하고자 클라크^{Clark}와 연구진[32]은 염소의 손실이나 분해를 예측하기 위해 2차 조건을 제안했다. 대량 물과 벽 반응 사이의 서로 다른 기능 의존성에 따르면 직관적인 아이디어는 무료 염소 비율을 별도로 모델링하는 것이다. 파이프 재료는 반응도가 높거나 반응도가 낮은 것으로 분류된다. 홀람^{Hallam}과 연구진[60]은 전자의 벽 분해율이 염소 운송에 의해 제한되고, 후자의 벽 분해율은 파이프 재료 특성에 의해 제한된다는 것을 확인했다. 벽의 반응에도 불구하고 파월^{Powell}과 연구진은 시간이 지남에 따라 대량 염소 분해를 200회 이상 측정해 대량 분해에 영향을 미치는 많은 요인을 조사했다.

데이터 주도 접근법과 관련해서 류^{Liu}와 연구진[94]은 몇 시간 동안 파이프 네트워크에 있는 30여 개의 모니터링 지점에서 수질을 예측하기 위해 새로운 멀티뷰 멀티 태스크 학습 프레임워크를 제안했다. 멀티뷰 멀티 태스크 학습 프레임워크에서 도로망, 관심지역 정보 및 날씨와 같은 다양한 어반 데이터들은 각각 수질에 대한 공간적 또는 시간적 관점으로 여겨진다. 또한 각 모니터링 지점에서의 예측은 작업으로 간주한다. 서로 다른 작업 간의 상관관계는 파이프 네트워크의 두 모니터링 지점 간 연결성으로 측정된다. 해당 실험은 멀티태스킹 멀티뷰$^{multi-view}$ 프레임워크가 고전 예측 모델 및 기타 머신러닝 알고리즘보다 성능이 우수함을 보여 줬다.

염소 분해를 모델링 외에도 오스트펠드^{Ostfeld}와 연구진[106]은 2차원 유체역학 및 수질을 위한 검증 모델(예, 질소, 인, 염소 제외)에 '허들-레이스$^{hurdle-race}$'와 하이브리드 유전 $k-$최근접 이웃 알고리즘$^{hybrid\ genetic-k-nearest\ neighbor\ algorithm}$을 결합했다.

2.5 도시 에너지 소비를 위한 어반 컴퓨팅

도시화가 급속히 진행됨에 따라 점점 더 많은 에너지 소비가 발생하고, 도시 규모의 에너지 비용을 감지하고 에너지 인프라를 개선하며 절약할 수 있는 기술이 요구된다.

2.5.1 유류 소비량

장Zhang과 연구진[166, 167]은 택시를 센서로 사용해 각 주유소의 차량 수를 실시간으로 예측하는 것을 제안했다. 해당 정보는 운전자에게 대기 시간이 짧은 주유소를 제안할 뿐만 아니라 주유소 위치를 보다 효율적으로 계획하는 데 도움이 될 수 있다. 적은 차량에 비해 주유소가 과밀된 지역의 경우 주유소의 운영 시간을 단축할 수 있다(예를 들어, 반나절만 개방하는 형태). 또한 해당 정보는 도시 내 차량의 연료 탱크 용량에 대한 통계를 기반으로 특정 시간 간격 동안 주유소에서 몇 리터의 휘발유를 차량에 주입했는지 추정할 수 있다.

위의 방법에서 택시가 주유소에서 주유를 하는 경우 그림 2.14에서와 같이 GPS 경로에서 먼저 감지된다. 택시가 주유소에서 주유하는 데 소비하는 시간은 대기열(주유 대기중)의 길이와 주유소의 차량 수를 추정하는 데 사용된다. 최근에 택시가 방문하지 않은 주유소의 차량 수를 추정하고자 상황 인식 텐서 분해 방법이 제안됐다.

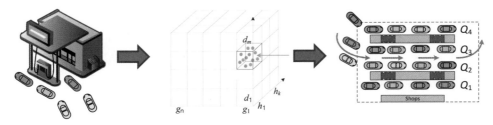

그림 2.14 GPS가 장착된 택시를 통해 도시의 주유 현황을 크라우드 센싱

상Shang과 연구진[126]은 그림 2.15a와 같이 차량 샘플(택시)의 GPS 이동 경로를 사용해 특정 시간대에 도시 도로망을 통해 이동하는 차량의 유류 소비량과 가스 배출량을 즉각적으로 예측했다. 해당 정보는 비용 효율적인 주행 경로를 제안하는 것뿐만 아니라 연

료가 상당히 낭비되는 도로 구간을 식별하는 데에도 사용될 수 있다. 한편, 차량에서 배출되는 오염 물질의 즉각적인 추정은 오염 경보를 발생시키고, 장기적으로 대기 오염의 근본 원인을 밝히는 데 도움이 될 수 있다.

해당 목표를 달성하려고 연구진은 먼저 최근 수신된 GPS 경로 데이터를 사용해 각 도로 구간의 이동 속도를 계산했다. 대부분의 도로 구간들은 GPS 경로에 포함되지 않기 때문에(데이터 희소성), 이동 속도 예측 모델은 상황 인식 행렬 분해context-aware matrix factorization 접근법을 기반으로 제안됐다. 이동 속도 예측 모델은 데이터 희소성 문제를 보완하고자 다른 데이터 유형들(예를 들어, 맵 데이터 및 과거 이동 경로)로부터 학습된 특징을 활용한다. 그 후 교통량 추론TVI, Traffic Volume Inference 모델은 분당 각 도로 구간을 통과하는 차량의 숫자를 추정하는 위해 제안됐다. 교통량 추론 모델은 이동 속도, 날씨 그리고 도로의 지리적 특징과 같은 다양한 요소들을 통합한 비지도 동적 베이지안 네트워크unsupervised dynamic Bayesian network다. 도로 구간의 이동 속도 및 교통량이 주어지면 기존 환경 이론을 토대로 유류 소비량과 배출량을 계산할 수 있다.

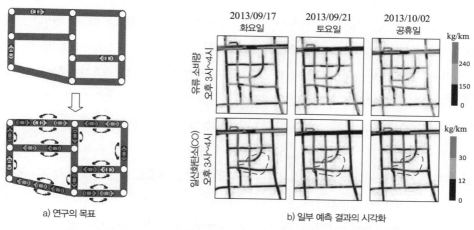

a) 연구의 목표   b) 일부 예측 결과의 시각화

그림 2.15 불충분한 경로 데이터를 기반으로 유류 소비량 및 차량의 오염 물질 배출 예측

그림 2.15b는 다양한 기업들과 엔터테인먼트 시설이 위치한 중관춘Zhongguancun 주변 지역의 3일 동안의 유류 소비량과 일산화질소(NO) 배출량을 보여 준다. 퇴근 이전인 평일 오후 3시부터 4시 시간대는 사람들이 아직 근무 중이기 때문에 해당 지역의 유류 소비

량이 주말과 공휴일보다 낮다. 주말 및 공휴일 동안에는 많은 사람이 엔터테인먼트 목적
(쇼핑 및 영화)으로 해당 지역을 방문한다. 더 많은 에너지 소비와 일산화탄소가 발생되는
지역은 빨간색으로 나타냈다. 영화관, 슈퍼마켓 그리고 2개의 쇼핑센터는 꺾인 커브로
표시된 곳에 위치해 있다.

2.5.2 전기 소비량

재생 에너지원의 효율적인 통합과 차량 및 난방의 전자화로 인한 수요 증가를 충족하는
것이 전력 공급의 지속 가능한 이용에 있어서 핵심이다. 주거용 에너지 사용을 최적화하
기 위해 에너지 수요가 낮은 시간 또는 재생 에너지를 활용할 수 있는 시간으로 전환할
수 있는 지능형 수요 대응 메커니즘이 필요하다. 기기 레벨 및 커뮤니티/변압기 레벨에
서 동작하는 지능형 알고리즘은 기기가 개별 기기 및 사용자 정책을 충족하고 커뮤니티
에 할당된 에너지 사용 제한을 유지한다.

[44]에서 커뮤니티 내의 각 전기차electric vehicle는 단기 부하 예측 알고리즘[98]을 사용
해 추가로 지원되는 강화학습reinforcement learning 에이전트에 의해 통제된다. 각 에이전트의
목표는 충전 비용을 최소화하는 것이고(이것은 동적이며 현재의 에너지 수요에 직접적으로 비례
함) 사용자 편의를 만족시키는 것이다(예를 들어, 출발 시간까지 배터리가 80%까지 충전되는 것).
각 에이전트는 또한 커뮤니티 변압기 레벨을 제한값 이하로 유지하려고 한다. 실시간 모
니터링이 예측된 수요와 편차를 나타내는 경우 자동으로 다시 예측된다.

갈반-로페즈Galvan-Lopez와 연구진[51]은 차량의 에이전트에서 자체 결과를 도출하는 대
신 유전 알고리즘을 사용해 범용적으로 최적화된 충전 스케줄을 적용하고 전기차와 통신
하는 대안을 제안했다. [62]에서 변압기 레벨에서의 지능형 셋 포인트intelligent set point 제어
알고리즘은 제어 가능한 장치(전기차 또는 온수 히터)에 특정 시점에서 충전해야 하는지 또
는 각 장치의 가변 전원 충전을 사용해야 하는지 결정하는 신호를 보낸다. 유전 알고리즘
은 기기의 요구 사항을 세부적으로 제어함으로써 통제할 수 없는 전기 부하와 대상 변압
기 부하 사이의 갭을 줄이고 전반적인 에너지 수요를 균등하게 할 수 있다.

맘타즈푸어Momtazpour와 연구진[102]은 전기차에 대한 충전 및 스토리지 인프라 설계를

지원하는 프레임워크를 제시했다. 전기차 개발 지원을 위한 충전소 설치를 돕고자 도시 환경의 네트워크 모델을 활용한 조직화된 클러스터링 기법이 제안됐다. 고려해야 할 이슈는 다음과 같다. (1) 전기차 운전자의 활동에 따른 전기차 충전 요구 예측, (2) 도시의 다른 위치에서 전기차 충전 요구를 예측하고 배터리를 충전하는 것, (3) 다른 충전소로 전기차를 안내하는 분산 메커니즘 설계 (4) 차량의 전기 활용을 극대화하는 동시에 사용자의 요구 사항을 만족시키기 위한 전기차 충전 사이클 최적화.

2.6 소셜 애플리케이션을 위한 어반 컴퓨팅

2.6.1 위치 기반 소셜 네트워크 개념

인터넷에 이미 다양한 소셜 네트워크 서비스가 존재하지만, 2.6.1절에서는 위치 기반 소셜 네트워크[LBSN, Location-Based Social Network]에 초점을 맞춘다. 위치 기반 소셜 네트워크 서비스의 공식적인 정의는 다음과 같다[171, 172].

> 위치 기반 소셜 네트워크는 기존 소셜 네트워크에 위치 정보를 추가해 서비스를 이용하는 사람들이 위치 정보를 공유할 수 있을 뿐만 아니라 실제 위치에서 도출되고 상호의존성을 가진 개인들로 구성된 새로운 소셜 구조와 사용자들의 위치가 태그된 사진, 비디오 그리고 텍스트와 같은 미디어 콘텐츠로 구성된다. 여기에서 실제 위치는 특정 기간의 개인의 실시간 위치와 특정 기간 동안 기록된 위치 이력으로 구성된다. 또한 상호의존성에는 동일한 물리적 위치에서 두 사람이 공존하거나 비슷한 위치 이력을 공유하는 것뿐만 아니라 개인의 위치(역사) 및 위치 태그 데이터에서 추론한 지식(공통 관심사, 행동 방식)도 포함된다.

위치 기반 소셜 네트워크는 어반 컴퓨팅의 특성과 충분히 일치하는 디지털 및 물리적 세계[37]에서 사용자의 행동 사이의 갭을 보완한다. 위치 기반 소셜 네트워크에서 사람들은 개인의 위치 관련 정보를 추적하고 공유할 수 있을 뿐만 아니라 체크인, GPS 경로, 지오태그[geo-tagged][180, 186] 사진 등 사용자가 생성한 위치 관련 콘텐츠에서 학습한 공동의 소셜 정보를 활용할 수 있다. 위치 기반 소셜 네트워크의 예는 많은 사용자를 보유한 포스퀘어[Foursquare]와 지오라이프[GeoLife][178, 190]라고 불리는 연구 프로토타입이 있다. 위치 기반 소셜 네트워크를 통해 사용자와 위치에 대한 정보를 얻을 수 있고, 두 정보 사이의 관계를 조사할 수 있다. 위치 기반 소셜 네트워크에 대한 자세한 내용은 [171, 189]에서 확인할 수 있으며, 권장 사항에 대한 조사도 포함돼 있다[13]. 이제 사용자 및 위치 관점에서 위치 기반 소셜 네트워크에 대한 연구를 각각 논의한다.

2.6.2 위치 기반 소셜 네트워크 사용자 연구

2.6.2.1 사용자 유사성 예측

실제 개인의 위치 이력은 어느 정도 관심사와 행동을 암시한다. 따라서 비슷한 위치 이력을 공유한 사람들은 공통의 관심사와 행동을 할 가능성이 높다. 위치 이력을 통해 추론한 사용자 간의 유사성은 친구 추천[81]을 가능하게 해, 이전에 서로 알지 못했을 때조차도 비슷한 관심사를 가진 사용자들을 연결시키고, 공동 관심사를 공유하는 사람들의 그룹을 발견하게 될 수 있다.

사용자 간의 유사성을 더 정확하게 예측하고자 이동하는 위치의 방문 순서, 위치의 지리적 정확성 및 위치의 대중성과 같은 더 자세한 정보를 고려한다[193]. 또한 다른 도시에 사는 사용자의 유사성을 추정하기 위해(사용자의 위치 이력에 지리적 공간이 거의 겹치지 않는 경우), 샤오Xiao와 연구진[142, 143]은 사용자가 방문한 위치의 관심지역정보 범주를 고려해 정의 연구를 실제 위치에서 위치의 의미 공간으로 확장했다.

2.6.2.2 지역 전문가 찾기

사용자들의 위치를 통해 지역에 대한 풍부한 지식(또는 쇼핑과 같은 경험)을 가진 지역 전문가를 확인할 수 있다. 그들의 여행 경험(예, 그들이 방문했던 장소)은 여행 추천을 위해 더 많은 신뢰성과 가치가 있다. 예를 들어, 지역 전문가들은 일부 관광객들보다 고급 레스토랑에 대해 더 잘 알고 있다[194].

2.6.2.3 생활 패턴 및 스타일의 이해

지리적 태그가 붙은 트윗, 사진 및 체크인과 같은 소셜 미디어 데이터는 개인 삶의 패턴뿐만 아니라 도시의 역동성 [37], 주제[150], 행동 패턴[133] 또는 라이프 스타일을 이해하는 데 도움이 될 수 있다[161]. 또한 두 도시에서 생성된 소셜 미디어에 따라 두 도시 간의 유사성을 추정할 수 있다.

2.6.3 지역 추천

2.6.3.1 Generic point location recommendations

도시에서 가장 흥미로운 장소를 찾는 것은 낯선 도시로 여행할 때 관광객이 하는 일반적인 일이다[194]. 그러나 한 지역의 관심 수준은 그 장소를 방문한 사람들의 숫자뿐만 아니라 이 사람들의 여행 지식도 영향을 미친다. 예를 들어, 도시에서 가장 자주 방문하는 위치는 기차역이나 공항일 수 있지만, 해당 위치는 흥미로운 위치 추천은 아닐 수 있다. 반대로 경험 많은 사람(즉 풍부한 여행 지식을 가진 사람)이 방문하는 일부 지역은 정말로 흥미로울 수 있다. 문제는 개인의 여행 경험을 어떻게 판단하느냐다.

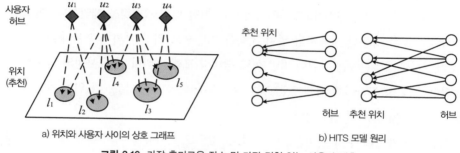

그림 2.16 가장 흥미로운 장소 및 가장 경험 있는 사용자 예측

그림 2.16에서 볼 수 있듯이 정^{Zheng}과 연구진[194]은 사용자와 위치 사이의 상호 그래프$^{bipartite\ graph}$를 공식화하고 하이퍼텍스트 유도 토픽 탐색$^{HITS,\ Hypertext\ Induced\ Topic\ Search}$ 기반 모델을 이용해 위치의 관심 수준 및 사용자의 여행 지식을 추론했다. 사용자의 여행 경험과 지역의 관심 수준이 상호보강관계를 갖는다는 것이 일반적인 생각이다. 보다 구체적으로 사용자의 지식은 사용자가 방문한 위치의 관심사의 합계로 표현될 수 있다. 다시 말해 위치의 관심은 해당 위치를 방문한 사용자의 지식의 요약으로 표현된다.

2.6.3.2 개인화된 특정 위치 추천

일부 시나리오에서는 위치 추천을 제안할 때 사용자의 선호도(이탈리아 음식 또는 영화 감상을 좋아함)와 상황(현재 위치 및 시간)을 고려할 수 있다[88, 148]. 하나의 간단한 방법은 각 행이 사용자를 나타내고, 각 열은 위치를 나타내며, 각 항목은 특정 위치에 있는 특정 사용자의 방문 횟수를 나타내는 사용자 위치 행렬을 공식화하는 것이다. 그런 다음 일부 협업 필터링collaborative filtering 방법을 사용해 값 없이 항목을 채울 수 있다. 이 종류의 방법은 앞에서 언급한 위치 간의 방문 순서 같은 유용한 정보를 계산하지 않고, 두 사용자의 위치 기록을 나타내는 두 행만 사용해 사용자 간의 유사성을 추정한다.

이와 같은 유용한 정보를 바탕으로 정Zheng과 연구진은 사용자 위치 행렬에서 결측값을 추론하고자 사용자 기반 협업 필터링 모델로 논문[81]에서 추론한 사용자 유사성을 통합했다. 이 방법이 더 정확한 사용자 유사성을 제공하지만, 사용자 기반 협업 필터링 모델이 각 사용자들 사이의 유사성을 계산할 필요가 있기 때문에 사용자 규모가 증가하는 문제가 있다. 이 문제를 해결하고자 [188]에 위치 기반 협업 필터링을 제안한다. 이 모델은 이러한 위치를 방문한 사용자의 위치 기록을 기반으로 위치 간의 상관관계를 계산한다[187]. 그 후 상관관계는 아이템 기반 협력 필터링 모델의 위치 간 유사성의 일종으로 사용된다. 지리적 공간이 한정돼 있는 경우(위치 수가 제한돼 있는 경우), 이 위치 기반 모델은 실제 시스템에서 좀 더 실용적이다.

사용자가 제한된 수의 위치만을 방문할 수 있으므로 사용자 위치 행렬 데이터는 매우 부족하게 된다. 이로 인해 기존의 협력 필터링 기반 위치 추천 시스템은 큰 어려움을 겪었다. 사람들이 방문하지 않은 새로운 도시를 여행할 때 그 문제는 훨씬 더 어려워진다. 이 문제를 해결하기 위해 바오Bao와 연구진[13]은 특정 지리적인 공간 내에서 (1) 사용자의 위치 이력으로부터 자동으로 학습된 사용자의 선호도와 (2) 지역 전문가의 방문 기록을 고려한 소셜 의견을 토대로 특정 사용자에게 레스토랑과 쇼핑몰과 같은 특정 장소를 제공하는 위치 기반 및 선호 인식 추천 시스템을 제시했다. 위치 기반 및 선호 인식 추천 시스템은 사람들의 생활 영역뿐만 아니라 새로운 도시로의 여행을 용이하게 할 수 있다.

2.6.3.3 여행 일정 짜기

때때로 사용자들은 사용자의 여행 기간 및 출발지에 따라 정교한 여행 일정이 필요하다. 여행 일정은 독립적인 위치뿐만 아니라 위치 및 해당 위치와 적절한 일정을 연결하는 상세한 경로가 포함될 수 있다. 예를 들어, 해당 지역을 여행하기 좋은 시간과 어느 정도 머무는 게 좋은지 일정을 수립할 수 있다. 윤Yoon과 연구진[151, 152]은 사람들의 다양한 GPS 경로를 기반으로 학습된 집단 지식의 관점에서 여행을 계획했다. 웨이Wei와 연구진 [137]은 다양한 체크인 데이터 포인트 학습을 통해 두 쿼리 지점 사이에서 가장 가능성이 높은 이동 경로를 확인했다.

2.6.3.4 지역 활동 추천 시스템

해당 추천 시스템은 사용자에게 (1) 특정 장소에서 수행할 수 있는 가장 인기 있는 활동과 (2) 쇼핑과 같이 특정 활동을 수행하는 가장 인기 있는 장소를 추천한다. 두 종류의 추천 범주는 대규모의 사용자 위치 이력과 활동 태그에 의해 마이닝될 수 있다. 이 2가지 유형의 추천을 성공적으로 생성하고자 정Zheng과 연구진[196]은 행렬 분해 방법을 적용한 상황 인식 협업 필터링 모델을 제안했다.

또한 정Zheng과 연구진[195, 197]은 사용자들을 3차원으로 고려하는 지역 활동 행렬을 텐서로 확장시켰다. 개인화된 지역 활동 추천은 상황 인식 텐서 분해 방법을 기반으로 제안되었다.

2.7 경제 분야 어반 컴퓨팅

도시의 역동성(예, 휴먼 모빌리티 및 관심지역정보 범주의 변경 횟수)은 도시 경제의 추세를 나타낼 수 있다. 예를 들어, 베이징의 영화관 수가 2008년에서 2012년까지 계속 증가해 260개가 됐다. 이것은 베이징에 살고 있는 사람들이 점점 극장에서 영화를 보고 싶어한다는 것을 의미할 수 있다. 반대로 일부 유형의 관심지역정보는 더 작아지거나 사라질 수 있으며, 이는 해당 부문의 사업 침체를 의미한다. 마찬가지로 인간 이동성 데이터는 일부 주요 도시의 실업률을 나타낼 수 있으며, 이는 기업 및 주식 시장의 동향을 예측하는 데 도움이 될 수 있다.

2.7.1 비즈니스를 위한 위치 선택

관심지역정보와 결합된 휴먼 모빌리티는 몇몇 비즈니스 배치에 도움이 될 수 있다. 카람셕[Karamshuk]과 연구진[76]은 위치 기반 소셜 네트워크의 맥락에서 최적의 소매점 배치 문제를 연구했다. 연구진은 뉴욕시에 있는 3개의 소매 상점 체인의 인기도가 체크인 수와 관련해 어떻게 형성되는지 알아내기 위해 포스퀘어에서 휴먼 모빌리티 데이터를 수집하고 분석했다. 다양한 데이터 마이닝 기능을 평가하고, 주변 지역 사용자 이동 패턴 및 장소에 대한 공간 및 의미 정보를 모델링했다. 그 결과 해당 특징들 중에서 기차역 및 공항과 같이 사람들이 붐비는 장소의 유무 그리고 커피숍 및 레스토랑의 같은 유형의 소매점, 지역의 상업적 경쟁을 인코딩[encoding]하는 것이 인기도의 가장 강력한 지표였다.

여러 데이터 소스를 결합해 속성의 순위를 예측할 수도 있다. 푸[Fu]와 연구진[47-49]은 휴먼 모빌리티와 도시의 지리적 위치, 현재 확인된 특징과 같은 다양한 데이터셋에서 추론한 잠재적 가치에 기반해 도시의 주거용 부동산의 미래 가치를 예측하는 연구를 수행했다. 해당 연구에서 가치[value]는 상승하는 시장에서 더 빠르게 증가하고 하락하는 시장에서 다른 시장보다 더 느리게 감소하는 특성을 의미하며, R1은 최고를 나타내며, R5는 최악을 나타낸다. 해당 순위는 자본 투자 또는 정착을 고려할 때 사람들에게 가장 중요한 요소다.

그림 2.17에서 보듯 연구진은 지리적 이점[geographical utility], 지역 선호도[neighborhood popularity], 비즈니스 지역의 활성화[business zone's prosperity]로 구성된 3가지 범주 요소를 고려했다. 이러한 요인들은 "부동산의 가치는 그 위치, 위치, 위치에 따라 결정된다"는 일반적인 격언과 일치한다. 좀 더 구체적으로 연구진은 주변 지리 데이터(도로망 및 관심지역정보), 교통 데이터(택시 경로 및 대중 교통 시스템의 카드 스와이핑 기록) 및 소셜 미디어를 채굴함으로써 각 부동산에 대한 차별적 특징 집합을 식별했다. 그런 다음 연구진은 ANN에 특징과 순위 목록을 제공하는 페어와이즈 학습 모델[pairwise learning-to-rank model][92]을 학습시켰다. 부동산의 가치를 결정짓는 중요한 요소들을 암묵적으로 드러내는, 순위에 가장

영향력 있는 상위 10개의 특징을 확인하려고 메트릭 학습 알고리즘 또한 적용시켰다.

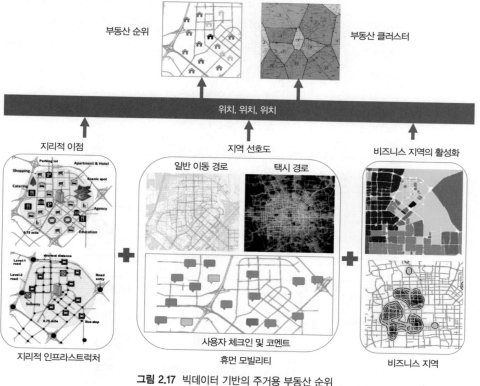

그림 2.17 빅데이터 기반의 주거용 부동산 순위

2.7.2 도시 물류 최적화

도시의 인구 증가와 비즈니스 개발이 이뤄짐에 따라 도시 물류에 대한 엄청난 수요를 초래한다. 만약 기존의 도시 물류 시스템의 처리량을 향상시킬 수 있다면 도시의 지속 가능성에 매우 중요하다.

그림 2.18은 도시 물류의 주요 유형인 현재 도시 익스프레스express 시스템의 처리 과정을 보여 준다. 도시는 몇 개의 지역(R_1, R_2)으로 나뉘어 있으며, 각 지역은 일부 도로와 장소를 포함한다. 대리점transit station은 해당 지역에 접수된 택배를 임시로 저장하기 위해 사용된다(R_1 지역의 ts_1). 대리점에 도착한 택배는 목적지에 따라 그룹으로 분류된다. 각 그룹

은 정기적으로 트럭에 의해 목적지에 해당하는 대리점으로 보내진다(ts_1에서 ts_2로). 각 지역마다 지역 내 특정 지역에 택배를 배달하고 수령하는 배달원들(R_1의 c_1 및 c_3)이 있다. 택배를 실은 트럭이 대리점에 도착하면 배달원들은 택배의 일부를 정해진 용량 제한을 가진 소형 밴, 자전거 또는 오토바이를 사용해서 택배를 최종 목적지로 보낼 것이다. 대리점을 출발하기 전에 배달원들은 보통 자신들의 지식을 바탕으로 배달 경로(파란색 선)를 미리 계산할 것이다.

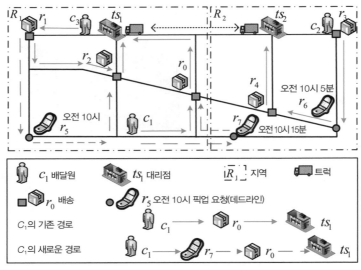

그림 2.18 도시 익스프레스 시스템

배달하는 동안 각 배달원은 중앙 디스패치 시스템central dispatch system 또는 고객으로부터 직접 픽업 요청을 받을 수 있다. 각 픽업 요청은 위치 및 픽업 시간 마감과 관련이 있다. 배달원은 원래 계획된 경로를 변경해 신규 택배를 가져오거나 배달원의 스케줄 또는 차량 용량 제한으로 인해 픽업 요청을 거절할 수 있다. 모든 배달원들은 특정 시간 또는 차량에 모든 택배가 적재된 경우 정기적으로 이동하는 트럭의 스케줄에 맞추기 위해 대리점으로 복귀해야 한다.

서비스 품질과 현재 익스프레스 서비스의 운영 효율은 3가지 이유로 보완이 필요하다.

첫째, 현재 중앙 디스패치 시스템은 전체적인 최적화 없이 개별적으로 각 픽업 요청을 처리한다. 예를 들어, 새로운 픽업 요청(r_5)은 일반적으로 가장 가까운 배달원(c_1)이 픽업하도록 할당된다. 반면 각 배달원은 같은 지역의 다른 배달원의 상태를 알지 못한 채 자신들의 상황에 맞게 신규 택배 수용 여부를 결정한다(c_1 대신 c_3가 r_5에서 택배를 픽업할 수 있음).

둘째, 신규 픽업 요청을 할당하기 전에 디스패치 시스템은 배달원의 현재 상태(예를 들어, 적재함의 남은 공간, 배달해야 하는 택배 개수 그리고 추후 픽업 배달 경로)를 파악하지 못한다. 이러한 상태는 새로운 픽업 요청으로 인해 지속적으로 변할 수 있음을 유의해야 한다.

셋째, 지역(r_7) 경계 근처의 요청은 다른 지역의 배달원(c_1)이 요청을 수행하지 않을 수 있다. 왜냐하면 배달원은 자신의 지역에서만 택배를 픽업하기 때문이다.

이러한 문제를 해결하고자 장^{Zhang}과 연구진[170]은 배달원이 실시간으로 택배를 배달하고 픽업할 수 있도록 효과적인 스케줄링 알고리즘을 갖춘 중앙 디스패치 시스템을 설계했다. 중앙 디스패치 시스템을 사용하는 각 배달원은 위치를 기록하고, 택배를 배달하거나 픽업한 후 상태를 업로드하고, 새로운 픽업 요청을 받는 휴대용 장치를 소지한다. 중앙 디스패치 시스템은 배달원의 휴대용 장치로부터 정보를 수신하고, 픽업 및 배달 시간 그리고 경로로 구성된 배달원들의 스케줄을 관리한다. 짧은 시간 동안 고객으로부터 픽업 요청을 수집한 후에 시스템은 최단 거리에 기반해 일괄적으로 요청을 처리한다. 결과적으로 시스템은 업데이트된 일정을 모든 배달원에게 전송하고 승인 또는 거절 메시지를 고객에게 전송한다. 동적 디스패치 시스템은 현재의 도시 익스프레스 서비스의 처리량을 30%까지 높일 수 있다.

2.8 치안 및 보안을 위한 어반 컴퓨팅

대형 사건, 유행병, 심각한 사고, 환경 재해, 테러 공격은 공공의 안전과 질서에 중대한 장애가 된다. 도시 데이터의 광범위한 가용성은 해당 위협을 올바르게 처리하는 방법을 과거 사건에서 배울 수 있도록 도와준다. 또한 위협을 감지하거나 미리 예측할 수 있게 해준다.

2.8.1 도시 이상 탐지

도시 이상 현상은 자동차 사고, 교통 통제, 시위, 스포츠, 기념 행사, 재해 그리고 다른 사건들에 의해 야기될 수 있다. 도시 이상 현장 발견은 혼잡을 분산시키고, 예기치 못한 사건을 진단할 수 있으며, 사람들의 이동을 용이하게 할 수 있다.

2.8.1.1 단일 데이터셋 기반 이상 탐지

류^{Liu}와 연구진[93]은 도시를 주요 도로[155]가 있는 지역으로 분리하고, 두 지역 사이를 이동하는 차량의 교통량을 기반으로 두 지역 사이의 비정상적인 링크를 수집한다. 연구진은 하루의 시간을 시간 빈$^{time\ bin}$으로 나누고, 시간 빈(#Obj)에서 링크를 이동하는 차량의 수, 주어진 목적지 지역(Pct_d)을 향해 이동하는 차량의 비율 그리고 주어진 출발 지역(Pct_o)에서 벗어나는 차량으로 구성된 각 링크에 대한 3가지 특징을 확인했다. 그림 2.19a에서 볼 수 있듯이 링크는 $a \rightarrow b$, #Obj = 5, $Pct_d = 5/14$ 그리고 $Pct_o = 5/9$로 여겨진다. 이 3가지 특성은 각 특징의 최소 왜곡을 계산하고자 이전과 동일한 시간 빈에 있는 특성과 비교된다(예를 들어, 최소왜곡 #Obj, 최소왜곡 Pct_d 그리고 최소왜곡 Pct_o). 그 다음 시간 빈의 링크는 그림 2.19b에서 보여지는 것처럼 각 차원이 특징의 최소 왜곡을 나타내는 3차원 공간에서 나타낼 수 있다. 다른 방향으로의 효과를 표준화하기 위해 마할라노비스 거리$^{Mahalanobis\ distance}$를 사용해 아웃라이어^{outlier}로 여겨지는 편차가 큰 값을 측정한다.

앞서 언급한 연구에 따라 차울라^{Chawla}와 연구진[26]은 두 지역 사이의 교통 이상을 감지하고, 두 지역을 통과하는 교통 흐름의 이상 현상을 설명하고자 2단계 마이닝 및 최적화 프레임워크를 제안했다. 그림 2.19d에서 볼 수 있듯이 비정상적인 링크 L_1은 두 영역 사이에서 발견된다. 그러나 문제는 두 지역에 있지 않을 수 있다. 2011년 4월 17일 베이징의 교통은 베이징 마라톤으로 인해 천안문 광장을 우회했다. 따라서 r_1 지역에서 r_2의 베이징 남부 철도역까지의 정상적인 교통 경로(점선 경로로 표시됨)가 우회됐고, 파선(녹색) 경로에 교통량이 집중되는 것을 알게 됐다. 즉, 녹색 경로의 교통 흐름에 이상^{anomaly} 현상이 발생했다. 방법론적인 측면에서 그림 2.19c와 같은 링크 행렬이 주어지면 먼저 주성분 분석$^{principal\ component\ analysis}$ 알고리즘을 사용해 비정상적인 링크를 감지한다. 주성분 분석 알고리즘은 링크에서 감지된 이상 징후를 나타내는 1과 함께 열^{column} 벡터 b로 나타낸다. 인접 링크-루트$^{link-route}$ 매트릭스 A는 그림 2.19d에서 g까지를 나타낸 것과 같이 차량의 경로에 기반해 표현한다. 매트릭스의 각 항목은 경로가 링크를 통과하는지 여부를 나타내며, 1은 예, 0은 아니요를 나타낸다. 예를 들어, 루트 p_1은 l_1과 l_2를 통과한다. 이상 링크와 루트 사이의 관계는 $Ax = b$ 방정식을 해결함으로써 확인할 수 있다. 열 벡터 x는 어떤 경로가 b에 표시된 긴급한 이상 징후들을 발생시키는지 나타낸다. L_1 최적화 기법을 사용해 x를 추론할 수 있다.

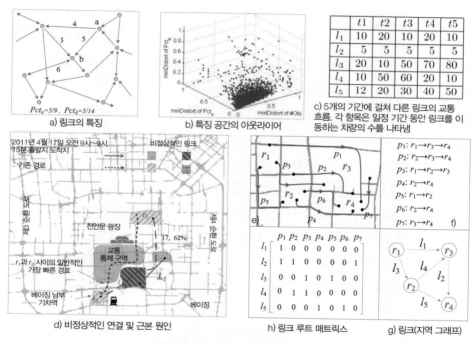

a) 링크의 특징

b) 특징 공간의 아웃라이어

c) 5개의 기간에 걸쳐 다른 링크의 교통 흐름. 각 항목은 일정 기간 동안 링크를 이동하는 차량의 수를 나타냄

d) 비정상적인 연결 및 근본 원인

h) 링크 루트 매트릭스

g) 링크(지역 그래프)

그림 2.19 거리 기반 도시 교통의 이상 탐지

팡^{Pang}과 연구진[109]은 교통 패턴을 설명하고자 이전에 역학 연구에서 사용됐던 우도비 검정$^{LRT, Likelihood Ratio Test}$을 적용했다. 연구진은 도시를 균일한 그리드로 분할하고 일정 기간 동안 그리드에 도착하는 차량의 수를 계산했다. 목표는 인접 셀 집합과 통계적으로 예상되는 현상(차량 수)에서 가장 큰 편차를 보이는 시간 간격을 확인하는 것이다. χ^2 분포의 끝 부분에서 로그 우도비 통곗값이 떨어지는 영역은 비정상적일 가능성이 높다.

2.8.1.2 다양한 데이터셋 기반 도시 이상 탐지

판Pan과 연구진[108]은 도시 도로망에서 운전자의 주행 현상에 따라 교통 이상 현상을 식별했다. 탐지된 이상은 운전자의 주행 현상이 원래 패턴과 크게 다른 도로망의 서브 그래프로 표현된다. 그런 다음 연구진은 이상 현상이 발생했을 때 사람들이 게시한 소셜 미디어에서 대표적인 용어를 추출해 탐지된 예외를 설명하고자 했다. 이러한 교통 이상 징후를 감지하는 시스템은 운전자와 교통 당국 모두에게 도움이 될 수 있다(예, 이상 징후로 접근하는 운전자에게 통지하고 대체 경로를 제안할 뿐만 아니라 교통 정체 진단 및 분산 지원).

정Zheng과 연구진[192]은 다수의 데이터셋에서 공통적으로 확인되는 현상과 관련해 몇 차례 연속적인 시간 간격 동안 비정상적인 인근 위치들의 집합을 나타내는 공통적 이상 징후를 탐지한다. 공통적이라는 것은 2가지 유형의 의미를 가진다.

1. 첫 번째 이상 징후는 단일 데이터셋의 측면에서 비정상으로 여겨지지 않지만 여러 데이터셋을 동시에 검사할 때 이상 징후로 확인되는 것이다. 그림 2.20에서와 같이 비정상적인 이벤트가 방금 위치 r_1에서 발생해 주변 위치(r_2에서 r_6)에 영향을 미친다. 이에 따라 주변 위치에서 r_1으로 진입하는 교통 흐름은 10%가량 늘어난다. 한편, 소셜 미디어 포스트나 자전거 대여의 흐름은 이러한 장소들을 중심으로 약간 변화한다. 공통 패턴에 대한 각 단일 데이터셋의 편차는 비정상적이라고 간주될 만큼 크지 않다. 그러나 데이터셋을 종합할 때 3개의 데이터셋이 그 정도로 거의 동시에 변화하지 않기 때문에 이상 징후를 확인할 수 있다.

2. 다른 하나는 시공간적 공통성을 나타낸다. 즉, 그림 2.20d와 같이 몇 개의 연속적인 시간 간격 동안 주변 위치의 집합이 비정상적이다. 반면 집합의 단일 위치는 개별적으로 확인하는 경우 단일 시간 간격으로 비정상적이지 않을 수 있다. 예를 들어, r_1에서 r_6까지의 위치는 몇 개의 연속적인 시간 간격(예, 오후 2시부터 오후 4시까지)에 공통적 이상 징후를 나타낸다. 오후 2시에 위치 r_2를 개별적으로 확인하면 예외로 간주되지 않을 수 있다. 또한 개별 위치와 시간 간격을 연관시켜 이벤트의 파노라마 보기를 구성한다. 이러한 공통 이상 징후는 전염병의 초기 단계를 나타낼 수 있으며, 자연 재해, 근본적인 문제 또는 잠재적으로 재앙이 될 수 있는 현상의 시작이 될 수 있다.

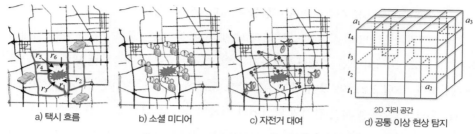

a) 택시 흐름　　　b) 소셜 미디어　　　c) 자전거 대여　　　d) 공통 이상 현상 탐지

그림 2.20 다중 데이터셋 기반의 공통 이상 현상 탐지

하지만 다양한 데이터셋은 다양한 밀도, 분포 그리고 규모를 가지기 때문에 공통 이상 징후를 탐지하는 것은 아주 어렵다. 또한 공통 이상 징후의 시공간 범위를 찾는 것은 많은 시간을 소모한다. 왜냐하면 지역과 시간대를 통합하는 다양한 방법이 있기 때문이다. 정의 방법은 다중 소스 잠재 토픽MSLT, Multiple Source Latent-Topic 모델, 시공간 우도비 검정ST-LRT, Spatiotemporal Likelihood Ratio Test 모델 및 후보 생성 알고리즘[192]의 3가지 컴포넌트로 구성된다. 다중 소스 잠재 토픽은 여러 데이터셋을 결합해 토픽 모델의 프레임워크에서 지리적 잠재 기능을 추론한다. 지역의 잠재 함수는 지역에서 생성된 희소한 데이터셋의 기본 분포를 추정하는 데 사용된다. 시공간 우도비 검정은 서로 다른 데이터셋에 대한 적절한 기본 분포를 학습하고 우도비 검정을 기반으로 각 데이터셋의 비정상 규모를 계산한다. 그런 다음 스카이라인 탐지 알고리즘skyline detection algorithm을 사용해 다른 데이터셋의 비정상적인 정도를 집계한다.

2.8.2 군중 흐름 예측

도시의 군중 이동을 예측하는 것은 교통 관리, 위험 평가, 공공 안전을 위해 전략적으로 중요하다. 예를 들어, 새해 축하 행사가 재앙으로 바뀌면서 2015년에 36명이 사망하고 47명이 다치는 상하이 압사 사고가 발생했다. 새해 전야제 라이트쇼를 보기 위해 엄청난 수의 인파가 특정 지역으로 몰리면서 경찰의 통제를 벗어나게 됐다. 비슷한 사고가 2010년 독일 러브 퍼레이드에서 발생했다. 한 지역에 군중이 도착할 것으로 예상되고 군중의 흐름이 지역의 안전 역량을 초과할 것이라는 것을 알게 되면 비상조치(사람들에게 경고를 보내고 교통 통제를 실시)를 시작하거나 사람들을 대피시킬 수 있다.

호앙Hoang과 연구진[64]은 휴먼 모빌리티 데이터, 기상 조건, 도로망을 포함한 빅데이터를 기반으로 도시의 모든 지역에서 2가지 유형의 군중 흐름을 예측하는 새로운 접근법을 제안했다. 그림 2.21a와 같이 지역(r_1)은 주요 도로에 연결돼 있으며, 2가지 유형이 있다. (1) 유입 또는 특정 시간 간격의 영역에서 시작된 군중의 교통량과 (2) 유출, 또는 도착 지역(예를 들어, 사람들이 운전 중단하고 주차하는 곳). 직관적으로 유입 및 유출은 군중의 출발지 및 도착지를 추적하며, 교통 관리 및 위험 평가를 위해 군중 이동을 통제한다. 문제는 개개인의 유동성과 각 도로 구간의 교통 상황은 다르다는 것이며, 도시 전체의 공공 안전의 관점에서 볼 때 계산 비용이 많이 들고 불필요하다.

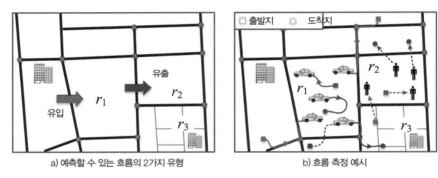

a) 예측할 수 있는 흐름의 2가지 유형   b) 흐름 측정 예시

그림 2.21 다양한 데이터셋 기반 공통 이상 징후 탐지

도시 전체의 교통 예측을 위한 실질적인 해결책을 모색하고자 연구진은 먼저 도로망과 휴먼 모빌리티의 과거 기록을 사용해 여러 지역으로 분할한다. 군중 흐름에 영향을 미치는 여러 복잡한 요인을 모델링하고자 계절별(주기적 패턴), 추세(주기적 패턴의 변경) 및 잔여 흐름(즉각적인 변화)의 3가지 구성 요소로 흐름을 분해한다. 계절 및 추세 모델은 고유한 가우스 마르코프Gaussian Markov 랜덤 필드로 구축됐으며, 노이즈 및 누락 데이터를 처리한다. 반면 잔여 모델은 날씨의 영향뿐만 아니라 다양한 흐름과 지역 사이의 시공간 의존성을 이용한다.

계절 및 추세 모델 개념을 이용해 장Zhang과 연구진[168, 169]은 도시 전체의 모든 지역에서 군중의 흐름을 집단적으로 예측하고자 ST-ResNet이라고 불리는 딥러닝deep learning 기반 예측 모델을 제안했다. 딥러닝 기반 예측 모델은 흐름 데이터의 시공간 특징에 기반한 ST-ResNet의 아키텍처를 기초로 한다. 흐름 데이터는 시공간 모델링 및 전역요소 모델링의 2가지 주요 요소로 구성돼 있다. 시공간 컴포넌트는 가깝고 먼 공간 의존성, 일시적 근접성, 기간 및 추세를 동시에 모델링하고자 합성곱 신경망[CNN, Convolutional Neural Network] 프레임워크를 사용한다. 전역 구성 요소는 기상 조건, 시간 및 요일과 같은 외부 요인을 수집하는 데 사용된다. ST-ResNet은 4가지 베이스라인 방법 이상의 장점을 보여 주며, 베이징의 택시 데이터, 구이양[Guiyang]시의 루프 감지기 데이터 그리고 뉴욕시 자전거 공유 데이터를 사용해 평가됐다. 해당 기술에 대해 더 자세한 내용은 8장 8.7절에서 설명한다.

2.9 요약

2장에서는 도시 계획, 교통, 환경, 에너지, 사회 및 엔터테인먼트, 경제 및 공공 안전과 보안으로 구성된 7가지 영역에서 어반 컴퓨팅의 애플리케이션을 소개했다. 다른 데이터 과학 기법을 사용해 도시 과제 해결에 대한 전통적인 접근법에 혁명적인 역할을 했다.

참고문헌

[1] Abbott, M. B., J. C. Bathurst, J. A. Cunge, P. E. O'Connell, and J. Rasmussen. 1986. "An Introduction to the European Hydrological System—Systeme Hydrologique Europeen, 'SHE,' 2: Structure of a Physically-Based, Distributed Modelling System." *Journal of Hydrology* 87 (1 – 2): 61 – 77.

[2] Agarwal, Y., B. Balaji, S. Dutta, R. K. Gupta, and T. Weng. 2011. "Duty-Cycling Buildings Aggressively: The Next Frontier in HVAC Control." In *Proceedings of the 10th ACM/IEEE International Conference on Information Processing in Sensor Networks*. Washington, DC: Institute of Electrical and Electronics Engineers (IEEE) Computer Society Press, 246 – 257.

[3] Agatz, N., A. Erera, M. Savelsbergh, and X. Wang. 2012. "Optimization for Dynamic RideSharing: A Review." *European Journal of Operational Research* 223 (2):

295 – 303.

[4] Aguado, E., and I. Remson. 1974. "Ground-Water Hydraulics in Aquifer Management." *Journal of the Hydraulics Division* 100 (1): 103 – 118.

[5] Aguado, E., and I. Remson. 1980. "Ground-Water Management with Fixed Charges." *Journal of the Water Resources Planning and Management Division* 106 (2): 375 – 382.

[6] Amorocho, J., and W. E. Hart. 1964. "A Critique of Current Methods in Hydrologic Systems Investigation." *Eos, Transactions American Geophysical Union* 45 (2): 307 – 321.

[7] Antikainen, J. 2005. "The Concept of Functional Urban Area." *Findings of the Espon Project* 1 (1): 447 – 452.

[8] Arnold, J. G., P. M. Allen, and G. Bernhardt. 1993. "A Comprehensive Surface-Groundwater Flow Model." *Journal of Hydrology* 142 (1 – 4): 47 – 69.

[9] Attanasio, A., J.-F. Cordeau, G. Ghiani, and G. Laporte. 2004. "Parallel Tabu Search Heuristics for the Dynamic Multi-Vehicle Dial-a-Ride Problem." *Parallel Computing* 30, no. 3 (March): 377 – 387.

[10] Balan, R., K. Nguyen, and L. Jiang. 2011. "Real-Time Trip Information Service for a Large Taxi Fleet." In *Mobisys '11. Proceedings of the 9th International Conference on Mobile Systems, Applications, and Services*. New York: Association for Computing Machinery (ACM), 99 – 112.

[11] Baldacci, R., V. Maniezzo, and A. Mingozzi. 2004. "An Exact Method for the Carpooling Problem Based on Lagrangean Column Generation." *Operations Research* 52 (3): 422 – 439.

[12] Bao, J., T. He, S. Ruan, Y. Li, and Y. Zheng. 2017. "Planning Bike Lanes Based on SharingBikes' Trajectories." In *Proceedings of the 23rd SIGKDD Conference on Knowledge Discovery and Data Mining*. New York: ACM.

[13] Bao, J., Y. Zheng, D. Wilkie, and M. Mokbel. 2015. "Recommendations in Location-Based Social Networks: A Survey." *Geoinformatica* 19 (3): 525 – 565.

[14] Bastani, F., Y. Huang, X. Xie, and J. W. Powell. 2011. "A Greener Transportation Mode: Flexible Routes Discovery from GPS Trajectory Data." In *Proceedings of the 19th ACM SIGSPATIAL International Conference on Advances in Geographic Information Systems*. New York: ACM, 405 – 408.

[15] Beaudry, A., G. Laporte, T. Melo, and S. Nickel. 2010. "Dynamic Transportation of Patients in Hospitals." *OR Spectrum* 32 (1): 77 – 107.

[16] Bejan, A. I., R. J. Gibbens, D. Evans, A. R. Beresford, J. Bacon, and A. Friday. 2010. "Statistical Modelling and Analysis of Sparse Bus Probe Data in Urban Areas." In *Proceedings of the 13th IEEE International Conference on Intelligent Transportation Systems*. Washington, DC: IEEE Computer Society Press, 1256 – 1263.

[17] Benchimol, M., P. Benchimol, B. Chappert, A. De La Taille, F. Laroche, F. Meunier, and L. Robinet. 2011. "Balancing the Stations of a Self-Service 'Bike Hire' System." *RAIRO-Operations Research* 45 (1): 37 – 61.

[18] Berlingerio, M., F. Calabrese, Giusy Di Lorenzo, R. Nair, F. Pinelli, and M. L. Sbodio. 2013 "AllAboard: A System for Exploring Urban Mobility and Optimizing Public Transport Using Cellphone Data." In *Proceedings of the 12th European Conference on Machine Learning and Principles and Practice of Knowledge* Discovery in Databases. Berlin: Springer, 663 – 666.

[19] Borgnat, P., E. Fleury, C. Robardet, and A. Scherrer. 2009. "Spatial Analysis of Dynamic Movements of Vlov, Lyon's Shared Bicycle Program." In *Proceedings of the European Conference on Complex Systems*. Coventry, UK: Warwick University.

[20] Borzsony, S., D. Kossmann, and K. Stocker. 2001. "The Skyline Operator." In *Proceedings of the 17th International Conference on Data Engineering*. Washington, DC: IEEE Computer Society Press, 421 – 430.

[21] Bray, M., and H. Dawei. 2004. "Identification of Support Vector Machines for Runoff Modelling." *Journal of Hydroinformatics* 6 (4): 265 – 280.

[22] Calvo, R. W., F. de Luigi, P. Haastrup, and V. Maniezzo. 2004. "A Distributed Geographic Information System for the Daily Carpooling Problem." *Computers and Operations Research* 31: 2263 – 2278.

[23] Castro, P., and M. Neves. 2003. "Chlorine Decay in Water Distribution Systems Case Study—Lousada Network." *Electronic Journal of Environmental, Agricultural and Food Chemistry* 2 (2): 261 – 266.

[24] Castro-Neto, M., Y. S. Jeong, M. K. Jeong, and L. D. Han. 2009. "Online-SVR for Short-Term Traffic Prediction under Typical and Atypical Traffic Conditions." *Expert Systems with Applications* 36 (3): 6164 – 6173.

[25] Ceapa, I., C. Smith, and L Capra. 2012. "Avoiding the Crowds: Understanding Tube Station Congestion Patterns from Trip Data." In *Proceedings of the 1st ACM*

SIGKDD International Workshop on Urban Computing. New York: ACM, 134 – 141.

[26] Chawla, S., Y. Zheng, and J. Hu. 2012. "Inferring the Root Cause in Road Traffic Anomalies." In *Proceedings of the 12th International Conference on Data Mining*. Washington, DC: IEEE Computer Society Press, 141 – 150

[27] Chemla, D., F. Meunier, and R. Wolfler-Calvo. 2011. "Balancing a Bike-Sharing System with Multiple Vehicles." In *Proceedings of Congress annual de la société Française de recherche opérationelle et d'aidea la décision*. Saint-Etienne, France: Roadef.

[28] Chen, C., D. Zhang, N. Li, and Z. H. Zhou. 2014. "B-Planner: Planning Bidirectional Night Bus Routes Using Large-Scale Taxi GPS Traces." *IEEE Transactions on Intelligent Transportation Systems* 15 (4): 1451 – 1465.

[29] Chen, L., D. Zhang, G. Pan, X. Ma, D. Yang, K. Kushlev, W. Zhang, and S. Li. 2015. "Bike Sharing Station Placement Leveraging Heterogeneous Urban Open Data." In *Proceedings of the 2015 ACM International Joint Conference on Pervasive and Ubiquitous Computing*. New York: ACM, 571 – 575.

[30] Chen, P.-Y, J.-W. Liu, and W.-T. Chen. 2010. "A Fuel-Saving and Pollution-Reducing Dynamic Taxi-Sharing Protocol in VANETs." In *Proceedings of the IEEE 72nd Vehicular Technology Conference*. Washington, DC: IEEE Computer Society Press, 1 – 5.

[31] Chen, X., Y. Zheng, Y. Chen, Q. Jin, W. Sun, E. Chang, and W. Y. Ma. 2014. "Indoor Air Quality Monitoring System for Smart Buildings." In *Proceedings of the 16th ACM International Conference on Ubiquitous Computing*. New York: ACM.

[32] Clark, R. M., and M. Sivaganesan. 2002. "Predicting Chlorine Residuals in Drinking Water: Second Order Model." *Journal of Water Resources Planning and Management* 128 (2): 152 – 161.

[33] Contardo, C., C. Morency, and L. M. Rousseau. 2012. "Balancing a Dynamic Public BikeSharing System." Volume 4. Montreal: Cirrelt.

[34] Cordeau, J. 2003. "A Branch-and-Cut Algorithm for the Dial-a-Ride Problem." *Operations Research* 54 (3): 573 – 586.

[35] Cordeau, J. F., and G. Laporte. 2003. "A Tabu Search Heuristic for the Static Multi-Vehicle Dial-a-Ride Problem." *Transportation Research Part B: Methodological* 37 (6): 579 – 594.

[36] Cordeau, J. F., and G. Laporte. 2007. "The Dial-a-Ride Problem: Models and Algorithms." *Annals of Operations Research* 153 (1): 29–46.

[37] Cranshaw, J., E. Toch, J. Hong, A. Kittur, and N. Sadeh. 2010. "Bridging the Gap between Physical Location and Online Social Networks." In *Proceedings of the 12th ACM International Conference on Ubiquitous Computing*. New York: ACM, 119–128.

[38] Dell'Olio, L., A. Ibeas, and J. L. Moura. 2011. "Implementing Bike-Sharing Systems." *Proceedings of the Institution of Civil Engineers-Municipal Engineer* 164 (2): 89–101.

[39] Devarakonda, S., P. Sevusu, H. Liu, R. Liu, L. Iftode, and B. Nath. 2013. "Real-Time Air Quality Monitoring through Mobile Sensing in Metropolitan Areas." In *Proceedings of the 2nd ACM SIGKDD International Workshop on Urban Computing*. New York: ACM.

[40] D'Hondt, E., and M. Stevens. 2011. "Participatory Noise Mapping." In *Proceedings of the 9th International Conference on Pervasive Computing*. Berlin: Springer, 33–36.

[41] d'Orey, P. M., R. Fernandes, and M. Ferreira. 2012. "Empirical Evaluation of a Dynamic and Distributed Taxi-Sharing System." In *Proceedings of the 15th International IEEE Conference on Intelligent Transportation Systems*. Washington, DC: IEEE Computer Society Press, 140–146.

[42] Duan, Q., S. Sorooshian, and V. Gupta. 1992. "Effective and Efficient Global Optimization for Conceptual Rainfall-Runoff Models." *Water Resources Research* 28 (4): 1015–1031.

[43] Dumas, Y., J. Desrosiers, and F. Soumis. 1991. "The Pickup and Delivery Problem with Time Windows." *European Journal of Operational Research* 54, no. 1 (September): 7–22.

[44] Dusparic, I., C. Harris, A. Marinescu, V. Cahill, and S. Clarke. 2013. "Multi-Agent Residential Demand Response Based on Load Forecasting." In *Proceedings of the 1st IEEE Conference on Technologies for Sustainability—Engineering and the Environment*. Washington, DC: IEEE Computer Society Press.

[45] Friginal, J., S. Gambs, J. Guiochet, and M. O. Killijian. 2014. "Towards Privacy-Driven Design of a Dynamic Carpooling System." *Pervasive and Mobile Computing* 14:71–82.

[46] Froehlich, J., J. Neumann, and N. Oliver. 2009. "Sensing and Predicting the

Pulse of the City through Shared Bicycling." In *Proceedings of the 21st International Joint Conference on Artificial Intelligence*. Pasadena, CA: International Joint Conferences on Artificial Intelligence Organization (IJCAI), 1420 – 1426.

[47] Fu, Y., Y. Ge, Y. Zheng, Z. Yao, Y. Liu, H. Xiong, and J. Yuan. 2014. "Sparse Real Estate Ranking with Online User Reviews and Offline Moving Behaviors." In *Proceedings of the 2014 IEEE International Conference on Data Mining*. Washington, DC: IEEE Computer Society Press, 120 – 129.

[48] Fu, Y., H. Xiong, Y. Ge, Z. Yao, and Y. Zheng. 2014. "Exploiting Geographic Dependencies for Real Estate Appraisal: A Mutual Perspective of Ranking and Clustering." In *Proceedings of the 20th SIGKDD Conference on Knowledge Discovery and Data Mining*. New York: ACM.

[49] Fu, Y., H. Xiong, Y. Ge, Y. Zheng, Z. Yao, and Z. H. Zhou. 2016. "Modeling of Geographic Dependencies for Real Estate Ranking." *ACM Transactions on Knowledge Discovery from Data* 11 (1): 11.

[50] Furuhata, M., M. Dessouky, Fernando Ordóñez, Marc-Etienne Brunet, Xiaoqing Wang, and Sven Koenig. 2013. "Ridesharing: The State-of-the-Art and Future Directions." *Transportation Research Part B: Methodological* 57 (November): 28 – 46.

[51] Galvan-Lopez, E., A. Taylor, S. Clarke, and V. Cahill. 2014. "Design of an Automatic Demand-Side Management System Based on Evolutionary Algorithms." In *Proceedings of the 29th Annual ACM Symposium on Applied Computing*. New York: ACM, 24 – 28.

[52] Gandia, R. 2015. "City Outlines Travel Diary Plan to Determine Future Transportation Needs." *Calgary Sun*, May 7.

[53] García-Palomares, J. C., J. Gutiérrez, and M. Latorre. 2012. "Optimizing the Location of Stations in Bike-Sharing Programs: A GIS Approach." *Applied Geography* 35 (1): 235 – 246.

[54] Gauthier A., C. Hughes, C. Kost, S. Li, C. Linke, S. Lotshaw, J. Mason, C. Pardo, C. Rasore, B. Schroeder, and X. Treviño. *The Bike-Share Planning Guide*. New York: Institute for Transportation and Development Policy.

[55] Ge, Y., H. Xiong, A. Tuzhilin, K. Xiao, M. Gruteser, and M. Pazzani. 2010. "An EnergyEfficient Mobile Recommender System." In *Proceedings of the 16th SIGKDD Conference on Knowledge Discovery and Data Mining*. New York: ACM, 899 – 908.

[56] Gidofalvi, G., T. B. Pedersen, T. Risch, and E. Zeitler. 2008. "Highly Scalable Trip Grouping for Large-Scale Collective Transportation Systems." In *Proceedings of the 11th International Conference on Extending Database Technology: Advanced Database Technology*. New York: ACM, 678–689.

[57] Giustolisi, O., A. Doglioni, D. A. Savic, and F. Di Pierro. 2008. "An Evolutionary Multiobjective Strategy for the Effective Management of Groundwater Resources." *Water Resources Research* 44 (1). doi:10.1029/2006WR005359.

[58] Goel, P., L. Kulik, and K. Ramamohanarao. 2016. "Privacy-Aware Dynamic Ride Sharing." *ACM Transactions on Spatial Algorithms and Systems* 2 (1): 4.

[59] Guehnemann, A., R. P. Schaefer, K. U. Thiessenhusen, and P. Wagner. 2004. *Monitoring Traffic and Emissions by Floating Car Data*. Clayton, Australia: Institute of Transport Studies.

[60] Hallam, N. B., J. R. West, C. F. Forster, J. C. Powell, and I. Spencer. 2002. "The Decay of Chlorine Associated with the Pipe Wall in Water Distribution Systems." *Water Research* 36 (14): 3479–3488.

[61] Hanson, S., and P. Hanson. 1980. "Gender and Urban Activity Patterns in Uppsala, Sweden." *Geographical Review* 70 (3): 291–299.

[62] Harris, C., R. Doolan, I. Dusparic, A. Marinescu, V. Cahill, and S. Clarke. 2014. "A Distributed Agent Based Mechanism for Shaping of Aggregate Demand." Paper presented at Energycon, Dubrovnik, Croatia.

[63] Herrera, J. C., D. Work, X. Ban, R. Herring, Q. Jacobson, and A. Bayen. 2010. "Evaluation of Traffic Data Obtained via GPS-Enabled Mobile Phones: The Mobile Century Field Experiment." *Transportation Research* C 18 (4): 568–583.

[64] Hoang, M. X., Y. Zheng, and A. K. Singh. "FCCF: Forecasting Citywide Crowd Flows Based on Big Data." In *Proceedings of the 24th ACM International Conference on Advances in Geographical Information Systems*. New York: ACM.

[65] Hsieh, H. P., S. D. Lin, and Y. Zheng. 2015. "Inferring Air Quality for Station Location Recommendation Based on Urban Big Data." In *Proceedings of the 21st ACM SIGKDD International Conference on Knowledge Discovery and Data Mining*. New York: ACM, 437–446.

[66] Hsu, Kuo-lin, Hoshin Vijai Gupta, and Soroosh Sorooshian. 1995. "Artificial Neural Network Modeling of the Rainfall-Runoff Process." *Water Resources Research* 31 (10): 2517–2530.

[67] Hung, C. C., C. W. Chang, and W. C. Peng. 2009. "Mining Trajectory Profiles for Discovering User Communities." In *Proceedings of the 1st ACM SIGSPATIAL GIS Workshop on Location Based Social Networks*. New York: ACM, 1–8.

[68] Hunter, T., R. Herring, P. Abbeel, and A. Bayen. 2009. "Path and Travel Time Inference from GPS Probe Vehicle Data." In *Proceedings of the International Workshop on Analyzing Networks and Learning with Graphs*. Vancouver, Canada: Neural Information Processing Systems Foundation.

[69] Hvattum, L. M., A. Løkketangen, and G. Laporte. 2007. "A Branch-Andregret Heuristic for Stochastic and Dynamic Vehicle Routing Problems." *Networks* 49, no. 4 (July): 330–340.

[70] Ji, S., Y. Zheng, and T. Li. 2016. "Urban Sensing Based on Human Mobility." In *Proceedings of the 2016 ACM International Joint Conference on Pervasive and Ubiquitous Computing*. New York: ACM, 1040–1051.

[71] Jiang, S., J. Ferreira, and M. C. Gonzalez. 2012. "Discovering Urban Spatial-Temporal Structure from Human Activity Patterns." In *Proceedings of the 1st ACM SIGKDD International Workshop on Urban Computing*. New York: ACM, 95–102.

[72] Jiang, Y., K. Li, L. Tian, R. Piedrahita, X. Yun, L. Q. Mansata, L. Shang. 2011. "MAQS: A Personalized Mobile Sensing System for Indoor Air Quality Monitoring." In *Proceedings of the 13th International Conference on Ubiquitous Computing*. New York: ACM, 271–280.

[73] Johnson, M., N. Lam, S. Brant, C. Gray, and D. Pennise. 2011. "Modeling Indoor Air Pollution from Cookstove Emissions in Developing Countries Using a Monte Carlo Single-Box Model." *Atmospheric Environment* 45 (19): 3237–3243.

[74] Kaltenbrunner, A., R. Meza, J. Grivolla, J. Codina, and R. Banchs. 2010. "Urban Cycles and Mobility Patterns: Exploring and Predicting Trends in a Bicycle-Based Public Transport System." *IEEE Pervasive and Mobile Computing* 6:455–466.

[75] Kanoulas, E., Y. Du, T. Xia, and D. Zhang. 2006. "Finding Fastest Paths on a Road Network with Speed Patterns." In *Proceedings of the 22nd International Conference on Data Engineering*. Washington, DC: IEEE Computer Society Press.

[76] Karamshuk, D., A. Noulas, S. Scellato, V. Nicosia, and M. Cecilia. 2013. "Geo-Spotting: Mining Online Location-Based Services for Optimal Retail Store Placement." In *Proceedings of the 19th ACM International Conference on Knowledge Discovery and Data Mining*. New York: ACM, 793–801.

[77] Karlsson, C. 2007. "Clusters, Functional Regions and Cluster Policies." JIBS and CESIS Electronic Working Paper Series 84.

[78] Lathia, N., J. Froehlich, and L. Capra. 2010. "Mining Public Transport Usage for Personalised Intelligent Transport Systems." In *Proceedings of the 10th IEEE International Conference on Data Mining*. Washington, DC: IEEE Computer Society Press, 887–892.

[79] Lathia, S. A., and L. Capra. 2012. "Measuring the Impact of Opening the London Shared Bicycle Scheme to Casual Users." *Transportation Research Part C* 22:88–102

[80] Lee, D., H. Wang, R. Cheu, and S. Teo. 2004. "Taxi Dispatch System Based on Current Demands and Real-Time Traffic Conditions." *Transportation Research Record: Journal of the Transportation Research Board* 1882 (1): 193–200.

[81] Li, Q., Y. Zheng, X. Xie, Y. Chen, W. Liu, and W. Y. Ma. 2008. "Mining User Similarity Based on Location History." In *Proceedings of the 16th ACM SIGSPATIAL International Conference on Advances in Geographic Information Systems*. New York: ACM, 34.

[82] Li, Y., J. Bao, Y. Li, Y. Wu, Z. Gong, and Y. Zheng. 2016. "Mining the Most Influential k-Location Set from Massive Trajectories." *IEEE Transactions on Big Data*. doi:10.1109/TBDATA.2017.2717978.

[83] Li, Y., R. Chen, L. Chen, and J. Xu. 2015. "Towards Social-Aware Ridesharing Group Query Services." *IEEE Transactions on Services Computing* 10 (4): 646–659.

[84] Li, Y., J. Luo, C. Y. Chow, K. L. Chan, Y. Ding, and F. Zhang. 2015. "Growing the Charging Station Network for Electric Vehicles with Trajectory Data Analytics." In *Proceedings of the 2015 IEEE 31st International Conference on Data Engineering*. Washington, DC: IEEE Computer Society Press, 1376–1387.

[85] Li, Y., Y. Zheng, S. Ji, W. Wang, and Z. Gong. 2015. "Location Selection for Ambulance Stations: A Data-Driven Approach." In *Proceedings of the 23rd SIGSPATIAL International Conference on Advances in Geographic Information Systems*. New York: ACM, 85.

[86] Li, Y., Y. Zheng, H. Zhang, and L. Chen. 2015. "Traffic Prediction in a Bike-Sharing System." In *Proceedings of the 23rd SIGSPATIAL International Conference on Advances in Geographic Information Systems*. New York: ACM, 33.

[87] Lin, J. R., and T. H. Yang. 2011. "Strategic Design of Public Bicycle Sharing

Systems with Service Level Constraints." *Transportation Research Part E: Logistics and Transportation Review* 47 (2): 284–294.

[88] Liu, B., Y. Fu, Z. Yao, and H. Xiong. 2013. "Learning Geographical Preferences for Point-ofInterest Recommendation." In *Proceedings of the 19th ACM SIGKDD International Conference on Knowledge Discovery and Data Mining*. New York: ACM.

[89] Liu, C. W., K. H. Lin, and Y. M. Kuo. 2003. "Application of Factor Analysis in the Assessment of Groundwater Quality in a Blackfoot Disease Area in Taiwan." *Science of the Total Environment* 313 (1): 77–89.

[90] Liu, D., Di Weng, Yuhong Li, Yingcai Wu, Jie Bao, Yu Zheng, and Huaming Qu. 2016. "SmartAdP: Visual Analytics of Large-Scale Taxi Trajectories for Selecting Billboard Locations." *IEEE Transactions on Visualization and Computer Graphics* 23, no. 1 (January): 1–10.

[91] Liu, J., L. Sun, W. Chen, and H. Xiong. 2016. "Rebalancing Bike Sharing Systems: A Multisource Data Smart Optimization." In *Proceedings of the 22nd SIGKDD Conference on Knowledge Discovery and Data Mining*. New York: ACM.

[92] Liu, T. Y. 2009. "Learning to Rank for Information Retrieval." *Foundations and Trends in Information Retrieval* 3 (3): 225–331.

[93] Liu, W., Y. Zheng, S. Chawla, J. Yuan, and X. Xing. 2011. "Discovering Spatio-temporal Causal Interactions in Traffic Data Streams." In *Proceedings of the 17th ACM SIGKDD International Conference on Knowledge Discovery and Data Mining*. New York: ACM, 1010–1018.

[94] Liu, Y., Y. Zheng, Y. Liang, S. Liu, and D. S. Rosenblum. 2016. "Urban Water Quality Prediction Based on Multi-Task Multi-View Learning." In *Proceedings of the Twenty-Fifth International Joint Conference on Artificial Intelligence*. Pasadena, CA: IJCAI.

[95] Ma, S., and O. Wolfson. 2013. "Analysis and Evaluation of the Slugging Form of Ridesharing." In *Proceedings of the 21st ACM SIGSPATIAL International Conference on Advances in Geographic Information Systems*. New York: ACM, 64–73.

[96] Ma, Shuo, Yu Zheng, and Ouri Wolfson. 2013. "T-Share: A Large-Scale Dynamic Taxi Ridesharing Service." In *Proceedings of the 29th IEEE International Conference on Data Engineering*. Washington, DC: IEEE Computer Society Press.

[97] Ma, Shuo, Yu Zheng, and Ouri Wolfson. 2015. "Real-Time City-Scale Taxi Ridesharing." *IEEE Transactions on Knowledge and Data Engineering* 27, no. 7 (July):

1782 – 1795.

[98] Marinescu, A., I. Dusparic, C. Harris, S. Clarke, and V. Cahill. 2014. "A Dynamic Forecasting Method for Small Scale Residential Electrical Demand." In *Proceedings of the 2014 International Joint Conference on Neural Networks*. Washington, DC: IEEE Computer Society Press.

[99] McNeill, J. D. 1990. "Use of Electromagnetic Methods for Groundwater Studies." *Geotechnical and Environmental Geophysics* 1:191 – 218.

[100] Mimno, D., and A. McCallum. 2008. "Topic Models Conditioned on Arbitrary Features with Dirichlet-Multinomial Regression." In *Proceedings of the Twenty-Fourth Conference on Uncertainty in Artificial Intelligence*. Arlington, VA: AUAI Press, 411 – 418.

[101] Minns, A. W., and M. J. Hall. 1996. "Artificial Neural Networks as Rainfall-Runoff Models." *Hydrological Sciences Journal* 41 (3): 399 – 417.

[102] Momtazpour, M., P. Butler, N. Ramakrishnan, M. S. Hossain, M. C. Bozchalui, and R. Sharma. 2014. "Charging and Storage Infrastructure Design for Electric Vehicles." *ACM Transactions on Intelligent Systems and Technology* 5 (3): 42.

[103] Monteiro, L., D. Figueiredo, S. Dias, R. Freitas, D. Covas, J. Menaia, and S. T. Coelho. 2014. "Modeling of Chlorine Decay in Drinking Water Supply Systems Using EPANET MSX." *Procedia Engineering* 70:1192 – 1200.

[104] Nair, R., E. Miller-Hooks, R. Hampshire, and A. Busic. 2012. "Large-Scale Bicycle Sharing Systems: Analysis of V'Elib." *International Journal of Sustainable Transportation* 7 (1): 85 – 106.

[105] Nicolas, M., M. Stevens, M. E. Niessen, and L. Steels. 2009. "NoiseTube: Measuring and Mapping Noise Pollution with Mobile Phones." *Information Technologies in Environmental Engineering*. Berlin: Springer, 215 – 228.

[106] Ostfeld, A., and S. Salomons. 2005. "A Hybrid Genetic—Instance Based Learning Algorithm for CE-QUAL-W2 Calibration." *Journal of Hydrology* 310 (1): 122 – 142.

[107] Ott, W. R. 1999. "Mathematical Models for Predicting Indoor Air Quality from Smoking Activity." *Environmental Health Perspectives* 107 (Suppl 2): 375.

[108] Pan, B., Y. Zheng, D. Wilkie, and C. Shahabi. 2013. "Crowd Sensing of Traffic Anomalies Based on Human Mobility and Social Media." In *Proceedings of the 21st*

ACM SIGSPATIAL International Conference on Advances in Geographic Information Systems. New York: ACM, 344–353.

[109] Pang, L. X., S. Chawla, W. Liu, and Y. Zheng. 2013. "On Detection of Emerging Anomalous Traffic Patterns Using GPS Data." *Data and Knowledge Engineering* 87:357–373.

[110] Pfoser, D. 2008. "Floating Car Data." *Encyclopedia of GIS.* Berlin: Springer.

[111] Pfoser, D., S. Brakatsoulas, P. Brosch, M. Umlauft, N. Tryfona, and G. Tsironis. 2008. "Dynamic Travel Time Provision for Road Networks." In *Proceedings of the 16th International Conference on Advances in Geographic Information Systems.* New York: ACM.

[112] Phithakkitnukoon, S., M. Veloso, C. Bento, A. Biderman, and C. Ratti. 2010. "Taxi-Aware Map: Identifying and Predicting Vacant Taxis in the City." In *Proceedings of the 1st International Joint Conference on Ambient Intelligence.* Berlin: Springer, 86.

[113] Powell, J. C., N. B. Hallam, J. R. West, C. F. Forster, and J. Simms. 2000. "Factors Which Control Bulk Chlorine Decay Rates." Water Research 34 (1): 117–126.

[114] Pozdnoukhov, A., and C. Kaiser. 2011. "Space-Time Dynamics of Topics in Streaming Text." In *Proceedings of the 3rd ACM SIGSPATIAL GIS Workshop on Location Based Social Networks.* New York: ACM, 8:1–8:8.

[115] Qi, G., X. Li, S. Li, G. Pan, Z. Wang, and D. Zhang. 2011. "Measuring Social Functions of City Regions from Large-Scale Taxi Behaviors." In *Proceedings of Pervasive Computing and Communications Workshops (PERCOM Workshops), 2011 IEEE International Conference.* Washington, DC: IEEE Computer Society Press, 384–388.

[116] Rana, R. K., C. T. Chou, S. S. Kanhere, N. Bulusu, and W. Hu. 2010. "Ear-Phone: An End-toEnd Participatory Urban Noise Mapping System." In *Proceedings of the 9th ACM/IEEE International Conference on Information Processing in Sensor Networks.* New York: ACM, 105–116.

[117] Rana, R. K., C. T. Chou, S. S. Kanhere, N. Bulusu, and W. Hu. 2013. "Ear-Phone: A ContextAware Noise Mapping Using Smart Phones." doi:arXiv:1310.4270.

[118] Ratti, C., S. Sobolevsky, F. Calabrese, C. Andris, J. Reades, M. Martino, R. Claxton, and S. H. Strogatz. 2010. "Redrawing the Map of Great Britain from a Network of Human Interactions." *PLoS ONE* 5 (12): e14248.

[119] Rinzivillo, S., S. Mainardi, F. Pezzoni, M. Coscia, D. Pedreschi, and F. Giannotti. 2012. "Discovering the Geographical Borders of Human Mobility." *Künstl intell* 26:253–260.

[120] Rossman, L. A., and P. F. Boulos. 1996. "Numerical Methods for Modeling Water Quality in Distribution Systems: A Comparison." *Journal of Water Resources Planning and Management* 122 (2): 137–146.

[121] Rossman, L. A., R. M. Clark, and W. M. Grayman. 1994. "Modeling Chlorine Residuals in Drinking-Water Distribution Systems." *Journal of Environmental Engineering* 120 (4): 803–820.

[122] Rosvall, M., and C. T. Bergstrom. 2008. "Maps of Random Walks on Complex Networks Reveal Community Structure." *Proceedings of the National Academy of Sciences* 105 (4): 1118–1123.

[123] Santani, D., R. K. Balan, and C. J. Woodard. 2008. "Spatio-Temporal Efficiency in a Taxi Dispatch System." Research Collection. School of Information Systems, Singapore Management University, October.

[124] Santi, P., G. Resta, M. Szell, S. Sobolevsky, S. H. Strogatz, and C. Ratti. 2014. "Quantifying the Benefits of Vehicle Pooling with Shareability Networks." *Proceedings of the National Academy of Sciences* 111 (37): 13290–13294.

[125] Shaheen, S., S. Guzman, and H. Zhang. 2010. "Bikesharing in Europe, the Americas, and Asia: Past, Present, and Future." Paper presented at the 2010 Transportation Research Board Annual Meeting, Washington, DC.

[126] Shang, J., Y. Zheng, W. Tong, and E. Chang. 2014. "Inferring Gas Consumption and Pollution Emission of Vehicles throughout a City." In *Proceedings of the 20th SIGKDD Conference on Knowledge Discovery and Data Mining*. New York: ACM.

[127] Silvia, S., B. Ostermaier, and A. Vitaletti. 2008. "First Experiences Using Wireless Sensor Networks for Noise Pollution Monitoring." In *Proceedings of the Workshop on Real-World Wireless Sensor Networks*. New York: ACM, 61–65.

[128] The Copenhagen Wheel. https://www.superpedestrian.com/.

[129] Thiagarajan A., L. Ravindranath, K. Lacurts, S. Madden, H. Balakrishnan, S. Toledo, and J. Eriksson. 2009. "VTrack: Accurate, Energy-Aware Road Traffic Delay Estimation Using Mobile Phones." In *Proceedings of the 7th ACM Conference on Embedded Networked Sensor Systems*. New York: ACM.

[130] Toth, E., A. Brath, and A. Montanari. 2000. "Comparison of Short-Term Rainfall Prediction Models for Real-Time Flood Forecasting." *Journal of Hydrology* 239 (1): 132–147.

[131] Vasconcelos, J. J., L. A. Rossman, W. M. Grayman, P. F. Boulos, and R. M. Clark. 1997. "Kinetics of Chlorine Decay." *American Water Works Association Journal* 89 (7): 54.

[132] Vatsavai, R. R., E. Bright, C. Varun, B. Budhendra, A. Cheriyadat, and J. Grasser. 2011. "Machine Learning Approaches for High-Resolution Urban Land Cover Classification: A Comparative Study." In *Proceedings of the 2nd International Conference on Computing for Geospatial Research and Applications*. New York: ACM, 11:1–11:10.

[133] Wakamiya, S., R. Lee, and K. Sumiya. 2012. "Crowd-Sourced Urban Life Monitoring: Urban Area Characterization Based Crowd Behavioral Patterns from Twitter." In *Proceedings of the 6th International Conference on Ubiquitous Information Management and Communication*. New York: ACM, article no. 26.

[134] Wand, M., and M. Jones. 1995. *Kernel Smoothing*. Volume 60. London: Chapman and Hall.

[135] Wang, Y., Yu Zheng, and Yexiang Xue. 2014. "Travel Time Estimation of a Path Using Sparse Trajectories." In *Proceedings of the 20th SIGKDD Conference on Knowledge Discovery and Data Mining*. New York: ACM.

[136] Watkins, K., B. Ferris, A. Borning, S. Rutherford, and D. Layton. 2011. "Where Is My Bus? Impact of Mobile Real-Time Information on the Perceived and Actual Wait Time of Transit Riders." *Transportation Research Part A* 45 (8): 839–848.

[137] Wei, L. Y., Y. Zheng, and W. C. Peng. 2012. "Constructing Popular Routes from Uncertain Trajectories." In *Proceedings of the 18th SIGKDD Conference on Knowledge Discovery and Data Mining*. New York: ACM, 195–203.

[138] "What is EMS?" 2008. Washington, DC: National Highway Traffic Safety Administration (NHTSA). Accessed August 9, 2008. https://www.ems.gov/whatisems.html.

[139] Wu, H., J. A. Tan, and W. S. Ng et al. 2015. "FTT: A System for Finding and Tracking Tourists in Public Transport Services." In *Proceedings of the 2015 ACM SIGMOD International Conference on Management of Data*. New York: ACM, 1093–1098.

[140] Wu, W., W. S. Ng, S. Krishnaswamy, and A. Sinha. 2012. "To Taxi or Not to Taxi?— Enabling Personalised and Real-Time Transportation Decisions for Mobile Users." In *Proceedings of the IEEE 13th International Conference on Mobile Data Management*. Washington, DC: IEEE Computer Society Press, 320–323.

[141] Xiang, Z., C. Chu, and H. Chen. 2006. "A Fast Heuristic for Solving a Large-Scale Static Dial-a-Ride Problem under Complex Constraints." *European Journal of Operational Research* 174 (2): 1117–1139.

[142] Xiao, X., Y. Zheng, Q. Luo, and X. Xie. 2010. "Finding Similar Users Using Category-Based Location History." In *Proceedings of the 18th ACM SIGSPATIAL Conference on Advances in Geographical Information Systems*. New York: ACM, 442–445.

[143] Xiao, X., Y. Zheng, Q. Luo, and X. Xie. 2014. "Inferring Social Ties between Users with Human Location History." *Journal of Ambient Intelligence and Humanized Computing* 5 (1): 3–19.

[144] Xue, M., H. Wu, W. Chen, W. Siong Ng, and G. Howe Goh. 2014. "Identifying Tourists from Public Transport Commuters." In *Proceedings of the 20th ACM SIGKDD International Conference On Knowledge Discovery and Data Mining*. New York: ACM, 779–1788.

[145] Yamamoto, K., K. Uesugi, and T. Watanabe. 2010. "Adaptive Routing of Cruising Taxis by Mutual Exchange of Pathways." *Knowledge-Based Intelligent Information and Engineering Systems* 5178:559–566.

[146] Yan, X., and J. Han. 2002. "Gspan: Graph-Based Substructure Pattern Mining." In proceedings, *2002 IEEE International Conference on Data Mining*. Washington, DC: IEEE Computer Society Press, 721–724.

[147] Yang, Z., J. Hu, Y. Shu, P. Cheng, J. Chen, and T. Moscibroda. "Mobility Modeling and Prediction in Bike-Sharing Systems." In *ACM International Conference on Mobile Systems, Applications, and Services*. New York: ACM.

[148] Ye, M., Y. Yin, W. Q. Lee, and D. L. Lee. 2011. "Exploiting Geographical Influence for Collaborative Point-of-Interest Recommendation." In *Proceedings of the 34th International ACM SIGIR Conference on Research and Development in Information Retrieval*. New York: ACM.

[149] Ye, Y., Y. Zheng, Y. Chen, J. Feng, and X. Xie. 2009. "Mining Individual Life Pattern Based on Location History." In *Proceedings, 2009 Tenth International Conference on Mobile Data Management: Systems, Services and Middleware*.

Washington, DC: IEEE Computer Society Press, 1–10.

[150] Yin, Z., L. Cao, J. Han, C. Zhai, and T. Huang. 2011. "Geographical Topic Discovery and Comparison." In *Proceedings of the 20th International Conference on World Wide Web*. New York: ACM, 247–256.

[151] Yoon, H., Y. Zheng, X. Xie, and W. Woo. 2010. "Smart Itinerary Recommendation Based on User-Generated GPS Trajectories." In *Proceedings of the 7th International Conference on Ubiquitous Intelligence and Computing*. Berlin: Springer-Verlag, 19–34.

[152] Yoon, H., Y. Zheng, X. Xie, and W. Woo. 2011. "Social Itinerary Recommendation from User-Generated Digital Trails." *Journal of Personal and Ubiquitous Computing* 16 (5): 469–484.

[153] Yu, P. S., S. T. Chen, and I. F. Chang. 2006. "Support Vector Regression for Real-Time Flood Stage Forecasting." *Journal of Hydrology* 328 (3): 704–716.

[154] Yuan, J., Yu Zheng, and Xing Xie. 2012. "Discovering Regions of Different Functions in a City Using Human Mobility and POIs." In *Proceedings of the 18th SIGKDD Conference on Knowledge Discovery and Data Mining*. New York: ACM.

[155] Yuan, J., Yu Zheng, and Xing Xie. 2012. "Segmentation of Urban Areas Using Road Networks." *Microsoft Technical Report*, July 1.

[156] Yuan, J., Y. Zheng, X. Xie, and G. Sun. 2011. "Driving with Knowledge from the Physical World." In *Proceedings of the 17th SIGKDD Conference on Knowledge Discovery and Data Mining*. New York: ACM, 316–324.

[157] Yuan, J., Y. Zheng, X. Xie, and G. Sun. 2013. "T-Drive: Enhancing Driving Directions with Taxi Drivers' Intelligence." *IEEE Transactions on Knowledge and Data Engineering* 25 (1): 220–232.

[158] Yuan, J., Y. Zheng, C. Zhang, X. Xie, and Guangzhong Sun. 2010. "An Interactive-Voting Based Map Matching Algorithm." In *Proceedings of the Eleventh International Conference on Mobile Data Management*. Washington, DC: IEEE Computer Society Press.

[159] Yuan, J., Y. Zheng, C. Zhang, W. Xie, X. Xie, G. Sun, and Y. Huang. 2010. "T-Drive: Driving Directions Based on Taxi Trajectories." In *Proceedings of the ACM SIGSPATIAL Conference on Advances in Geographical Information Systems*. New York: ACM, 99–108.

[160] Yuan, J., Y. Zheng, L. Zhang, X. Xie, and G. Sun. 2011. "Where to Find My

Next Passenger?" In *Proceedings of the 13th ACM International Conference on Ubiquitous Computing*. New York: ACM, 109–118.

[161] Yuan, N. J., F. Zhang, D. Lian, K. Zheng, S. Yu, and X. Xie. 2013. "We Know How You Live: Exploring the Spectrum of Urban Lifestyles." In *Proceedings of the First ACM Conference on Online Social Networks*. New York: ACM, 3–14.

[162] Yuan, N. J., Y. Zheng, X. Xie, Y. Wang, K. Zheng, and H. Xiong. 2015. "Discovering Urban Functional Zones Using Latent Activity Trajectories." *IEEE Transactions on Knowledge and Data Engineering* 27 (3): 1041–4347.

[163] Yuan, N. J., Y. Zheng, L. Zhang, and X. Xie. 2014. "T-Finder: A Recommender System for Finding Passengers and Vacant Taxis." *IEEE Transactions on Knowledge and Data Engineering* 25 (10): 2390–2403.

[164] Zhang, C., Y. Zheng, X. Ma, and J. Han. 2015. "Assembler: Efficient Discovery of Spatial Co-evolving Patterns in Massive Geo-Sensory Data." In *Proceedings of the 21st ACM SIGKDD International Conference on Knowledge Discovery and Data Mining*. New York: ACM, 1415–1424.

[165] Zhang, D., and T. He. 2013. "CallCab: A Unified Recommendation System for Carpooling and Regular Taxicab Services." In *Proceedings of the IEEE International Conference on Big Data*. Washington, DC: IEEE Computer Society Press, 439–447.

[166] Zhang, F., David Wilkie, Yu Zheng, and Xing Xie. 2013. "Sensing the Pulse of Urban Refueling Behavior." In *Proceedings of the 15th ACM International Conference on Ubiquitous Computing*. New York: ACM.

[167] Zhang, F., Nicholas Jing Yuan, David Wilkie, Yu Zheng, and Xing Xie. 2015. "Sensing the Pulse of Urban Refueling Behavior: A Perspective from Taxi Mobility." *ACM Transactions on Intelligent Systems and Technology* 6 (3), article no. 37.

[168] Zhang, J., Y. Zheng, and D. Qi. 2017. "Deep Spatio-temporal Residual Networks for Citywide Crowd Flows Prediction." In *Proceedings of the 31st AAAI Conference*. Menlo Park, CA: AAAI Press.

[169] Zhang, J., Y. Zheng, D. Qi, R. Li, and X. Yi. 2016. "DNN-Based Prediction Model for SpatialTemporal Data." In *Proceedings of the 24th ACM International Conference on Advances in Geographical Information Systems*. New York: ACM.

[170] Zhang, Siyuan, Lu Qin, Yu Zheng, and Hong Cheng. 2016. "Effective and Efficient: LargeScale Dynamic City Express." *IEEE Transactions on Data Engineering* 28 (12): 3203–3217.

[171] Zheng, Y. 2011. "Location-Based Social Networks: Users." In *Computing with Spatial Trajectories*, edited by Y. Zheng and X. Zhou, 243–276. Berlin: Springer.

[172] Zheng, Y. 2012. "Tutorial on Location-Based Social Networks." In *Proceedings of the International Conference on World Wide Web*. New York: ACM.

[173] Zheng, Y. 2015. "Methodologies for Cross-Domain Data Fusion: An Overview." *IEEE Transactions on Big Data* 1 (1): 16–34.

[174] Zheng, Y. 2015. "Trajectory Data Mining: An Overview." *ACM Transactions on Intelligent Systems and Technology* 6 (3), article no. 29.

[175] Zheng, Y., L. Capra, O. Wolfson, and H. Yang. 2014. "Urban Computing: Concepts, Methodologies, and Applications." *ACM Transactions on Intelligent Systems and Technology* 5 (3): 38–55.

[176] Zheng, Y., Xuxu Chen, Qiwei Jin, Yubiao Chen, Xiangyun Qu, Xin Liu, Eric Chang, WeiYing Ma, Yong Rui, and Weiwei Sun. 2014. "A Cloud-Based Knowledge Discovery System for Monitoring Fine-Grained Air Quality." *Microsoft Technical Report*, MSR-TR-2014-40, March 1.

[177] Zheng, Y., Y. Chen, Q. Li, X. Xie, and W.-Y. Ma. 2010. "Understanding Transportation Modes Based on GPS Data for Web Applications." *ACM Transactions on the Web* 4 (1): 1–36.

[178] Zheng, Y., Y. Chen, X. Xie, and Wei-Ying Ma. 2009. "GeoLife2.0: A Location-Based Social Networking Service." In *Proceedings of the 10th International Conference on Mobile Data Management*. Washington, DC: IEEE Computer Society Press.

[179] Zheng, Y., X. Feng, Xing Xie, Shuang Peng, and James Fu. 2010. "Detecting Nearly Duplicated Records in Location Datasets." In *Proceedings of the ACM SIGSPATIAL Conference on Advances in Geographical Information Systems*. New York: ACM.

[180] Zheng, Y., and J. Hong. 2012. *Proceedings of the 4th International Workshop on Location-Based Social Networks*. New York: ACM.

[181] Zheng, Y., Q. Li, Y. Chen, and X. Xie. 2008. "Understanding Mobility Based on GPS Data." In *Proceedings of the 11th International Conference on Ubiquitous Computing*. New York: ACM, 312–321.

[182] Zheng, Y., F. Liu, and H.P. Hsieh. 2013. "U-Air: When Urban Air Quality Inference Meets Big Data." In *Proceedings of the 19th SIGKDD Conference on*

Knowledge Discovery and Data Mining. New York: ACM, 1436–1444.

[183] Zheng, Y., L. Liu, L. Wang, and X. Xie. 2008. "Learning Transportation Mode from Raw GPS Data for Geographic Application on the Web." In *Proceedings of the 17th International Conference on World Wide Web*. New York: ACM, 247–256.

[184] Zheng, Y., T. Liu, Yilun Wang, Yanchi Liu, Yanmin Zhu, and Eric Chang. 2014. "Diagnosing New York City's Noises with Ubiquitous Data." In *Proceedings of the 16th ACM International Joint Conference on Pervasive and Ubiquitous Computing*. New York: ACM.

[185] Zheng, Y., Y. Liu, J. Yuan, and X. Xie. 2011. "Urban Computing with Taxicabs." In *Proceedings of the 13th International ACM Conference on Ubiquitous Computing*. New York: ACM, 89–98.

[186] Zheng, Y., and M. F. Mokbel. 2011. *Proceedings of the 3rd ACM SIGSPATIAL International Workshop on Location-Based Social Networks*. New York: ACM.

[187] Zheng, Y., and X. Xie. 2009. "Learning Location Correlation from GPS Trajectories." In *Proceedings of the Eleventh International Conference on Mobile Data Management*. Washington, DC: IEEE Computer Society Press, 27–32.

[188] Zheng, Y., and X. Xie. 2011. "Learning Travel Recommendations from User-Generated GPS Traces." *ACM Transactions on Intelligent Systems and Technology* 2 (1): 2–19.

[189] Zheng, Y., and X. Xie. 2011. "Location-Based Social Networks: Locations." In *Computing with Spatial Trajectories*, edited by Y. Zheng and X. Zhou, 277–308. Berlin: Springer.

[190] Zheng, Y., X. Xie, and W.-Y. Ma. 2010. "GeoLife: A Collaborative Social Networking Service among User, Location and Trajectory." *IEEE Data Engineering Bulletin* 33 (2): 32–40.

[191] Zheng, Y., X. Yi, M. Li, R. Li, Z. Shan, E. Chang, and T. Li. 2015. "Forecasting Fine-Grained Air Quality Based on Big Data." In *Proceedings of the 21st SIGKDD Conference on Knowledge Discovery and Data Mining*. New York: ACM.

[192] Zheng, Y., H. Zhang, and Y. Yu. 2015. "Detecting Collective Anomalies from Multiple Spatio-temporal Datasets across Different Domains." In *Proceedings of the 23rd ACM International Conference on Advances in Geographical Information Systems*. New York: ACM, 2.

[193] Zheng, Y., L. Zhang, Z. Ma, X. Xie, and W.-Y. Ma. 2011. "Recommending Friends and Locations Based on Individual Location History." *ACM Transactions on the Web* 5 (1), article no. 5.

[194] Zheng, Y., L. Zhang, X. Xie, and W.-Y. Ma. 2009. "Mining Interesting Locations and Travel Sequences from GPS Trajectories." In *Proceedings of the 18th International Conference on World Wide Web.* New York: ACM, 791 – 800.

[195] Zheng, V. W., B. Cao, Y. Zheng, X. Xie, and Q. Yang. 2010, July. "Collaborative Filtering Meets Mobile Recommendation: A User-Centered Approach." In *Proceedings of the Twenty-Fourth AAAI Conference on Artificial Intelligence.* Volume 10. Menlo Park, CA: AAAI Press, 236 – 241.

[196] Zheng, V. W., Y. Zheng, X. Xie, and Q. Yang. 2010. "Collaborative Location and Activity Recommendations with GPS History Data." In *Proceedings of the 19th International Conference on World Wide Web.* New York: ACM, 1029 – 1038.

[197] Zheng, V. W., Y. Zheng, X. Xie, and Q. Yang. 2012. "Towards Mobile Intelligence: Learning from GPS History Data for Collaborative Recommendation." *Artificial Intelligence* 184:17 – 37.

[198] Zhu, J. Y., C. Zhang, H. Zhang, S. Zhi, Victor O. K. Li, J. Han, and Y. Zheng. 2017. "pgCausality: Identifying Spatiotemporal Causal Pathways for Air Pollutants with Urban Big Data." *IEEE Transactions on Big Data.* doi:10.1109/TBDATA.2017.2723899.

[199] Zhu, J. Y., Y. Zheng, Xiuwen Yi, and Victor O. K. Li. 2016. "A Gaussian Bayesian Model to Identify Spatiotemporal Causalities for Air Pollution Based on Urban Big Data." Paper presented at the IEEE InfoCom Workshop on Smart Cities and Urban Computing, San Francisco, CA.

[200] Zimmerman, J., A. Tomasic, C. Garrod, D. Yoo, C. Hiruncharoenvate, R. Aziz, N. R. Thiruvengadam, Y. Huang, and A. Steinfeld. 2011. "Field Trial of Tiramisu: Crowd-Sourcing Bus Arrival Times to Spur Co-Design." In *Proceedings of the 2011 Annual Conference on Human Factors in Computing Systems.* New York: ACM, 1677 – 1686.

PART 2
어반 센싱 및 데이터 취득

03

어반 센싱

초록: 3장에서는 어반 센싱의 4가지 패러다임을 소개하고, 각 패러다임의 단점과 기법에 대해 논의한다. 또한 어반 센싱의 일반적인 프레임워크와 어반 센싱의 각 패러다임에 대한 다양한 예시를 보여 준다.

3.1 소개

센싱, 계산 그리고 통신 분야의 기술적 진보는 대도시 지역에서 광범위한 데이터를 수집할 수 있는 전례 없는 기회를 제공했다. 어반 센싱은 어반 컴퓨팅의 기초로서 센서와 사람으로부터 도시 전체의 데이터를 수집해 도시의 변화와 리듬을 확인할 수 있다. 그런 다음 데이터는 어반 컴퓨팅 프레임워크의 상위 계층에서 관리 및 분석된다. 어반 센싱의 개념은 앞서 2008년 [7, 8, 29]에서 논의된 바 있지만, 도시 과학과 컴퓨팅 기술의 진화는 도시 센싱의 개념과 확장을 풍부하게 하는 새로운 기능과 의미를 만들어 냈다. 3.1절에서는 도시 센싱의 각 패러다임을 소개하고, 대표적인 애플리케이션을 제시하고, 주요 과제와 기술에 대해 논의한다.

3.1.1 어반 센싱의 4가지 패러다임

그림 3.1과 같이 센서 중심 및 인간 중심 감지로 구성된 2가지 주요 어반 센싱 패러다임이 있다. 이전 패러다임은 정적 센싱과 모바일 센싱의 2가지 하위 범주로 구성된다. 모바일 센싱은 수동 및 능동 크라우드 센싱의 2가지 하위 범주로 구성된다.

3.1.1.1 정적 센터 중심 센싱

해당 센싱 패러다임은 그림 3.1a와 같이 (고정된) 위치(기상 관측소)에 정적 센서 집합을 배치한다. 일단 센서가 배치되면 시간이 지나도 센서의 위치가 변경되지 않는다. 그런 다음 해당 센서는 특정 주기(시간별)를 통해 자동으로 데이터를 백엔드 시스템으로 전송한다. 각 센서는 데이터를 개별적으로 전송할 수 있으며, 또는 주변 센서와 함께 센서 네트워크를 먼저 구성한 다음 네트워크의 일부 게이트웨이를 통해 데이터를 일괄적으로 업로드한다. 교통 상황 감지를 위한 루프 검출기, 대기 오염 물질 농도를 감지하기 위한 대기질 측정소와 같은 현재 도시에 배치된 대부분의 센싱 시스템은 해당 범주에 속한다. 이러한 어반 센싱 패러다임은 2가지 주요 과제에 직면해 있다.

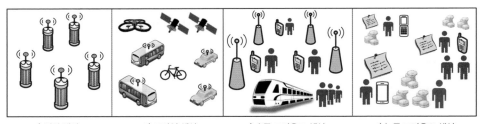

a) 정적 센싱　　　　b) 모바일 센싱　　　　c) 수동 크라우드 센싱　　　　d) 능동 크라우드 센싱

센서 중심 센싱　　　　　　　　　　**사람 중심 센싱: 어반 크라우드 센싱**

그림 3.1 4가지 어반 센싱 패러다임

첫째, 예산, 토지 이용 및 인력과 같은 자원 제약 때문에 도시에 설치할 수 있는 센서의 수는 대개 매우 제한돼 있으므로 도시 전체의 모니터링과 추가 데이터 분석에 어려움을 야기하는 희박한 데이터 범위를 초래한다. 도시 전역의 교통 상황을 모니터링하고자 하는 경우 일반적으로 다양한 제약으로 인해 일부 주요 도로에 루프 탐지기를 배치할 수 있다. 교통 흐름은 위치에 따라 크게 비선형적으로 변화하므로 루프 감지기가 없는 도로

의 교통 상황은 센서가 있는 도로 상황에 따라 선형적으로 보충할 수 없다.

둘째, 센서 배치를 위한 적절한 위치를 선택하는 데 상당한 문제가 있다. 센서를 설치하기 전에 센서를 설치하기 위한 지역의 상황을 평가해야 한다. 예를 들어, 도시 전체의 대기질 모니터링을 개선하려면 어디에 대기질 측정소 4곳을 추가 설치해야 하는가다. 불행히도 측정소가 배치되기 전에는 대기질의 정확한 사실을 알 수 없다는 것이다. 또한 일반적으로 고려할 수 있는 많은 수의 후보군이 존재하므로 후보군 선택을 위해 높은 컴퓨팅 복잡성이 필요하다. 예를 들어, 주유소가 최대한 많은 차량을 커버할 수 있는 3개의 도로 교차로를 선택하는 것은 하위 모듈^{submodular} 최대화 문제와 동일하며, 이것은 NP-hard다.

3.1.1.2 모바일 센서 중심 센싱

모바일 센서 중심 센싱 패러다임은 그림 3.1b와 같이 자전거, 버스, 택시, 드론, 인공위성과 같은 이동성을 가진 객체를 통해 센서를 배치한다. 센서의 위치는 이동하는 객체의 움직임에 따라 변화하며, 다양한 위치의 백엔드 시스템에 지속적으로 데이터를 수집하고 전송한다. 일단 이 센서들의 배치가 끝나면 사람들은 더 이상 센싱 프로세스에 적극적으로 관여하지 않는다. 예를 들어, 우리는 도시의 대기질을 조사하고자 여러 대의 버스에 센서를 배치할 수 있다. 수집된 대기질 데이터는 무선 통신 모듈을 통해 10분마다 백엔드 시스템(예, 클라우드 컴퓨팅 플랫폼)으로 자동 전송된다. 센서 및 통신 모듈에 필요한 전원은 버스의 배터리로 공급될 수 있다. 센서가 도시 주변을 따라 이동하므로 동일한 센서 개수를 사용하는 경우 정적 센싱 데이터보다 수집된 데이터 범위가 크다. 또한 센서를 정적 패러다임보다 모바일 중심의 패러다임으로 배치하는 것이 더 유연하고 방해가 적다.

이러한 센싱 패러다임은 또한 자체적인 문제를 갖고 있다. 왜냐하면 이동하는 물체의 움직임은 도시에서 매우 편향돼 있기 때문에 해당 패러다임은 불균형한 데이터 분포를 야기할 수 있다. 적은 수의 모바일 센서가 통과하는 지역은 수집된 데이터가 높은 희소성을 가진다. 반면 많은 수의 모바일 센서가 이동하는 장소는 여분의 데이터가 있을 수 있다. 동전에 양면이 존재하는 것처럼 해당 패러다임도 사람들의 개입을 최소화할 수 있지만, 수집할 수 있는 데이터를 제어할 수 없게 된다.

3.1.1.3 수동 크라우드 센싱

해당 패러다임은 그림 3.1c와 같이 무선 통신 시스템 및 대중 교통 시스템과 같은 도시 인프라를 사용할 때 사람들이 수동적으로 생성하는 데이터를 수집한다. 이러한 센싱 프로그램에서 사람들은 데이터를 제공하고 있다는 것을 인식하지 못한다. 예를 들어, 무선 셀룰러 네트워크는 개인 간의 모바일 통신을 위해 구축된 반면, 대량의 휴대전화 신호가 도시 전체의 이동 패턴을 이해해 도시 계획을 개선하는 데 도움이 될 수 있다. 마찬가지로 발권 시스템은 원래 사람들의 여행 경비를 청구하고자 만들었지만, 지하철역이나 버스 정류장에서의 승객들의 카드 스와이핑 데이터를 통해 사람들의 이동 패턴을 확인할 수 있다. 사람들은 자동 요금 게이트를 통해 이동할 때 센싱 작업을 수행하고 있다는 것을 알지 못한다. 다른 예로는 자전거 공유 시스템에 있는 사용자들의 체크인/체크아웃 기록 및 택시 승객의 요금 데이터가 있다. 해당 센싱 패러다임이 직면한 문제는 센싱 작업의 지리적 범위를 제약하는 도시 인프라의 규모다. 사람들의 개인 정보를 사용하는 경우 해당 데이터를 어떻게 보호해야 하는지가 주요 문제다.

3.1.1.4 능동 크라우드 센싱

해당 센싱 패러다임은 크라우드 소싱[24]과 참여 센싱[6]의 조합이다. 그림 3.1d에서 볼 수 있듯이 일반적으로 센싱 프로그램 소유자와 참가자 그룹으로 이뤄진다. 프로그램 소유자는 센싱 작업을 정의하고 작업을 수행하기 위한 예산을 제공한다. 작업은 수집할 데이터의 유형, 해당 유형의 데이터를 수집할 것으로 예상되는 지리적 영역과 시간 간격 및 사람들이 데이터를 제공하도록 장려하는 인센티브 메커니즘으로 구성될 수 있다. 사람들은 자신들의 가능성 및 센싱 프로그램이 제공하는 인센티브에 따라 해당 센싱 프로그램에 언제 어디서 참여할 것인지를 결정할 수 있다. 센싱 프로그램에 참여하는 동안 사람들은 주변 정보를 적극적으로 수집하고 문제를 해결할 수 있는 집단 지식을 생성하고자 자신의 데이터를 제공한다. 사람들은 수집 작업의 목적과 참여 센싱 프로그램에 어떤 기여를 했는지 분명히 알고 있다.

참가자가 많고 예산이 제한된 경우 능동 크라우드 센싱 프로그램은 참가자 모집과 작업 할당 프로세스를 포함한다. 참가자 모집 프로세스는 과거 성과와 전체 센싱 프로그램에 대한 데이터(참가자가 수집할 수 있는)의 잠재적 기여도에 따라 우수한 참가자를 선정한다. 작업 설계 프로세스는 위치 및 시간에 따라 특정 참가자를 위한 작업을 커스터마이징(언제 어디서 데이터를 수집할지)할 수 있다.

능동 센싱 패러다임이 직면한 문제는 4가지다. 첫째, 인구 분포(및 이동성)가 본질적으로 도시에 편향돼 있기 때문에 데이터 범위가 불균형하다. 일부 지역에서는 데이터가 과도하게 수신되며, 다른 지역은 데이터가 부족할 수 있다. 둘째, 이미 수집된 데이터의 품질(균형 및 양과 관련된)을 측정하는 것은 어렵다. 확실히 부족한 위치에서 수집된 데이터는 충분한 데이터보다 가치가 있다. 셋째, 노이즈 및 가짜 데이터 및 과제를 수행하지 않는 참가자를 참여시키고 싶어하지 않는다. 하지만 대부분의 경우 수집하고자 하는 데이터에 대한 명확한 기준이 없기 때문에 참가자의 성과를 평가하는 것은 쉽지 않다. 넷째, 작업 설계 프로세스는 대개 컴퓨팅 자원을 매우 많이 소비하며, 이것은 때때로 NP-hard 문제라는 것을 뜻한다.

능동 크라우드 센싱 프로그램에서 참가자 센싱을 발전시키기 위해 캠벨Campbell[7, 8]과 레인Lane 연구진[32]은 기회 기반opportunistic 센싱 개념을 제안했으며, 상태(예, 지리적 위치 또는 위치)가 애플리케이션의 요구 사항을 충족할 때마다 참여자의 기기(휴대전화)는 자동으로 사용된다. 익명성을 유지하고자 참가자의 필요에 따라 사용하므로[7, 8] 기기의 기회 기반 센싱 참여는 참가자의 정상적인 사용자 경험에 많은 영향을 미쳐서는 안 된다. 캠벨의 보고서에 따르면 기회 기반 센싱의 가장 큰 문제는 센싱 장치의 상태가 애플리케이션 요구 사항과 일치하는지 결정하고, 기기 상태와 참가자의 요구 사항(프라이버시 및 익명성)이 있을 때 샘플링하는 것이다[8].

3.1.2 어반 센싱의 범용 프레임워크

그림 3.2는 5개의 계층으로 구성된 어반 센싱을 위한 범용 프레임워크를 보여 준다.

3.1.2.1 첫 번째 계층

첫 번째 계층은 센싱 프로그램을 정의하는 4개의 요소로 구성된다. 구성 요소는 지리적 위치, 센싱 프로그램에 포함된 시간 간격, 프로그램 예산 그리고 도시 소음 또는 교통 상황 센싱과 같은 수행해야 할 작업으로 구성된다. 4개의 요소는 프로그램을 시작하기 전에 센싱 프로그램 소유자에 의해 정의된다.

3.1.2.2 두 번째 계층

두 번째 계층은 센서 배치 및 참여자에게 작업을 할당하는 것을 목표로 하며 센싱 프로그램을 위한 데이터를 수집할 수 있다. 센서 중심 센싱 프로그램에서 센서 배치 프로세스 적절한 위치 및 일부 모바일 센서에 센서를 설치하기 위한 과정이며, 첫 번째 계층에서 주어진 예산에 의해 제한을 받는다. 해당 프로세스는 적용된 모델을 사용해서 취득한 다양한 측정값에 따라 센싱 결과 최적화를 목표로 한다. 3.3절에서 4가지 유형의 모델을 소개한다.

능동 크라우드 센싱에서 먼저 몇몇 측정값에 따라 적절한 참가자를 선택해야 한다. 때때로 작업 설계 프로세스는 참가자의 선호도 또는 제약 조건에 따라 특정 참가자의 작업을 커스터마이징하는 데 사용된다.

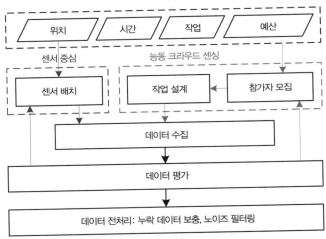

그림 3.2 어반 센싱 범용 프레임워크

예를 들어, 지^{ji}와 연구진[29]은 참가자의 출발지, 목적지, 출발 시간 및 도착 시간을 기반으로 특정 참가자의 도시 소음을 감지하고자 일련의 지리적 위치 및 방문 시간 간격으로 구성된 작업을 설계한다. 수동 센싱 프로그램은 이미 다른 목적으로 구축된 기존 인프라를 활용하므로 참여자를 선택하거나 작업을 설계하거나 센서를 배치할 필요 없다.

3.1.2.3 세 번째 계층

세 번째 계층은 다양한 종류의 접근법을 통해 센서 및 참가자들로부터 데이터를 수집한다. 일반적으로 정적 센서 중심 센싱 프로그램에서 각 센서는 데이터를 전송할 수 있으며, 먼저 여러 센서를 포함한 센서 네트워크를 구성한 다음 네트워크 게이트웨이를 통해 데이터를 일괄적으로 업로드한다. 모바일 센서 중심 센싱과 관련해 각 센서는 일반적으로 개별 데이터를 전송하며, 모바일 객체는 개별적으로 또는 무작위로 이동할 수 있다. 가장 자주 사용되는 기기는 휴대전화이며, 각 휴대전화는 3차원 가속기, 자이로스코프, 마이크, 카메라, GPS 장치와 같은 몇몇 센서와 GSM, Wi-Fi, 블루투스 그리고 NFC[Near Field Communication]와 같은 통신 모듈을 탑재하고 있다. 그다음 수집된 데이터는 클라우드 컴퓨팅 플랫폼으로 전달된다.

3.1.2.4 품질 평가

데이터가 수집된 후에는 품질을 평가해야 한다. 센서 중심 센싱 프로그램의 경우 데이터 평가 프로세스는 추가 센서를 배치해야 하는지 여부와 배치 위치를 결정하는 데 도움이 될 수 있다. 예를 들어, 베이징에 36개의 대기질 측정소를 배치했다. 도시 전체의 대기질 모니터링에 있어 해당 측정소의 데이터는 얼마나 효과적인가? 측정소를 해당 위치에 설치하기 전에 대기질의 명확한 기준이 없기 때문에 이것은 매우 어려운 문제다. 정[Zheng]과 연구진[53]은 머신러닝 추론 접근법을 통해 해당 문제를 해결했다. 일반적인 아이디어는 기존 측정소의 데이터를 기반으로 어떤 지역의 대기질에 대한 추론의 신뢰도가 매우 높다면 그곳에 기지를 배치할 필요는 없다. 어떤 지역의 대기질에 대한 추론의 신뢰도가 매우 높다면 해당 위치에 측정소를 배치할 필요는 없다. 반대로 추론이 가장 불확실한 top-k 위치는 배치 장소로 고려된다. 이러한 아이디어를 기반으로 셰[Hsieh]와 연구진[25]은 신규 예산이 할당됐을 때 추가적인 측정소를 배치할 위치를 제안했다.

 능동 크라우드 센싱 프로그램의 경우 좋은 데이터 평가 메트릭은 더 많은 참가자를 모집해야 하는지 여부를 결정하는 데 도움이 될 수 있다. 해당 메트릭은 능동 크라우드 센싱 프로그램이 실제로 실행되기 전에 참가자를 선택하는 데 도움을 줄 수 있다. 예를 들어, 지[ji]와 연구진[29]은 균형 및 데이터의 양을 고려해 수집됐거나 수집하기로 계획된 데이터의 품질을 평가하고자 계층적 엔트로피 기반 메트릭을 제안했다. 그다음 해당 메트릭은 메트릭의 의미를 개선하고자 데이터를 수집할 후보 참가자를 선택하는 데 사용된다.

3.1.2.5 데이터 전처리

센싱 프로그램이 마감된 후 누락 데이터 보충 및 노이즈 데이터 필터링과 같은 일부 데이터에 전처리를 해야 한다. 통신 및 기기 에러로 인해 특정 시간대에 몇몇 센서들의 데이터가 유실될 수 있다. 해당 현상은 실시간 모니터링 및 추가적인 데이터 분석에 있어 문제를 일으킨다. 이 문제를 해결하고자 이[Yi]와 연구진[51]은 멀티뷰 학습 접근법multi-view learning approach을 통해 지리 센서 데이터의 누락 값을 일괄적으로 채우는 것을 제안했다. 멀티뷰 학습 접근법은 동일 그룹의 서로 다른 타임스탬프time stmap 측정값 사이의 시간 상관관계와 서로 다른 시계열 사이의 공간 상관관계를 고려한다.

3.2 센서 및 시설 배치

어반 센싱 프로그램에서는 데이터를 수집하기 전에 정적 위치 및 모바일 물체에 센서 및 시설을 배치해야 한다. 이러한 센서와 시설을 어디에 배치할 것인가가 해결해야 할 첫 번째 문제가 된다. 3.2절에서는 다양한 애플리케이션 문제를 처리하는 데 사용되는 4가지 유형의 센서 및 시설 배치 모델을 소개한다.

3.2.1 최적의 미팅 포인트 찾기

최적의 미팅 포인트 찾기는 시설 입지 문제facility location problem로도 알려져 있으며, 운영 연구 및 데이터베이스 커뮤니티 분야에서 광범위하게 연구돼 왔다. 목적 함수에 기반해 이 문제를 해결하고자 minsum[3]과 minmax[11] 2가지 모델이 제안됐다. minsum 모델은 모든 클라이언트에 도달하기 위한 평균 비용을 최소화할 수 있는 k 시설을 찾는 것을 목표로 하고 있으며, minmax 모델은 이러한 클라이언트에 도달하기 위한 최대 비용을 최소화하는 것을 목표로 한다.

클라이언트를 나타내는 $C = \{c_1, c_2, ..., c_n\}$과 시설을 나타내는 $F = \{f_1, f_2, ..., f_m\}$의 데이터 세트가 주어지면 시설 입지 문제는 F로부터 k-위치 집합 R을 찾는 것은 다음과 같다.

$$\text{minsum 모델: } R = arg\ Min_{R' \subset F} \sum_i cost(c_i, R'),\ where\ |R'| = k; \qquad (3.1)$$

$$\text{minmax 모델: } R = arg\ Min_{R' \subset F} Max_i\ cost(c_i, R'),\ where\ |R'| = k; \qquad (3.2)$$

여기서 비용 (c_i, R')은 c_i와 임의의 설비 $f \in R'$ 사이의 최소 비용을 나타낸다. 비용은 여행 시간, 거리 또는 경비가 될 수 있다. 거리를 비용으로 사용할 때 유클리드 거리와 네트워크 거리의 2가지 주요 측정값이 있다.

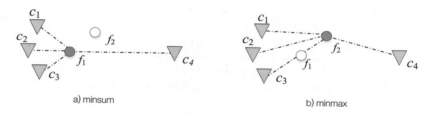

a) minsum   b) minmax

그림 3.3 minsum 및 minmax 모델 예시

그림 3.3은 유클리드 거리를 비용 측정으로 사용해 2가지 모델에 대한 예시를 각각 보여 준다. $k = 1$로 설정되면 (최적의 위치를 찾음), minsum 모델은 4개의 클라이언트 c_1, c_2, c_3 및 c_4에 대한 최적의 미팅 포인트로서 f_1을 선택할 것이다. 하지만 minmax 모델은 f_1과 c_4 사이의 거리가 f_2와 클라이언트 사이의 거리보다 크기 때문에 f_2를 선택할 것이다. 2개의 모델은 서로 다른 적용 시나리오를 가진다. 예를 들어, 정부는 선거기간에 유권자로부터 가장 가까운 투표소까지의 평균 이동 거리를 최소화할 수 있도록 투표소(k)를 설치하고자 한다. 해당 문제는 minsum 모델을 통해 해결할 수 있다. minmax 모델을 사용할 수 있는 예시는 도시에 소방서를 설치하는 것이며, 화재가 발생한 지역으로 이동하는 시간을 최소화한다.

시설 입지 문제는 이 문제를 해결하기 위해 어떤 모델이 사용되든 간에 NP-hard다. 이 문제를 위해 지역 탐색 휴리스틱local search heuristic[3], 의사-근사pseudo-approximation[36] 그리고 farthest-point 클러스터링 휴리스틱[21]과 같은 연구들이 성능 보장과 함께 해당 문제를 해결하고자 수행됐다.

3.2.1.1 지역 탐색 휴리스틱 및 의사-근사

minsum 모델과 관련해 지역 탐색 휴리스틱[3]은 폭넓게 사용되는 솔루션으로 최적값의 5배 이내의 근삿값을 제공한다. 초기 위치 집합 R_{ini}가 주어지면 지역 탐색 휴리스틱은 임시적으로 $f \in \{F - R_{ini}\}$의 각 R_{ini} 값을 변경하며 감소된 거리를 추정한다. 이러한 시험적인 변경을 통해 최대 거리를 감소시키는 변경이 수행된다. 지역 탐색 휴리스틱의 가장 잘 알려진 알고리즘은 PAM^{Partitioning Around Medoid}[14]이다.

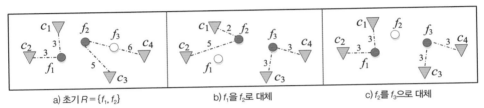

a) 초기 $R = \{f_1, f_2\}$ b) f_1을 f_2로 대체   c) f_2를 f_3으로 대체

그림 3.4 PAM 예시(minsum 문제를 위한 지역 탐색 휴리스틱 솔루션)

그림 3.4는 4개의 클라이언트 $\{c_1, c_2, c_3, c_4\}$에 대해 3개의 후보 $\{f_1, f_2, f_3\}$ 중에서 2개의 최적 위치를 선택하는 것을 목표로 하는 PAM을 보여 준다. 초기 위치 집합은 전체 거리가 17인 $\{f_1, f_2\}$이다. 그림 3.4b에서와 같이 f_1을 f_3로 대체하면 전체 거리가 13으로 감소한다(그림에선 f_1을 f_2로 교체하는 것으로 나옴. Typo로 의심됨). 마찬가지로 그림 3.4c와 같이 f_2를 f_3으로 대체하면 전체 거리가 12로 감소한다. 즉, 후자의 교체가 더 효과적이다. 그 결과 최적의 위치 집합으로 2개의 $\{f_1, f_3\}$이 선택된다. p 위치를 동시에 바꿀 수 있는 경우[3] 근사 보증^{approximation guarantee}은 $3 + 2/p$로 더 개선될 수 있다. 실전에서의 갭은 보통 이러한 상한보다 훨씬 작다. 더 높은 실행 시간을 가진 근사 보증을 $3 + 2/p$에서 $1 + \sqrt{3} + \varepsilon$으로 개선하기 위해 의사 근사치가 제안됐다[36].

3.2.1.2 farthest-point 클러스터링 휴리스틱

minmax 모델과 관련해 farthest-point 클러스터링 휴리스틱 [21]은 최적값의 2배 이내에서 근사치를 제공할 수 있는 폭넓게 사용되는 알고리즘이다. k의 최적 위치 집합을 찾기 위해 이 알고리즘을 사용하는 것을 k-center 문제라고도 한다. 그림 3.5는 farthest-point 클러스터링 휴리스틱의 예시를 보여 주며, 5개의 클라이언트에 대해 4개의 위치 후보로부터 3가지 최적 위치 집합을 찾는다. 해당 알고리즘은 먼저 결과 집합 R에 f_1을 임의로 선택한다. 그 다음에 f_4는 $R = \{f_1\}$과 가장 멀리 떨어져 있으므로 결과 집합에 추가된다. 마지막으로 $R = \{f_1, f_4\}$일 때 $d(f_3, R)$가 최대이므로 f_3은 R에 추가된다. 여기서 $d(f_3, R)$은 f_3과 R의 모든 시설 사이의 최소 거리를 나타낸다. 분명히 $dist(f_3, f_4)$는 $dist(f_1, f_2)$보다 크다. 결과적으로 최종 결과 집합은 $R = \{f_1, f_3, f_4\}$다.

공식적으로 알고리즘의 절차는 다음과 같이 정의할 수 있다.

1. 위치 $f \in F$를 임의로 선택해 결과 집합 R에 추가한다.
2. f와 각 시설 사이의 거리 $f' \subset F - R$을 계산하고 $d(f', R)$을 나타낼 수 있는 최소 거리를 선택한다.
3. $|R| = k$가 될 때까지 $f = arg\ max_{f' \subset F-R}\ d(f', R)$을 R에 추가한다.

위에서 언급한 근사치 솔루션은 시설 입지 문제 해결을 위해 실행 시간을 크게 단축시키지만, 빅데이터를 적용하는 경우 여전히 매우 많은 시간을 소비한다. 유클리드 공간에서 지역 탐색 휴리스틱을 촉진하고자 [14]는 불필요한 위치 후보를 효율적으로 제거하기 위해 몇몇 데이터베이스 기술(후보 그루핑 및 최우선 탐색)을 제안했다. [50]은 유클리드 및 네트워크 거리를 고려한 효과적인 프레임워크 제안했다. 하지만 해당 프레임워크는 시설 입지 문제 $k = 1$ 문제만 해결할 수 있다.

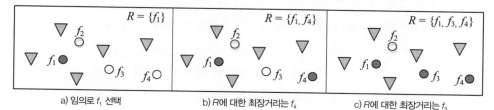

a) 임의로 f_1 선택   b) R에 대한 최장거리는 f_4 c) R에 대한 최장거리는 f_3

그림 3.5 minmax 모델 예시

일부 시설이 이미 배치된 일부 애플리케이션 시나리오에서는 비용 기능을 최소화하기 위해 추가 시설을 추가하거나 기존 시설을 새로운 위치로 옮기려고 한다[11, 43, 49].

PAM과 farthest-point 클러스터링 휴리스틱의 도입을 통해 minsum 및 minmax 모델로 각각 이 2가지 문제를 해결할 수 있다.

최근 리ᄂ와 연구진[38]은 3단계 방법을 기반으로 도시 전체의 비상 요청에 대응하기 위한 평균 이동 시간을 최소화하고자 도시 구급차 스테이션의 재배치를 제안했다. 유클리드 거리와 네트워크 거리를 고려할 때 이전 연구와 다른 점은 리와 정의 솔루션은 구급차의 실제 소요 시간을 비용 측정으로 사용한다는 점이다. 그림 3.6은 10개의 클라이언트와 6개의 위치 후보 $\{f_1, f_2, f_3, f_4, f_5, f_6\}$이 있는 예제를 사용해 이 방법을 보여 준다.

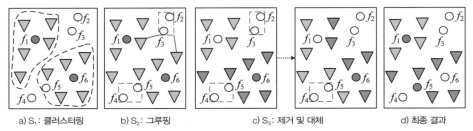

a) S_1: 클러스터링   b) S_2: 그루핑   c) S_3: 제거 및 대체   d) 최종 결과

그림 3.6 minsum 모델을 활용한 구급차 스테이션 위치 선정

1. 그림 3.6a에서 보여지듯이 해당 방법은 우선 k-medoids 클러스터링 알고리즘을 클라이언트($k = 2$)에 적용하며 minsum 모델의 초기 진입점으로서 k 클러스터링의 중심에 가까운 위치 후보(f_1 및 f_6)를 선택한다. 좋은 초기 진입점은 추가적인 변경에 의한 컴퓨팅 부하를 상당히 줄일 수 있다.

2. 두 번째 단계에서는 그림 3.6b에 보여지는 것처럼 후보 그룹 함께 클라이언트와 후보 그룹 사이의 이동 시간의 하한을 계산한다(f_2 및 f_3). 변경이 발생되는 동안 여러 번 재사용될 수 있기 때문에 클라이언트 및 후보 위치 사이의 이동 시간은 사전 계산될 수 있다.

3. 세 번째 단계는 많은 반복을 수행하는데 각 단계는 f_1과 같이 이전 라운드에서 선택된 위치를 다른 후보들로 대체하는 것을 목표로 한다. 각 반복은 많은 대체로 구성되며, 각 대체는 f_1을 대체할 후보 그룹을 찾으려고 한다. 예를 들어, f_1을 후보 그룹(f_2 및 f_3)으로 대체하려고 한다. 후보 그룹은 제거될 수 있다. 즉, 이동 시간 하한선이 f_1보다 클 경우 그룹의 각 개별 요소를 사용해 f_1을 대체할 필요가

없다. 이와 같은 그루핑grouping 및 제거 전략은 특히 그룹에 다양한 후보가 존재할 경우 대체 횟수를 줄일 수 있다. 후보 그룹(f_4 및 f_5)을 제거할 수 없는 경우 각 그룹 요소의 대체 가능성을 추가적으로 확인해야 한다. f_1을 대체할 수 없다면 다른 반복에서 f_6를 대체하고자 할 것이다.

3.2.2 커버리지 최대화

3.2.2.1 최대 커버리지 문제

MAX-k-COVER 문제라고도 불리는 이 문제는 최근 수십 년 동안 광범위하게 연구돼 왔다. 하나의 전형적인 예시는 그래프에서 k개의 노드를 선택해 이들 노드의 one-hop 이웃이 집합적으로 최대화되도록 하는 것이다. 또 다른 예시는 공통적으로 최대수의 토픽을 포함하는 최대한의 k articles를 찾는 것이다. 공식적으로 해당 문제는 아래와 같이 정의된다. 정수 k, 범용 집합 E 그리고 $S = \{s_1, s_2, ..., s_m\}$ 하위 집합이 주어진 경우 범용 집합 s'을 공식화하려고 하위집합 S에서 k를 선택하며 $\sum_{ej \in s'} y_j$를 극대화한다. y_j는 $e_j \in E$가 s'에 포함되는 것을 나타낸다. 만약 e_j가 포함되면 $y_j = 1$이고, 그렇지 않은 경우 $y_j = 0$이다.

문제는 다음과 같이 정수 선형 프로그래밍integer linear programming으로 공식화할 수도 있다.

$$\text{max:} \sum_{ej \in E} y_j, \quad s.t. \sum x_i \leq k, \sum_{ej \in s_i} x_i \geq y_j, x_i \in \{0,1\}, y_j \in \{0,1\}, \tag{3.3}$$

x_i는 s_i가 선택되고 결과 집합에서 $x_i = 1$을 선택한 경우이며 그렇지 않은 경우 $x_i = 0$이다.

예를 들어, 그림 3.7에서와 같이 $E = \{e_1, e_2, e_3, ..., e_8\}$에서 8개의 요소를 포함하는 3개의 하위 집합 $\{s_1, s_2, s_3\}$이 있다. $\{s_2, s_3\}$은 모든 요소를 포함하므로 max-2-cover 집합이며, 반면 $\{s_1, s_3\}$은 e_6을 포함하지 않으며 $\{s_1, s_2\}$는 $\{e_7, e_8\}$을 포함하지 않는다.

최대 커버리지 문제는 NP-hard이며 높은 컴퓨팅 부하를 필요로 한다. [15]에서 제안된 탐욕 휴리스틱 알고리즘greedy heuristic algorithm은 $(1-1/e)$ 근사 보증을 갖는 최상의 다항식 시간 솔루션을 갖는다. 탐욕 알고리즘은 아래 2단계의 k 반복을 수행한다.

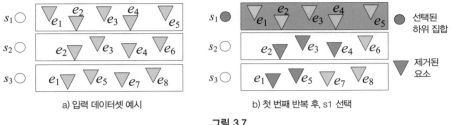

a) 입력 데이터셋 예시　　　　　　　　b) 첫 번째 반복 후, s1 선택

그림 3.7

1. **선택 단계.** 이 단계에서 탐욕 휴리스틱 알고리즘은 현재 반복에 커버리지가 최대화된 하위 집합 s_i를 결과 집합에 삽입한다.
2. **업데이트 단계.** 이 단계에서는 선택되지 않은 하위 집합에서 s_i에 이미 포함된 요소를 제거한다.

그림 3.7b를 예로 들어 탐욕 휴리스틱 알고리즘을 설명한다. 첫 번째 반복에서 탐욕 알고리즘은 요소의 최대수를 포함하므로 결과 집합에 부분 집합 s_1을 추가한다(예, e_5). 업데이트 단계는 선택되지 않은 부분 집합 $\{s_2, s_3\}$으로부터 s_1에 의해 커버되는 요소 $\{e_1, e_2, e_3, e_4, e_5\}$를 제거한다. 두 번째 반복에서 $k = 2$라고 가정하면 s_2는 하나 이상의 새로운 요소만 다루기 때문에 탐욕 알고리즘은 결과 집합에 s_3을 추가한다. 그 결과 최종 솔루션은 7가지 요소가 포함된 $\{s_1, s_3\}$이다. 이것은 최적의 솔루션이 아니며, 솔루션은 $\{s_2, s_3\}$이다.

3.2.2.2 가중치 최대 커버리지 문제

가중치 버전에서 범용 집합 E의 각 요소 e_j는 $w(e_j)$의 가중치와 연동된다. 목표는 최대 가중치를 갖는 k 부분 집합을 선택하는 것이다. 가중치 버전은 아래와 같이 공식적으로 정의할 수 있다.

$$\max: \sum_{e_j \in E} w(e_j) \cdot y_j, \quad s.t. \sum x_i \le k, \sum_{e_j \in s_i} x_i \ge y_j, x_i \in \{0,1\}, y_j \in \{0,1\}. \quad (3.4)$$

또한 가중치 최대 커버리지 문제를 해결하고자 탐욕 휴리스틱 알고리즘을 사용할 수 있으며, 선택 단계에서 최대 커버리지 요소 대신 최대 가중치를 가진 부분 집합을 선택한다. 약간의 수정을 통해 탐욕 알고리즘은 또한 $(1-1/e)$의 근사비$^{\text{approximation ratio}}$를 얻을 수 있다.

3.2.2.3 예산 제약 최대 커버리지 문제

일부 적용 시나리오에서 예산 제약 B는 각 부분 집합 s_i가 비용 $c(s_i)$와 연동될 때 명시된다. 예를 들어, 서로 다른 위치는 시설 입지 문제에서 서로 다른 설치 비용이 필요할 수 있다.

1. $H_1 \leftarrow argmax\{w\{G\}, s.t.\ G \subset S, |G| < k, and\ c(G) \leq B\}$
2. $H_2 \leftarrow \emptyset$
3. For each $R \subset S$, whose $|R| = k$ and $c(R) \leq B$ do
4. $U \leftarrow S \backslash R$
5.   Repeat
6.   select $s_i \in U$ that maximizes $\frac{w'(s_i)}{c(s_i)}$
7.   if $c(R) + c(s_i) \leq B$ then
8. $R \leftarrow R \cup s_i$
9. $U \leftarrow U \backslash s_i$
10.   Until $U = \emptyset$
11.   if $w(R) > w(H_2)$ then $H_2 \leftarrow R$
12. If $w(H_1) > w(H_2)$, output H_1, otherwise, output H_2.

그림 3.8 예산 제약 최대 커버리지 문제를 위한 알고리즘

예산 제약 최대 커버리지 문제는 아래와 같이 공식적으로 정의할 수 있다.

$$\text{max:} \sum_{e_j \in E} w(e_j) \cdot y_j, \quad s.t. \sum c(s_i) \cdot x_i \leq B, \sum_{e_j \in S_i} x_i \geq y_j, x_i \in \{0,1\}, y_j \in \{0,1\}. \quad (3.5)$$

예산 제약 최대 커버리지 문제를 해결하고자 [31]은 정숫값 $k \geq 3$일 때 $(1 - 1/e)$의 근사비 알고리즘을 제안했다. k는 선택할 부분 집합의 개수를 나타내지만, 문제의 제약조건은 아니다. 해당 알고리즘의 의사 코드$^{\text{pseudo code}}$ [31]은 그림 3.8에서 확인할 수 있다.

첫 번째 줄에 표시된 것처럼 이 솔루션은 우선 가중치가 가장 큰 부분 집합 G를 찾고, 카디널리티^{cardinality}가 k보다 작고 비용이 B보다 적은 S의 모든 부분 집합을 탐색한다. 그런 다음 알고리즘은 세 번째 줄에 표시된 것처럼 R에 의해 표시된, 카디널리티가 δ이고 비용이 B보다 작은 S의 각 부분 집합을 검색한다. 각 R에 대해 알고리즘은 나머지 $S(U)$로

부터 요소 s_i를 선택하고, 업데이트된 비용이 여전히 B보다 작은 경우 R에 s_i를 추가한다. 휴리스틱은 s_i를 선택하도록 제안했으며, $w'(s_i)/c(s_i)$를 통해 계산하고, s_i가 추가된 후에 $w'(s_i)$에 가중치가 증분$^{\text{incremental weight}}$된다. 앞에서 언급한 과정(6~9행)은 U 내의 모든 요소가 테스트될 때까지 계속 반복한다. 테스트 반복 후에 R과 관련된 최적의 솔루션을 대략적으로 찾게 된다. 알고리즘은 3행에 제시된 기준을 만족하는 모든 가능한 R을 시도하고, 최적의 솔루션 H_2를 선택한다. 결국 더 H_1과 H_2 사이의 더 큰 가중치를 가진 값이 최종 결과로 선택된다(12번째 줄).

3.2.2.4 가장 영향력 있는 k-location 집합 문제

최근 리나와 연구진[37]은 가장 많은 차량이 지나는 가장 영향력 있는 k-location 집합 마이닝을 제안했다. 문제는 다음과 같이 공식적으로 정의할 수 있다. 사용자 지정 공간 영역 R, k값과 이동 경로 집합 Tr, R의 공간 네트워크는 $G_s = (V_s, E_s)$를 나타내며, R의 가장 영향력 있는 k-location 집합은 V_s의 k-location을 찾는다. 고유한 이동 경로의 총 개수는 k-location에 의해 극대화된다.

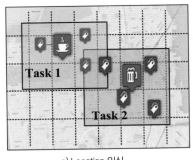

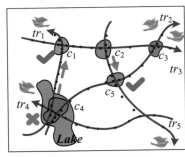

a) Location 인식

b) 도메인 지식과 상호작용

그림 3.9 가장 영향력 있는 k-location 집합 마이닝의 과제

가장 영향력 있는 k-location 집합을 마이닝하는 것은 2가지 추가적인 문제와 함께 MAX-k-COVER 문제와 매핑된다. 첫 번째 문제는 서로 다른 사용자가 서로 다른 공간 영역에서 k-location을 마이닝하는 것에 관심을 가질 수 있다는 것이다. 예를 들어, 그림 3.9a에서 보여지듯이 두 지역의 비즈니스 오너들은 각각 두 지역에서 가장 영향력 있는

k-location을 찾으며, 서로 다른 두 지역에 서로 다른 수의 광고판을 배치하고자 한다. 지리적 공간에 대한 관심의 변화는 새로운 계산식을 필요로 한다. 두 번째 문제는 도메인 전문가들과 같은 사용자들이다. 도메인 전문가들은 자신들의 도메인 지식을 마이닝 프로세스에 포함시키면서 마이닝 시스템과 상호작용하게 된다. 예를 들어, 그림 3.9b와 같이, $\{c_2, c_4\}$는 철새의 이동 경로를 가장 많이 포함하는 2-location 집합이다. 하지만 c_4는 측정소를 설치할 수 있는 호수에 위치하기 때문에 결과 집합에서 제거해야 한다. 결과적으로 $\{c_2, c_4\}$가 대체 결과가 된다.

그림 3.10 가장 영향력 있는 k-location 집합을 마이닝하기 위한 프레임워크를 보여주며, 전처리preprocessing 및 위치 집합 마이닝location set minig의 2가지 주요 모듈로 구성된다. 그림 3.10의 왼쪽 부분에 표시된 것처럼 첫 번째 모듈은 세 단계를 거쳐 이동 경로 데이터셋을 처리한다.

1. 공간 네트워크 매핑Spatial network mapping 원시raw 이동 경로를 도로망, 그리드 파티션grid partition, 또는 체류 지점의 클러스터가 될 수 있는 공간 네트워크에 포함시킨다.

2. 역경로 인덱싱Inverted trajectory indexing 각 정점에 대한 2가지 유형의 색인을 생성한다. 하나는 정점을 통과하는 경로를 관리하기 위한 정점-경로 색인vertex-trajectory index이다. 다른 하나는 두 정점 사이에서 공유되는 경로 ID를 관리하기 위한 정점-정점vertex-vertex 색인이다.

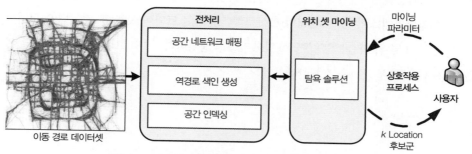

그림 3.10 가장 영향력 있는 k-location 집합 마이닝 프레임워크

3. 공간 인덱싱은 쿼드트리 또는 R-트리와 같은 공간 인덱싱 구조를 사용해 공간 좌표를 기반으로 정점을 구성한다.

위치 집합 마이닝 모듈은 공간 범위 R, k 및 미리 표시된 정점 집합을 입력으로 구성된 사용자의 쿼리 파라미터를 사용한다. 그리고 선택 및 업데이트 두 단계의 반복을 통해 k-location을 찾는다. 선택 단계에서 알고리즘은 현재 반복에서 최대 경로 범위를 포함한 정점을 선택하고, 결과 집합에 전송한다. 업데이트 단계에서 알고리즘은 새롭게 포함된 경로를 제거함으로써 모든 선택되지 않은 정점 범위값을 업데이트한다. 하지만 경로 데이터셋이 방대한 경우 새롭게 포함된 경로를 제거하는 것은 많은 시간을 소모한다. 전처리 모듈에 내장된 인덱스를 기반으로 업데이트 단계의 효율성이 크게 향상된다.

3.2.3 후보군 순위 학습

어반 컴퓨팅에서 위치 집합의 순위를 정할 수 있다. 따라서 자원 및 시설을 설치할 top-k 최고 후보가 선택될 수 있다. 예를 들어, 수익성 있는 쇼핑몰을 오픈하려면 주변 관심지역정보[POI], 교통 시설, 교통 상황 및 주변 지역 인기와 같은 여러 요소를 기반으로 후보 위치 집합을 순위 지정해 가장 적합한 장소를 선택해야 한다. 다양한 요소의 순위 기능은 기존 쇼핑몰 및 과거 수익을 통해 학습할 수 있다.

해당 범주의 모델은 원래 정보 검색을 위해 제안됐으며, 과거 데이터를 학습해 속성에 따라 후보 집합을 순위 지정한다. 최근에는 머신러닝 기술이 성공적으로 랭킹에 적용됐으며, 포인트와이즈[pointwise], 페어와이즈[pairwise] 및 리스트와이즈[listwise] 접근법[9, 48]의 3가지 범주의 '순위 학습[learning-to-rank]' 알고리즘을 생성한다. 이후 그림 3.11에 표시된 예를 사용해 3가지 접근법을 소개한다.

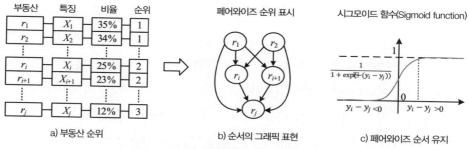

a) 부동산 순위   b) 순서의 그래픽 표현   c) 페어와이즈 순서 유지

그림 3.11 순위 학습 접근법을 사용한 부동산 순위 예시

해당 예시에서 다양한 특징을 바탕으로 부동산 위치 $\{r_1, r_2, ..., r_i, ..., r_j\}$의 순위를 정하는 것을 목표로 한다. X_i는 r_i 주변의 버스 정류장 및 쇼핑몰 수와 같은 부동산의 특징 r_i를 나타낸다. 세 번째 열은 지난 1년 동안 부동산의 가격 상승률을 나타낸다. 해당 값이 증가하는 비율에 따라 해당 위치를 정렬할 수 있으며, 레벨 1을 가장 높은 순위로, 레벨 3를 가장 낮은 세 단계로 순위를 구분할 수 있다. 가끔 일부 작은 격차로 인한 순서의 구분(예, 0.35와 0.34)은 큰 의미가 없다. 또한 이렇게 세분화된 랭킹은 컴퓨팅 부하를 많이 발생시키고, 순위 모델의 성능을 저하시키기도 한다.

3.2.3.1 포인트와이즈 접근법

해당 접근법 범주(예, [41])는 순위를 단일 객체에 대한 회귀 또는 분류 문제로 변환한다. 이 예시와 관련해 방정식 (3.6)과 같이 부동산의 증가 비율을 개별적으로 예측하는 선형 회귀 모델을 훈련할 수 있다. 각 부동산의 증가 비율이 예측되면 그에 따라 순위를 정할 수 있다.

$$y_i = \boldsymbol{\omega} \cdot X_i + \varepsilon = \sum_m \omega_m x_{im} + \varepsilon. \tag{3.6}$$

또 다른 해당 예시에 대한 포인트와이즈^pointwise 접근법은 개별 부동산의 등급 $\{1, 2, 3\}$을 예측하기 위해 결정 트리^decision tree와 같은 분류 모델을 학습시키는 것이다. 순위값이 예측되면 해당 속성을 적절하게 정렬할 수 있다. 회귀 및 분류 모델은 개별 속성에서 얻은 정보만 고려하므로 포인트 와이즈 접근법이다.

3.2.3.2 페어와이즈 접근법

해당 범주의 접근 방식(예, [5,23])은 순위를 객체 쌍에 대한 분류로 변환한다. 즉, 객체 쌍을 적절한 순위correctly와 부적절한 순위incorrectly ranked의 두 범주로 분류한다. 앞에서 언급한 예시에 따라 페어와이즈pairwise 접근법은 (X_i, X_j)와 같이 먼저 2개의 속성을 한 쌍으로 그룹화한다. 각 쌍은 1 또는 −1로 분류되며, 1은 X_i를 나타내며 X_j보다 높은 순위다. −1은 X_i를 나타내며 X_j보다 낮은 순위다. $f(X_i, X_j) \rightarrow 1$; $f(X_i, X_1) \rightarrow -1$; $f(X_j, X_1) \rightarrow -1$; $f(X_2, X_i) \rightarrow 1$과 같이 〈feature pair, label〉을 사용하며 2가지 속성 사이의 순위를 예측하기 위해 분류 모델을 학습시킬 수 있다. 임의의 두 객체 간의 순위가 결정되면 객체들의 최종 순위가 도출될 수 있다.

이 연구 방향을 위해 허브리치Herbridich는 서포트 벡터 머신SVM, Support Vector Machine 기술을 사용해 분류 모델을 구축하는 순위 SVM을 제안했다. 버지스Burges와 연구진[5]은 신경망 모델을 학습하기 위해 크로스 엔트로피cross entropy를 손실 함수로 사용해 RankNet을 제안했다. RankNet은 Bing 검색 엔진에 적용됐다. 푸Fu와 연구진[16−18]은 인스턴스의 개별 예측(속성의 증가 비율)과 두 인스턴스 사이의 페어와이즈 순서를 모두 고려한 객관적인 함수를 포함한 순위 학습 접근법을 제안했다. 그림 3.11b은 두 인스턴스 사이의 내림차순을 나타내는 다이렉트 에지direct edge를 사용해 그림 3.11a에 표시된 속성을 그래픽으로 표현했다. 예를 들어, $r_i \rightarrow r_j$는 r_i가 r_j보다 순위가 높음을 의미한다. 객관적인 함수는 방정식 (3.7)과 같이 나타낸다. 해당 방정식의 첫 부분인 $\prod_i^N P(y_i|X_i)$는 각 인스턴스의 개별 예측 정확도를 최대화한다. 두 번째 부분은 그림 3.11b에 다이렉트 에지를 통해 각 인스턴스들 사이의 정확한 순서를 확인한다.

$$Obj = \prod_i^N P(y_i|X_i) \prod_i^{N-1} \prod_{i+1}^N P(r_i \rightarrow r_j).\tag{3.7}$$

보다 구체적으로 페어와이즈 순서는 두 속성의 개별 예측(예, $y_i - y_j$) 사이의 간격을 (0, 1) 이내의 실젯값으로 바꾸는 시그모이드sigmoid 함수로 모델링된다.

$$P(r_i \rightarrow r_j) = Sigmoid(y_i - y_j) = \frac{1}{1 + \exp(-(y_i - y_j))}.\tag{3.8}$$

방정식 (3.8)의 통찰력은 다음과 같다. r_i가 실제로 r_j보다 높은 순위에 랭크되면 증가율이 r_j보다 높다(예, 정확한 추론은 순서를 올바르게 유지함). $P(r_i \rightarrow r_j)$는 비교적 큰 값을 갖는 경향이 있다. 시그모이드 곡선 분포에 따라 $y_i - y_j > 0$일 때 $Sigmoid(y_i - y_j)$의 값이 빠르게 1에 접근한다. 반대로 r_i가 r_j보다 높은 순위로 랭크됐지만 r_i의 예측된 증가 비율이 r_j보다 작으면 두 속성에 대한 예측은 정확하지 않을 수 있으며, $P(r_i \rightarrow r_j)$는 매우 작은 값이 된다. $Sigmoid(y_i - y_j)$는 $y_i - y_j > 0$일 때 0에 빠르게 접근하며 정확하지 않은 예측을 제거한다.

3.2.3.3 리스트와이즈 접근법

해당 접근법 범주(ListNet[9]과 RankCosine[44])는 인스턴스로서 객체의 순위 리스트(순위가 정해진 문서 리스트)를 사용하며, 예측 리스트와 실제 리스트에서 정의된 리스트와이즈listwise 손실 함수를 최소화함으로써 순위 함수를 학습한다. 리스트와이즈 접근법은 기존 방법보다 개념적으로 쉬운 순위 문제에 대한 캡처capture가 필요하다[9, 44]. 리스트와이즈 접근법은 다른 접근법보다 높은 계산 부하가 필요하며, 몇몇 데이터셋 테스트에 기반한 자체적인 장점을 갖고 있다.

3.2.4 불확실성 최소화

특정 유형의 센서를 배치함에 있어서 최적의 배치 위치를 선택하는 기준을 명시적으로 모델링하기는 어렵다. 예를 들어, 기존 시스템의 대기질 모니터링 기능을 보다 개선하고자 대기질 센서를 더 배치할 수 있는 장소를 찾고자 한다. 하지만 센서를 해당 위치에 설치해 보지 않고서는 해당 위치의 대기질을 알 수 없기 때문에 기준을 모델링하는 것이 어렵다. 수질, 날씨, 미네랄 등을 모니터링하기 위한 센서를 배치할 때도 같은 문제에 직면한다.

이 문제를 해결하기 위한 일반적인 방법은 먼저 기존 센서가 생성한 데이터를 기반으로 추론 모델을 학습시킨 후 해당 모델을 적용해 센서가 없는 위치의 데이터를 추론하는 것이다. 직관적으로 해당 모델에 의해 항상 정확하게 추론할 수 있는 위치에는 센서를 배치할 필요가 없다. 반대로 모델이 다룰 수 없는 위치에는 센서를 배치해야 한다. 추론의 신뢰도(또는 불확실성)는 엔트로피 또는 확률에 의해 측정될 수 있다. 예를 들어, 추론 모델이 〈good:0.85, moderate: 0.1, unhealthy: 0.05〉와 같이 확률 분포를 포함하는 여러 범주의 대기질을 예측할 수 있는 경우 불확실성이 매우 낮으며 신뢰도가 아주 높다. 해당 위치의 대기질에 대한 실젯값을 고려하지 않는 추론 모델에 의해 생성된 신뢰도가 정확하지 않다는 것을 주의해야 한다.

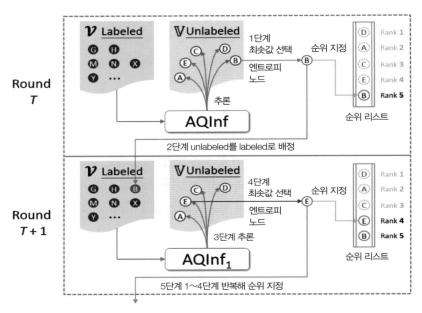

그림 3.12 대기질 센서를 배치하기 위한 위치 선정

그림 3.12는 추론의 불확실성을 최소화해 대기질 센서 배치에 대한 예시를 보여 준다 [25]. 해당 예시에서 추론 모델은 먼저 기존 센서의 데이터를 학습한다(G, H, M 그리고 N). 그리고 A, B, C와 같이 센서 없이 대기질을 예측하고자 학습된 데이터를 적용한다. 해당 모델은 결정 트리 또는 베이지안 네트워크가 될 수 있다. 추론 결과는 good, moderate, unhealthy와 같은 서로 다른 레이블 범주에 대한 확률적 분포다. 그다음 해당 추론 결과의 낮은 엔트로피를 기반으로 후보의 순위를 정할 수 있다. 가장 간단한 방법은 엔트로피가 가장 높은 위치를 선택하는 것이다. 즉, 가장 불확실한 추론이다. 하지만 다양한 추론 단계(예, 시간별)가 있다. 위치의 순위는 각 단계에서 달라질 수 있다. 또한 불확실한 위치

는 상호 연관성이 있으며 서로 가까이 있을 수 있다. 좁은 지역에 센서를 여러 개 배치하는 것은 오히려 낭비다.

이를 위해 [65]에서 제안한 방법은 최소 엔트로피, 즉 가장 확실한 가능성을 가진 위치(예, B)를 labeled 위치로 선택하고 해당 위치를 labeled 데이터셋에 추가하는 방법이다. 다음 추론 단계에서 추론 모델은 증가된 레이블 데이터셋에 기반해 다시 학습된 후에 A, C, D 그리고 E와 같은 나머지 위치의 대기질을 추론하기 위해 사용된다. 또한 그다음 E와 같이 최소 엔트로피를 가진 위치가 labeled 데이터셋에 추가된다. 여러 단계의 추론을 반복적으로 수행한 후에, 각 위치의 순위를 집계할 수 있으며, 신규 센서를 배치하기 위한 top-k 순위 리스트를 포함한다.

3.3 사람 중심 어반 센싱

사람 중심 어반 센싱은 수동 크라우드 센싱 및 능동 크라우드 센싱 패러다임으로 구성된다. 수동 크라우드 센싱 패러다임이 능동 크라우드 센싱보다 더 많은 데이터를 제공할 수 있지만, 실제로는 기존 인프라의 규모를 고려할 때 수동 크라우드 센싱 패러다임은 사람들과 센서에 대한 통제를 거의 할 수 없다. 수동 크라우드 센싱 패러다임의 주요 문제는 어반 컴퓨팅 프레임워크의 상위 계층에서 해결할 수 있다. 따라서 3.3절에서는 능동 크라우드 센싱 패러다임에 대해 논의하도록 한다.

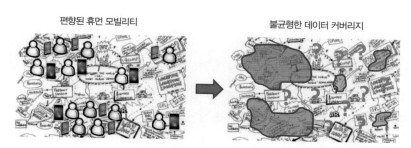

그림 3.13 편향된 휴먼 모빌리티에 의한 불균형한 데이터 커버리지

능동 크라우드 센싱 패러다임이 직면한 첫 번째 이슈는 중앙 비즈니스 지구^{central} business district와 같은 일부 지역은 교외 지역과 같은 다른 지역보다 본질적으로 더 혼잡하기 때문에 편향된 휴먼 모빌리티가 발생한다. 그림 3.13에서 볼 수 있듯이 이로 인해 실시간 모니터링 프로그램과 추가 데이터 분석에 문제가 되는 불균형한 데이터 커버리지가 발생한다. 한편, 사람들이 많이 모이는 지역에서는 중복 데이터를 수신하게 된다. 능동 크라우드 센싱은 일반적으로 인센티브를 통해 사람들의 참여를 독려하기 때문에 중복 데이터는 예산 낭비를 의미하게 된다. 반면에 해당 위치에서 실제로 무슨 일이 일어나고 있는지 알 수 없다. 이 문제를 해결하고자 수집된 데이터의 품질을 평가해야 한다. 예를 들어, 데이터가 얼마나 불균형한지? 또한 세심하게 참가를 모집하고 참가자들이 양질의 데이터셋을 수집할 수 있도록 적절한 작업을 창의적으로 디자인해야 한다.

3.3.1 데이터 평가

한정된 예산과 편향된 휴먼 모빌리티 및 센싱이 필요한 넓은 지리적 공간을 감안할 때 어떤 장소와 시간 간격에서도 데이터를 수집할 수 있다고 보장할 수 없다. 이러한 상황에서 수집된 데이터의 품질을 평가할 수 있는 평가 지표를 갖는 것이 중요하다. 이 평가 지표는 센싱 프로그램의 성공을 측정할 수 있을 뿐만 아니라 참가자 모집 및 작업 설계를 위한 목적 함수에 참여할 수도 있다. 현재 데이터 평가 접근 방식은 커버리지 기반과 추론 기반 2가지가 있다.

3.3.1.1 커버리지 기반 데이터 평가

데이터 커버리지 비율[1, 22, 54](전체 센싱 영역에서 수집된 데이터의 비율 및 전체 센싱 시간 범위)은 수집된 데이터의 값(효용)을 측정하는 데 일반적으로 사용된다. 일반적으로 커버리지 비율은 어반 센싱 프로그램을 시작하기 전에 정의된다.

센싱 프로그램에서 최소한의 참여자를 모집하고, 수집된 데이터가 사전 정의된 비율 [1, 22, 54]을 충족할 수 있도록 한다. 해당 비율은 시공간의 데이터 분포를 고려하지 않으며 데이터가 불균형하게 된다. 예를 들어, 그림 3.14a와 b는 데이터가 수집된 4개의 지역을 보여 준다. b는 a보다 더 나은 커버리지를 갖는 것처럼 보이지만, 커버리지 비율은 0.25로 동일하다. 하지만 그림 3.14d의 e와 같이 세분성이 좋지 않은 2개의 데이터셋의 경우 e의 커버리지가 d보다 안정되어 있다.

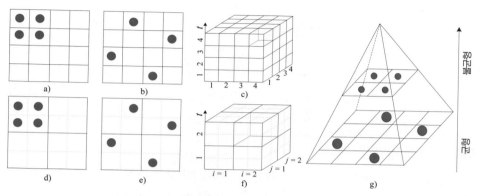

그림 3.14 능동 크라우드 센싱의 데이터 커버리지

해당 문제를 해결하고자 지[ji]와 연구진[29]은 시공간에서의 균형 및 데이터의 양을 측정하는 계층적인 엔트로피 기반 데이터 커버리지 평가 방법을 제안했다. 그림 3.14c와 f와 같이 시공간은 다양한 지리적 범위와 다양한 시간 간격을 포함하는 다양한 세분성을 가지므로 그림 3.14g와 같이 해당 평가 방법은 계층 구조의 서로 다른 공간 및 시간적 세분성으로 데이터 분포의 엔트로피를 집계한다. 구체적으로는 식 (3.9)에 나타낸 바와 같이 데이터의 품질은 데이터 균형 $E(A)$ 및 양 $Q(A)$의 두 부분의 가중치 합으로 표현된다.

$$\varphi(A) = \alpha \cdot E(A) + (1 - \alpha) \cdot Q(A);$$
(3.9)

$Q(A)$는 모든 공간 파티션 및 시간 간격에서 수집 된 데이터의 총량이다. $A_k(i, j, t)$ k-th 계층에 있는 엔트리 개수를 나타낸다. 예를 들어, 그림 3.14a와 b에 각각 4개의 데이터가 수집돼 있다.

$$Q(A) = \sum_{i,j,t} A_k(i, j, t);$$
(3.10)

$E(A_k)$는 그림 3.14g에 표시된 계층의 k 계층에 있는 엔트로피다. ω_k는 다른 계층의 엔트로피도 동일하게 중요하다는 고려하에 각 계층에서 $E(A_k)$의 스케일을 표준화하는 가중치다. 예를 들어, 표준화가 없으면 $E(A_1)$, 즉 하위 계층의 엔트로피는 $E(A_2)$의 엔트로피

보다 훨씬 커지게 된다. 그 결과 $E(\mathcal{A}_2)$는 $E(\mathcal{A}_1)$에 의해 통제되며, $E(\mathcal{A})$에 대한 기여가 상실된다.

$$E(\mathcal{A}) = \frac{\sum_k \omega_k E(\mathcal{A}_k)}{k_{max}}, \tag{3.11}$$

$$E(\mathcal{A}_k) = -\sum_{i,j,t} p(i,j,t \,|\, k) \log_2 \; p(i,j,t \,|\, k), \tag{3.12}$$

$$p(i,j,t \,|\, k) = \mathcal{A}_k(i,j,t) / Q(\mathcal{A}). \tag{3.13}$$

3.3.1.2 추론 기반 평가 방법

다양한 위치 및 시간 엔트리 사이에 시간 및 공간 관련성이 존재하기 때문에 추론 기반 평가 방법은 센싱을 하지 않은 부분적으로 수집된 데이터를 기반으로 위칫값을 추론한다. 수집된 데이터의 가치는 누락된 데이터를 추론할 수 있는 가능성으로 정의할 수 있다 [47, 52]. 수집된 데이터는 누락된 데이터가 수집된 데이터를 사용해 추론될 수 있다면 가치 있는 것으로 여겨진다.

3.3.2 참여자 모집 및 작업 설계

어반 센싱 프로그램에서의 참여자 모집 및 작업 설계는 사람들이 데이터를 수집하기 전에 센싱해야 하는 위치에 도착해야 하기 때문에 일반적으로 휴먼 모빌리티와 관련돼 있다. 참가자의 기존 이동 경로를 변경할지 여부에 따라 참가자 모집 및 작업 할당에는 2가지 방법이 있다.

첫 번째 방법은 참여자들의 기존 이동 경로를 변경하지 않고 데이터를 수집할 참여자를 선택하는 것이다. 예를 들어, 하이메스Jaimes와 연구진[28]은 참여자들이 현재 있는 위치 주변에서 데이터를 수집할 수 있다고 가정했다. 장Zhang과 연구진[54]은 절단된 레비 워크Levy walk 모델[22]과 마르코프 체인 모델[1] 그리고 과거 이동 경로와 같은 일부 수학적 모델을 사용해 미래의 이동 경로 예측을 통해 참여자들을 모집했다.

두 번째 방법은 도시의 휴먼 모빌리티는 본질적으로 편향돼 있기 때문에[13] 참여자들에게 더 높은 가치/유틸리티 데이터를 수집하기 위해 원래 이동 경로를 변경하도록 요청하는 것이다. 참여자들의 기존 이동 경로를 변경하지 않는 경우 사람들의 이동성이 낮은 영역은 본질적으로 센싱할 수 없다. 해당 문제를 해결하기 위해 가와지리^{Kawajiri}와 연구진 [30]은 참여자들이 이동성이 낮은 영역에서 데이터를 수집하도록 조정함으로써 다양한 영역의 데이터에 대한 차별적 보상을 지급하는 보상 메커니즘을 설계했다. 참여자들의 행동에 대한 차별적 보상을 지급하기 위해 모델링된 프레임워크에서 이것은 매우 중요하다. 하지만 이러한 모델은 참여자의 심리, 보상 분배, 수집할 데이터 유형, 기상 조건 및 교통 상황을 포함해 복잡한 요소가 많기 때문에 구축하기가 매우 어렵다.

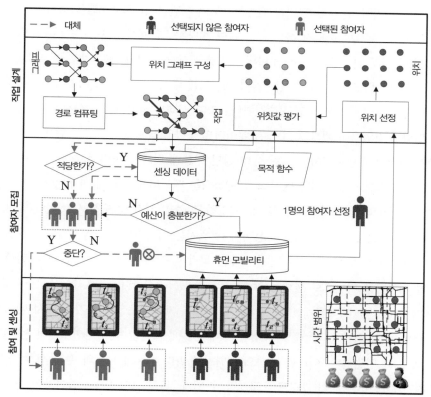

그림 3.15 휴먼 모빌리티를 고려한 어반 센싱 프레임워크

최근 지^{Ji}와 연구진[29]은 출발지, 목적지, 출발 시간 및 도착 시간으로 구성된 연구진의 이동 경로 계획에 기반해 참여자를 선택하며, 데이터 규모와 균형에 관한 적절한 커버

리지를 가진 데이터 수집을 목표로 하는 새로운 작업 설계 메커니즘을 제안했다. 보상과 같은 일부 인센티브를 통해 많은 참가자들은 미리 계획한 도착 시간 전에 목적지에 도달할 수 있는 한 기꺼이 이동 계획을 제출하고, 고유한 데이터를 포함하는 새로운 경로를 통과한다. 그림 3.15는 [29]에서 제안된 어반 센싱 프레임워크 접근법을 나타내며, 참여 및 센싱, 작업 설계 그리고 참여자 모집의 3가지 주요 컴포넌트로 구성된다.

참여 및 센싱 컴포넌트는 그림 3.15의 하단 부분에 나온 것처럼 참여자들은 수집할 데이터의 유형, 예산(예, 지불하고자 하는 금액) 및 참가자가 매 시간 얻을 수 있는 최소 보상과 함께 지리적 위치 및 시간 범위를 전송함으로써 어반 센싱 프로그램을 생성할 수 있다. 해당 프로그램에 참여하고자 하는 경우 참여 희망자(회색 아이콘으로 표시됨)는 출발지, 목적지, 출발 시간 및 도착 시간을 모바일 기기를 통해 전송한다. 참여자로 선정된 경우 참여자(빨간색 아이콘으로 표시됨)는 참여자가 데이터를 수집해야 하는 일련의 수집 지점과 해당 시간 간격으로 구성된 작업을 수신한다. 그 후 선택된 참가자들은 실제 데이터를 수집하는 할당된 작업을 수행하고, 수집된 데이터를 모바일 장치를 통해 시스템에 전송한다.

작업 설계 컴포넌트에서는 그림 3.15 상단 부분에 나온 것처럼 작업은 4단계에 걸쳐 참여자들의 모빌리티 및 수집될 것으로 예상되는 데이터에 기반해 설계된다. 먼저 지리적 지역에서 각각의 위치를 개별적으로 확인하고, 출발 시간 및 도착 시간 안에 참여자들이 이동할 수 있는 위치를 찾는다. 선택된 각 위치는 데이터를 수집할 수 있는 시간 간격(수집 시간 간격)과 연동된다. 두 번째 단계는 목적 함수(예, 방정식[3.9]) 및 해당 위치에서 수집될 데이터를 기반으로 선택된 각 위치의 가치를 측정한다(그림 3.15에서 다른 색상으로 표시되는 데이터 커버리지를 개선하기 위해). 세 번째 단계에서는 참여자가 L_1에서 데이터를 수집한 후 수집 시간 간격collecting time interval 내에 L_2에 도달할 수 있다면 2개의 선택된 위치 L_1과 L_2를 연결한다. 이러한 방식으로 위치를 나타내는 각 노드와 수집 시간 간격 및 커버리지 값을 갖는 위치 그래프를 구성할 수 있다. 위치 그래프에서 참여자의 출발지에서 목적지까지의 각 경로는 비관여 작업 후보unobstructed task candidate다. 마지막으로 최대 커버리지에 준하는 값을 가진 준최적 경로에 대한 위치 그래프를 검색한다.

그림 3.15의 중간 부분에 나온 것처럼 참가자 모집 컴포넌트는 참가자 선택 및 참가자 교체의 두 단계로 구성된다[11]. 먼저 후보군에서 참가자를 무작위로 하나씩 선택한다.

작업 설계 컴포넌트를 통해 각 참여자에게 작업을 부여하고 수집될 데이터를 업데이트한다(센싱 데이터). 현재 데이터는 아직 실제로 수집되지 않았다. 총 예산에서 참여자에게 보상을 지급한다. 예산이 소진될 때까지 참여자 선정 프로세스를 반복한다. 그다음에는 선택된 그룹의 한 참가자(빨간색 사람 아이콘으로 표시)를 후보자 풀^{pool}의 다른 참여자와 무작위로 교체하는 참여자 교체 프로세스를 수행한다. 해당 교체로 인해 데이터 적용 범위가 개선되면 변경 사항을 유지한다. 그렇지 않은 경우 교체 프로세스를 중단하고 또 교체를 수행할 다른 참여자를 지속적으로 찾는다. 일정 횟수(예, 100회)의 연속적인 시도 후에도 데이터 적용 범위가 전혀 개선되지 않을 때까지 교체 프로세스를 반복한다.

3.4 누락값 보충

3.4.1 문제 및 과제

많은 센서들이 물리적인 위치에 배치돼 있으며, 대규모의 위치 정보 태그^{geotag}를 포함하는 시계열$^{time series}$ 데이터를 생성한다. 일반적으로 그림 3.16a에 보여지는 것과 같이 각 센서는 해당 센서가 배치된 위치와 연동되며, 시간 간격(예, 1시간)마다 측정값을 생성한다. 실제로는 센서 또는 통신 오류로 인해 예상치 못한 다양한 순간에 측정값이 손실되는 경우가 많다. 결측값들은 실시간 모니터링뿐만 아니라 추후 데이터 분석 작업에도 영향을 미친다.

그림 3.16b m은 n의 연속적인 타임스탬프$^{time stmap}$에서 센서 측정값 m을 나타낸다. 행^{row}은 센서를 나타내고 열^{column}은 타임스탬프를 나타내는 행렬^{matrix}의 형태로 저장된다. 엔트리 v_{ij}는 jth 타임스탬프에서 ith 센서의 측정값을 나타낸다. 센서의 측정값이 정해진 시간 간격 동안 성공적으로 수신되지 않으면 공백 엔트리가 발생한다. 센서의 결측값을 채우는 문제를 행렬의 빈 항목을 입력하는 것으로 변환할 수 있다.

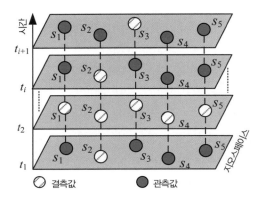

○ 결측값　　● 관측값

a) 누락이 발생되는 상황

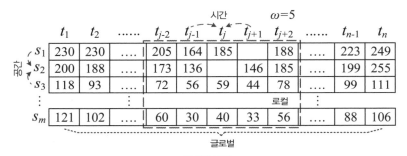

				시간 →		$\omega=5$					
	t_1	t_2	.....	t_{j-2}	t_{j-1}	t_j	t_{j+1}	t_{j+2}	.....	t_{n-1}	t_n
s_1	230	230	....	205	164	185		188	....	223	249
s_2	200	188	....	173	136		146	185	....	199	255
s_3	118	93	....	72	56	59	44	78	....	99	111
s_m	121	102	....	60	30	40	33	56	....	88	106

로컬

글로벌

b) 행렬 표현

그림 3.16 지오센서(geosensor) 데이터에 결측값을 채우는 문제 설명

하지만 지오센서 시계열 데이터셋의 결측값을 채우는 것에는 2가지 과제가 존재한다.

1. 임의의 센서와 타임스탬프에서 측정값이 누락될 수 있다. 극단적인 경우 연속된 타임스탬프에서 센서로부터의 측정값을 잃을 수 있다. 예를 들어, 그림 3.16a에 표시된 s_2 또는 그림 3.16a에서 t_2가 보여 주듯이 동시에 하나 이상의 (또는 그 이상의) 타임스탬프에서 모든 센서의 측정값이 동시에 손실될 수 있다. 이러한 경우는 블록 누락block missing이라고 부른다. 기존 모델이 블록 누락 문제를 처리하는 것은 매우 어렵다. 왜냐하면 해당 모델에 대한 신뢰할 수 있는 입력값을 찾지 못할 수 있기 때문이다. 예를 들어, 비음수 행렬 인수분해NMF, Nonnegative Matrix Factorization는 열 또는 행의 데이터가 행렬에서 완전히 누락된 경우를 처리할 수 없다.

2. 여러 복잡한 요인의 영향을 받는 센서 측정값은 위치와 시간이 현저히 그리고 비선형적으로 변경된다. 첫째, 거리가 근거리 센서의 측정값은 원거리 센서의 측정값과 항상 유사하지 않을 수도 있다. 그림 3.17a와 같이, s_1은 지리적 유클리드 거리 측면에서 s_3보다 s_2에 가깝다. 하지만 그림 3.17b와 같이 s_2의 대기질 측정치는 s_1보다 s_3과 더 비슷하다. 이유는 s_2 및 s_3이 관심지역정보 및 차량 패턴과 같은 유사한 지리적 맥락을 포함하기 때문이다. 반면 s_1은 숲에 배치돼 있고 s_2와 s_1 사이에는 호수가 있다. 이러한 사례는 지리의 첫 번째 법칙을 위반하며 일부 보간 기반 모델의 가치를 떨어뜨린다. 둘째, 센서 측정값은 시간이 지남에 따라 엄청나게 변동하며, 때때로 급격한 변화를 동반한다. 그림 3.16b에서 볼 수 있듯이 s_2의 31번째 타임스탬프에서 측정값이 2시간 안에 200 이하로 내려간다. 이러한 갑작스런 변경은 실제로 실시간 모니터링 및 추가 데이터 분석에 매우 중요하지만, 기존의 스무딩smoothing 또는 보간 방법interpolation methods으로는 잘 처리할 수 없다.

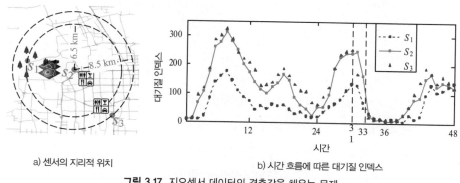

a) 센서의 지리적 위치   b) 시간 흐름에 따른 대기질 인덱스

그림 3.17 지오센서 데이터의 결측값을 채우는 문제

이 문제를 다른 관점에서 해결하고자 많은 해결책이 제안됐다. 예를 들어, 그림 3.16b 행렬에서, v_{2j}와 $v_{1,j+1}$은 누락돼 있다. s_1 및 s_3과 같은 공간적인 근접성을 기준으로 v_{2j} 측정값을 추정할 수 있다. 이것을 공간 뷰spatial view라고 부른다. v_{2j}는 t_{j-1} 및 t_{j+1}과 같은 인접한 타임스탬프의 측정값을 기반으로 추정할 수 있다. 이것을 시간 뷰temporal view라고 부른다. 또한 로컬 및 글로벌 뷰를 활성화해 서로 다른 시간 길이의 데이터 통해 추정할 수

있다. 예를 들어, 로컬 행렬에서 t_{j-2}부터 t_{j+2}까지를 v_{2j}의 측정값으로 고려할 수 있다. 이것을 로컬 뷰$^{\text{local view}}$라고 한다. 또는 아주 오랜 기간 동안의 측정치를 고려할 수 있다(예를 들어, t_1부터 t_n까지). 이것을 글로벌 뷰$^{\text{global view}}$라고 한다. 로컬 뷰는 즉각적인 변경 사항을 캡처하는 반면 글로벌 뷰는 장기적인 패턴을 나타낸다.

3.4.2 공간 모델

해당 범주의 모델은 센서의 주변 환경을 누락이 발생하는 원인으로 규정한다. 역거리 가중법$^{\text{IDW, Inverse Distance Weighting}}$[39], 선형 예측$^{\text{linear estimation}}$ 그리고 크리깅^{kriging}은 가장 널리 사용되는 방법이다.

3.4.2.1 역거리 가중법

해당 모델은 대상 센서에 대한 거리에 따라 지리적으로 근접한 센서의 사용 가능한 측정값에 가중치를 할당하고 측정값을 예측하고자 식 (3.14)를 통해 각 가중치를 계산한다.

$$\hat{v}_{gs} = \frac{\sum_{i=1}^{m} v_i * d_i^{-\alpha}}{\sum_{i=1}^{m} d_i^{-\alpha}}, \tag{3.14}$$

d_i는 후보 센서 s_1와 타깃 센서 사이의 공간적인 거리를 나타내며, α는 $d_i^{-\alpha}$를 통해 센서의 가중치의 감쇠율$^{\text{decay rate}}$을 제어하는 양의 제곱이다. $d_i^{-\alpha}$는 근접한 센서의 측정값에 더 높은 가중치를 할당하며, 더 큰 α는 거리에 의한 더 빠른 가중치의 감쇠를 나타낸다.

그림 3.18은 2014년 5월부터 2015년 5월까지 베이징의 대기질 데이터와 기상 데이터의 2가지 데이터셋에 대한 통계를 사용해 역거리 가중법의 통찰력을 보여 준다. 해당 데이터에서 동일한 타임스탬프에서 임의의 두 센서의 측정값 사이의 비율을 계산한다. 두 센서 사이의 거리가 데이터셋에서 증가함에 따라 비율이 감소한다. 이것은 "모든 것은 다른 모든 것과 관계가 있지만 가까운 것은 먼 것보다도 더 관련이 있다"라는 지리학의 제1법칙[46]에 해당하며, 지리 센서 데이터의 경험적 공간 상관관계로 여겨진다.

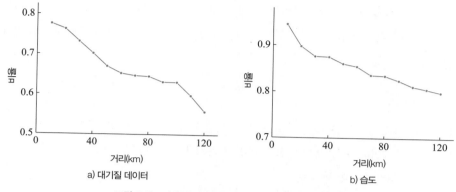

그림 3.18 여러 센서 데이터에 대한 경험적 공간 상관관계

우리는 그림 3.16과 같은 실행 예제를 사용해 IDW를 시연한다. 2개의 센서 s_1과 s_3가 각각 6.5km와 8.5km 공간적으로 떨어진 s_2 근처에 있다고 가정한다. 시간 간격이 t_j일 때 s_1과 s_3의 측정값(185와 59)으로 s_2의 누락값을 채우는 것을 목표로 한다. $\alpha = 1$을 설정할 경우 두 센서의 가중치는 각각 1/6.5와 1/8.5이며, 식 (3.14)에 따라 예측값 $\hat{v}_{gs} = (185/6.5 + 59/8.5)/(1/6.5 + 1/8.5) = 130.4$를 산출한다.

3.4.2.2 선형 예측

모니터링되지 않는 위치 x_0에서 수량의 공간 추론 또는 예측 $Z: R^n \rightarrow R$은 측정값의 선형 조합에 의해 계산된다. $z_i = Z(x_i)$ 및 가중치 $\omega_i(x_0)$, $i = 0, 1, 2, ..., N$.

$$\hat{Z}(x_0) = \sum_{i=1}^{N} \omega_i(x_0) \cdot Z(x_i). \tag{3.15}$$

가중치 $\omega_i(x_0)$는 예측의 평균 제곱 오차를 최소화해 학습할 수 있고, 실젯값은 $[\hat{Z}(x_0) - Z(x_i)]^2$이다. 이것은 머신러닝에서 선형 회귀 모델의 한 종류다. 선형 회귀에 대해서는 7장에서 자세히 소개한다.

판^{Pan}과 리[42]는 센서의 누락값을 예측하고자 K-최근접 이웃 알고리즘에 기반한 AKE를 제안했다. AKE는 먼저 최근 수신된 데이터에 기반해 선형 회귀 모델을 통해 센서 사이의 시간에 의존하는 공간적 상관관계를 계산한다. 학습된 선형 함수와 수신된 데이터 간의 적합성을 설명하는 결정 계수가 학습 프로세스 후에 생성된다. 결정 계수는 식

(3.11)과 같은 가중 평균 함수에 해당하는 센서 $Z(x_i)$ 가중치 $\omega_i(x_0)$로 사용된다. 가중치는 서로 다른 시간 간격에 동적으로 업데이트되지만, 다른 시간 간격 간의 종속성은 고려하지 않는다.

3.4.2.3 크리깅

통계적으로 크리깅kriging은 사전 공분산covariance된 가우스 프로세스Gaussian process에 의해 모델링하는 보간법이다. 통계에 대한 합리적인 가정을 기반으로 크리깅은 결측값에 대해 최상의 선형 편향 예측을 제공한다.

인덱스가 $0 \sim n$인 $n+1$개의 점이 있다고 가정하자. i번째 점은 p_i로 표시되며, 그 값 z_i는 변수 Z_i에 의해 생성된다. 그런 다음 측정된 값 z_1, z_2, ..., z_n의 선형 조합에 의해 측정되지 않은 점 p_0의 값 z_0을 다음과 같이 예측할 수 있다.

$$\hat{z}_0 = \sum_{i=1}^{n} \lambda_i \times z_i, \qquad (3.16)$$

여기서 λ_1, λ_2, ..., λ_n은 서로 다른 점에 해당하는 가중치다. 이러한 가중치를 결정할 때 크리깅은 두 점 사이의 페어와이즈 거리뿐만 아니라 두 점의 무작위 변수 사이의 상관관계를 고려한다. 변수 쌍(Z_i, Z_j) 사이의 상관관계는 공분산 행렬에 의해 정의되며, $Cov(Z_i, Z_j)$로 나타낸다. 이러한 변수에 대한 가정에 기초해 보통 크리깅ordinary kriging[27], 보편 크리깅universal kriging[2], IRFk-크리깅[40], 지표 크리깅[45] 등과 같은 다양한 종류의 크리깅이 제안됐다.

3.4.2.3절에서는 모든 포인트의 변수 예상값이 동일한 상수 c를 공유한다고 가정하는 보통 크리깅을 소개한다. C의 값을 알 수 없긴 하지만, 식 (3.17)로 나타낼 수 있다.

$$E(Z_i) = c, \; i = 0, 1, 2, \ldots, n. \qquad (3.17)$$

$\hat{z}_0$에 대한 추정 오차는 식 (3.18)로 정의된다.

$$\varepsilon_0 = \hat{z}_0 - z_0 = \sum_{i=1}^{n} \lambda_i \times z_i - z_0. \qquad (3.18)$$

그다음 알고리즘은 식 (3.19) 및 식 (3.20)으로 정의된 $E(\varepsilon_0) = 0$의 변수 $Var(\varepsilon_0)$를 최소화하는 파라미터 λ_1, λ_2, ..., λ_n을 찾는다.

$$E(\varepsilon_0) = 0 \ \Leftrightarrow \ \sum_{i=1}^{n} \lambda_i \times E(Z_i) - E(Z_0) = 0$$

$$\Leftrightarrow \ \sum_{i=1}^{n} \lambda_i \times E(Z_i) = E(Z_0) \ \Leftrightarrow \ c\sum_{i=1}^{n} \lambda_i = c \ \Leftrightarrow \ \sum_{i=1}^{n} \lambda_i = 1 \tag{3.19}$$

$$Var(\varepsilon_0) = Var\left(\sum_{i=1}^{n} \lambda_i \times Z_i - Z_0 \right)$$

$$= Var\left(\sum_{i=1}^{n} \lambda_i \times Z_i \right) - 2\,Cov\left(\sum_{i=1}^{n} \lambda_i \times Z_i, Z_0 \right) + Cov(Z_0, Z_0) \tag{3.20}$$

$$= \sum_{i=1}^{n} \sum_{j=1}^{n} \lambda_i \lambda_j Cov(Z_i, Z_j) - 2 \sum_{i=1}^{n} \lambda_i Cov(Z_i, Z_0) + Cov(Z_0, Z_0).$$

이어지는 최적화 문제는

$$argmin_\lambda \sum_{i=1}^{n} \sum_{j=1}^{n} \lambda_i \lambda_j Cov(Z_i, Z_j) - 2 \sum_{i=1}^{n} \lambda_i Cov(Z_i, Z_0) + Cov(Z_0, Z_0)$$

$$subject\ to\ \sum_{i=1}^{n} \lambda_i = 1. \tag{3.21}$$

라그랑주 승수$^{\text{Lagrange multiplier}}$ ϕ를 추가함으로써 해결할 수 있다.

$$\begin{bmatrix} \lambda_1 \\ \cdots \\ \lambda_n \\ \phi \end{bmatrix} = \begin{bmatrix} Cov(Z_1, Z_1) & \cdots & Cov(Z_1, Z_n) & 1 \\ \vdots & \ddots & \vdots & \vdots \\ Cov(Z_n, Z_1) & \cdots & Cov(Z_n, Z_n) & 1 \\ 1 & \cdots & 1 & 0 \end{bmatrix}^{-1} \begin{bmatrix} Cov(Z_1, Z_0) \\ \vdots \\ Cov(Z_n, Z_0) \\ 1 \end{bmatrix}. \tag{3.22}$$

현실적으로 $Cov(Z_i, Z_j)$의 값을 컴퓨팅하는 것은 어렵다. 대안은 식 (3.23)에서 정의된 베리오그램^{variogram} $\gamma(Z_i, Z_j)$을 컴퓨팅하는 것이다.

$$\gamma(Z_i, Z_j) = \frac{1}{2}\,E\left((Z_i - Z_j)^2 \right). \tag{3.23}$$

모든 변수가 동일한 분산 σ^2를 공유한다고 가정하면 다음과 같은 관계가 도출된다.

$$\gamma(Z_i, Z_j) = \sigma^2 - Cov(Z_i, Z_j),$$

따라서

$$Cov(Z_i, Z_j) = \sigma^2 - \gamma(Z_i, Z_j). \tag{3.24}$$

식 (3.21)에서 $Cov(Z_i, Z_j)$를 $\sigma^2 - \gamma(Z_i, Z_j)$로 대체함으로써 보통 크리깅은 다음과 같이 추가로 정의할 수 있다.

$$argmin_\lambda \sum_{i=1}^{n} \sum_{j=1}^{n} \lambda_i \lambda_j (\sigma^2 - \gamma(Z_i, Z_j)) - 2 \sum_{i=1}^{n} \lambda_i (\sigma^2 - \gamma(Z_i, Z_0)) + \sigma^2 - \gamma(Z_0, Z_0),$$
$$subject\ to\ \sum_{i=1}^{n} \lambda_i = 1. \tag{3.25}$$

마지막으로 라그랑주 승수 ϕ를 추가함으로써 해결할 수 있다.

$$\begin{bmatrix} \lambda_1 \\ \cdots \\ \lambda_n \\ \phi \end{bmatrix} = \begin{bmatrix} \gamma(Z_1, Z_1) & \cdots & \gamma(Z_1, Z_n) & 1 \\ \vdots & \ddots & \vdots & \vdots \\ \gamma(Z_n, Z_1) & \cdots & \gamma(Z_n, Z_n) & 1 \\ 1 & \cdots & 1 & 0 \end{bmatrix}^{-1} \begin{bmatrix} \gamma(Z_1, Z_0) \\ \vdots \\ \gamma(Z_n, Z_0) \\ 1 \end{bmatrix}. \tag{3.26}$$

파라미터 $\lambda_1, \ldots, \lambda_n$이 결정되면 식 (3.16)을 기반으로 $\hat{z}_0$을 계산할 수 있다.

3.4.3 시간 모델

시간 모델의 접근 방식은 다른 시간 간격의 센서 자체의 측정값을 기반으로 누락이 발생한 시간 간격을 대신할 수 있다고 규정한다. 해당 범주의 접근법은 비특성nonfeature 기반 및 특성feature 기반으로 분류할 수 있다. 단순 지수 평활법SES, Simple Exponential Smoothing [19], 자기 회귀 이동 모형ARMA, Autoregressive Moving Average[4] 그리고 SARIMA[26]와 같은 비특성 그룹은 결측값을 예측할 때 센서의 측정값만 고려한다. 세일란Ceylan과 연구진[10]은 시계열의 결측값을 채우고자 해당 방법들을 비교했다. 그래픽 모델 및 회귀 모델[19, 34]과 같은 특성 기반 그룹의 경우 시간 경과에 따른 측정값의 시간적 상관관계를 고려해 특성의 기능을 이용한다. 특성 기반 방법은 7장에서 상세히 다룰 예정이므로 앞으로는 비특성 기반 방법에 초점을 맞춘다.

3.4.3.1 단순 지수 평활법

단순 지수 평활법은 지수 이동 평균 모델exponential moving-average model로서 시계열 도메인에서 자주 사용되며, 일반적으로 다음과 같이 정의한다.

$$\hat{v}_{gt} = \beta v_j + \beta(1-\beta)v_{j-1} + \cdots + \beta(1-\beta)^{t-1}v_1, \tag{3.27}$$

t는 후보 측정값 v_j 및 타깃 측정값 사이의 시간 간격이다. β는 (0, 1) 내의 평활smoothing 파라미터다. 일반적으로 $\beta*(1-\beta)^{t-1}$은 과거 측정값보다 최근 측정값에 더 큰 가중치를 주며, 낮은 β값은 시간 간격 동안 더 느린 감쇠를 나타낸다.

전통적인 단순 지수 평활법은 타깃 타임스탬프의 기존 데이터만 입력으로 사용한다. 이Yi와 연구진[51]은 타깃 타임스탬프의 기존값과 현재값 모두를 사용해 단순 지수 평활법을 확장했다. 타깃 타임스탬프가 주어지면 개선된 단순 지수 평활법은 동일한 센서의 각 측정값에 대해 가중치 $\beta*(1-\beta)^{t-1}$을 부여하며, 식 (3.28)에 따라 가중치를 정규화함으로써 $\hat{v}_{gt}$를 계산한다.

$$\hat{v}_{gt} = \frac{\sum_{j=1}^{n} v_j * \beta * (1-\beta)^{t-1}}{\sum_{j=1}^{n} \beta * (1-\beta)^{t-1}}. \tag{3.28}$$

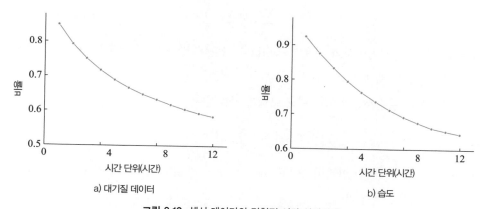

a) 대기질 데이터　　　　　　　　　　　b) 습도

그림 3.19 센서 데이터의 경험적 시간 상관관계

구현 시에는 먼 거리의 측정값이 별로 유용하지 않기 때문에 시간 임곗값(예, 12시간) 내의 측정값을 선택한다. 단순 지수 평활법은 시계열 데이터로부터 영향을 받는다. 그림 3.19는 그림 3.18에서 사용된 동일한 대기질 데이터 및 기상 데이터를 사용해서 동일 센서의 다른 타임스탬프에서 임의의 두 측정값 사이의 비율을 보여 준다. 그림 3.19의 두 곡선은 시간 간격이 증가함에 따라 감소하며, 시계열에서 경험적 시간 상관관계를 보여

준다. 즉, 최근 타임스탬프의 측정값은 먼 타임스탬프의 측정값보다 더 관련이 있다.

그림 3.16에 나타난 예시를 사용해 단순 지수 평활법을 계속해서 입증한다. 값이 (173, 136, 146, 185)인 인접 타임스탬프 4개(t_{j-2}, t_{j-1}, t_{j+1}, t_{j+2})의 측정값을 사용해 시간 간격 t_j에서 s_2의 누락값을 채우는 것을 목표로 한다고 가정하자. $\beta = 0.5$를 설정할 경우 4개의 타임스탬프의 가중치는 각각 (0.25, 0.5, 0.5, 0.25)다. 따라서 최종 결과는 다음과 같다.

$$\hat{v}_{gt} = \frac{173 \times 0.25 + 136 \times 0.5 + 146 \times 0.5 + 185 \times 0.25}{0.25 + 0.5 + 0.5 + 0.25} = 230.5.$$

3.4.3.2 ARMA

시계열의 통계적 분석에서 ARMA 모델은 2개의 다항식의 관점(자기 회귀 AR(p), 이동 평균 MA(q))[4]에서 불안정한 정상 과정^{stationary stochastic process}에 대한 설명을 제공한다.

표기법 AR(p)는 자기 회귀 모델의 순서 p를 나타내며 아래와 같이 쓴다.

$$X_t = c + \sum_{i=1}^{p} \varphi_i X_{t-i} + \varepsilon_t, \tag{3.29}$$

X_t는 t번째 시간 간격에서의 시계열 측정값을 나타낸다. φ는 파라미터다. C는 상수이며 무작위 변수 ε_t는 백색소음이다.

표기 MA(q)는 순서 q의 이동 평균 모델을 가리킨다.

$$X_t = \mu + \varepsilon_t + \sum_{i=1}^{q} \theta_i \varepsilon_{t-i}, \tag{3.30}$$

θ_1, θ_2, $\ldots$, θ_i는 모델의 파라미터이고, μ는 X_t(종종 0과 같다고 가정)의 기대치다. ε_t, ε_{t-1}, $\ldots$은 백색 잡음 오차항이다.

표기 ARMA(p, q)는 자기 회귀항과 q 이동 평균항이 있는 모델을 나타낸다. 이 모델은 AR(p) 및 MA(q) 모델을 포함한다.

$$X_t = c + \varepsilon_t + \sum_{i=1}^{p} \varphi_i X_{t-i} + \sum_{i=1}^{q} \theta_i \varepsilon_{t-i}. \tag{3.31}$$

lag operator 다항식 표기 $L^i X_t = X_{t-i}$에서 차수 p AR lag operator 다항식 $\varphi(L) = (1 - \varphi_1 L - \varphi_2 L^2 - \cdots - \varphi_p L^p)$을 정의하고, 차수 q MA lag operator 다항식 $\theta(L) = (1 +$

$\theta_1 L + \theta_2 L^2 + \cdots + \theta_q L^q$)을 정의한다. ARMA($p$, q) 모델은 아래와 같이 쓸 수 있다.

$$\varphi(L) X_t = c + \theta(L)\, \varepsilon_t. \tag{3.32}$$

ARMA를 구현할 때 φ_i 및 θ_i에 대한 기본 파라미터를 사용하거나 이러한 파라미터를 미리 정의할 수 있다. ε_t는 일반적으로 제로 평균을 갖는 정규 분포로부터 샘플링된 독립적이고 동일하게 분포된 변수로 가정한다.

3.4.3.3 ARIMA 및 SARIMA

평균 및 계절적인 추세에 조금 더 현실적인 상황을 반영하고자 자기 회귀 누적 이동 평균ARIMA, Autoregressive Integrated Moving Average 모델과 계절성 자기 회귀 누적 이동 평균SARIMA, Seasonal Autoregressive Integrated Moving Average 모델을 포함한 상당히 많은 ARMA 모델이 제안됐다. ARIMA의 AR 부분은 과거 데이터가 미래 데이터에 영향을 미친다. MA 부분은 회귀 오류가 실제로 과거에 다양한 시간에 동시적으로 발생했던 오차항의 선형 조합을 나타낸다. I(누적)는 과거 데이터와 현재 데이터의 차분을 통해 데이터 값이 대체 됐음을 나타낸다(또한 차분 과정은 한 번 이상 수행됨). 이러한 각 기능의 목적은 모델이 가능한 한 데이터에 적합하도록 만드는 것이다.

비계절성 ARIMA 모델은 일반적으로 ARIMA(p, d, q)를 나타내며, p, d, q 파라미터는 음이 아닌 정수다. P는 자기 회귀 모델의 차수(시간 지연 횟수)를 나타낸다. d는 차분 차수(데이터가 과거 값을 뺀 횟수)이며, q는 이동 평균 모델의 차수다. SARIMA 모델은 일반적으로 ARIMA(p, d, q)(P, D, Q)$_m$로 나타내며, m은 각 계절의 기간 회수를 의미한다. 그리고 대문자 P, D, Q는 ARIMA 모델[26]의 계절성 추세의 자기 회귀, 차분 그리고 이동 평균항을 의미한다.

3.4.4 시공간 모델

해당 범주의 모델은 결측값을 예측할 때 서로 다른 위치 사이의 공간적 상관성과 다른 시간 간격 사이의 시간적 의존성을 동시에 고려한다. 시공간 모델에는 3가지 유형의 조합이 있다.

3.4.4.1 협업 필터링 기반 방법

해당 범주의 방법은 행렬에서의 특정 시간 동안의 센서 데이터를 수용한다. 그림 3.16b에서 보여지는 것처럼 행은 센서를 나타내고, 열은 시간 간격을 나타낸다. 엔트리는 특정 시간 간격에서 특정 센서의 값을 저장한다. 이제 센서 데이터 대체 문제는 누락된 항목의 값을 추론하는 추천 문제로 변환될 수 있다. 2개 행 사이의 유사성은 공간적 상관관계를 나타낸다. 두 센서 사이의 유사성은 두 시간 간격 간의 시간 상관관계를 나타낸다. 추천 문제를 해결하기 위한 고전적인 모델은 **협업 필터링**collaborative filtering이라고 하며, 이는 8장에서 자세히 설명한다.

리Li와 연구진[35]은 센서의 누락값을 채우고자 STR-MF 및 MTR-MF로 구성된 서로 다른 센서 간의 상관관계와 서로 다른 시간 간격 간의 상관관계를 모두 고려하는 2개의 행렬 인수분해 기반 모델matrix factorization-based model을 제안했다. 특히, STR-MF는 손실 함수에 시간적 정규화 항과 공간 근접성 항을 추가해 행렬 인수분해 모델에 시공간적 유사성을 포함한다. MTR-MF는 여러 센서(예, 온도 및 습도)가 있는 위치와 관련해 행렬에 각 센서 유형의 데이터를 각각 수용한다. 그런 다음 그 행렬들은 손실 함수에서 동일한 잠재 시간 공간을 공유하면서 집합적으로 인수분해된다. 또한 리와 연구진은 MRT-MF 3차원 텐서로 확장된다. 3차원은 위치, 시간 그리고 센서다. 그런 다음 시간 정규화된 항을 가진 텐서 완료 방법을 제안해 텐서에서 누락된 항목을 예측한다.

3.4.4.2 멀티뷰 기반 방법

이Yi와 연구진[51]은 지리 정보 시계열 데이터셋의 결측값을 일괄적으로 채우고자 시공간 멀티뷰 기반 러닝ST-MVL, Spatiotemporal Multi-View-based Learning 방법을 제안했으며, (1) 동일한 시계열의 다른 타임스탬프에서 측정값 사이의 시간 상관관계 및 (2) 다른 시계열 사이의 공간 상관관계를 고려했다. 그림 3.20에서 볼 수 있듯이 ST-MVL은 IDW, SES, UCFUser-based Collaborative Filtering 그리고 ICFItem-based Collaborative Filtering로 구성된 4개의 뷰로 이뤄져 있고, 결측값에 대한 최종 예측을 생성하기 위해 4개의 뷰가 통합된다.

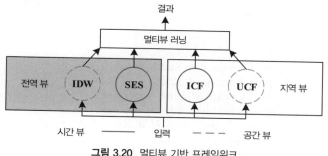

그림 3.20 멀티뷰 기반 프레임워크

IDW는 센서의 공간적 근접성에 대한 측정값을 바탕으로 결측값에 대한 예측값을 계산한다. SES는 다른 타임스탬프의 측정값을 기반으로 센서의 결측값을 예측한다. IDW와 SES는 실제로 장기간에 걸쳐 수집된 데이터에서 도출된 경험적 모델이기 때문에 결측값에 대한 전역 공간 뷰와 전역 시간 뷰를 각각 보여 준다.

반대로 UCF는 센서의 최근 측정값과 센서의 공간적인 근접성 사이의 지역적인 유사성에만 근거해 결측값을 예측한다. 센서는 사용자를 의미한다. 마찬가지로 ICF는 다른 타임스탬프의 최근 측정값 사이의 지역적 유사성에 근거해 결측값을 예측한다. 타임스탬프는 항목을 나타낸다. UCF와 ICF는 공간적, 시간적 관점에서만 지역적 유사성을 고려하므로 각각 지역 공간 및 지역 시간뷰를 나타낸다.

서로 다른 뷰의 장점을 활용하고자 방정식 (3.33)에 따라 최소 제곱 오차로 다양한 뷰의 예측을 선형적으로 결합하는 멀티뷰 학습 알고리즘을 제안했다.

$$\hat{v}_{mvl} = w_1 * \hat{v}_{gs} + w_2 * \hat{v}_{gt} + w_3 * \hat{v}_{ls} + w_4 * \hat{v}_{lt} + b, \tag{3.33}$$

b는 잔차^{residuak}이고, $w_i (i = 1, 2, 3, 4)$는 각 뷰에 할당된 가중치다. 알고리즘 1은 ST-MVL의 절차를 나타낸다. 데이터셋이 ICF와 UCF에서 처리할 수 없는 블록 누락 문제가 발생하면 ST-MVL은 IDW와 SES를 활용하여 누락된 항목의 초깃값을 생성한다(그림 3.21의 라인 3 참고). 그런 다음 ST-MVL은 ICF, UCF, IDW, SES를 사용해 누락된 각 항목을 예측하고(라인 4–9), 선형 커널 기반 다중 뷰 학습 프레임 워크$^{linear kernel-based multi-view learning}$ ^{framework}를 기반으로 4가지 예측을 결합한다(라인 10 및 식 [3.29] 참고). 해당 모델은 각 센

서를 학습하며, 예측과 실측값 사이의 선형 최소 제곱 오차^{linear least square error}[33]를 최소화한다.

Input: Original data matrix M, ω, α, β;
Output: Final data matrix;
1. $O \leftarrow$ Get_All_Missing_Values(M);
2. **If** there are block missing problem
3. $M \leftarrow$ Initialization(M, α, β);   //using IDW or SES
4.   **For each** target t in O
5. $\hat{v}_{ls} \leftarrow$ UCF(M, t, ω);
6. $\hat{v}_{lt} \leftarrow$ ICF(M, t, ω);
7. $\hat{v}gs \leftarrow$ IDW(M, t, α);
8. $\hat{v}gt \leftarrow$ SES(M, t, β);
9. $\hat{v}mvl \leftarrow$ Mutiview_Learning($\hat{v}_{ls}, \hat{v}_{lt}, \hat{v}gs, \hat{v}gt$);
10.   Add $\hat{v}mvl$ into M;
11. **Return** M;

그림 3.21 ST-MVL 알고리즘 절차

3.5 요약

3장에서는 정적 센싱, 모바일 센싱, 수동 크라우드 센싱, 능동 크라우드 센싱으로 구성된 어반 센싱 패러다임을 소개했다. (1) 센싱 프로그램의 정의, (2) 센서 중심 센서 패러다임을 위한 센서 배치 또는 크라우드 센싱 패러다임을 위한 작업 설계, (3) 데이터 수집, (4) 데이터 평가, (5) 전처리의 5가지 계층으로 구성된 어반 센싱의 범용 프레임워크를 살펴보았다.

몇 가지 주요 기술을 자세히 설명하면서 각 계층의 기능과 과제를 논의했다. 예를 들어, 센서 배치를 위한 4가지 모델을 3.3절에서 소개했다. 또한 참가자 모집 및 작업 설계 방법은 3.4절의 사람 중심 센싱 패러다임에서 설명했다.

마지막으로 지리 센서 데이터에서 누락값을 채우기 위한 3가지 범주의 모델이 3.5절에서 소개됐으며, 공간 모델, 시간 모델 및 시공간 모델로 구성된다.

참고문헌

[1] Ahmed, A., K. Yasumoto, Y. Yamauchi, and M. Ito. 2011. "Distance and Time Based Node Selection for Probabilistic Coverage in People-Centric Sensing." In *Proceedings: 2011 8th Annual IEEE Communications Society Conference on Sensor, Mesh and Ad Hoc Communications and Networks (SECON)*. Washington, DC: Institute of Electrical and Electronics Engineers (IEEE) Computer Society Press, 134–142.

[2] Armstrong, M. 1984. "Problems with Universal Kriging." *Mathematical Geology* 16 (1): 101–108.

[3] Arya, V., N. Garg, R. Khandekar, A. Meyerson, K. Munagala, and V. Pandit. 2004. "Local Search Heuristics for K-Median and Facility Location Problems." *SIAM Journal on Computing* 33 (3): 544–562.

[4] Box, G., G. M. Jenkins, and G. C. Reinsel. 1994. *Time Series Analysis: Forecasting and Control*. 3rd edition. Upper Saddle River, NJ: Prentice Hall.

[5] Burges, C., T. Shaked, E. Renshaw, A. Lazier, M. Deeds, N. Hamilton, and G. Hullender. 2005. "Learning to Rank Using Gradient Descent." In *Proceedings of the 22nd International Conference on Machine Learning*. New York: Association for Computing Machinery (ACM), 89–96.

[6] Burke, J. A., D. Estrin, M. Hansen, A. Parker, N. Ramanathan, S. Reddy, and M. B. Srivastava. 2006. *Participatory Sensing*. Los Angeles: University of California Center for Embedded Network Sensing.

[7] Campbell, A. T., S. B. Eisenman, N. D. Lane, E. Miluzzo, and R. A. Peterson. 2006. "People-Centric Urban Sensing." In *Proceedings of the 2nd Annual International Workshop on Wireless Internet*. New York: ACM, 18.

[8] Campbell, A. T., S. B. Eisenman, N. D. Lane, E. Miluzzo, R. A. Peterson, H. Lu, X. Zheng, M. Musolesi, K. Fodor, and G. S. Ahn. 2008. "The Rise of People-Centric Sensing." *IEEE Internet Computing* 12 (4): 12–21.

[9] Cao, Z., T. Qin, T. Y. Liu, M. F. Tsai, and H. Li. 2007. "Learning to Rank: From Pairwise Approach to Listwise Approach." In *Proceedings of the 24th International Conference on Machine Learning*. New York: ACM, 129–136.

[10] Ceylan, Y., S. Aslan, C. Iyigun, and I. Batmaz. 2013. "Comparison of Missing Value Imputation Methods in Time Series: The Case of Turkish Meteorological Data." *Theoretical and Applied Climatology* 112 (1): 143–167.

[11] Chen, N., N. Gravin, and P. Lu. 2011. "On the Approximability of Budget Feasible Mechanisms." In *Proceedings of the Twenty-Second Annual ACM-SIAM Symposium on Discrete Algorithms*. Philadelphia: Society for Industrial and Applied Mathematics (SIAM), 685–699.

[12] Chen, Z., Y. Liu, R. C. W. Wong, J. Xiong, G. Mai, and C. Long. 2014. "Efficient Algorithms for Optimal Location Queries in Road Networks." In *Proceedings of the 2014 ACM SIGMOD International Conference on Management of Data*. New York: ACM, 123–134.

[13] Chon, Y., N. D. Lane, Y. Kim, F., Zhao, and H. Cha. 2013. "Understanding the Coverage and Scalability of Place-Centric Crowdsensing." In *Proceedings of the 2013 ACM International Joint Conference on Pervasive and Ubiquitous Computing*. New York: ACM, 3–12.

[14] Deng, K., S. W. Sadiq, X. Zhou, H. Xu, G. P. C. Fung, and Y. Lu. 2012. "On Group Nearest Group Query Processing." *IEEE Transactions on Knowledge and Data Engineering* 24 (2): 295–308.

[15] Feige, U. 1996. "A Threshold of Ln N for Approximating Set Cover (Preliminary Version)." In *Proceedings of the Twenty-Eighth Annual ACM Symposium on Theory of Computing*. New York: ACM, 314–318.

[16] Fu, Y., Y. Ge, Y. Zheng, Z. Yao, Y. Liu, H. Xiong, and J. Yuan. 2014. "Sparse Real Estate Ranking with Online User Reviews and Offline Moving Behaviors." In 2014 *IEEE International Conference on Data Mining Workshop*. Washington, DC: IEEE Computer Society Press.

[17] Fu, Y., H. Xiong, Y. Ge. Z. Yao, and Y. Zheng. 2014. "Exploiting Geographic Dependencies for Real Estate Appraisal: A Mutual Perspective of Ranking and Clustering." In *Proceedings of the 20th SIGKDD Conference on Knowledge Discovery and Data Mining*. New York: ACM.

[18] Fu, Y., Hui Xiong, Yong Ge, Yu Zheng, Zijun Yao, and Zhi-Hua Zhou. "Modeling of Geographic Dependencies for Real Estate Ranking." *ACM Transactions on Knowledge Discovery from Data* 11.

[19] Fung, David S. C. 2006. "Methods for the Estimation of Missing Values in Time Series." PhD diss., Edith Cowan University, Perth, Australia.

[20] Gardner, Everette S. 2006. "Exponential Smoothing: The State of the Art—Part II." *International Journal of Forecasting*, 22 (4): 637–666.

[21] Gonzalez, T. F. 1985. "Clustering to Minimize the Maximum Intercluster Distance." *Theoretical Computer Science* 38:293 – 306.

[22] Hachem, S., A. Pathak, and V. Issarny. 2013. "Probabilistic Registration for Large-Scale Mobile Participatory Sensing." In *Proceedings: 2013 IEEE International Conference on Pervasive Computing and Communications (PerCom).* Washington, DC: IEEE Computer Society Press, 132 – 140.

[23] Herbrich, R., T. Graepel, and K. Obermayer. 1999. "Support Vector Learning for Ordinal Regression." In *Ninth International Conference on Artificial Neural Networks, 1999. ICANN 1999.* Conference publication no. 470. Washington, DC: IEEE Computer Society Press, 97 – 102.

[24] Howe, J. 2006. "The Rise of Crowdsourcing." *Wired Magazine* 14 (6): 1 – 4.

[25] Hsieh, H. P., S. D. Lin, and Y. Zheng. 2015. "Inferring Air Quality for Station Location Recommendation Based on Urban Big Data." In *Proceedings of the 21st ACM SIGKDD International Conference on Knowledge Discovery and Data Mining.* New York: ACM, 437 – 446.

[26] Hyndman, Rob J., and George Athanasopoulos. 2015. "8.9 Seasonal ARIMA Models." *Forecasting: Principles and Practice.* Accessed May 19, 2015. https://www.otexts.org/fpp/8/9.

[27] Isaaks, Edward H. 1989. "Applied Geostatistics." No. 551.72 I86. Oxford: Oxford University Press, 278 – 290.

[28] Jaimes, L. G., I. Vergara-Laurens, and M. A. Labrador. 2012. "A Location-Based Incentive Mechanism for Participatory Sensing Systems with Budget Constraints." In *Proceedings, 2012 IEEE International Conference on Pervasive Computing and Communications.* Washington, DC: IEEE Computer Society Press, 103 – 108.

[29] Ji, S., Y. Zheng, and T. Li. 2016. "Urban Sensing Based on Human Mobility." In *Proceedings of the 2016 ACM International Joint Conference on Pervasive and Ubiquitous Computing.* New York: ACM, 1040 – 1051.

[30] Kawajiri, R., M. Shimosaka, and H. Kashima. 2014. "Steered Crowdsensing: Incentive Design towards Quality-Oriented Place-Centric Crowdsensing." In *Proceedings of the 2014 ACM International Joint Conference on Pervasive and Ubiquitous Computing.* New York: ACM, 691 – 701.

[31] Khuller, S., A. Moss, and J. S. Naor. 1999. "The Budgeted Maximum Coverage

Problem." *Information Processing Letters* 70 (1): 39 – 45.

[32] Lane, N. D., S. B. Eisenman, M. Musolesi, E. Miluzzo, and A. T. Campbell. 2008. "Urban Sensing Systems: Opportunistic or Participatory?" In *Proceedings of the 9th Workshop on Mobile Computing Systems and Applications*. New York: ACM, 11 – 16.

[33] Lawson, Charles L., and Richard J. Hanson. 1974. *Solving Least Squares Problems*. Englewood Cliffs, NJ: Prentice Hall, 161.

[34] Lee, D., Dana Kulic, and Yoshihiko Nakamura. 2008. "Missing Motion Data Recovery Using Factorial Hidden Markov Models." In *Proceedings, 12th International Conference on Robotics and Automation*. Washington, DC: IEEE Computer Society Press, 1722 – 1728.

[35] Li, Chung-Yi, Wei-Lun Su, Todd G. McKenzie, Fu-Chun Hsu, Shou-De Lin, Jane Yung-Jen Hsu, and Phillip B. Gibbons. 2015. "Recommending Missing Sensor Values." In *Proceedings, 2015 IEEE International Conference on Big Data*. Washington, DC: IEEE Computer Society Press, 381 – 390.

[36] Li, S., and O. Svensson. 2016. "Approximating k-Median via Pseudo-Approximation." *SIAM Journal on Computing* 45 (2): 530 – 547.

[37] Li, Y., J. Bao, Y. Li, Y. Wu, Z. Gong, and Y. Zheng. 2016. "Mining the Most Influential k-Location Set from Massive Trajectories." *IEEE Transactions on Big Data*. doi:10.1109/TBDATA .2017 .2717978.

[38] Li, Y., Y. Zheng, S. Ji, W. Wang, and Z. Gong. 2015. "Location Selection for Ambulance Stations: A Data-Driven Approach." In *Proceedings of the 23rd SIGSPATIAL International Conference on Advances in Geographic Information Systems*. New York: ACM, 85.

[39] Lu, George Y., and David W. Wong. 2008. "An Adaptive Inverse-Distance Weighting Spatial Interpolation Technique." *Computers and Geosciences* 34 (9): 1044 – 1055.

[40] Marcotte, D., and M. David. 1988. "Trend Surface Analysis as a Special Case of IRF-K Kriging." *Mathematical Geology* 20 (7): 821 – 824.

[41] Nallapati, R. 2004. "Discriminative Models for Information Retrieval." In *Proceedings of the 27th Annual International ACM SIGIR Conference on Research and Development in Information Retrieval*. New York: ACM, 64 – 71.

[42] Pan, Liqiang, and Jianzhong Li. 2010. "K-Nearest Neighbor Based Missing Data Estimation Algorithm in Wireless Sensor Networks." *Wireless Sensor Network* 2 (2): 115.

[43] Qi, J., R. Zhang, L. Kulik, D. Lin, and Y. Xue. 2012. "The Min-dist Location Selection Query." In *Proceedings, 2012 IEEE 28th International Conference on Data Engineering*. Washington, DC: IEEE Computer Society Press, 366-377.

[44] Qin, T., X.-D. Zhang, M.-F Tsai, D.-S. Wang, T.-Y. Liu, and H. Li. 2007. "Query-Level Loss Functions for Information Retrieval." *Information Processing and Management* 44 (2): 838-855.

[45] Solow, Andrew R. 1986. "Mapping by Simple Indicator Kriging." *Mathematical Geology* 18 (3): 335-352.

[46] Tobler, Waldo R. 1970. "A Computer Movie Simulating Urban Growth in the Detroit Region." *Economic Geography* 46 (2): 234-240.

[47] Wang, L., D. Zhang, A. Pathak, C. Chen, H. Xiong, D. Yang, and Y. Wang. 2015. "CCS-TA: Quality-Guaranteed Online Task Allocation in Compressive Crowdsensing." In *Proceedings of the 2015 ACM International Joint Conference on Pervasive and Ubiquitous Computing*. New York: ACM, 683-694.

[48] Xia, F., T. Y. Liu, J. Wang, W. Zhang, and H. Li. 2008. "Listwise Approach to Learning to Rank: Theory and Algorithm." In *Proceedings of the 25th International Conference on Machine Learning*. New York: ACM, 1192-1199.

[49] Xiao, X., B. Yao, and F. Li. 2011. "Optimal Location Queries in Road Network Databases." In *Proceedings, 2011 IEEE 27th International Conference on Data Engineering*. Washington, DC: IEEE Computer Society Press, 804-815.

[50] Yan, D., Z. Zhao, and W. Ng. 2015. "Efficient Processing of Optimal Meeting Point Queries in Euclidean Space and Road Networks." *Knowledge and Information Systems* 42 (2): 319-351.

[51] Yi, X., Y. Zheng, J. Zhang, and T. Li. 2016. "ST-MVL: Filling Missing Values in Geo-Sensory Time Series Data." In *Proceedings of the 25th International Joint Conference on Artificial Intelligence*. Pasadena, CA: International Joint Conferences on Artificial Intelligence Organization(IJCAI).

[52] Zhang, Y., M. Roughan, W. Willinger, and L. Qiu. 2009. "Spatio-Temporal Compressive Sensing and Internet Traffic Matrices." *ACM SIGCOMM Computer Communication Review* 39 (4): 267-278.

[53] Zheng, Y., F. Liu, and H. P. Hsieh. 2013. "U-air: When Urban Air Quality Inference Meets Big Data." In *Proceedings of the 19th SIGKDD Conference on Knowledge Discovery and Data Mining*. New York: ACM, 1436–1444.

[54] Zhang, D., H. Xiong, L. Wang, and G. Chen. 2014. "CrowdRecruiter: Selecting Participants for Piggyback Crowdsensing under Probabilistic Coverage Constraint." In *Proceedings of the 2014 ACM International Joint Conference on Pervasive and Ubiquitous Computing*. New York: ACM, 703–714.

PART 3
어반 데이터 관리

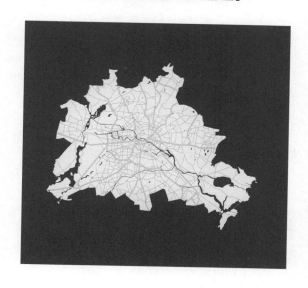

시공간 데이터 관리

초록: 공간 및 시공간 데이터의 관리는 어반 컴퓨팅에 매우 중요하며, 데이터에 대한 효율적인 접근과 쿼리를 제공하는 상위 수준의 머신러닝 작업을 제공한다. 4장에서는 먼저 공간 데이터에 대한 인덱싱 및 검색 알고리즘과 같은 데이터 관리 기술을 소개한다. 그런 다음 이동하는 객체 데이터베이스와 이동 경로 데이터 관리로 구성되는 시공간 데이터 관리 기술을 제공한다. 전자는 (보통 최근의) 타임스탬프에서 이동하는 객체의 특정 위치를 주로 고려한다. 후자는 주어진 시간 간격에서 이동하는 객체가 지나간 연속적인 이동(예, 경로)을 고려한다. 마지막으로 여러 데이터셋을 관리하기 위한 하이브리드 인덱싱 구조를 소개한다.

4.1 소개

도시는 초마다 서로 다른 도메인에서 대규모의 다양한 데이터를 수신한다. 도시의 실시간 모니터링 및 데이터 분석 구현을 지원하기 위해서는 이러한 데이터셋의 효과적인 관리가 필수적이다. 어반 빅데이터를 위한 효과적인 데이터 관리 시스템을 설계할 때에는 데이터 구조, 쿼리, 인덱스, 검색 알고리즘의 4가지 측면에 주목해야 한다.

4.1.1 데이터 구조

도시에서 생성된 대부분의 데이터는 고유한 시공간 특성(공간 좌표 및 시간의 동적 측정값)과 관련돼 있다. 그림 4.1에서 볼 수 있듯이 구조와 시공간적 역학 측면에서 도시 빅데이터의 6가지 형태가 있다. 데이터 구조를 기반으로 어반 데이터는 그림 4.1에서 2개의 행으로 보이는 포인트 기반 및 네트워크 기반의 두 그룹으로 구성된다. 데이터 구조의 시공간역학을 기반으로 데이터를 시공간 정적, 공간 정적 및 시간 동적 그리고 시공간 동적 데이터로 구성된 3개의 범주로 분류할 수 있으며, 3개의 열로 나타낸다. 예를 들어, 관심지역정보^{POI}는 정적 포인트 위치와 연동된다. 크기 및 이름과 같은 속성은 시간이 지남에 따라 변경되지 않는다. 따라서 관심지역정보는 시공간 정적 데이터에 속한다(자세한 내용은 1.5.1절 참고). 다양한 데이터 종류를 포함하기 위해 적절한 데이터 구조를 정의해야 한다. 그 다음에 다양한 데이터 구조에 대해 서로 다른 저장 메커니즘, 인덱싱 및 검색 알고리즘을 설계할 수 있다.

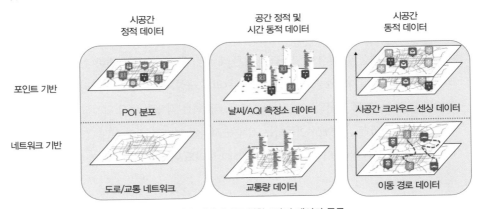

그림 4.1 어반 빅데이터를 위한 6가지 데이터 종류

4.1.2 쿼리

시공간 데이터에 대한 일반적인 쿼리는 범위 쿼리 및 최근접 이웃 쿼리$^{nearest\ neighbor\ queries}$의 2가지 범주로 분류될 수 있다[26]. 그림 4.2a에서 보이듯이 범위 쿼리는 특정 범위 내에 부분적으로 또는 완전히 포함되는 객체를 검색한다. 범위는 지리적 영역 또는 시공간

범위가 될 수 있다. 예를 들어, 특정 지리적 영역에 위치한 건물을 찾는 것은 공간 범위 쿼리다. 지난 2분 동안 광장을 지나친 빈 택시를 검색하는 것은 시공간 범위 쿼리다. 최근접 이웃 쿼리에서는 객체 또는 포인트가 주어진 경우 주어진 조건을 만족하는 k-최근접 이웃KNN 객체를 검색한다. 해당 쿼리는 일반적으로 공간적인 거리 메트릭을 포함한다. 예를 들어, 운전자 주변의 가장 가까운 주유소를 쿼리한다. 운전자의 위치는 쿼리 포인트이며, 주유소는 검색할 객체다. 여기서 공간적 거리는 네트워크 거리network distance다. 시공간 데이터에 대한 2가지 쿼리 범주는 고유한 인덱싱 및 검색 알고리즘을 요구하는 키워드 기반 문서 검색과는 매우 다르다.

4.1.3 인덱스

데이터의 접근 및 검색 프로세스를 신속하게 진행하려면 사전에 데이터를 충분히 조직화할 수 있는 인덱싱 구조를 설계해야 한다. 일반적인 공간 인덱스는 공간 파티션 기반space partition based 및 데이터 기반data-driven 인덱스의 두 그룹으로 나눌 수 있다.

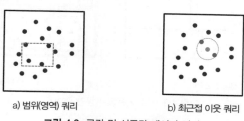

a) 범위(영역) 쿼리   b) 최근접 이웃 쿼리
그림 4.2 공간 및 시공간 데이터 쿼리

그리드 기반 및 쿼드트리 기반[29] 공간 파티션 기반 인덱스는 그림 4.3a,b에서 볼 수 있듯이 데이터 분포와 관계없이 특정 규칙에 따라 데이터를 동일하게 또는 불규칙하게 그리드로 분할한다. 그런 다음 그리드와 그리드에 포함된 데이터 사이의 관계를 만든다. 이러한 그리드는 쿼리 조건을 만족시키지 못하는 그리드에 포함된 데이터를 무시할 수 있기 때문에 검색 알고리즘의 검색 범위를 상당히 좁힐 수 있다. 쿼드트리 기반(k-d 트리 [1] 및 R-트리[16]) 데이터 분포에 따른 인덱스를 구축한다. 예를 들어, k-d 트리는 데이터셋에 포함된 일부 포인트를 사용해 데이터셋을 분할한다. R-트리는 데이터를 기반으로 많은 사각형을 만들고, 작은 사각형을 큰 사각형에 포함시킨다. 해당 내용은 4.2.1절에서 자세히 설명한다.

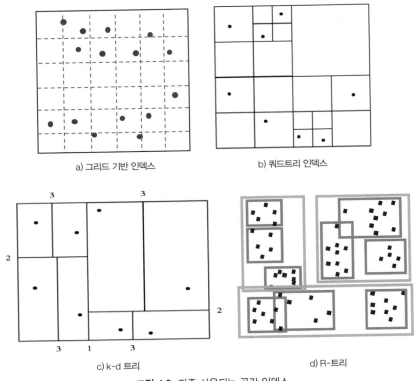

a) 그리드 기반 인덱스   b) 쿼드트리 인덱스

c) k-d 트리   d) R-트리

그림 4.3 자주 사용되는 공간 인덱스

공간 인덱스는 다음 3가지 접근 방법 중 하나를 통해 시공간 색인으로 확장될 수 있다.

첫째, 그림 4.4a와 같이 시공간 데이터에 공간 인덱스를 직접 적용해 시간을 3차원으로 다룰 수 있다. 예를 들어, 3D R-트리[39]는 R-트리의 확장이며, 시공간 포인트를 기반으로 사각형이 아닌 3차원 직육면체를 생성한다.

둘째, 그림 4.4b와 같이 R-트리(MVR-트리)[37], 전통적인 R-트리(HR-트리)[26] 그리고 HR+-트리[36]와 같이 다양한 종류의 R-트리가 각 타임스탬프에 해당하는 공간 인덱스를 구성한다. 해당 인덱스의 효율을 높이려면 여러 타임스탬프에 걸쳐 변동이 없는 인덱스의 하위구조는 재사용될 수 있다.

셋째, 그림 4.4c에 나온 것처럼 공간 인덱스(쿼드트리 및 R-트리)를 사용해서 먼저 공간적인 장소를 지역으로 분할한 후 각 공간 영역에 포함된 데이터에 대한 시간 인덱스를 구성한다. SETI[Scalable and Efficient Trajectory Index][6], SEB[Start-End time B-tree][32] 그리고 CSE-트리[Compressed Strt-End tree][40]가 해당 범주에 포함된다.

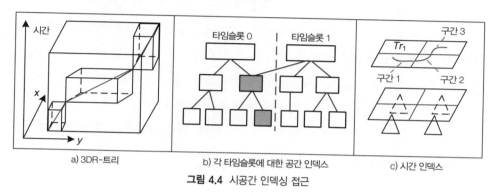

a) 3DR-트리   b) 각 타임슬롯에 대한 공간 인덱스   c) 시간 인덱스

그림 4.4 시공간 인덱싱 접근

4.1.4 검색 알고리즘

쿼리 및 인덱스가 입력된 경우 검색 알고리즘은 쿼리의 조건을 만족시키는 객체를 검색한다. 검색 효율성을 높이기 위해 해당 알고리즘은 일반적으로 공간 또는 시공간 인덱스를 기반으로 검색 공간을 크게 줄인다. 예를 들어, 그림 4.3a와 같이 그리드 기반 공간 범위 쿼리에 대한 응답을 수행하는 경우 추가적인 개선을 위해 부분적으로 또는 전체적으로 쿼리 사각형 내에 있는 그리드만 검색할 수 있다. 다른 그리드는 필터링된다. 몇몇 경우에 검색 알고리즘이 검색 공간을 제거하기 위해 일부 상한 또는 하한 경계를 생성한다. 예를 들어, 쿼리 포인트 및 R-트리 인덱스가 주어진 경우 사각형에 포함된 포인트 그룹에 대한 최단 유클리드 거리 d_s 및 최장 유클리드 거리 d_l를 신속하게 추정할 수 있다. d_s보다 더 가까운 객체가 있는 경우 해당 사각형 내의 포인트는 쿼리 포인트의 가장 가까운 이웃이 될 수 없다. 즉, 쿼리 및 객체에 대한 거리를 계산하지 않고도 검색에서 제외할 수 있다. 해당 내용에 대해서는 4.3절에서 자세히 설명한다.

4.2 데이터 구조

그림 4.1에 제시된 6가지 형태의 데이터를 수용하기 위해 그림 4.5와 같이 6가지 유형의 데이터 구조를 설계한다. 각 열은 한 가지 유형의 데이터 구조를 나타내며, 몇 가지 구성 요소를 추가로 포함한다. 왼쪽 3개 열은 포인트 기반 공간 정적 데이터, 포인트 기반 공간 시계열 데이터 그리고 포인트 기반 시공간 데이터로 구성된 포인트 기반 데이터에 대한 데이터 구조를 나타낸다. 오른쪽 3개 열은 네트워크 기반 데이터를 의미하며, 네트워크 기반 공간 정적 데이터, 네트워크 기반 공간 시계열 데이터 그리고 네트워크 기반 시간 데이터로 구성된다. 6가지 유형의 데이터 구조는 공간 포인트, 시계열, 도로망, 메타 데이터 및 속성값과 같은 공통 구성 요소를 공유한다. 다음 단락에서 각 유형의 데이터 구조를 자세히 설명한다.

4.2.1 포인트 기반 공간 정적 데이터

해당 데이터 구조의 범주는 시간에 따라 위치 및 측정값이 변동되지 않는 포인트 기반 데이터(관심지역정보)를 저장하기 위해 사용된다. 예를 들어, 주유소는 한번 건설되면 위치와 크기가 시간이 지남에 따라 변하지 않는다. 그림 4.6a와 같이 데이터 구조는 ID, 공간 포인트, 메타 데이터의 세 부분으로 구성된다. 공간 포인트는 ID, 위도, 경도 그리고 고도를 추가로 포함한다. 메타데이터에는 이름, 범주, 크기, 텍스트 설명 등 객체 요약이 포함된다. 공간 포인트의 구성 요소는 여러 데이터 구조(공간 포인트의 리스트를 포함하는 이동 경로 데이터)에 의해 사용되기 때문에 서로 다른 포인트들을 구별하기 위해 공간 포인트의 ID가 필요하다. 관심지역정보를 저장할 때 그림 4.6a와 b에 표시된 ID는 동일하다.

이러한 포인트 기반 공간 정적 데이터는 또한 특정 모양을 가진 광장 및 위성 이미지의 타일과 같은 지리적 영역을 나타내는 정적 다각형을 수용하는 데 사용될 수 있다. 이 경우 포인트 기반 공간 정적 데이터에는 다각형을 설명하는 공간 포인트의 리스트를 포함할 수 있으며, 메타데이터는 다각형에 의해 생성된 지역의 크기를 포함할 수 있다. 일정한 모양을 가진 위성 영상의 경우 공간 포인트 구성 요소가 타일의 중심이 될 수 있으며, 메타데이터를 사용해 타일의 크기(예, 너비와 높이)를 기록할 수 있다. 타일 이미지의 픽셀

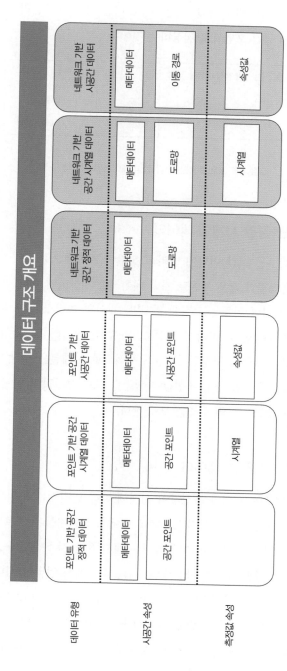

그림 4.5 일반 빅데이터에 대한 데이터 구조 개요

수준 콘텐츠는 디스크 파일에 저장할 수 있다. 또 다른 방법은 타일의 왼쪽 상단과 오른쪽 하단을 각각 2개의 공간 포인트로 저장하는 것이다.

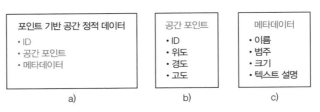

그림 4.6 포인트 기반 공간 정적 데이터의 데이터 구조

4.2.2 포인트 기반 공간 시계열 데이터

해당 데이터 구조 범주는 시간 변화에 따라 측정값이 지속적으로 달라지는 정적 위치와 관련된 지리 센서 측정값과 같은 포인트 기반 데이터를 저장하기 위해 사용된다. 예를 들어, 기상 센서가 배치되면 위치는 고정돼 있지만, 센서의 측정값은 매 시간이 지남에 따라 바뀌며 시계열을 구성한다. 따라서 그림 4.7과 같이 데이터 구조는 ID, 메타데이터, 공간 포인트 그리고 시계열로 구성된다. 더 구체적으로 시계열은 각각 타임스탬프와 속성값으로 구성된 일련의 집합이다. 속성값은 범주형 또는 숫자값이 될 수 있다. 그림 4.7은 메타 데이터와 공간 포인트의 구조를 보여 준다.

4.2.3 포인트 기반 시공간 데이터

해당 데이터 구조 범주는 위치와 측정값이 시간에 따라 달라지는 포인트 기반 데이터에서 사용된다. 예를 들어, 크라우드 센싱 프로그램에서 참여자들은 서로 다른 위치 및 시간 간격에 대한 데이터를 수집한다. 마찬가지로 택시 운행 시스템에서 승객들은 다른 장소와 타임스탬프에서 탑승 요청을 제출한다. 따라서 앞에서 언급한 시나리오에서 각 데이터의 인스턴스는 위치 및 타임스탬프와 관련돼 있다. 다른 인스턴스는 다른 위치 및 타임스탬프를 가지며 독립적이다. 그림 4.8a에서 볼 수 있듯이 데이터 구조는 이전 단락에서 소개된 ID, 타임스탬프, 공간 포인트 및 메타데이터의 네 부분으로 구성된다.

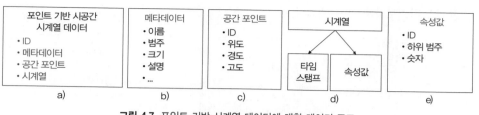

그림 4.7 포인트 기반 시계열 데이터에 대한 데이터 구조

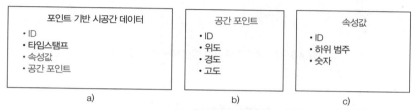

그림 4.8 포인트 기반 시공간 데이터에 대한 데이터 구조

4.2.4 네트워크 기반 공간 정적 데이터

해당 데이터 구조 범주는 도로망과 같은 공간 네트워크 기반 데이터에서 사용되며 노드, 에지edges 그리고 근접 리스트adjacent list의 3가지 유형의 하위 구조를 포함한다. 해당 공간 네트워크가 수립되면 속성은 시간의 영향을 받지 않는다(예를 들어, 정적 속성). 그림 4.9a 에서 보이는 것처럼 에지는 공간 포인트 및 메타데이터의 조합으로 더 자세히 나타날 수 있다. 또한 노드는 실제로 공간 포인트다. 더 구체적으로 말하면 그림 4.9c에서 보이는 것처럼 에지는 ID, 터미널을 포함하는 2개의 노드, 형태를 설명하는 공간 포인트의 리스트 그리고 메타데이터로 구성된다. 그림 4.9d에서 보이는 것처럼 메타데이터는 이름, 차선 개수, 방향(양방향 또는 단방향), 레벨 그리고 에지의 경계 상자Bounding box를 포함한다. 또한 최대 k-커버리지 문제와 같은 일부 애플리케이션을 용이하게 하기 위해 차수degree라고 불리는 노드와 연결된 에지를 카운트한다. 그림 4.9b와 같이 각 노드에 미리 데이터 구조 차수를 저장한다. 마지막으로 근접리스트[12]는 네트워크의 구조를 나타내기 위해 유지되며, 특정 에지의 이웃 에지를 보여 준다. 공간 네트워크의 노드는 긴밀하게 연결돼 있지 않기 때문에(예를 들어, 도로 구간은 일반적으로 2개 이상의 이웃을 가짐), 근접 리스트는

근접 매트리스보다 좋은 선택이다[4].

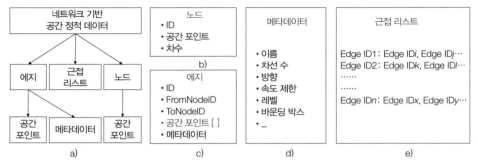

그림 4.9 네트워크 기반 공간 정적 데이터의 데이터 구조

4.2.5 네트워크 기반 공간 시계열 데이터

해당 데이터 구조 범주는 도로망의 교통 상황 및 파이프 네트워크의 물 흐름과 같은 공간 네트워크를 통해 시계열 데이터를 저장한다. 그림 4.10에서 보이듯이 데이터 구조는 2개의 주요 파트로 구성된다. 하나는 네트워크 기반 공간 정적 데이터 구조이며, 그림 4.9에서 보여 준다. 또 다른 하나는 에지 ID의 리스트로 구성된 콘텐츠 구조이며, 각각의 에지 ID의 리스트는 시계열과 연관됐다. 시계열의 설계는 그림 4.7과 동일하다.

4.2.6 네트워크 기반 시공간 데이터

해당 데이터 구조 범주는 시간에 따라 지속적으로 달라지는 위치 및 시간 정보의 네트워크 기반 데이터를 저장한다. 그림 4.11에서 볼 수 있듯이 2개의 주요 하위 범주가 있다. 하나는 차량, 사람 및 동물과 같이 이동하는 물체의 흔적을 기록하는 경로 데이터trajectory data다[43]. 다른 하나는 서로 다른 이동하는 객체들 사이의 동적 연결과 상호작용을 나타내는 시공간 그래프spatiotemporal graph다. 예를 들어, 차량 대 차량 네트워크에서 차량은 서로 다른 시간 간격으로 서로 다른 이웃에 연결돼 끊임없이 움직인다. 마찬가지로 병사들은 전투 중에 가장 가까운 탱크와 교신한다. 그들과 탱크들 사이의 연결은 그들의 위치가 변화하므로 시간에 따라 달라진다. 앞에서 언급한 포인트 기반 시공간 데이터와는 다르게 해당 포인트는 독립적이며, 네트워크 기반 시공간 데이터에 존재하는 포인트 사이에는 명확한 연결성과 긴밀한 관련성을 가진다.

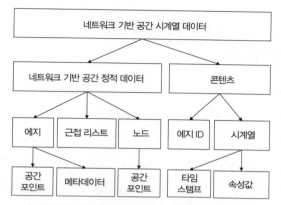

그림 4.10 네트워크 기반 공간 시계열의 데이터 구조

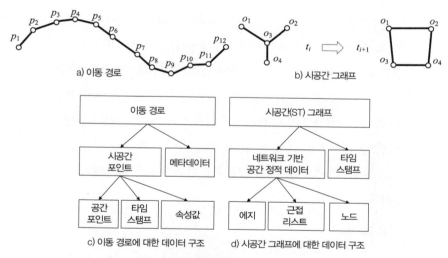

그림 4.11 네트워크 기반 시공간 데이터 구조

그림 4.11c는 메타데이터 및 시공간 포인트의 리스트(그림 4.8에서 정의됨)로 구성된 이동 경로 데이터를 위해 설계된 데이터 구조를 보여 준다. 그림 4.11d는 시공간 그래프에서 사용되는 데이터 구조를 보여 주며, 서로 다른 타임스탬프를 반영하는 네트워크 기반

공간 정적 데이터셋을 생성한다. 네트워크 기반 공간 정적 데이터의 정의는 그림 4.10과 같다.

4.3 공간 데이터 관리

4.3절에서는 관심지역정보[POI] 및 도로망과 같이 시간 변화에 영향을 받지 않는 공간 데이터 관리를 위해 설계된 인덱싱 구조와 검색 알고리즘을 소개한다. 그림 4.3에서 볼 수 있듯이 공간 인덱스는 공간 분할 기반[space partition-based] 및 데이터 기반 인덱스[data-driven index]로 분류할 수 있다. 그리드 기반 인덱스와 쿼드트리[29]는 공간 분할 기반 공간 인덱스에서 자주 사용된다. 해당 인덱스의 범주는 지리적 공간을 데이터의 분포와 관계없이 영역으로 분할하며, 영역과 데이터 인스턴스 사이의 관계를 생성한다. R-트리[16] 및 k-d 트리[1]는 데이터 기반 범주에 속하며, 데이터의 분포에 따라 인덱스를 생성한다.

공간 인덱스에 대한 요구 사항은 2가지다. 하나는 쿼리를 수행하기 전에, 주어진 데이터셋을 최소 1회 스캐닝한 후에 공간 인덱스를 생성하는 것이다. 또 다른 하나는 수신 또는 제거된 신규 데이터 인스턴스가 있는 경우 인덱스를 업데이트하는 것이다. 업데이트는 삽입 및 삭제 프로세스로 구성되며, 인덱스의 부분 또는 전체에 대한 재구성이 필요할 수도 있다. 인덱스를 작성하고 유지 관리하기 위해 추가 노력이 필요하지만, 자주 사용되는 쿼리는 인덱스를 재사용될 수 있기 때문에 각 검색에 대한 응답 시간을 크게 향상시킬 수 있다. 표 4.1은 4개의 주요 공간 인덱싱 구조 간의 비교를 나타내며, 4.4절에서 자세히 설명할 것이다.

표 4.1 공간 인덱싱 구조 비교

	불균형한 데이터 처리	범위 쿼리	최근접 이웃	구축	균형 구조	인덱스 크기
그리드 기반	나쁨	좋음	보통	쉬움	예	큼
쿼드트리	좋음	매우 좋음	나쁨	쉬움	아니오	중간
K-d 트리	좋음	좋음	좋음	쉬움	균형에 가까움	중간
R-트리	좋음	좋음	매우좋음	어려움	예	작음

4.3.1 그리드 기반 공간 인덱스

그리드 기반 공간 인덱스는 공간 데이터 관리에 대한 가장 간단한 접근 방식으로서 그리드를 사용해 데이터를 구성한다. 그 후에 인덱스 생성, 공간 범위 쿼리 및 최근접 이웃 쿼리 제공 그리고 인덱스 갱신을 각각 다룬다.

4.3.1.1 인덱스 생성

그림 4.12a에서 볼 수 있듯이 먼저 주어진 지리적 영역을 균일하고 분리된 그리드로 분할한 후 그리드 포인트 인덱스를 생성해서 그림 4.12b와 같이 주어진 데이터셋(도시의 관심지역정보)을 그리드에 나타낸다. 해당 그리드 포인트 인덱스는 각 그리드에 포함된 포인트의 ID 리스트를 저장한다. 예를 들어, 포인트 p_1은 그리드 g_1에 포함된다. 마찬가지로 p_3과 p_4는 g_2에 포함된다.

4.3.1.2 공간 범위 쿼리 제공

공간 범위 쿼리를 수행하는 경우 그림 4.12c의 점선으로 표시된 사각형과 같이 신속하게 주어진 공간 영역에 부분 또는 전체적으로 포함된 그리드를 찾을 수 있다. 영역이 균등하게 분할돼 있으므로 모든 그리드를 쿼리 범위와 일치시킬 필요는 없다. 그림 4.12의 예에서 왼쪽 위와 오른쪽 아래 좌표에 따라 쿼리 범위가 두 번째 및 네 번째 수평 구분선과 수직 라인의 범위 내에 있음을 알 수 있다. 따라서 범위 밖의 다른 그리드를 무시하고 g_1, g_2, g_3, g_4를 빠르게 검색할 수 있다. 또한 4개의 그리드에 포함되는 포인트가 실제로 공간 범위에 속하는지 확인할 수 있다. 이것을 일반적으로 정제refinement라고 한다. 그 결과 p_1, p_2 그리고 p_3이 최종적으로 포함되고 p_4는 제외된다.

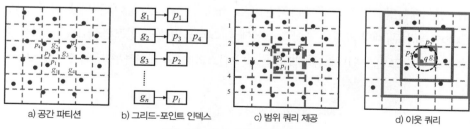

a) 공간 파티션 b) 그리드-포인트 인덱스 c) 범위 쿼리 제공 d) 이웃 쿼리

그림 4.12 그리드-기반 공간 인덱스

4.3.1.3 최근접 이웃 쿼리 제공

그림 4.12d에서 볼 수 있듯이 그리드 기반 인스턴스를 기반으로 주어진 쿼리 포인트 q에 가까운 가장 가까운 데이터 인스턴스를 검색하는 것을 목표로 한다. 가장 직관적인 아이디어는 q가 포함된 동일한 그리드(이 경우 g_3)에 있는 인스턴스를 검색한 다음 q에서 가장 근접한 포인트를 찾는 것이다(이 경우 p_2). 하지만 g_3에서 가장 가까운 인스턴스는 그리드의 모양 때문에 전체 데이터셋에서 가장 가까운 인스턴스가 아닐 수 있다. 해당 예시에서 p_3은 q의 가장 가까운 이웃이지만 g_3에 포함되지 않는다. 따라서 확실한 방법은 g_3 주변의 8개 그리드를 추가로 탐색해 p_2보다 작은 q까지의 거리를 가진 인스턴스(p_3)가 있는지 확인하는 것이다. 만약 더 근접한 인스턴스가 있는 경우 해당 인스턴스가 검색 결과에 포함된다. p_2보다 더 가까운 인스턴스가 없는 경우에는 p_2가 결과로 반환된다. 쿼리 포인트가 위치한 그리드에 인스턴스가 없는 경우 하나 이상의 인스턴스가 발견될 때까지 인접 그리드를 확장 탐색해야 한다. 그다음 p_2와 p_3에서와 같이 해당 인스턴스에 정제 프로세스를 적용한다.

k-최근접 이웃 쿼리에 응답하는 방법은 앞에서 언급한 프로세스와 동일하다. 검색 및 확장의 각 라운드에서 처음 k 후보들의 거리를 각각 유지하고 이후 검색 과정에서 k번째 후보의 거리를 다른 인스턴스를 제거하기 위한 상한선으로 사용한다. 즉, 인스턴스와 쿼리 포인트 사이의 거리가 k번째 후보보다 클 경우 k-최근접 이웃 쿼리의 결과로 선택될 수 없다.

4.3.1.4 인덱스 갱신

그리드 기반 인덱스의 갱신 프로세스는 단순한 편이며, 인덱스의 구조를 변경하지 않는다. 신규 데이터 인스턴스가 추가되면 공간 좌표에 따라 그리드에 나타낸 다음, 그림 4.12b에 표시된 해당 그리드 포인트 목록에 각 그리드의 신규 인스턴스 ID를 추가할 수 있다. 그리드 포인트 인덱스에 해당하는 인스턴스의 ID를 제거하는 삭제 프로세스도 비슷하다.

4.3.1.5 장점 및 단점

불균형한 분포를 가진 데이터를 다루는 경우(대부분의 데이터 인스턴스가 특정 그리드에 집중돼 있기 때문에 대부분의 그리드는 거의 비어 있음), 여러 개의 인스턴스를 포함하는 그리드에 대한 인덱스가 생성될 것이다. 그 결과 정제 작업 부하가 크게 증가해 인덱스의 공간 활ㆍ용 효과를 떨어뜨린다.

4.3.2 쿼드트리 기반 공간 인덱스

앞에서 언급한 데이터 불균형 문제를 처리하고자 쿼드트리 기반 인덱싱 구조[29]가 그림 4.13과 같이 제안됐다.

4.3.2.1 인덱스 생성

해당 인덱싱 구조는 특정 영역(또는 하위 영역)의 인스턴스 수가 지정된 임곗값보다 적을 때까지 그림 4.13b와 같이 주어진 영역을 4개의 동일한 하위 영역으로 지속적으로 분할한다. 트리 구조는 계층적 공간 파티션을 나타내기 위해 구축되며, 각 상위 노드(하나의 영역을 나타냄)에는 4개의 하위 노드(4개의 하위 영역을 나타냄)가 있다. 각 상위 노드non-leaf는 공간 바운딩 박스bounding box를 저장하며, 상위 노드의 4개 하위 노드를 포함하고 보여 준다. 또한 데이터 인스턴스는 자식이 없는 리프 노드leaf node도 저장한다. 이 예시에서 각 리프 노드에는 하나의 데이터 인스턴스만 포함돼 있다. 이 파티션 전략은 데이터 불균형 문제를 해결할 수 있으며, 깊은 트리 구조로 밀집된 영역을 제공할 수 있다.

일반적으로 쿼드트리의 노드는 0에서 3까지의 숫자를 따라 명명된다. 예를 들어, 0은 첫 번째 파티션 계층의 첫 번째 노드를 나타내며, 3은 계층의 마지막 노드를 나타낸다. 또한 00, 01, 02 및 03은 노드 0의 첫 번째부터 네 번째 하위 노드를 의미한다. 왜냐하면 노드 1은 데이터 인스턴스를 포함하지 않으며, 추가로 분할해야 할 필요가 없다. 반대로 노드 0과 노드 2는 인스턴스를 포함하고 있기 때문에 노드 01과 노드 22를 추가로 분할해야 한다.

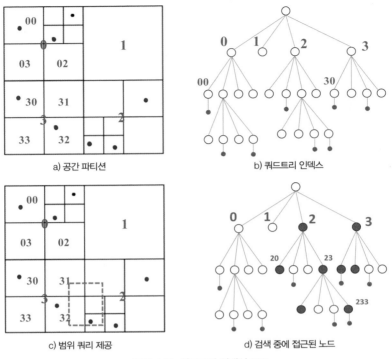

a) 공간 파티션   b) 쿼드트리 인덱스

c) 범위 쿼리 제공   d) 검색 중에 접근된 노드

그림 4.13 쿼드트리 인덱싱 구조

4.3.2.2 공간 범위 쿼리 제공

공간 범위 쿼리를 수행하는 경우 그림 4.13c의 점선으로 표현된 사각형과 같이 검색 알고리즘은 먼저 쿼드트리의 첫 번째 계층에서 쿼리 범위에 부분 또는 전체적으로 포함되는 노드를 찾는다. 그림 4.13d에서 볼 수 있듯이 노드 2와 노드 3의 공간 영역은 이 경우 범위 쿼리와 교차한다. 노드 0과 노드 1로 구성된 다른 노드는 추후 검색 과정에서 무시된다(가끔씩 이것을 가지치기라고 부름). 이어서 검색 알고리즘은 노드 2와 노드 3을 드릴다운drill down해 쿼리 범위 내에 부분적으로 또는 완전히 포함되는 하위 노드를 반복적으로 검색해 리프 노드 233에 저장된 데이터 인스턴스에 도달할 때까지 검색한다. 마지막으로 정제 프로세스는 리프 노드의 각 인스턴스가 지정된 범위 쿼리에 실제로 포함되는지 여부를 확인한다.

회색 점은 검색 프로세스를 수행하는 동안 검색 알고리즘에 의해 접근된 노드를 나타낸다. 해당 노드들은 쿼드트리에서 노드의 작은 부분 집합이기 때문에 계산 비용이 현저하게 줄어 든다. 반면에 동일한 사각형 모양의 4개 자식들이 각 부모 노드에 포함돼 있다. 따라서 자식 노드가 최소한의 노력으로 공간 범위와 교차하는지 판단할 수 있다. 마지막으로 불균형 트리 구조는 각 리프 노드의 인스턴스 수가 임곗값 미만임을 보장한다. 따라서 최종 정제 작업 부하는 낮은 수준이다.

4.3.2.3 최근접 이웃 쿼리 제공

쿼드트리 기반 인덱스는 최근접 이웃 쿼리를 제공하는 데 좋지 않을 수 있지만, 해당 쿼리를 전혀 수행할 수 없다고 말할 수 없다. 불균형한 트리 구조 때문에 같은 계층의 트리에서 서로 다른 영역들 사이의 이웃 관계는 간단하지 않다. 또한 노드가 주어진다면 인접 노드의 모양이 불규칙할 수 있다. 데이터가 부족한 일부 노드는 크기가 매우 큰 영역을 가질 수 있지만 데이터 인스턴스가 많은 노드는 매우 작은 영역에 해당할 수 있다.

4.3.2.4 인덱스 갱신

신규 인스턴스가 도착하면 검색 프로세스를 통해 쿼드트리의 해당 리프 노드에 삽입된다. 리프 노드의 인스턴스 수가 주어진 임곗값을 초과하면 분할 프로세스가 호출돼 리프 노드의 공간 영역을 4개의 동일한 하위 영역으로 추가 분할한다. 일부 데이터 인스턴스가 리프 노드에서 제거되면 병합 프로세스가 호출돼 병합된다. 이들 인스턴스의 합이 주어진 임곗값보다 작은 경우 4개의 리프 노드의 나머지 데이터 인스턴스를 부모 노드로 복사한다. 그 외에 쿼드트리의 구조는 변경되지 않다.

4.3.2.5 장점 및 단점

쿼드트리 기반 인덱스는 이해하기 쉬우며, 구현이 용이하고 불균형한 공간 데이터를 처리할 수 있다. 인덱스 갱신 작업 또한 용이하다. 하지만 해당 인덱스는 최근접 이웃 쿼리를 효과적으로 처리하지 못한다.

4.3.3 K-D 트리 기반 공간 인덱스

k-차원 트리(k-d 트리)는 모든 노드가 k-차원 점으로 구성된 이진 트리다. 모든 리프가 아닌 노드는 공간을 두 부분으로 나누는 분할 초평면hyperplane으로 간주될 수 있다. 초평면의 왼쪽 점은 왼쪽 노드의 하위 트리를 나타내며, 초평면의 오른쪽 점은 오른쪽 하위 트리를 나타낸다. 초평면의 방향은 다음과 같이 결정된다. 트리에 있는 모든 노드는 k-차원 중 하나와 연관돼 있으며, 그 초평면은 그 차원축에 수직한다. 예를 들어, 특정 분할에 대해 x축을 선택하면 노드보다 작은 x값을 갖는 하위 트리의 모든 점은 왼쪽 하위 트리에 표시되고, 큰 x값을 갖는 모든 점은 오른쪽 하위 트리에 표시된다[1].

4.3.3.1 인덱스 생성

그림 4.14a는 2차원 점을 기반으로 k-d 트리 인덱스 생성 예시를 보여 준다. 그림의 각 선(외부 상자 제외)은 k-d 트리의 노드에 해당한다. 먼저 x점에 대한 값을 기준으로 모든 점을 정렬하고, 중간 포인트($x = 5$)을 분할 초평면으로 선택해 공간을 두 부분으로 분할한다. x값이 5보다 작은 점은 노드의 왼쪽 하위 트리에 위치하며, x값이 5보다 큰 점은 그림 4.14b와 같이 오른쪽 하위 트리에 배치된다. 이후 y차원의 값을 기준으로 왼쪽 하위 트리의 노드를 정렬하고, 중앙값($y = 6$)을 선택해 노드를 두 부분으로 더 분할한다. 왼쪽 하위 트리는 y값이 6보다 작은 노드를 배치하고, 오른쪽 노드는 y값이 6보다 큰 노드를 저장한다. 하위 트리의 노드 수가 주어진 임곗값보다 작아질 때까지 하위 트리의 노드를 분할하기 위해 x 및 y차원의 중앙값을 선택해 각 하위 트리에 반복적으로 동일한 전략을 적용한다. 리프 노드의 최대 포인트 수는 해당 예제에서 1로 설정돼 있다.

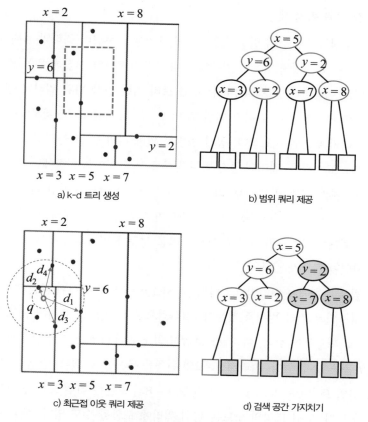

a) k-d 트리 생성

b) 범위 쿼리 제공

c) 최근접 이웃 쿼리 제공

d) 검색 공간 가지치기

그림 4.14 k-d 트리 인덱싱 구조

해당 분할 전략은 각 리프 노드가 루트에서 거의 같은 거리에 있는 균형 트리를 만든다. 균형 트리 구조는 다양한 애플리케이션에서 최적의 성능을 보여 줄 가능성이 높다. 중간 포인트$^{\text{median point}}$를 반드시 선택할 필요는 없다는 점에 유의해야 한다. 중간 포인트를 선택하지 않은 경우 균형 트리에 대해 보장하지 않는다. k-d 트리는 일반적으로 공간 분할 기반 인덱싱 구조로 여겨진다. 하지만 k-d 트리의 분할 지점이 데이터의 분포를 기반으로 구성될 데이터에 의해 선택되므로(예, 중간값), 이 책에서는 데이터 기반 인덱싱 구조로 간주한다. 즉, 동일한 공간에 약간 다른 데이터셋이 주어졌을 때 핵심 인덱싱 구조(예, 트리의 노드)는 고정 공간 파티션보다 데이터 자체에 더 의존해 극적으로 다를 수 있다.

4.3.3.2 공간 범위 쿼리 제공

범위 쿼리를 수행하고자 검색 알고리즘은 k-d 트리를 가로질러 쿼리의 범위가 분할 평면의 '왼쪽' 또는 '오른쪽'에 있는지 여부에 따라 루트에서부터 시작해 왼쪽 또는 오른쪽 자식 중 하나로 이동한다. 그림 4.14b는 k-d 트리 기반 공간 범위 쿼리의 예시를 보여 준다. 검색 알고리즘은 먼저 주어진 범위 쿼리(예, 그림 4.14a에 표시된 점선으로 표시된 사각형)를 k-d 트리의 루트와 비교한다. 공간 범위는 왼쪽 위의 점 (4.5, 8)과 오른쪽 아래의 점 (6.7, 4)으로 표시된다. 쿼리의 공간 범위가 루트 분할 평면의 한쪽에만 해당하는 경우($x = 5$), 즉 사각형의 가장 먼 오른쪽 x값이 5보다 작거나 사각형의 가장 왼쪽 x값이 5보다 큰 경우 검색 알고리즘은 해당 루트의 하위 트리만 확인하고 다른 하위 트리는 무시한다. 이 예에서는 쿼리의 x값 범위 (4.5, 6.7)가 양쪽을 모두 포함하므로 루트의 두 하위 항목을 추가로 확인할 필요가 있다.

두 번째 검색 단계에서 쿼리의 y값 범위 (4, 8)을 $y = 6$으로 표시된 분할 평면을 비교해 $y = 6$에서 교차되는 쿼리 범위를 찾는다. 결과적으로 $y = 6$으로 표시된 노드의 두 하위 트리를 추가로 확인해야 한다. 마지막으로 쿼리의 x 범위 (4.5, 6.7)가 분할 평면($x = 2$)의 오른쪽에 있음을 알 수 있다. 따라서 $x = 2$의 왼쪽을 무시할 수 있다. 검색 프로세스 루트의 오른쪽 하위 트리에서 노드 $x = 7$ 및 노드 $x = 8$의 오른쪽 하위 트리를 가지치기하는 것은 왼쪽과 같다. k-d 트리의 노드는 범위 쿼리에 포함될 수도 있다. 예를 들어, 루트 포인트는 실제로 범위 쿼리 내에 있다.

4.3.3.3 최근접 이웃 쿼리 제공

최근접 이웃 검색 알고리즘은 주어진 입력 쿼리 지점에 가장 근접한 k-d 트리의 점을 찾는 것을 목표로 한다. 이 검색은 트리 속성을 사용해 검색 공간의 많은 부분을 빠르게 제거함으로써 효율적으로 수행될 수 있다. 루트 노드부터 시작해 알고리즘은 쿼리 포인트가 삽입되는 것과 같은 방식으로 트리를 재귀적으로 탐색한다. 알고리즘이 리프 노드에 도달하면 해당 노드 포인트를 '임시 최근접 포인트'로 저장하고 쿼리 지점 q와 노드 사이의 거리 ds를 계산한다. 그런 다음 알고리즘은 트리의 재귀를 풀고 루트에서 리프 노드까지 각 노드에서 아래의 단계를 수행한다.

첫째, 알고리즘은 노드와 q 사이의 거리 d를 계산한다. d가 d_s보다 짧다면 이 노드를 '임시 최근접 포인트'로 기록하고 d_s를 d로 업데이트한다.

둘째, 알고리즘은 분할 평면의 다른 면에 '임시 최근접 포인트'보다 q에 가까운 점이 있는지 확인한다. 개념적으로 해당 작업은 분할 초평면과 현재 가장 가까운 거리와 같은 반지름을 가진 쿼리 포인트 주변의 초구^{hypersphere}를 교차시킴으로써 수행된다. 초구가 초평면과 교차되지 않는 경우 해당 노드의 반대쪽 전체 브랜치^{branch}가 제거된다. 그렇지 않으면 평면의 다른 쪽에 더 가까운 포인트가 있을 가능성이 있다. 따라서 알고리즘은 트리 전체의 탐색과 동일한 재귀적 프로세스에 따라 좀 더 가까운 포인트를 찾고자 현재 노드에서 트리의 다른 브랜치로 이동한다.

예를 들어, 그림 4.14c에 표시된 것처럼 k-d 트리에 삽입된 후 쿼리 지점 q는 노드 $x = 3$의 왼쪽 하위 트리 안에 위치한다. 임시 최근접 포인트는 $d_s = d_3$인 노드 $x = 3$이다. 재귀하는 3개의 노드로 이루어진 경로로 $x = 5$, $y = 6$, $x = 3$이다. 루트 $x = 5$에서 시작해 q를 중심으로, d_1을 반지름으로 원을 그릴 수 있다. 이 원이 분할 평면의 양쪽을 교차하므로 2개의 하위 트리를 무시할 수 없다. $d_1 > d_s$이기 때문에 교체가 발생하지 않는다. 노드가 재귀 경로에 있기 때문에 확인할 노드 $y = 6$을 선택할 수 있다(따라서 공간 제거가 발생할 가능성이 더 높음). q와 노드 $y = 6$ 사이의 거리 d_2를 계산해 d_2와 q에 대응하는 원을 그린다. 이 원이 $x = 5$의 분할 평면과 교차하지 않으므로(d_2보다 q까지 더 짧은 거리에서 평면의 오른쪽에 다른 노드를 찾을 수 없음) 루트의 오른쪽 하위 트리를 제거할 수 있다. $d_2 < d_s$이므로 d_s를 d_2로 대체하고 노드 $y = 6$을 '임시 최근접 포인트'로 설정한다. 이 원은 평면 $y = 6$의 양쪽면과 교차하기 때문에 해당 노드에 속한 2개의 하위 트리를 추가로 확인해야 한다. d_3과 d_4가 d_s보다 크기 때문에 대체가 발생되지 않는다. '임시 최근접 포인트' d_2의 원이 $x = 2$ 및 $x = 3$의 평면을 교차하지 않으므로 두 평면의 오른쪽 하위 트리를 가지치기할 수 있다. 2개의 왼쪽 하위 트리 리프 노드에서 인스턴스를 확인한 후 d_s보다 q까지의 거리가 짧은 노드가 없다는 것을 확인할 수 있다. 따라서 노드 $y = 6$은 q의 가장 가까운 이웃이다.

4.3.3.4 인덱스 갱신

신규 인스턴스를 k-d 트리에 삽입하려면 루트에서 시작해 신규 인스턴스가 분할 평면의 '왼쪽' 또는 '오른쪽'에 있는지에 따라 왼쪽 자식 또는 오른쪽 자식으로 이동해 리프 노드에 도착할 때까지 트리를 탐색한다. 이 방식으로 포인트를 추가하면 트리가 불균형하게 되며 트리 성능이 저하될 수 있다. 트리 성능 저하율은 추가되는 트리 포인트의 공간 분포 및 트리 크기와 관련해 추가된 포인트 수에 따라 다르다. 트리가 과도하게 불균형해지는 경우 최근접 이웃 검색과 같이 트리의 균형에 의존하는 쿼리의 성능을 복원하려면 균형을 조정해야 할 수도 있다.

4.3.3.5 장점 및 단점

k-d 트리는 이해하기 쉬우며, 구현이 용이하고, 범위 쿼리 및 최근접 이웃 쿼리를 처리할 수 있다. k-d 트리는 이진 트리이므로 리프 노드의 인스턴스에 동일한 데이터셋과 임곗값이 주어지면 쿼드트리보다 더 광범위하다. 따라서 범위 쿼리에 응답하기 위해 k-d 트리에서 접근하는 노드의 수는 쿼드트리보다 훨씬 많다.

4.3.4 R-트리 기반 공간 인덱스

4.3.4.1 기초 R-트리

R-트리는 1984년 안토닌 거트만$^{Antonin\ Guttman}$이 제안했고[16], 지형 점, 직사각형 또는 다각형과 같은 다차원 정보를 인덱싱하기 위한 트리 구조 및 최소 경계 사각형$^{MBR,\ Minimal\ Bounding\ Rectangle}$을 사용한다. 데이터 구조의 핵심 아이디어는 인접한 객체를 그룹화하고 트리의 다음 상위 레벨에서 최소 경계 사각형으로 표현하는 것이다. R-트리에서의 R은 사각형^{rectangle}을 뜻한다. 모든 객체가 이 경계 사각형 안에 있으므로 경계 사각형을 교차하지 않는 쿼리는 포함된 객체 중 어느 것도 교차할 수 없다. B-트리와 마찬가지로 R-트리는 균형 잡힌 검색 트리(모든 리프 노드가 같은 높이에 있음)로 페이지의 데이터를 구성하고, 각각은 최대수의 엔트리를 포함할 수 있다.

인덱스 생성

R-트리를 생성하는 일반적인 개념은 그림 4.15a와 같이 최소 경계 사각형을 사용해서 데이터 인스턴스를 그룹화하는 것이다. 모든 데이터 인스턴스가 하나의 최소 경계 사각형으로 병합될 때까지 해당 최소 경계 사각형을 상위 최소 경계 사각형으로 재귀적으로 통합한다(루트 노드). 각 최소 경계 사각형은 왼쪽 하단 $(L.x, L.y)$ 및 오른쪽 상단 $(U.x, U.y)$ 점으로 표시된다. 그림 4.15b는 그림 4.15a에 표시된 데이터 인스턴스를 저장하기 위한 R-트리를 나타낸다. 그림 4.15b는 R-트리의 중간 레벨 노드에 의해 R_{10}, R_{11} 그리고 R_{12}로 구성된 상위 최소 경계 사각형을 나타낸다. 각각의 상위 최소 경계 사각형은 몇몇 하위 최소 경계 사각형(예, R_{10}에 속한 R_1, R_2 그리고 R_3)들로 구성된다. 노드 내의 각 엔트리는 자식 노드와 노드 내의 모든 엔트리 경계 상자를 검증하는 방법을 저장한다. 리프 노드는 각 자식에 필요한 데이터를 저장한다. 포인트 데이터의 경우 리프 항목은 포인트 자체일 수 있다. 더 많은 저장 공간이 필요한 다각형 데이터의 경우 일반적인 설정은 트리에 고유한 식별자와 함께 다각형의 최소 경계 사각형만 저장하는 것이다.

R-트리의 주요 어려움은 다음 3가지 기준을 만족하는 효율적인 트리를 만드는 것이다. 첫째, 트리가 균형을 이루어야 한다(예, 리프 노드가 동일한 높이). 둘째, R-트리의 빈 공간을 최대한 작게 만들어야 한다(각 최소 경계 사각형의 데이터 인스턴스 밀도는 가능한 높아야 함). 셋째, 해당 사각형 간의 오버랩은 가능한 최소화돼야 한다(검색하는 동안, 최소한의 하위 트리를 처리해야 함). 이 3가지 기준을 고려할 때 최적의 솔루션을 찾을 수 있는 다항식 시간 알고리즘은 없다. 대안으로 OPTICS[21] 및 DBSCAN[15]과 같은 일부 밀도 기반 클러스터링 알고리즘을 사용해 예비 인스턴스 그룹을 먼저 생성할 수 있다. 해당 그룹은 추가 조정을 통해 최소 경계 사각형을 공식화하기 위한 후보로 사용된다.

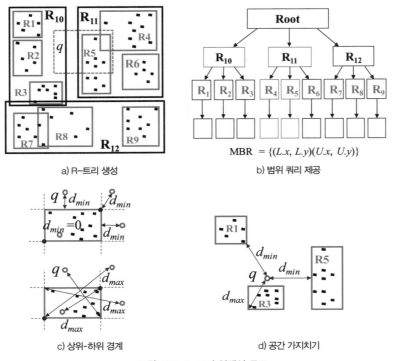

a) R-트리 생성

b) 범위 쿼리 제공

$$MBR = \{(L.x, L.y)(U.x, U.y)\}$$

c) 상위-하위 경계

d) 공간 가지치기

그림 4.15 R-트리 인덱싱 구조

공간 범위 쿼리 제공

공간 범위 쿼리를 수행하는 경우 검색 프로세스는 쿼드트리 및 k-d 트리와 매우 비슷하다. 트리의 루트 노드에서부터 노드의 최소 경계 사각형이 쿼리 사각형과 겹치는 여부를 확인한다. 만약 겹치는 경우 해당 자식 노드를 추가로 검색한다. 검색은 모든 겹치는 노드가 통과될 때까지 반복적으로 수행된다. 리프 노드에 도달하면 포함된 점 또는 경계 상자(다각형의 경우)가 쿼리 사각형에 대해 테스트된다. 쿼리 사각형 내에 있는 객체는 결과로 반환된다.

그림 4.15b는 그림 4.15a에 표시된 범위 쿼리 q에 응답하기 위해 접근된 노드(빨간색)를 나타낸다. 쿼리 q는 두 번째 계층에서 R_{10}과 R_{11}과 교차하므로 두 노드의 자식 노드를 추가로 검색해야 한다. 쿼리 q에 대한 R_{10}의 자식 노드를 추가로 검색한 후에 실제로 쿼리 사각형과 교차하는 자식 노드가 없음을 알게 된다. 따라서 R_{10}에서 검색을 중지한다.

R_{11}의 자식 노드 중 R_4와 R_5의 최소 경계 사각형이 q와 교차한다. 따라서 쿼리 사각형 내에 있는 인스턴스를 검색하면서 두 리프 노드에 저장된 데이터 인스턴스를 검색해야 한다. R_4의 인스턴스는 실제로 쿼리 사각형 내에 있지 않지만, 여전히 R_4에 저장된 각 인스턴스를 q와 매치해야 한다. 이것은 R_4와 R_5의 최소 경계 사각형이 겹쳐서 발생한다. 검색 작업량을 줄이려면 R-트리 구축 시 서로 다른 노드의 최소 경계 사각형 간의 중첩을 최소화해야 한다.

최근접 쿼리 제공

최소 경계 사각형의 모양은 쿼리 포인트와 인스턴스 그룹 간의 최소 및 최대(하한 경계 d_{min} 및 상한 경계 d_{max}라고도 함) 거리를 계산하는 효과적인 방법을 제공한다. 해당 상한 및 하한 경계는 최근접 이웃 쿼리를 수행할 때 검색 공간을 최소화하는 데 효과적이다. 그림 4.15c와 같이 쿼리 포인트가 최소 경계 사각형 내에 있을 때 d_{min}은 0이고 d_{max}는 최소 경계 사각형 4개의 정점 중 하나까지의 최대 거리다.

$$L.x \leq q.x \leq U.x \text{ 및 } q.y > U.y \text{인 경우,} \tag{4.1}$$
$$d_{min} = q.y - U.y \text{ 및 } d_{max} = \max\{dist(q.x, q.y.; L.x, L.y), dist(q.x, q.y; U.x, L.y)\}.$$

$$q.x > U.x \text{ 및 } q.y > U.y \text{인 경우,} \tag{4.2}$$
$$d_{min} = dist(q.x, q.y; U.x, U.y) \text{ 및 } d_{max} = dist(q.x, q.y; L.x, L.y).$$

$$q.x > U.x \text{ 및 } L.y \leq q.y \leq U.y \text{인 경우,} \tag{4.3}$$
$$d_{min} = q.x - U.x, d_{max} = \max\{dist(q.x, q.y; L.x, L.y), dist(q.x, q.y; L.x, U.y)\}.$$

다른 상황에서 d_{min}과 d_{max}는 위에서 언급한 것과 비슷한 방식으로 쉽게 도출될 수 있다.

그림 4.15d는 예제를 통해 범위를 계산할 때의 이점을 보여 준다. q와 R_3 인스턴스 사이의 최대 거리가 R_1과 R_5의 최소 거리보다 작은 경우 R_1과 R_5의 모든 인스턴스는 R_3의 인스턴스(최근접 이웃이 아님)보다 q까지의 짧은 거리를 가질 수 있다. 따라서 추가 검사 없이 검색 프로세스에서 제거할 수 있다. d_{min}과 d_{max}가 R-트리 계층에서 어떠한 사각형도 제거하지 못하는 경우 해당 노드의 자식 노드 경계를 추가로 확인해야 한다.

인덱스 갱신

R-트리에 요소를 삽입하는 기본적인 원리는 경계 상자를 최소한으로 확장해야 하는 서브트리에 삽입하는 것이다. 페이지가 가득 차면 데이터 인스턴스는 각 최소 영역을 포함해야 하는 두 세트로 분할된다. 보다 구체적으로 말하면 인스턴스를 삽입하기 위해 R-트리는 루트 노드에서부터 재귀적으로 탐색한다. 각 단계에서 현재 디렉터리 노드의 모든 사각형을 검사하고, 가장 작은 확장이 필요한 직사각형을 선택하는 것과 같이 휴리스틱 heuristic을 통해 후보군을 선택한다. 그런 다음 리프에 도달할 때까지 검색 과정이 이뤄진다. 리프 노드가 가득 차 있는 경우 삽입하기 전에 분할해야 한다. 세부적인 검색은 자원 소모가 크기 때문에 휴리스틱 방식을 사용해 노드를 2개로 나눈다. 새로 생성된 노드를 이전 레벨에 추가하면 이 레벨이 다시 오버플로로overflow돼 루트 노드로 전파될 수 있다. 루트 노드 오버플로되는 경우 신규 루트 노드가 만들어지고 트리의 레벨이 높아지게 된다.

장점 및 단점

R-트리는 데이터 분포를 기반으로 생성되며, 정확한 구조를 가진 효율적인 인덱스를 만들 수 있다. R-트리는 균형 잡힌 트리이며, 최근접 이웃 검색과 같은 다양한 검색 시나리오에서 최적의 성능을 발휘한다. R-트리의 최소 경계 사각형은 상한 및 하한 경계를 추론하는 데 활용되며, 최근접 이웃 검색을 수행하는 동안 검색 공간의 범위를 상당히 줄일 수 있다. R-트리가 생성되면 검색 프로세스를 이해하기 쉬우며 구현이 용이하다.

하지만 그리드 기반 인덱스, 쿼드트리 그리고 k-d 트리와 비교해서 효과적인 R-트리를 생성하는 것은 다소 복잡하다. 앞서 언급 한 3가지 기준(균형 잡힌 트리, 오버랩 최소화 그리고 각 최소 경계 사각형의 밀도)을 고려할 때 해당 기준을 만족하는 최적의 솔루션을 찾을 수 있는 다항식 알고리즘은 없다.

새로운 인스턴스가 있는 경우 R-트리를 업데이트하는 것은 높은 컴퓨팅 비용을 요구하며, 적절한 솔루션을 찾기 위해 일부 휴리스틱을 적용해야 한다. R-트리 구조는 엔트리가 삽입되는 순서에 매우 민감하기 때문에 한 번에 많은 양을 로드하기bulk-loaded보다는 삽입 구조가 차선책이 될 수 있다.

4.3.4.2 R*-트리 및 R+ 트리

R-트리의 변형인 R*-트리[2]는 수정된 노드 분할 알고리즘과 노드 오버플로 시 강제 재삽입 개념을 사용해 이 문제를 해결하려고 시도한다. 엔트리를 삭제하고 다시 삽입하면 원래 위치보다 더 적합한 장소를 트리에서 찾을 수 있다.

노드가 오버플로되는 경우 엔트리 중 일부가 노드에서 제거되고 트리에 다시 삽입된다. 후속 노드 오버플로에 의해 야기된 재삽입 무한 루프를 방지하고자 재삽입 루틴은 새로운 엔트리를 삽입할 때 트리의 각 레벨에서 한 번만 호출될 수 있다. 이것은 노드에서 적절히 클러스터된 엔트리 그룹을 생성함으로써 노드 범위를 줄이는 효과가 있다. 또한 실제 노드 분할은 종종 연기돼 평균 노드 점유가 증가한다. 재삽입은 노드 오버플로에서 야기된 증분incremental 트리 최적화 방법으로 볼 수 있다. R*-트리는 표준 R-트리보다 약간의 구현상의 어려움이 있지만 쿼리 성능은 매우 뛰어나다.

최소 경계 사각형 간의 겹침overlap이 발생하는 경우 R-트리의 검색 효율은 급격히 저하된다. 이 문제를 해결하고자 R+ 트리[30]는 필요한 경우 여러 노드에 객체를 삽입해 내부 노드의 최소 경계 사각형이 겹치지 않도록 한다. 그림 4.16에 표시된 것처럼 최소 경계 사각형 E는 R-트리에서 최소 경계 사각형 A와 B 사이에 중첩을 발생시킨다. 이 문제를 해결하고자 R+ 트리는 각각 A와 B에 대한 최소 경계 사각형을 재구성해 겹치지 않도록 한다. 그 결과 최소 경계 사각형 E는 A와 B 양쪽에 모두 포함된다. R+ 트리의 노드는 최소한 1/2 이상의 엔트리가 채워져 있다는 보장을 하지 않으며, 내부 노드의 엔트리가 중복되지 않으며, 객체 ID는 하나 이상의 리프 노드에 저장될 수 있다. 왜냐하면 노드들이 서로 중첩되지 않으며, 쿼리 포인트는 R+ 트리의 단일 경로 탐색에 의해 처리되기 때문이다(예를 들어, R-트리에 비해 더 적은 수의 노드를 탐색함). 최소 경계 사각형은 여러 부모 노드에 포함될 수 있으며, R+ 트리는 동일한 데이터셋에 구축된 R-트리보다 클 수 있다. R+ 트리의 생성 및 유지는 R-트리 및 다른 R-트리 변형보다 복잡하다.

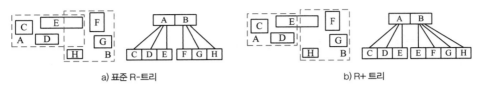

a) 표준 R-트리   b) R+ 트리

그림 4.16 R+ 트리 및 R-트리의 차이

4.4 시공간 데이터 관리

그림 4.1의 3개 열에서 볼 수 있듯이 도시에는 데이터의 시공간 역학에 따른 3가지 유형의 데이터가 있다. 첫 번째 유형은 데이터(시공간 정적 데이터)이며 4.3절에서 논의했다. 4.4절에서는 다른 유형의 데이터를 다룬다.

첫 번째는 공간 정적 및 시간 동적 데이터(위치 객체는 정적이지만 측정값은 시간 변화에 따라 지속적으로 달라짐)다. 대부분의 센싱 데이터가 해당 범주에 포함된다. 이러한 유형의 데이터를 관리하는 주된 과제는 각 위치에서 지속적으로 증가하는 시계열을 효과적으로 처리해 시공간적 쿼리에 효율적으로 응답할 수 있도록 하는 것이다.

다른 하나는 시공간 동적 데이터(위치 및 객체의 측정값이 시간 변화에 따라 지속적으로 달라짐)다. 이동 경로 데이터 및 크라우드 센싱 데이터가 해당 범주에 포함된다. 해당 데이터 범주에 대한 연구는 2가지 관점을 갖고 있다. 동적 객체 데이터베이스[5, 23, 43, 44]로도 알려진 연구의 한 갈래는 동적 객체의 현재 위치를 쿼리하는 데 초점을 맞춘다. [28, 40, 48, 49]와 같은 다른 연구 분야는 객체의 과거 이동 경로를 관리하는 것에 초점을 맞춘다.

시공간 데이터에 대한 범위 쿼리는 공간 범위 및 시간 범위 또는 공간 범위에 측정값을 더한 값과 관련돼 있으며, 시공간 데이터에 대한 최근접 이웃 쿼리는 위치 및 타임스탬프와 연관돼 있다.

4.4.1 공간 정적 및 시간 동적 데이터 관리

이 데이터 범주는 정적 위치 및 동적 측정값과 관련된다. 해당 범주의 일반적인 데이터셋은 그림 4.1의 두 번째 열과 같이 지오센서^{geosensor} 측정값과 도로 구간의 교통 흐름을 포함한다. 그림 4.4c는 이와 같은 데이터를 관리하기 위한 일반적인 접근법을 나타낸다. 해당 접근법에서, 4.3절에서 살펴본 공간 인덱싱 구조를 사용해 시간의 영향을 받지 않는 객체의 위치를 관리한다. 각 객체에 대한 동적 측정값은 정렬된 배열 및 B+ 트리[27]와 같은 임시 인덱스로 추가 구성된다. 시공간 범위 쿼리를 수행하는 경우 먼저 공간 인덱스 기반에서 특정 공간 범위에 위치한 객체를 검색한 후 객체의 시간 인덱스와 관련된 시간 범위 내에 포함된 요소를 찾는다. 공간 인덱스는 4.3절에서 살펴보았으며, 4.4절에서는 일부 가능한 시간 인덱싱 구조에 대해 알아본다.

4.4.1.1 쿼리

해당 데이터 범주에는 2가지 일반적인 범위 쿼리가 있다. 하나는 주어진 공간 영역과 시간 범위 내에 있는 객체로부터 데이터를 검색하는 것이다. 예를 들어, 뉴욕의 센트럴 파크 월요일 오전 8시부터 오후 1시까지의 습도 데이터를 검색한다. 다른 하나는 공간적 위치가 주어진 공간 범위 내에 있고 시간 측정값이 범위 내에 있는 데이터를 검색하는 것이다. 예를 들어, 200 이상 300 미만의 북경 대기질 데이터를 검색할 수 있다.

4.4.1.2 시간 인덱싱 구조

정렬된 배열과 B+ 트리는 각 객체에 의해 생성된 동적 측정값을 관리하기 위해 사용되는 2개의 인덱싱 구조다.

정렬된 배열

객체의 측정값이 시간순으로 생성되기 때문에 객체 사이에는 자연적인 순서가 있다. 즉, 각 객체의 측정값을 정렬된 상태로 저장할 수 있으며, 각 요소가 타임스탬프 t_i와 해당 값 v_i를 저장한다. 신규 측정값은 정렬 프로세스를 호출하지 않고 자연스럽게 배열의 끝에 추가 된다. 따라서 측정값은 시간 범위(예, 그림 4.17a의 $[t_3, t_k]$) 내에 생성되며, t_3과 t_k에 대한 검색을 수행하는 2개의 바이너리 프로세스에 의해 각각 정렬된 배열 내에서 쉽게 처리할 수 있다. [t_3, t_k] 사이의 요소는 검색 결과로서 나타난다. 컴퓨터 과학에서 이항 검색 [42] 또는 로그 검색[20]라고도 알려진 이진 검색은 정렬된 배열 내에서 대상값의 위치를 찾는 검색 알고리즘이다. 이진 검색은 목푯값을 배열의 중간 요소와 비교하며 값이 동일하지 않은 경우 목푯값에 해당되지 않는 절반 부분이 제거된다. 검색이 성공할 때까지 나머지 절반에서 검색이 계속된다.

이러한 인덱싱 구조는 시간 범위와 관련된 시간적 쿼리를 처리하는 데에만 사용할 수 있다. [v_k, v_l]값 범위 내에 있는 원소를 찾으려면 각 원소의 값으로 배열을 정렬하고, 새로운 값을 배열의 적절한 위치에 삽입해야 한다. 각 삽입은 검색 프로세스가 필요하며, 값이 삽입된 이후에는 요소들의 위치 변화가 발생한다. 해당 프로세스는 많은 시간이 소모되는 프로세스다.

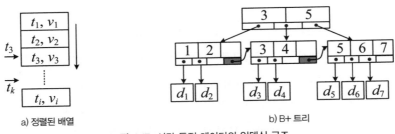

a) 정렬된 배열　　　　　　b) B+ 트리

그림 4.17 시간 동적 데이터의 인덱싱 구조

B+ 트리

앞서 언급한 문제를 해결하고자 B+ 트리를 사용해 값에 따라 동적 측정값을 저장한다. B+ 트리는 루트, 내부 노드 및 리프로 구성되며, 변수를 포함하지만, 대부분 노드당 많은 수의 자식들을 갖는 트리다. B+ 트리는 각 노드가 키-값 쌍이 아닌 키만 포함하며, 하단에 리프 노드 레벨이 추가된 B-트리로 볼 수 있다. B+ 트리의 핵심은 블록 지향 스토리지 콘텍스트block-oriented storage context에서 효율적인 검색을 위해 데이터를 저장하는 것이다.

그림 4.17b은 B+ 트리를 사용해 7개의 데이터 인스턴스(d_1, d_2, ..., d_7)를 관리하는 것을 보여 준다. 루트 노드는 7개의 인스턴스를 3개의 구간으로 분할한다. 값이 3보다 작은 데

이터 인스턴스($v<3$)가 왼쪽 하위 트리 안에 배치되고, $3 \le v \le 5$인 인스턴스instance가 중간 하위 트리 안에 저장되며, $v>5$인 인스턴스가 오른쪽 하위 트리에 추가된다. 왼쪽 하위 트리에는 각각 2개의 데이터 인스턴스 d_1과 d_2를 가리키는 링크를 가진 값 (1, 2)에 의해 3개의 구간으로 더 분할된다. d_1의 값 v는 1보다 작고 d_2의 값은 $1 \le v \le 2$이다. 데이터 인스턴스가 해당 범위 구간에 할당된 중간 및 오른쪽 하위 트리에도 동일한 전략이 적용된다. 리프 노드 사이의 빨간색 연결 리스트linked list는 신속한 순차적인 탐색을 할 수 있도록 하며, 2개의 경계 데이터 인스턴스를 찾은 후 검색 프로세스의 성능을 향상시킨다. 예를 들어, $1 \le v \le 5$의 데이터 인스턴스를 검색하려는 경우 먼저 첫 번째 검색에서 가장 작은 값(d_2)을 가진 인스턴스를 찾은 다음 추가 검색을 통해 가장 큰 값(d_5)을 가진 인스턴스를 찾을 수 있다. 결과적으로 리프 노드 사이의 연결 리스트를 통해 d_2, d_3, d_4 및 d_5를 빠르게 검색할 수 있다.

신규 인스턴스를 삽입하는 경우 B+ 트리는 정렬된 배열과 같은 재정렬 프로세스를 요구하지 않고 검색 프로세스를 통해 해당 리프 노드에 이를 삽입할 수 있다. 대부분의 경우 삽입은 매우 효율적이다. 리프 노드의 버킷이 가득 차면 분할 프로세스를 호출해 신규 리프 노드를 할당하고 버킷 요소의 절반을 신규 버킷으로 이동시킨다.

4.4.2 동적 객체 데이터베이스

동적 객체 데이터베이스는 사람, 차량 그리고 동물과 같은 동적 객체의 현재 위치 또는 특정 과거 시점의 위치와 관련된 쿼리, 인덱스 그리고 검색 알고리즘으로 구성된다.

4.4.2.1 쿼리

동적 객체(예, 무료 택시) 데이터베이스의 일반적인 범위 쿼리는 객체를 검색하는 것이다. 범위 쿼리는 현재 공간 범위(예, 33 North Michigan Avenue, Chicago의 1마일) 및 시간 범위(예, 3분 이내) 내에 있거나 그림 4.18a와 같은 타임스탬프에 내에 있는 것을 의미한다.

최근접 이웃 쿼리와 관련해, 쿼리 포인트의 위치와 객체의 위치가 동적인지 아닌지에 따라 3가지 시나리오가 있다.

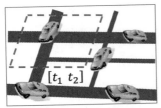
a) 시공간 범위 쿼리

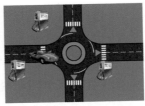
b) KNN 쿼리: 동적 쿼리 포인트 및
정적 객체

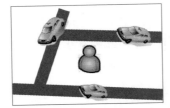
c) KNN 쿼리: 정적 쿼리 포인트 및
동적 객체

d) KNN 쿼리: 동적 쿼리 포인트 및
동적 객체

그림 4.18 동적 객체 데이터베이스의 최근접 이웃 쿼리

1. 첫 번째 시나리오는 쿼리 포인트의 위치가 끊임없이 변경되는 반면 검색할 객체의 위치는 정적이다. 대표적인 예는 그림 4.18b와 같이 차량이 주행할 때 차량 주변의 가장 가까운 주유소를 검색하는 것이다.

2. 두 번째 시나리오는 쿼리 포인트의 위치는 정적이며 객체는 동적이다. 일반적인 예는 그림 4.18c에서 보이는 것처럼 가장 가까운 빈 택시를 찾는 것이다.

3. 세 번째 시나리오는 쿼리 포인트의 위치와 객체가 모두 동적이다. 예를 들어, 전투 중 병사는 주변에서 가장 가까운 탱크를 찾아 전투 전체에 대한 더 많은 정보에 접근하기를 원한다. 그림 4.18d에서 볼 수 있듯이 검색을 수행할 때 탱크와 병사가 모두 현장을 이동하고 있다.

4.4.2.2 인덱싱 구조 개요

그림 4.19는 공간 및 시공간 데이터를 관리하기 위해 제안(또는 채택될 수 있는)된 대표적인 인덱싱 구조의 진화를 나타낸다. 지난 수십 년 동안 제안된 많은 인덱스가 있기 때문에 로드맵은 연결을 보여 주는 파노라마와 공간 및 시공간 데이터에 대한 서로 다른 인덱싱 구조 간의 차이점을 나타낸다.

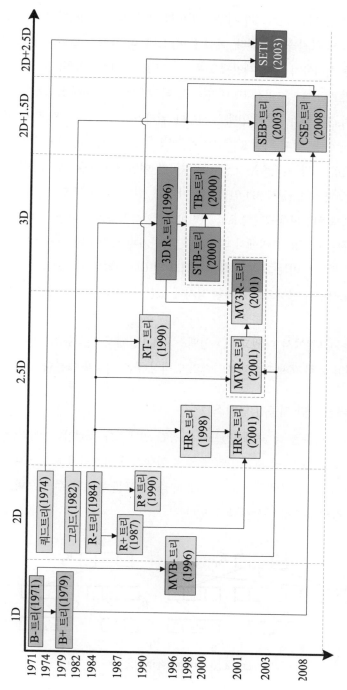

그림 4.19 시공간 데이터의 인덱싱 구조

수직축$^{\text{vertical axis}}$은 다른 인덱스가 제안된 연도를 나타낸다. 수평축$^{\text{horizontal axis}}$은 인덱스와 관련된 데이터의 차원를 나타낸다. 예를 들어, B-트리 및 B+ 트리는 시간과 같은 1차원(1D) 데이터를 처리하기 위해 제안됐으며 그리고 R-트리는 2차원(2D) 공간 데이터를 관리하고자 제안됐다. 다중 버전 B-트리는 각 타임스탬프에 대해 B-트리를 생성하는 인덱싱 구조이며, 1차원과 2차원 인덱스 사이에 위치한다. 각 타임스탬프에 대한 2D 공간 인덱스를 생성하며, 멀티 버전 R$^{\text{MVR, Multiple-Version R}}$-트리 [37] 및 전통적인 R$^{\text{HR, Historical}}$ R-트리[26]와 같은 해당 인덱스는 2.5D다. 시공간 데이터를 다룰 때 시간을 3차원으로 다루는 3D R-트리[39]는 실제 3D 인덱스는 아니다. 인덱스 A에서 인덱스 B를 가리키는 화살표는 B가 A로부터 파생됐거나 B를 기반으로 하고 있음을 나타낸다. 예를 들어, R+ 트리 및 R*트리는 모두 R-트리에서 파생됐다. 마찬가지로 압축된 스타트-엔드 타임$^{\text{CSE,}}$ $^{\text{Compressed Start-End time}}$-트리는 그리드 기반 인덱스 및 B+ 트리를 기반으로 한다. MVR-트리 및 MV3R-트리같이 점선으로 표시된 상자에 있는 인덱싱 구조는 동일한 문서에서 제안된다[37].

2D 인덱스는 4.3절에서 다뤘고 1D 인덱스 4.4.1절에서 논의했기 때문에 여기서는 2.5D, 3D 그리고 동적 객체 데이터베이스의 인덱싱 구조 이상을 다룬다.

4.4.2.3 멀티 버전 기반 시공간 인덱스

인덱스의 첫 번째 범주는 각 타임스탬프에서 공간 인덱스를 작성한다. 이러한 인덱스의 효율성을 높이고자 연속적인 시간 간격에 걸쳐 인덱스의 변경되지 않은 하부 구조를 재사용할 수 있다. 시간 인덱싱 구조를 사용해 타임스탬프를 관리할 수 있으며, 특정 타임스탬프에 대한 검색 속도를 향상시킬 수 있다.

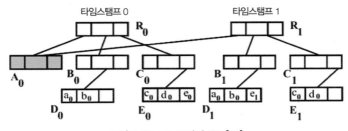

그림 4.20 HR-트리의 구조[26]

그림 4.20은 2개의 타임스탬프가 있는 HR-트리의 일부를 보여 준다. 타임스탬프 1에서 객체 e는 위치를 변경한다. 따라서 이전 버전 e_0은 타임스탬프 0에 R-트리에서 삭제돼야 하며, 신규 버전 e_0은 타임스탬프 1에 있는 R-트리에 삽입된다. 이로 인해 D_0과 e_1의 항목을 포함하는 D_1과 e_0을 삭제한 후에 E_0의 엔트리를 포함하는 E_1, 2개의 리프 노드가 생성된다. 변경 사항은 루트로 전파된다(B_1 및 C_1이 생성됨). 단 하나의 객체의 위치가 변경되더라도 전체 경로에 중복이 발생할 수 있다. 과거 타임스탬프의 트리는 전혀 수정되지 않는다. 노드 A_0은 두 트리에 의해 공유되며, 하위 트리에 있는 객체가 타임스탬프 1에서 위치를 변경하지 않았다는 것을 나타낸다[26].

해당 범주의 인덱스가 처리할 수 있는 일반적인 시공간적 쿼리는 특정 타임스탬프의 특정 공간 범위에 포함된 객체를 찾는 것과 같은 타임스탬프 쿼리(예, 타임스탬프＋공간 범위) 또는 특정 객체의 공간 k-최근접 이웃을 찾는 것이다(타임스탬프＋KNN). 타임스탬프 공간 범위 쿼리를 수행하는 경우 먼저 시간 인덱스 기반의 타임스탬프 검색을 한다(자세한 내용은 4.4.1절 참고). 그다음 쿼리의 공간 범위에 속한 객체를 찾고자 타임스탬프의 공간 인덱스를 확인한다. 마찬가지로 타임스탬프 KNN 쿼리를 수행하는 경우 검색 알고리즘은 먼저 해당 타임스탬프를 찾은 다음 타임스탬프의 공간 인덱스를 기반으로 쿼리의 k-최근접 이웃을 검색한다. 이와같은 멀티 버전 기반 인덱스의 단점은 3가지다.

첫째, 해당 인덱스는 시간 범위(또는 간격) 쿼리를 처리하는 데 있어서 별로 효과적이지 않다(예, 지난 1시간 동안 플라자 주변의 무료 택시를 찾는 것). 인터벌interval 쿼리는 많은 시간스탬프(대부분은 중복될 수 있음)에서 검색을 호출하고, 다른 타임스탬프 사이의 검색 결과를 병합하는 작업을 호출한다.

둘째, 매우 미세하게 시간을 생성하는 경우(예, 5초 간격) 세부적으로(타임스탬프 사이의 간격) 설정하는 것이 어려우며, 각 타임스탬프의 공간 인덱스에 대해 중복에 가까운 노드를 발생시키는(하지만 완전히 같지는 않음) 광범위한 객체의 중복이 발생한다. 시간적 세분성이 증가함에 따라 인덱스의 전체 크기가 매우 커져서 검색 효율성이 저하된다. 반면 매우 조밀하지 않은 시간 세분성을 선택하면 쿼리에 미리 만들어진 해당 공간 인덱스가 없는 경우 타임스탬프 쿼리에 정확하게 응답하지 못할 수 있다. 동적 객체의 위치는 서로 다른 타임스탬프 사이에서 불명확해진다. 시간 간격이 클수록 불확실성이 높아져 검색 정확도가 떨어진다.

셋째, 해당 인덱스는 다른 객체의 샘플링 속도에 취약하다. 실제 환경에서 동적 객체는 일반적으로 샘플링 속도가 다르므로 서로 다른 타임스탬프에서 객체의 위치가 리포트된다. 즉, 동적 객체는 새로운 위치를 업데이트할 때까지 기존 위치를 유지한다. 그 결과 특정 타임스탬프에 대한 리포트를 하지 않은 객체는 공간 인덱스에서 사라지고 쿼리에서 찾을 수 없게 된다.

첫 번째 문제를 해결하고자 그림 4.21과 같이 타임스탬프 쿼리를 위한 멀티 버전 R-트리와 시간 간격 쿼리를 위한 소형 3D R-트리를 사용하는 MV3R-트리[37]라는 하이브리드 구조가 제안됐다. 따라서 2.5D 및 3D 인덱스를 융합시킨 하이브리드 구조다. MVR-트리는 멀티 버전 B-트리의 확장이다. 3D R-트리는 MVR-트리의 리프 노드에 구축된다. MV3R-트리는 타임스탬프 쿼리와 시간 간격 쿼리를 모두 처리할 수 있다. 개별 이벤트의 경우 3D R-트리 및 HR-트리와 같은 다른 인덱싱 구조보다 성능이 우수하다. 하지만 두 인덱스는 동일한 리프 노드를 공유하므로 이것은 다소 복잡한 삽입 알고리즘으로 이어진다. 또한 MVR-트리는 시간 변화를 개별 이벤트로 모델링한다. 위에서 언급한 세 번째 문제를 다룰 수 없다.

그림 4.21 MV3R-트리[37]

멀티 버전 기반 인덱스가 제안되기 전에 RT-트리[45]는 MVR-트리 또는 HR-트리가 관리하는 멀티 인덱스 트리와는 반대로 하나의 인덱스 트리만 유지하며, 트리의 각 노드에서 시간 간격을 공간 범위와 결합했다. 인덱스 트리에 레코드(MBR, t_i)를 삽입할 때 해당 레코드와 동일한 MBR 및 날짜를 가진 리프 노드가 있으면 엔트리의 시간 간격이 t_i로 확장된다. 그 밖의 경우 최소 시간 간격 및/또는 MBR을 포함하는 공간적 범위에 기반해 신규 엔트리가 생성된다. RT-트리는 중복 경로를 생성하지 않으므로 MVR-트리보다 훨씬 적은 수의 노드를 가진다. 하지만 모든 시간 쿼리는 시간 차원에 따른 인덱스 검색에서 차별이 없으므로 전체 RT- 트리를 검색해야 한다.

4.4.2.4 3차원 시공간 인덱스

3D R-트리[39]와 같은 두 번째 범주의 인덱스는 시간을 3차원으로 처리해 그림 4.4a와 같이 공간 인덱싱 구조를 2차원 공간 데이터 관리에서 3차원 시공간 데이터로 확장한다. 따라서 실제 3D 인덱스가 있다.

예를 들어, 3D R-트리에서는 각 동적 객체의 상태를 $\langle x, y, t \rangle$로 기록하는데 $\langle x, y \rangle$는 지리적 공간에 있는 2차원 좌표이며, t는 타임스탬프다. 3D R-트리는 최근 시간 간격에 따라 생성된 동적 객체 데이터를 3D 최소 경계 상자로 그룹화하며, 이 박스는 더 큰 경계 상자로 통합돼 트리를 생성한다. R-트리와 비슷하게 3D R-트리는 균형 잡힌 트리이며, 각 경계 상자를 가능한 한 효율적으로 유지하고 경계 상자 사이의 겹치는 부분을 최소화한다. 3D R-트리의 각 노드는 최소 경계 상자의 좌표를 저장하고, 해당 노드의 자식 노드 및 자식 노드를 가리키는 링크를 포함한다.

3D R-트리 기반의 시공간 범위 쿼리를 수행하는 것은 쿼리 3D 상자 내에 있는 객체를 찾는 것과 같다. 검색 프로세스는 R-트리와 매우 비슷하다. 검색은 트리의 루트 노드에서 시작하며, 노드의 3D 경계 상자가 쿼리 박스와 겹치는지 확인한다. 만약 겹치는 경우 해당 자식 노드는 추가로 검색한다. 겹치는 모든 노드를 확인할 때까지 재귀 방식의 검색이 수행된다. 리프 노드에 도달하면 포함된 데이터 인스턴스가 쿼리 상자에 대해 테스트된다. 쿼리 상자 내에 있는 데이터 인스턴스는 결과로 반환된다.

마찬가지로 KNN 쿼리를 수행하는 것은 3D 공간에서 3D 쿼리 포인트의 k-최근접 이웃을 검색하는 것으로 여겨진다. 그림 4.15c와 d와 같이 3D 경계 상자 내의 쿼리 인스턴스와 데이터 인스턴스 그룹 사이의 거리 상한과 하한을 효율적으로 계산할 수 있다. 데이터 인스턴스의 쿼리 포인트까지의 거리가 경계 상자의 쿼리 지점까지의 거리보다 작으면 경계 상자 내의 모든 데이터 인스턴스는 쿼리 포인트의 최근접 이웃이 될 수 없으므로 일일이 확인하지 않고 필터링된다.

3D R-트리 업데이트 프로세스는 R-트리와 동일하다. 검색 프로세스를 통해 신규 데

이터 인스턴스를 해당 리프 노드에 삽입하며, 해당 프로세스는 루트 노드에서 시작해 리프 노드에 도달할 때까지 신규 인스턴스의 좌표를 인터미디어intermedia 노드의 경계 상자와 매치시킨다. 리프 노드의 인스턴스 수가 주어진 임곗값을 초과하지 않으면 신규 인스턴스가 저장된다. 그 외의 경우 리프 노드를 여러 개의 작은 리프 노드로 분할하기 위해 분할 프로세스가 호출된다. 리프 노드의 부모 노드 또한 가득 찬 경우 신규 인스턴스가 수용될 수 있을 때까지 상위 프로세스에서 분할 프로세스를 수행해야 한다.

3D R-트리를 사용해 장기간의 데이터를 구성할 때 서로 다른 노드의 최소 경계 상자 사이의 중첩은 필연적으로 커지며, 시공간 쿼리를 수행할 때 3D R-트리의 성능을 저하시킨다. 따라서 3D R-트리는 일반적으로 장기간 데이터보다는 동적 객체의 최근 상태를 관리할 때 사용된다. 이 문제를 해결하기 위해 시공간 $R^{STR, Spatiotemporal R}$-트리와 이동 경로 번들$^{TB, Trajectory Bundle}$-트리[28]가 제안됐지만, 시간이 경과함에 따라 다른 3D 박스 간의 중첩은 여전히 증가하고 있다. 이동 경로 데이터를 관리하기 위해 STR-트리와 TB-트리가 제안됐으며, 4.4.3절에서 해당 내용을 다룰 것이다.

4.4.3 이동 경로 데이터 관리

동적 객체의 현재 위치(또는 특정 타임스탬프의 위치)와 관련된 동적 객체 데이터베이스와는 달리 4.3절에서 소개된 이동 경로 데이터 관리는 동적 객체의 이동 기록, 특히 주어진 시간 간격에서 동적 객체의 경로를 다룬다[14].

4.4.3.1 쿼리 개요

쿼리는 범위 쿼리, KNN 쿼리 그리고 경로 쿼리의 3가지 주요 유형으로 구성된다. 다른 고급 쿼리는 이러한 3가지 기본 쿼리의 조합에서 파생될 수 있다.

범위 쿼리$^{range\ query}$는 공간(또는 시공간) 범위에 속하는 경로를 검색한다. 예를 들어, 그림 4.22a와 같이 범위 쿼리는 지난 달에 오후 2시에서 4시 사이에 주어진 사각형 영역을 통과하는 차량의 경로를 검색하는 데 사용될 수 있다. 검색된 경로(또는 구간)는 분류 및 예측과 같은 데이터 마이닝 작업에 대해 이동 속도 및 트래픽 흐름과 같은 특징을 도출하는 데 사용될 수 있다.

KNN 쿼리는 특정 포인트(KNN 포인트 쿼리**KNN point query**[9, 35, 38]) 또는 특정 경로(KNN 경로 쿼리**KNN trajectory query**[1, 46])에 대한 최소 통합 거리를 포함하는 top-k 경로를 검색한다. 그림 4.22b에서 볼 수 있듯이 KNN 포인트 쿼리의 예는 주어진 두 레스토랑에 가까운 차량의 경로를 검색하는 것이다(예, q_1 및 q_2). 가끔씩 쿼리 포인트 사이의 순서 또한 고려된다 [9](예, q_1을 통과한 다음 q_2를 통과하는 top-k 최근접 경로를 찾음). 순서를 고려하지 않는 경우 Tr_1이 두 포인트에서 가장 가까운 경로다. 하지만 Tr_2는 순서를 고려하는 경우 가장 가까운 경로다.

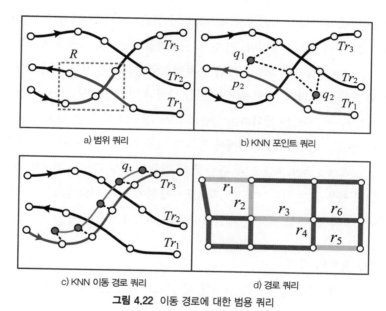

a) 범위 쿼리   b) KNN 포인트 쿼리

c) KNN 이동 경로 쿼리   d) 경로 쿼리

그림 4.22 이동 경로에 대한 범용 쿼리

그림 4.22c와 같이 쿼리 경로 q_t와 가장 유사한 경로(최소 통합 거리)는 Tr_3이다. 이와 같은 쿼리는 사용자가 검색하려는 경로와 가장 유사한 다른 사람의 등산로를 찾는 데 도움을 줄 수 있다. 따라서 하이킹을 실제로 하기 전에 다른 사람들의 하이킹 경험을 통해 배울 수 있다. 쿼리는 또한 함께 이동하는 사람 및 동물을 찾을 수도 있다. 예를 들어, 동물학자들은 호랑이의 GPS 추적을 통해 다른 호랑이가 생성한 비슷한 경로를 확인할 수 있다. 이 쿼리를 기반으로 동반할 수도 있고 가족 구성원일 수도 있다.

앞에서 언급 한 2가지 KNN 쿼리의 차이점은 2가지가 있다. 첫째, KNN 포인트 쿼리는 경로가 쿼리의 모양과의 유사성보다는 쿼리 위치에 대한 올바른 연결을 제공하는지 여부와 관련이 있다. KNN 포인트 쿼리는 2개의 쿼리 지점 사이를 이동하는 동적 객체의 이동을 고려하는 것이 중요하지 않다. 둘째, 쿼리 포인트의 수는 대개 매우 적으며, 애플리케이션에서 서로 멀리 떨어져 있을 수 있다. 그 결과 경로를 공식화하기 위해 해당 쿼리 포인트를 순차적으로 연결할 수 없으며, KNN 경로 쿼리 문제를 해결하기 위해 설계된 솔루션을 호출할 수 없다.

경로 쿼리$^{\text{path query}}$는 주어진 경로를 정확히 통과하는 이동 경로를 검색한다. 이러한 유형의 쿼리는 대개 도로망이나 항공사 네트워크와 같은 공간 그래프에서 수행된다. 경로는 일련의 그래프 에지로 구성되며, 연속 또는 분리될 수 있다. 그림 4.22d와 같이 경로 쿼리는 r_1, r_2, r_3, r_5의 4가지 도로 구간을 순차적으로 통과하는 차량의 경로를 검색한다. r_3 및 r_5는 연결돼 있지 않다. 경로 쿼리는 시간 간격과 연관될 수도 있는데 예를 들면, 지난 1시간 동안 $r_1 \rightarrow r_2 \rightarrow r_3$을 통과하는 차량의 GPS 경로를 찾을 수 있다. 이러한 쿼리에 의해 검색된 경로는 현재 시간 간격에서 경로의 이동 시간을 추정하는 데 사용될 수 있다. 긴 시간 간격(예를 들어, 지난 달)과 관련될 때 검색된 이동 경로는 경로의 혼잡 지수를 계산하기 위해 사용될 수 있다. 이러한 쿼리를 수행하기 전에 일반적으로 경로를 공간 그래프에 나타내고자 맵 매칭$^{\text{map-matching}}$ 알고리즘[24, 47]이 호출된다.

4.4.3.2 이동 경로의 거리

KNN 쿼리 또는 클러스터링 경로를 검색할 때 경로와 몇몇 포인트 사이의 거리 또는 2개의 경로 사이의 거리를 계산해야 한다.

포인트 q와 경로 A 사이의 거리는 일반적으로 A에서의 가장 가까운 점까지의 거리로 측정되며, $D(q, A) = min_{p \in A} D(p, q)$로 표시된다(예, 그림 4.22b의 q_1 및 p_2). 단일 포인트 q에서 멀티 쿼리 포인트 Q까지 거리를 연장하는 접근법은 비슷한 방식으로 작성된다[9].

$$D(Q, A) = \sum_{q \in Q} e^{D(q, A)} \text{ 또는 } S(Q, A) = \sum_{q \in Q} e^{-D(q, A)}, \tag{4.4}$$

지수 함수의 일반적인 사용 방법은 멀리 떨어져 있는 포인트 값에 훨씬 낮은 가치를 주는 반면 보다 근접하게 매치된 포인트 값에 더 큰 가치를 할당하는 것이다.

두 경로 사이의 거리는 일반적으로 두 경로 사이의 거리 집합으로 측정된다. 가장 가까운 쌍의 거리는 $CPD(A, B) = min_{p \in A, p' \in B}D(p, p')$와 같은 경로의 유사성을 나타내기 위해 두 경로 (A, B)에서 점 사이의 최소 거리를 사용한다. 두 경로의 길이가 같다고 가정할 경우 $SPD(A, B) = \sum_{i=1}^{n} D(p_i, p_i')$와 같이 거리를 나타내기 위해 두 경로로부터 해당 점의 합계를 사용한다.

가정이 실제로 실현되지 않을 수도 있기 때문에 최적의 정렬[1]을 얻기 위해 필요한 만큼 여러 포인트의 '반복'을 허용하는 동적 시간 워핑DTW, Dynamic Time Warping 거리가 제안됐다. 이동 경로에 일부 잡음 포인트가 두 경로 사이에 큰 차이를 만들 수 있기 때문에 최장 공통 부분 수열LCS, Longest Common Subsequence 개념이 해당 문제를 해결하고자 사용된다. 한 점을 경로에서 다른 경로의 점으로 일치시키기 위해 얼마나 멀리 갈 수 있는지를 통제하기 위한 임곗값 δ를 사용해서 경로의 거리를 계산할 때 최장 공통 부분 수열 기반 거리는 일부 잡음 포인트를 제외할 수 있다. 또 다른 임곗값 ε는 (2개의 다른 경로에 대한) 2개의 점이 일치하는지 여부를 결정하기 위해 사용된다. 첸Chen과 연구진[7]은 매치된 하위 경로 사이의 갭에 페널티를 할당하면서 일치 여부를 확인하고자 임곗값 ε을 사용해서 LCS와 유사한 EDR 거리를 제안했다. [8]에서 첸과 연구진은 거리 계산에 일정한 기준점을 사용해 DTW와 EDR의 장점을 결합하는 것을 목표로 하는 ERP 거리를 제안했다. DTW는 삼각 부등식triangle inequality을 만족시키지 않으므로 메트릭이 아니다. EDR은 불필요한 경로를 제거하는 데 사용할 수 있는 메트릭이다.

기본적으로 문자열 매칭에 대해 LCS와 편집 거리가 제안된다. 2개의 경로를 일치시키는 데 사용할 경우 임곗값 ε을 설정해야 하며 이것은 쉽지 않다. 이 문제를 해결하고자 첸과 연구진[9]은 BCTBest Connect Distance를 정의하며, DTW와 LCS의 장점을 결합한 경로에 파라미터가 없는 유사성 메트릭이다. 매칭 프로세스가 수행되는 동안 K-BCT는 일부 경로 포인트를 반복하고 아웃라이어를 포함한 매칭되지 않는 경로 포인트를 제외할 수 있다.

경로 구간에 대한 거리 측정의 한 유형은 구간의 MBR을 기반으로 한다[19]. 그림 4.23a에서 볼 수 있듯이 두 구간(L_1, L_2)의 MBR은 (B_1, B_2)이며, 각각은 하한 경계 포인트 (x_l, y_l)와 상한 경계 포인트(x_u, y_u)의 좌표로 설명된다. MBR 기반의 거리 $D_{min}(B_1, B_2)$는

(B_1, B_2)에서 임의의 두 점 사이의 최소 거리로 정의되며 아래와 같이 계산된다.

$$\sqrt{\left(\Delta\big([x_l, x_u], [x_l', x_u']\big)\right)^2 + \left(\Delta\big([y_l, y_u], [y_l', y_u']\big)\right)^2},\qquad(4.5)$$

두 간격 사이의 거리는 다음과 같이 정의된다.

$$\Delta\big([x_l, x_u], [x_l', x_u']\big) = \begin{cases} 0 & [x_l, x_u] \cap [x_l', x_u'] \neq \varnothing \\ x_l' - x_u & x_l' > x_u \\ x_l - x_u' & x_l > x_u' \end{cases}.\qquad(4.6)$$

그림 4.23a에 표시된 2가지 예에서 L_1과 L_2 사이의 거리는 각각 0과 $y_l' - y_u$이다.

리^{Lee}와 연구진[22]은 그림 4.23b와 같이 3가지 항에 대한 가중치 합인 경로-하우스도르프$^{trajectory\text{-}Hausdorff}$ 거리(D_{Haus})라는 거리 함수를 제안한다.

1. 두 경로 사이의 분리를 측정하는 총 수직 거리($d_\perp$)
2. 두 경로 사이의 길이 차이를 포착하는 총 평행 거리($d_{//}$),
3. 두 궤도 사이의 방향 차이를 반영하는 각도 거리(d_θ).

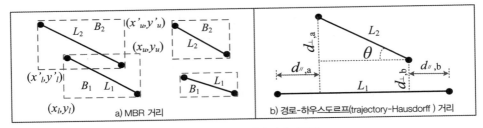

a) MBR 거리   b) 경로-하우스도르프(trajectory-Hausdorff) 거리

그림 4.23 경로 구간의 거리 메트릭

공식적으로는 아래와 같다.

$$D_{Haus} = w_1\, d_\perp + w_2\, d_{//} + w_3\, d_\theta,\qquad(4.7)$$

여기서 $d_\perp = \dfrac{d_{\perp,a}^2 + d_{\perp,b}^2}{d_{\perp,a} + d_{\perp,b}}$, $d_{//} = \min(d_{//,\,a}, d_{//,\,b})$, $d_\theta = \|L_2\| \cdot \sin\theta$, w_1, w_2 및 w_3은 애플리케이션에 따라 가중치가 된다.

4.4.3.3 범위 쿼리의 알고리즘

시공간 쿼리를 수행하는 것에는 3가지 주요 접근법이 있다.

첫 번째는 이동 경로 데이터를 관리하기 위해 HR-트리와 같은 멀티 버전 기반 인덱스를 사용하는 것이다. 하지만 앞에서 언급한 것과 같이 다양한 타임스탬프의 공간 인덱스에 포함된 객체를 검색하고, 해당 타임스탬프에 포함된 검색 결과를 통합해야 하므로 해당 인덱스는 시간 간격 쿼리를 처리하는 데 효율적이지 않다.

두 번째 접근법은 이동 경로를 관리하고자 3D 박스에 포함되는 이동 경로의 경계 구간인 3D R-트리와 같은 인덱스를 적용하는 것이다. 예를 들어, STR-트리[28]는 동적 객체의 이동 경로의 효과적인 쿼리 프로세싱을 지원하기 위한 R-트리의 확장이다. R-트리와는 달리 STR-트리는 공간 속성뿐만 아니라 객체가 속한 이동 경로에 따라 구간을 그룹화한다. 해당 속성은 **경로 보존**trajectory preservation이라고 한다. TB-트리[28]는 경로 보존만을 목적으로 하며, 다른 공간적 특성은 제외시킨다. 그림 4.24는 TB-트리 구조의 일부를 보여 주며, 경로는 선이 아닌 회색 밴드로 표시된다. 경로는 6개 노드(예, c_1 및 c_2)에 걸쳐 분할된다. TB-트리에서 리프 노드는 동일한 경로의 구간만 포함하기 때문에 인덱스는 **경로 번들**trajectory bundle로 이해된다. 해당 리프 노드들은 연결 리스트를 통해 연결되며, 최소한의 노력으로 부분적인 경로를 검색할 수 있게 한다. 단점은 공간적으로 가까운 라인 구간은 다른 노드에 저장된다는 것이다. 오버랩이 증가함에 따라 공간적 차별성이 줄어든다. 따라서 범위 쿼리를 수행하기 위한 비용이 크게 증가한다[28].

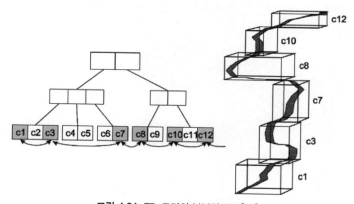

그림 4.24 TB-트리의 부분적 구조[28]

세 번째 접근법은 공간을 그리드로 분할한 다음 각 그리드에 속하는 경로에 대한 시간 인덱스를 생성하는 것이다. 그림 4.25a에서 볼 수 있듯이 CSE-트리[40]는 그리드 기반의 경로를 여러 구간으로 나누며, 해당 구간은 그리드 기반 인덱스 또는 쿼드트리 인덱스 기반의 결과가 될 수 있다. 각 그리드는 인덱스 내의 구간을 조직화하고자 시간 인덱스를 유지한다. 그리드의 각 구간은 2D 포인트로 나타내며, 좌표는 구간의 시작 시간(t_s)과 종료 시간(t_e)이다. 그리드의 경로 구간은 그림 4.25b와 같이 가로축이 t_s를 나타내고 세로축이 t_e를 나타내는 2차원 공간에서 점으로 표시된다. 시간 범위 쿼리는 시간 범위[t_s, t_e]가 교차하거나, 시간 범위 내에 있거나, 주어진 시간 간격[T_{min}, T_{max}]을 포함하는 구간을 검색한다. 그림 4.25b는 구간을 검색해야 하는 4가지 상황을 보여 준다. 4가지의 상황은 $t_s \leq T_{max}$ 및 $t_e \geq T_{min}$의 2가지 기준으로 변환될 수 있다. 만약 구간이 2개의 기준을 동시에 충족하는 경우 검색이 수행된다. 시간 범위 쿼리의 시각적 표현은 파란색 영역에 속하는 점의 검색을 보여 준다.

해당 영역을 신속하게 찾기 위해 공간의 점들을 그룹으로 나눠 놓았으며, 각 그룹은 동일한 개수의 점들이 있다. 그림 4.25c와 같이 그룹에 포함된 점들의 개수가 한계에 도달하면 분할선(예, $t_1, t_2, ..., t_i$)이 생성되고, 새로운 그룹이 생성된다. 각 포인트 집합에 대해 시작 시간 인덱스 S_i가 구축돼 해당 포인트의 시작 시간을 B+ 트리로 인덱싱한다. 그런 다음 종료 시간 인덱스가 B+ 트리를 기반으로 분할된 타임라인에 작성된다. 시공간 쿼리를 충족하는 경로를 검색할 때 CSE-트리는 먼저 쿼리의 공간 범위를 가로지르는 그리드를 찾은 다음 쿼리의 시간 범위에 속하는 경로 구간에 대해 해당 그리드의 시간 인덱스를 검색한다.

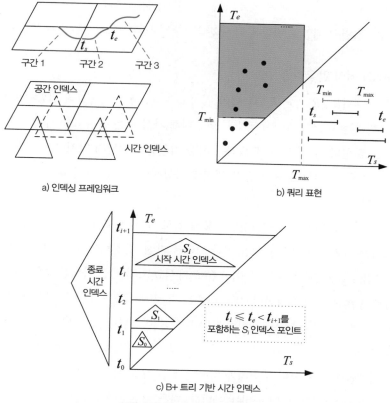

a) 인덱싱 프레임워크

b) 쿼리 표현

c) B+ 트리 기반 시간 인덱스

$t_i \leq t_e < t_{i+1}$를
포함하는 S_i 인덱스 포인트

그림 4.25 CSE-트리의 인덱싱 구조

시간 검색을 수행하는 동안 알고리즘은 먼저 종료 시간 B+ 트리를 검색해 $t_e \geq T_{min}$으로 시간 라인을 검색한다. 그다음 $t_s \leq T_{max}$를 가진 경로 구간과 같은 포인트를 찾고자 T_{min}보다 높은 그룹의 시작 시간 인덱스를 추가로 검색한다. 마지막으로 CSE-트리는 서로 다른 그리드에서 가져온 경로 구간(및 시작 시간과 종료 시간)의 ID를 통합한다.

2개의 정렬된 배열보다 2개의 B+ 트리를 사용하는 이유는 새로운 경로를 자주 삽입하기 위해서다. 예를 들어, 사람들은 경로 공유 웹사이트에 순차적인 순서를 따르지 않을 수 있는 시간의 경로를 업로드할 수 있다. 즉, 실제로 가장 빠른 시간에 생성된 경로는 나중에 다른 경로가 생성된 후에 시스템에 업로드될 수 있다. 해당 이벤트는 시간 인덱스에 신규 레코드를 무작위로 삽입하며, 정렬된 배열에 대해 집중적인 작업 부하가 발생한다

(자세한 내용은 4.4.1절 참고). 과거 경로 집합을 인덱싱하는 경우 업데이트되지 않는 B+ 트리를 2개의 정렬된 배열로 변환해 각 구간의 시작 시간과 종료 시간을 구성할 수 있다.

4.4.3.4 KNN 쿼리 알고리즘

일련의 경로 $T = \{R_1, R_2, ..., R_n\}$과 쿼리 위치 $Q = \{q_1, q_2, ..., q_m\}$의 집합이 주어진 경우 k-BCT 쿼리는(방정식 [4.4]에서 정의됨) Q에 대해 가장 높은 유사도를 가진 k 경로를 찾는 것을 목표로 한다. 원래 k-BCT 쿼리는 시간 치원을 고려하지 않지만, 각 쿼리 포인트에 타임스탬프를 추가함으로써 시공간 쿼리로 확장될 수 있다. 그런 다음 거리는 3D 공간에서 계산된다.

원래의 k-BCT 쿼리[9]는 R-트리를 사용해 경로 셋 T를 구성한다. 공간 인덱스에 기반해 알고리즘은 쿼리 포인트에 대한 최단 거리를 가진 각 경로에서 포인트를 찾는다. 예를 들어, 그림 4.26a에서 볼 수 있듯이 p_1은 R_1에서 q_1까지 가장 가까운 포인트이며, p_2는 q_2에 해당하고 p_5는 q_3에 해당한다. 알고리즘은 각 쿼리 포인트 ($\lambda \geq$ k)에 대해 λ-최근접 이웃(λ-NN, λ-Nearest Neighbor) 포인트(T에서부터)를 검색한다. 이러한 쿼리 포인트에 대한 λ-NN 포인트는 동일한 경로 또는 다른 경로에서 나올 수 있다는 점에 유의해야 한다. 원은 쿼리와 λ번째 이웃 사이의 거리를 나타낸다. p_5가 R_1에서 q_3 사이의 가장 가까운 지점이지만 q_3의 λ-NN 포인트의 멤버는 아니다. 다른 말해 적어도 p_5보다 가까운 λ 포인트를 포함하는 경로가 존재한다. 알고리즘은 이러한 λ-NN 포인트가 속한 경로를 병합하며 추후 점검을 위해 후보 경로 셋 C를 생성한다.

알고리즘은 C와 Q의 경로 사이의 유사도의 하한을 추정한다. 그림 4.26a에서 볼 수 있듯이 Q와 $R_1(R_1 \in C)$ 사이의 유사도는 다음과 같이 정의된다.

$$Sim\,(Q, R_1) = e^{-D(q_1, p_1)} + e^{-D(q_2, p_2)} + e^{-D(q_3, p_5)}. \tag{4.8}$$

따라서 $Sim(Q, R_1)$의 하한은 다음과 같이 추정할 수 있다.

$$Sim\,(Q, R_1) \geq e^{-D(q_1, p_1)} + e^{-D(q_2, p_2)}. \tag{4.9}$$

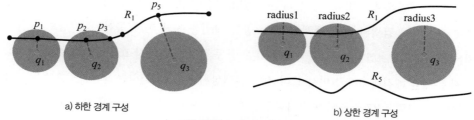

a) 하한 경계 구성

b) 상한 경계 구성

그림 4.26 k-BCT 쿼리 검색

즉, 쿼리 세트^{set} Q와 C에 포함된 경로 사이의 유사도의 하한은 2개의 기준을 충족하는 포인트만을 고려함으로써 계산될 수 있다. (1) 경로에서 Q에 대한 최근접 이웃 포인트이며 (2) Q의 λ-NN 포인트에 속한다.

마찬가지로 그림 4.26b와 같이 경로 $R_5 \notin C(Q$의 λ-NN 포인트를 포함하지 않는 경우), R_5와 Q의 유사성의 상한은 다음과 같아야 한다.

$$Sim\,(Q,\,R_1) = e^{-D(q_1,\,R_5)} + e^{-D(q_2,\,R_5)} + e^{-D(q_3,\,R_5)} \leq e^{-radius1} + e^{-radius2} + e^{-radius3}. \quad (4.10)$$

만약 하한 경계가 모든 미탐색 경로에 대한 유사도의 상한 경계보다 작지 않은 C에 포함된 K 경로를 찾을 수 있으면 k 최고 연결$^{best\text{-}connected}$ 경로는 반드시 C에 포함돼야 한다. 그 다음 Q와 C에 포함된 각 경로 사이의 정확한 유사도를 계산하며, 가장 유사한 경로 top-k를 선택한다. 그렇지 않으면 더 많은 경로를 C에 포함시키기 위해 점진적으로 λ를 증가시키고 가장 유사한 경로 top-k를 찾을 때까지 유사성의 하한과 상한을 반복해서 계산한다.

4.4.3.5 경로 쿼리 알고리즘

이러한 쿼리를 수행하기 전에 맵 매칭 알고리즘을 사용해 경로를 일련의 도로 구간으로 변환해야 한다. 즉, 경로 Tr은 $r_1 \rightarrow r_2 \rightarrow r_3$으로 표시된다. 그런 다음 경로 쿼리를 수행하는 2가지 방법이 있다.

직접적인 접근법 하나는 각 도로 구간에 대해 역색인을 작성하고 도로 구간을 통과하는 동적 객체의 ID(및 시간)를 기록하는 것이다. 경로(및 시간 간격) 쿼리를 수행하는 경우 먼저 경로에 포함된 각 도로 구간을 통과하는 동적 객체를 검색한다. 동적 객체는 경로의 여러 도로 구간을 통과할 수 있기 때문에 해당 구간의 ID는 중복해 기록된다. 따라서 각 도로 구간에서 검색된 동적 객체의 ID는 공동 작업을 통해 함께 통합된다. 경로가 길어지는 경우(경로에 포함된 도로 구간 수가 큰 경우) 공동 작업은 그다지 효율적이지 않다.

이 문제를 해결하고자 접미사 트리 기반 인덱싱 구조[33, 41]라는 또 다른 접근 방식이 제안됐다. 그림 4.27에 표시된 것처럼 Tr_1, Tr_2, Tr_3 및 Tr_4의 4가지 경로의 도로망을 통과한다. 맵 매칭 프로세스를 수행한 후에 경로는 일련의 도로 구간(예, Tr_1: $r_1 \rightarrow r_2 \rightarrow r_6$)으로 변환된다. 문자열로서의 각 경로와 문자로서의 각 도로 구간과 관련해 4가지 경로에 대한 접미사suffix 트리를 만들 수 있다. 여기서 인덱싱 트리의 각 노드는 도로 구간을 나타낸다. 트리의 각 경로는 도로 네트워크의 경로에 해당한다. 각 노드는 루트에서 노드까지의 이동 경로를 통과하는 경로의 ID와 이동 시간을 저장한다. 예를 들어, $t_{r1 \rightarrow r2 \rightarrow r3}$은 이동 경로 $r_1 \rightarrow r_2 \rightarrow r_3$의 시간을 나타낸다. 기존 경로를 찾기 위해 접미사 트리[25]는 모든 문자열(예, 맵 매칭 경로)의 접미사를 찾고 해당 접미사를 트리에 삽입한다. 예를 들어, $r_1 \rightarrow r_2 \rightarrow r_6$의 접미사는 r_6과 $r_2 \rightarrow r_6$으로 구성된다. 인덱스의 크기를 줄이고자 p_1, p_2와 같은 경로의 포인트들은 트리에 저장되지 않는다.

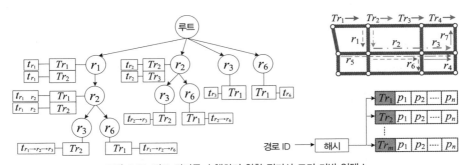

그림 4.27 경로 쿼리를 수행하기 위한 접미사 트리 기반 인덱스

검색이 수행되는 동안 루트부터 시작해 쿼리 경로의 마지막 도로 구간을 나타내는 노드에서 끝나는 접미사 트리에서 쿼리 경로를 쉽게 찾을 수 있다. 그다음 마지막 노드에서 경로 ID와 그에 해당하는 이동 시간을 검색할 수 있다. 경로 ID를 기반으로 그림 4.27의 오른쪽 아래에 보이는 것처럼 해시 테이블을 통해 포인트를 검색할 수 있다. 주어진 경로 쿼리를 통과하는 경로가 없다면 해당 경로는 접미사 트리에 존재하지 않는다.

접미사 트리는 구축하기 쉽고 경로 쿼리를 효율적으로 수행한다. 하지만 원본 경로보다 관리해야 할 크기가 몇 배로 증가한다. 경로의 개수가 증가하면 인덱스 크기가 빠르게 커지고 컴퓨터의 메모리에 저장할 수 없게 된다. 이러한 인덱스는 단기간(예, 최근 시간 간격)에 생성된 경로를 관리하는 데만 적합하다. 이러한 인덱싱 구조를 사용해 장기간의 경로 데이터를 관리하려면 정교한 인덱싱 설계와 클라우드 컴퓨팅의 사용이 필요하다.

4.5 여러 가지 데이터셋을 관리하기 위한 하이브리드 인덱스

4.5.1 쿼리 및 동기

4.5.1절에서는 다양한 도메인에서 여러 가지 데이터셋을 동시에 관리할 수 있는 인덱싱 구조에 대해 설명한다. 하이브리드 인덱스 연구를 수행하는 목적은 2가지다.

첫 번째, 일반적으로 서로 다른 유형의 데이터셋 사이의 상관관계를 탐구해야 한다. 예를 들어, 날씨, 교통 상황 그리고 대기질로 구성된 3개의 데이터셋이 주어진 경우 다음과 같은 상관관계 패턴을 발견한다. 안개가 낀 상태에서 특정 지역의 교통 흐름이 정체돼 있을 때 그 지역의 대기질이 좋지 않은 경향이 있다. 이러한 상관관계 패턴은 대기 오염의 근본 원인을 진단하는 데 유용하다. 이러한 패턴을 발견하려면 공간 거리와 시간 범위 내에서 서로 다른 유형의 데이터를 수집하는 다양한 시공간 범위 쿼리를 수행해야 한다. 그림 4.28에 표시된 바와 같이 서로 다른 형상이 다른 유형의 데이터를 나타내며, 항상 d 에서 삼각형까지의 공간 거리 내에서 사각형이 발생한다는 것을 알 수 있다. 또한 발생 사이의 시간 범위는 t보다 작다. 이것을 공간 거리 d와 시간 간격 t에서 동시 발생co-occur이라고 부른다. 이러한 쿼리는 각 사각형 인스턴스를 쿼리로 사용해 (d, t) 내에서 각각 삼각형과 원의 객체를 검색하는 것과 같이 서로 다른 데이터셋 사이를 검색한다. 마찬가지로 (d, t) 안에서 각 원 인스턴스instance를 쿼리로 사용해 사각형과 삼각형을 검색한다.

하이브리드 인덱스가 없으면 이러한 검색 프로세스는 시간이 많이 걸리고 때로는 중복되기도 한다. 높은 수준의 연관성을 보여 주는 하이브리드 인덱스가 있는 경우 다른 유형의 데이터셋을 사용하면 불필요한 쿼리를 상당히 줄일 수 있다. 예를 들어, 사각형 객체

s_1이 들어 있는 영역 주변에 원 객체가 없다는 것을 알면 s_1을 쿼리 포인트로 사용해 원 객체를 검색하지 않아도 된다. 또한 정교한 하이브리드 인덱스의 경우 s_1 및 s_2와 같은 객체 그룹을 검색할 필요가 없다. 사각형 그룹이 삼각형과 같은 다른 데이터셋 그룹의 (d, t)에 포함되는지를 추가적인 검사를 수행하지 않고도 알 수 있다. 4.5.2절에서 이러한 유형의 하이브리드 인덱스를 자세히 설명한다.

두 번째, 객체가 여러 데이터셋을 생성하거나 여러 데이터셋과 연관될 수 있지만, 다른 데이터셋에 대해 서로 다른 기준을 사용해 객체를 쿼리할 수 있다. 예를 들어, 레스토랑은 위치 및 메뉴와 사용자 의견과 같은 텍스트 정보와 연관돼 있다. 사용자들은 가장 가까운 바닷가재를 파는 식당을 찾고 싶어한다. 이 쿼리는 특정 쿼리 포인트에 대한 레스토랑의 순위를 매기고, 결과적으로 상위 K 객체를 반환하는 것을 목표로 하는 레스토랑의 위치 및 텍스트 정보에 관한 것이다. 하이브리드 인덱스 없이 해당 쿼리를 수행하는 가장 간단한 방법은 텍스트 정보 '바닷가재'가 있는 모든 레스토랑을 먼저 찾고, 그 레스토랑에서 쿼리 포인트에 가장 가까운 것을 검색하는 것이다. 검색 과정은 분명히 비효율적이다. 만약 사용자가 바닷가재를 제공하는 식당과 1인당 평균 비용이 40달러 이하인 음식점을 찾기 원한다면 그 검색은 훨씬 더 많은 시간이 소요될 것이다. 이 문제를 해결하기 위한 연구의 본문은 공간 키워드$^{spatial\ key\ word}$[10, 13, 17]로 알려져 있다. 검색 부하를 줄이기 위해 공간 및 시공간 정보를 하이브리드 인덱스의 텍스트 정보와 통합하는 데 초점을 맞추고 있다. 4.5.2절에서는 앞서 언급한 2가지 쿼리를 각각 논의할 것이다.

그림 4.28 다중 데이터셋 기반 쿼리

4.5.2 공간 키워드

그림 4.29는 공간 키워드에 대한 대표적인 연구의 발전을 보여 준다. 가로축은 방법이 제안된 연도를 나타내고, 점선으로 표시된 상자 안의 방법은 동일한 출판물에서 제안됐다. 일반적으로 연구의 발전은 세 단계로 나눌 수 있다. (1) 사전 지정된 지역 및 불리언Boolean 키워드 쿼리로 공간 키워드 검색, (2) 거리 및 시맨틱semantic 관련성 모두를 고려한 집계 점수로 순위가 매겨진 top-k 공간 키워드 검색, (3) 경로에 대한 공간 키워드다.

4.5.2.1 개별 검색 방법

이 연구 범주는 사전 지정된 공간 영역 내에서 하나 이상의 쿼리 키워드(불리언 쿼리)와 관련된 문서를 검색하는 것을 목표로 한다. 각 문서는 공간적인 위치와 연관돼 있다. 예를 들어, 레스토랑에 대한 사용자의 의견은 문서로 간주될 수 있다. 마찬가지로 트윗과 신문, 잡지의 기사와 같은 지오태그geotag가 포함된 소셜 미디어도 위치와 연관돼 있다.

저우Zhou와 연구진[50]은 공간 및 텍스트 인덱스를 함께 통합하는 3가지 방법을 제안한다. 그림 4.30에서 볼 수 있듯이 첫 번째 방법은 위치 정보와 텍스트 정보에 대해 각각 2개의 개별적인 인덱스를 구축한다. 해당 방법은 위치 문서를 조직화하기 위해 R*-트리를 적용한다. 동시에 키워드와 키워드를 포함하는 문서 사이의 관계를 유지하는 역리스트inverted list를 생성한다. 지리적 영역과 여러 키워드를 사용해 공간 키워드 쿼리를 수행하고자, 지정된 공간 영역 내의 문서를 R*-트리에서 검색하고 지정된 키워드가 포함된 문서를 검색한다. 두 인덱스에서 검색된 문서는 공동 작업을 통해 최종 결과로 통합된다. 하나의 특징에 근거해 얻은 후보 집합이 매우 클 수 있다는 것을 고려하면 이 방법은 실제로 거의 사용되지 않는다.

해당 문제를 해결하고자 그림 4.30b와 같이 두 번째 방법에서는 텍스트 설명에 키워드가 포함된 공간 객체 위에 각 개별 키워드에 대한 R*-트리 구축을 제안한다. 일련의 키워드와 특정 공간 범위의 집합을 포함하는 공간 키워드 쿼리를 수행하는 경우 각 쿼리 키워드에 해당하는 R*-트리는 쿼리의 공간 부분을 필터링하는 데 사용된다. 마지막 방법은 지정된 불리언 관계에 따라 여러 R*-트리의 객체 ID를 병합해 얻을 수 있다. 하지만 해당 인덱스는 키워드 간의 공간 상관관계를 사용하지 않는다. 쿼리 키워드가 지리적 공

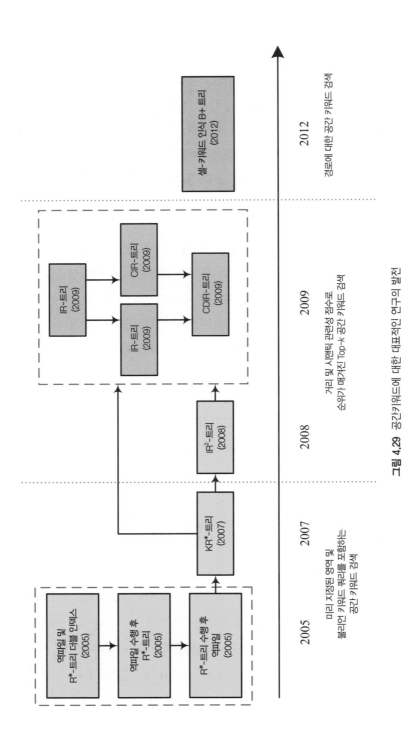

그림 4.29 공간키워드에 대한 대표적인 연구의 발전

간에 대해 밀접하게 상호 연관돼 있는 경우 해당 방법은 다른 R*-트리에 접근하기 위해 추가 디스크 비용을 지불하고 후속 병합 프로세스에서 높은 오버 헤드가 발생한다. 쿼리에 여러 개의 키워드가 포함돼 있으면 검색 및 결과 병합 비용이 높다. 또한 각각의 개별 키워드에 대해 별도의 R*-트리를 작성하려면 상당한 저장 공간이 필요하다.

그림 4.30c에서 볼 수 있듯이 두 번째 방법과는 달리 세 번째 방법은 먼저 텍스트 정보를 고려하지 않고 모든 객체에 대한 R*-트리를 생성한 후 트리의 각 리프 노드에 나타나는 역리스트 파일inverted list file를 생성한다. 역파일 인덱스의 각 키워드는 텍스트 정보에 키워드가 포함된 객체 ID 목록을 가리킨다. 쿼리가 실행되면 R*-트리를 기준으로 쿼리 사각형과 교차하는 리프 노드 집합이 먼저 검색된다. 그다음 해당 노드의 역파일 인덱스를 사용해 쿼리 키워드를 만족하는 객체를 찾는다. 일반적으로 리프 노드의 객체 수가 적기 때문에 리프 노드의 역파일 인덱스는 일반적으로 작다. 따라서 이러한 접근 방법은 키워드 필터링 프로세스를 신속하게 수행할 수 있다. 하지만 검색어가 지리적 공간의 넓은 지역을 포괄하는 경우 추가 키워드 필터링을 위해 많은 후보가 검색되며 많은 시간을 소모한다.

지리적 공간에서의 키워드 연관성을 보다 잘 활용하려고 하리하란Hariharan은 저우Zhou의 연구를 2가지 방식으로 향상시킨 KR*-트리[17]를 제안했다. 첫 번째, 텍스트와 공간을 기준으로 객체를 각각 필터링하는 방식 대신 KR*-트리에서 공간 및 텍스트 객체를 동시에 필터링한다. 두 번째, 여러 키워드에 대한 별도의 결과를 병합하는 대신 KR*-트리는 공통으로 분포된 키워드를 활용한다. 그림 4.31에서 볼 수 있듯이 해당 방법은 키워드가 발생하는 노드 ID(객체 ID 대신)를 저장하는 KR*-트리 리스트를 사용해 R*-트리를 확장시킨다. 노드 개수가 객체 수보다 훨씬 적기 때문에 인덱스의 크기가 상당히 줄어든다. 쿼리를 수행하는 동안 KR*-트리 기반 알고리즘은 쿼리 영역과 공간적으로 교차하는 노드를 찾아서 쿼리 키워드가 이 노드에 포함돼 있는 경우 KR*-트리 리스트를 확인한다. 키워드의 리스트에 노드 ID가 포함되지 않는 경우 검색이 해당 노드에서 중단될 수 있다. 더 이상 자식 노드를 검색할 필요가 없다.

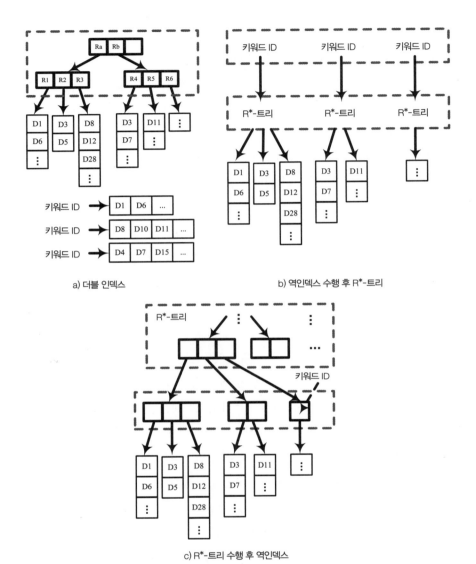

a) 더블 인덱스

b) 역인덱스 수행 후 R*-트리

c) R*-트리 수행 후 역인덱스

그림 4.30 공간 키워드 연구의 첫 번째 단계를 위한 3가지 방법

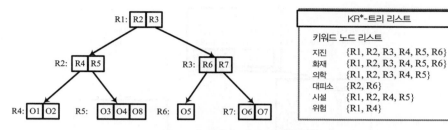

그림 4.31 KR*-트리[14]의 부분적 구조

4.5.2.2 통합 관련성

이 연구 범주는 거리 및 키워드 관련성 모두를 고려한 메트릭을 기반으로 상위-k 객체를 검색하는 것을 목표로 한다. 일반적으로 쿼리 포인트까지의 거리와 쿼리 키워드와 객체의 텍스트 정보 사이의 관련성을 가중된 방식으로 집계하는 함수 $f(dist, key)$로 설계된다.

IR^2-트리(정보 검색 R-트리)[13]는 그림 4.32에서 보이듯이 각 R-트리 노드에 특정 시그니처 파일을 추가한다.

예를 들어, 그림 4.32와 같이 각 키워드는 16비트 벡터로 표현된다. 리프 노드 R_4는 O_1과 O_2의 두 객체를 포함한다. O_1과 관련된 키워드는 OR 작업을 통해 2바이트^byte 시그니처 $s_1 = \langle 10001011\ 00000010 \rangle$으로 집계된다. 마찬가지로 O_2의 서명은 $s_2 = \langle 00001110\ 00100011 \rangle$의 다른 2바이트 벡터로 표현된다. 그다음 내부 노드 R_2의 2바이트 시그니처를 O_1 및 O_3의 시그니처와 OR 계산을 수행한다. 쿼리를 수행하는 동안 쿼리 키워드는 객체의 키워드를 인코딩하고 이진 OR 연산을 통해 단일 시그니처에 추가하는 방식으로 m-bit 벡터로 표현된다. 루트 노드에서부터 검색 알고리즘은 각 노드의 시그니처와 q를 비교해 $q = q\&s$인지 확인한다. 조건이 충족되지 않으면 쿼리는 노드와 노드의 자식 노드를 포함할 수 없다. 예를 들어, 쿼리는 $q = \langle 10000011\ 10000110 \rangle$으로 나타낸다. R_3의 세 번째 비트가 0이므로 쿼리를 포함하는 것은 불가능하다. 결과적으로 다음 검색 프로세스에서 R_3 노드와 자식 노드를 제거할 수 있다. 마지막으로 O_3의 시그니처가 조건을 만족한다는 것을 알 수 있다. 따라서 쿼리 키워드를 포함할 수 있다. O_3과 관련된 각 키워드를 확인한 후 O_3에 쿼리 키워드가 실제로 포함돼 있는지 확인한다.

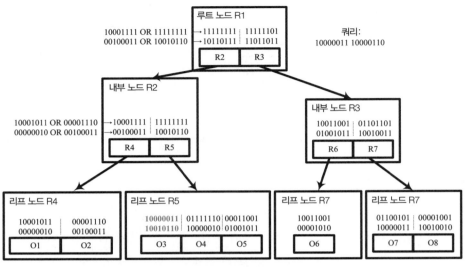

그림 4.32 IR²-트리의 부분적 구조

쿼리 키워드가 여러 개의 객체에서 개별적으로 발생하는 경우(단, 객체에는 전체 키워드가 포함돼 있지 않음)를 처리하려면 각 쿼리 키워드를 m-bit 벡터로 변환해 IR²-트리에 대해 개별적으로 매치시켜야 한다. 노드가 포함할 수 있는 키워드의 개수를 검색 전략을 세우기 위한 우선순위 점수로 활용할 수 있다. 예를 들어, 3개의 키워드로 구성된 쿼리가 주어진 경우, 하나의 키워드를 포함하는 R_4를 찾는다. 그리고 2개의 키워드를 포함하는 R_5를 찾는다. 검색 프로세스에서 R_5를 우선 확인한다. 우선순위는 또한 최종 검색 결과의 순위를 정하기 위해 거리(객체와 쿼리 사이의)와 통합될 수 있다. 하지만 IR²-트리는 객체의 텍스트 정보에서 키워드가 발생하는 빈도를 고려하지 않는다. 객체에 대한 쿼리의 관련성은 객체의 텍스트 정보에 있는 키워드의 바이너리 매칭만 고려한다. 직관적으로 객체의 텍스트 정보에서 쿼리 키워드가 자주 발생할수록 해당 객체와 쿼리의 연관성이 높아진다.

이 문제를 해결하고자 콩^Cong과 연구진[10]은 IR-트리(역파일 R-트리)를 제안하고, 시그니처 파일이 아닌 역파일로 각 노드를 확대한다. 그림 4.33과 같이 각 리프 노드는 몇몇 객체(예, 리프 노드 R_4에 포함된 객체 O_1 및 O_2)로 구성되며, 각 객체의 텍스트 정보는 문서로 인식한다. 리프 노드의 역파일은 특수한 용어 및 문서(리프 노드에 포함된)의 해당 포스팅 리스트로 이뤄진다. 용어 t의 포스팅 리스트는 $\langle d, w_{d,t} \rangle$의 시퀀스이며, d는 t를 포함하는 문서이며, $w_{d,t}$는 d에 대한 t의 가중치다. TF(용어 빈도) 또는 TF-IDF(용어 빈도-역 문서 빈도 용어)와 같이 일반적으로 사용되는 용어 가중 접근법을 채택할 수 있다. 그림 4.33에서 볼 수 있듯이 **중국어**는 O_1의 텍스트 정보에서 세 번 나타나고, O_2에서 다섯 번 나타난다. 2개의 리프 노드 R_4와 R_5로 구성되는 R_2와 같은 노드의 경우 해당 문서는 자식 노드의 문서 집합이다. 용어의 가중치는 자식 노드의 문서에 있는 최대 $w_{d,t}$이다. 예를 들어, 객체 O_1과 O_2의 문서는 R_4의 문서를 나타내는 가상 문서로 병합된다. 5는 두 자식의 문서에서 단어 발생의 최대수이기 때문에 중국어는 R_4의 문서에서 다섯 번 발생하는 것으로 여겨진다.

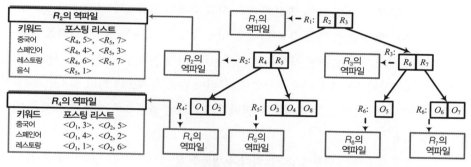

그림 4.33 IR-트리의 부분적 구조

앞서 언급한 역파일은 쿼리와 노드에 포함된 객체 사이의 관련성을 추정하는 데 사용된다. 객체가 쿼리와 더 관련될수록 객체 사이의 텍스트 거리는 더 작아진다. 쿼리와 오브젝트 사이의 지리적 거리와 결합된 이러한 역파일은 일종의 집계 함수 $f(dist, key)$를 통해 각 노드에 대한 공간 텍스트 거리를 도출한다.

IR-트리는 최근접 top-k 객체를 검색하기 위해 최선 우선[best-first] 탐색 알고리즘을 사용한다. 아직 방문하지 않은 노드와 객체를 추적하는 우선순위 큐[queue]가 존재한다. 각 검색 과정에서 알고리즘은 큐에 포함된 방문할 최소 공간-텍스트 거리를 갖는 노드를 선택한다. IR-트리에서 쿼리 q와 노드 R을 고려할 때 최소 공간 텍스트 거리는 q와 노드 R의 직사각형 내에 있는 객체 사이의 실제 공간-텍스트 거리에 대한 하한을 제공한다. 하한이 이미 검색된 k번째 가장 가까운 후보(q에 대한)보다 크다면 R에 있는 모든 객체를 추가 검사 없이 제거할 수 있다. k-최근접 객체가 발견되면 검색이 종료된다.

IR 트리의 변형으로는 클러스터 강화 IR[CIR, Cluster-enhanced IR]-트리가 있다. CIR-트리의 주요 아이디어는 해당 문서에 따라 객체를 그룹으로 클러스터하는 것이다. 각 노드에 대해 단일 가상 문서를 작성하는 대신 각 노드의 각 클러스터에 대해 가상 문서가 생성된다. 동일한 클러스터 내의 객체가 다른 클러스터의 객체보다 더 비슷하기 때문에 노드의 클러스터를 사용해 추정된 경계가 전체 노드에 대해 추정된 경계보다 더 정확하기 때문에 쿼리 성능이 더욱 향상된다.

선[Sun]과 연구진[34]은 k-최근접 이웃 시간 통합 쿼리[kNNTA, k-Nearest Neighbor Temporal Aggregate]를 제안했다. 쿼리 포인트와 시간 간격이 주어지면 (1) 쿼리 포인트에 대한 공간 거리와 (2) 시간 간격 동안 특정 속성에 대한 시간 집계의 가중치가 가장 작은 top-k 위치를 반환한다. 예를 들어, 최근 한 시간 동안 방문객이 가장 많은 근처의 클럽을 찾을 수 있다. 해당 유형의 쿼리는 위치 기반 소셜 네트워크, 위치 기반 모바일 광고 그리고 소셜 이벤트 추천 애플리케이션을 모두 포함한다. 그러나 많은 양의 데이터와 쿼리는 물론 애플리케이션의 매우 동적인 특성 때문에 이러한 쿼리를 효율적으로 수행하는 것은 매우 어려운 일이다.

해당 문제를 해결하기 위해 TAR-트리라고 명명된 인덱스가 시간 인덱스를 R-트리와 통합시킴으로써 위치를 구성하고자 제안됐다. 그림 4.34에서 볼 수 있듯이 TAR-트리는 먼저 R-트리를 기반으로 공간 위치에 따라 객체를 구성한다. TAR-트리의 각 노드는 MBR 및 시간 인덱스 포인터와 연관된 여러 항목을 포함한다. 시간 인덱스는 각 시대에 걸쳐 0이 아닌 집계를 저장하고 각 레코드를 $\langle t_s, t_e, agg \rangle$로 유지한다. t_s는 시작 시간, t_e는 기간의 종료 시간이고, agg는 기간 동안의 총 합계(예, POI를 방문한 사람의 수)다. 리프 엔트리의 시간 인덱스는 자신이 포함하는 POI의 시간 총합을 저장한다. 비리프[nonleaf] 엔트리(내부 엔트리)의 시간 인덱스는 각각의 기간에 대해 자식 노드의 가장 큰 총합을 저장한다. 예를 들어, c, g 및 b는 리프 노드에 포함된 항목이다. 해당 노드의 시간 집계는 다음과 같다.

$$c: \langle t_0, t_1, 2 \rangle, \langle t_1, t_2, 2 \rangle \text{ 및 } \langle t_2, *, 2 \rangle;$$

$$g: \langle t_0, t_1, 2 \rangle, \langle t_1, t_2, 3 \rangle \text{ 및 } \langle t_2, *, 1 \rangle;$$

$$b: \langle t_0, t_1, 1 \rangle \text{ 및 } \langle t_2, *, 1 \rangle.$$

R_2는 내부 엔트리이며, MBR과 3개의 리프 엔트리 c, g 및 b로 구성된다. 해당 리프 엔트리의 시간 집합은 다음과 같다.

$$\langle t_0, t_1, \max (2, 2, 1) \rangle, \langle t_1, t_2, \max (2, 3) \rangle, \langle t_2, *, \max (2, 1, 1) \rangle.$$

시간 인덱싱 구조(예. 4.4.1절에서 논의한 B+ 트리)는 시간 집계 인덱스를 구현할 때 사용할 수 있다. 예를 들어, 시간을 같은 동일한 시간 길이로 분할하고, 각 시간의 집계를 계산한 다음 B+ 트리를 사용해 이러한 트리플triple을 인덱싱할 수 있다. 시간 간격 쿼리 I를 수행하는 경우 I와 교차하는 시간을 신속하게 검색 후 해당 시간들의 합계를 계산할 수 있다.

최선 우선 검색BFS, Best-First Search[18] 쿼리 프로세싱에 활용할 수 있으며, 아래와 같은 순서로 동작한다.

1. 루트 노드의 엔트리는 우선순위 큐에 삽입되며, 우선순위는 엔트리의 스코어 $f(p)$에 의해 결정된다. 스코어가 작을수록 엔트리의 우선순위가 높아진다. 스코어는 방정식 (4.11)으로 정의된다.

$$f(p) = \alpha \cdot dist(q, p) + (1 - \alpha) \cdot (1 - g(I)), \tag{4.11}$$

   $0 < \alpha < 1$은 쿼리 포인트와 POI 사이의 거리와 시간 간격 I를 포함하는 시간 집계를 병합하는 가중치다. 예를 들어, 그림 4.33에서와 같이 $g(I)$는 t_0에서 현재까지의 시간 간격에서 $3 + 5 + 4 = 12$이며, 엔트리 g의 $g(I)$는 $2 + 3 + 1 = 6$이다. $f(p)$ 값이 [0, 1] 내에 있는지 확인하기 위해 POI와 쿼리 포인트 사이의 최대 거리($distribut(q, p)/\max Dist$)에 의해 $dist(q, p)$가 정규화된다. 마찬가지로 $g(I)$는 모든 포인트들 사이의 최대 시간 집계($g(I)/\max g(I)$)에 의해 정규화된다. 이 예시에서 엔트리 f의 $g(I) = 12$가 최댓값이다. 따라서 정규화 후에 엔트리 g의 $g(I)$는 $6/12 = 0.5$가 된다.

2. 큐의 프런트 엔트리front entry를 제거한다. 만약 엔트리가 리프 엔트리인 경우 포함된 POI가 결과 리스트에 추가된다. 리프 엔트리가 아닌 경우 각 하위 엔트리가 큐에 삽입된다.

3. k POI를 찾을 때까지 두 번째 단계가 반복된다.

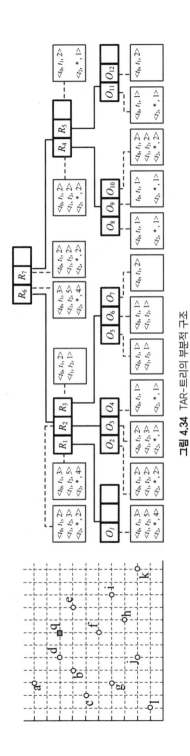

그림 4.34 TAR-트리의 부분적 구조

4.5.2.3 경로에 대한 공간 키워드

앞서 언급한 하이브리드 인덱스는 기본적으로 지형 공간 위치 및 텍스트 설명이 포함된 정적 객체에 대한 공간 키워드 쿼리에 활용된다. 콩Cong과 연구진[11]은 기존 문제를 경로로 확장시켰다. 경로의 데이터셋에 텍스트 설명이 포함돼 있는 경우 사용자는 여러 쿼리 키워드를 포함하고 쿼리 위치에 대해 가장 짧은 거리를 갖는 경로 집합을 검색하려고 할 수 있다. 매치 거리는 모든 쿼리 키워드를 포함하는 하위 경로의 길이와 쿼리 위치에서부터 하위 경로의 시작 위치까지의 거리의 합으로 측정된다.

연구진은 2개의 개별 구성 요소로 구성된 쿼리를 제공하기 위해 셀 키워드cell keyword를 인식하는 B+ 트리를 제안했다. 첫 번째 구성 요소는 쿼리 위치에 가깝고 모든 키워드를 포함하는 경로 ID를 검색하기 위해 사용된다. 해당 구성 요소는 공간적인 영역을 분할하고자 쿼드트리를 사용해 느슨하게 결합된 2개의 개별 인덱스 구조를 포함하며, 텍스트 설명과 함께 경로를 인덱싱하고자 B+ 트리를 구축한다. 두 번째 구성 요소는 쿼리(q)를 수행하고자 선택된 경로의 최소 매치 거리를 계산한다. q에 대한 최소 거리를 포함하는 Top-k 경로는 검색 영역이 점진적으로 확장된 범위 쿼리를 반복적으로 수행해 검색된다.

4.5.3 여러 데이터셋을 관리하기 위한 인덱스

교통 상황, 환경, 인간 행동 및 경제와 같은 서로 다른 도시 현상 사이에는 본질적인 연관성이 있다. 때때로 이러한 연결은 눈에 보이지 않지만, 해당 현상이 생성된 데이터셋 사이의 상관관계에 의해 나타날 수 있다. 예를 들어, 습도가 [70, 90] 이내일 때 대기질은 일반적으로 [150, 200] 이내다. 한 지역의 평균 주행 속도가 20km/h보다 낮으면 NO_2의 농도는 $0.03\mu g/m^3$ 이상일 가능성이 높다. 커피전문점 주변 사용자 체크인 횟수가 주당 1,000회 이상, POI 밀도가 $100/km^2$ 이상일 경우 주당 매출액은 1만 달러 이상이다. 이러한 상관관계 패턴은 복잡한 도시 현상을 설명할 수 있는 통찰력을 나타내며, 문제의 근본 원인을 진단하기 위한 입력으로 사용될 수 있다.

여러 데이터셋에서 상관 패턴을 발견하려면 먼저 두 데이터셋의 동시 발생co-occurrence

을 정의해야 한다. 그 후에 동시 발생 빈도를 확인한다. 하지만 데이터셋은 서로 다른 소스에 의해 독립적으로 생성되므로 하나의 트랜잭션 레코드에서 함께 구매한 '맥주'와 '기저귀'같이 2개의 서로 다른 데이터셋의 인스턴스를 자연스럽게 포함하는 명확한 트랜잭션은 없다. 대신 공간 거리 임곗값 δ와 시간 간격 임곗값 t를 사용해 동시 발생을 정의해야 한다. 2개의 데이터셋에서 각각 2개의 인스턴스가 δ보다 작은 공간 거리와 t보다 작은 시간 간격을 갖고 있는 경우 동시 발생으로 간주된다. 동시 발생 횟수를 확인하는 것은 시공간 검색 과정을 빈번하게 요청하게 되고, 해당 작업은 많은 시간을 소모한다.

그림 4.35a에서 볼 수 있듯이 파란색 다이아몬드(c_1), 빨간색 원(c_2) 그리고 노란색 사각형(c_3)의 3가지 모양으로 표시된 3개의 데이터셋이 있다. (c_1과 c_2의 발생 횟수를 계산하는 원시적인 방법은 시공간 쿼리 포인트로 c_1의 모든 인스턴스를 사용해 임곗값 δ 내에 있고 쿼리 포인트에 대한 인스턴스를 찾기 위해 c_2를 검색하는 것이다. 데이터셋이 큰 경우 합리적인 시간 간격 내에서 해당 목표를 달성하는 것은 불가능하다. 또 다른 간단한 방법은 모든 데이터셋에 대한 그리드 기반 공간 인덱스를 구축하는 것이다. 각 그리드는 그리드에 속하는 모든 인스턴스를 저장한다. 이상적으로 인덱스는 시공간 범위 쿼리를 수행할 때 검색 공간을 크게 줄일 수 있다. 하지만 데이터셋이 매우 큰 경우 단일 시스템의 메모리에서 이와 같은 큰 인덱싱 구조를 유지할 수 없다. 실제로 대규모 데이터셋은 클라우드 컴퓨팅 플랫폼에서 여러 대의 시스템 또는 노드에 의해 각각 분할돼 저장된다. 데이터셋의 개요가 없는 경우 각 쿼리를 수행하기 위해 모든 시스템에 전송해야 한다. 이러한 작업은 컴퓨팅 리소스를 낭비할 뿐만 아니라 시스템 간의 높은 통신 부하를 발생시킨다.

이 문제를 해결하고자 여러 데이터셋을 효율적으로 관리하기 위한 2계층 하이브리드 인덱스를 설계한다. 그림 4.35a에서 볼 수 있듯이 단순화를 위해 공간을 균일한 파티션으로 나누는 그리드 기반 인덱스를 사용한다. 각 파티션은 균일한 그리드로 더 분할된다.

인덱스의 첫 번째 계층에는 각 데이터셋의 인스턴스 수, 해당 인스턴스가 생성된 시간 범위 및 상세한 인스턴스가 저장되는 서버 및 파티션 ID로 구성된 각 그리드의 고급 정보만 저장된다. 따라서 첫 번째 계층 인덱스의 크기는 작으며 애저 스톰^{Azure Storm}의 스파우트^{spout} 노드와 같은 단일 시스템의 메모리에 저장할 수 있다. 그림 4.35a의 왼쪽 부분

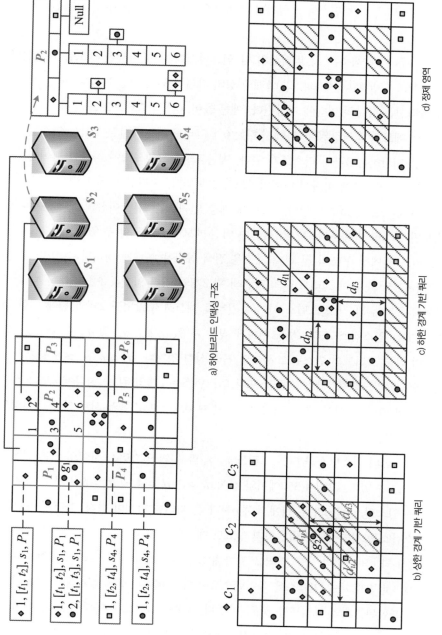

그림 4.35 서로 다른 도메인 사이의 상관관계 패턴 마이닝을 위한 하이브리드 인덱스

a) 하이브리드 인덱싱 구조

b) 상한 경계 기반 쿼리

c) 하한 경계 기반 쿼리

d) 정제 영역

에서 볼 수 있듯이 그리드 g_1은 c_1의 시간 간격 $[t_1, t_2]$에 생성된 하나의 인스턴스와 $[t_1, t_3]$에서 생성된 c_2의 두 인스턴스를 포함한다. 3개의 인스턴스는 머신 s_1 및 파티션 P_1에 저장된다.

인덱스의 두 번째 계층은 각 파티션의 각 인스턴스에 대한 자세한 정보를 저장한다. 머신(또는 클라우드 컴퓨팅 플랫폼의 노드) 1개 이상의 파티션을 저장할 수 있다. 해당 예시의 경우 각 파티션은 하나의 머신에 저장된다. 예를 들어, 6개의 그리드로 구성된 파티션 P_2는 머신 s_2의 메모리에 저장된다. P_2에 속하는 6개 그리드 각각에서 발생하는 인스턴스의 상세 정보를 저장하는 3가지 리스트가 있다. 예를 들어, 그리드 2에 파란색 다이아몬드가 하나 있고 그리드 6에 파란색 다이아몬드가 2개 있다. 파티션 P_2에 노란색 사각형이 없기 때문에 리스트는 null이 된다. 두 번째 계층 인덱스는 하나 이상의 파티션에 대한 상세 정보만 저장하기 때문에 크기가 작으며 머신 메모리에 저장할 수 있다.

하이브리드 인덱싱 구조의 첫 번째 계층은 검색 공간을 빠르게 정리할 수 있다. 예를 들어, 그림 4.35b와 같이 그리드 g_2의 빨간색 원 2개와 거리 임곗값 δ을 고려할 때 다른 데이터셋에서 각 원과 각 인스턴스 사이의 거리를 계산하지 않고도 2개의 원에 대한 임곗값 내에 있는 인스턴스 그리드셋을 빠르게 찾을 수 있다. d_{u1}, d_{u2} 및 d_{u3}은 그리드 g_2의 인스턴스와 다른 그리드의 인스턴스 사이의 거리 상한 경계다. $d_{u1} \leq \delta$, $d_{u2} \leq \delta$ 및 $d_{u3} \leq \delta$인 경우 새도 그리드^{shadow grid}에 속하는 모든 인스턴스는 2개의 원 중 하나에 δ보다 작은 거리를 가져야 한다. 따라서 새도 그리드의 첫 번째 계층 인덱스에서 서로 다른 데이터셋의 인스턴스 수를 쉽게 계산할 수 있다.

마찬가지로 g_2의 인스턴스와 다른 그리드(d_{l1}, d_{l2} 및 d_{l3})의 인스턴스 사이의 거리 하한의 경계를 도출할 수 있다. 그림 4.35c에서와 같이 $d_{l1} > \delta$, $d_{l2} > \delta$ 및 $d_{l3} > \delta$인 경우 새도 그리드의 모든 인스턴스는 g_2의 두 원에 대해 δ보다 큰 거리를 가져야 한다. 따라서 해당 그리드는 인스턴스를 개별적으로 확인하지 않고도 제거할 수 있다.

그림 4.35b와 c의 2개의 새도 영역을 결합해 그림 4.35d의 새도 그리드를 철저히 검사해야 한다. 첫 번째 계층 인덱스를 확인함으로써 다른 데이터셋(예, 파란색 다이아몬드)의 인스턴스가 포함된 3개의 그리드를 찾을 수 있다. 3개의 그리드는 파티션 P_1과 P_4에 속하며 각각 머신 s_1과 s_4에 저장된다. 결과적으로 s_1과 s_4에 2개의 빨간색 원만 쿼리로 전송

하면 된다. 다른 머신들은 쿼리에 포함되지 않는다. 이것은 분산 컴퓨팅 시스템의 주요 비용 중 하나인 머신 간의 불필요한 통신을 상당히 줄일 수 있다.

따라서 2계층 하이브리드 인덱스의 장점은 2가지다.

1. 첫 번째 계층 인덱스는 검색 공간을 상당히 제거해 그룹 쿼리 및 인스턴스 제거를 가능하게 하는 상한 및 하한을 유도한다. 이것은 불필요한 쿼리 프로세스뿐만 아니라 애저 스톰^Azure Storm의 스파우트와 볼트 사이의 머신 간의 불필요한 통신을 감소시킨다. 후자는 일반적으로 분산 컴퓨팅 시스템의 병목 현상이다.
2. 두 번째 계층 인덱스는 데이터셋의 요약 및 세부 정보를 다른 시스템의 메모리에 적재해 검색 프로세스를 신속하게 처리할 수 있다. 그리드 및 파티션과 같은 인덱싱 구조는 병렬 컴퓨팅 프레임 워크에서 쉽게 사용할 수 있다.

4.6 요약

4장에서는 공간 데이터에 대한 인덱싱 및 검색 알고리즘을 논의했다. 그리드 기반 인덱스, 쿼드트리 기반 인덱스, k-d 트리 그리고 R-트리로 구성된 범용 인덱싱 구조를 인덱스 생성, 시공간 범위 쿼리 제공, 최근접 이웃 쿼리 제공 그리고 인덱스 갱신의 4가지 관점에 따라 논의했다. 해당 인덱싱 구조의 장점과 단점을 비교했다.

또한 동적 객체 데이터베이스 및 경로 데이터 관리로 구성된 시공간 데이터를 관리하기 위한 기술을 논의했다. 전자는 (보통 최근의) 타임스탬프에서 동적 객체의 특정 위치와 관련돼 있다. 후자는 동적 객체가 특정 시간 간격에서 탐색을 수행하는 연속적인 움직임에 관한 것이다.

동적 객체 데이터베이스와 관련해 3가지 유형의 쿼리가 제공되고, 2개의 인덱싱 접근법을 소개했다. 전통적인 R-트리(HR-트리), HR+ 트리 및 다중 버전 R-트리(MVR-트리)와 같은 단일 인덱싱 접근법은 각 타임스탬프에서 공간 인덱스를 생성하며, 인덱스의 변경되지 않은 하부 구조를 연속적인 시간 간격에 걸쳐 재사용한다. 3D R-트리와 같은 다른 인덱싱 접근법은 시간을 3차원으로 처리해 공간 인덱싱 구조를 2차원 공간 데이터 관리에서 3차원 시공간 데이터로 확장한다.

경로 데이터 관리와 관련해 범위 쿼리, KNN 쿼리, 경로 쿼리의 3가지 주요 유형의 쿼리가 있다. 그 밖의 고급 쿼리는 3개의 기본적인 쿼리의 조합을 통해 생성될 수 있다. 경로 데이터를 위해 설계된 다른 거리 메트릭도 다뤘다.

마지막으로 다양한 데이터셋을 관리하기 위한 하이브리드 인덱싱 구조를 살펴보았다. 위치와 텍스트를 동시에 고려하는 공간 키워드 쿼리를 처리하기 위한 다양한 데이터 관리 기술을 다뤘다.

고급 2계층 하이브리드 인덱싱 구조는 3가지 유형의 데이터셋에서 상관 패턴을 마이닝하고자 제안됐다. 2계층 인덱싱 구조는 그리드 사이의 상한 및 하한 거리 경계와 1계층에 포함된 그리드 인스턴스의 요약을 사용해 머신의 컴퓨팅 부하와 머신 간의 통신 부하를 크게 감소시킨다.

인덱싱 구조는 분산 컴퓨팅 시스템에 쉽게 적용할 수 있으며, 대규모 데이터셋을 효과적으로 처리할 수 있다.

참고문헌

[1] Agrawal, R., C. Faloutsos, and A. Swami. 1993. *Efficient Similarity Search in Sequence Databases*. Berlin: Springer, 69–84.

[2] Beckmann, N., H. P. Kriegel, R. Schneider, and B. Seeger. 1990. "The R*-tree: An Efficient and Robust Access Method for Points and Rectangles." In *Proceedings of the 1990 ACM SIGMOD International Conference on Management of Data*. New York: Association for Computing Machinery (ACM). doi:10.1145/93597.98741.

[3] Bentley, J. L. 1975. "Multidimensional Binary Search Trees Used for Associative Searching." *Communications of the ACM* 18 (9): 509. doi:10.1145/361002.361007.

[4] Biggs, Norman. 1993. *Algebraic Graph Theory*. 2nd edition. Cambridge: Cambridge University Press, 7.

[5] Brakatsoulas, S., D. Pfoser, and N. Tryfona. 2004. "Modeling, Storing and Mining Moving Object Databases." In *Database Engineering and Applications Symposium, 2004. IDEAS'04. Proceedings. International*. Washington, DC: Institute of Electrical and Electronics Engineers (IEEE) Computer Society Press, 68–77.

[6] Chakka, V. P., A. Everspaugh, and J. M. Patel. 2003. "Indexing Large Trajectory Data Sets with SETI." In *Proceedings of the Conference on Innovative Data Systems Research*. Asilomar, CA: Conference on Innovative Data Research.

[7] Chen, L., and R. Ng. 2004. "On the Marriage of Lp-Norms and Edit Distance." In *Proceedings of the 30th International Conference on Very Large Data Bases*. Burlington, MA: Morgan Kaufmann, 792 – 803.

[8] Chen, L., M. T. Özsu, and V. Oria. 2005. "Robust and Fast Similarity Search for Moving Object Trajectories." In *Proceedings of the 2005 ACM SIGMOD International Conference on Management of Data*. New York: ACM, 491 – 502.

[9] Chen, Z., H. T. Shen, X. Zhou, Y. Zheng, and X. Xie. 2010. "Searching Trajectories by Locations—An Efficient Study." In *Proceedings of the 29th ACM SIGMOD International Conference on Management of Data*. New York: ACM, 255 – 266.

[10] Cong, G., C. S. Jensen, and D. Wu. 2009. "Efficient Retrieval of the Top-k Most Relevant Spatial Web Objects." *PVLDB* 2 (1): 337 – 348.

[11] Cong, G., H. Lu, B. C. Ooi, D. Zhang, and M. Zhang. 2012. "Efficient Spatial Keyword Search in Trajectory Databases." Cornell University Library Computer Science Database (arXiv preprint arXiv:1205.2880).

[12] Cormen, Thomas H., Charles E. Leiserson, Ronald L. Rivest, and Clifford Stein. 2001. *Introduction to Algorithms*. 2nd edition. Cambridge, MA: MIT Press, 527 – 529.

[13] De Felipe, I., V. Hristidis, and N. Rishe. 2008. "Keyword Search on Spatial Databases." In *Proceedings of the 2008 IEEE 24th International Conference on Data Engineering*. Washington, DC: IEEE Computer Society Press, 656 – 665.

[14] Deng, K., K. Xie, K. Zheng, and X. Zhou. 2011. "Trajectory Indexing and Retrieval." In *Computing with Spatial Trajectories*, edited by Y. Zheng and X. Zhou, 35 – 60. Berlin: Springer.

[15] Ester, M., Hans-Peter Kriegel, Jörg Sander, and Xiaowei Xu. 1996. Evangelos Simoudis, Jiawei Han, Usama M. Fayyad, eds. "A Density-Based Algorithm for Discovering Clusters in Large Spatial Databases with Noise." In *Proceedings of the Second International Conference on Knowledge Discovery and Data Mining*. Menlo Park, CA: AAAI Press, 226 – 231.

[16] Guttman, A. 1984. "R-트리s: A Dynamic Index Structure for Spatial Searching." *ACM SIGMOD Record* 14 (2): 47 – 57.

[17] Hariharan, R., B. Hore, C. Li, and S. Mehrotra. 2007. "Processing Spatial-Keyword (SK) Queries in Geographic Information Retrieval (GIR) Systems." In *Proceedings, 19th International Conference on Scientific and Statistical Database Management*. Washington, DC: IEEE Computer Society Press, 16.

[18] Hjaltason, G. R., and H. Samet. 1999. "Distance Browsing in Spatial Databases." *ACM Transactions on Database Systems* 24 (2): 265–318.

[19] Jeung, H., M. L. Yiu, and C. S. Jensen. 2011. "Trajectory Pattern Mining." In *Computing with Spatial Trajectories*, edited by Y. Zheng and X. Zhou. Berlin: Springer, 143–177.

[20] Knuth. 1998. §6.2.1 "Searching an ordered table." Subsection "Binary search."

[21] Kriegel, Hans-Peter, Peer Kröger, Jörg Sander, and Arthur Zimek. 2011. "Density-Based Clustering." *Wiley Interdisciplinary Reviews: Data Mining and Knowledge Discovery* 1, no. 3 (May): 231–240. doi:10.1002/widm.30.

[22] Lee, J. G., J. Han, and K. Y. Whang. 2007. "Trajectory Clustering: A Partition-and-Group Framework." In *Proceedings of the 2007 ACM SIGMOD International Conference on Management of Data*. New York: ACM, 593–604.

[23] Li, Z., M. Ji, J. G. Lee, L. A. Tang, Y. Yu, J. Han, and R. Kays. 2010. "MoveMine: Mining Moving Object Databases." In *Proceedings of the 2010 ACM SIGMOD International Conference on Management of Data*. New York: ACM, 1203–1206.

[24] Lou, Y., C. Zhang, Y. Zheng, X. Xie, W. Wang, and Y. Huang. 2009. "Map-Matching for Low-Sampling-Rate GPS Trajectories." In *Proceedings of the 17th ACM SIGSPATIAL International Conference on Advances in Geographic Information Systems*. New York: ACM, 352–361.

[25] McCreight, E. M. 1976. "A Space-Economical Suffix Tree Construction Algorithm." *Journal of the ACM* 23 (2): 262–272.

[26] Nascimento, M., and J. Silva. 1998. "Towards Historical R-트리s." In *Proceedings of the 1998 ACM Symposium on Applied Computing*. New York: ACM, 235–240.

[27] Navathe, Ramez Elmasri, and B. Shamkant. 2010. *Fundamentals of Database Systems*. 6th edition. Upper Saddle River, NJ: Pearson Education, 652–660.

[28] Pfoser, D., C. S. Jensen, and Y. Theodoridis. 2000. "Novel Approaches to the Indexing of Moving Object Trajectories." In *Proceedings of the International Conference on Very Large Data Bases*. Burlington, MA: Morgan Kaufmann, 395–406.

[29] Samet, H. 1984. "The Quad-Tree and Related Hierarchical Data Structures." *ACM Computing Surveys* 16 (2): 187-260.

[30] Sellis, T., N. Roussopoulos, and C. Faloutsos. 1987. "The R+-Tree: A Dynamic Index for Multi-Dimensional Objects." In *Proceedings of the 13th International Conference on Very Large Data Bases*. Burlington, MA: Morgan Kaufmann.

[31] Shekhar, S., and S. Chawla. 2003. *Spatial Databases: A Tour*. Upper Saddle River, NJ: Prentice Hall.

[32] Song, Z., and N. Roussopoulos. 2003. "SEB-Tree: An Approach to Index Continuously Moving Objects." In *Mobile Data Management*. Berlin: Springer.

[33] Song, R., W. Sun, B. Zheng, and Y. Zheng. 2014. "PRESS: A Novel Framework of Trajectory Compression in Road Networks." *Proceedings of the VLDB Endowment* 7 (9): 661-672.

[34] Sun, Y., J. Qi, Yu Zheng, and Rui Zhang. 2015. "K-nearest Neighbor Temporal Aggregate Queries." In *Proceedings of the 18th International Conference on Extending Database Technology*. Konstanz, Germany: Extending Database Technology.

[35] Tang, L. A., Y. Zheng, X. Xie, J. Yuan, X. Yu, and J. Han. 2011. "Retrieving k-nearest Neighboring Trajectories by a Set of Point Locations." In *Proceedings of the 12th Symposium on Spatial and Temporal Databases*. Berlin: Springer, 223-241.

[36] Tao, Y., and D. Papadias. 2001. "Efficient Historical R-트리s." In *Proceedings of the 13th International Conference on Scientific and Statistical Database Management*. Washington, DC: IEEE Computer Society Press, 223-232.

[37] Tao, Y., and D. Papadias. 2001. "MV3R-트리: A Spatio-Temporal Access Method for Timestamp and Interval Queries." In *Proceedings of the 27th International Conference on Very Large Data Bases*. Burlington, MA: Morgan Kaufmann, 431-440.

[38] Tao, Y., D. Papadias, and Q. Shen. 2002. "Continuous Nearest Neighbour Search." In *Proceedings of the 28th International Conference on Very Large Data Bases*. Burlington, MA: Morgan Kaufmann, 287-298.

[39] Theodoridis, Y., M. Vazirgiannis, and T. Sellis. 1996. "Spatio-Temporal Indexing for Large Multimedia Applications." In *Proceedings of the 3rd IEEE Conference on Multimedia Computing and Systems*. Washington, DC: IEEE Computer Society Press, 441-448.

[40] Wang, L., Y. Zheng, X. Xie, and W. Y. Ma. 2008. "A Flexible Spatio-Temporal Indexing Scheme for Large-Scale GPS Track Retrieval." In *Proceedings of the Ninth*

International Conference on Mobile Data Management. Washington, DC: IEEE Computer Society Press, 1 – 8.

[41] Wang, Y., Y. Zheng, and Y. Xue. 2014. "Travel Time Estimation of a Path Using Sparse Trajectories." In *Proceedings of the 20th ACM SIGKDD International Conference on Knowledge Discovery and Data Mining*. New York: ACM, 25 – 34.

[42] Willams, Louis F., Jr. 1975. "A Modification to the Half-Interval Search (Binary Search) Method." In *Proceedings of the 14th ACM Southeast Conference*. New York: ACM, 95 – 101. doi:10.1145/503561.503582.

[43] Wolfson, O., P. Sistla, B. Xu, J. Zhou, and S. Chamberlain. 1999. "DOMINO: Databases for Moving Objects Tracking." *ACM SIGMOD Record* 28 (2): 547 – 549.

[44] Wolfson, O., B. Xu, S. Chamberlain, and L. Jiang. 1998. "Moving Objects Databases: Issues and Solutions." In *Proceedings of the Tenth International Conference on Scientific and Statistical Database Management*. Washington, DC: IEEE Computer Society Press, 111 – 122.

[45] Xu, X., J. Han, and W. Lu. 1990. "RT-Tree: An Improved R-트리 Index Structure for Spatio-temporal Databases." In *Proceedings of the 4th International Symposium on Spatial Data Handling*. Berlin: Heidelberg, 1040 – 1049.

[46] Yi, B. K., H. Jagadish, and C. Faloutsos. 1998. "Efficient Retrieval of Similar Time Sequences under Time Warping." In *Proceedings of the 14th IEEE International Conference on Data Engineering*. Washington, DC: IEEE Computer Society Press, 201 – 208.

[47] Yuan, J., Y. Zheng, C. Zhang, X. Xie, and G. Z. Sun. 2010. "An Interactive-Voting Based Map Matching Algorithm." In *Proceedings of the 2010 Eleventh International Conference on Mobile Data Management*. Washington, DC: IEEE Computer Society Press, 43 – 52.

[48] Zheng, Y. 2015. "Trajectory Data Mining: An Overview." *ACM Transactions on Intelligent Systems and Technology* 6 (3): 29.

[49] Zheng, Y., and X. Zhou. 2011. *Computing with Spatial Trajectories*. Berlin: Springer.

[50] Zhou, Y., X. Xie, C. Wang, Y. Gong, and W. Y. Ma. 2005. "Hybrid Index Structures for Location-Based Web Search." In *Proceedings of the 14th ACM International Conference on Information and Knowledge Management*. New York: ACM, 155 – 162.

클라우드 컴퓨팅 소개

초록: 서로 다른 도메인의 대규모 데이터를 효율적으로 관리하고자 인프라스트럭처의 지원이 필요하다. 클라우드 컴퓨팅 플랫폼은 도시에서 지속적으로 생성되는 데이터셋을 관리 및 마이닝하기 위한 기본적인 플랫폼을 어반 컴퓨팅에 제공해 준다. 5장에서는 클라우드 컴퓨팅의 기본 기술을 스토리지, 컴퓨팅 그리고 애플리케이션 관점에서 살펴본다. 각 구성 요소의 기술적 세부 사항을 설명하는 대신에 일반적으로 기술이 어떻게 작동하는지 그리고 어떻게 문제를 해결할 수 있는지에 초점을 맞춘다. 마이크로소프트 애저(Azure)와 아마존 웹 서비스와 같이 유사한 기능에 대해 서로 다른 구현을 하고 있는 클라우드 컴퓨팅 플랫폼이 많이 있기 때문에 마이크로소프트 애저를 예로 들어 클라우드 컴퓨팅의 기능을 시연한다.

5.1 소개

도시는 매초 서로 다른 도메인에서 방대한 데이터를 수신한다. 하지만 어반 컴퓨팅의 애플리케이션은 일반적으로 도시 전체 또는 수십만 개의 도로와 같은 매우 넓은 지역을 포함하는 즉각적인 응답(예, 교통 상황 예측 및 도시 이상 감지)을 제공해야 한다. 수신된 데이터와 사용 중인 애플리케이션 사이의 갭을 줄이고자 해당 데이터를 효과적으로 관리하고 효율적으로 마이닝할 수 있는 클라우드 컴퓨팅 플랫폼과 같은 강력한 플랫폼이 필요하다. 클라우드 컴퓨팅이 어반 컴퓨팅에 제공할 수 있는 주요 기능은 다양한 데이터 및 대규모 데이터 저장, 강력한 컴퓨팅 환경 제공 그리고 안정적이고 확장 가능한 외부 서비스 제공이다. 이제부터는 마이크로소프트 애저를 활용해 해당 기능을 설명한다.

마이크로소프트 애저는 애플리케이션 개발, 운영 그리고 관리를 위해 마이크로소프트가 개발한 클라우드 컴퓨팅 플랫폼 및 인프라스트럭처다. 또한 마이크로소프트가 운영하는 데이터 센터의 글로벌 네트워크를 통해 서비스를 제공한다[1, 2]. 해당 클라우드 서비스는 600개가 넘는 탄력적elastic이고, 이용 가능하며, 확장 가능한 서비스를 제공한다. 위에서 언급한 3가지 기능에 따라 마이크로소프트 애저의 구성 요소를 3가지 범주(스토리지, 컴퓨팅 및 애플리케이션)로 분류한다.

1. 대규모 데이터 및 다양한 데이터 저장. 클라우드 컴퓨팅 플랫폼은 교통량, 소셜 미디어 및 날씨와 같은 서로 다른 도메인의 이기종 데이터셋을 저장하기 위해 다양한 저장 메커니즘을 제공한다. 예를 들어, 마이크로소프트 애저는 그림 5.1 하단에서 보이는 것과 같이 정형 데이터structured data 및 비정형 데이터unstructured data 스토리지를 위한 완전한 솔루션을 제공한다. SQL 데이터베이스로서 마이크로소프트 SQL 서버 데이터베이스 엔진Microsoft SQL Server Database Engine을 기반으로 구축된 클라우드의 관계형 데이터베이스-애즈-어-서비스database-as-a-service는 정형 데이터를 저장하기 위한 가장 좋은 선택이 될 수 있다. 또한 애저 스토리지는 비정형 데이터 스토리지에도 활용될 수 있다. 높은 처리량과 빠른 데이터 액세스를 위해 레디스Redis 캐시에 데이터를 저장할 수도 있다. 5.2절에서 더 자세히 설명할 것이다.

2. 강력한 컴퓨팅 환경 제공. 예를 들어, 마이크로소프트 애저는 그림 5.1 중간에 보이는 것처럼 다양한 컴퓨팅 구성 요소를 제공한다. 가상머신VM, Virtual Machine은 사용자가 컴퓨팅 환경을 보다 세부적으로 제어할 수 있도록 해주는 여러 가지 유형의 주문형on-demand, 확장 가능한 컴퓨팅 리소스 중 하나다. 사용자는 개인용 컴퓨터 또는 고성능 서버처럼 애저 가상머신을 사용해 거의 모든 것을 수행할

수 있다. 클라우드 서비스는 가용성이 높고 확장 가능한 클라우드 애플리케이션 및 API Application Programming Interfaces이며, 표준 웹 서비스 또는 백그라운드 서비스로서 애저 가상머신에서 제공된다. HDInsight는 대규모 데이터 전처리, 관리 그리고 마이닝을 수행하는 마이크로소프트 애저의 분산 컴퓨팅 컴포넌트다. 일반적으로 HDInsight에 포함된 하둡 Hadoop, 스파크 Spark 그리고 스톰 Storm을 사용한다. 5.3절에서 자세히 설명한다.

그림 5.1 마이크로소프트 애저 프레임워크

3. 안정적이고 확장 가능한 외부 서비스 제공. 다양한 어반 컴퓨팅 애플리케이션은 다양한 사용자들에게 안정적인 서비스를 제공해야 한다. 해당 서비스는 사용자 요청의 변화에 따라 유연하게 확장 및 축소할 수 있어야 한다. 이 문제는 종종 많은 연구 프로젝트가 실제 삶에 반영되지 못하게 했다. 그림 5.1의 상단에 표시된 것처럼 마이크로소프트 애저에서 웹 앱은 웹 사이트 및 웹 애플리케이션을 만들고 운영하는 데 사용되며, 모바일 앱은 모바일 기반 애플리케이션을 생성하기 위해 사용된다. API 앱을 사용하면 클라우드에서 API를 쉽게 개발, 호스팅 및 활용할 수 있다. 해당 서비스를 통해 어반 컴퓨팅 애플리케이션을 손쉽게 활용할 수 있다. 5.4 절에서 더 자세히 논의할 것이다.

5.2 스토리지

5.2.1 SQL 데이터베이스

SQL 데이터베이스[3]는 클라우드에서 관계형 및 정형 데이터를 저장하기 위한 최선의 선택이 될 수 있다. 마이크로소프트 SQL 서버 데이터베이스 엔진^{Microsoft SQL Server Database Engine} 기반의 관계형 데이터베이스로서, 미션 크리티컬 워크로드^{mission-critical workload}를 처리할 수 있다. SQL 데이터베이스는 다양한 서비스 수준에서 예측 가능한 성능, 다운타임^{downtime} 없는 동적 확장적, 내장된 비즈니스 연속성 및 데이터 보호를 중앙에서 통합 관리한다. 해당 기능을 통해 사용자는 VM 및 인프라 관리에 귀중한 시간과 리소스를 소모하는 대신 빠른 애플리케이션 개발에 집중하고 시장 출시 시간을 단축할 수 있다. SQL 데이터베이스는 SQL 서버 엔진 기반으로 동작하기 때문에 기존 SQL 서버 도구, 라이브러리 및 API를 지원한다. 따라서 새로운 솔루션 개발, 기존 SQL 서버 솔루션 재배치 그리고 신규 기술을 배우지 않고 기존 SQL 서버 솔루션을 마이크로소프트 클라우드로 쉽게 확장할 수 있다. 다시 말해, 사용자들은 SQL 데이터베이스를 기존에 SQL 서버를 사용하던 방식으로 이용할 수 있다.

그림 5.2 어떤 애플리케이션 및 툴이 애저 SQL 데이터베이스에 연결돼 있는지 논리적인 아키텍처를 보여 준다. 먼저 애플리케이션과 툴은 개방형 데이터베이스 연결^{ODBC, Open Database Connectivity} 및 ADO.NET 프로토콜을 통해 연결 요청을 시작할 수 있으며, TDS^{Tabular Data Stream} 프로토콜을 지원한다. 신규 세션이 수립되기 전에 출발지 IP 주소는 방화벽의 허용된 IP 리스트를 통해 검증된다. 해당 출발지 IP가 허용된 IP 리스트에 없는 경우 연결은 수립되지 않는다. 방화벽에서 허용된 경우 명령어와 요청은 자동으로 SQL 데이터베이스 서버가 동작하고 있는 백엔드 인프라스트럭처로 전달되고, 연결이 수립된다. SQL 데이터베이스 논리 서버는 여러 데이터베이스의 중앙 관리 포인트로서 동작한다.

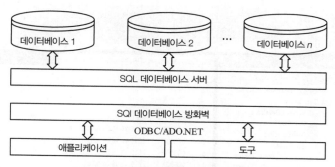

그림 5.2 애저 SQL 데이터베이스의 논리 구조

SQL 데이터베이스는 서로 다른 워크로드^{workload}를 처리하고자 여러 가지 성능 수준을 가진 3가지 서비스 티어(베이직, 스탠더드, 프리미엄)를 제공한다. 성능 수준이 높을수록 더 높은 처리량을 제공하고자 설계된 리소스를 제공한다. 사용자들은 다운타임 없이 서비스 티어와 성능 수준을 동적으로 변경할 수 있다. 베이직, 스탠더드, 프리미엄 서비스 티어는 모두 99.99%의 업타임^{uptime}, 유연한 비즈니스 연속성 옵션, 보안 기능 및 시간별 청구에 대한 서비스 수준 협약서^{SLA, Service Level Agreement}를 갖추고 있다.

SQL 데이터베이스 다음과 같은 절차를 통해 셋업할 수 있다.

1. 애저 포털^{Azure Portal} 또는 애저 파워셸^{Azure PowerShell}을 통해 SQL 데이터베이스 서버 생성. 이 과정에서 SQL 데이터베이스가 실행될 서버 이름, 데이터 센터(예, 미국 서부 또는 동아시아) 위치 그리고 SQL 데이터베이스 로그인 시 사용할 사용자 이름과 패스워드를 제공한다. 애플리케이션의 SQL 데이터베이스에 대한 효율적인 접근을 보장하고자 애플리케이션과 SQL 데이터베이스를 동일한 데이터센터에 배치하는 것을 권장한다.

2. 애저 포털 또는 애저 파워셸을 통해 서버 수준 방화벽 규칙을 생성. 기본적으로 애저에서 호스팅되는 클라이언트만 SQL 데이터베이스에 연결할 수 있다. 서버의 SQL 데이터베이스 방화벽을 단일 IP 주소 또는 주소 범위를 통해 접근할 수 있다. 방화벽에서 허용된 경우 유효한 인증 정보를 가진 모든 서버의 데이터베이스에 SQL 관리자 및 사용자가 로그인할 수 있다.

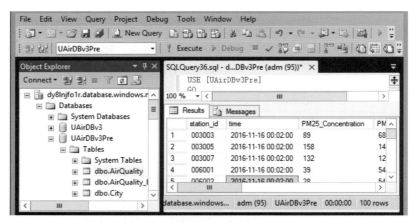

그림 5.3 SQL 데이터베이스 예시

3. **SQL 데이터베이스 관리.** 애저 포털 또는 애저 파워셸을 사용하거나 SQL 서버 매니지먼트 스튜디오^{SQL Server Management Studio}의 최신 버전을 사용해 SQL 데이터베이스를 생성, 삭제 또는 확장/축소할 수 있다. 서버에 데이터베이스를 추가할 때 데이터베이스 이름을 만들고 요금 티어를 선택해야 한다. 예를 들어, '동아시아 ^{East Asia}' 데이터 센터에 '스탠더드' 요금 티어로 UAirDBv3이라는 데이터베이스를 만들 수 있다.

4. **SQL 데이터베이스 접속.** 애플리케이션은 로컬 SQL 서버에 연결함으로써 SQL 데이터베이스에 접속할 수 있다. 로컬 컴퓨터의 일반적인 SQL 서버 사용에 대한 자세한 내용은 [4]를 참고하면 된다. 클라우드의 SQL 데이터베이스에 접근해야 하는 경우 애플리케이션의 IP 주소를 방화벽에 추가해야 한다.

예시: 그림 5.3에서 볼 수 있듯이 dy8Injfo1r은 UAirDBv3과 UAirDBv3Pre라는 사용자가 생성한 2개의 데이터베이스를 포함하는 SQL 데이터베이스 서버다. AirQuality는 'station_id', 'time', 'PM25_Concentration' 등과 같은 몇 가지 속성을 포함하는 SQL 데이터베이스 UAirDBv3Pre의 테이블 중 하나다. SQL 데이터베이스에 대한 자세한 내용은 [3]을 참고한다.

5.2.2 애저 스토리지

애저 스토리지^{Azure Storage}[5]는 비정형 반정형 데이터를 저장하기 위한 클라우드 스토리지 서비스다. 애저 스토리지는 내구성, 가용성 및 확장성에 의존하는 최신 애플리케이션을 위한 스토리지 솔루션을 제공한다. Blob^{Binary Large Object} 스토리지, 테이블 스토리지, 큐 스토리지 및 파일 스토리지와 같은 4가지 주요 서비스를 제공한다.

Blob 스토리지는 비정형 오브젝트 데이터를 저장한다. Blob는 문서, 미디어 파일 또는 애플리케이션 설치 파일과 같이 텍스트 또는 바이너리 유형이다. Blob 스토리지는 또한 오브젝트 스토리지라고도 한다.

테이블 스토리지는 NoSQL 키-속성 데이터 형식의 정형 데이터셋을 저장한다. 해당 스토리지는 대규모 데이터의 신속한 개발 및 빠른 접근을 가능하게 해준다. 사용자가 데이터 사이의 관계를 중요하게 생각하지 않는 경우 테이블 스토리지는 SQL 서버보다 저렴하게 서비스를 제공한다.

큐 스토리지는 워크플로^{workflow} 프로세싱 및 클라우드 서비스 구성 요소 간의 통신을 위한 안정적인 메시징을 제공한다.

파일 스토리지는 표준 서버 메시지 블록^{SMB, Server Message Block} 프로토콜을 사용하는 레거시^{legacy} 응용 프로그램을 위한 공유 스토리지를 제공한다. 애저 VM, 클라우드 서비스 및 사내 애플리케이션은 마운트 공유 또는 REST^{Representational State Transfer} API를 통해 애플리케이션 구성 요소 간에 파일을 공유할 수 있다.

애저 스토리지를 사용하고자 먼저 애저 포털 또는 애저 파워셸을 통해 애저 스토리지 계정을 생성하면 해당 계정을 통해 애저 스토리지에 대한 접근 권한과 고유의 네임스페이스를 제공받을 수 있다. 스토리지 계정을 생성하는 경우 계정 이름과 데이터 센터 위치(예, 미국 서부 또는 동부 아시아)를 설정해야 한다. 그림 5.4는 애저 스토리지 리소스의 관계를 보여 준다. 다음 하위 절에서 각각에 대해 자세히 설명한다.

스토리지 계정이 생성되면 애저 스토리지 데이터를 손쉽게 활용하고자 마이크로소프트의 강력한 도구인 마이크로소프트 애저 스토리지 익스플로러^{Microsoft Azure Storage Explorer}[6]를 윈도우, MacOS 그리고 리눅스 버전으로 사용할 수 있다.

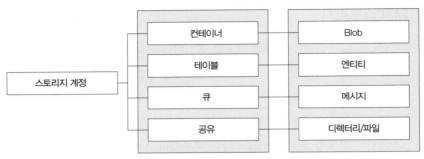

그림 5.4 애저 스토리지 콘셉트

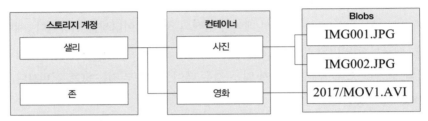

그림 5.5 애저 스토리지의 Blob 파일 구조

5.2.2.1 Blob 스토리지

Blob은 애저 스토리지 시스템에 단일 엔티티로 저장된 바이너리 데이터의 집합이며 문서, 미디어 파일, 또는 애플리케이션 실행파일과 같은 텍스트 및 바이너리 데이터를 저장할 수 있다. 그림 5.5는 Blob의 계층적 구조의 예를 보여 준다. 각 스토리지 계정은 여러 개의 스토리지 컨테이너를 생성할 수 있으며, 각 컨테이너는 Blob 집합을 그룹화한다. 즉, Blob 파일은 컨테이너에 저장돼야 한다. 해당 예시에서 샐리는 각각 사진과 영화라는 2개의 컨테이너를 생성하는 스토리지 계정이다. 사진 컨테이너는 추가로 2개의 Blob 파일 IMG001.JPG and IMG002.JPG로 구성된다. Blob 서비스는 기본적인 구조에 디렉터리에 대한 개념이 없는 플랫^{flat} 스토리지 스키마를 기반으로 한다. 그러나 같은 접두사^{prefix}를 가진 Blob은 논리적으로 같은 디렉터리에 있는 것으로 간주될 수 있다. 예를 들어, 영화 컨테이너에 포함된 Blob 파일 2017/MOV1.AVI 논리적으로 가상 디렉터리 2017에 포함된 MOV1.AVI Blob 파일로 간주할 수 있다.

Blob은 블록 Blob, 페이지 Blob 그리고 추가 Blob^append Blob^으로 구성된다.

블록 Blob는 대규모 Blob을 효과적으로 업로드할 수 있으며, 문서 및 미디어 파일과 같은 텍스트 및 바이너리 파일을 저장하기에 가장 좋은 스토리지다. 블록 Blob는 블록으로 구성되며, 각 블록은 블록 ID로 구분할 수 있다. 블록 ID는 Blob 내의 동일한 길이의 문자열이다. 블록 클라이언트 코드는 일반적으로 문자열을 동일한 길이로 정규화하고자 base-64 인코딩을 사용한다. base-64 인코딩을 사용하는 경우 사전 인코딩된 문자열은 64바이트 또는 미만이다. 블록 ID 값은 다른 Blob에서 중복될 수도 있다. 블록 집합을 작성하고 블록 ID로 커밋해 블록 Blob을 생성하거나 수정할 수 있다. 각 블록은 최대 100MB까지 다양한 크기를 가질 수 있으며, 블록 Blob는 최대 5만 개의 블록을 포함할 수 있다. 따라서 블록의 최대 크기는 4.75TB(100MB × 50,000블록)보다 약간 초과한다[7].

기존 블록을 삽입, 교체 또는 삭제함으로써 기존 블록 Blob를 수정할 수 있다. 수정된 블록 및 Blob을 업로드한 후에 신규 블록을 단일 커밋 작업을 지속적으로 유지하는 기존 블록을 커밋함으로써 Blob의 새로운 버전을 커밋할 수 있다. 커밋 작업의 경우 블록이 발견되지 않으면 전체 커밋 작업이 오류와 함께 실패하며, Blob은 수정되지 않는다. 블록 커밋은 Blob의 기존 속성과 메타데이터를 덮어쓰고 커밋되지 않은 모든 블록을 삭제한다.

존재하지 않는 Blob에 대한 블록을 생성하는 경우 길이가 0바이트인 새로운 블록 Blob이 생성된다. 해당 Blob은 커밋되지 않은 Blob을 포함하는 Blob 리스트에 표시된다. 해당 Blob에 어떤 블록도 커밋하지 않으면 마지막 블록 업로드 성공 후 1주일 후에 삭제된다. 동일한 이름을 가진 신규 Blob이 단일 단계(2단계의 블록 업로드 후 커밋 프로세스보다는)를 통해 생성된 경우 모든 커밋되지 않은 블록 또한 삭제된다.

추가 Blob은 블록들로 구성돼 있지만, 추가 작업에 최적화돼 있다. 해당 작업은 로깅 ^logging^ 시나리오에 유용하다. 예를 들어, 최근 수신된 포인트가 항상 파일의 끝에 추가되는 동적 객체의 경로 데이터를 저장하는 데 사용할 수 있다. 추가 Blob을 수정하는 경우 블록은 Blob의 끝에만 추가된다. 기존 블록 업데이트 및 삭제는 지원하지 않는다. 블록 Blob와 달리 추가 Blob은 블록 ID를 포함하지 않는다. 추가 Blob의 각 블록은 최대 4MB까지의 크기를 가지며, 최대 5만 개의 블록을 포함할 수 있다. 추가 Blob의 최대 크기는 195GB(4MB×50,000블록)를 약간 초과한다[7].

페이지 Blob은 읽기 또는 쓰기 작업에 보다 효과적이다. 각 페이지 Blob는 512바이트의 페이지로 구성되며, 운영 체제[os] 및 애저 VM의 데이터 디스크에서 사용된다. 페이지 Blob을 초기화하고 페이지 Blob이 수용할 수 있는 최대 크기를 지정할 수 있다. 페이지 Blob의 내용을 추가하거나 업데이트하고자 오프셋 및 512바이트 페이지 경계와 일치하는 범위를 지정해 페이지 또는 여러 페이지를 작성한다. 페이지 Blob은 하나의 페이지, 임의의 페이지, 또는 최대 4MB의 페이지 Blob에 덮어쓰기할 수 있다. 페이지 Blob 쓰기는 실제 환경에서 발생하며, 즉시 Blob에 커밋된다. 페이지 Blob의 최대 크기는 1TB다.

Blob을 생성하는 경우 Blob 유형을 지정해야 한다. Blob이 생성되면 해당 유형은 변경되지 않는다. 적절한 Blob 유형을 사용하는 경우에만 Blob을 업데이트할 수 있다(예, 블록 Blob에 Blob 쓰기 또는 블록 리스트 쓰기, 추가 Blob에 블록 추가 그리고 페이지 Blob에 페이지 쓰기). 스토리지 계정에 대한 파일 생성 및 컨테이너 생성에는 제한이 없다. 하지만 스토리지 계정의 총 크기는 500TB[8]를 초과할 수 없다.

예시: 마이크로소프트 애저 스토리지 익스플로러를 사용해 사진을 애저에 업로드한다. 그림 5.6에서 볼 수 있듯이 먼저 스토리지 계정 stdatamanage 아래 pictures라는 컨테이너를 만든다. 업로드 버튼(빨간색 사각형으로 표시)을 클릭하면 업로드할 사진과 Blob 유형(예, 블록 Blob)을 선택할 수 있는 팝업 창이 나타난다. 선택한 사진은 Blob 컨테이너에 업로드된다.

그림 5.6 Blob 파일 사용 예시

예시: 프로그램을 만들어서 애저 Blob에 자동으로 파일을 업로드할 수 있다. 해당 예시에서는 4개의 단계로 구성된 업로딩 프로세스를 시연하기 위해 C#을 사용한다.

1. 스토리지 연결 문자열을 사용해 스토리지 계정에 접속

   "CloudStorageAccount storageAccount =

   CloudStorageAccount.Parse ([StorageConnectionString]);".

   [StorageConnectionString] 은 아래와 같은 필드를 추가로 포함한다.

   "DefaultEndpointsProtocol = [Protocol Type];AccountName = [Account Name];

   AccountKey = [Storage Account Key];EndpointSuffix = [Endpoint Suffix]",

   여기서 [*Protocol Type*]은 인터넷상에서 통신하기 위한 프로토콜의 이름이다(예, http 또는 https). [*Account Name*]은 스토리지 계정의 이름이다. [*Endpoint Suffix*]는 애저 버전에 따라 달라진다(예, core.windows.net 및 core.chinacloudapi.cn은 각각 글로벌 애저Global Azure 및 차이나 애저China Azure를 나타냄). [*Storage Account key*]는 스토리지 계정에 접근하는 개인 키private key다.

2. 스토리지 계정에서 관리할 수 있는 Blob 클라이언트 생성:

   "CloudBlobClient BlobClient = storageAccount.CreateCloudBlobClient();".

3. 컨테이너에 대한 참고문헌을 검색하고 존재하지 않는 경우 컨테이너 생성:

   "CloudBlobContainer container = BlobClient.GetContainerReference([Container Name]);

   container.CreateIfNotExists();",

   [*Container Name*]은 사용자가 설정하는 컨테이너 이름이다.

4. Blob에 대한 참고문헌 검색 및 파일 업로드.

   "CloudBlockBlob Blob = container.GetBlockBlobReference([Blob Name]);
   Blob.UploadFromStream([File Stream]);",

   [*Blob Name*]은 사진을 저장할 Blob의 이름이다. [*File Stream*]은 업로드할 파일

의 스트림이다. 여기서는 블록 Blob을 선택한다. 만약 페이지 Blob 또는 추가 Blob을 선택하는 경우 *"container.GetPageBlobReference([Blob Name])"*와 *"container.GetAppendBlob Reference([Blob Name])"*를 각각 사용한다. Blob 스토리지에 대한 더 자세한 정보는 [9]를 참고하면 된다.

5.2.2.2 테이블 스토리지

테이블 스토리지는 구조화된 NoSLQ 데이터를 클라우드에 저장하는 서비스다. 테이블 스토리지는 스키마 없이 디자인된 키/속성 저장소다. 테이블 스토리지는 스키마가 없기 때문에 애플리케이션의 요구 사항이 변화함에 따라 데이터를 쉽게 적응시킬 수 있다. 비슷한 양의 데이터일 때 전통적인 SQL에 비해 비용이 매우 낮다. 그림 5.7은 테이블 서비스의 계층적 구조를 보여 주며 다음 구성 요소를 포함한다.

- 스토리지 계정. 스토리지 계정은 스토리지 시스템 내에서 고유한 전역^{globally} 엔티티다. 애저 스토리지에 대한 모든 접근은 스토리지 계정을 통해 수행된다. 각 스토리지 계정은 각 테이블을 고유한 이름으로 만드는 경우 무제한으로 생성할 수 있다.

- 테이블. 테이블은 엔티티의 집합이다. 테이블은 엔티티에 스키마를 적용하지 않는다(하나의 테이블에 여러 속성 집합이 있는 엔티티가 포함될 수 있음).

- 엔티티. 엔티티는 데이터베이스 행과 유사한 속성 집합이다. 엔티티의 크기는 최대 1MB일 수 있다. 테이블이 보유할 수 있는 엔티티의 수는 스토리지 계정 용량 한도(예, 500TB)[8]에 의해서만 제한된다. 각 테이블에서 테이블 엔티티는 PartitionKey와 RowKey의 2가지 속성으로 식별된다. 동일한 파티션 키를 가진 엔티티는 보다 신속하게 쿼리할 수 있으며, 원자성 작업으로 삽입/업데이트할 수 있다. 엔티티의 행 키는 파티션 내의 고유 식별자다. PartitionKey와 RowKey를 함께 사용하면 테이블 내의 모든 엔티티를 고유하게 식별할 수 있다.

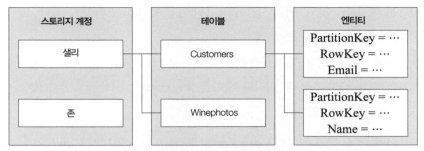

그림 5.7 애저 스토리지의 테이블 서비스 콘셉트

- 속성. 속성은 이름 값^{name-value} 쌍이다. 각 엔티티에 데이터를 저장할 속성을 최대 255개까지 포함할 수 있다. 또한 각 엔티티에는 파티션 키, 행 키^{row key} 및 타임 스탬프를 지정하는 3가지 시스템 속성이 있다. 따라서 사용자는 3가지 시스템 속성 외에 최대 252개의 사용자 지정 속성을 포함할 수 있다. 모든 삽입, 업데이트 및 삭제 작업에 PartitionKey 및 RowKey 속성을 포함시켜야 한다. 타임스 탬프 속성은 엔티티가 마지막으로 수정된 시간을 기록하기 위해 서버 측에서 관리되는 날짜 및 시간 값이다.

애저 테이블은 복잡한 조인^{join}과 외래키^{foreign key}가 필요 없는 반구조화된^{semistructured} 데이터셋을 저장하는 가장 좋은 방법이다. 애저 테이블에 접근하는 가장 효율적인 방법은 포인트 쿼리(파티션 키와 행 키 모두 지정)다. 애저 테이블은 동일한 파티션 키 내의 행 키 범위 쿼리를 매우 효율적으로 수행한다.

예시: 그림 5.8에서 볼 수 있듯이 택시가 생성한 GPS 경로를 저장하기 위해 테이블 서비스를 사용한다. 해당 예시에서 택시의 ID를 기반으로 택시에 대한 테이블을 각각 생성한다. 택시의 경로 데이터는 각 GPS 포인트 기록에 해당하는 엔티티와 함께 자체 테이블에 저장된다. 엔티티의 파티션 키는 레코드가 생성된 시간이고, 행 키는 레코드가 생성된 정확한 타임스탬프다. 예를 들어, '2017012422'는 2017년 1월 24일 22:00~23:00경에 레코드가 생성됐음을 뜻하고 '20170124221023'은 2017년 1월 24일 22:10:23에 레코드가 생성됐음을 뜻한다. 속성에는 속도, 진행 방향, 레코드의 위도와 경도 좌표가 포함된다. 주어진 타임스탬프에서 택시의 위치를 조회하는 경우 먼저 택시 ID를 기반으로 택시

에 해당하는 테이블을 찾고, 쿼리 시간을 파티션 키와 행 키로 변환할 수 있다. 파티션 키와 행 키를 기반으로 엔티티를 검색할 수 있다.

시간 간격에 따라 택시 위치를 검색할 때(예, 2017년 1월 24일 22:30~23:00 동안 'jingxxx1'의 경로 기록 검색), 다음과 같은 쿼리를 테이블 'jingxxxx1'(자세한 정보는 테이블 스토리지, [10] 참고)에서 수행할 수 있다.

"PartitionKey ge '2017012422' and PartitionKey lt '2017012423' and RowKey ge '20170124223000' and RowKey lt '20170124230000'"

여기서 *ge*는 다른 문자열보다 크거나 동일한 문자열을 뜻하며, *lt*는 사전식 순서에 따라 다른 문자열보다 작은 문자열을 나타낸다. 엔티티의 파티션 키를 행 키에 포함하면 여러 파티션을 포함하는 범위 쿼리를 수행할 수 있다.

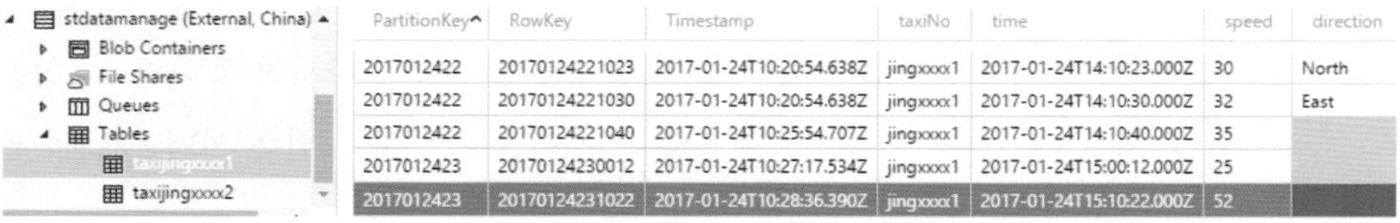

PartitionKey	RowKey	Timestamp	taxiNo	time	speed	direction
2017012422	20170124221023	2017-01-24T10:20:54.638Z	jingxxxx1	2017-01-24T14:10:23.000Z	30	North
2017012422	20170124221030	2017-01-24T10:20:54.638Z	jingxxxx1	2017-01-24T14:10:30.000Z	32	East
2017012422	20170124221040	2017-01-24T10:25:54.707Z	jingxxxx1	2017-01-24T14:10:40.000Z	35	
2017012423	20170124230012	2017-01-24T10:27:17.534Z	jingxxxx1	2017-01-24T15:00:12.000Z	25	
2017012423	20170124231022	2017-01-24T10:28:36.390Z	jingxxxx1	2017-01-24T15:10:22.000Z	52	

스토리지 트리: stdatamanage (External, China) ▸ Blob Containers ▸ File Shares ▸ Queues ▸ Tables (taxijingxxxx1, taxijingxxxx2)

그림 5.8 테이블 서비스 예시

5.2.2.3 큐 스토리지

애저 큐Queue 스토리지는 애플리케이션 구성 요소 간에 클라우드 메시징을 제공한다. 대규모 애플리케이션을 설계할 때 애플리케이션 구성 요소는 종종 분리돼 독립적으로 확장할 수 있다. 큐 스토리지는 클라우드, 데스크톱, 온프레미스on-premis 서버 또는 모바일 기기에서 실행 중인 애플리케이션 구성 요소 간의 통신을 위해 비동기 메시징을 제공한다[11]. 큐 스토리지는 또한 비동기적인 작업 및 프로세스 워크플로 생성을 지원한다. 그림 5.9에서 볼 수 있듯이 큐 서비스에는 3가지 구성 요소가 있다.

- 스토리지 계정. 테이블 및 Blob 스토리지와 마찬가지로 큐 스토리지에 대한 접근은 스토리지 계정을 통해 수행된다. 각 스토리지 계정은 큐의 이름으로 구분되는 큐를 무제한으로 만들 수 있다.

- 큐. 큐에는 메시지 집합이 포함된다. 모든 메시지는 큐에 있어야 하며, 큐 이름은 모두 소문자를 사용해야 한다.
- 메시지. 메시지는 최대 64KB인 임의 형식의 메시지다. 총 크기가 최대 스토리지 계정 용량을 초과하지 않는 한 각 큐의 메시지 수에는 제한이 없다(예, 500TB). 선입 선출FIFO, First In First Out 동작은 보장되지 않지만, 일반적으로 메시지는 큐의 끝에 추가되고, 큐의 가장 앞 부분부터 검색이 수행된다. 64KB보다 큰 메시지를 저장해야 할 경우 메시지 데이터를 Blob 또는 테이블에 보관하고, 메시지에 대한 참고를 큐에 저장할 수 있다. 메시지가 큐에 남아 있을 수 있는 최대 시간은 7일이다.

예시: 업로드해야 할 수천 장의 사진이 있는 경우 큐를 사용해 여러 업로더(uploaders)에 업로드 작업을 전달할 수 있다. 업로더는 각각 다른 머신에서 동작하며, 큐 스토리지로부터 메시지를 검색한 후 메시지가 포함된 위치에 따라 이미지를 클라우드에 업로드한다. 각 이미지는 Blob에 저장된다.

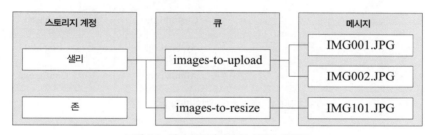

그림 5.9 애저 스토리지의 큐 서비스 콘셉트

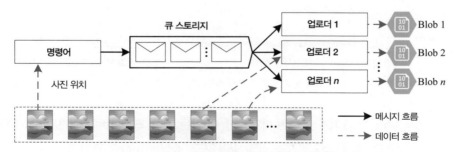

그림 5.10 애저 큐 서비스를 통해 대량 이미지 업로드 예시

5.2.2.4 파일 스토리지

파일 스토리지는 클라우드에서 표준 서버 메시지 블록^{SMB} 프로토콜[12]을 사용해 파일 공유 서비스를 제공한다. SMB 2.1 및 SMB 3.0 모두 지원한다. 애저 파일 스토리지를 사용하면 파일 공유 서비스를 제공하는 레거시^{legacy} 애플리케이션을 어려운 코드 재작성 없이 손쉽게 마이그레이션^{migration}할 수 있다. 애저 VM 또는 클라우드 서비스 또는 사내 구축 환경의 클라이언트에서 실행되는 애플리케이션은 데스크톱 애플리케이션이 일반적인 SMB 공유를 탑재하는 것처럼 파일 공유를 클라우드에 탑재할 수 있다. 그다음 여러 애플리케이션 구성 요소가 파일 스토리지 공유를 동시에 탑재하고 접근할 수 있다. 그림 5.11은 파일 스토리지의 논리적 구조를 보여 주며, 4개의 컴포넌트를 갖고 있다.

- 스토리지 계정. 파일 스토리지는 반드시 스토리지 계정을 통해 접근해야 하며, 해당 계정은 파일 공유를 포함할 수 있다. 하나의 스토리지 계정이 포함할 수 있는 파일 공유의 총 크기는 스토리지 계정의 용량 제한인 500TB를 초과할 수 없다.

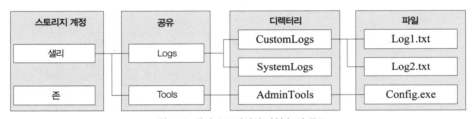

그림 5.11 애저 스토리지의 파일 논리 구조

a) 애저 스토리지 계정에서 공유 생성　　　　　b) 로컬 머신에서 파일 스토리지 사용

그림 5.12 애저의 파일 스토리지 사용 예시

- 공유. 파일 스토리지 공유는 마운트할 수 있는 가상 드라이버인 애저의 SMB 파일 공유다. 공유 스토리지는 파일 공유의 총 용량(5TB)까지 파일 또는 디렉터리를 무제한으로 저장할 수 있다.

- 디렉터리. 선택적 계층 구조인 디렉터리는 공유 스토리지 또는 다른 디렉터리에 생성한다. 전체 크기가 공유의 제한(5TB)을 초과하지 않는 한 디렉터리에는 0개 이상의 파일 또는 디렉터리가 포함된다.
- 파일. 파일은 이진 데이터, 속성 및 메타 데이터로 구성된 단일 엔티터다. 파일은 공유 스토리지 또는 디렉터리에 포함돼야 한다. 파일의 크기는 최대 1TB까지 가능하다.

예시: 파일 스토리지를 사용하려면 먼저 스토리지 계정에서 공유 스토리지를 생성한다. 이를테면 그림 5.12a와 같이 마이크로소프트 애저 스토리지 익스플로러를 사용하거나 애저 포털$^{Azure\ Portal}$에서 공유 스토리지를 생성하는 여러 가지 방법이 있다. 예를 들어, 애저 스토리지 계정 *stdmanage*에서 *sharetest*라는 이름의 공유 스토리지를 생성할 수 있다.

표준 SMB 프로토콜을 지원하는 모든 컴퓨터는 공유에 연결할 수 있다. 예를 들어, 윈도우에서 커맨드 라인에 아래 명령어를 입력해 공유 스토리지를 마운트할 수 있다.

"net use [drive letter]: \\[storage account name].file.[endpoint

suffix]\[share name]/u: [storage name] [storage account access key]",

여기서 [*drive letter*]는 마운트된 공유 스토리지에 할당된 단일 영문자(A~Z)다. [*storage account name*] 및 [*share name*]은 각각 스토리지 계정 및 공유 스토리지의 이름을 나타낸다. [*endpoint suffix*]는 애저의 버전에 따라 다르다(예, core.windows.net 및 core. chinacloudapi.cn은 글로벌 애저 및 차이나 애저를 각각 나타냄). [*storage account access key*]는 스토리지 계정에 접근할 수 있는 개인 키다.

리눅스에서는 아래 명령어를 사용해서 공유 스토리지를 마운트할 수 있다.

"sudo mount -t cifs //[storage account name].file.[endpoint

suffix]/[share name] [mount point] -o vers = 3.0, username = [storage name],

password = [storage account access key], dir_mode = 0777, file_mode = 0777",

여기서 [*mount point*]은 공유 스토리지가 마운트된 디렉터리다. [*storage account name*] 및 [*share name*]은 각각 스토리지 계정 및 공유 스토리지의 이름을 나타낸다. [*endpoint suffix*]는 애저의 버전에 따라 다르다(예, core.windows.net 및 core.chinacloudapi.cn은 글로벌 애저 및 차이나 애저를 각각 나타냄). [*storage access key*]는 스토리지 계정에 접근할 수 있는 개인 키다. '0777'은 모든 사용자에게 실행/읽기/쓰기 권한을 부여하는 디렉터리/파일 권한 코드를 나타낸다. 리눅스 파일 권한 문서에 따라 다른 파일 권한 코드로 대체할 수 있다.

공유된 스토리지에 연결되면 공유 스토리지에 포함된 파일에 대한 읽기 및 쓰기 권한을 가질 수 있다. 그림 5.12b에서 볼 수 있듯이 *sharetest*가 로컬 컴퓨터에 디스크 드라이브로 마운트된 것을 볼 수 있다. 일부 인터넷 서비스 업체에서 포트 445를 차단할 수 있으므로 SMB 프로토콜이 로컬 네트워크에서 사용하는 포트 445(TCP 아웃바운드)에 대한 인터넷 액세스를 허용해야 한다.

5.2.3 레디스 캐시

애저 레디스 캐시^{Azure Redis Cache}는 널리 사용되는 오픈 소스 레디스 캐시를 기반으로 한다. 레디스 캐시는 물리적 컴퓨터 환경에서 메모리 데이터베이스로 자주 사용된다. 애저 레디스 캐시는 마이크로소프트에서 운영하는 애저 또는 사내 구축 환경의 모든 애플리케이션에서 접근할 수 있는 안전하고 효율적인 레디스 캐시 접근을 제공한다[13]. 애저 레디스 캐시를 메모리 내 데이터 구조 저장소, 데이터베이스, 캐시 그리고 메시지 브로커^{message broker}로 사용할 수 있다. 그림 5.13은 레디스 캐시의 논리적 구조를 설명하며, 3가지 컴포넌트로 구성된다.

- 레디스 인스턴스. 사용자는 다양한 레디스 인스턴스를 애저 구독^{subscription} 내에 생성할 수 있다. 레디스 인스턴스는 독립적으로 관리, 확장/축소 또는 모니터링할 수 있는 레디스 서버와 비교할 수 있다. 애저 레디스 인스턴스에는 베이직, 스탠더드 그리고 프리미엄의 3가지 티어가 존재한다. 각 티어는 기능 및 가격면에서 서로 다르다. 성능 수준이 높을수록 더 높은 처리량을 제공하도록 설계된 더 많은 리소스를 제공한다. 사용자는 다운타임 없이 서비스 티어와 성능 수준을 동적으로 변경할 수 있다.

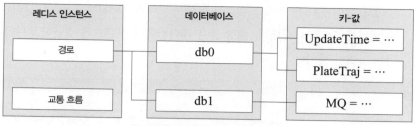

그림 5.13 레디스 캐시의 논리 구조

- 데이터베이스. 기본적으로 각 레디스 인스턴스에는 16개의 데이터베이스(0부터 15까지 인덱싱됨)가 존재한다. 레디스를 생성하기 전에 데이터베이스 수를 지정할 수 있지만, 각 레디스 캐시 가격 티어에 따라 제한이 달라진다. 예를 들어, 스탠더드 티어에서 C3(6GB)은 최대 16개의 데이터베이스를 보유할 수 있지만, 프리미엄 티어 P2(13GB)는 최대 32개의 데이터베이스를 가질 수 있다. 각 레디스 데이터베이스는 각각 키 공간^{key space}을 가진다. 'staging' 및 'production'과 같은 서로 다른 데이터베이스 데이터 또는 다른 애플리케이션을 사용함으로써 사용자는 데이터베이스 사이의 키 충돌을 고려하지 않아도 된다[17].

- 키-값. 각 데이터베이스는 문자열, 해시^{hash}, 리스트, 집합, 범위 쿼리, 비트맵 및 지리공간 인덱스를 포함하는 범위 쿼리 등을 포함한다. 레디스는 데이터 일관성을 보장하기 위해 이러한 데이터 형식에 대한 일련의 단일 작업^{atomic operations}을 지원한다.

메모리에 저장돼 있는 애저 레디스 캐시는 자주 사용되는 것을 저장하고, 높은 처리량, 낮은 대기 시간 및 공유 데이터를 저장하기에 적합하다. 또한 경량 메시지 큐 또는 메시지 브로커로도 사용할 수 있다. 자세한 내용은 [15]를 참고하면 된다.

마이크로소프트 애저에서 레디스 캐시를 사용하려면 아래와 같은 순서를 따르면 된다.

1. 레디스 캐시 생성. 마이크로소프트 애저 포털에서 New→Data and Storage→Redis Cache를 클릭한다. 캐시의 이름을 입력하고, 실행할 위치를 선택한 후, 애플리케이션 요구 사항을 충족시키는 요금 티어를 선택한다. 예를 들어, 스탠더드 요금제를 사용하는 미국 중북부에 Trajectory라는 C3(6GB) 레디스 캐시를 만들 수 있다.

예시: 그림 5.14는 레디스 데스크톱 매니저(Redis Desktop Manager)[14]의 사용자 인터페이스를 나타내며, 해당 툴은 레디스에서 콘텐츠에 접근하고 수정할 수 있는 강력한 툴이다.

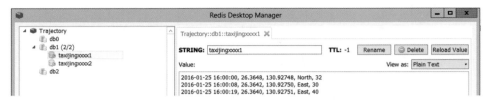

그림 5.14 레디스 데스크톱 매니저(Redis Desktop Manager)를 사용해 레디스 캐시의 내용을 탐색하는 예시

이 예제에서 Trajectory는 3개의 데이터베이스 *db0*, *db1* 및 *db2*가 포함된 레디스의 이름이다. db1에서 'taxjingxxxx1'과 'taxjingxxxx2'는 2개의 택시 GPS 경로를 나타내는 2개의 키-값 쌍이다. 'taxjingxxxx1' 키는 여러 값의 행을 가진 택시 ID다. 각 행은 시간, 위도, 경도, 방향 및 속도로 구성된 택시의 경로에서 GPS 지점을 뜻한다.

2. 레디스 캐시 관리. 레디스 캐시가 생성된 후에는 레디스 캐시 설정 및 모니터링을 하고자 애저 포털 또는 애저 파워셸을 사용할 수 있다.

3. 레디스 캐시 연동. 사용자 PC에 연결된 로컬 레디스에 연결하는 것과 동일한 방법으로 애저 레디스 캐시에 접속할 수 있다. 예를 들어, StackExchange.Redis(.NET 언어용 고성능 범용 레디스 클라이언트)를 사용해 애저 레디스 캐시에 연결하려면 다음 연결 문자열을 사용한다.

"[redis name].redis.cache.[endpoint suffix]: 6380, password = [access key], ssl = True,abortConnect = False",

[*redis name*]은 애저 레디스 이름이며, [*endpoint suffix*]는 애저 버전에 따라 다르다. *windows.net* 및 *chinacloudapi.cn*은 Global Azure 및 China Azure를 나타낸다. [*access key*]는 개인 키다.

그림 5.15는 레디스를 사용해 여러 구성 요소 간에 데이터를 공유하는 예를 보여 준다. 택시는 원본 경로를 레디스 캐시에 업로드하면 다른 구성 요소(예, 맵 매치map match 또는 인

덱스)는 레디스에서 원본 경로를 읽고 처리한다.

5.3 컴퓨팅

마이크로소프트 애저는 다양한 컴퓨팅 컴포넌트를 제공한다. 5.3절에서는 가상머신[VM], 클라우드 서비스 그리고 HDInsight를 다루도록 한다.

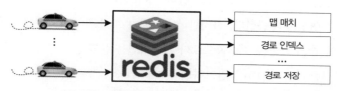

그림 5.15 레디스를 사용해 여러 구성 요소 간에 데이터 공유

5.3.1 가상머신

애저 가상머신은 애저에서 제공하는 주문형 확장 가능 컴퓨팅 리소스의 여러 유형 중 하나이며, IaaS[Infrastructure-as-a-Service]의 한 종류다. 일반적으로 다음과 같은 구성 요소에서 다른 선택 사항보다 컴퓨팅 환경에 대한 제어가 필요할 때 가상머신을 사용한다.

- 개발 및 테스팅. 애저 가상머신은 애플리케이션을 코딩하고 테스트하기 위해 필요한 특정 구성으로 컴퓨터를 빠르고 쉽게 생성할 수 있는 방법을 제공한다.
- 클라우드 기반 애플리케이션. 애플리케이션에 대한 수요가 변동될 수 있기 때문에 애저 가상머신을 이용하는 것이 경제적으로 유리할 수 있다. 필요한 경우 추가 가상머신을 사용하고 그렇지 않은 경우 가상머신을 종료하면 된다.
- 데이터센터 확장. 애저 가상 네트워크의 가상머신을 조직의 네트워크에 쉽게 연결할 수 있다.

마이크로소프트 애저는 윈도우 가상머신 외에도 다수의 파트너가 제공하고 유지 관리하는 다양한 인기 있는 리눅스 배포판을 지원한다. 애저 마켓플레이스[Marketplace]에서 레드햇 엔터프라이즈[Red Hat Enterprise], 센트OS[CentOS], 데비안[Debian], 우분투[Ubuntu], 코어OS[CoreOS],

란처OS^{RancherOS}, 프리BSD^{FreeBSD}와 같은 배포판을 이용할 수 있다. 애저 가상머신에서 사용자가 커스터마이징한 자체 리눅스 시스템 또한 사용할 수 있다.

애저는 다양한 유형의 사용 환경을 지원할 수 있는 다양한 크기를 제공하므로 작업 부하에 적합한 크기를 선택할 수 있다. 기존 가상머신의 성능을 조정해 처리 능력, 메모리 및 스토리지 용량을 결정할 수 있다. 애저는 가상머신의 크기와 운영 체제에 따라 시간별로 요금을 청구한다.

애저 가상머신은 가상머신을 실행하는 물리적 하드웨어를 구입하고 유지보수에 부담 없이 가상화의 유연성을 제공한다. 하지만 설정, 패치 그리고 가상머신에서 운영되는 소프트웨어 설치와 같은 작업을 수행함으로써 가상머신을 운영해야 한다. 마이크로소프트 애저에 대한 자세한 내용은 [18]은 참고하면 된다.

애저에서 가상머신을 사용하려면 아래의 순서를 따르면 된다.

1. **가상머신 생성.** 애저 포털 또는 애저 파워셸을 통해 VM을 생성하려면 운영 체제(윈도우 또는 리눅스)를 선택하고, 가상머신의 이름, 로그인할 사용자 이름과 암호, 가상머신의 위치(예, 서부 미국 또는 동아시아) 및 애플리케이션의 작업 부하에 적합한 크기를 선택한다.

2. **가상머신 접속.** 가상머신이 생성된 이후, 원격 데스크톱 연결(윈도우 가상머신의 경우) 또는 퍼티^{Putty}[16](리눅스 가상머신의 경우)를 통해 연결할 수 있다. 로그인 과정에서 가상머신이 생성된 주소, 사용자 이름 및 암호를 입력해야 한다. 주소는 아래와 같이 입력한다.

   "*[computer name].[endpoint suffix]:[port]*",
   여기서 *[computer name]*은 가상머신 이름이다. 애저 버전에 따라 *[endpoint suffix]*에는 각각 글로벌 애저와 차이나 애저를 나타내는 windows.net과 chinacloudapi.cn이 있다. *[port]*는 애저가 자동으로 가상머신에서 생성하는 포트다.

3. **가상머신 사용.** 애저 가상머신을 사용해 PC 또는 고성능 서버처럼 거의 모든 것을 처리할 수 있다. 예를 들어, 가상머신에 웹 사이트를 만들어 웹 서비스를 제공하고 데이터 저장을 위해 SQL Server와 레디스를 설치할 수 있다. 어디서나 가상

머신의 서비스에 접근할 수 있다.

5.3.2 클라우드 서비스

마이크로소프트 애저 클라우드 서비스는 컨테이너의 역할을 한다. 가용성과 확장성이 뛰어난 클라우드 애플리케이션 및 API를 호스팅하고 실행하는 것을 목표로 한다. 클라우드 서비스는 가상머신에서 호스팅되는 PaaS^{Platform-as-a-Service}의 종류다. 그림 5.16과 같이 클라우드 서비스에는 2가지 유형의 역할이 있다.

1. 웹 역할. 웹 역할은 표준 웹 서비스를 제공한다. 사용자는 HTTP^{Hypertext Transfer Protocol}를 통해 해당 서비스에 접근한다. 웹 역할은 IIS^{Internet Information Server}에 자동으로 배포된 웹 애플리케이션이 있는 윈도우 서버를 실행한다.

2. 작업자^{worker} 역할. 작업자 역할은 클라우드 서비스의 또 다른 유형의 역할이다. 해당 역할은 IIS 없이 윈도우 서버를 실행한다. 사실 작업자 역할은 호스트 가상 머신에서 백그라운드 서비스와 같은 역할을 한다. 작업자 역할은 HTTP 외에도, UDP 및 TCP와 같은 다양한 프로토콜을 사용해 더 많은 서비스를 제공한다.

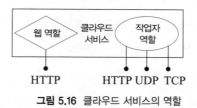

그림 5.16 클라우드 서비스의 역할

각 클라우드 서비스에는 여러 역할(웹 역할 또는 작업자 역할)이 있을 수 있으며, 각각은 동일한 역할을 수행하는 여러 개의 인스턴스를 포함할 수 있다. 인스턴스^{instance}는 가상머신에서 일종의 역할을 수행하는 프로세스다. 애플리케이션에 대한 대량의 요청 작업을 처리하기 위해 동일한 애플리케이션의 인스턴스를 여러 개 생성할 수 있다. 해당 설정은 사용자의 요청을 여러 인스턴스에 자동으로 분산시킨다. 마이크로소프트 애저는 단일 하드웨어 장애 지점^{single point of hardware failure}을 피하는 방식으로 클라우드 서비스 애플리케이션에서 가상머신을 확장 및 배포할 수 있다.

가상머신에서 애플리케이션을 실행하더라도 클라우드 서비스가 IaaS가 아닌 PaaS를 제공한다는 것을 이해하는 것이 중요하다. 애저 가상머신과 같은 IaaS를 사용하면 애플리케이션이 실행될 환경을 먼저 만들고 구성한 다음 해당 환경에 애플리케이션을 배포할 수 있다. 사용자는 각 가상머신 운영 체제의 신규 패치 버전을 적용하는 것과 같은 여러 가지 부분을 관리해야 한다. 반면 PaaS에서는 특정 환경이 이미 존재하는 것처럼 보이게 된다. 사용자가 해야 할 것은 애플리케이션을 배포하는 것이다. 운영 체제의 신규 버전을 배포하는 것을 포함해 해당 애플리케이션이 실행되는 플랫폼의 관리는 PaaS에서 수행된다. 클라우드 서비스에서는 가상머신을 생성하지 않는 대신 여러 역할에 대한 인스턴스 수를 애저에게 알려주는 구성 파일을 제공한다(예, 3개의 웹 역할 인스턴스 및 2개의 작업자 역할 인스턴스). 그다음 플랫폼은 구성 파일에 맞게 가상머신을 생성한다. 가상머신을 백업할 크기를 선택해야 하지만 명시적으로 생성하지는 않는다. 애플리케이션에서 더 많은 작업을 처리해야 하는 경우 더 많은 인스턴스를 생성해 더 많은 가상머신을 사용할 수 있다. 요청이 줄어들면 인스턴스를 종료할 수 있으며 비용을 지불하지 않아도 된다. 클라우드 서비스에 대한 자세한 내용은 [19]를 참고하면 된다.

예시: 단순한 애플리케이션은 웹 역할만 사용할 수 있지만 더 복잡한 애플리케이션은 웹 역할을 사용해 사용자로부터 들어오는 요청을 처리한 다음 그림 5.17에 나와 있는 것처럼 큐를 사용해서 요청받은 작업을 하나 또는 여러 개의 작업자 역할로 전달할 수 있다.

애저에서 클라우드 서비스를 사용하려면 다음과 같은 순서를 따른다.

1. 애저 포털 또는 애저 파워셸에서 클라우드 서비스 생성. 해당 서비스를 생성하려면 서비스 이름를 입력하고 어디에서 서비스를 운영할 것인지 선택해야 한다.

2. 일부 웹 역할이나 작업자 역할을 생성해야 하는 개발자 환경(예, Microsoft Visual Studio)을 사용해 애저 클라우드 서비스 프로젝트 생성. 해당 역할은 클라우드 서비스와 연동된다. 그림 5.18과 같이 웹 역할 1과 작업자 역할 1이 프로젝트에 추가된다.

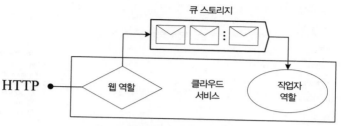

큐 스토리지

HTTP ● ──── 웹 역할   클라우드   작업자
                        서비스   역할

그림 5.17 클라우드 서비스 사용 예시

그림 5.18 웹 역할 및 작업 역할을 포함하는 클라우드 서비스 생성

3. 자체 구성 페이지에서 각 역할 설정. 예를 들어, 그림 5.19와 같이 그림 5.18에서 웹 역할 1의 구성 페이지를 더블 클릭해 열 수 있다. 인스턴스가 실행될 가상머신의 인스턴스 개수와 크기를 명시해야 한다. 예시에서는 소형 가상머신(1코어 CPU, 1.75GB 메모리)과 함께 하나의 인스턴스를 사용한다. 그림 5.19의 설정 지침에 따라 작업 로그 및 포트 설정과 같은 추가적인 환경 설정이 필요하다. 해당 설정에 대해서는 모두 다루지 않는다.

4. 애저에 클라우드 서비스 프로젝트 배포. 비주얼 스튜디오^Visual Studio에서 배포할 클라우드 프로젝트의 이름(예, 그림 5.19에 표시된 AzureCloudService1)을 우클릭해 클라우드 서비스를 배포할 수 있다. 애저 구독 및 첫 번째 단계에서 구축한 클라우드 서비스를 선택한 후 최종적으로 클라우드 서비스를 배포할 수 있다.

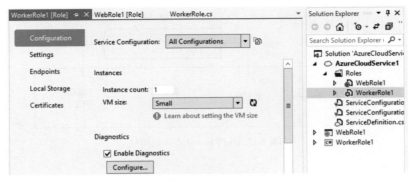

그림 5.19 클라우드 서비스에서 역할 구성

5.3.3 HDInsight

기존의 가상머신 및 클라우드 서비스 외에도 마이크로소프 애저는 대규모 데이터 처리를 수행하고자 HDInsight[20]라는 분산형 병렬 컴퓨팅 플랫폼을 지원한다. HDInsight는 하둡Hadoop 에코 시스템의 하둡, 스파크Spark, HBase, 스톰Storm 및 기타 기술을 마이크로소프트 애저에 통합한다. 5.3.3절에서 시공간 데이터 관리에 널리 사용될 수 있는 하둡, 스파크 및 스톰으로 구성된 해당 구성 요소 중 일부를 소개할 것이다.

그림 5.20은 HDInsight의 구조를 나타내며 HDInsight 클러스터와 WASBWindows Azure Storage Blob의 2가지 구성 요소로 구성된다. HDInsight 클러스터는 작업 실행을 위한 컴퓨팅 리소스의 모음이며, 설치의 구현 세부 사항과 개별 노드의 구성을 추상화한다. 사용자는 일반 구성 정보를 제공하기만 하면 된다. WASB는 애저 Blob 스토리지에 하둡 분산 파일 시스템HDFS, Hadoop Distributed File System을 구현한 것이다. Blob 스토리지에 데이터를 저장하면 사용자가 데이터를 손실하지 않고 컴퓨팅에 사용되는 HDInsight 클러스터를 안전하게 삭제할 수 있다.

애저에서 HDInsight를 사용하기 위해 아래 순서를 따른다.

1. 애저 포털 또는 애저 파워셀에서 클러스터를 생성하기 위해서 클러스터 이름과 클러스터 유형(예, 하둡, 스파크, 또는 스톰), 클러스터가 실행될 위치, 작업을 생성할 때 사용할 사용자 이름 및 패스워드 그리고 노드 개수 및 크기를 설정한다. 또한 프로

그램을 설치할 애저 스토리지 및 컨테이너를 선택한다. 해당 프로그램은 Blob 파일에 저장된다. Blob 파일은 컨테이너에 저장돼야 한다(그림 5.5 참고).

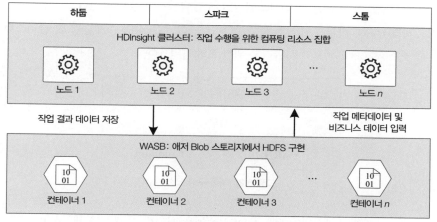

그림 5.20 HDInsight 논리 구조

2. 마이크로소프트 비주얼 스튜디오Microsoft Visual Studio와 같은 IDEIntegrated Development Environment를 사용해 클러스터 프로젝트 생성.

3. 클러스터에 작업 업로드. 작업을 클러스터에 업로드할 수 있는 다양한 방법이 있다. 내장된 클러스터 대시보드 또는 IDE를 사용해서 클러스터의 마스터 노드에 작업을 원격으로 업로드할 수 있다.

4. 클러스터 관리. 사용자는 애저 포털을 사용해서 클러스터를 관리(모니터링, 확장 및 삭제)할 수 있다. 클러스터의 데이터를 저장한 스토리지는 스토리지 계정을 삭제하지 않는 한 계속 유지된다.

하둡, 스파크 및 스톰 서비스는 앞에서 언급한 3단계에 따라 생성될 수 있다. 그러나 애저에서 관리 체계는 서로 약간 다르다. 5.3.3.1절에서 해당 내용을 논의하도록 한다.

5.3.3.1 애저 하둡

하둡은 가장 널리 사용되는 맵리듀스MapReduce[21] 프레임워크다. 해당 프레임워크는 오프라인 배치 기반batch-based의 빅데이터 프로세싱을 수행하기 위한 적절한 방법이다. 그림 5.21은 4개의 주요 구성 요소로 구성된 하둡 2.x의 프레임워크를 보여 준다.

1. 하둡 Common. 하둡 Common은 다른 하둡 모듈에서 사용되는 라이브러리 및 유틸리티를 포함한다. 해당 라이브러리는 하둡을 실행하기 위한 자바^Java 파일과 스크립트가 포함된 파일 시스템 및 OS 레벨 추상화를 제공한다.

2. 하둡 YARN. 하둡 YARN^Yet Another Resource Negotiator은 작업 스케줄링 및 클러스터 리소스(예, CPUs, 메모리 등)관리를 위한 프레임워크다.

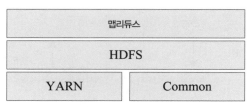

그림 5.21 하둡 구성 요소

3. 하둡 HDFS^Distributed File System. HDFS는 높은 처리량 액세스를 제공하는 영구적이고 안정적이며 애플리케이션 데이터에 대한 높은 처리량의 접근을 제공하는 분산된 스토리지를 제공하기 위한 분산 파일 시스템이다. WASB와 같은 다른 대체 스토리지 솔루션도 사용할 수 있다.

4. 맵리듀스. 맵리듀스는 YARN 기반 병렬 프로세싱 프레임워크다.

애저 HDInsight는 클라우드에 관리형 아파치 하둡^Apache Hadoop[23] 클러스터를 구축 및 프로비저닝해 높은 안정성과 가용성으로 빅데이터를 처리, 분석 그리고 리포트한다. 애저 클라우드 생태계^ecosystem의 일부로서 HDInsight의 하둡은 다음과 같은 몇 가지 이점을 제공한다.

-   클러스터의 자동 프로비저닝^provisioning을 제공한다. 하둡 클러스터를 수동으로 구성하는 것보다 HDInsight 클러스터를 만드는 것이 훨씬 쉽습니다. 하둡 클러스터는 클러스터 작업의 분산 프로세싱에 사용되는 여러 개의 가상머신(노드)으로 구성된다. HDInsight는 개별 노드의 설치 및 구성의 구현 세부 사항을 추상화하며, 사용자는 일반적인 구성 정보만 제공하면 된다.

-   HDInsight는 최신 하둡 구성 요소를 제공한다. 해당 구성 요소에서 사용자는 애플리케이션에 가장 적절한 것을 선택할 수 있다

- 하둡은 클러스터 노드 전체에 서비스 및 데이터를 복사해 고가용성과 안정성을 실현한다. 하지만 하둡의 표준 배포판에는 일반적으로 단일 헤드 노드만 있다. 단일 헤드 노드의 가동 중단으로 인해 클러스터의 작동이 중지될 수 있다. HDInsight는 하둡의 가용성 및 안정성을 향상시키기 위해 2개의 헤드 노드를 제공한다.
- 클러스터 스케일링scaling은 삭제 또는 재생성 없이 사용자가 실행 중인 HDInsight 클러스터 노드의 개수를 변경할 수 있게 한다.
- 애저 Blob 스토리지를 하둡 스토리지 옵션으로 사용하는 것이 효율적이고 경제적이다. 또한 애저의 하둡을 SQL 데이터베이스 및 웹 애플리케이션을 비롯한 다른 애저 서비스와 통합할 수 있다(5.3.3.2절에서 웹 애플리케이션을 다룸).

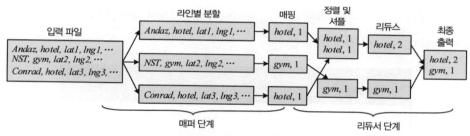

그림 5.22 하둡을 통해 여러 범주의 POI 계산

예시: 그림 5.22는 일반적인 하둡의 동작 원리를 보여 준다. HDFS에 다양한 POI를 저장하는 파일이 있다고 가정한다. 파일의 각 행은 POI에 대한 범주 및 여러 가지 정보를 포함하는 POI 레코드를 나타낸다. 각 범주의 POI 수를 산출하고자 한다. 프로시저procedure에는 매퍼mapper 단계와 리듀서reducer 단계의 2단계가 있다. 매퍼 단계에서 데이터 파일을 읽고 파일의 각 행을 개별 매퍼 인스턴스로 전달한다.

매퍼 인스턴스는 각 레코드에서 키-값key-value 쌍을 형성한다(예, ⟨hotel, 1⟩), hotel은 범주, 1은 하나의 hotel을 나타낸다. 전체 데이터셋에서 매핑이 완전히 실행된 후 리듀서가 수행된다. 리듀서 단계에서 해당 키-값 쌍은 먼저 키에 의해 정렬되고 셔플shuffled되며 동일한 키에 대한 값이 계산된다. 따라서 신규 키-값 쌍이 생성되며(예, ⟨hotel, 2⟩), 각 키는 범주이고 값은 개수다. 마지막으로 모든 범주-개수count 쌍이 HDFS의 파일에 기록된다.

앞서 언급한 예를 하둡 작업으로 전환하려면 먼저 하둡을 클러스터 유형으로 선택해 HDInsight를 생성하는 표준 절차에 따라 애저 포털에 먼저 HDInsight 클러스터를 생성해야 한다.

그다음 Hive[22]를 사용해 하둡 작업을 제공한다. Hive는 HDInsight Query Console에 통합된 데이터 웨어하우스data warehouse 툴이다. HDInsight Query Console은 애저 포털을 통해 접근할 수 있으며, 사용자가 작업을 제출하고 작업 내역을 확인하고 애저 하둡의 상태를 모니터링할 수 있도록 한다. Hive는 SQL과 유사한 언어HiveQL를 제공하고 쿼리를 맵리듀스 작업으로 변환해 사용자가 하둡과 상호작용할 수 있도록 한다.

그림 5.23 Hive Editor의 사용자 인터페이스를 보여 주며, Query Name 텍스트 필드를 사용하면 작업에 대해 의미 있는 이름을 지정할 수 있으며, 해당 작업 커맨드를 텍스트 상자에 배치할 수 있다. 예를 들어, 앞서 언급한 POI 계산 작업은 다음 2개의 명령으로 구성된 HiveQL로 작성될 수 있다.

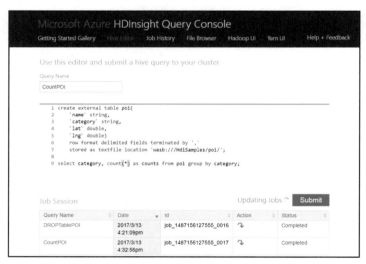

그림 5.23 HDInsight Query Console의 Hive를 사용해 하둡 작업 생성

1. 콤마로 구분된 POI 데이터에 poi 테이블 생성

   "create external table poi(`name` string, `category` string, `lat` double, `lng` double)
   row format delimited fields terminated by ',' stored as textfile location

'wasb://[ContainerName]@[Storage Account Name].blob.[endpoint suffix]/
[Blob Virtual Directory Path]/'",

[Container Name] 및 [Storage Account Name]은 클러스터의 컨테이너 및 스토리지 계정의 이름이다. [endpoint suffix]는 애저 버전에 따라 다르다(예, core.windows.net 및 core.chinacloudapi.cn은 각각 Global Azure 및 China Azure를 나타냄). [Blob Virtual Directory Path]는 POI 데이터 파일의 가상 디렉터리 경로다. 위의 명령문은 poi라는 테이블을 만든다.

2. 각 범주의 개수를 계산.

"select category, count(*) as counts from poi group by category".

전송^{Submit} 버튼을 클릭하면 작업이 업로드되며, 상태는 하단 작업 세션^{Job Session} 테이블에서 볼 수 있다. 작업이 완료된 후에는 해당 작업의 결과를 작업 히스토리 ^{Job History} 페이지에서 확인할 수 있다.

애저 하둡에 대한 자세한 내용은 [20]을 참고하면 된다. 아파치 하둡에 대한 더 많은 지식을 얻으려면 [23]을 참고한다. 하둡의 동작 원리에 관해서는 [21]을 확인한다.

5.3.3.2 애저 스파크

기존 하둡 프레임워크와 비교해 스파크는 디스크 입/출력^{I/Os}을 수행하지 않고 하둡보다 최대 100배 빠르게 쿼리를 수행할 수 있다. 스파크는 데이터 분석, 머신러닝 그리고 그래프 프로세싱 분야에 널리 사용되며, ETL^{Extract-Transform-Load}, 배치 쿼리, 인터랙티브 ^{interactive} 쿼리, 실시간 스트리밍, 머신러닝 및 그래프 프로세싱과 같은 작업에 범용 실행 모델을 제공한다.

그림 5.24는 5개의 컴포넌트로 구성된 범용적인 스파크의 프레임워크를 보여 준다. 스파크 코어^{Spark Core}는 기본 실행 엔진이다. 스파크 SQL을 사용하면 SQL 또는 비슷한 DataFrame API를 사용해 스파크 프로그램에서 구조화된 데이터를 쿼리할 수 있다. 스파크 스트리밍^{Streaming}을 사용하면 스파크에서 스트리밍 분석을 수행할 수 있다. MLlib는 분류^{classification}, 회귀^{regression}, 의사결정 트리^{decision tree} 등과 같은 범용적으로 사용되는 머

신러닝 알고리즘을 구현하는 머신러닝 라이브러리다. GraphX는 구성 요소를 연결하는 PageRank와 같은 다양한 그래프 알고리즘 및 삼각 계수$^{triangle\ count}$를 지원한다.

하둡은 중간 결과를 디스크에 저장하므로 반복 또는 인터랙티브 시나리오에 적합하지 않다. 이 문제를 해결하고자 스파크는 RDD$^{Resilient\ Distributed\ Dataset}$라는 추상화를 도입했으며, 가능한 대량의 데이터를 오랫동안 메모리에 저장한다. RDD는 여러 컴퓨터에서 파티션 집합을 포함하는 객체의 읽기 전용 모음이다. RDD는 이들 간의 종속성을 반영하는 DAG$^{Directed\ Acyclic\ Graph}$를 형성한다. 파티션이 손실되면 다른 RDD에서 파생된 파티션에 대한 정보로 재구성될 수 있다. RDD는 2가지 유형의 작업을 지원한다. (1) 기존 데이터셋에서 신규 데이터셋을 만드는 변환^{transformation}, (2) 데이터셋에 대한 계산을 실행한 후 드라이버 프로그램(사용자가 작성한 메인 프로그램)에 값을 반환하는 액션^{Action}. 변환은 느리게^{lazily} 계산된다. 즉, 액션 연산이 트리거될 때까지 실행되지 않는다.

그림 5.24 스파크 구성 요소

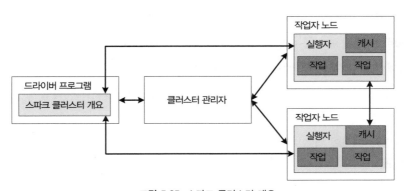

그림 5.25 스파크 클러스터 개요

그림 5.25는 드라이버 프로그램, 클러스터 관리자 및 여러 작업자^{worker} 노드로 구성된 스파크 클러스터[25]의 개요를 보여 준다. 드라이버 프로그램은 사용자가 작성한 메인

프로그램으로, SparkContext 객체는 클러스터에서 독립적인 프로세스 집합으로 실행 중인 스파크 응용 프로그램을 조정한다. 클러스터 관리자는 클러스터에서 자원을 확보하기 위한 외부 서비스다(예, stand-alone manager, Mesos, 또는 YARN). 작업자 노드는 애플리케이션 코드 및 캐시 데이터를 사용하기 위해 실행자executor와 같은 다양한 프로세스를 실행할 수 있다. 작업은 여러 개의 작업으로 구성된 병렬 컴퓨팅이며, 해당 작업들은 서로 다른 실행자를 통해 디스패치dispatched된다. 특히 작업을 실행하려면 먼저 SparkContext 가 클러스터 관리자에 연결돼야 한다. 연결되면 SparkContext는 클러스터 관리자를 통해 작업자 노드의 실행자를 획득한다. SparkContext는 애플리케이션 코드를 실행자에게 전달한다. 마지막으로 SparkContext는 실행자에게 작업을 전달해 실행한다. 서로 다른 작업자 노드의 다른 실행자들은 서로 통신할 수 있다. 스파크에 대한 자세한 내용은 아파치 스차크 웹사이트를 참고하면 된다[24].

HDInsight는 아파치 생태계에서 대규모 데이터 분석 애플리케이션을 수행할 수 있는 오픈 소스 프로젝트인 아파치 스파크[24]를 포함한다. HDInsight에서 제공되는 아파치 스파크는 애저 스파크라고도 한다. 애저 스파크가 제공하는 이점은 다음과 같지만 여기에 국한되지는 않는다.

- 쉬운 사용법. 애저 포털을 이용해서 신규 스파크 클러스터를 손쉽게 HDInsight 에 생성할 수 있다. 또한 애저 스파크는 유용한 여러 가지 툴을 포함하고 있으며 (예, Jupyter, Livy 그리고 Ambari), 작업 생성, 실행 중인 작업 모니터링 그리고 클러스터 관리를 편리하게 한다.

- 동시 쿼리concurrent query. 애저 스파크는 동시 쿼리를 지원하며, 한 사용자의 다중 쿼리 또는 여러 사용자 및 동일 클러스터 리소스를 공유하는 애플리케이션의 다중 쿼리가 가능하다.

- SSD 캐싱caching. 클러스터 노드에 연결된 SSD 또는 메모리에 데이터를 캐시하도록 선택할 수 있다. 메모리에 캐시하면 최상의 쿼리 성능을 얻을 수 있지만 높은 비용이 요구된다. SSD 캐싱은 메모리에 전체 데이터셋을 저장하기 위한 클러스터를 생성하지 않고도 쿼리 성능을 향상시킬 수 있는 훌륭한 옵션을 제공한다.

- 고가용성 및 확장성High scalability and availability. 사용자는 클러스터를 생성하는 과정에

서 노드 수를 지정할 수 있지만, 요구되는 작업 처리량에 맞게 클러스터를 확장하거나 축소할 수 있다. 모든 HDInsight 클러스터에서 클러스터 노드의 개수를 변경할 수 있다. 또한 모든 데이터가 애저 스토리지에 저장돼 있기 때문에 데이터 손실 없이 스파크 클러스터를 제거할 수 있다. 또한 HDInsight의 스파크는 엔터프라이즈 레벨의 24-7 지원과 99.9 % 가동 시간의 SLA를 제공한다.

- 애저 스파크는 또한 PowerBI, Tableau, Qlikview 그리고 SAP Lumira와 같은 다양한 비즈니스 인텔리전스 툴을 제공하며, 이를 통해 데이터 분석가, 비즈니스 전문가 및 핵심 의사결정자들에게 애저 스파크는 최상의 환경을 제공한다.

애저 스파크를 사용하고자 먼저 애저 포털에서 HDInsight 표준 생성 절차에 따라 HDInsight 클러스터를 생성하고, 클러스터 종류를 스파크로 선택한다. 애저 스파크에 통합된 주피터^{Jupyter}를 사용해 그림 5.26a와 같이 효과적으로 작업을 제출할 수 있다. 또한 애저 스파크에 기본적으로 포함된 아파치 암바리^{Ambari}를 통해 그림 5.26b와 같이 사용자가 클러스터를 프로비전^{provision}, 관리 및 모니터링할 수 있다.

예시: 그림 5.19의 예시에 따라 애저 스파크를 사용해 각 범주의 POI를 계산하고자 한다. 그림 5.27은 파이썬 프로그래밍 언어와 해당 RDD를 사용한 구현을 보여 준다.

a) 애저 스파크의 주피터   b) 애저 스파크의 암바리

그림 5.26 애저 스파크의 주피터 및 암바리 사용자 인터페이스

먼저 Blob으로부터 텍스트 파일 작업을 사용해 전체 POI를 포함하는 파일을 읽어 들여서 RDD(*POIs_RDD*)를 생성한다. 그 다음 각 행이 키-값 쌍 ⟨*category*, 1⟩에 매핑 과정을 통해 POIs_RDD는 Single_POI_RDD라는 이름을 가진 신규 RDD로 변환된 후

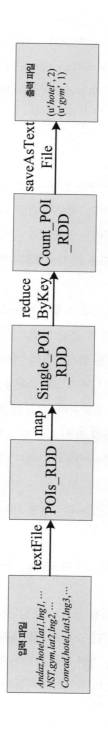

입력 파일
Andaz,hotel,lat1,lng1,…
NST,gym,lat2,lng2,…
Conrad,hotel,lat3,lng3,…

textFile → POIs_RDD

map → Single_POI_RDD

reduce ByKey → Count_POI_RDD

saveAsTextFile →

출력 파일
(u'*hotel*', 2)
(u'*gym*', 1)

POIs_RDD = sc.textFile("wasb:///poi.csv")
Single_POI_RDD = POIs_RDD.map(lambda line: (line.split(',')[1], 1))
Count_POI_RDD = Single_POI_RDD.reduceByKey(lambda a, b : a + b)
Count_POI_RDD.saveAsTextFile("wasb:///poicountresults")

그림 5.27 스파크를 사용해 POI 개수 계산

키-값 쌍이 키를 기반으로 추가된다(키가 동일한 값이 합산됨). 마지막으로 saveAsTextFile 을 사용해 결과를 애저 Blob에 저장한다. saveAsTextFile을 수행하는 동안 textFile, map 그리고 reduceByKey는 변환된다. 이전 변환은 작업이 수행 될 때까지 실행되지 않는다.

5.3.3.3 애저 스톰

아파치 스톰[28]은 대규모의 빠른 데이터 스트림을 위한 분산, 실시간 이벤트 프로세싱 솔루션이다. 실시간 데이터 처리 및 온라인 서비스 제공을 위한 최고의 옵션이다. 스톰의 분산 로직은 스톰 토폴로지^{topology}라고 하며, 맵리듀스 작업과 유사하다. 둘 간의 주요 차이점은 맵리듀스 작업이 결국 종료되는 반면 토폴로지는 사용자가 중지할 때까지 영구적으로 실행된다는 것이다.

그림 5.28의 회색 상자에 표시된 것과 같이 스톰 토폴로지는 스트림^{stream}과 연결된 스파우트^{spout}와 볼트^{bolt}의 그래프다. 스트림은 병렬 분산 방법으로 처리 및 생성되는 튜플^{tuple}의 무한^{unbounded} 시퀀스다. 스파우트는 스톰 클러스터의 여러 컴퓨터에서 실행할 수 있는 토폴로지의 논리적 스트림 소스^{source}다. 일반적으로 스파우트는 외부 소스(예, 메시지 큐)로부터 튜플을 읽어 들이며 토폴로지로 전달한다. 볼트는 논리적인 프로세싱 단위이며, 필터링, 집계, 조인, 데이터베이스 연결과 같은 사용자 정의 함수를 사용할 수 있다. 각 스파우트 및 볼트는 서로 다른 스톰 클러스터 머신에서 다양한 작업을 실행할 수 있다. 각 작업은 하나의 실행 스레드에 해당하며, 서로 다른 작업 사이에 튜플을 전송하는 것은 스트림 그루핑^{grouping}으로 정의된다. 스톰에는 몇몇 내장 스트림 그루핑이 있으며 시공간 데이터를 처리하기 위해 적용된다.

1. 셔플 그루핑. 튜플은 각 볼트가 동일한 개수의 튜플을 처리하는 방식으로 볼트에 무작위로 분산된다.
2. 필드 그루핑. 스트림은 그루핑에 지정된 필드로 분할된다. 예를 들어, 스트림이 'user-id' 필드로 그루핑된 경우 동일한 'user-id'를 가진 튜플은 항상 동일한 작업으로 이동하지만, 다른 'user-id'를 가진 튜플은 다른 작업으로 갈 수 있다.
3. 글로벌 그루핑. 전체 스트림은 단일 볼트 작업으로 이동한다.

4. 전체 그루핑. 스트림은 모든 볼트 작업에서 복제된다.

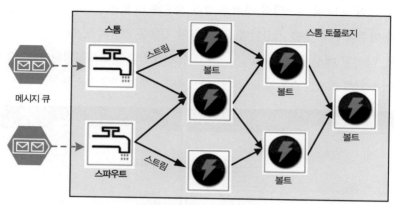

그림 5.28 스톰의 개념적 프레임워크

HDInsight[29]의 아파치 스톰은 애저 환경에 통합된 관리 클러스터로, 애저 스톰이라고 부른다. 애저 스톰은 다음과 같은 주요 이점을 제공한다. 첫째, HDInsight의 스톰은 아파치 스톰보다 안정적이다. 애저 스톰은 가동 시간 99.9%의 SLA를 가진 관리형 서비스로 동작한다. 둘째, 자바, C# 또는 파이썬Python과 같은 프로그래밍 언어를 선택하거나 여러 가지 언어(예, 자바를 사용해 데이터를 읽은 다음 C#을 사용해 데이터를 처리)를 사용할 수도 있다. 다음으로 HDInsight 클러스터를 확장해도 스톰 토폴로지를 실행에 아무런 영향을 미치지 않는다. 이것은 실제 환경에서 매우 중요하다. 마지막으로 스톰과 SQL 데이터베이스, 애저 스토리지 등 다른 애저 서비스를 통합할 수 있다.

애저 스톰을 사용하려면 애저 포털에 HDInsight 클러스터를 생성하고 스톰을 클러스터 유형으로 선택한다. 그다음 통합 도구를 사용해 작업을 제출하고 작업을 실행하는 동안 클러스터를 모니터링할 수 있다. HDInsight는 스톰 대시 보드Dashboard를 통합하며, 토폴로지를 제출하고 스톰 클러스터의 상태를 모니터링할 수 있다. 그림 5.29에서 볼 수 있듯이 스톰 대시보드에는 토폴로지 제출Submit Topology 및 스톰 UIStorm UI의 2개 탭이 있다. 토폴로지 제출 하위 페이지에서 스톰 토폴로지를 포함하는 신규 jar 파일(자바로 작성된 실행 파일)을 업로드할 수 있으며, 토폴로지 및 추가 파라미터의 클래스 이름을 지정한 후 토폴로지를 제출할 수 있다. 스톰 UI 하위 페이지에서 클러스터 및 토폴로지의 상태를 확인하고 토폴로지를 중지할 수 있다.

예시: 그림 5.19의 예시에서 애저 스톰을 사용해 사용자의 체크인 데이터를 기반으로 다양한 범주의 POI 수를 계산한다. 각 체크인 기록은 POI의 범주(및 여러 가지 정보)를 포함하며, 생성된 메시지 큐(예, 애저 큐 스토리지)로 끊임없이 스트리밍된다. 그림 5.30은 해당 작업을 위해 설계된 스톰 토폴로지를 나타내며, 4개의 구성 요소를 포함한다.

a) 토폴로지 제출   b) 스톰 상태 모니터링

그림 5.29 애저 HDInsight의 스톰 대시보드 사용자 인터페이스

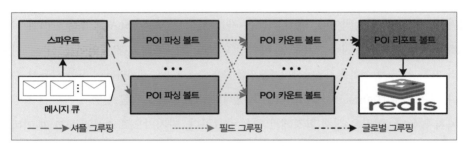

그림 5.30 스톰을 통한 다양한 범주의 POI 계산

1. **스파우트.** 스파우트는 메시지 큐에서 체크인 기록을 읽은 후 셔플 그루핑 메커니즘(예, 작업량의 균형을 맞추기 위한 무작위 할당)을 사용해 POI 파싱 볼트^{POI parse bolt}로 전달한다.

2. **POI 파싱 볼트.** POI 파싱 볼트는 스파우트로부터 체크인 기록을 수신하며, 각 레코드에서 POI의 범주를 추출한 후 동일한 범주의 POI를 동일한 볼트에 할당하는 필드 그루핑 메커니즘을 사용해 POI 카운트 볼트^{count bolt}로 POI를 전달한다.

3. **POI 카운트 볼트.** POI 카운트 볼트는 전달받은 각 범주의 POI를 계산한다. POI

를 수신하면 POI 카운트 볼트가 해당 POI 범주의 카운트를 1만큼 증가시킨다. 그 다음 글로벌 그루핑 메커니즘(모든 데이터 스트림이 하나의 볼트로 통합됨)을 기반으로 다양한 POI 범주의 카운트가 POI 리포트 볼트로 전달된다.

4. **POI 리포트 볼트.** POI 리포트 볼트는 카운트 결과를 캐시하고 빈번한 작업으로 인한 I/O 오버헤드를 최소화하기 위해 레디스 또는 애저 테이블에 배치 모드batch mode로 저장한다.

5.3.3.4 하둡, 스파크 그리고 스톰 비교

하둡, 스파크 및 스톰을 비교하기 전에 주요 기능들을 간단하게 다시 한번 살펴보도록 한다.

하둡은 오픈 소스 분산 프로세싱 프레임워크이며, 대용량 데이터를 저장하고 다양한 클러스터에서 분산 분석 프로세스를 수행한다. 하둡은 빅데이터 애플리케이션이 네트워크를 통해 대용량 데이터를 전송할 필요가 없기 때문에 효율적이다. 하둡의 또 다른 장점은 클러스터 또는 개별 서버의 서비스가 중단되더라도 빅데이터 애플리케이션은 다운되지 않는 것이다. 하둡 맵리듀스는 한 번에 하나씩 배치 프로세싱할 수 있는 한계가 있기 때문에 하둡은 데이터에 자주 접근하거나 즉시 사람들과 상호작용해야 하는 데이터 분석보다는 데이터 웨어하우징warehousing에 주로 사용된다.

스파크는 메모리 저장in-memory 기능을 통해 하나의 플랫폼에서 배치batch, 스트리밍 및 인터랙티브 분석을 통합하는 데이터 병렬, 오픈 소스 처리 프레임 워크다. 스파크는 사용하기 쉬우며 내장된 연산자와 API를 사용해 애플리케이션을 빠르게 작성할 수 있고, 더 높은 성능 및 구현이 가능하다. 또한 효율적인 알고리즘 및 복잡한 분석을 위한 기능들을 통해 정확한 분석, 머신러닝 그리고 인터랙티브 쿼리를 용이하게 하며, 자바, 파이썬 그리고 스칼라Scala와 같은 다양한 언어를 지원한다.

스톰은 실시간 스트리밍 데이터를 처리하기 위한 병렬, 오픈 소스 프레임워크다. 스톰은 토폴로지에 독립적인 워크플로를 갖고 있다(예, DAGs). 토폴로지는 스파우트, 볼트 그리고 스트림으로 구성되며, 스파우트는 외부 소스로부터 데이터 수신 및 실제 프로세싱을 지원하기 위한 볼트의 스트림 생성자로서 동작한다. 스톰의 토폴로지는 장애가 발생하거나 시스템이 종료될 때까지 계속 작동한다. 스톰은 하둡 클러스터에서 실행되지 않지만, 주키퍼^{Zookeeper}와 자체 작업자를 사용해 프로세스를 관리한다. 스톰은 HDFS에 파일을 읽고 쓸 수 있다.

하둡, 스파크 및 스톰의 유사점은 다음과 같다.

- 모두 오픈 소스 프로세싱 프레임워크다.
- 하둡은 실시간 응답을 요구하지 않는 과거 데이터만 분석할 수 있긴 하지만, 해당 프레임워크는 비즈니스 인텔리전스 및 빅데이터 분석을 위해 사용된다.
- 각 프레임워크는 장애에 대한 내구성$^{fault\ tolerance}$ 및 확장성을 제공한다.
- 하둡, 스파크 그리고 스톰은 자바 가상머신$^{JVM,\ Java\ Virtual\ Machine}$ 기반의 프로그래밍 언어(자바, 스칼라 그리고 클로저^{Clojure})로 구현된다.

표 5.1은 하둡, 스파크 그리고 스톰의 비교 내용을 보여 준다.

표 5.1 하둡, 스파크 그리고 스톰 비교

특징		하둡	스파크	스톰
시스템 프레임워크	구현 언어	자바	스칼라	클로저
	클러스터 관리 컴포넌트	YARN	독립형/YARN/Mesos	주키퍼
	스토리지 솔루션	HDFS		
프로그래밍 모델	프로세싱 모델	배치만 가능	배치/마이크로배치	스트림만 가능
	기본 요소	쓰기 가능	RDD, DStream	튜플
	데이터 소스	HDFS	HDFS, 네트워크	스파우트
	계산/트랜스포메이션	맵, 리듀스, 셔플	액션, 트랜스포메이션, 윈도우 오퍼레이션	볼트
	스테이트풀 오퍼레이션	지원	지원	미지원
	인터랙티브 모드 지원	미지원	지원	미지원
	개발 용이성	어려움	쉬움	쉬움
	언어 선택	모두 가능	자바, 스칼라, 파이썬	모두 가능
신뢰성 모델	최대 한 번	아니요	아니요	예
	최소 한 번	아니요	아니요	예
	정확히 한 번	예	예	아니요
성능	스트리밍 프로세싱 지연		초 단위	밀리초 단위
	배치 프로세싱 성능	낮음	높음	
	메모리 사용량	적음	많음	적음

하둡 vs 스파크

하둡과 스파크를 비교할 경우 사람들은 실제로 스파크와 하둡 맵리듀스(하둡의 프로세싱 엔진)를 비교하려고 한다. 둘 다 HDFS를 사용해 안정적이고 안전한 방식으로 데이터를 저장한다. 둘 간의 차이점은 3가지다.

첫째, 스파크는 메모리에 저장된 데이터를 처리하며, 프로세스를 메모리에 적재하며 캐시를 통해 저장한다. 따라서 스파크는 높은 메모리 사용량을 요구한다. 반면 하둡 맵리듀스는 map 또는 reduce 작업 후에 디스크에 데이터를 쓰고 읽는 것이 제한된다. 따라서 스파크는 하둡 맵리듀스보다 데이터 분석에 더 효율적이다.

둘째, 하둡 맵리듀스는 한 번에 하나의 배치 프로세싱을 위해 설계됐다. 해당 작업이 완료되기 전에 하둡 맵리듀스는 다른 작업을 수행할 수 없다. 반면 스파크의 경우 YARN 대신 자체 스트리밍 API를 사용하며, 짧은 시간 간격에서 연속적인 배치 프로세싱을 위한 독립적인 프로세스를 사용할 수 있다. 따라서 스파크는 실시간 처리뿐만 아니라 일괄 처리에도 사용될 수 있다.

셋째, 데이터 프로세싱 외에도 스파크는 데이터 분석을 위한 다양한 기능을 갖고 있다. 예를 들어, 기존 머신러닝 라이브러리를 활용해 그래프를 처리할 수 있다. 스파크는 사용자(또는 알고리즘)가 모델에 의해 생성된 결과를 기반으로 모델의 파라미터를 대화식으로 수정할 수 있도록 하는 인터랙티브 모드가 내장돼 있다. 이러한 특징은 머신러닝 의 철학을 충분히 뒷받침하며, 각 반복에서 발생하는 오류에 기초해 파라미터를 반복적으로 조정한다. 내장된 인터랙티브 모드도 인터랙티브 쿼리를 활성화할 수 있으며, 사용자들은 이전 쿼리에서 검색된 결과를 기반으로 쿼리 조건을 다시 지정할 수 있다. 스파크는 자바, 스칼라 및 파이썬의 고급 API도 제공한다.

스파크 vs 스톰

스파크와 스톰을 비교할 때 우리는 각 솔루션의 스트리밍 측면에 초점을 맞춘다. 여기에는 4가지 차이점이 있다.

첫째, 스파크 스트리밍 및 스톰은 서로 다른 프로세싱 모델을 사용한다. 스파크 스트리밍은 이벤트를 처리하기 위해 마이크로배치microbatch를 사용하며, 스톰은 이벤트를 한 번에 하나씩 처리한다. 그 결과 스파크 스트리밍은 초 단위의 대기 시간을 갖는 반면 스톰은 밀리초millisecond의 대기 시간을 갖는다. 스파크의 스트리밍 방식은 사용자들이 기존에 배치 작업을 작성했던 방법을 사용할 수 있게 해주며, 기존의 코드와 비즈니스 로직을 재사용할 수 있게 해준다. 스톰은 스트림 프로세싱(복합 이벤트 프로세싱)에 초점을 맞추며, 해당 프레임워크는 컴퓨팅을 수행하거나 다양한 이벤트를 처리하기 위해 장애에 대한 대응을 고려하는 접근법을 사용한다.

둘째, 스파크 스트리밍은 RDD의 연속적인 시퀀스를 나타내는 이산 스트림discretized stream 또는 DStream이라고 하는 고수준 추상화를 제공한다. 스톰은 토폴로지라고 하는 프레임워크에서 DAG를 기반으로 동작한다. 토폴로지는 다양한 트랜스포메이션 및 시스템에 입력된 데이터를 처리할 단계를 정의한다. 토폴로지는 스트림, 스파우트 및 볼트로 구성된다.

셋째, 스파크는 최소 한 번at-least-once 프로세싱 방식을 사용한다. 즉, 각 메시지는 최소한 번 처리되지만 일부 장애가 발생되는 경우에는 중복이 발생될 수 있다. 스톰은 최대한 번at-most-once 프로세싱 방식을 제공하며, 각 메시지 중복을 허용하지 않고 한 번만 전달된다. 스톰은 메시지가 순서대로 처리되는 것을 보장하지 않는다(exactly-once, 스테이트풀, 순차 프로세싱을 지원하는 트라이던트Trident[30]라는 추상화를 도입했지만, 해당 내용은 이 책의 범위를 벗어나므로 다루지 않음). 반대로 스파크 스트리밍은 정확히 한 번exactly-once, 순차적 메시지 전송을 제공한다.

넷째, 스톰은 자바, 스칼라 및 파이썬만 지원하는 스파크 스트리밍과 달리 언어를 매우 광범위하게 지원하므로 토폴로지 정의를 위한 다양한 옵션을 사용자에게 제공한다.

스톰 vs 하둡

기본적으로 하둡 및 스톰 프레임워크는 빅데이터 분석에 사용된다. 두 프레임워크는 상호 보완적이며 아래와 같은 관점에서 서로 다르다.

첫째, 하둡은 분산 처리 방식으로 빅데이터를 저장 및 처리하기 위한 오픈 소스 프레임워크이며, 해당 데이터는 대부분 정적이며 대규모 상용 하드웨어 클러스터의 영구 스토리지에 저장된다. 스톰은 영구 스토리지에 저장된 데이터 대신 지속적인 데이터 스트림을 처리하는 무료 오픈 소스 분산 실시간 컴퓨팅 시스템이다.

둘째, 스톰은 주키퍼 기반의 이중화master-slave 구조를 사용한다. 마스터 노드는 님버스 nimbus라고 부르며, 백업은 수퍼바이저supervisor라고 한다. 하둡은 주키퍼 기반 또는 주니 퍼를 제외한 이중화 구조가 가능하다. 마스터 노드는 잡 트래커job tracker이며, 백업 노드 는 작업 트래커task tracker다.

셋째, 스톰 토폴로지는 메시지가 순차적으로 처리되는 것을 보장하지 않으며, 사용자 가 종료할 때까지 또는 예기치 않은 복구 불가능한 장애를 경험할 때까지 실행된다. 반대 로 하둡의 맵리듀스는 순차적으로 실행되며, 프로세스는 작업이 완료되면 종료된다.

5.4 애플리케이션

5.4절에서는 다양한 플랫폼 또는 웹 및 모바일 애플리케이션을 개발하고자 널리 사용되 는, 애저의 PaaS 플랫폼 구성 요소인 앱 서비스App Service를 소개한다. 해당 서비스를 통해 개발자는 코드에 집중할 수 있으며, 안정적이고 확장성이 뛰어난 제품을 생산할 수 있다. 앱서비스에는 웹 앱, 모바일 앱, API 앱 등이 포함된다.

아래와 같은 단계를 통해 해당 서비스를 사용할 수 있다.

1. 애저 포털 또는 애저 파워셸을 통해 앱 생성(예. 웹 앱, 모바일 앱, 또는 API 앱), 해당 과정에서 서비스 이름 및 앱을 실행할 위치를 설정한다. 해당 앱은 브라우저에 서 아래 URL를 통해 접근할 수 있다.

    "http(s)://[service name].[endpoint suffix]/"

    [*service name*]은 앱의 이름이며, [*endpoint suffix*]는 애저 버전에 따라 다른 값 을 갖는다(예. azurewebsites.net 및 chinacloudsites.cn은 각각 글로벌 애저 및 차이나 애저를 나타냄).

2. 에디터 및 통합개발환경IDE, Integrated Development Environment을 사용해서 웹 프로젝트 web project를 생성한다. 이 과정에서 사용자는 다양한 앱 서비스를 위한 다양한 템 플릿을 선택할 수 있다. 예를 들어, API 앱의 경우 마이크로소프트 비주얼 스튜

디오에서 Azure API Apps 템플릿을 선택하고 모바일 앱의 경우 Azure Mobile Apps 템플릿을 선택한다.

3. **프로젝트를 애저에 배포한다.** web project를 애저에 배포하는 방법은 다양하다(예, 애저 포털, 애저 파워셸, 또는 IDE). 그림 5.31은 마이크로소프트 비주얼 스튜디오를 사용해 웹 사이트 프로젝트를 웹 앱 http://urbantraffic.chinacloudsite.cn에 배포하는 예시다. 서버, 사이트 이름, 사용자 이름 및 패스워드와 같은 필수 정보는 애저 포털에서 얻을 수 있다.

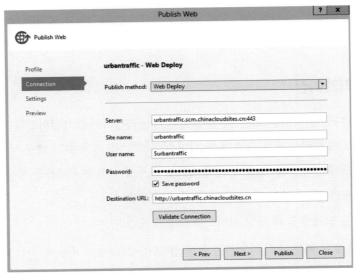

그림 5.31 비주얼 스튜디오(Visual Studio)를 사용해 웹사이트를 웹 앱에 배포

4. **앱 관리.** 애저 포털 및 애저 파워셸을 사용해 앱을 모니터링, 확장 및 삭제할 수 있다. 모든 앱들이 웹 서버(예, IIS[Internet Information Services])에서 동작하기 때문에 기본적인 구현 측면에서 웹 앱, 모바일 앱 및 API Apps 간의 중요한 차이점은 거의 없다. 예를 들어, 사용자는 애저 API 앱 템플릿이 포함된 웹 프로젝트를 모바일 앱에 배포할 수도 있다. 주요 차이점은 기본적으로 제공하는 기능이다. 5.4.1절에서 해당 내용을 더 자세히 설명한다.

5.4.1 웹 앱

웹 앱은 호스팅 웹 사이트 및 웹 애플리케이션에 최적화된 완전한 매니지드managed 컴퓨팅 플랫폼이다. 마이크로소프트 애저에서 제공하는 PaaS는 앱을 실행하고 확장하기 위한 인프라스트럭처를 관리함으로써 사용자가 비즈니스 로직에 집중할 수 있도록 한다. 컴퓨팅 리소스는 사용자가 선택한 요금 티어에 따라 공유 또는 전용 가상머신을 사용할 수 있다. 애플리케이션 코드는 다른 고객과 분리돼 있는 매니지드 가상머신에서 실행된다. ASP.NET, Node.js, 자바, PHP 그리고 파이썬을 비롯한 다양한 언어를 지원한다. 단일 웹 애플리케이션에 여러 개의 인스턴스가 있을 수 있으며, 모든 인스턴스는 공인 IP 주소를 공유한다. 사용자 요청은 해당 인스턴스를 대상으로 자동 로드밸런싱된다. 또한 해당 메커니즘은 단일 하드웨어 장애 문제single point of hardware failure를 방지한다. 인스턴스의 수는 CPU 사용량에 따라 자동으로 변경될 수 있다. 애저의 웹 앱에 대한 자세한 내용은 [31]을 참고하면 된다.

5.4.2 모바일 앱

모바일 앱은 모바일 개발자에게 다양한 기능을 제공하는 엔터프라이즈 개발자 및 시스템 통합 업체를 위해 확장성이 뛰어나고 세계적으로 사용 가능한 모바일 애플리케이션 개발 플랫폼을 제공한다. 그림 5.32와 같이 모바일 앱은 클라우드 기반 모바일 개발에 중요한 다음과 같은 기능을 제공한다.

- 클라이언트 SDK. 앱은 네이티브 개발(iOS, 안드로이드, 윈도우), 크로스 플랫폼 개발(iOS 및 안드로이드용 Xamarin, Xamarin Forms), 하이브리드 애플리케이션 개발(아파치 코도바Apache Cordova)을 망라하는 완전한 클라이언트 소프트웨어 개발 키트SDK, Software Development Kit 세트를 제공한다. 각 클라이언트 SDK는 MITMassachusetts Institute of Technology 라이선스 및 오픈 소스로 사용할 수 있다.

- 데이터 접근. 애저 모바일 앱은 SQL Azure 또는 온프레미스 SQL Server에 연결된 모바일 친화적인 OData v3 데이터 소스를 제공한다. 해당 서비스는 엔티티 프레임워크를 기반으로 하며, 애저 테이블 스토리지, 몽고DBMongoDB, 도큐먼트

DB^{DocumentDB} 그리고 Office 365 및 세일즈포스닷컴(Salesforce.com)과 같은 SaaS API^{Software-as-a-Service API} 제공자를 포함하는 NoSQL 및 SQL 데이터 제공자와 손쉽게 통합할 수 있다.

그림 5.32 모바일 앱의 기능

- 인증^{authentication} 및 인가^{authorization}. 지속적으로 증가하고 있는 인증 제공자 목록에서 엔터프라이즈 인증을 위한 애저 액티브 디렉터리와 페이스북, 구글, 트위터 및 마이크로소프트 계정과 같은 소셜 제공자를 선택한다. 애저 모바일 앱은 각 제공자에게 OAuth 2.0 서비스를 제공한다. 또한 제공자 지정 기능을 통해 SDK를 인증 제공자와 통합할 수 있다.

- 푸시 알림. 클라이언트 SDK는 Azure Notification Hub의 등록 기능과 완벽하게 통합돼 수백만 명의 사용자에게 동시에 푸시 알림을 보낼 수 있다.

웹 앱과 마찬가지로 모바일 앱도 오토스케일링^{autoscaled}될 수 있기 때문에 전용 환경을 제공한다. 모바일 앱의 자세한 내용은 [32]를 참고하면 된다.

5.4.3 API 앱

API 앱은 클라우드 환경과 온프레미스 환경에서 API 개발, 호스팅 및 활용을 보다 용이하게 해주는 기능들을 제공한다. API 앱을 통해 엔터프라이즈 등급의 보안, 간편한 접근

제어, 하이브리드 연결 및 자동 SDK 생성이 가능하다. 몇 가지 주요 기능은 아래와 같다.

- 기존 API의 지속적인 사용. API 앱을 활용하기 위해 기존 API의 코드를 변경할 필요 없다. 코드를 API 앱에 기존 코드를 배포하기만 하면 된다. API는 ASP.NET 및 C#, 자바, PHP, Node.js 및 파이썬을 비롯해 앱 서비스에서 지원하는 모든 언어 또는 프레임워크를 사용할 수 있다.

- 사용자 편의성. Swagger API 메타 데이터에 대한 통합 지원으로 사용자 편의성에 맞는 API를 쉽게 작성할 수 있다. C#, 자바 및 자바스크립트^{JavaScript}를 비롯한 다양한 언어로 API에 대한 클라이언트 코드를 자동으로 생성하며, CORS^{Cross-Origin Resource Sharing} 설정 또한 코드 변경으로 쉽게 설정할 수 있다.

- 간편한 접근 제어. 코드를 변경하지 않고 인증되지 않은 접근 시도로부터 API 앱을 보호할 수 있다. 자체 인증 서비스는 다른 서비스 또는 사용자를 나타내는 클라이언트의 접근을 위한 보안 API를 제공한다. 지원되는 인증 공급자는 애저 액티브 디렉터리^{Azure Active Directory}, 페이스북, 트위터, 구글 및 마이크로소프트 계정 등이 있다. 클라이언트는 ADAL^{Active Directory Authentication Library} 또는 Mobile Apps SDK를 사용할 수 있다.

- 비주얼 스튜디오^{Visual Studio} 통합. 비주얼 스튜디오의 전용 도구는 API 애플리케이션의 생성, 배포, 소비, 디버깅 및 관리 작업을 간소화한다.

5.5 요약

5장에서는 스토리지, 컴퓨팅 및 애플리케이션 인터페이스 측면에서 클라우드 컴퓨팅 플랫폼의 주요 구성 요소를 소개했다. 각 구성 요소의 프레임워크와 해당 프레임워크를 사용하기 위한 일반적인 절차를 제시했다. 해당 구성 요소의 자세한 구현을 설명할 때 마이크로소프트 애저를 예로 들어 설명했다.

마이크로소프트 애저에는 SQL 서버, 애저 스토리지, 레디스의 3가지 주요 스토리지 유형이 있다. SQL 서버는 구조화된 데이터를 저장하기 위한 적합한 선택이며, 애저 스토리지는 구조화되지 않은 데이터 스토리지에 적합하다. 애저 스토리지는 또한 애저 Blob,

테이블, 큐 및 파일의 4가지 하위 범주로 구성된다. 레디스 캐시는 높은 처리량과 빠른 데이터 접근을 위해 설계됐다.

마이크로소프트 애저의 컴퓨팅 리소스에는 가상머신, 클라우드 서비스 그리고 HDInsight의 3가지 유형이 있다. 사용자는 개인용 컴퓨터 또는 고성능 서버처럼 애저 가상머신을 사용해 거의 모든 것을 처리할 수 있다. 클라우드 서비스는 가용성이 높고 확장 가능한 클라우드 애플리케이션 및 API를 가상머신에서 호스팅되는 표준 웹 서비스 또는 백그라운드 서비스로 실행할 수 있다. HDInsight는 폭넓게 사용되는 하둡, 스파크 그리고 스톰을 포함한 마이크로소프트 애저의 분산 컴퓨팅 컴포넌트이며, 대규모 데이터 전처리, 관리, 및 마이닝을 수행한다.

애저는 3가지 유형의 애플리케이션 인터페이스를 제공한다. 웹 애플리케이션은 웹 사이트 및 웹 애플리케이션을 구축하고 호스팅하고자 사용되고, 모바일 애플리케이션은 네이티브[native] 모바일 애플리케이션을 구축하고자 사용된다. API 앱을 사용하면 클라우드에서 API를 쉽게 개발, 호스팅 및 사용할 수 있다. 해당 요소들은 사용자가 어반 컴퓨팅 애플리케이션의 원활하고 신뢰할 수 있는 구현을 보장한다.

참고문헌

[1] Global Microsoft Azure. https://azure.microsoft.com/.

[2] Wikipedia. 2017. Microsoft Azure. https://en.wikipedia.org/wiki/MicrosoftAzure.

[3] SQL Database. https://docs.microsoft.com/en-us/azure/sql-database/.

[4] Jorgensen, Adam, Bradley Ball, Brian Knight, Ross LoForte, and Steven Wort. 2014. *Professional Microsoft SQL Server 2014 Administration*. Hoboken, NJ: John Wiley and Sons.

[5] Azure Storage. https://docs.microsoft.com/en-us/azure/storage/.

[6] Microsoft Azure Storage Explorer. http://storageexplorer.com/.

[7] *Understanding Block Blobs, Append Blobs, and Page Blobs*. 2017. Microsoft Docs. https://docs.microsoft.com/en-us/rest/api/storageservices/fileservices/understanding-block-blobs—append-blobs—and-page-blobs.

[8] *Azure Storage Scalability and Performance Targets*. 2017. Microsoft Docs. https:// docs.microsoft.com/en-us/azure/storage/storage-scalability-targets.

[9] *Blob Service Concepts*. 2017. Microsoft Docs. https://docs.microsoft.com/en-us/ rest/api/storageservices /fileservices/blob-service-concepts.

[10] *Table Service Concepts*. 2017. Microsoft Docs. https://docs.microsoft.com/en-us/rest/api/storageservices/fileservices/table-service-concepts.

[11] *Queue Service Concepts*. 2017. Microsoft Docs. https://docs.microsoft.com/en-us/rest/api/storageservices/fileservices/queue-service-concepts.

[12] *File Service Concepts*. 2017. Microsoft Docs. https://docs.microsoft.com/en-us/rest/api/storageservices/fileservices/file-service-concepts.

[13] Redis Cache. https://redis.io/.

[14] Redis Desktop Manager.https://redisdesktop.com/.

[15] Azure Redis Cache. https://azure.microsoft.com/en-us/services/cache/.

[16] Putty. http://www.putty.org/.

[17] *How to Configure Azure Redis Cache*. 2017. Microsoft Docs. https://docs. microsoft.com/en-us/azure/redis-cache/cache-configure.

[18] *Virtual Machines*. 2017. Microsoft Docs. https://docs.microsoft.com/en-us/ azure/virtual-machines/.

[19] *Cloud Services*. 2017. Microsoft Docs. https://docs.microsoft.com/en-us/azure/ cloud-services/cloud-services-choose-me.

[20] *An Introduction to the Hadoop Ecosystem on Azure HDInsight*. 2017. Microsoft Docs. https://docs.microsoft.com/en-us/azure/hdinsight/hdinsight-hadoop-introduction.

[21] Dean, J., and S. Ghemawat. 2008. "MapReduce: Simplified Data Processing on Large Clusters." *Communications of the ACM* 51 (1): 107–113.

[22] Apache Hive. https://hive.apache.org/.

[23] Apache Hadoop. http://hadoop.apache.org/.

[24] Apache Spark. http://spark.apache.org/.

[25] *Cluster Mode Overview*. 2017. Spark 2.1.0 document. http://spark.apache.org/ docs/latest/cluster-overview.html.

[26] Zaharia, M., M. Chowdhury, M. J. Franklin, S. Shenker, and I. Stoica. 2010. "Spark: Cluster Computing with Working Sets." *HotCloud* 10:10.

[27] Zaharia, Matei, Mosharaf Chowdhury, Tathagata Das, Ankur Dave, Justin Ma, Murphy McCauley, Michael J. Franklin, Scott Shenker, and Ion Stoica. 2012. In *Resilient Distributed Datasets: A Fault-Tolerant Abstraction for In-Memory Cluster Computing. Proceedings of the 9th USENIX Conference on Networked Systems Design and Implementation.* Berkeley, CA: USENIX, 2.

[28] Apache Storm. http://storm.apache.org/.

[29] *Introduction to Apache Storm on HDInsight: Real-Time Analytics for Hadoop.* 2017. Microsoft Docs. https://docs.microsoft.com/en-us/azure/hdinsight/hdinsight-storm-overview/.

[30] *Trident Tutorial.* 2017. http://storm.apache.org/releases/1.1.2/Trident-tutorial.html.

[31] *Web Apps Overview.* 2017. Microsoft Docs. https://docs.microsoft.com/en-us/azure/app-service-web/app-service-web-overview.

[32] *What is Mobile Apps?.* 2017. Microsoft Docs. https://docs.microsoft.com/en-us/azure/app-service-mobile/app-service-mobile-value-prop.

클라우드에서 시공간 데이터 관리

초록: 방대한 시공간 데이터는 클라우드의 고급 데이터 관리 기술이 필요하다. 하지만 현재 상용 클라우드 컴퓨팅 플랫폼은 데이터의 고유한 구조와 쿼리로 인해 시공간 데이터를 처리할 수 있는 기능이 부족하다. 6장에서는 현재의 클라우드 컴퓨팅 플랫폼이 최소한의 노력으로 대용량 및 동적 시공간 데이터를 관리할 수 있도록 하는 6가지 유형의 시공간 데이터에 대해 각각 설계된 데이터 관리 체계를 소개한다. 각 유형의 데이터에 대해, 공간 또는 시공간적 인덱스의 사용 여부와 분산 시스템에 배포 여부에 따라 4개의 데이터 관리 체계를 제시한다. 새로운 플랫폼을 처음부터 재구성하는 대신 현재 클라우드 스토리지 및 HDInsight와 같은 기존 리소스와 아키텍처를 활용해 공간 및 시공간 데이터를 위한 개선된 데이터 관리 플랫폼을 구축한다. 4개의 관리 체계 중 가장 개선된 데이터 관리 체계는 공간 및 시공간 색인(예, 그리드 기반 색인, R-트리 및 3DR-트리)을 HDInsight의 스파크 및 스톰과 같은 분산 컴퓨팅 시스템에 통합하는 것이다. 해당 관리 체계는 여러 가지 장점을 통합해 더 적은 컴퓨팅 리소스를 사용하는 동시에 더 큰 규모의 공간 데이터를 더 효율적으로 처리할 수 있게 해준다.

6.1 소개

6.1.1 문제점

텍스트, 이미지, 교통, 기상과 같은 많은 유형의 데이터가 있으며, 해당 유형의 데이터는 도시 지역의 여러 소스에서 지속적으로 생성된다. 상위 수준의 데이터 마이닝 및 서비스를 보다 효과적으로 지원하려면 대용량 및 동적 데이터셋을 여러 도메인에서 관리해야 한다. 마이크로소프트 애저 및 아마존 웹 서비스와 같은 클라우드 컴퓨팅 플랫폼은 대규모 동적 데이터에 대한 최적의 인프라스트럭처로 여겨진다. 대부분의 도시 데이터는 공간 정보 및 시공간 데이터라고 불리는 시간 속성과 연관돼 있기 때문에 어반 컴퓨팅은 시공간 데이터를 관리하려면 클라우드 컴퓨팅 기술이 필요하다.

- 하지만 현재 클라우드 컴퓨팅 플랫폼은 특별히 시공간 데이터를 위해 설계되지 않았다. 아래 내용은 기존 클라우드 컴퓨팅 플랫폼(고유한 데이터 구조)에서 시공간 데이터를 처리할 때의 주요 문제점이다. 시공간 데이터는 텍스트 및 이미지와 다른 고유한 데이터 구조를 갖고 있다. 예를 들어, 사진은 한 번 찍으면 크기가 고정되는 반면 택시의 이동 경로는 택시가 이동함에 따라 계속 증가한다. 동적 객체의 경로 데이터는 변경되지 않는 순서로 클라우드에 계속 스트리밍된다. 언제 이동이 종료되고 얼마나 클지 미리 알 수 없다. 또한 다양한 쿼리를 지원하고자 시공간 데이터의 저장 메커니즘을 다르게 설계해야 한다.

- 다양한 쿼리. 일반적으로 키워드를 사용해서 문서를 쿼리한다. 즉, 몇 개의 키워드를 정확히 또는 대략적으로 문서 모음과 일치시켜야 한다. 하지만 어반 컴퓨팅에서는 일반적으로 시공간 데이터를 대상으로 시공간 범위 쿼리 또는 k-최근접 이웃 쿼리를 수행해야 한다. 예를 들어, 60초 간격으로 근처의 빈 택시를 찾는 것은 택시 경로 데이터에 대한 시공간 범위 쿼리다. 마찬가지로 주행 중 가장 가까운 주유소를 검색하는 것은 관심지역정보[POI]에 대한 연속적인 1-최근접 이웃 쿼리다. 대부분의 클라우드 스토리지 시스템에서는 인덱싱 및 검색 알고리즘을 사용할 수 없으므로 클라우드의 기존 구성 요소는 시공간 쿼리를 효과적 및 효율적으로 처리할 수 없다.

- 하이브리드 인덱싱 구조. 기존 인덱싱 및 쿼리 알고리즘은 일반적으로 단일 유형의 데이터를 처리하고자 제안됐다. 예를 들어, R-트리는 공간 포인트 데이터를 인덱싱하기 위해 제안됐으며, 역 인덱싱은 텍스트 문서를 처리하도록 설계됐다. 하지만 어반 컴퓨팅에서는 서로 다른 형식의 여러 가지 데이터셋을 활용하고 서로 다른 도메인에 대한 빈도를 업데이트해야 한다. 예를 들어, 교통 상황, 대기 질 및 POI 사이의 상관관계를 연구하기 위해 3가지 데이터셋의 인스턴스가 함께 발생하는 횟수를 계산해야 한다. 하이브리드 인덱싱 구조가 아닌 경우 쿼리를 수행하고자 공간적, 시간적 거리 내에 있는 서로 다른 데이터셋을 포함하는 인스턴스를 검색하기 위해 데이터셋의 각 인스턴스 및 모든 인스턴스를 쿼리로 사용해야 한다. 해당 작업은 인터랙티브한 시각적 데이터 분석을 할 수 없게 만드는 시간 소모적인 프로세스다. 자세한 내용은 4.5.3절을 참고하자.

- 시공간 인덱싱을 클라우드에 통합. 텍스트 및 이미지를 프로세싱하는 경우 클라우드 컴퓨팅 플랫폼은 주로 스파크, 스톰, 하둡과 같은 분산 컴퓨팅 환경에 의존한다. 텍스트 및 이미지 처리용으로 설계된 인덱싱 구조의 기능이 매우 제한돼 있으므로 분산 컴퓨팅 환경과 관련된 인덱스는 거의 볼 수 없다. 예를 들어, 역인덱스는 일반적으로 단어와 단어가 포함된 문서의 관계를 유지하고자 사용된다. 하지만 시공간 데이터의 경우 효과적인 인덱싱 구조는 검색 알고리즘의 효율성을 몇 배 또는 수십 배 정도 향상시킬 수 있다. 클라우드에 공간 인덱스와 분산 컴퓨팅 시스템의 장점을 결합하면 더 적은 컴퓨팅 리소스를 사용하면서 더 큰 규모의 데이터를 더 효율적으로 처리할 수 있다.

시공간 인덱스를 클라우드의 병렬 컴퓨팅 환경에 통합하는 것은 중요한 작업이며, 대량의 경로를 클라우드로 스트리밍하는 경우 더 중요하다. 예를 들어, 몇 분 동안 일련의 도로 구간을 횡단하는 차량을 찾으려면 경로 인덱싱 구조를 스톰 기반 컴퓨팅 프레임워크에 유기적으로 통합해야 한다. 병렬 컴퓨팅 프레임워크 및 인덱싱 구조에 기반한 메모리와 입출력$^{I/O}$ 처리량 간의 균형을 관리하는 것은 어려운 일이며, 분산 시스템, 클라우드 스토리지 및 인덱싱 알고리즘의 지식이 필요하다. 일부 인덱싱 구조는 독립적인 시스템에서 잘 작동하지만 인덱스 분할 및 업데이트의 잠재적 문제를 고려할 때 분산 환경에 적합하지 않을 수 있다.

6.1.2 클라우드의 범용 데이터 관리 스키마

그림 6.1은 인덱스가 사용되는지와 분산 시스템에 배포되는지 여부에 따라 클라우드 컴퓨팅 플랫폼에서 시공간 데이터를 관리하기 위한 4가지 스키마 보여 준다.

1. 단일 디스크 기반 데이터 관리. 그림 6.1a에서 볼 수 있듯이 가장 간단한 방법은 특정 유형의 스토리지를 사용해 단일 가상머신(또는 노드)에 시공간 데이터를 저장한 후 클라우드 스토리지를 기반으로 직접 데이터를 쿼리하는 것이다. 클라우드 스토리지는 데이터를 디스크에 저장하며 특정 데이터 인스턴스에 접근할 수 있는 매우 간단한 인덱스를 가진다. 해당 스키마는 온라인 쿼리를 수행하기에 효율적이지 않다.

2. 단일 인덱스 기반 데이터 관리. 그림 6.1b에서 볼 수 있듯이 쿼리의 효율을 높이고자 디스크에 저장된 원시 데이터에 대한 인덱스가 사전에 생성된다. 인덱스는 ID 및 데이터 인스턴스의 개요만 저장하기 때문에 원시 데이터에 비해 작은 크기를 가진다. 따라서 빠른 접근을 위해 해당 인덱스가 메모리에 저장된다. 쿼리는 먼저 메모리에 있는 인덱스에 접근해 쿼리를 만족하는 데이터 인스턴스의 ID를 검색한다. 마지막으로 해당 데이터 인스턴스의 전체 정보를 디스크에서 검색할 수 있다 해당 스키마는 2가지 이유로 그림 6.1a에 표시된 것보다 훨씬 효율적이다. 첫째, 인덱스는 검색 범위를 줄여 준다. 둘째, 대부분의 계산 프로세스가 메모리에서 수행되므로 디스크에 대한 접근 횟수가 줄어든다.

그림 6.1 클라우드의 시공간 데이터를 위한 범용 데이터 관리 스키마

3. 분산 디스크 기반 데이터 관리. 시공간 데이터의 크기가 클 경우 단일 시스템의 디스크에 저장할 수 없다. 따라서 그림 6.1c에 보여지는 것과 같이 데이터를 여러 부분으로 분할해 HDFS^{Hadoop Distributed File System}와 같은 분산 클라우드 스토리지에 저장한다. 각 분산 스토리지 노드는 자체 디스크에 분할된 데이터를 저장한다. 쿼리를 수행하는 경우 쿼리를 모든 노드로 전달하며, 클라우드 스토리지를 기반으로 각 노드에서 기준을 충족하는 인스턴스를 검색한다. 검색을 수행한 후에 결과를 마스터 노드에 반환하며 통합된다. 데이터 관리 스키마는 대용량 데이터를 처리할 수 있지만, 실시간 응답이 필요한 쿼리를 처리할 만큼 효율적이지 않다.

4. 분산 인덱스 기반 데이터 관리. 앞에서 언급한 문제를 다루기 위해 그림 6.1d에서 보여지는 것과 같이 인덱스는 데이터의 각 파티션에 포함되고 각 노드의 메모리에 적재된다. 쿼리를 수행하는 경우 모든 노드에 분산된다. 각 노드에서 쿼리는 먼저 해당 인덱스를 검색해 조건을 충족하는 인스턴스 ID 목록을 검색한 다음 디스크에서 이러한 인스턴스의 전체 정보를 검색한다. 몇몇 경우에 인스턴스 ID 는 디스크에서 추가 정보를 검색하기 전에 먼저 마스터 노드로 전송되고 통합될 수 있다. 인덱싱 구조와 분산 컴퓨팅 시스템을 결합함으로써 데이터 관리 스키마는 대용량 시공간 데이터에 대한 실시간 쿼리를 효과적으로 처리할 수 있다.

다음 6.2절에서는 단일 디스크 기반 데이터 관리가 매우 간단하고 분산 시스템에 데이터를 저장하는 데 한 대의 시스템만 사용하는 경우는 분산 디스크 기반 시스템의 특수한 사례로 간주될 수 있기 때문에 나머지 3개의 데이터 관리 스키마를 설명하는 데 초점을 맞춘다. 따라서 2개의 데이터 관리 스키마를 통합하고, 이후에는 디스크 기반 데이터 관리 disk-based data management로 명명한다. 해당 데이터 관리 스키마에 대한 예시는 마이크로소프트 애저를 기반으로 수행한다.

6.2 포인트 기반 데이터 관리

6.2.1 포인트 기반 시공간 정적 데이터 관리

6.2.1.1 디스크 기반 데이터 관리

스토리지 및 인덱싱

관심지역정보[POI]와 같은 시공간 정적 데이터는 고정된 위치와 정적 속성을 갖고 있다. 그림 6.2에서 볼 수 있듯이 데이터셋이 그림 6.2a에 보여지며, 공간 영역을 동일한 그리드(예, P_1, P_2 그리고 P_3)로 분할하며 애저 테이블을 사용해서 데이터를 저장한다. 그림 6.2b와 같이 각 그리드는 데이터 인스턴스가 동일한 파티션 ID를 공유하는 애저 테이블의 파티션에 해당한다. 인스턴스의 ID는 그림 6.2c와 같이 행의 키[key]로 사용된다. 파티션 키 및 행의 키를 사용해서 애저 테이블은 행에 의해 기록되는 특정 인스턴스를 정확히 찾아낼 수 있다. 위도, 경도 그리고 범주와 같은 관심지역 속성들은 파티션 키와 행의 키 바로 옆, 같은 행의 다른 열에 저장된다.

데이터의 규모가 작은 경우 단일 디스크 기반 데이터 관리 스키마(그림 6.1a)를 적용할 수 있다. 대규모 포인트 기반 시공간 정적 데이터를 처리하는 경우에는 세분화된 공간 파티션을 사용해서 더 많은 파티션을 생성한다(예, 작은 크기의 그리드). 애저 테이블은 자동으로 해당 파티션들을 서로 다른 물리적 시스템에 저장한다(사용자는 해당 파티션들이 어디에 저장되는지 알 필요 없음). 따라서 분산 디스크 기반 데이터 관리 스키마가 적용된다.

공간 범위 쿼리

공간 범위 쿼리(예, 그림 6.2b에 표시된 붉은 사각형)를 수행하는 경우 먼저 공간 범위를 교차하거나 포함하는 그리드(예, P_1, P_2, P_4 그리고 P_5)를 찾은 후 해당 파티션 내에 있는 모든 인스턴스를 검색한다. 실제로 쿼리의 공간 범위에 포함된 인스턴스(예, d_2)를 찾기 위해 개선 프로세스를 수행할 수 있다. 검색 효율성을 보장하기 위해 파티션에 포함된 인스턴스의 개수가 지나치게 많으면 안 된다(예, 애저 테이블은 500개 미만). 그렇지 않고 개선 프로세스를 수행하는 경우 상당한 시간을 소모하게 된다.

업데이트

신규 데이터 인스턴스(그림 6.2에 빨간색 포인트로 표시됨)가 입력된 경우 그림 6.3a에서 볼 수 있듯이 해당 인스턴스를 그리드에 반영하고 그림 6.2c와 같이 포함되는 테이블의 파티션에 추가한다. 예를 들어, d_7은 파티션 P_5에 포함돼 있다. 파티션 키 P_5 및 행의 키 d_7을 포함하는 레코드record는 그림 6.2c와 같이 테이블에 삽입된다. 애저 테이블은 동일한 파티션 키를 가진 데이터 인스턴스가 물리적으로 같은 공간에 저장되는 것을 보장한다. 파티션의 인스턴스 개수가 상당히 많은 경우 추가로 그리드를 4개의 하위 파티션으로 분할하거나 파티션 재구성까지 고려해야 할 수도 있다.

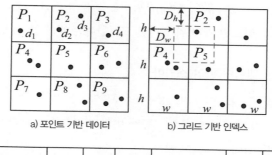

a) 포인트 기반 데이터   b) 그리드 기반 인덱스

파티션 키	행 키	위도	경도	A_1	....	A_k
P_1	d_1			레스토랑		
P_2	d_2			쇼핑몰		
P_2	d_3			영화관		
P_3	d_4			박물관		

c) 테이블 기반 스토리지

그림 6.2 시공간 정적 데이터의 데이터 관리 스키마

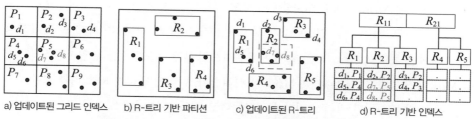

a) 업데이트된 그리드 인덱스   b) R-트리 기반 파티션   c) 업데이트된 R-트리   d) R-트리 기반 인덱스

그림 6.3 시공간 정적 데이터의 인덱스 기반 데이터 관리 스키마 예시

공간 파티션이 균일한 그리드인 경우 인덱스를 생성하지 않고도 특정 공간 범위에 속하거나 교차하는 파티션을 쉽게 찾을 수 있다. 예를 들어, 전체 공간 영역의 왼쪽 상단 및 오른쪽 하단 포인트의 좌표를 알고 있다. 따라서 공간 영역의 넓이 W 및 높이 H를 계산할 수 있고, 또한 파티셔닝 프로세스($w = W/n$, $h = H/n$, n은 각 차원의 파티션 개수)를 수행한 후에 그리드의 균일한 넓이 w 및 높이 h를 컴퓨팅할 수 있다. 공간 범위 쿼리를 수행하는 경우 왼쪽 상단 포인트와 전체 공간 사이의 수평 거리 D_w를 빠르게 컴퓨팅할 수 있다. D 모드 w의 계산을 통해 범위 쿼리의 왼쪽 상단 포인트가 첫 번째 열^{column}에 포함된다. 마찬가지로 D_h 모드 h를 계산함으로써 쿼리의 왼쪽 상단 포인트는 첫 번째 행에 포함된다. 같은 방법으로 두 번째 열 및 행(예. P_5)에 포함되는 오른쪽 하단 포인트를 알 수 있다. 결과적으로 P_1, P_2, P_4 그리고 P_5가 범위 쿼리를 교차한다는 것을 알 수 있다.

6.2.1.2 인덱스 기반 데이터 관리 스키마

공간 파티션이 균일한 그리드(예. 그리드를 4개의 부분으로 분할하거나 R-트리를 사용하는 경우)에 포함돼 있지 않은 경우 공간 인덱스는 공간 범위 쿼리를 교차하거나 포함하는 그리드를 찾고자 반드시 메모리에 유지돼야 한다.

또한 공간 인덱스는 쿼리 효율성을 상당히 개선한다. 반면에 해당 인덱스를 클라우드 스토리지에 통합하는 것은 과제로 남아 있다. 예를 들어, R-트리는 불균형한 공간 데이터를 쿼리할 때 균일한 그리드 기반 인덱싱 구조보다 더 좋은 효율성을 가진다. 하지만 동적 및 데이터 드리븐 구조^{data-driven structure}로 인해 클라우드에 통합하는 경우 어려움을 가져온다. 그림 6.3b와 같이 포인트 기반 시공간 정적 데이터를 다루고자 R-트리를 사용하는 경우 각각 일부 포인트를 포함하는 최소 경계 사각형^{MBR}의 집합을 가지게 된다. 그러나 이와 같은 MBR을 애저 테이블에서 해당 포인트를 저장하기 위한 파티션으로 사용할 수 없다. 왜냐하면 신규 인스턴스가 생성되면 기본적으로 파티션이 변경될 것이기 때문이다. 예를 들어, 그림 6.3b와 같이 새로운 4개의 빨간색 포인트를 삽입하면 5개의 신규 MBR이 생성되고, 기존 4개의 MBRs은 사라진다. 따라서 단순히 R-트리와 같은 인덱스를 분산 디스크 기반 관리 스키마에 적용한다고 해서 분산 인덱스 기반 관리 스키마를 생성할 수 없다.

스토리지 및 인덱싱

위의 이슈를 다루고자 그림 6.3d와 같이 R-트리 기반 공간 인덱스를 생성하고 메모리에 인덱스를 유지한다. R-트리의 각 리프 노드는 MBR에 포함된 포인트 집합을 저장한다. 포함된 ID 및 공간 파티션을 각 포인트에서 기록한다. 예를 들어, R_2에 포함된 (d_7, P_5)는 데이터 인스턴스 d_7이 MBR R2에 포함돼 있고 파티션 P_5에 저장돼 있음을 나타낸다. 데이터의 전체 집합은 그림 6.2에 표시된 방법에 따라 애저 테이블에 저장된다. 신규 인스턴스가 생성되기 때문에 그리드 기반 공간 파티션이 시간에 따라 변경되지 않는 것과 달리 R-트리 기반 인덱스는 메모리상에서 지속적으로 변경된다.

공간 범위 쿼리

공간 범위 쿼리를 수행하는 경우 그림 6.3c와 같이 먼저 R-트리에서 쿼리의 공간 범위에 포함되는 몇몇 포인트를 검색한다(예, (d_7, P_5) 및 (d_8, P_5)). 더 구체적으로, R-트리의 루트 노드부터 검색을 시작하며, 노드의 MBR이 쿼리의 공간 범위와 일치하는 여부를 확인한다. 일치되는 경우 해당 자식 노드에 대해 추가적인 검색이 수행된다. 검색은 모든 일치된 노드에 대한 추가 검색을 수행하는 재귀 방식을 통해 완료된다. 리프 노드에 도달하는 경우 포함된 포인트들은 쿼리 사각형에 대해 테스트된다. 쿼리 사각형 내에 포함된 객체가 결과로 반환된다. 그다음 해당 포인트에 대한 전체 정보를 애저 테이블에서 포인트 ID 및 공간 파티션을 기반으로 검색한다.

업데이트

신규 데이터 인스턴스가 생성될 때 워크로드^{workload}가 가벼운 메모리에서 R-트리 인덱스를 업데이트하고, 해당 인스턴스를 애저 테이블에 삽입한다. 해당 파티션은 검색보다는 스토리지 용도이기 때문에 신규 인스턴스가 생성된다고 해서 애저 테이블의 파티션 구조가 변경되지는 않는다.

6.2.1.3 분산 인덱스 기반 데이터 관리

대규모의 데이터를 다루는 경우 공간 인덱스의 크기가 매우 커지기 때문에 단일 시스템의 메모리에 저장할 수 없다. 대규모 데이터에 대한 즉각적인 쿼리에 응답하려면 데이터 관리 스키마에 인덱싱 구조와 분산 컴퓨팅 시스템 통합해야 한다(예, 그림 6.1d의 분산 인덱스 기반 데이터 관리 스키마).

스토리지 및 인덱싱

그림 6.2a와 같이 먼저 전체 공간 영역을 균일한 그리드를 분할한다. 데이터는 파티션 키에 포함된 그리드의 ID와 자체 ID를 행의 키로 사용해서 그림 6.2c와 같이 클라우드 스토리지(예, 애저 테이블)에 저장된다. 클라우드 스토리지는 서로 다른 파티션을 서로 다른 물리적 서버에 자동으로 저장한다(사용자는 이 부분에 신경 쓰지 않아도 됨). 6.2.1.1절에 나온 것과 동일하다.

주어진 데이터셋을 랜덤하게 여러 부분으로 분할하며, 각각의 데이터셋은 거의 동일한 개수의 포인트를 가진다. 공간 인덱스(예, R-트리)는 분할된 데이터에 생성되며, 분산 컴퓨팅 시스템의 메모리에 적재된다. 데이터 인스턴스에 대한 전체 정보는 6.2.1.1절에 소개된 방법에 따라 애저 테이블에 저장된다. 랜덤 데이터 파티션 시스템은 분산 컴퓨팅 시스템 내의 머신이 안정적인 워크로드를 가질 수 있도록 한다. 또한 공간 파티션(예, 각 머신은 공간 파티션의 데이터에 대한 공간 인덱스를 가짐)에 의해 데이터를 분할하면, 주어진 쿼리에 대응하는 머신이 장애 상태인 경우 아무것도 반환되지 않는다.

공간 범위 쿼리

그림 6.4는 애저 스톰 기반의 공간 범위 쿼리에 대한 응답 예시를 보여 준다. 해당 예시에는 2가지 종류의 볼트 노드가 있다. 그중 하나(예, 볼트 A_1부터 볼트 A_n)는 메모리의 데이터 부분에 대한 공간 인덱스(예, R-트리)를 가진다. 다른 유형의 볼트 노드(예, 볼트 B)가 볼트 A 노드에서 반환한 결과를 병합한다.

특정 공간 범위 쿼리가 주어지면 스파우트 노드는 해당 쿼리를 모든 볼트 A 노드에 전달한다. 쿼리를 수신하면 각 볼트 A 노드는 쿼리를 충족하는 데이터 인스턴스에 대해 자체 공간 인덱스를 검색한다. 공간 범위에 속하는 볼트 A 노드의 인스턴스가 없으면 볼트 B 노드로 'null'이 반환된다. 범위 쿼리에 포함되는 포인트 개수가 매우 클 수 있기 때문에 애저 테이블에서 개별적으로 각각 포인트를 검색하는 작업은 여전히 많은 시간을 소모한다. 따라서 볼트 A 노드에서 반환되는 데이터 인스턴스의 ID를 볼트 B 노드에서 추가로 집계한 후 동일한 파티션의 인스턴스에 대한 전체 정보는 볼트 B 노드에서 일괄적으로 검색한다. 예를 들어, 그림 6.2a와 같이 d_2 및 d_3는 동일한 파티션 P_2에 포함돼 있으며 파티션을 구성한다. 따라서 각 행이 아닌 개별 파티션 전체에 대한 정보를 검색할 수 있다. 결국 검색 결과는 다른 애플리케이션이 사용할 수 있도록 blob 파일 또는 메모리 블록(예, 레디스)에 저장된다.

2계층 볼트에는 2가지 장점이 있다. 하나는 blob 또는 레디스에 결과를 덤프할 때 서로 다른 볼트 간의 데이터 쓰기 충돌을 줄인다. 이 방법은 여러 개의 볼트를 통해 동시에 레디스에 저장하는 것보다 빠르다. 또 다른 장점은 동일 파티션에 속하는 객체를 통합하는 것이다. 따라서 해당 객체의 정보를 인스턴스 방식이 아닌 애저 테이블에서 블록 방식으로 검색할 수 있다. 디스크에서 데이터를 검색하는 효율성을 향상시킬 수 있다.

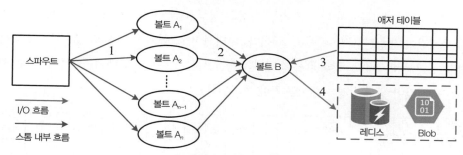

그림 6.4 스톰 기반 공간 범위 쿼리 수행

업데이트

신규 데이터 인스턴스가 생성되면 해당 인스턴스를 그리드에 반영하고 해당 그리드 ID를 파티션 키 및 인스턴스의 자체 ID를 행의 키로 사용해서 애저 테이블에 삽입한다. 신규 인스턴스는 포인트 개수가 가장 적은 시스템에 할당된다.

6.2.2 포인트 기반 공간 정적 및 시간 동적 데이터 관리

해당 데이터의 범주는 시간 경과에 따라 변하지 않는 정적 위치 및 시간 경과에 따라 지속적으로 변경되는 동적 측정치와 관련돼 있다. 대부분의 지리 정보 데이터는 해당 범주에 속하며 해당 데이터 구조는 그림 4.7에서 볼 수 있다.

6.2.2.1 디스크 기반 데이터 관리

스토리지 및 인덱싱

관심지역정보와 같은 시공간 정적 데이터의 디스크 기반 데이터 관리 스키마와 마찬가지로, 그림 6.5a와 같이 공간 영역을 균일한 그리드(예, P_1, P_2 그리고 P_3)로 분할한다. 그림 6.5b와 같이 각 객체의 공간 정보와 메타데이터(예, d_i)는 애저 테이블에 저장된다. 해당 테이블에서는 각 행이 객체를 나타낸다. 객체가 속한 그리드의 ID는 파티션 키로 사용되며, 객체의 ID는 행의 키로 사용된다. 위도, 경도 그리고 범주와 같은 객체의 속성은 파티션 키 및 행의 키 열 옆, 동일한 행의 다른 열에 저장된다.

각 객체의 동적 측정값은 그림 6.5c와 같이 별도의 테이블에 저장된다. 여기서 행은 타임스탬프에서 생성된 측정값을 나타낸다. 10개의 객체가 있는 경우 10개의 테이블이 각각 생성된다. 테이블에서 파티션 키는 측정값 생성된 날짜(예, 2017-08-23)이며, 행의 키는 측정값이 생성된 시간(예, 8:05:26)이다. 파티션 바로 옆에 있는 열과 행 키는 특정 측정값(예, 온도 및 풍속)을 나타낸다. 객체의 측정값은 시간 순서대로 테이블에 삽입된다. 새로운 측정값이 생성된 경우 테이블 끝에 추가된다.

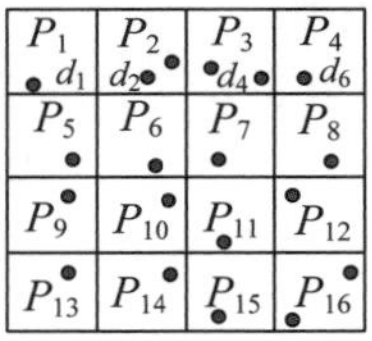

파티션 키	행 키	위도	경도	A_1	.....	A_k
P_1	d_1					
P_2	d_2					
P_2	d_3					
P_3	d_4					

파티션 키	행 키	V_1	.....	V_m
날짜	시간			
날짜	시간			
날짜	시간			
날짜	시간			

a) 공간 파티션   b) 메타데이터를 위한 테이블 기반 스토리지   c) d_4의 동적 측정값을 위한 스토리지

그림 6.5 공간 정적 및 시간 동적 데이터를 위한 디스크 기반 데이터 관리 스키마

대규모 데이터셋을 처리하고자 애저 테이블은 서로 다른 물리적 시스템에 시간 파티션을 자동으로 저장한다(사용자는 이러한 파티션이 할당된 위치를 알 필요 없음). 따라서 분산 디스크 기반 데이터 관리 스키마를 실제로 사용하게 된다.

시공간 범위 쿼리

공간 범위 쿼리에 응답하는 절차는 6.2.1.1절에서 설명된 시공간 정적 데이터의 경우와 똑같다. 공간 범위 쿼리를 수행하는 경우 먼저 그림 6.5b에 표시된 테이블에서 주어진 공간 범위 내에 있는 객체를 검색한 후 주어진 시간 범위 내의 측정값에 대해 그림 6.5c에 나온 테이블을 검색한다. 예를 들어, d_4의 테이블에서 다음과 같은 쿼리를 실행해 2017년 1월 23일 20:30부터 2017년 1월 24일 23:00까지 d_4의 측정값을 검색할 수 있다.

"PartitionKey ge '20170123' and PartitionKey lt '20170124' and

RowKey ge '20170123203000' and RowKey lt '20170124230000'",

사전 순서에 따라 *ge*는 문자열이 다른 문자열보다 크거나 같음을 뜻하며, *lt*는 문자열의 순서가 다른 문자열보다 작음을 뜻한다. 엔티티의 파티션 키를 행의 키에 포함시키면 범위 쿼리 응답을 용이하게 할 수 있다. 측정값이 빈번하게 생성되는 경우 *Date+Hour*(예, "20170102320")를 파티션 키, *Minute+Second*(예, "20170123203000")를 행의 키로 사용할 수 있다. 자세한 내용은 5.2.2.2절을 참고하면 된다.

업데이트

신규 객체가 생성되면 그리드에 반영해 그림 6.5b에 표시된 테이블에 해당 객체를 삽입할 수 있다. 그림 6.5c와 같은 신규 테이블이 생성돼 신규 객체의 동적 측정값을 저장한다. 기존 객체의 신규 측정값은 그림 6.5c와 같이 객체 테이블 끝에 추가된다.

6.2.2.2 인덱스 기반 데이터 관리

데이터가 대규모인 경우 디스크 기반 데이터 관리 스키마는 효과적으로 쿼리를 수행할 수 없다. 또한 데이터가 지리적으로 불규칙하게 분포된 경우 다른 공간 파티션 방식(예, R-트리)을 사용해야 한다. 따라서 인덱스는 신속한 쿼리 프로세싱을 위해 메모리에 생성되고 유지된다.

스토리지 및 인덱싱

그림 6.5에서 소개된 디스크 기반 데이터 관리 스키마와 마찬가지로 공간 영역을 그리드로 분할하며, 모든 객체의 메타데이터 및 공간 정보를 애저 테이블에 저장한다. 객체의 동적 측정값은 각 행이 측정값을 나타내는 별도의 테이블에 저장된다. R-트리 기반 인덱스는 그림 6.6b와 같이 공간 정보를 기반으로 객체를 관리하기 위해 생성된다. R-트리의

각 리프 노드는 객체의 리스트를 포함하며, 각 객체는 그림 6.6c와 같이 객체의 시간 인덱스를 나타내는 앵커^{anchor}와 관련된다. 시간 인덱스는 시간순으로 정렬된 동적 배열 또는 B+ 트리일 수 있다(4.4.1절 참고). 측정값이 지속적으로 생성되는 경우 메모리의 크기가 디스크보다 훨씬 작기 때문에 메모리에 가장 최근의 측정값을 유지하고, 과거 데이터를 테이블에 저장할 수 있다.

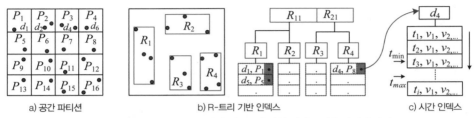

a) 공간 파티션 b) R-트리 기반 인덱스 c) 시간 인덱스

그림 6.6 공간 정적 및 시간 동적 데이터에 대한 인덱스 기반 데이터 관리

시공간 범위 쿼리

시공간 범위 쿼리의 경우 먼저 쿼리의 공간 범위에 포함된 객체의 공간 인덱스를 검색한다. 프로세스는 관심지역정보를 검색하는 그림 6.3과 똑같으며, 이후 주어진 시간 범위 $[t_{min}, t_{max}]$ 내의 측정값에 대해 객체의 시간 인덱스를 각각 검색한다. 시간 인덱스가 시간순으로 정렬된 배열을 기반으로 하는 경우 2개의 이진 검색 프로세스를 통해 배열에서 각각 t_{min} 및 t_{max}를 검색한다. 그림 6.6c와 같이 t_{min} 및 t_{max} 사이의 동적 측정값을 반환한다. 공간 및 시간 인덱스가 메모리에 유지돼 있기 때문에 검색 프로세스의 효율성이 높아진다. 객체의 메타데이터가 필요한 경우 해당 객체의 파티션 키와 행의 키를 기반으로 그림 6.5b에 나온 테이블로부터 검색을 수행한다.

특정 시간 범위가 메모리에 저장되지 않은 데이터의 과거 시간 간격과 연관된 경우 결과에 대한 객체의 동적 측정값을 저장하는 테이블을 검색한다(그림 6.5c 참고). 메모리에 유지되는 데이터의 크기는 애플리케이션에 따라 달라지며, 수용할 수 있는 컴퓨팅 리소스도 다양하다. 대부분의 쿼리는 최근 시간 간격과 관련돼 있으므로 대부분의 경우 효율적으로 결과를 찾을 수 있다.

업데이트

신규 객체가 생성된 경우 그림 6.6a와 같이 객체를 그리드에 반영하고 메타데이터를 그림 6.5b에 있는 테이블의 파티션에 삽입한다. 그림 6.5c와 같은 신규 테이블이 신규 객체의 동적 측정값을 저장하기 위해 생성된다. 그리드 기반 공간 파티션은 신규 인스턴스가 생성된다고 해서 변경되지 않으며, 메모리에 유지되는 시공간 인덱스를 업데이트한다. 대부분의 경우 전체 인덱스의 구조를 변경하지 않고 객체의 좌표에 따라 해당하는 리프 노드에 새로운 객체를 삽입한다. 때때로 신규 객체의 생성은 전체 공간 인덱스의 재구성을 야기할 수 있다(그림 6.3c 참고). 그다음 시간 인덱스는 공간 인덱스의 리프 노드에서 엔트리를 지시하는 각 신규 객체에 대해 생성된다.

기존 객체의 신규 측정값은 그림 6.5c와 같이 객체 테이블의 끝에 시간순으로 추가된다. 메모리의 크기가 제한돼 있기 때문에 각 객체에 대한 최신 측정값 n을 메모리에 유지한다. 비교적 오래된 측정값은 신규 측정값이 추가되면 메모리에서 사라진다. 그러나 모든 측정값은 파티션 및 행의 키로 생성될 때 타임스탬프와 함께 디스크에 있는 테이블에 저장된다.

6.2.2.3 분산 인덱스 기반 데이터 관리

데이터가 대규모인 경우 공간 및 시간 인덱스의 크기가 증가하고 메모리에 유지할 수 없게 된다. 대규모 데이터에 대한 실시간 응답을 수행하기 위해서는 인덱싱 구조 및 분산 컴퓨팅 시스템을 데이터 관리 스키마로 통합해야 한다(예, 그림 6.1d 분산 인덱스 기반 데이터 관리 기반 참고).

스토리지 인덱싱

먼저 전체 공간 영역을 그림 6.7a와 같이 균일한 그리드로 분할한다. 객체의 메타데이터 및 동적 측정값은 그림 6.5b, c와 같이 클라우드 스토리지(예, 애저 테이블)에 저장된다. 클라우드 스토리지는 자동으로 서로 다른 파티션을 서로 다른 물리적 서버에 저장한다(사용자는 이 부분에 신경 쓰지 않아도 됨). 이 내용은 6.2.2.2절에 나온 것과 같다.

단순한 방법은 단일 인덱스 기반 데이터 관리 스키마에 분산 컴퓨팅 세팅을 직접 적용하는 것이다. 더 구체적으로 분산 시스템 내의 노드는 몇몇 파티션에 대한 정보를 저장한다. 예를 들어, 그림 6.7a와 같이 P_1, P_2, P_5 그리고 P_6는 노드 S_1에 포함되며, P_3, P_4, P_7 그리고 P_8은 노드 S_2에 포함된다. 각 노드에서 공간 인덱싱 구조(예, R-트리)는 노드가 포함하는 파티션에 포함된 객체의 공간 정보를 기반으로 생성된다. 각 객체의 동적 측정값은 시간 인덱스에 의해 각각 관리되고 객체가 포함된 노드의 메모리에 저장된다. 그림 6.7b는 노드 S_1의 시공간 인덱싱 구조를 나타내며, 단일 시스템과 동일하다.

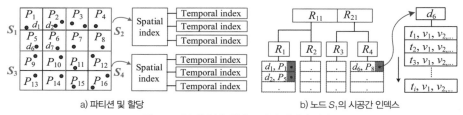

a) 파티션 및 할당　　　　　　　　　　　　　　　　b) 노드 S_1의 시공간 인덱스

그림 6.7 단순한 분산 인덱스 기반 데이터 관리

그림 6.8a와 같이 애저 스톰을 예로 들면, 볼트^{Bolt} A 노드는 그림 6.7b와 같은 시공간 인덱스를 저장한다. 하지만 이와 같은 단순한 디자인은 데이터의 불균형이 심한 경우 2가지 단점이 있다. 첫째, 많은 객체를 포함하는 일부 볼트 A 노드는 해당 객체의 동적 측정치를 저장하기 위한 충분하지 않은 메모리를 갖는 반면 객체가 적은 일부 노드는 메모리를 낭비한다. 둘째, 검색 프로세스를 수행하는 동안 쿼리는 많은 객체를 포함하는 볼트 A 노드에 더 자주 접근한다. 또한 검색 결과를 반환하기 위해 볼트 B 노드보다 많은 시간이 필요하므로 전체 쿼리 프로세싱 절차가 지연된다. 예를 들어, 볼트 B 노드의 병합 프로세스는 이전 볼트로부터 모든 결과를 수신한 후에만 시작할 수 있다.

　해당 이슈를 다루고자 시공간 인덱스를 분산 컴퓨팅 시스템으로 통합하기 위한 고급 데이터 관리 방법이 그림 6.8b에서 애저 스톰을 통해 보여 준다. 모든 객체의 공간 정보로 구성된 R-트리 기반 공간 인덱스는 스파우트 노드에 저장되며, 객체의 동적 측정값은 여러 개의 볼트 A 노드에 균등하게 저장된다(예, 객체에 의해 파티션됨). 공간 및 시간 인덱스는 그림 6.8a와 같이 결합되지 않고 분리돼 있다. 예를 들어, 볼트 A_1은 객체 d_1, d_2 그리고 d_3의 동적 측정값의 시간 인덱스를 저장하며 d_4, d_5, d_6의 측정값은 볼트 A_2에 저장된다. 다른 볼트 A 노드는 동일한 개수의 객체 동적 측정값을 저장하며, 동일한 메모리

소비량과 쿼리 부하를 갖는다(다른 객체가 동일한 샘플링 비율을 갖는다고 가정함). 객체의 공간 정보는 정적이기 때문에 단일 스파우트 노드로 해당 정보를 수용할 수 있다.

관리할 객체가 너무 많은 경우(예, 전 세계의 온도 센서 인덱싱), 객체를 공간 영역으로 분할하고 각 공간 파티션에 대한 공간 인덱스를 생성한다. 균형 잡힌 데이터 분포를 생성하고자 공간 파티션이 반드시 균일한 그리드를 기반으로 하지는 않는다. 그다음 스톰 프레임워크의 다양한 스파우트 노드를 사용하며, 그림 6.8c에 나타난 것처럼 각 파티션의 공간 인덱스를 저장한다. 데이터는 객체에 의해 분할된다. 각 볼트 A 노드는 동일한 개수의 객체에 대한 시간 인덱스를 저장한다. 이것은 그림 6.8b에 나타난 방법과 같다. 각 스파우트 노드는 2계층의 모든 볼트 A 노드를 연결한다. 해당 볼트 A 노드는 최종적으로 결과를 병합하기 위해 볼트 B에 연결된다.

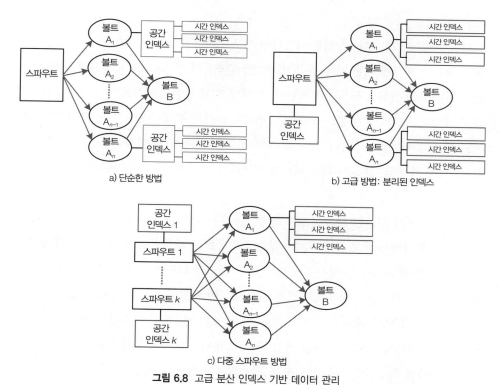

a) 단순한 방법

b) 고급 방법: 분리된 인덱스

c) 다중 스파우트 방법

그림 6.8 고급 분산 인덱스 기반 데이터 관리

시공간 범위 쿼리

쿼리를 수행하는 경우 분산 컴퓨팅 시스템은 모든 노드에 쿼리를 전송하며, 먼저 쿼리의 공간 범위 내의 객체를 검색한 후 쿼리의 시간 범위에 포함되는 해당 객체의 측정값을 찾는다. 그다음 결과를 집계해 파일 또는 메모리 블록에 덤프한다.

그림 6.8a와 같은 단순한 데이터 관리 스키마를 사용하는 경우 스파우트 노드는 연결된 모든 볼트 A 노드에 쿼리를 직접 배포한다. 스파우트 노드에서 쿼리를 수신하면 각 볼트 및 모든 볼트 A 노드는 객체에 대한 자체 인덱스 및 쿼리의 시공간 범위에 포함되는 측정값을 검색한다. 쿼리를 충족하는 ID 및 동적 측정값은 볼트 B 노드에 추가로 전송된다. 객체의 ID를 병합하고 해당 객체의 메타 데이터를 해당 테이블에서 검색한다. 해당 객체의 메타데이터 및 동적 측정값은 최종적으로 다른 애플리케이션의 활용을 위해 blob 파일 또는 레디스에 저장된다.

그림 6.8b에 나온 고급 방법을 사용하는 경우 스파우트 노드는 먼저 쿼리의 공간 범위에 포함되는 객체에 대한 자체 공간 인덱스를 검색한다. 그다음 객체의 ID와 쿼리의 시간 범위를 모든 볼트 A 노드에 분배한다. 객체의 ID를 포함하는 볼트 A 노드가 스파우트의 메시지에 포함된 경우 볼트 A 노드는 쿼리의 시간 범위에 속하는 동적 측정값에 해당하는 시간 인덱스를 검색한다. 그다음 검색 결과 및 객체 ID가 볼트 B 노드에 전달되며, 테이블에서 객체의 메타데이터를 빠르게 검색하기 위해 동일한 공간 파티션의 객체를 병합한다.

그림 6.8c에서 설명한 다중 스파우트 방법을 사용하는 경우 쿼리를 모든 스파우트에 전송한다. 쿼리의 공간 범위와 겹치지 않는 스파우트는 모든 볼트 A 노드에 'null'을 반환한다. 해당 볼트 A 노드는 아무것도 하지 않고 볼트 B 노드에 'null'을 전달한다. 쿼리의 공간 범위를 교차하는 스파우트의 경우 먼저 범위에 포함되는 객체의 ID를 찾은 다음 해당 객체의 ID를 모든 볼트 A 노드로 전송한다. 서로 다른 공간 파티션 내의 객체를 포함할 수 있기 때문에 볼트 A 노드는 여러 개의 스파우트 노드에서 메시지를 수신할 수 있다. 객체 ID를 확인함으로써 볼트 A 노드는 객체의 정보가 저장돼 있는지를 확인할 수 있다. 객체의 정보가 저장돼 있는 경우 볼트 노드는 쿼리의 시간 범위에 속하는 동적 측정값에 대한 자체 시간 인덱스를 검색한다. 저장돼 있지 않은 경우 볼트는 아무것도 하지

않고 볼트 B 노드에 'null'을 전달한다. 나머지는 위에서 언급한 2개의 방법과 똑같다.

업데이트

신규 객체가 생성된 경우 그림 6.5b와 같이 객체를 그리드에 반영하고 메타데이터를 해당 테이블의 파티션에 삽입한다. 그림 6.5c와 같이 신규 테이블이 신규 객체의 동적 측정값을 저장하기 위해 생성된다. 신규 인스턴스가 생성돼도 공간 파티션은 변경할 필요 없다. 하지만 그림 6.8b와 그림 6.3c와 같이 스파우트 노드의 메모리에서 공간 인덱스를 업데이트한다. 서로 다른 볼트 노드 사이에 작업 부하의 균형을 유지하고자 신규 객체가 최소의 객체를 포함하는 볼트 노드에 할당된다. 그다음 메모리에서 볼트 노드의 시간 인덱스가 업데이트된다. 객체 및 볼트 노드 사이의 매핑 또한 업데이트된다.

기존 객체의 신규 측정값은 그림 6.5c와 같이 객체 테이블의 끝에 추가된다. 또한 볼트 노드의 메모리에서 시간 인덱스를 업데이트한다.

6.2.3 포인트 기반 시공간 동적 데이터 관리

해당 데이터 구조 범주는 시간이 지남에 따라 위치와 측정값이 변경되는 포인트 기반 데이터를 위해 설계됐다. 예를 들어, 크라우드 센싱 프로그램에서 참여자들은 서로 다른 위치와 시간 간격으로 데이터를 수집한다. 마찬가지로 택시 디스패칭 시스템에서 승객들은 다른 장소와 타임스탬프에서 탑승 요청을 전송한다. 따라서 앞에서 언급한 시나리오에서 데이터의 각 인스턴스는 위치 및 타임스탬프와 연관된다. 서로 다른 인스턴스는 독립적이며 위치와 타임스탬프가 다르다.

6.2.3.1 디스크 기반 데이터 관리

스토리지 및 인덱싱

그림 6.9a에 나온 것과 같이 지리적 공간을 그리드로 분할하며, 균일한 그리드 또는 쿼드트리 기반 파티션이 될 수 있다. 각 공간 파티션(예, 그리드)은 그림 6.9와 같이 공간 파티션에 속하는 시공간 동적 데이터 인스턴스의 정보를 저장하기 위한 테이블을 생성한다. 예를 들어, 16개의 그리드를 위해 생성된 16개의 테이블이 있다. 지리적 공간이 제한돼

있으므로 파티션 수가 제한되고, 제한된 수의 테이블이 생성된다. 공간이 균일하게 분할되지 않은 경우 각 파티션의 왼쪽 상단 및 오른쪽 하단 코너의 공간 좌표를 기록한다.

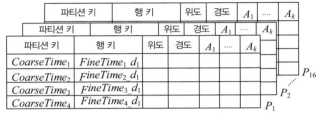

a) 공간 파티션 b) 각 공간 파티션에 대한 테이블 기반 스토리지

그림 6.9 시공간 동적 데이터에 대한 디스크 기반 데이터 관리 체계

이와 같은 테이블에서 각 행은 데이터 인스턴스에 해당한다. 데이터 인스턴스가 생성된 타임스탬프는 인스턴스의 파티션 키 및 행의 키를 생성하는 데 사용된다. 더 구체적으로 타임스탬프의 대략적인 시간은 파티션 키로 사용돼 근접한 타임스탬프에서 생성된 인스턴스가 동일한 파티션에 저장된다. 객체의 ID와 결합된 타임스탬프의 완전한 시간은 행의 키로 사용된다. 동일한 타임스탬프에 생성되는 2개의 데이터 인스턴스를 피하고자 객체의 ID가 타임스탬프의 끝에 추가돼 객체에 대한 행의 키를 생성한다. 예를 들어, 타임스탬프 '2017−12−24 20:15:20'에 생성된 인스턴스 d_1이 있는 경우 '2017122420'을 테이블의 파티션 키로 사용할 수 있으며, '20171224201520_d_1'을 행의 키로 사용한다. 시간이 지나면서 더 많은 파티션이 테이블에 생성되며 애저 테이블에 의해 다른 물리적인 시스템에 자동으로 저장된다.

파티션 키(예, 대략적인 시간)의 세분성^{granularity of the partition key}은 애플리케이션(예, 매시간 또는 하루)에 따라 미리 정의될 수 있다. 하지만 몇몇 경우(예, 주요 이벤트 또는 핫스팟) 짧은 시간 간격 동안 많은 인스턴스가 생성돼 많은 인스턴스가 동일한 파티션에 저장될 수 있다. 이런 경우 범위 쿼리를 수행하는 경우 테이블의 검색 효율이 저하된다.

해당 이슈를 다루고자 기본값 이외에 파티션 키의 세분성은 수신된 인스턴스의 개수에 따라 동적으로 변경될 수 있다. 예를 들어, 한 번에 400개의 데이터 인스턴스가 수신되면 한 시간이 지나지 않아도 신규 파티션이 생성된다. 테이블에서 파티션을 만들기 전에 해당 인스턴스는 잠시 동안 메모리에 버퍼링된다. 첫 번째 및 마지막 데이터 인스턴스의 타임스탬프의 공통 부분은 400개의 인스턴스의 파티션 키로 사용된다. 예를 들어, 첫 번째 인스턴스는 '2017-12-24 20:10:20'에서 생성되고, 4번째 인스턴스는 '2017-12-24 20:19:20'에 생성된다. 공통 부분 '20171224201'이 파티션 키로 사용된다. 하지만 400 번째 인스턴스가 '2017-12-24 20:28:20'에 생성된 경우 첫 인스턴스와의 공통 부분은 여전히 '2017122420'이다. 따라서 400개의 인스턴스가 이전에 생성된 파티션에 삽입된다(전략이 더 이상 유용하지 않음). 이 경우 인스턴스의 각 부분이 '2017122420'보다 일관되게 더 세밀한 시간 표현을 갖도록 보장하기 위해 시간에 따라 400개의 인스턴스를 두 부분으로 나눠야 한다. 예를 들어, 첫 번째 부분의 파티션 키에 '20171224201'을 설정하고, 두 번째 부분에 '20171224202'를 설정할 수 있다. 동적 설정은 테이블의 각 파티션이 너무 크지 않도록 해 쿼리 성능이 우수하도록 보장한다.

시공간 범위 쿼리

시공간 쿼리를 수행하는 경우 먼저 쿼리의 공간 범위에 부분적으로 교차하거나 또는 완전히 포함되는 공간 파티션을 검색한다. 그다음 쿼리의 시간 범위(t_{min}, t_{max})는 이와 같은 공간 파티션에 해당하는 테이블로 전송된다. 각 테이블에서 6.2.2.1절에 제시된 방법을 사용해 타임스탬프가 t_{min}보다 늦지만 t_{max}보다 빠른 데이터 인스턴스를 찾는다. 해당 인스턴스는 통합된 후 최종 결과로 반환된다.

업데이트

신규 데이터 인스턴스가 생성된 경우 인스턴스를 공간 파티션에 반영하고 타임스탬프에 따라 해당하는 테이블에 삽입한다. 때때로 통신 채널의 다양성 때문에 인스턴스가 실제로 생성된 시간보다 훨씬 늦게 인스턴스를 수신할 수 있다. 먼저 수신된 인스턴스의 타임스탬프보다 늦게 수신된 타임스탬프의 시간이 더 빠를 수 있다. 이런 경우 파티션의 시간 세분성을 기반으로 파티션 키 및 행의 키를 생성함으로써 인스턴스의 타임스탬프를 기반으로 이전에 생성된 파티션에 해당 인스턴스를 삽입할 수 있다.

6.2.3.2 인덱스 기반 데이터 관리

스토리지 및 인덱싱

대량의 포인트 기반 시공간 동적 데이터에 대한 실시간 쿼리를 수행하고자 테이블 기반 스토리지뿐만 아니라 메모리에 시공간 인덱스를 유지해야 한다. 그림 4.4에 제시된 3개의 인덱싱 구조 중 1개를 다른 애플리케이션에서 사용할 수 있다.

데이터의 불균형이 심한 경우 3D R-트리 기반 인덱싱 구조와 같은 3차원(3D) 방법이 사용된다. 그림 6.10a와 같이 각 데이터 인스턴스는 공간 좌표 및 타임스탬프를 기반으로 시간이 2차원 지리적 공간에 대한 3차원으로 간주되는 3차원 공간의 한 지점으로 표시된다. 근거리 인스턴스는 먼저 R_{11} 및 R_{12}와 같이 작은 직육면체로 그룹화되며, R_1과 같은 더 큰 직사각형으로 통합된다. 그림 6.10b는 인덱스 트리 구조를 보여 준다.

데이터가 지리적 공간에서 균형 잡힌 분포를 가지면 그림 4.4c와 같은 인덱싱 구조를 사용할 수 있다(예, 지리적 공간을 분리된 그리드로 분할하고, 각 공간 파티션에 대한 시간 인덱스를 생성함).

데이터가 시간 차원에 대해 균일하게 분포된 경우 그림 4.4b와 같은 인덱싱 구조를 사용할 수 있다. 즉, 시간 차원을 일정한 간격으로 나누고, 각 시간 간격에서 데이터에 대한 공간 인덱스를 생성한다.

메모리 크기가 제한돼 있기 때문에 최근에 수신한 데이터를 인덱스에 유지한다. 과거 데이터는 인덱스에서 사라진다. 인스턴스의 메타데이터가 다양한 필드를 포함하는 경우 인스턴스 ID, 공간 좌표 그리고 타임스탬프만 인덱스에 유지한다. 모든 데이터 인스턴스는 그림 6.9와 같은 방식으로 테이블에 삽입되고 디스크에 저장된다. 신규 인스턴스가 생성돼도 스토리지를 위해 생성된 공간 파티션은 변경되지 않는다.

시공간 범위 쿼리

시공간 범위 쿼리를 수행하는 경우 쿼리 직육면체^{cuboid}를 생성하며, 메모리에서 부분적으로 교차하거나 완전히 쿼리 직육면체에 포함되는 직육면체에 대한 시공간 인덱스(예, 그림 6.10과 같은 3D R-트리)를 검색한다. 해당 직육면체의 인스턴스는 실제로 쿼리 직육면체에 포함되는지 확인하기 위해 추가적으로 확인한다. 그다음 쿼리를 통해 검색된 데이터 인스턴스의 ID는 공간 파티션(예, 테이블 ID) 및 타임스탬프(예, 테이블의 파티션 키)를 기반으로 통합된다. 따라서 디스크로부터 일괄적으로 또는 효과적으로 검색할 수 있다. 동일한 테이블의 동일한 파티션에 있는 데이터 인스턴스는 개별적으로 검색되지 않고 일괄적으로 검색된다. 개별 검색은 쿼리에 의해 검색된 인스턴스의 개수가 매우 많은 경우 많은 시간이 필요하다.

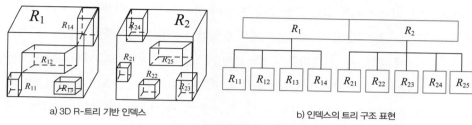

a) 3D R-트리 기반 인덱스   b) 인덱스의 트리 구조 표현

그림 6.10 시공간 동적 데이터에 대한 3D R-트리 기반 인덱스

시공간 범위 쿼리가 메모리의 인덱스에 포함되지 않는 과거 기간과 관련이 있는 경우 6.3.2.1절에서 소개된 것과 같은 방법을 사용해 결과를 디스크의 테이블에서 검색해야 한다.

업데이트

신규 데이터 인스턴스가 생성되는 경우 해당 인스턴스를 공간 파티션에 반영하고 6.2.3.1절에 나온 것과 같이 타임스탬프에 따라 해당하는 테이블에 삽입한다. 또한 시공간 인덱스를 메모리에 업데이트한다. 대부분의 경우 신규 인스턴스는 인덱스 구조의 변경 없이 기존 시공간 인덱스의 리프 노드에 삽입된다. 점차적으로 비효율적인 인덱스 구조가 생길 수 있다(예, 매우 불균형한 3D R-트리). 이런 인덱스 구조는 전체 인덱스의 근본적인 재구성이 필요하다. 인덱스의 구성은 메모리에서 이루어지며, 디스크의 스토리지와는 독립적이므로 최소한의 노력으로 수행할 수 있다.

6.2.3.3 분산 인덱스 기반 데이터 관리

데이터가 대규모인 경우 시공간 인덱스의 크기가 아주 커지며 메모리에 저장할 수 없다. 대규모 시공간 동적 포인트 데이터에 대한 실시간 쿼리를 수행하고자 인덱싱 구조 및 분산 컴퓨팅 시스템을 데이터 관리 스키마에 통합시킨다.

일반적으로 데이터를 여러 개의 작은 파티션으로 나누고, 데이터 분포를 기반으로 각 파티션에 대해 적절한 시공간 인덱스를 생성한다(자세한 내용은 6.2.3.2절 참고). 각 부분의 인덱스는 시스템의 메모리에 유지되며, 데이터 인스턴스의 전체적인 집합은 6.2.3.1절에 소개된 접근법에 따라 디스크에 저장된다.

예를 들어, 그림 6.8a과 같은 프레임워크를 사용해 주어진 데이터셋을 여러 개의 파티션으로 무작위로 분할하며, 각 파티션은 거의 동일한 시공간 커버리지를 갖고 있다. 그다음 각 파티션에 대한 3D R-트리를 생성하고 인덱스를 볼트 A 노드의 메모리에 로드한다. 시공간 쿼리를 수행하는 경우 모든 볼트 A 노드로 전달되며, 각 노드는 쿼리 범위에 속하는 데이터 인스턴스에 대해 자체 3D R-트리를 검색한다. 해당 인스턴스의 ID는 통합을 위해 볼트 B 노드로 전달된다. 마지막으로 해당 데이터 인스턴스에 대한 전체 정보는 일괄적 및 효과적으로 테이블을 통해 검색된다. 랜덤 파티션은 모든 볼트 A 노드를 포함하는 분산 컴퓨팅 시스템이 쿼리를 수행하도록 만들며, 서로 다른 노드 사이의 워크로드workload는 균형을 이룬다.

공간 인덱스와 시간 인덱스를 구분하고 해당 지수를 각각 스파우트와 볼트 노드에 배치하는 그림 6.8b와 c에 제시된 프레임워크를 사용하려면 주의해야 한다. 포인트 기반 공간 정적 및 시간 동적 데이터를 다루는 경우 고정된 위치를 가지며, 공간 인덱스에 의한 객체의 개수는 제한된다. 따라서 스파우트 노드에서 볼트 노드로 보낸 해당 객체의 ID가 포함된 메시지는 제한된 크기를 갖는다. 하지만 해당 프레임워크를 시공간 동적 포인트 데이터에 적용하는 경우 공간 인덱스에서 검색한 데이터 인스턴스의 개수가 증가할 수 있다. 따라서 스파우트 및 볼트 노드 사이의 통신 비용이 증가한다. 또한 볼트 노드의 경우 인스턴스 ID의 리스트가 매우 긴 경우 인스턴스가 실제로 포함돼 있는지 확인하는 것은 많은 시간이 필요하다.

조정adjustment은 지리적 공간을 균일한 그리드 또는 쿼드트리와 같은 다른 공간적 분할 방법을 기반으로 분리된 그리드로 분할하며, 각 그리드에 포함된 인스턴스에 대한 시공간 인덱스(시간 인덱스가 아닌)를 각각 생성한다. 공간 인덱스(그리드 파티션에 대한)는 스파우트 노드에 저장되며, 각 볼트 A 노드는 그리드의 시공간 인덱스를 유지한다. 시공간 범위 쿼리를 수행하는 경우 스파우트 노드는 먼저 쿼리의 공간 범위에 완전히 포함되거나 또는 부분적으로 교차하는 그리드에 대한 공간 인덱스를 검색한다. 그다음 스파우트 노드는 해당 그리드의 ID를 모든 볼트 A 노드에 전달한다. 볼트 A 노드가 쿼리의 공간 범위에 포함되는 그리드의 ID를 검색하는 경우 쿼리의 시공간 범위에 완전히 포함되는 인스턴스에 대한 자체 시공간 인덱스를 검색한다. 그렇지 않은 경우 볼트 A는 아무것도 하지 않고 'null'을 2계층에 반환한다. 공간 인덱스는 스파우트 노드에 저장되지만, 각 볼트 A 노드는 시간 인덱스가 아닌 시공간 인덱스를 유지해야 한다. 쿼리의 공간 범위를 부분적으로 교차하는 그리드에는 실제로 쿼리의 공간 범위에 포함되지 않는 인스턴스가 포함될 수 있기 때문에 시간 인덱스만 유지하는 볼트 노드는 더 이상 해당 인스턴스를 필터링할 수 없다. 따라서 그다지 효과적인 인덱싱 접근 방법은 아니다. 또한 쿼리 워크로드는 매우 적은 볼트 노드에 의해 수행될 수 있다. 해당 볼트 노드에 장애가 발생하는 경우 아무것도 반환되지 않는다.

6.3 네트워크 기반 데이터 관리

6.3.1 시공간 정적 네트워크 관리

해당 데이터 구조 범주는 도로 네트워크와 같은 공간 기반 데이터를 저장하며, 노드, 에지 그리고 근접 리스트의 3가지 유형의 하위 구조로 나타낸다. 노드는 POI와 같은 일종의 시공간 정적 포인트다. 에지는 ID, 시작과 끝나는 터미널을 나타내는 2개의 노드, 모양을 설명하는 공간 포인트의 리스트 및 메타데이터로 구성된다. 메타데이터는 이름, 차선의 개수, 방향(양방향 또는 단방향), 레벨 그리고 에지의 경계 상자를 포함한다. 근접 리스트는 주어진 에지의 이웃 에지 또는 특정 노드의 이웃 노드를 나타내는 네트워크의 구조를 나타낸다. 공간 네트워크가 한번 생성되면 3가지 하위 구조의 특성은 시간이 지남에 따라 정적 특성이 변화하지 않는다.

6.3.1.1 디스크 기반 데이터 관리

스토리지 인덱싱

POI와 같은 포인트 기반 시공간 정적 데이터에 대한 디스크 기반 데이터 관리 스키마와 비슷하게 공간 영역을 그림 6.11a와 같이 분리된 그리드(예, P_1, P_2 및 P_3)로 분할해 공간 네트워크의 에지 및 노드를 해당 그리드에 반영한다.

그림 6.11b에서 볼 수 있듯이 각 행은 노드가 파티션 키로 속하는 공간 파티션의 ID와 자신의 ID를 행의 키로 사용해 노드의 정보를 저장한다. 테이블의 세 번째, 네 번째 열은 노드의 위도 및 경도를 각각 나타낸다. 다섯 번째 열은 노드를 포함하는 에지의 ID를 저장한다. 예를 들어, n_1은 공간 파티션 P_1에 포함되고 에지 e_1과 e_5를 포함한다. 이것은 특정 노드에 대한 에지의 정보 검색을 용이하게 한다. 노드의 다른 속성(예, 입력 차수, 출력 차수 그리고 레벨)은 A_1열부터 A_k열까지 저장된다.

그림 6.11c에서 볼 수 있듯이 해당 테이블의 각 행은 하나의 에지를 나타낸다. 에지가 완전히 또는 부분적으로 교차하는 공간 파티션의 ID는 파티션 키로 사용된다. 에지의 ID는 행의 키다. 에지의 시작 및 끝 노드는 세 번째 및 네 번째 열에 저장된다. 각 에지는 다섯 번째 열과 같이 단방향(1) 또는 양방향(0) 중 하나의 방향과 관련돼 있다. 에지가 직선으로 표현되지 않는 경우 그 모양을 설명하는 중간 공간 포인트 리스트가 여섯 번째 열에 기록된다. 속도 제한 및 차선 수와 같은 에지의 다른 속성은 나머지 열에 저장된다.

에지가 여러 공간 파티션에 포함될 수 있으므로 해당 테이블의 여러 파티션에 기록될 수 있다. 예를 들어, e_1은 파티션 P_1과 P_2를 포함한다. 그 결과 e_1의 테이블에는 각각 P_1과 P_2를 파티션 키로 사용해 2개의 레코드가 생성된다. 해당 레코드의 생성은 공간 범위 쿼리에 대한 정확한 검색 결과를 보장하기 위해 필요하다. 예를 들어, 공간 범위 쿼리가 부분적으로 P_2의 e_1과 부분적으로 교차하지만 P_1을 포함하지 않는 경우 e_1이 P_1의 파티션에만 저장된 경우 e_1을 찾을 수 없다. 극단적인 경우의 e_{10}은 터미널 노드가 각각 P_5와 P_8에 해당하고 중간 포인트는 4개의 파티션에 포함된다. 공간 범위 쿼리가 P_6와 P_9에서 e_{10}의 부분을 포함하는 경우 결과적으로 e_{10}을 정상적으로 반환할 수 없다. 따라서 에지를 저장하는 경우 터미널 노드와 중간 공간 포인트를 지나며, 포함되는 파티션을 확인한 후 각 파티션의 에지에 대한 레코드를 각각 생성한다.

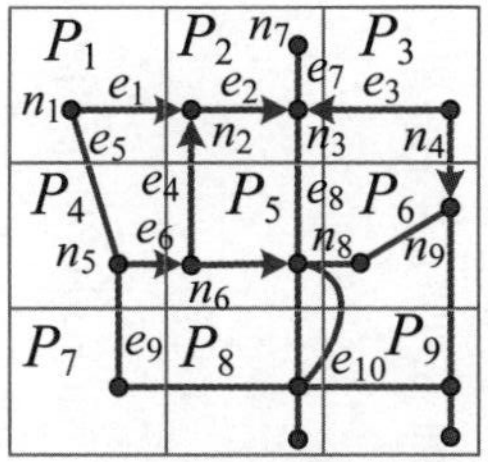

a) 공간 파티션

b) 네트워크 노드에 대한 테이블 기반 스토리지

파티션 키	행키	위도	경도	연결된 에지	A_1	----	A_k
P_1	n_1			e_1, e_5			
P_2	n_2			e_1, e_2, e_4			
P_2	n_3			e_2, e_3, e_7, e_8			
P_3	n_4			......			

d) 노드의 근접 리스트

파티션 키	행키	근접 노드
P_1	n_1	n_2, n_5
P_2	n_2	n_3
P_2	n_3	n_7, n_8
P_3	n_4	n_9

c) 네트워크 에지에 대한 테이블 기반 스토리지

파티션 키	행키	NID_s	NID_e	Dir	위치 포인트*	A_2	...	A_k
P_1	e_1	n_1	n_2	1				
P_1	e_5	n_1	n_5	0				
P_2	e_1	n_1	n_2	1				
P_2	e_2	n_2	n_3	1				

e) 에지의 근접 리스트

파티션 키	행키	근접 에지
P_1	e_1	e_2
P_1	e_5	e_1, e_6, e_9
P_2	e_1	e_2
P_2	e_2	e_7, e_8

*위치 포인트(Shape point): 지리학적 위치를 좀더 정확하게 표현하기 위한 링크상의 포인트

그림 6.11 시공간 정적 네트워크 데이터에 대한 디스크 기반 관리

개별 노드와 에지의 정보를 기록하는 것 외에도 기존 네트워크의 구조를 2가지 관점에서 유지한다. 하나는 노드 사이의 연결이다. 그림 6.11d와 같이 각 노드는 연결돼 있는 근접한 이웃 노드를 저장한다. 예를 들어, n_1은 n_2 및 n_5에 연결돼 있다. 하지만 n_2는 e_1이 단방향 에지이기 때문에 n_1에 연결돼 있지 않다.

기존 네트워크의 구조를 유지하는 다른 관점은 그림 6.11e와 같은 에지 사이의 근접성이다. 해당 테이블은 에지가 에지의 방향에 따라 접근할 수 있는 근접한 이웃 에지를 저장한다. 예를 들어, e_1 및 e_4는 단방향 에지이기 때문에 e_1에서부터 e_4를 접근할 수 없다. 따라서 e_4는 e_1의 근접 리스트에 포함되지 않는다.

공간 범위 쿼리

공간 범위 쿼리를 수행하는 경우 그림 6.11b과 같은 테이블을 검색해 쿼리 범위에 포함되는 노드를 찾을 수 있다. 테이블 기반 데이터 관리 스키마를 사용해 POI를 검색하는 것과 동일하다. 그다음 노드가 포함된 파티션 ID와 해당 에지의 ID를 기반으로 그림 6.11c과 같은 테이블에서 노드가 포함된 에지의 정보를 검색할 수 있다. 에지 테이블에서 효과적으로 정보를 검색하기 위해 노드 테이블에서 반환되는 에지를 병합하기 위해 통합된다. 동일한 파티션의 에지를 일괄적으로 검색할 수 있으며, 서로 다른 파티션에 있는 여러 레코드가 있는 에지는 통합 후 검색할 수 있다.

주어진 공간 범위 쿼리에 완전히 포함되거나 부분적으로 교차하는 에지를 찾고자 한다면 그림 6.11c과 같은 테이블을 직접 검색할 수 있다. 해당 절차는 노드를 검색하는 것과 거의 동일하다. 먼저 쿼리의 공간 범위를 완전히 포함하거나 부분적으로 교차하는 공간 파티션을 검색한다. 그다음 각 에지의 자세한 정보, 특히 에지의 터미널 노드 및 중간 노드를 검색해 해당 공간 포인트가 쿼리의 공간 범위에 포함되는지를 확인한다. 포함되는 경우 에지의 ID를 반환한다.

업데이트

신규 에지가 생성되는 경우 노드 및 에지 테이블의 해당 파티션에 각각 삽입한다. 노드 테이블의 경우 신규 에지의 터미널이 포함된 공간 파티션에 2개의 신규 행을 삽입한다. 대부분의 경우 에지는 기존 노드에서 시작하거나 끝난다. 따라서 신규 레코드 하나만 삽입된다. 이와 같은 경우 근접한 에지 필드에 신규 에지의 ID를 추가해 기존 노드의 레코드를 업데이트해야 한다. 극단적인 경우 2개의 기존 노드를 연결하도록 에지를 추가한다. 따라서 노드 테이블에 신규 행이 생성되지는 않지만, 2개의 기존 노드의 근접 에지 필드를 업데이트해야 한다. 그다음 그림 6.11d와 같이 신규 노드 ID를 노드의 근접 리스트에 추가함으로써 노드에 대한 근접 리스트를 업데이트한다.

에지 테이블의 경우 신규 에지의 레코드가 에지가 완전히 포함되거나 교차되는 파티션에 추가된다. 또한 그림 6.11e와 같이 신규 에지의 ID를 해당 에지의 근접 리스트에 추가함으로써 에지의 근접 리스트를 업데이트한다.

6.3.1.2 인덱스 기반 데이터 관리

디스크 기반 데이터 관리는 I/O 부하로 인해 효과적인 쿼리 프로세싱 기능을 제공하지 않는다. 더 효과적인 방법은 시공간 네트워크 기반 데이터에 대한 공간 인덱스를 생성하는 것이다. 공간 인덱스 메모리에 저장되며, 키 노드 및 에지 정보를 포함한다. 노드와 에지에 대한 모든 정보는 디스크에 저장된다(예, 6.3.1.1절에서 소개한 테이블 기반 데이터 관리 스키마 사용).

스토리지 및 인덱싱

그림 6.12a와 같이 공간 영역을 분리된 그리드(예, P_1, P_2 그리고 P_3)로 분할하고, 공간 네트워크 에지 및 노드를 해당 그리드에 반영한다. 공간 파티션은 데이터를 디스크에 저장한다고 해서 시간이 지남에 따라 변경되지 않는다. 노드 및 에지에 대한 완전한 정보는 6.3.1.1절에서 소개된 방법에 따라 그림 6.11b와 c와 같이 각각 2개의 테이블에 저장된다. 그다음 그림 6.12b와 같이 데이터의 모든 공간 포인트에 대한 공간 인덱스(예, R-트리)를 생성한다. 공간 포인트는 에지의 노드 및 중간 포인트로 구성된다. 리프 노드는 공간 포인트의 ID, 위도, 경도 및 해당 공간이 속하는 파티션 ID로 구성된 여러 공간 포인트에 대한 정보를 저장한다. 예를 들어, 노드 n_1은 공간 파티션 P_1에 포함된다. 공간 포인트가 에지의 중간 포인트인 경우 에지의 ID도 포함된다(예, s_1은 e_{10}의 모양을 설명하는 중간 포인트임). 인덱스는 메모리 저장되며 효과적으로 업데이트된다.

노드 및 에지에 대한 공간 인덱스 외에도 그림 6.12c와 같이 에지 사이의 근접 리스트를 메모리에 유지한다(예, e_1: e_2, e_5 및 e_2: e_1, e_7, e_8). 애플리케이션에 따라 길이 및 속도 제한과 같은 에지의 일부 중요한 특성이 메모리에 유지될 수 있다. 근접 리스트 또는 다른 배열의 에지에 정보를 포함시킬 수 있다. 해당 정보는 시공간 정적 네트워크의 라우팅 및 맵-매칭map-matching 경로와 같은 애플리케이션의 사용을 용이하게 한다.

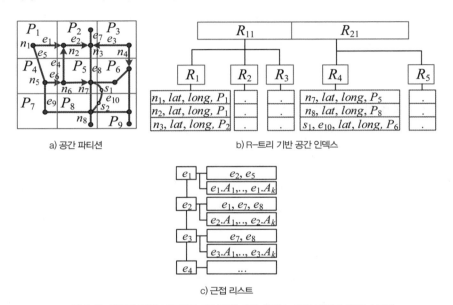

a) 공간 파티션

b) R-트리 기반 공간 인덱스

c) 근접 리스트

그림 6.12 시공간 정적 네트워크 데이터에 대한 인덱스 기반 데이터 관리 스키마

쿼리 프로세싱

공간 범위 쿼리를 수행하는 경우 쿼리의 범위에 포함되는 공간 포인트에 대한 공간 인덱스를 검색한다. 동일한 에지에서 여러 개의 공간 포인트가 반환될 수 있기 때문에 에지 ID 및 파티션 ID를 기반으로 결과를 통합한다. 그다음 파티션 ID와 노드 ID에 따라 노드 테이블에서 노드에 대한 전체 정보를 검색한다. 또한 에지 테이블에서 에지 ID에 대한 전체 정보를 파티션 ID 및 에지 ID로 검색한다. 또한 K-최근접 이웃KNN 쿼리는 공간 인덱스에 의해 처리된다. 여기서는 자세한 내용을 다루지 않는다(자세한 내용은 4.3절 참고).

업데이트

신규 에지가 기존 데이터셋에 추가되는 경우 신규 에지를 해당하는 테이블에 삽입하고 6.3.1.1절에서 소개된 접근법에 따라 관련 필드를 업데이트한다. 그다음 메모리의 공간 인덱스를 업데이트한다. 대부분의 경우 공간 좌표를 기준으로 에지의 공간 포인트를 R-트리의 기존 리프 노드에 삽입한다. 신규 생성된 공간 포인트는 ID, 에지 ID, 파티션 ID, 위도 그리고 경도를 포함하며, 리프 노드에 관련 엔트리를 생성한다. 때때로 신규 삽입된 데이터가 상당히 불균형한 트리인 경우 전체 트리를 재구성해야 한다. 마지막으로 근접 리스트의 해당 엔트리를 업데이트하고 신규 추가된 에지에 대한 신규 엔트리를 생성한다. 2개의 인덱스가 메모리에 저장되기 때문에 업데이트 비용은 높지 않다. 또한 업데이트는 해당 데이터의 특성으로 인해 매우 드물게 발생한다. 예를 들어, 도로망의 구조는 변경되지 않는다.

6.3.1.3 분산 인덱스 기반 데이터 관리

스토리지 및 인덱싱

시공간 정적 네트워크 데이터셋의 크기가 큰 경우 해당 인덱스를 단일 시스템의 메모리에 유지할 수 없다. 따라서 해당 네트워크 데이터를 작은 크기의 파티션으로 분할해야 한다. 부하 분산 및 통신 비용을 고려할 때 그래프에 대한 최적의 파티션을 찾는 문제는 NP-완전NP-complete이며, 해당 문제는 수년간 연구됐다. 또한 서로 다른 애플리케이션에서 서로 다른 최적의 그래프 파티션 접근 방식이 필요하다. 공간 범위 쿼리 및 KNN 쿼리에 응답하기 위한 간단한 파티션 방법만 고려하며, 해당 문제를 자세히 설명하지는 않는다.

그림 6.13과 같이 주어진 데이터셋을 랜덤하게 거의 균일한 부분으로 분할하며, 각각은 비슷한 수의 에지를 갖고 있다. 그다음 그림 6.12b에 표시된 접근법에 따라 데이터의 각 부분에 대한 공간 인덱스를 생성한다. 분산 시스템 내의 각 시스템은 일부 데이터의 인덱스를 포함해서 로드한다. 에지는 단일 시스템의 인덱스만 저장할 수 있다. 이로 인해 불균형한 워크로드 및 여러 시스템에 데이터 분산이 발생할 수 있기 때문에 데이터가 공간 그리드가 아닌 에지로 분할된다는 점에 유의해야 한다. 또한 근접 리스트 및 에지의

속성은 에지의 공간 인덱스가 저장돼 있는 동일한 시스템에 저장된다. 디스크에 포함된 노드 및 에지의 스토리지는 6.3.1.1절에 나온 것과 동일하다.

쿼리 프로세싱

그림 6.13에 제시된 스톰 기반 프레임워크를 예로 들어, 공간 범위 쿼리 또는 KNN 쿼리를 수행하는 절차를 시연한다. 공간 범위 쿼리를 수행하는 경우 스파우트 노드 쿼리를 모든 볼트 A 노드에 분배한다. 각 노드는 쿼리의 범위에 포함되는 결과에 대해 자체 공간 인덱스를 검색한다. 그다음 볼트 B 노드는 모든 볼트 A 노드에서 결과를 통합해 동일한 에지에서 공간 포인트를 병합한다. 해당 결과는 다른 애플리케이션의 사용을 위해 레디스의 blob 파일이나 메모리 블록으로 덤프된다. 만약 KNN 쿼리인 경우 쿼리 포인트까지의 거리가 있는 가장 가까운 에지의 ID는 각 볼트 A 노드에 의해 반환된다. 그다음 볼트 B 노드는 가장 가까운 에지를 쿼리 포인트까지의 거리에 따라 순위를 매겨 최종적으로 가장 가까운 에지를 반환한다.

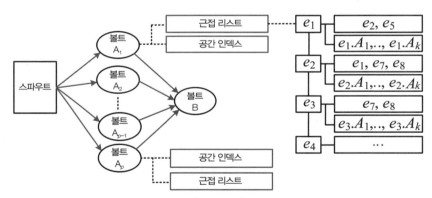

그림 6.13 시공간 정적 네트워크 데이터를 위한 분산 인덱스 기반 데이터 관리 체계

일부 통합 결과가 필요한 경우(예, 주어진 공간 범위에서 도로 구간의 전체 길이 계산) 각 볼트 A 노드는 근접 리스트에서 에지의 길이와 같은 해당 정보를 검색한다. 해당 예시에서는 에지의 속성만 있으면 된다. 근접 관계는 사용되지 않는다. 각 볼트 A 노드는 공간 범위에 속하는 (인덱스에서) 에지의 전체 길이를 합산한다. 볼트 B 노드는 모든 볼트 A 노드에서 반환되는 길이를 추가로 통합한다.

주어진 공간 범위에서 도로 교차로의 개수를 세고자 할 경우 각 볼트 A 시스템은 쿼리 범위에 속하는 (네트워크) 노드에 대해 자체 공간 인덱스를 검색한다. 그다음 인덱스에서 검색한 노드 개수를 볼트 B 노드로 전송해 추가 집계를 수행한다.

업데이트

신규 에지가 기존 데이터셋에 추가되면 6.3.1.1절에서 소개한 접근법에 따라 해당 테이블에 삽입하고 관련 필드를 업데이트할 수 있다. 에지의 개수가 가장 적은 시스템에 에지가 추가된다. 시스템의 공간 인덱스 및 근접 리스트는 6.3.1.2절에서 소개된 방법에 따라 업데이트된다. 신규 에지와 연결된 기존 에지의 근접 리스트가 해당 시스템에서 업데이트된다.

6.3.2 네트워크 기반 공간 정적 및 시간 동적 데이터 관리

동적 측정값이 공간 네트워크(예, 시간에 따라 달라지는 교통 상황을 가진 도로망)에 겹치는 경우 공간 정적 및 시간 동적 네트워크 데이터를 생성한다. 지속적으로 생성되는 동적 측정값은 시공간 정적 네트워크 데이터에 사용되는 것 이상의 새로운 데이터 관리 접근법이 필요하다.

6.3.2.1 디스크 기반 데이터 관리 방법

스토리지

디스크에 에지와 노드의 메타 데이터를 저장하는 방법은 6.3.1.1절에서 소개한 것과 같으며, 2개의 테이블을 사용해 에지와 노드의 정적 정보를 각각 저장한다. 2개의 공간 파티션에 포함된 에지는 2개의 파티션에 중복된 레코드를 가진다. 노드와 에지의 근접 관계에 따라 네트워크의 구조를 유지하기 위한 또 다른 2개의 테이블이 있다(자세한 내용은 그림 6.11 참고).

그 외에도 에지의 동적 측정값을 저장하는 테이블이 생성되며, 각 행은 타임스탬프에서 생성된 측정값을 저장한다. 측정치는 타임스탬프의 시간 순서에 따라 순서가 정해진다. 테이블의 이름은 에지 ID를 기반으로 정해진다. 파티션 키와 행의 키는 타임스탬프에서 파생된다. 예를 들어, 그림 6.14b와 같이 e_1의 동적 측정값을 저장하기 위해 테이블이 생성된다. 만약 2017년 1월 23일 20:30에 측정치가 생성되면 파티션 키로 2017년 1월 23일('20170123')을 설정하고, 행의 키로 '20170123203000'을 설정할 수 있다(자세한 내용은 6.2.2.1절 참고). 업데이트 주기를 기반으로 파티션 키에 여러 개의 시간 세분성을 사용할 수 있다. 또는 노드의 ID에 의해 명명된 노드의 동적 측정값을 저장하고, 측정값의 타임스탬프를 파티션 및 행의 키로 사용하기 위한 테이블을 생성할 수 있다.

시공간 범위 쿼리

시공간 범위 쿼리를 수행하는 경우 먼저 주어진 공간 범위에 완전히 포함되거나 부분적으로 교차하는 에지에 대해 그림 6.11c와 같은 테이블을 검색한다. 공간 범위 쿼리의 검색 절차는 6.3.1.1절에서 설명한 것과 동일하다. 그다음 주어진 시간 범위에 내의 동적 측정값에 대한 에지의 테이블(예, 그림 6.14와 같은 테이블)을 검색한다. 예를 들어, e_1의 테이블에서 다음 쿼리를 실행해 2017년 1월 23일 19시부터 2017년 1월 24일 23시까지 e_1의 측정값을 검색할 수 있다.

"PartitionKey ge '20170123' 및 PartitionKey lt '20170124'

RowKey ge '20170123190000' 및 RowKey lt '20170124230000'",

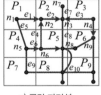

Partition key	Row key	V_1	-----	V_m
Date	Time			
Date	Time			
Date	Time			
Date	Time			

Partition key	Row key	V_1	-----	V_m
Date	Time			
Date	Time			
Date	Time			
Date	Time			

a) 공간 파티션   b) e_1의 동적 측정값에 대한 스토리지   c) n_1의 동적 측정값에 대한 스토리지

그림 6.14 공간 정적 및 시간 동적 네트워크 데이터를 위한 디스크의 데이터 관리 체계.

여기서 *ge*는 문자열이 다른 문자열보다 크거나 같음을 뜻하며, *lt*는 사전식 순서대로 비교했을 때 다른 문자열보다 작음을 나타낸다. 엔티티의 파티션 키를 행의 키에 포함시킴으로써 여러 파티션을 교차하는 범위 쿼리를 수행할 수 있다. 애저 테이블에 대한 자세한 내용은 5.2.2.2절을 참고하면 된다.

업데이트

신규 에지가 생성되는 경우 그림 6.11c와 같이 6.3.1.1절에서 소개한 방법에 따라 신규 레코드가 에지 테이블에 생성된다. 그림 6.14b와 같은 신규 테이블이 생성돼 신규 객체의 동적 측정값을 저장한다. 기존 에지의 신규 측정값은 해당 측정값이 생성될 때 타임스탬프를 기반으로 에지의 동적 측정 테이블의 끝에 추가된다.

6.3.2.2 인덱스 기반 데이터 관리 방법

스토리지 및 인덱싱

대규모 공간 정적 및 시간 동적 데이터에 대한 실시간 쿼리를 수행하고자 공간 인덱스(예. 그림 6.15a와 같은 R-트리)가 에지를 기반으로 모든 공간 포인트에 대해 생성된다. 공간 포인트는 에지의 터미널 및 중간 포인트로 구성된다. 인덱스의 리프 노드 내 각 엔트리는 공간 포인트의 ID, 에지의 ID, 위도, 경도 및 포인트가 포함된 공간 파티션을 포함하는 공간 포인트에 해당한다. 예를 들어, 노드 공간 파티션 P_1에 포함된 n_1은 에지 n_2의 터미널이다.

시간 인덱스는 에지의 동적 측정값에 대해 각각 생성된다. 시간 인덱스는 그림 6.15b와 같이 시간순으로 정렬된 동적 배열 또는 B+ 트리(자세한 내용은 4.4.1절 참고)일 수 있다. 측정값이 지속적으로 생성되는 동안 메모리의 크기가 디스크보다 훨씬 작기 때문에 메모리에는 가장 최근의 측정값을 저장하고 과거 데이터를 테이블에 저장할 수 있다.

시공간 범위 쿼리

시공간 범위 쿼리를 수행하는 경우 먼저 쿼리의 공간 범위에 속하는 공간 포인트에 대해 그림 6.15c와 같이 공간 인덱스를 검색한다. 여러 개의 공간 포인트가 동일한 에지에 있으므로 동일한 에지 ID를 포함하는 결과를 통합한다. 검색된 에지 ID를 기반으로 쿼리의 시간 범위에 해당하는 측정값에 대해 각각 해당 에지의 시간 인덱스를 검색할 수 있다.

업데이트

그림 6.15a에 나온 것처럼 신규 에지가 생성되면 6.3.1.1절에 소개된 접근 방식에 따라 그리드 위에 해당 에지를 반영하고, 각각의 메타데이터를 노드 및 에지 테이블의 해당 파

티션에 삽입한다.

그다음 메모리에 있는 공간 인덱스를 업데이트한다. 대부분의 경우 공간 좌표를 기반으로 신규 에지의 공간 포인트를 R-트리의 기존 리프 노드에 삽입할 수 있다. 신규 추가된 각 공간 포인트의 ID, 에지 ID, 파티션 ID, 위도 및 경도와 함께 리프 노드에 엔트리가 생성된다. 때로는 삽입된 데이터가 상당히 불균형한 트리를 생성할 경우 전체 트리를 다시 작성해야 한다. 마지막으로 근접 리스트의 해당 엔트리를 업데이트하고 새로 추가된 에지에 대한 신규 엔트리를 생성한다.

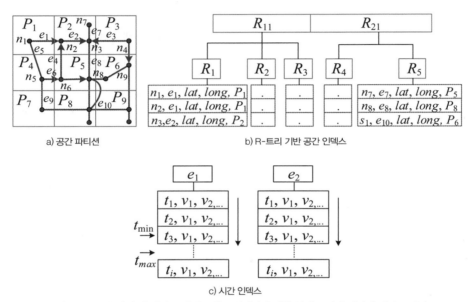

그림 6.15 공간 정적 및 시간 동적 네트워크 데이터에 대한 인덱스 기반 데이터 관리 스키마

기존 에지의 신규 측정값은 해당 측정값이 생성될 때의 타임스탬프를 기준으로 객체 테이블의 끝에 시간순으로 추가된다. 메모리 크기가 제한돼 있으므로 각 에지에 대해 가장 최근의 n 측정값을 메모리에 유지한다. 비교적 오래된 측정값은 신규 측정값이 생성되면 메모리에서 지워진다. 그러나 모든 측정값은 파티션 및 행의 키로 생성됐을 때의 타임스탬프를 기준으로 디스크의 테이블에 저장된다.

6.3.2.3 분산 인덱스 기반 데이터 관리 방법

스토리지 및 인덱싱

주어진 시공간 정적 네트워크 데이터셋이 대규모인 경우 해당 인덱스를 단일 시스템의 메모리에 유지할 수 없다. 따라서 해당 네트워크 데이터를 작은 파티션으로 분할해야 한다. 그래프에 대한 최적의 파티션을 찾는 문제는 NP-완전이며 애플리케이션에 따라 달라지기 때문에 공간 범위 쿼리 및 KNN 쿼리를 수행하기 위한 간단한 파티션 방법만 고려한다.

그림 6.16와 같이 주어진 데이터셋을 거의 균일하게 무작위로 분할하며, 각 부분은 비슷한 개수의 에지를 포함한다. 그다음 그림 6.12b에 나온 접근법에 따라 데이터의 각 부분에 대한 공간 인덱스를 생성하고, 그림 6.15c에 소개된 방법에 따라 각 에지에 대한 시간 인덱스를 생성한다. 분산 시스템 내의 각 시스템은 일부 데이터의 공간 및 시간 인덱스를 로드한다. 에지는 시스템의 인덱스에만 저장될 수 있다. 데이터는 공간 그리드가 아닌 에지에 의해 분할되며, 공간 그리드에 의한 분할은 다른 시스템에서 불균형한 작업 부하 및 데이터 배포를 초래할 수 있다. 에지의 근접 리스트 및 속성은 에지의 공간 인덱스가 포함된 같은 시스템에도 저장된다. 디스크의 노드와 에지에 대한 스토리지가 6.3.1.1절의 내용과 같다.

시공간 범위 쿼리

그림 6.16과 같은 스톰 기반 프레임워크를 예로 들어, 시공간 범위 쿼리를 수행하는 절차를 설명한다. 이와 같은 범위 쿼리가 발생한 경우 스파우트 노드는 쿼리를 모든 볼트 A 노드에 배포하며, 해당 노드는 쿼리 공간 범위에 완전히 포함되는 공간 포인트에 대해 자체 공간 인덱스를 검색한다. 여러 개의 공간 포인트가 동일한 에지에 있으므로 동일한 에지 ID를 포함하는 결과를 볼트 A 노드에 각각 통합한다. 그다음 쿼리의 시간 범위에 해당하는 측정값을 찾기 위해 각 볼트 A 노드는 공간 검색에 의해 반환된 에지의 시간 인덱스를 검색한다. 볼트 B 노드는 다른 애플리케이션의 사용을 위해 모든 볼트 A 노드로부터의 결과를 통합하고, 결과를 blob 파일 또는 레디스의 메모리 블록에 덤프한다.

업데이트

신규 에지가 기존 데이터셋에 추가되는 경우 에지를 해당 테이블에 삽입하고 6.3.2.1절에서 소개된 방법에 따라 관련 필드를 업데이트한다. 에지는 가장 적은 수의 에지를 가진 시스템에 추가된다. 그다음 6.3.2.2절에서 소개한 방법에 따라 공간 인덱스, 시간 인덱스 및 시스템의 근접 리스트가 업데이트된다. 신규 에지에 연결된 기존 에지의 근접 리스트는 관련 시스템에서 업데이트된다.

6.3.3 네트워크 기반 시공간 동적 데이터 관리

해당 범주의 데이터 공간 및 시간 정보는 시간 경과에 따라 지속적으로 변하고 서로 다른 데이터 인스턴스 간에 네트워크 구조가 변경된다. 여기에는 2가지 주요 하위 범주가 있다. 하나는 경로 데이터로, 차량, 사람, 동물과 같은 이동하는 객체의 흔적을 기록한다. 다른 하나는 시공간 그래프이며, 동적인 연결과 서로 다른 이동하는 객체 간의 상호작용을 나타낸다. 6.3.3절에서는 경로 데이터가 여러 시스템에서 폭넓게 사용되고 있기 때문에 여기에 초점을 맞춘다.

6.3.3.1 디스크 기반 데이터 관리 방법

스토리지 및 인덱싱

그림 6.17a와 같이 공간 영역을 분리된 그리드로 분할하며, 서로 다른 동적 객체에서 생성된 경로를 해당 그리드에 반영한다. 데이터의 분포에 따라서 그리드는 반드시 균일할 필요는 없다. 불균형한 데이터를 처리하고자 불균형한 그리드 파티션을 사용할 경우 각 그리드의 경계 상자의 공간 좌표를 저장하는 테이블이 생성된다.

각 동적 객체에 대해 그림 6.17b와 같이 동적 객체의 ID에 따라 명명된 개별 테이블을 만들어 자체 데이터를 저장한다. 이와 같은 테이블의 각 행은 파티션 키와 행의 키를 생성하기 위한 포인트의 타임스탬프를 사용해 경로에 대한 시공간 포인트의 기록을 나타낸다. 예를 들어, 2017년 1월 23일 20:30:00에 포인트가 생성된 경우 2017년 1월 23일(예, '20170123')을 파티션 키로 설정하고, 행의 키로 '20170123203000'을 설정할 수 있다(자세

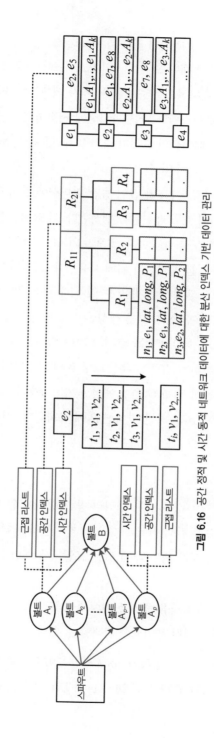

그림 6.16 공간 정적 및 시간 동적 네트워크 데이터에 대한 분산 인덱스 기반 데이터 관리

한 내용은 6.2.2.1절 참고). 해당 포인트의 ID(pid), 위도, 경도, 타임스탬프 및 기타 속성은 나머지 열에 저장된다. 경로에 대한 포인트는 타임스탬프를 기준으로 시간순으로 테이블에 삽입되며, 포인트 ID는 순차적으로 증가한다. 애저 테이블은 자동으로 근접한 파티션을 클라우드의 다른 물리적 시스템과 다른 파티션에 저장하며, 근접한 파티션을 동일한 시스템에 할당한다. 따라서 테이블의 크기가 증가할 수 있다. 사용자는 디스크의 저수준 low-level 스토리지 메커니즘을 굳이 알 필요는 없다.

각 공간 파티션의 경우 그림 6.17c와 같이 공간 파티션에 포함되는 서로 다른 동적 객체의 포인트를 저장하기 위해 개별 테이블을 생성한다. 해당 테이블의 각 행은 동적 객체에 의해 생성된 포인트의 정보를 저장한다. 포인트의 타임스탬프는 위에서 언급한 방법에 따라 파티션 키 및 행의 키를 생성하기 위해 사용된다. 동일한 타임스탬프에서 레코드를 생성하는 여러 개의 동적 객체가 존재할 수 있기 때문에 객체의 ID를 타임스탬프 끝에 추가해 포인트에 대한 고유한 행의 키를 생성한다. 포인트를 생성하는 동적 객체의 ID 및 포인트의 ID, 위도, 경도, 타임스탬프 그리고 기타 속성은 나머지 열에 저장된다. 여러 개의 공간 파티션을 교차하는 경로는 각각 해당 파티션의 테이블에 여러 개의 레코드를 생성한다. 예를 들어, 동적 객체 O_1은 p_1에서 p_6까지 6개의 포인트를 생성한다. p_1은 공간 파티션 P_1에 포함되며, p_6은 공간 파티션 P_4에 포함된다. 따라서 P_1과 P_4의 테이블에 각각 저장된다.

시공간 범위 쿼리

시공간 범위 쿼리를 수행하는 경우 먼저 쿼리의 공간 범위에 완전히 포함되거나 부분적으로 교차하는 공간 그리드를 검색한다. 그다음 각 테이블의 파티션 키와 행의 키를 기반으로 타임스탬프가 쿼리의 시간 범위 내에 있는 포인트에 대한 그리드의 테이블을 각각 검색한다.

예를 들어, P_1의 테이블에서 다음 쿼리를 실행해 2017년 1월 23일 19시부터 2017년 1월 24일 23시까지 P_1에서 생성된 포인트를 검색할 수 있다.

"PartitionKey ge '20170123' 및 *PartitionKey lt '20170124'* 및

  RowKey ge '20170123190000' 및 *RowKey lt '20170124230000'"*,

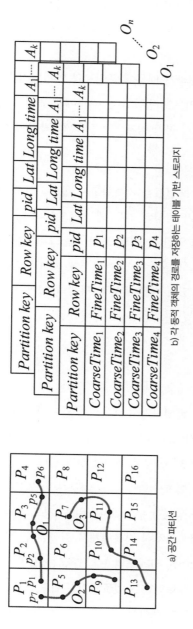

a) 공간 파티션

b) 각 동적 객체의 경로를 저장하는 테이블 기반 스토리지

Partition key	Row key	pid	Lat	Long	time	A_1	----	A_k
$CoarseTime_1$	$FineTime_1$	p_1						
$CoarseTime_2$	$FineTime_2$	p_2						
$CoarseTime_3$	$FineTime_3$	p_3						
$CoarseTime_4$	$FineTime_4$	p_4						

O_1 ... O_2 ... O_n

c) 각 파티션의 시공간 포인트를 저장하는 테이블 기반 스토리지

Partition key	Row key	pid	O_ID	Lat	Long	time	A_1	---	A_k
$CoarseTime_1$	$FineTime_1 \, O_1$	p_1	O_1						
$CoarseTime_2$	$FineTime_2 \, O_2$	p_7	O_2						
...	...								

P_1 ... P_2 ... P_{16}

그림 6.17 경로 데이터에 대한 디스크 기반 데이터 관리

여기서 *ge*는 문자열이 다른 문자열보다 크거나 같음을 뜻하며, *lt*는 문자열의 순서가 다른 문자열보다 작음을 나타낸다. 엔티티의 파티션 키를 행의 키에 포함하면 테이블의 여러 파티션을 교차하는 범위 쿼리를 수행할 수 있다. 애저 테이블에 대한 자세한 내용은 5.2.2.2절을 참고하면 된다.

여러 개의 그리드에 포함되는 경로가 존재하기 때문에 포인트와 연관돼 있는 동적 객체 ID를 기반으로 동일한 경로에 포함된 포인트를 병합한다. 결과에서 쿼리의 공간 범위에 실제로 포함되지 않는 포인트를 제거하고자 공간 정제^{spatial refinement} 작업이 수행된다.

업데이트

신규 동적 객체가 생성된 경우 해당 객체의 포인트를 기록하고자 독립적인 테이블을 생성한다. 동적 객체를 기반으로 신규 포인트가 생성된 경우 해당 포인트의 타임스탬프를 기반으로 동적 객체 테이블에 시간순으로 삽입한다. 해당 포인트는 그리드에 반영돼 포인트가 포함된 파티션의 테이블에 삽입된다. 동일한 공간 파티션에서 서로 다른 동적 객체에 의해 생성된 여러 포인트가 존재할 수 있기 때문에 동적 객체의 ID가 포인트 ID의 끝에 추가된다.

6.3.3.2 인덱스 기반 데이터 관리 방법

스토리지 및 인덱싱

앞에서 설명한 방법은 디스크의 높은 I/O를 발생시켜서 효율성이 떨어진다. 대규모의 경로 데이터에 대한 실시간 쿼리를 수행하고자 경로 데이터에 대해 시공간 인덱스를 생성한다. 디스크에 있는 경로의 스토리지는 6.3.3.1절에서 소개한 것과 같다.

그림 6.18a에서 볼 수 있듯이 모든 경로(3D R-트리의 자세한 내용은 4.4.2.4절 참고)의 포인트에 대한 시공간 인덱스(예, 3D R-트리)를 생성할 수 있으며, 위도, 경도 그리고 타임스탬프를 3차원으로 형성한다. 포인트의 집합은 3차원 직육면체로 결합된다. 작은 직육면체는 더 큰 직육면체로 형성된다. 그림 6.18b는 인덱스의 트리 구조를 보여 주며, 각 리프 노드는 엔트리의 리스트로 구성된다. 각 엔트리는 포인트의 ID, 위도, 경도, 타임스탬프 그리고 포인트를 생성하는 동적 객체의 ID를 포함하는 포인트의 키 정보를 저장한다.

메모리의 크기가 제한돼 있기 때문에 과거 데이터를 테이블을 사용해서 디스크에 저장하며, 최신 데이터를 인덱스에 유지한다.

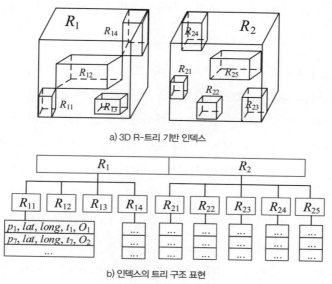

a) 3D R-트리 기반 인덱스

b) 인덱스의 트리 구조 표현

그림 6.18 경로에 대한 인덱스 기반 데이터 관리

시공간 범위 쿼리

시공간 범위 쿼리를 수행하는 경우 해당 쿼리는 3차원 직육면체로 간주되며, 먼저 완전히 직육면체에 포함되는 포인트에 대한 시공간 인덱스(예, 그림 6.18의 3D R-트리)를 검색한다. 반환된 결과에서 동일한 동적 객체 ID를 가진 포인트를 집계한다. 포인트에 대한자세한 정보는 포인트의 ID와 파티션 키를 기반으로 해당 동적 객체의 테이블에서 검색할 수 있다. 해당 키는 공간 좌표에서부터 손쉽게 획득할 수 있다.

　다른 시공간 인덱싱 구조는 또한 경로 데이터를 관리할 때 사용될 수 있으며, 애플리케이션에 따라 서로 다른 업데이트 주기를 가진다. 시공간 인덱스를 클라우드 스토리지에 통합하는 방법을 설명하고자 3D R-트리만 예시로 사용한다.

　예를 들어, 먼저 공간 영역을 그리드로 분할하고, 각 그리드를 동적 배열 및 B+ 트리와 같은 시간 인덱스를 생성한다. 시공간 범위 쿼리를 수행하는 경우 쿼리의 공간 범위에완전히 포함되거나 부분적으로 교차하는 그리드를 검색하며, 타임스탬프가 쿼리의 시간 범위 내에 있는 포인트에 대해 해당 그리드의 시간 인덱스를 각각 검색한다. 마지막으로 반환된 결과에 대해 공간 정제 작업을 수행하며, 각 포인트 및 모든 포인트가 쿼리의 공간 범위 내에 있음을 보장한다. 3D R-트리를 사용하는 경우 마지막 단계는 필요하지 않다.

업데이트

업데이트는 2개의 파트로 구성된다. 하나는 디스크에 저장된 테이블의 레코드를 업데이트하는 것이다. 다른 하나는 메모리에서 인덱스를 업데이트하는 것이다.

신규 동적 객체가 생성되면 그림 6.17b와 같이 포인트를 기록하고자 독립적인 테이블을 생성한다. 동적 객체에 의해 생성된 신규 포인트가 생성되면 해당 포인트의 타임스탬프를 기반으로 동적 객체의 테이블에 포인트를 시간순으로 삽입한다. 해당 포인트는 그리드에 반영되며, 그림 6.17c와 같이 파티션의 테이블에 삽입된다. 동일한 공간 파티션에서 여러 개의 동적 객체에 의해 생성된 여러 포인트가 존재할 수 있으므로 동적 객체의 ID가 포인트의 ID 끝에 추가된다.

그다음 메모리 내의 인덱스를 업데이트한다. 예를 들어, 3D R-트리를 사용하는 경우 포인트의 공간 좌표 및 타임스탬프를 기반으로 신규 생성된 포인트를 해당 직육면체에 삽입한다. 인덱스의 크기를 메모리 내에 유지하고자 포인트의 과거 데이터는 인덱스에서 삭제된다. 3D R-트리의 불균형이 증가하는 경우 트리를 근본적으로 재구성한다. 이와 같은 삽입-삭제-재구성 프로세스는 매우 복잡하다. 따라서 좀 더 실질적인 솔루션은 최근(예, 최근 15분)에 수신된 데이터에 대한 신규 3D R-트리를 생성하는 것이다. 신규 인덱스가 생성되기 전에 신규 포인트가 기존 3D R-트리에 삽입된다. 신규 포인트가 삽입된 후에 불균형이 발생되더라도 노드 분할 및 병합 작업을 수행하지 않으며, 기존 인덱스의 트리 구조는 변경되지 않는다. 신규 인덱스 생성되면 기존 인덱스는 삭제된다. 신규 인덱스의 생성 주기는 애플리케이션에 따라 다르다. 예를 들어, 최근 15분 동안 수신한 경로 데이터에 대해 2분마다 신규 인덱스를 택시 디스패치 시스템taxi-dispatching system에 구축할 수 있다.

과거의 데이터를 쿼리하는 경우 6.3.3.1절에 소개된 접근법에 따라 그림 6.17과 같은 테이블을 검색한다.

6.3.3.3 분산 인덱스 기반 데이터 관리 방법

스토리지 및 인덱싱

경로 데이터가 대규모인 경우 시공간 인덱스를 단일 시스템의 메모리에 저장할 수 없다. 이와 같은 경우, 동적 객체(예, 경로)를 통해 경로 데이터를 무작위로 분할하며, 서로 다른 동적 객체의 경로를 여러 시스템에 할당한다. 각 데이터의 파티션은 거의 동일한 개수의 동적 객체를 가진다. 동일 객체의 경로 데이터는 동일 시스템에 할당된다. 경로 데이터의 각 부분에 대해 공간 인덱스가 생성되며 시스템 메모리에 로드된다.

그림 6.19a는 스톰 및 3D R-트리를 사용해서 인덱스 생성 및 업데이트의 예시를 보여 준다. 신규 포인트를 수신하는 경우 각 포인트는 포인트 ID, 동적 객체 ID, 위도, 경도, 타임스탬프 그리고 기타 속성들을 포함하며, 스파우트 노드는 해당 포인트의 정보를 모든 볼트 A에 배포한다. 각 볼트 A 노드는 인덱스에 포함된 동적 객체 ID 리스트를 유지한다. 수신된 메시지에 포함된 동적 객체에서 포인트를 찾은 경우 볼트 A 노드는 해당 포인트를 시공간 인덱스에 삽입한다. 인덱스의 크기를 메모리 내에 유지하고자 6.3.3.2절에서 소개된 업데이트 방법에 따라 최근 수신된 경로 데이터에 대해 특정 주기로 신규 인덱스를 생성한다. 과거 인덱스는 삭제된다. 모든 포인트는 그림 6.17에 나온 테이블에 삽입되고, 테이블은 디스크에 저장되고 클라우드에서 관리된다.

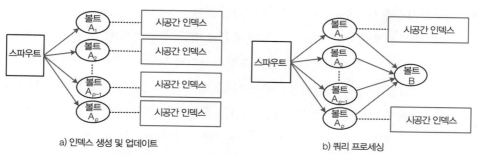

a) 인덱스 생성 및 업데이트   b) 쿼리 프로세싱

그림 6.19 경로 데이터에 대한 분산 인덱스 기반 데이터 관리

시공간 범위 쿼리

시공간 범위 쿼리를 수행하는 경우 스파우트 노드는 해당 쿼리를 모든 볼트 A 노드에 배포한다. 각 볼트 A는 6.3.3.2절에 소개된 방법에 따라 쿼리 범위에 포함되는 포인트에 대

한 자체 시공간 인덱스를 검색한다. 해당 포인트의 ID는 먼저 각 볼트 A 노드에서 객체 ID($O1:p_1 \sim p_5$) 이동한 후 볼트 B 노드로 전송해 집계된다. 볼트 B 노드는 해당 동적 객체 테이블에서 집계된 결과의 포인트에 대한 상세 정보를 일괄적으로 검색한다. 예를 들어, 그림 6.17b와 같이 O_1의 테이블에서 $p_1 \sim p_5$의 정보를 검색한다. 그다음 볼트 B 노드는 다른 애플리케이션의 사용을 위해 검색 결과를 파일 또는 메모리 블록에 덤프한다.

6.4 어반 빅데이터 플랫폼

그림 6.20은 5계층으로 구성된 어반 빅데이터 플랫폼의 프레임워크를 보여 준다. 1계층에서 데이터 구조와 시공간 속성과 관련된 6가지 데이터 모델이 정의됐다(자세한 내용은 4.1절 참고). 해당 데이터셋이 서로 다르게 보이고 서로 다른 영역에서 생성되더라도 6개의 데이터 모델을 사용해 도시에서 생성된 다양한 데이터셋을 수용한다. 신규 데이터셋이 수신될 때 신규 데이터 모델을 생성하기보다는 기존 데이터 모델을 재사용할 수 있으므로 어반 빅데이터 플랫폼의 확장성을 향상시킬 수 있다.

기존 클라우드 컴퓨팅 플랫폼의 애저 테이블 및 Blob와 같은 스토리지를 활용하면 전체를 재구성할 필요 없다. 서로 다른 데이터 모델은 서로 다른 스토리지 메커니즘을 가진다. 자세한 내용은 6장의 6.4절 이전을 참고하면 된다.

스토리지 계층 위에 서로 다른 도메인에 포함된 여러 개의 데이터셋을 관리하기 위한 하이브리드 인덱스뿐만 아니라 서로 다른 유형의 데이터 모델에 대한 공간 및 시공간 인덱스를 디자인한다. 그다음 인덱싱 구조를 하둡, 스파크, 또는 스톰과 같은 분산 컴퓨팅 환경에 통합한다. 자세한 내용은 6.4절 이전을 참고한다. 일부 API[Application Programming Interface]는 상위 계층의 머신러닝 알고리즘에 제공돼 인공지능[AI, Artficial Intelligence] 기술의 효율성을 높인다.

어반 데이터 분석은 또한 3개의 하위 계층으로 구성된다. 최하위 계층은 클러스터링, 분류[classification], 회귀[regression] 및 이상 탐지 모델을 비롯한 기본적인 머신러닝 알고리즘으로 구성된다. 중간 하위 계층에는 시공간 데이터를 위해 특별히 설계된 고급 머신러닝 알

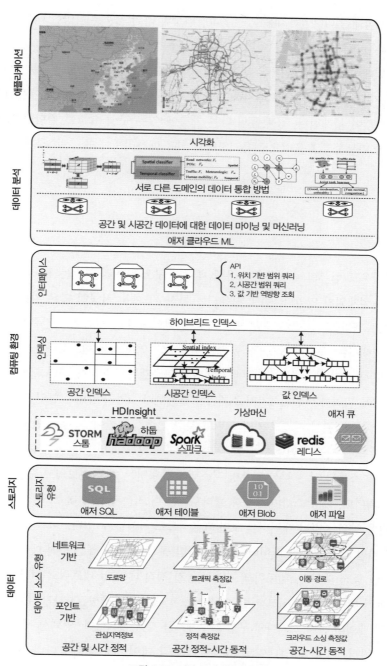

그림 6.20 어반 빅데이터 플랫폼

고리즘이 포함돼 있다(자세한 내용은 8장 참고). 최상위 하위 계층은 다양한 데이터셋의 자료를 융합하는 고급 머신러닝 모델로 구성된다(자세한 내용은 9장 참고).

도시의 빅데이터 플랫폼 위에는 정확하게 대기질을 추측하고, 도시의 교통 상황을 예측하고, 전기 자동차 충전소를 배치하는 것과 같은 여러 가지 최적화된 애플리케이션 vertical application이 존재한다. 플랫폼의 다른 계층에 있는 구성 요소를 결합함으로써 플랫폼을 확장 가능하고 효율적으로 유지하면서 신규 애플리케이션을 신속하게 구현할 수 있다.

6.5 요약

현재의 클라우드 컴퓨팅 플랫폼은 고유한 데이터 구조와 쿼리를 갖는 시공간 데이터를 처리하도록 설계되지 않았다. 현재 사용되는 클라우드에는 상당히 많은 기술이 포함돼 있지 않다(예, 공간 및 시공간 인덱싱 구조). 해당 인덱싱 구조를 클라우드 컴퓨팅 플랫폼에 통합하기 위해서는 해당 구조와 클라우드 컴퓨팅 모두의 지식이 필요하다.

6장에서는 인덱스가 분산 시스템에 사용되고 구축됐는지 여부에 따라 클라우드의 시공간 데이터를 관리하기 위한 4가지 스키마를 소개했다. 4가지 방법은 단일 디스크 기반, 단일 인덱스 기반, 분산 디스크 기반 그리고 분산 인덱스 기반이다. 분산 인덱스 기반 스키마는 공간 또는 시공간 인덱스(예, 그리드 기반 인덱스, R-트리 및 3D R-트리)를 HDInsight의 스파크 및 스톰과 같은 분산 컴퓨팅 시스템에 통합하는 가장 진보되고 도전적인 데이터 관리 스키마다. 해당 스키마를 통해 클라우드는 더 적은 컴퓨팅 리소스를 사용하는 동시에 더 많은 양의 시공간 데이터를 보다 효율적으로 처리할 수 있다.

포인트 기반 시공간 정적 데이터, 포인트 기반 공간 정적 및 시간 동적 데이터, 포인트 기반 시공간 동적 데이터, 네트워크 기반 시공간 정적 데이터, 네트워크 기반 공간 정적 및 시간 동적 데이터, 네트워크 기반 시공간 동적 데이터로 구성된 6가지 데이터 모델에 대한 4가지 데이터 관리 스키마의 구현 프로세스를 각각 논의했다. 인덱싱, 공간 또는 시공간 범위 쿼리, 저장 및 업데이트 프로세스가 각 데이터의 유형에 따라 제시된다.

어반 빅데이터 플랫폼의 프레임워크는 기존 클라우드 컴퓨팅 플랫폼을 기반으로 제공된다. 다양한 유형의 데이터를 수용하기 위해 6가지 유형의 데이터 모델이 정의된다. 공간 및 시공간 인덱스는 대규모 시공간 데이터 처리 및 쿼리 성능을 크게 향상시키고자 스파크 및 스톰과 같은 분산 컴퓨팅 환경에 통합된다. 고급 머신러닝 알고리즘은 시공간 데이터를 처리하고, 여러 도메인에서 다양한 데이터셋의 자료를 통합하도록 설계된다.

PART 4
어반 데이터 분석

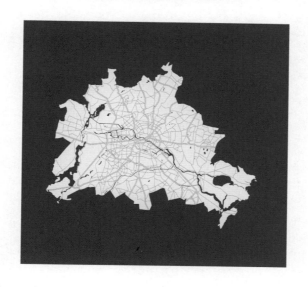

어반 데이터를 위한
기본적인 데이터 마이닝 기술

초록: 7장에서는 데이터 마이닝의 일반적인 프레임워크를 소개하고 연관 규칙 및 빈번한 패턴, 클러스터링, 회귀, 분류 및 이상치 탐지로 구성된 5가지 관점에서 기본적인 데이터 마이닝 방법을 제시한다. 각 방법의 기술적 세부 사항을 논의하는 대신에 어떻게 해당 방법이 공간 및 시공간 데이터로부터 정보를 마이닝하는 데 사용될 수 있는지 보여 주는 모델과 구체적인 사례에 초점을 맞춘다. 데이터 마이닝은 정보 탐색의 과정이기 때문에 데이터베이스 기술 및 머신러닝 알고리즘을 사용해 수행되며 데이터 마이닝 모델을 데이터베이스에서 머신러닝으로 이어지는 방식으로 소개한다.

7.1 소개

7.1.1 데이터 마이닝의 범용 프레임워크

데이터에서 정보의 탐색KDD, Knowledge Discover from Data으로 알려진 데이터 마이닝은 데이터 수집, 정제 및 분석 프로세스를 통해 데이터에 암시적으로 저장돼 있거나 캡처된 정보를 나타내는 패턴을 자동화된 방법으로 손쉽게 추출하는 작업이다[83]. 그림 7.1 데이터 마이닝의 범용 프레임워크를 나타내며, 데이터 전처리 및 분석 프로세스의 주요 파트로 구성된다. 데이터 전처리 파트는 추가로 데이터 정제, 데이터 변형 그리고 데이터 통합과 같은 컴포넌트를 포함한다. 자세한 데이터 전처리 기술은 7.2절에서 설명한다. 분석 프로세스는 다양한 데이터 마이닝 모델, 결과 평가 및 표현 방법으로 구성된다. 7.3절에서 데이터 마이닝 모델의 각 범주에 대해 자세히 설명한다.

데이터 정제data cleaning는 결측값 및 잡음 데이터 처리 그리고 이상치 제거를 통해 정제 작업을 수행한다. 정제되지 않은 데이터는 신뢰할 수 없는 결과로 인해 마이닝 과정에서 혼란을 발생시킬 수 있다[99].

데이터 변형data transformation은 데이터의 다양한 형식을 사용자 친화적인 데이터 마이닝 모델로 전달한다. 특징 구축Feature construction 및 정규화normalization는 해당 컴포넌트의 주요 프로세스다.

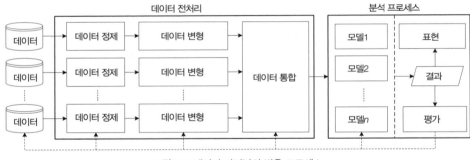

그림 7.1 데이터 마이닝의 범용 프로세스

데이터 통합data integration은 서로 다른 소스로부터 데이터 병합하고, 데이터의 손실을 최소화하면서 데이터의 표현을 감소시킨다.

모델이 수행할 작업을 기반으로 데이터 마이닝 모델data mining model은 빈번한 패턴 마이닝, 클러스터링, 분류, 회귀 분석 및 이상치 탐지로 분류되는 5가지 주요 범주로 나눌 수 있다.

1. 빈번한 패턴은 데이터셋에 빈번하게 나타나는 아이템셋itemset, 하위 시퀀스 또는 하위 구조다. 예를 들어, 거래 데이터셋에 동시에 빈번하게 나타나는 우유와 빵은 빈번한 패턴이다.

2. 클러스터링^{clustering}은 일련의 데이터 객체를 여러 그룹 또는 클러스터로 그룹화하는 프로세스이며, 동일 클러스터 내의 객체는 높은 유사성을 갖지만, 다른 클러스터의 객체와는 매우 다르다. 예를 들어, 학교에서의 학업 성취도와 행동을 기반으로 학생들을 여러 그룹으로 클러스터링할 수 있다.

3. 분류는 분류 모델을 구성하는 학습 단계와 특정 데이터에 대한 클래스 레이블^{lable}을 예측하고자 사용되는 분류 단계로 구성된 2단계 과정이다. 은행이 연령, 성별, 소득, 직업 등 신청자의 특성에 따라 신용카드를 발급해야 하는지 결정하는 것이 대표적인 예다. 분류는 일반적으로 지도학습^{supervised learning}이라고 하며, 반면 클러스터링은 비지도학습^{unsupervised learning}이라고 한다.

4. 회귀 분석은 변수들 사이의 관계를 추정하기 위한 통계적 과정이다. 예를 들어, 회귀 모델을 사용해 과거 교통량과 일기 예보를 기반으로 향후 도로 구간의 주행 속도를 예측할 수 있다. 회귀 모델은 두 특징 변수와 주행 속도 사이의 관계를 추정한다. 분류 모델의 레이블은 범주형 값만 될 수 있지만, 회귀 분석의 결과는 연속적인 값이다.

5. 이상치 탐지(또는 이상 탐지^{anomaly detection})는 예상값에서 매우 벗어난 데이터 객체를 찾는 프로세스다. 이상치 탐지는 사기 탐지^{fraud detection} 외에도 의료, 침입 탐지 및 공공 안전 분야에서 광범위한 애플리케이션을 가진다. 이상치 탐지 및 클러스터링 분석은 매우 관련성이 높은 작업이다. 클러스터링은 데이터셋의 주요 패턴을 찾아 데이터를 구성하는 반면 이상치 탐지는 대부분의 패턴에서 크게 벗어나는 예외적인 사례를 찾고자 한다[99].

일부 모델은 동시에 여러 범주에 포함될 수 있다. 예를 들어, 인공 신경망^{artificial neural network}은 회귀 또는 분류 모델로 사용될 수 있다. 데이터 마이닝 작업은 동일한 단계에서 유사한 기능을 가진 복수의 모델을 채택하거나(예, 앙상블학습^{ensemble learning}) 서로 다른 단계에서 다른 기능의 모델을 사용할 수 있다.

데이터 마이닝 모델이 결과를 생성한 후에 모델의 성능을 평가해야 한다. 분류와 회귀와 같은 일부 작업은 평가하기 쉽다. 왜냐하면 모델의 결과를 일치시킬 수 있는 명확한 검증 자료가 있기 때문이다. 예를 들어, 분류 작업의 검증 자료가 주어진 경우 분류 모델의 성능을 측정하기 위해 정밀도^{precision} 및 재현율^{recall}의 2가지 측정 항목을 사용할 수 있다. 또한 평균 제곱근 오차$^{RMSE, Root Mean Square Error}$를 사용해 회귀 작업의 성능을 평가할 수 있다. 하지만 클러스터링 및 이상치 탐지와 같은 일부 데이터 마이닝 작업은 검증 자료가 없기 때문에 평가하기 어려울 수 있다. 데이터 마이닝은 반복적인 프로세스라는 점을 기억해야 한다. 데이터 마이닝 모델의 성능이 충분하지 않은 경우 다른 방법으로 데이터를 집계하거나, 서로 다른 특징을 추출해 선택하거나, 신규 데이터셋을 추가하거나, 깨진 화살표로 표시된 데이터를 교체할 수 있다. 일반적으로 데이터는 특징보다 중요하며, 특징은 모델보다 중요하다.

데이터로부터 지식을 발견한 후에는 시각화를 통해 보다 직관적인 방법으로 나타내야 한다. 지식의 표현은 특징 및 모델의 신규 디자인에 영감을 제공하는 통찰을 나타낼 수 있다. 또한 일부 데이터 마이닝 작업(예, 클러스터링)을 평가하고 전문가들이 도메인 지식을 데이터 마이닝 작업에 활용할 수 있도록 한다.

7.1.2 데이터 마이닝 및 관련 기술 간의 관계

최근 몇 년 동안 빅데이터, 머신러닝, 인공지능, 딥러닝, 강화학습 및 클라우드 컴퓨팅과 같은 다양한 신규 용어가 만들어졌다. 인공지능^{AI}과 같은 몇몇 용어는 신규 용어가 아니지만 다시금 확산되고 있다. 데이터 관리 및 데이터베이스와 같은 용어는 이제는 더 이상 새롭지 않지만 데이터 마이닝과 깊은 연관성을 가진다. 대부분의 사람들이 "데이터 마이닝과 해당 용어가 무슨 관계가 있지?"라는 의문을 갖는다. 데이터 마이닝의 범용 프레임워크를 소개한 후에 관련 기술들과 용어 간의 관계를 설명하고자 한다.

AI라는 용어는 1956년 존 매카시 박사$^{Dr. John McCarthy}$에 의해 만들어졌다. 컴퓨터 과학에서 AI 연구 분야는 스스로를 '지능형 에이전트$^{intelligent agent}$'의 연구라고 정의한다. 즉, 지능형 에이전트 시스템은 환경을 인식하고 성공을 가장 극대화할 수 있는 행동을 취한다 [130]. AI는 3가지 수준의 기능을 가진다.

1. 현실세계와 상호작용(지각, 이해 및 행동).
2. 추론 및 계획(외부 세계의 모델링, 계획 및 결정).

3. 학습 및 적응(경험하지 못한 새로운 문제를 해결할 수 있는 능력).

첫 번째 수준의 기능은 비교적 쉽게 달성할 수 있는, 세 번째 수준은 여전히 어렵다. 최근 AI의 확산은 역사상 처음이 아니다. 1990년 이전에 많은 지능형 알고리즘이 발명됐지만, 그 당시 데이터 및 컴퓨팅 인프라가 여전히 매우 열악해 AI의 확산이 이뤄지지 않았다. 이제는 이런 환경이 전혀 문제되지 않는다.

그림 7.2는 머신러닝을 AI의 한 분야로 간주할 수 있는 AI 기술의 분류 체계를 보여 준다. 물론 머신러닝 분야에 종사하는 연구원들 중 일부는 AI 분야가 아닌 수학 통계 분야 출신이다. AI에는 머신러닝 외에도 전문가 시스템, 계획, 진화 연산evolutionary computing, 추천 시스템, 퍼지 논리fuzzy logic 등 여러 하위 분야가 있다. 하지만 다른 분야들은 머신러닝에 비해 데이터와 컴퓨팅 인프라의 혜택을 받지 못했다. 그 사이에 머신러닝은 도구로서 다른 하위 분야(예, 추천 시스템)에 기여하기 시작했다. 이것이 AI를 거론할 때 사람들이 주로 머신러닝에 초점을 맞추는 이유다. AI를 잘 모르는 사람들은 AI가 머신러닝과 똑같다고 오해할 수 있지만 사실은 그렇지 않다. 머신러닝이 수행할 수 있는 작업은 회귀, 분류, 클러스터링, 메트릭 학습, 이상치 탐지, 인과관계 분석 등이 포함된다. 또한 머신러닝은 데이터를 학습하는 방법의 측면에서 6가지 범주로 분류할 수 있다.

1. 지도학습supervised learning은 분류된 학습 데이터[124]로부터 함수function를 추론하는 머신러닝 작업이다. 학습 데이터의 각 인스턴스는 입력 특징 벡터와 원하는 출력값(클래스 레이블class label이라고도 함)으로 구성돼 있다. 지도학습 알고리즘은 학습 데이터를 분석하고 신규(보이지 않는) 인스턴스에 대한 클래스 레이블을 결정하는 데 사용되는 추론 함수를 생성한다. 분류는 전형적인 지도학습 작업이다.

2. 비지도학습unsupervised learning은 분류되지 않은 데이터로부터 숨겨진 구조를 찾는 함수를 추론하는 머신러닝 작업이다(예, 분류 및 범주화는 관찰에 포함되지 않음). 학습자에게 주어진 예제는 레이블이 없으므로 해당 알고리즘에 의해 출력되는 구조의 정확성에 대해 객관적으로 평가할 수 없다. 이것은 비지도학습과 지도학습 및 강화학습을 구별하는 한 가지 방법이다. 클러스터링은 일반적인 비지도학습 작업이다.

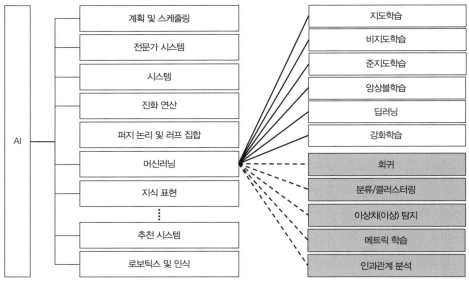

그림 7.2 인공지능

3. 준지도학습^{semisupervised learning}은 비지도학습(레이블 되지 않은 학습 데이터) 및 지도학습(완전히 레이블된 학습 데이터) 사이에 해당된다. 또한 학습용 레이블되지 않은 데이터를 사용하는 지도학습 기법의 특별 클래스로 간주될 수 있다. 일반적으로 데이터는 다수의 레이블되지 않은 데이터와 소수의 레이블 데이터로 구성된다. 여러 머신러닝 연구자는 레이블이 지정되지 않은 데이터를 소수의 레이블 데이터와 함께 사용하면 학습 정확도가 크게 향상될 수 있음을 발견했다.

4. 앙상블학습^{ensemble learning}은 단일 학습 알고리즘을 통해 획득할 수 있는 것보다 더 나은 예측 정확도를 얻기 위해 다양한 학습 알고리즘을 사용한다[125].

5. 딥러닝^{deep learning}은 데이터에서 고수준의 추상화를 모델링하기 위한 알고리즘 집합을 기반으로 하는 머신러닝의 한 분야다[115]. 심층 신경망^{DNN, Deep Neural Network}과 딥러닝은 거의 동일한 의미로 사용되고 있다. 심층 신경망은 입력 및 출력 계층 사이에 선형 및 비선형 변환으로 구성된 여러 개의 (또는 많은) 은닉 계층^{hidden layer}으로 이뤄진 인공 신경망이다. 심층 신경망은 복잡한 심층 네트워크 구조를 강조하는 반면 딥러닝은 고수준의 추상화를 모델링하도록 심층 신경망을 훈련

시키는 학습 알고리즘에 초점을 맞춘다. 합성곱 신경망[CNN, Convolutional Neural Network][114] 재귀 신경망[RNN, Recursive Neural Network][103]은 컴퓨터 비전 및 음성 인식 분야에서 가장 많이 사용되는 심층 신경망 모델이다.

6. 강화학습[Reinforcement learning]은 행동주의 심리학에서 영감을 얻은 머신러닝 영역으로 누적 보상에 대한 개념을 극대화하고자 소프트웨어 에이전트가 어떤 환경에서 행동을 취하는 방법과 관련된다. 강화학습은 입출력 쌍으로 이뤄진 훈련 집합이 제시되지 않으며, 잘못된 행동에 대해서도 명시적으로 정정이 일어나지 않는다는 점에서 표준 지도학습과 구별된다. 또한 강화학습의 초점은 학습 과정에서의[on-line] 성능이며, 이는 조사되지 않은 영역에 대한 탐색[exploration]과 현재 지식의 이용[exploitation] 사이의 균형을 맞춤으로써 제고된다. 강화학습은 새로운 머신러닝 기술은 아니지만 최근에는 딥러닝과 결합해 많은 주목을 받고 있다. 딥 강화학습[123]은 강화학습 알고리즘의 경우 근사 가치 함수[approximate value function]를 학습하기 위해 딥러닝 기술을 적용한다. 해당 함수는 모든 중간 상태를 거치지 않고 특정 상태와 행동 정책에 직접적인 보상을 추정한다.

그림 7.3 데이터 마이닝 및 머신러닝, AI, 데이터 관리(데이터베이스), 빅데이터 그리고 클라우드 컴퓨팅을 포함한 다른 기술 용어들 사이의 관계를 보여 준다. 일반적으로 데이터 마이닝은 지식 탐색 프로세스로서 다양한 도구를 사용해 데이터의 지식을 마이닝한다. 도구는 데이터베이스 기술(빈번한 패턴 마이닝) 또는 머신러닝 알고리즘(예, 서포트 벡터 시스템 및 의사결정 트리) 또는 기타 AI 기술(예, 진화 컴퓨팅 및 퍼지 논리)일 수 있다. 일반적으로 데이터베이스 기법은 결과 생성의 효율성에 초점을 맞추고, 머신러닝 알고리즘(또는 데이터 마이닝에 적합한 다른 AI 기법)은 발견된 결과의 정확성(또는 효율성)에 초점을 맞춘다.

따라서 데이터베이스 관점에서 또는 머신러닝(및 관련 AI) 관점에서 데이터 마이닝을 수행할 수 있다. 상당히 많은 데이터 마이닝 기법이 데이터베이스 기법과 머신러닝 알고리즘을 결합해 작업을 수행한다[138, 147]. 해당 결합은 실제 데이터 마이닝 애플리케이션에서 매우 중요하다.

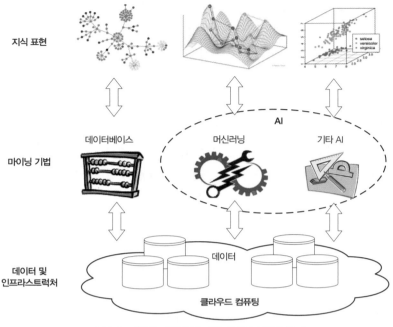

그림 7.3 데이터 마이닝 및 기타 용어들 사이의 관계

　　마이닝을 수행해야 하는 데이터의 규모가 크고 애플리케이션이 온라인 데이터 처리를 요청하면 효율적으로 데이터를 저장, 접근, 마이닝 및 표현하기 위해 클라우드와 같은 강력한 컴퓨팅 인프라스트럭처가 필요하다. 클라우드 컴퓨팅은 데이터 마이닝 작업에 대해 서비스로서의 인프라스트럭처 및 플랫폼을 제공하는 보다 컴퓨팅 환경 지향적인 용어다. 데이터베이스 기법, 머신러닝 알고리즘 그리고 기타 AI 기법을 클라우드에서 구현할 수 있으며, 애플리케이션과 작업에 의해 서비스(예, SaaS)로 사용될 수 있다. 또한 데이터 표현 방식, 특히 인터랙티브 비주얼 데이터 분석은 클라우드 컴퓨팅 플랫폼에 따라 달라질 수 있다.

　　빅데이터에는 일반적으로 사용되는 소프트웨어 툴의 허용 가능한 경과 시간 내에 데이터를 캡처, 큐레이션, 관리 및 처리할 수 있는 능력 이상의 크기와 복잡성을 가진 데이터셋이 포함된다[122]. 업계에서는 빅데이터를 '3V'(Volume(데이터 양), Velocity(데이터 입력 및 출력 속도), Variety(데이터 유형 및 소스 범위))로 설명한다[113]. 일부 조직에서는 빅데이터를 설명하기 위해 값과 정확성을 추가했다. 하지만 volume, velocity 및 value와 같은 용어는 구체적으로 판단하거나 정량화하기 어렵다. 예를 들어, 빅데이터의 볼륨은 테라바이트 terabyte에서 페타바이트petabyte에 이르기까지 시간에 따라 지속적으로 변한다. 대량의 테라바이트를 빅데이터로 정의할 수 있는지 여부는 여전히 논쟁거리다. 이러한 모호한 용어에 비해 다양성variety은 매우 명확하고 판단하기 쉽다. 따라서 빅데이터는 데이터 분석(머신러닝), 데이터 관리(클라우드 컴퓨팅 및 데이터베이스) 및 시각화visualization 기술로 구성된 주요 구성 요소와 함께 다양하고 복잡한 대규모 데이터셋에서 인사이트를 나타내기 위해 새로운 통합 기술에 초점을 맞추고 있다. 빅데이터는 또한 데이터로부터의 지식 발견을 강조하지만, 데이터 관점에서 기술을 설명한다.

전반적으로 데이터 마이닝은 데이터베이스, 머신러닝 및 관련 AI 기술을 도구 및 빅데이터를 처리하는 경우 컴퓨팅 환경을 클라우드 컴퓨팅 플랫폼으로 사용할 수 있는 마이닝 프로세스의 관점에서 지식 발견을 설명하는 용어라고 할 수 있다. 빅데이터는 데이터의 관점에서 지식 발견을 설명하는 용어로서 데이터 수집, 관리, 분석 및 시각화를 포함하는 문제를 해결하기 위한 엔드 투 엔드 기능end-to-end capability이다. 클라우드 컴퓨팅은 빅데이터, 데이터 마이닝 그리고 기타 대규모 시스템을 가능하도록 하는 컴퓨팅 방법을 설명하는 용어다.

7.2 데이터 전처리

7.2.1 데이터 정제

현실에서 사용되는 실제 데이터는 여러 가지 이유로 불완전하고 잡음이 포함되는 경향이 있다. 일부 데이터 수집 기술은 하드웨어 장애 또는 배터리 고갈로 발생되는 데이터 수집 및 전송 또는 측정치 누락과 같은 하드웨어의 제한으로 인해 본질적으로 부정확하다 [99]. 이러한 정제되지 않은 데이터는 마이닝 절차에 혼란을 야기해 신뢰할 수 없는 결과를 발생시킨다. 데이터 정제는 누락된 항목을 처리하고 잡음이 많은 데이터를 정리해 데이터를 정제하는 것을 목표로 한다.

7.2.1.1 누락된 데이터 처리

불완전한 데이터 수집 방법 때문에 많은 데이터 항목이 누락돼 있을 수 있다. 이러한 누락된 항목을 처리하기 위해 3가지 종류의 기법을 사용한다.

- 누락된 항목이 포함된 모든 데이터 레코드는 완전히 제거될 수 있다. 하지만 대부분의 레코드에 누락된 항목이 있는 경우 해당 방법은 실용적이지 않을 수 있다. 또한 1~2개의 누락된 항목이 있는 튜플^{tuple}을 제외함으로써 튜플에 있는 나머지 속성값을 이용하지 않는다.

- 결측값은 인접 지역이나 과거 평균과 같은 경험에 근거한 값으로 할당될 수 있다. 누락값을 처리하기 위한 다양한 방법이 있기 때문에 시공간 데이터에서 이와 같은 누락값을 대체하는 것은 어려운 작업이다[52]. 예를 들어, 누락된 항목을 근접한 이웃의 공간값 또는 과거의 값으로 대체할 수 있다(자세한 내용은 3.5절 참고).

- 누락값을 처리할 수 있는 분석 모델을 디자인한다. 대다수의 데이터 마이닝 기법은 결측값을 안정적으로 처리하도록 설계됐다. 예를 들어, 베이지안 네트워크에서 변수의 값이 누락된 경우 '*unknown*'으로 나타낼 수 있다. 이 방법은 일반적으로 대체 프로세스에서 발생할 수 있는 오류를 피하는 가장 유용한 방법이다.

7.2.1.2 잡음 항목 처리

잡음은 측정된 변수의 임의의 오차 또는 분산이다. 잡음 항목을 처리하는 주요 방법에는 3가지 범주가 있다.

- 도메인 지식 기반 규칙. 도메인 지식은 서로 다른 속성에 포함된 관계를 명시하는 속성 또는 규칙의 범위 측면에서 사용된다. 예를 들어, 도시에서 시속 400km 이상의 속도로 달리는 택시를 보는 것은 불가능하다. 따라서 주행 속도가 시속 400km 이상인 GPS 포인트는 잡음으로 간주할 수 있다.

- 이상치 탐지. 다른 데이터 분포와 일치하지 않는 데이터 포인트를 일반적으로 이상치^{outlier}라고 한다. 이상치는 클러스터링을 통해 탐지된다. 예를 들어, 클러스터 집합에 포함되지 않는 값은 이상치로 여겨진다. 반면에 모든 이상치가 오류

에 의해 발생한다고 가정하는 것은 위험하다. 예를 들어, 신용카드 사기를 나타내는 기록은 대부분의 (정상) 데이터의 패턴과 관련해 불일치할 가능성이 있지만, 잡음 데이터로 제거돼서는 안 된다[83]. 또한 이상치 탐지는 데이터 마이닝의 연구 주제로서 많은 과제가 해결되지 않은 채로 남아 있다. 고급 이상치 탐지 방법이 많지만(자세한 내용은 7.6절 참고), 데이터 정제 단계에서 이상치 탐지에 너무 많은 노력을 기울이는 것은 좋은 선택이 아닐 수 있다.

- 기타 스무딩 기법smoothing technique. 시공간 데이터에서 칼만 필터Kalman filter, 파티클 필터particle filter 및 이산 웨이블릿 변환DWT, Discrete Wavelet Transformation과 같은 스무딩 기술을 사용해 잡음을 제거할 수 있다. 예를 들어, 칼만 필터에서 추정된 경로는 측정치와 모션 모델 간의 트레이드오프trade-off다. 칼만 필터는 속도와 같은 고차 모션 상태에 대한 원칙적인 추정치를 제공한다. 칼만 필터는 선형 모델에 가우스 노이즈를 더해 효율성을 얻지만, 파티클 필터는 보다 일반적이면서 덜 효율적인 알고리즘을 위해 해당 가정들을 완화시킨다. 칼만 필터 및 파티클 필터를 사용해 잡음이 포함된 경로 포인트를 처리하는 튜토리얼 스타일 소개는 [117]에서 찾을 수 있다. 이상 웨이블릿 변환은 원래 데이터 벡터 X를 사용자 지정 임곗값보다 큰 웨이블릿 계수의 다른 벡터 X'로 변환하는 데이터 축소 기법이며(자세한 내용은 7.2.3.2절 참고), 데이터 정제 기법으로 활용해 데이터의 주요 특징을 스무딩하지 않고 잡음을 제거할 수 있다[118]. 계수의 집합이 주어지면 DWT의 역함수를 적용해 원본 데이터의 근사를 구할 수 있다.

빅데이터 분야는 높은 품질의 데이터 비율이 잡음 데이터에 비해 매우 높기 때문에 효과적인 머신 모델의 학습 관점에서 해당 잡음을 제거하는 데 너무 많은 노력을 기울일 필요 없다. 데이터 정규화의 유효성을 확보하는 것도 중요하므로 대량의 고품질 데이터를 보유할 때 잡음 제거가 더 이상 필요하지 않다고 말하는 것은 아니다. 그림 7.4와 같이 소규모 데이터셋에 하나의 잡음 포인트가 있는 경우 잡음 포인트를 제거하면 실제로는 파란색 실선이 돼야 하지만, 전체 데이터셋(예, 모든 포인트에 대한 최소 집합 수직 거리)에 가장 적합한 선형 회귀 모델은 빨간색 점선이 될 것이다. 즉, 소규모 데이터셋의 잡음 포인트는 머신러닝 모델(전체 데이터셋 피팅)을 실제 형태(일반 포인트 피팅)에서 크게 벗어나게 된다.

하지만 고품질 데이터가 대규모인 경우 일부 잡음 포인트가 포함되더라도 전체 데이터셋을 피팅fitting하는 선형 회귀 모델은 여전히 실젯값(파란색 실선)에 매우 근접한다. 이와 같은 상황에서 몇 가지 (상식적인) 규칙을 기반으로 잡음이 매우 많은 포인트를 제거함으로써 클러스터링(또는 몇 가지 고급 방법)으로 분명하지 않은 이상치를 제거하지 않아도 된다. 해당 방법은 다소 불안정하고 높은 컴퓨팅 파워가 요구된다.

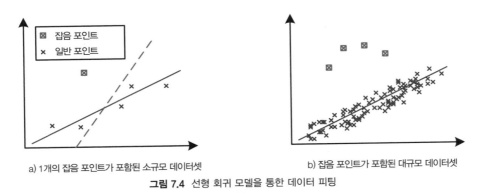

a) 1개의 잡음 포인트가 포함된 소규모 데이터셋　　　　　b) 잡음 포인트가 포함된 대규모 데이터셋

그림 7.4 선형 회귀 모델을 통한 데이터 피팅

7.2.2 데이터 변환

7.2.2.1 특징 생성

데이터가 수집된 경우 복잡한 로그 또는 데이터 마이닝 모델에서 바로 사용할 수 없는 형식으로 인코딩될 수 있다. 따라서 다차원 벡터 또는 시계열과 같은 데이터 마이닝 알고리즘에 친숙한 형식으로 변환해야 한다. 벡터 포맷은 벡터의 항목이 특징feature, 속성attribute 또는 차원dimension으로 구성되는 다른 속성에 대응되는 것이 가장 일반적이다. 예를 들어, 도시의 관심지역정보 데이터셋이 주어진 경우 각 이웃에 있는 서로 다른 범주의 관심지역정보를 계산할 수 있다. 해당 데이터에 5개의 레스토랑, 3개의 버스 정류장, 1개의 주유소 및 1개의 영화관이 있다고 가정한다. 해당 지역의 관심지역정보 데이터에서 추출한 특징 벡터는 ⟨5, 3, 1, 1...⟩이 된다. 해당 예시에서 이웃은 인스턴스로 간주되며 다양한 특징을 가진다.

특히 분류 및 회귀 문제에 대해 해결할 문제와 관련된 특징을 추출하는 것이 중요하다. 해당 작업은 문제 자체에 대한 지식과 이해가 필요하다. 예를 들어, 은행에서 신청자에게 신용카드의 발급 여부를 결정하기 위해 신청자의 나이, 직업 및 소득을 고려해야 한다. 그다음 해당 요소들은 과거 데이터에서 추출한 같은 특징과 레이블을 기반으로 각 신청자에 대해 승인 또는 거절의 레이블을 생성하는 이진 분류 모델의 특징이 된다. 또한 지리적 지역의 교통 상황을 예측하려면 지역의 도로망 구조와 기상 조건을 고려해야 한다. 해당 도로망 데이터에서 추출한 도로 교차로의 개수 및 고속도로의 총 길이와 같은 특징들은 그 지역의 교통 상황에 큰 영향을 미친다. 문제의 주요 특징을 데이터에서 추출하지 않으면 이어지는 데이터 마이닝 문제를 해결하기 매우 어려울 수 있다.

반대로 너무 많은 특징(특히 관련성이 없는 특징)을 추출하면 다양한 특징에 가중치를 부여하는 파라미터를 최적화하기 위한 더 많은 학습 데이터가 필요하다. 그렇지 않은 경우 과도한 특징을 포함하는 소규모 데이터셋은 과적합이 발생한다. 이 시점에서 7.2.3.2절에서 소개될 부분 집합 특징 선택 기법을 살펴봐야 한다.

7.2.2.2 데이터 정규화

데이터는 매우 다른 규모로 기록될 수 있다. 예를 들어, 도시의 습도는 일반적으로 [0, 100%] 이내인 반면 개인의 수입은 월 수만 달러일 수 있다. 개인의 수입은 일반적으로 도시의 습도보다 더 큰 규모다. 따라서 여러 특징(유클리드 거리 또는 선형 회귀 모델)을 대체한 통합 함수는 더 큰 규모의 특징에 의해 제어된다. 즉 값이 작은 특징은 암묵적으로 무시된다. 따라서 데이터 모델을 적용하기 전에 서로 다른 규모의 특징을 정규화하는 것이 중요하다. 데이터를 정규화하고자 널리 사용되는 **최소-최대**$^{\text{min-max}}$ 정규화 및 **제로 평균**$^{\text{zero-}}$^{mean} 정규화의 2가지 방법이 있다.

최소-최대 정규화는 원본 데이터에 대해 선형 변환을 수행해 데이터의 범위를 [0, 1]로 매핑한다. min_A 및 max_A가 속성 A의 최솟값 및 최댓값이라고 가정한다. 최소-최대 정규화는 A의 v_i 값을 v_i'에 매핑시킨다.

$$v_i' = \frac{v_i - min_A}{max_A - min_A}. \tag{7.1}$$

데이터셋이 일부 이상치를 포함하는 경우 대부분의 데이터를 좁은 범위에 매핑시키는 이 방법은 효과적이지 않다. 예를 들어, 이상치를 가진 습도(10)가 있는 경우 정규화된 습도 속성의 대부분은 [0, 0.1] 범위에 있게 된다. 결과적으로 해당 속성은 무시될 수 있다. 이 문제를 해결하고자 제로 평균 표준화가 제안됐다.

제로 평균 정규화는 속성 A에 대한 값을 A의 표준 편차 σ_A와 평균 $\bar{A}$에 기반해 매핑한다.

$$v_i' = \frac{v_i - \bar{A}}{\sigma_A}, \tag{7.2}$$

$\bar{A} = \frac{1}{n}(v_1 + v_2 + \cdots + v_n)$와 $\sigma_A = \sqrt[2]{\frac{1}{n}\sum_{i=1}^{n}(v_i - \bar{A})^2}$이다. 이 표준화 방법은 속성의 실제 최솟값과 최댓값을 알 수 없는 경우와 이상치가 최소-최대 속성값을 제어하는 경우에 유용하다. 정규화된 값의 대부분은 일반적으로 정규 분포 가정하에 [−3, 3] 범위에 있다.

제로 평균 정규화의 변형은 표준 편차 σ_A를 다음과 같이 계산되는 평균 절대 편차^{mean} ^{absolute deviation} s_A로 대체한다.

$$s_A = \frac{1}{n}(|v_1 - \bar{A}| + |v_2 - \bar{A}| + \cdots + |v_n - \bar{A}|). \tag{7.3}$$

평균 절대편차 s_A는 표준편차 σ_A보다 이상치에 영향을 받지 않으며, $|v_i - \bar{A}|$는 제곱되지 않으므로 이상치의 효과가 감소한다[99].

7.2.3 데이터 통합

7.2.3.1 데이터 병합 및 지식 통합

데이터 마이닝 작업에는 여러 소스의 데이터가 포함될 가능성이 높다. 그림 7.5a에서 볼 수 있듯이 기존 데이터 통합은 동일한 객체를 다른 스키마로 설명하는 다른 소스의 데이터를 병합하는 것이 목표다. 예를 들어, 3개의 서로 다른 데이터 제공자에 의해 생성된 베이징의 관심지역정보 데이터셋이 존재한다. 기존 데이터 통합 방식은 3개의 데이터셋을 일관된 데이터 스키마를 가진 하나의 데이터베이스로 통합한다. 이와 같은 상황에서 주요 과제는 스키마 매핑과 객체 매칭이다. 스키마 매핑은 다른 스키마를 일관된 표현으로 전송한다. 객체 매칭은 다른 소스에서 동일한 객체의 레코드를 식별하고, 동일한 객체에 해당하는 해당 레코드의 상호보완적인 속성을 병합하고 중복 값을 제거한다.

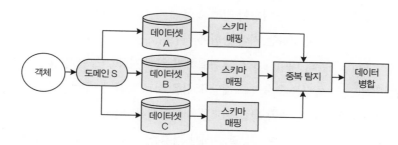

a) 기존 데이터 통합 패러다임

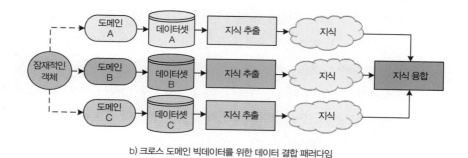

b) 크로스 도메인 빅데이터를 위한 데이터 결합 패러다임

그림 7.5 데이터 통합 콘셉트

$$r_1 \begin{bmatrix} t_i \ t_{i+1} \cdots t_j \\ \\ v_{ij} \\ Traffic \\ \\ \end{bmatrix} \quad r_1 \begin{bmatrix} c_1 \ c_2 \cdots \ c_k \\ \\ n_{ij} \\ POIs \\ \\ \end{bmatrix}$$
$$r_2 \qquad\qquad\qquad r_2$$
$$r_n \qquad\qquad\qquad r_n$$

그림 7.6 서로 다른 데이터셋에 대한 데이터 통합 예시

최근의 데이터 통합은 서로 다른 도메인의 여러 데이터셋에 대한 지식을 융합하기 위한 새로운 목표를 갖고 있다[145]. 그림 7.5b에서 볼 수 있듯이 서로 다른 데이터셋의 레코드를 결합할 수 있는 명시적인 객체가 없을 수도 있다. 예를 들어, 교통 상황, 관심지역 정보 및 지역의 인구 통계는 3개의 다른 영역임에도 불구하고 해당 지역의 잠재적인 함

수를 집합적으로 설명한다. 문자 그대로 3개의 데이터셋 레코드는 각각 도로 구간, 관심지역정보 및 근접 지역을 나타낸다. 따라서 스키마 매핑과 객체 매칭을 사용해서 해당 데이터셋을 직접적으로 병합할 수 없다. 대신에 지역의 기능을 전체적으로 이해하고자 데이터셋을 유기적으로 융합하는 다양한 방법을 통해 각 데이터셋에서 지식을 추출해야 한다. 이 방법은 스키마 매핑보다는 지식 융합에 가깝다.

해당 예시에서 3종류의 데이터 소스를 통합하기 위해 사용 가능한 방법은 각 소스에서 지역 수준region-level의 특징을 추출하고 해당 특징을 서로 다른 행렬matrix에 배치하는 것이다. 그림 7.6과 같이 우리는 왼쪽 행렬의 교통 데이터에서 추출한 특징을 수용할 수 있다. 행렬의 각 행은 지역을 나타내며, 각 열은 시간 간격을 나타낸다. 이 행렬의 엔트리 v_{ij}는 시간 간격 t_j에서 지역의 평균 이동 속도 r_i를 나타낸다. 또한 관심지역정보 관련 특징을 오른쪽 행렬에 배치할 수 있다. 행렬의 각 열은 관심지역정보 범주(예, 레스토랑)를 나타내며, 엔트리 n_{ij}는 지역 r_i에서 범주 c_i에 속하는 관심지역정보 개수를 나타낸다. 예를 들어, 한 지역에 5개의 레스토랑, 1개의 쇼핑몰 및 1개의 영화관이 있는 경우 2개의 행렬은 같은 차원의 지역을 공유하지만 열의 의미는 다르다. 한 지역의 교통 상황은 시간에 따라 크게 변하지만, 관심지역정보는 시간에 따라 크게 변하지 않을 수 있다. 2개의 특징을 하나의 행렬에 통합하는 것은 좋은 선택이 아니다. 이와 같은 데이터 통합 접근법을 통해 콘텍스트 기반 행렬 인수분해context-aware matrix factorization와 같은 고급 지식 융합 방법을 적용해 2개의 서로 다른 데이터셋의 지식을 융합할 수 있다[132].

7.2.3.2 데이터 축소

데이터 축소data reduction 기술을 적용해 용량이 훨씬 적지만 원래 데이터의 무결성을 정확하게 유지하는 데이터셋의 축소된 표현을 얻을 수 있다. 즉, 축소된 데이터셋에서의 마이닝은 좀 더 효율적이지만 동일한(또는 거의 동일한) 분석 결과를 생성한다[99]. 데이터 축소 전략은 특징 선택으로도 알려진 속성 부분 집합 선택attribute subset selection, 축 회전 기반 축소axis rotation-based reduction 그리고 요약 기반 축소 기법summarization-based reduction이 포함된다.

속성 부분 집합 선택

분석을 위한 데이터셋에는 수백 가지 속성이 포함될 수 있으며, 그중 많은 것은 마이닝 작업과 관련이 없거나 중복될 수 있다. 마이닝 관련 속성을 제거하거나 관련 없는 속성을 유지하면 마이닝 알고리즘에 혼동이 생길 수 있다. 또한 관련성이 없거나 중복된 속성은 일부 데이터 마이닝 모델의 파라미터 개수를 증가시켜 마이닝 프로세스의 속도를 느리게 하며, 모델의 정확성을 훼손할 수 있다. 여러 개의 특징을 포함하는 소규모 학습 데이터는 과적합 문제를 발생시킬 수 있다. 속성 부분 집합 선택 기법은 관련성이 없거나 중복된 속성을 제거함으로써 데이터셋 크기를 감소시키는 동시에 이러한 선택된 특징에 의해 생성된 데이터 마이닝 결과가 모든 속성을 사용하는 것과 최대한 근접하도록 보장한다. 최적의 속성 부분 집합에 대한 자세한 검색은 상당히 많은 자원이 필요하므로 일반적으로 감소된 검색 공간을 탐색하는 휴리스틱 기법이 사용된다.

- 단계적 전진 선택법stepwise forward selection. 프로시저procedure는 빈 속성 집합으로 시작한다. 최적의 속성들이 결정되고 감소된 집합에 추가된다. 이후 각 반복에서 나머지 원본 속성 중 가장 좋은 특성이 집합에 추가된다.
- 단계적 후진 제거법stepwise backward elimination. 프로시저는 전체 속성 집합으로 시작한다. 각 단계에서 최악의 특성을 제거한다.
- 단계적 전진 선택과 후진 제거의 조합. 앞에서 말한 2가지 단계적 방법을 결합한다. 각 반복에서 최상의 속성을 선택하고 나머지 속성에서 최악의 속성을 제거한다.
- 의사결정 트리 유도법. 의사결정 트리 알고리즘은 원래 분류를 위해 설계됐다(자세한 내용은 7.5.3절 참고). 특징 선택을 위해 사용될 때 구성된 트리에 나타나지 않는 특징은 관련성이 없는 것으로 간주할 수 있다. 트리에 나타나는 속성 집합은 속성의 축소된 부분 집합을 생성한다.

최근 개선된 머신러닝 모델은 데이터 희소성 및 잡음을 다루는 능력(예, 정규화)을 갖추고 있다. 빅데이터의 경우 충분한 학습 데이터와 고급 머신러닝 알고리즘을 갖춘 경우 특징 선택을 수행할 필요 없거나 특징 선택에 이전보다 훨씬 적은 시간과 노력을 사용할 수 있다. 충분한 학습 데이터가 주어지면 머신러닝 모델은 각 특징의 가중치를 자동으로 결정해 중복되거나 관련성이 없는 특징에 대해 낮은 값을 설정한다. 가장 극단적인 경우는 특징을 선택하지 않고 이미지의 모든 픽셀을 입력으로 사용하는 딥러닝이다.

축 회전 기반 데이터 축소

해당 범주의 기법에는 웨이블릿 변환$^{wavelet\ transforms}$, 주성분 분석$^{principal\ component\ analysis}$ 및 행렬 인수분해$^{matrix\ factorization}$가 포함된다. 속성 부분 집합 선택과는 달리 해당 기법은 부분 집합의 초기 속성을 유지하면서 속성의 크기를 줄인다. 해당 기법은 다른 공간에 더 작은 변수 집합을 생성함으로써 속성의 본질을 결합한다.

이산 웨이블릿 변환^{DWT}은 시계열 또는 데이터 벡터 X를 웨이블릿 계수 및 해당하는 기저 벡터의 다른 수치적 벡터인 X'로 변환하는 선형 신호 처리$^{linear\ signal-processing}$ 기술이다. X와 X'의 길이는 같지만 X'은 가장 강력한 웨이블릿 계수 중 작은 부분을 저장해 유지할 수 있다. 원래 데이터 벡터는 웨이블릿 계수 및 기저 벡터를 생성해 복구할 수 있다. 이산 웨이블릿 변환은 사인^{sine}과 코사인^{cosine}을 사용한 신호 처리 방법인 이산 푸리에 변환^{DFT,} $^{Discrete\ Fourier\ Transformation}$과 밀접하게 관련돼 있다. 일반적으로 이산 웨이블릿 변환^{DWT}은 이산 푸리에 변환^{DFT}보다 정보 손실이 적다. 즉, 대상 벡터에 대해 DWT와 DFT에서 동일한 수의 계수를 유지한다면 원본 데이터에 대해 DWT 버전이 좀 더 정확한 추정이 가능하다. 따라서 동일한 추정 수준에 대해서는 DWT는 DFT보다 작은 공간이 필요하다. DFT와는 달리 웨이블릿은 공간에서 로컬화 능력이 뛰어나며 로컬의 상세 내용이 보존 가능하다. DWT에는 Haar-2, Daubechies-4, Daubechies-6와 같은 여러 가지 방법이 있다.

Haar 웨이블릿은 직관적인 특성과 구현의 용이함 때문에 웨이블릿 분해의 자주 사용하는 형태다. 센서가 지역의 온도를 모니터링해 1분마다 측정값을 생성한다고 가정한다. 근접한 시간 간격의 온도는 매우 비슷하며, 하루 동안의 센서 출력은 $60 \times 24 = 1,440$개의 레코드로 구성되며, 대부분은 중복 표현이다. 만약 하루 동안의 평균만 저장한다면 해당 데이터는 온도에 대해 약간의 아이디어를 제공하지만, 하루 동안의 변화에 대한 다른 것은 제공하지 않는다. 만약 하루의 오전과 오후의 평균 온도 차이를 저장하면 오전과 오후의 평균을 두 값에서 도출할 수 있다. 이 원칙은 오전과 오후를 더 세부적으로 나눌 수 있기 때문에 재귀적으로 적용할 수 있다. 따라서 하루를 4개의 시간으로 분할해 각각 저장된 값들을 통해 하루의 평균을 완벽하게 재구성할 수 있다. 이 프로세스는 센서 측정값의 세부 수준까지 재귀적으로 적용할 수 있다.

그림 7.7은 시계열 구간(8, 6, 3, 2, 4, 6, 6, 5)을 몇 개의 웨이블릿 계수로 변환하기 위해 Haar 웨이블릿 변환을 사용하는 예시를 보여 준다. 맨 아래 계층에서 전체 시계열의 평균은 5이다. 전반부 평균(4.75)과 후반부 평균(5.25)을 추가로 계산하면 두 평균의 차이 $c_{1,1}$은 (4.75~5.25)/2 = −0.25)가 된다. 따라서 시계열은 대략적으로 전체 시계열 평균의 플러스 또는 마이너스 $c_{1,1}$으로 표현된다(예, 5 − 0.25 및 5 + 0.25). 여기에 해당하는 기저 벡터는 (1, 1, 1, 1, −1, −1, −1, −1)이다. 더 정확한 시계열 표현을 얻고자 시계열의 첫 번째 쿼터first quarter의 평균(예, (8 + 6)/2 = 7) 및 두 번째 쿼터의 평균(예, (3 + 2)/2 = 2.5)을 추가로 계산할 수 있다. 평균의 차이 $c_{2,1}$은 (7 − 2.5)/2 = 2.25이다. 따라서 기저 벡터(1, 1, −1, −1, 0, 0, 0, 0)를 사용해 시계열의 전반부를 4.75 ± 2.25로 나타낼 수 있다. 마찬가지로 $c_{2,2}$ = (5 − 5.5)/2 = −0.25를 계산할 수 있으며, 5.25 − 0.25 및 5.25 + 0.25로 시계열의 후반부를 나타낼 수 있다. 웨이블릿 계수의 수가 원래의 시계열의 길이와 같아질 때까지 각 쿼터를 2개로 계속 분할한다. $c_{1,1}$, $c_{2,1}$ 및 $c_{2,2}$와 같은 이러한 '차이 값difference value'은 웨이블릿 계수 (5, −0.25, −0.25, 2.25, 0.5, −1, 0.5, 1)를 유도하는 데 사용된다. 원래 시계열은 웨이블릿 계수 및 해당 기저 벡터를 기반으로 복구할 수 있다. 또는 웨이블릿 표현이 길이 q의 원래 시계열을 서로 직교하는 q개의 'simpler' 시계열(또는 웨이블릿)의 가중치 합으로 분해하는 것이라고 말할 수 있다. 해당 'simpler' 시계열은 기저 벡터이며, 웨이블릿 계수는 분해에서 다른 기저 벡터의 가중치를 나타낸다[83].

웨이블릿 계수의 수가 원래 시계열의 길이와 같으면 데이터 축소를 아직 수행할 수 없다. 그럼에도 불구하고 큰 수의 웨이블릿 계수는 작은 값보다 시계열에서 더 중요한 값의 변화에 해당한다. 데이터를 축소하고자 사용자가 지정한 임곗값(이 예제에서는 1)보다 큰 계수를 유지하고 나머지 계수를 0으로 설정해야 한다. 즉, (5, 0, 0, 2.25, 0, −1, 0, 1)이다. 짧은 시간 동안 유사한 측정값이 많은 온도 측정값과 같은 시계열의 경우 작은 수의 계수가 다수 존재하며, 해당 계수는 임곗값에 의해 스무딩smoothing된 후 0으로 설정된다. 따라서 단지 몇몇 웨이블릿 계수의 값 및 인덱스(예, 전반부의 두 번째 단계 계수를 나타내는 $c_{2,1}$)를 저장하게 된다. 웨이블릿 계수의 인덱스에 따라 기저 벡터를 구성할 수 있기 때문에(예, 이전 예제에서 $c_{2,1}$에 해당하는 기저 벡터 [1,1, −1, −1, 0, 0, 0]) 저장할 필요 없다.

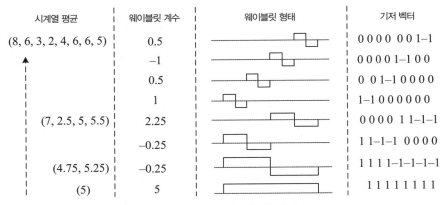

시계열 평균	웨이블릿 계수	웨이블릿 형태	기저 벡터
(8, 6, 3, 2, 4, 6, 6, 5)	0.5		0 0 0 0 0 0 1 −1
	−1		0 0 0 0 1 −1 0 0
	0.5		0 0 1 −1 0 0 0 0
	1		1 −1 0 0 0 0 0 0
(7, 2.5, 5, 5.5)	2.25		0 0 0 0 1 1 −1 −1
	−0.25		1 1 −1 −1 0 0 0 0
(4.75, 5.25)	−0.25		1 1 1 1 −1 −1 −1 −1
(5)	5		1 1 1 1 1 1 1 1

그림 7.7 Haar 웨이블릿 변환 예시

주성분 분석PCA, Principal Component Analysis은 원본 데이터를 가장 잘 나타낼 수 있는 기초로 사용되는 k개의 p차원 직교 벡터(주성분)를 계산하며, $n \times m$ 행렬, $p < m$으로 표현할 수 있다. 주성분은 중요도가 감소하는 순서로 정렬되며, 기본적으로 데이터 축의 새로운 집합으로 사용된다. 그림 7.8a와 같이 첫 번째 축은 데이터 중에서 가장 많은 분산variance을 나타내며, 두 번째 축은 다음으로 높은 분산을 나타낸다. 따라서 원본 데이터는 더 작은 공간에 투영되므로 차원 축소가 발생한다. 또는 입력 데이터가 주성분의 선형 결합으로 표현된다고 말할 수 있다. 데이터는 중앙 평균값, $x_{ij} - \mu_j$(행의 각 항목에서 항목이 속한 전체 열의 평균값 μ_j을 뺀 값)이어야 한다. 그다음 원본 데이터는 해당 소규모 집합에 반영된다. 주성분은 다중 회귀 분석 및 클러스터 분석을 위한 입력으로 사용될 수 있다.

행렬 인수분해matrix factorization (희소)행렬 X를 각 행과 열의 잠재 표현을 나타내는 2개의 낮은 행렬로 분해한다. 일반적으로 원래 특징 집합보다 크기가 훨씬 작은 잠재 표현은 데이터 마이닝 알고리즘을 위한 특징으로 사용될 수 있으며, 데이터의 크기를 축소할 수 있다. 또한 두 행렬의 생성은 행렬 X를 근사할 수 있으므로 X에서 결측값을 채울 수 있다. 행렬 인수분해 방법으로는 특잇값 분해SVD, Singular Value Decomposition[98,109]와 비음수 행렬 인수분해NMF, Nonnegative Matrix Factorization[105, 116]가 있다. SVD는 $m \times n$ 행렬 X를 3개의 행렬 $X = U\Sigma V^T$로 분해한다. 여기서 U는 $m \times m$ 유니터리 행렬unitary matrix 또는 왼쪽 특이 벡터다. Σ는 대각선에 음이 아닌 실수가 있는 $m \times n$ 직사각형 대각 행렬(또는 특잇값)이며, V^T는 $n \times n$ 유니터리 행렬(또는 왼쪽 특이 벡터)이다. 실제로 행렬 X를 $U\Sigma V^T$로 근사하는 경우 그림 7.8b와 같이 Σ의 상위 k의 가장 큰 특잇값과 U와 V의 해당 특이 벡터만 유지하면 된다. 즉, $X \approx U_k \Sigma_k V_k^T$다. 비음수 행렬 인수분해는 모든 행렬이 음수를 포함하지 않으며, $m \times n$ 행렬 R(m행과 n열 포함)을 $m \times K$ 행렬 P와 $K \times n$ 행렬 Q, $R = P \times Q$로 인수분해한다. SVD는 좋은 특성을 갖고 있다. 첫째, U와 V는 직교 행렬이다($U \cdot U^T = I$, $V \cdot V^T = I$). 둘째, k의 값은 Σ에 의해 결정될 수 있다. 예를 들어, 합계가 모든 대각선 항목 합계의 90%보다 큰 첫 번째 k 대각 엔트리(Σ 안에서)를 선택한다. 하지만 SVD는 NMF에 비해 계산 비용이 많이 들고 병렬 처리가 어렵다.

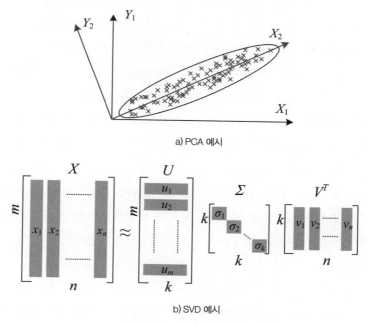

a) PCA 예시

b) SVD 예시

그림 7.8 회전 기반 데이터 축소 기법

웨이블릿 변환과 비교했을 때 PCA는 희소 데이터를 더 잘 처리하는 경향이 있는 반면 웨이블릿 변환은 높은 차원의 데이터에 더 적합하지만 근접 엔트리에 유사한 측정값을 갖고 있다. SVD는 PCA와 밀접한 관련이 있지만, SVD는 PCA보다 범용적이다. 첫째,

SVD는 데이터 행렬의 행과 열 모두에 대한 잠재 표현을 제공하는 반면 PCA는 데이터 행렬의 행에 대한 기저 벡터만을 제공한다. 둘째, SVD는 사용자 항목 행렬과 같이 음수가 아닌 데이터를 중심으로 정렬하지 않고 적용되는 경우가 많다. 데이터가 평균 중심^{mean} ^{centered}이 아닌 경우 SVD 및 PCA의 기저 벡터는 동일하지 않으며 다른 결과를 얻을 수 있다. 행렬이 평균 중심화되면 PCA는 SVD를 통해 구현될 수 있다.

요약 기반 데이터 축소

해당 데이터 축소 기법의 범주는 히스토그램 기반$^{histogram\ base}$ 및 클러스터링 기반 등 데이터를 나타내기 위해 데이터를 요약해 사용하는 경향이 있다.

- 히스토그램 기반 기법. 히스토그램은 속성 A의 데이터 분포를 버킷^{bucket} 또는 빈^{bin}이라고 불리는 분리 집합$^{disjoint\ subset}$으로 분할한다. 버킷과 빈은 데이터의 크기를 줄이기 위해 속성값/빈도 쌍$^{attribute\text{-}value/frequency\ pair}$이 있는 각 버킷에 속하는 데이터를 나타낸다. 예를 들어, 서로 다른 속도로 주행하는 100대의 택시가 있다고 가정한다. 만약 이동 속도와 관련된 특징들을 추출하려고 한다면 데이터의 크기를 줄이는 방법은 [0, 20], [20, 40] 그리고 [40, 100]과 같이 택시의 이동 속도를 여러 개의 분리된 버킷으로 나누는 것이다. 그다음 버킷의 속성값/빈도 쌍을 생성함으로써 각 버킷에 포함된 택시의 속도를 기반으로 택시의 수를 계산한다(예, [0, 20]/25, [20, 40]/60, [40, 100]/15). 그다음 [40, 100]과 같은 속성값(범위)이 특징이 되고 범위에 해당하는 숫자가 특징의 값으로 사용된다. 히스토그램 기반 기법은 택시 100대의 이동 속도를 특징으로 사용하는 대신 특징 집합의 크기를 100에서 3으로 축소한다.

- 클러스터링 기반 기법. 클러스터링 기술은 데이터 튜플을 객체로 간주한다. 객체를 그룹 또는 클러스터로 분할해 클러스터 내의 객체가 서로 '유사'하고 다른 클러스터의 객체와는 상이한 특징을 갖도록 한다. 데이터 축소에서 데이터의 클러스터 표현은 실제 데이터를 대체하고자 사용된다. 예를 들어, 쇼핑몰에 대한 데이터셋이 있다. 각 쇼핑몰에는 크기, 층 수, 상점 수 및 각 범주에 대한 분포, 차고에 대한 정보 등 다양한 특징이 있다. 쇼핑몰의 특징을 기반으로 쇼핑몰을 클러스터링한 후 해당 쇼핑몰이 속한 클러스터의 ID로 쇼핑몰을 표시함으로써 특

징의 크기를 상당히 축소할 수 있다. 또한 이러한 클러스터를 버킷으로 활용해 각 버킷에 포함된 쇼핑몰의 수를 계산할 수 있다. 그런 다음 히스토그램 기반 기법을 사용해 속성값/빈도 쌍을 표현할 수 있다. 여기서 클러스터의 ID는 속성값이고 클러스터에 속한 쇼핑몰의 수는 빈도다.

7.3 빈번한 패턴 마이닝 및 관련 규칙

빈번한 패턴$^{frequent pattern}$은 데이터셋에 자주 나타나는 항목 집합^{itemset}, 하위 시퀀스^{subsquence} 또는 하위구조^{substructure}다. 예를 들어, 우유 및 빵은 트랜잭션 데이터셋에 빈번하게 함께 표시되는 항목 집합 패턴이다. 먼저 빵을 구매하고, 그 다음에 맥주, 그 다음에 기저귀를 구매하는 트랜잭션 기록이 자주 발생하는 경우 이것을 (빈번한) 순차 패턴$^{sequential pattern}$이라고 한다. 하위 구조는 하위 그래프, 하위 트리 또는 하위 격자와 같은 다양한 구조적 형태를 나타낼 수 있으며, 항목 집합 또는 하위 시퀀스와 결합될 수 있다. 하부 구조가 빈번히 발생하면 이것을 (빈번한) 구조화 패턴$^{structured pattern}$이라고 한다. 빈번한 패턴을 찾는 것은 마이닝 패턴, 상관관계 및 기타 여러 흥미로운 데이터 관계에서 필수적인 역할을 한다 [99].

7.3.1 기본 개념

항목 집합, 하위 시퀀스 또는 하위 구조가 데이터셋에 나타나는 빈도를 지지도^{support}라고 한다. 지지도의 패턴이 임곗값보다 큰 경우를 빈번한 패턴이라고 한다. 그림 7.9는 3종류의 빈번한 패턴을 보여 준다.

그림 7.9a에서 볼 수 있듯이 4개의 트랜잭션 레코드에는 우유, 빵, 기저귀, 맥주 및 요거트의 5가지 항목이 있다. 3/4 임곗값을 지지도로 설정하면 4개의 기록 중 3가지(맥주, 기저귀, 빵)에 나타나므로 빈번한 항목 집합 패턴이다. (맥주, 기저귀)와 (빵, 기저귀)의 지지도가 3/4보다 작지는 않지만, 이러한 패턴은 (맥주, 기저귀, 빵)의 하위 집합이다. 즉, 최대 빈번 패턴이 아니다. 그림 7.9b에서 볼 수 있듯이 해당 항목을 구매한 순서를 추가로

고려할 경우 (맥주→빵)만이 임곗값을 만족시키는 유일한 순차 패턴이다. 두 항목 사이의 순서가 연속적일 필요 없다는 점에 유의해야 한다. 예를 들어, 4번째 레코드에는 맥주와 빵 사이에 요거트가 포함돼 있다. 그림 7.9c는 빈번한 하위 그래프 패턴의 2가지 범주를 보여 준다. 상단에는 동일한 연결 구조를 가진 3개의 독립적인 그래프에 나타나는 빈번한 하위 그래프 패턴(A, B, C)을 나타낸다. 따라서 해당 지지도는 100%다. 이것을 트랜잭션 설정^{transactional setting}이라고도 한다. 그림 7.9c의 하단의 예시는 그래프의 노드가 구분되지 않은 단일 그래프에서 빈번한 하위 구조를 찾는다. 파란색 하위 구조는 그래프에서 3번 발생하는 4개의 노드로 구성된다.

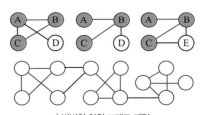

우유, 빵, 기저귀, 맥주
맥주, 기저귀, 빵
맥주, 빵, 요거트
기저귀, 맥주, 요거트, 빵
(맥주, 기저귀, 빵)

a) 빈번한 항목 집합 패턴

우유→빵→기저귀
맥주→기저귀→빵
맥주→빵→요거트
기저귀→맥주→요거트→빵
(맥주→빵)

b) 빈번한 순차 패턴

c) 빈번한 하위 그래프 패턴

그림 7.9 빈번한 패턴 예시

빈번한 패턴은 발견된 규칙의 유용성 및 확실성을 나타내는 2가지 기준(지지도 및 신뢰도)을 갖는 연관 규칙의 형태로 각각 표현될 수 있다. 예를 들어, 맥주를 구매하는 고객은 기저귀도 함께 구입하는 경향이 있다는 정보는 다음과 같은 연관 규칙으로 나타낼 수 있다.

$$맥주 \Rightarrow 기저귀[지지도 = 10\%, 신뢰도 = 60\%], \tag{7.4}$$

10%의 지지도는 모든 트랜잭션 중 10%가 맥주와 기저귀를 함께 구입한다는 것을 의미한다. 60%의 신뢰도는 맥주를 구입한 고객 중 60%가 기저귀를 구입했다는 것을 의미한다.

공식적으로 다음과 같이 지지도 및 신뢰도 규칙을 정의할 수 있다.

$$지지도(A \Rightarrow B) = P(A \cup B), \qquad (7.5)$$

$$신뢰도(A \Rightarrow B) = P(B|A) = 지지도(A \cup B)/지지도(A), \qquad (7.6)$$

여기서 A와 B는 맥주와 기저귀 같은 항목 집합이다. 항목 집합은 다음과 같이 여러 항목으로 구성될 수도 있다.

$$(빵, 맥주) \Rightarrow 기저귀[지지도 = 8\%, 신뢰도 = 50\%]$$

연관 규칙은 최소 지지도 임곗값$^{minimum\ support\ threshold}$과 최소 신뢰도 임곗값$^{minimum\ confidence\ threshold}$을 모두 만족하면 흥미로운 것으로 간주된다. 또한 지지도가 주어진 경우 다른 패턴에 포함되지 않은 최대 빈도 패턴을 찾고자 한다. 예를 들어, 만약 (맥주, 기저귀, 빵)이 빈번한 패턴이라면 (맥주, 기저귀) 그리고 (기저귀, 우유)와 같은 하위 집합은 빈번한 패턴이다. 따라서 더 이상 하위 집합을 나타낼 필요 없다.

그림 7.10은 빈번한 항목 집합 패턴, 순차 패턴 그리고 하위 그래프 패턴과 같은 마이닝의 3가지 빈번한 패턴 알고리즘의 개선을 요약한다. 또한 해당 내용 대표적인 빈번한 패턴 마이닝 알고리즘 간의 관계를 나타낸다. 알고리즘 A와 알고리즘 B 사이의 실선 화살표($A \rightarrow B$)는 알고리즘 B가 A로부터 비롯된 것을 나타낸다. 서로 다른 계층의 알고리즘을 연결하는 점선은 서로 다른 범주의 알고리즘을 나타낸다. 예를 들어, 순차 패턴 마이닝 알고리즘에서 빈번한 항목 집합을 마이닝하고자 설계된 FreeSpan과 PrefixSpan은 동일하다. 해당 알고리즘은 유사한 아이디어를 공유하지만, 서로 다른 빈번한 패턴을 마이닝하기 위해 설계됐다. 7.3.2절에서 각각 알고리즘의 범주를 살펴보고, 알고리즘 간의 연결과 차이점을 설명할 것이다.

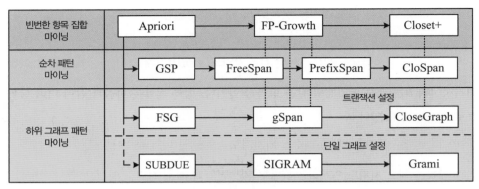

그림 7.10 빈번한 패턴과 그 관계를 마이닝하기 위한 대표적인 알고리즘

7.3.2 빈번한 항목 집합 마이닝 기법

7.3.2절에서는 그림 7.10의 최상위 계층에 나와 있는 자주 사용되는 3가지 항목 집합 마이닝 알고리즘 Apriori [83], FP-growth [101] 및 Closet+ [137]을 설명한다. Apriori 알고리즘은 생성 및 테스트 방식을 통해 빈번한 항목 집합을 마이닝한다. 하지만 여전히 많은 수의 후보 집합을 생성해야 할 수도 있다. 마이닝 효율성을 향상시키기 위해 FreeSpan 알고리즘은 분할 및 정복 전략divide-and-conquer을 채택해 후보 생성 없이 빈번한 항목 집합 패턴을 마이닝한다. Apriori 및 FreeSpan 알고리즘은 불필요하고 비용이 높은 완전한 항목 집합을 찾는다. 이 문제를 해결하고자 다른 상위 항목 집합super item set을 포함하지 않는 닫힌 빈번한 항목 집합closed frequent itemset을 마이닝하도록 Closet+가 제안됐다.

7.3.2.1 Apriori 알고리즘

Apriori[83]는 빈번한 항목 집합에 대한 사전 지식을 사용해 부울Bool 연관 규칙의 빈번한 항목 집합을 마이닝하고자 제안된 기본 알고리즘이다. 빈번한 항목 집합의 비어 있지 않은 하위 집합도 모두 빈번해야 한다. Apriori는 반복적인 수준별 검색을 사용하며, 여기서 k-itemset는 $(k+1)$-itemset를 탐색하는 데 사용된다. 먼저 데이터베이스를 스캔해 각 항목의 수를 누적하고 최소 지지도를 만족하는 항목을 수집해 빈번한 1-itemset을 찾는다. 결과 집합은 L_1으로 표시된다. 그다음 L_1은 빈번한 2-itemset 집합인 L_2를 찾기 위해 사용되며, L_2는 L_3를 찾기 위해 사용되는 등 더 이상 빈번한 k-itemset을 찾을 수 없을 때까지 반복된다. 각 검색 과정은 아래의 2단계에 의해 수행된다.

1. **결합 단계**[joint step]. L_k를 찾기 위해 L_{k-1}을 자신과 결합해 후보[candidate] k-itemset을 생성한다. 이 후보 집합은 L_k의 상위 집합인 C_k로 표시된다. 즉 해당 부분은 빈번 하거나 빈번하지 않을 수도 있지만, 모든 빈번한 k-itemset은 C_k에 포함된다.

2. **가지치기 단계**[prune step]. C_k의 후보가 빈도를 확인하는 가장 쉬운 방법은 전체 데이 터베이스를 스캔하는 것이다. 그러나 이것은 매우 시간 소모적이다. C_k의 크기 를 줄이기 위해 Apriori 속성이 사용된다. 빈번하지 않은 모든 $(k-1)$-itemset 은 빈번한 k-itemset의 하위 집합이 될 수 없다. 다시 말해 후보 k-itemset의 $(k-1)$-하위 집합이 L_{k-1}에 없다면 후보는 빈번하지 않을 수 있고 따라서 C_k에 서 제거될 수 있다. 해당 하위 집합 테스트는 모든 빈번한 항목 집합의 해시 트 리를 유지함으로써 신속하게 수행될 수 있다[99].

그림 7.11은 5개의 항목 $\{I_1, I_2, I_3, I_4, I_5\}$과 9개의 레코드 $\{T_1, T_2, T_3, T_4, T_5, T_6, T_7, T_8, T_9\}$를 포함하는 예제 데이터셋 D를 사용해 Apriori 알고리즘의 구현을 설명한다. 첫 번째 반복에서 각 항목은 후보 1-itemset C_1의 구성원이다. 이 알고리즘은 단순히 모든 트랜잭션을 스캔해 각 항목의 발생 횟수를 계산한다. 최소 지지도가 2(지지도가 $2/9 = 22\%$) 이고 C_1의 모든 후보가 빈번한 1-itemset L_1으로 유지될 수 있다고 가정한다. 두 번째 반 복에서 알고리즘은 L_1의 항목을 결합해 2-itemset C_2의 후보 집합을 생성한다. C_2의 각 하위 집합이 빈번하므로 가지치기 단계에서 C_2의 후보는 제거되지 않는다. D의 트랜잭 션은 C_2에서 각 후보의 지지도를 계산하기 위해 다시 스캔된다. 최소 지지도를 만족하는 $\{I_1, I_2\}$와 같은 후보는 L_2로 이동한다. $\{I_2, I_4\}$ 및 $\{I_4, I_5\}$와 같은 그 외 후보들은 이동되지 않는다. 세 번째 반복에서 알고리즘은 L_2의 항목 집합을 결합해 C_3를 생성한다.

$$C_3 = \{\{I_1, I_2, I_3\}, \{I_1, I_2, I_5\}, \{I_2, I_3, I_5\}\}$$

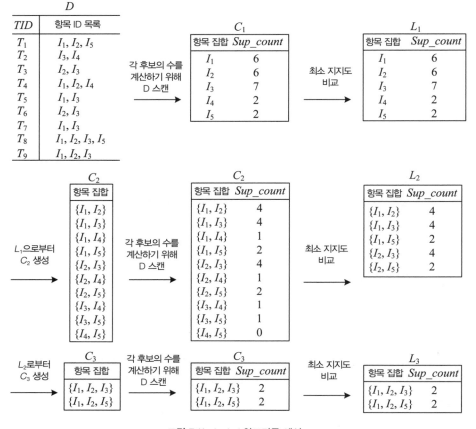

그림 7.11 Apriori 알고리즘 예시

하지만 $\{I_3, I_5\}$는 L_2에서 빈번한 항목 집합이 아니다. Apriori 속성에 따르면 $\{I_2, I_3, I_5\}$는 빈번한 항목 집합이 될 수 없으므로 D에서 검색하지 않고 C_3에서 제거할 수 없다. 그런 다음 알고리즘은 D를 스캔해 두 후보의 발생 횟수를 계산한다. 마지막으로 두 후보가 최소 지지도를 만족하므로 L_3에서 빈번한 항목 집합임을 알 수 있다.

7.3.2.2 FP-growth 알고리즘

Apriori 알고리즘의 후보 생성 및 테스트 방법은 후보 집합의 크기를 상당히 축소한다. 하지만 여전히 많은 수의 후보 집합을 생성해야 할 수도 있다. 10^4개의 빈번한 1-itemset

가 있는 경우 해당 알고리즘은 10^7개 이상의 후보를 생성한다. 이러한 문제를 해결하기 위해 한[Han] 및 연구진[101]은 분할 정복[divide-and-conquer] 전략을 사용해 후보 생성 없이 빈번한 항목 집합 패턴을 마이닝하는 FP-growth[Frequent Pattern growth] 방법을 제안했다.

먼저 빈번한 항목을 나타내는 데이터베이스를 빈번한 패턴 트리 또는 항목 집합 연관 정보를 유지하는 FP 트리로 압축한다. 그런 다음 압축된 데이터베이스를 빈번한 항목 또는 '패턴 조각' 중 하나와 연관된 일련의 조건부 데이터베이스(특수한 유형이 반영된 데이터베이스)로 나누고, 각 데이터베이스를 개별적으로 마이닝한다. 각 패턴 조각에 대한 데이터 셋만 검사하면 되기 때문에 해당 접근 방식은 검색할 데이터의 크기를 상당히 줄일 수 있다.

그림 7.12는 동일한 트랜잭션 데이터셋 D를 사용하는 FP-growth의 예를 보여 준다. D의 첫 번째 스캔은 Apriori 알고리즘과 같으며, 빈번한 항목 집합[1-itemset] 및 해당 지지도 계산을 유도한다. 이전 예제와 동일하게 최소 지지도를 2로 한다. 빈번한 항목은 지지도 숫자가 낮은 순으로 정렬된다. 결과 집합은 L로 표현된다. FP-트리는 다음과 같이 구성된다. 먼저 'null'이라는 레이블이 붙은 트리의 루트를 생성한다. 두 번째로 D를 스캔하고, 트리에 각 트랜잭션에 대한 브랜치를 생성한다. 각 트랜잭션은 L 순서로 처리된다. 예를 들어, T_9는 PF-트리에 연결돼 브랜치를 생성하는 3개의 항목 $\langle I_3: 1\rangle$, $\langle I_1: 1\rangle$, $\langle I_2: 1\rangle$로 변환된다. 보다 구체적으로 $\langle I_3: 1\rangle$은 루트 노드에 연결되고 $\langle I_1: 1\rangle$은 자식 노드로서 $\langle I_3: 1\rangle$에 연결된다. 그런 다음 $\langle I_2: 1\rangle$은 자식 노드로 $\langle I_1: 1\rangle$에 연결된다. 수행할 트랜잭션이 FP-트리의 이전 분기와 공통 접두사[prefix]를 공유하면 알고리즘은 공유 분기의 노드 수를 증가시킨다. 예를 들어, T_1를 삽입한 후에 FP-트리는 $\langle I_1: 1\rangle$, $\langle I_2: 1\rangle$, $\langle I_5: 1\rangle$를 포함한다. T_4를 삽입할 때($\langle I_1: 1\rangle$, $\langle I_2: 1\rangle$, $\langle I_4: 1\rangle$), 처음 두 노드는 이미 트리에 존재한다. 신규 브랜치를 만드는 대신 알고리즘은 그림 7.12b와 같이 공통 접두사의 수를 증가시킨다($\langle I_1: 2\rangle$, $\langle I_2: 2\rangle$). 트리 검색을 수월하게 하기 위해 각 항목이 그림의 점선 화살표로 표시된 노드 링크를 통해 트리에서 발생한 항목을 가리키도록 항목 헤더 테이블이 작성된다.

FP-트리는 다음과 같이 동작한다. 알고리즘은 각 빈번한 length-1 패턴(최초 접미사 패턴)에서 시작해 접미사 패턴과 함께 발생하는 FP-트리 내의 접두사 경로 집합으로 구성된 조건부 패턴 베이스를 구성한다. 그다음 알고리즘은 length-1 패턴에 대한 조건부 패턴 베이스에 기반한 조건부 FP-트리를 구성하고, 트리에서 재귀적으로 작업을 수행한다. 패턴 증가$^{\text{pattern growth}}$는 조건부 FP-트리에서 생성된 빈번한 패턴과 접미사 패턴의 연결에 의해 수행된다. 그림 7.12d와 같이 알고리즘은 먼저 L의 마지막 항목인 I_5를 고려한다. I_5는 FP-트리의 브랜치 $\langle I_1, I_2, I_5: 1\rangle$과 $\langle I_3, I_1, I_2, I_5: 1\rangle$에서 발생한다. 접미사로 I_5를 고려하면 두 접두어 경로는 I_5의 조건부 패턴 기반을 구성하는 $\langle I_1, I_2: 1\rangle$ 및 $\langle I_3, I_1, I_2: 1\rangle$이다. 해당 조건부 패턴 기반을 트랜잭션 데이터베이스로 사용해 단일 경로 인 $\langle I1: 2\rangle$, $\langle I_2: 2\rangle$만 포함하는 I_5 조건부 FP-트리를 생성한다. I_3의 지지도 1이 조건부 데이터 베이스의 임곗값보다 작기 때문에 포함되지 않는다. 조건부 FP-트리(단일 경로)에서 생성된 빈번한 패턴들과 접미사 패턴 I_5를 결합함으로써 알고리즘은 $\{I_1, I_5: 2\}$, $\{I_2, I_5: 2\}$, $\{I_1, I_2, I_5: 2\}$와 같은 빈번한 패턴들을 생성한다.

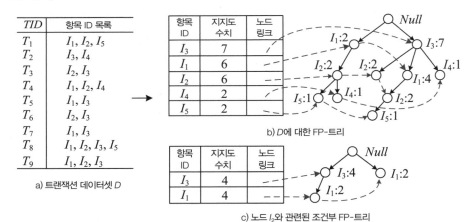

a) 트랜잭션 데이터셋 D

b) D에 대한 FP-트리

c) 노드 I_2와 관련된 조건부 FP-트리

항목	조건부 패턴 베이스	조건부 FP-트리	생성된 빈번한 패턴
I_5	$\{I_1, I_2: 1\}, \{I_3, I_1, I_2: 1\}$	$\langle I_1: 2, I_2: 2\rangle$	$\{I_1, I_5: 2\}, \{I_2, I_5: 2\}, \{I_1, I_2, I_5: 2\}$
I_4	$\{I_1, I_2: 1\}, \{I_3: 1\}$	null	null
I_2	$\{I_1: 2\}, \{I_3: 2\}, \{I_3, I_1: 2\}$	$\langle I_3: 4, I_1: 2\rangle, \langle I_3: 2\rangle$	$\{I_3, I_1: 4\}, \{I_3, I_2: 4\}, \{I_3, I_1, I_2: 2\}$
I_1	$\{I_3: 4\}$	$\langle I_3: 4\rangle$	$\{I_3, I_1: 4\}$

d) 조건부 하위 패턴 베이스를 통한 FP-트리 마이닝

그림 7.12 FP-growth 알고리즘을 사용해서 빈번한 패턴 마이닝

I_4의 경우 2개의 접두어 경로가 조건부 패턴 기반 $\{\{I_1, I_2: 1\}, \{I_3: 1\}\}$을 형성하며 임곗값을 만족하는 브랜치의 지지도로 FP-트리를 생성할 수 없다. 결과적으로 빈번한 패턴이 생성되지 않는다.

마찬가지로 I_2의 조건부 패턴 베이스는 $\{\{I_1: 2\}\}, \{I_3: 2\}\}, \{I_3, I_1: 2\}\}$이다. 조건부 FP-트리는 그림 7.12c에 나온 것과 같이 $\langle I_3: 4, I_1: 2\rangle$, $\langle I_3: 2\rangle$라는 2개의 브랜치를 갖고 있다. 결과적으로 I_3의 조건부 패턴 베이스는 $\{I_3: 4\}$이며, $\langle I_3: 4\rangle$만 포함하는 FP-트리는 한 개의 빈번한 패턴 $\{I_3, I_1: 4\}$를 생성한다.

7.3.2.3 Closet+ 알고리즘

Apriori 및 FP-growth 알고리즘은 지지도 임곗값이 높고 패턴 공간이 희소한 경우 성능이 좋을 수 있다. 하지만 지지도 임곗값이 낮아지면 빈번한 항목 집합 수가 크게 증가한다. 상당한 개수의 패턴이 생성되기 때문에 해당 알고리즘의 성능은 빠르게 저하된다. 게다가 완전 빈번한 항목 집합은 수많은 중복 패턴이 있기 때문에 그다지 유용하지 않을 수 있다. 닫힌 빈번한 항목 집합은 빈번한 항목 집합에 관한 완전한 정보를 보존하면서 패턴의 수를 상당히 줄일 수 있다. 닫힌 빈 항목 집합은 빈번한 항목 집합에 대한 완전한 정보를 보존하면서 패턴 수를 크게 줄인다. 적절한 상위 항목 집합super item set Y가 없다면 Y는 X와 동일한 지지도 값을 가지며 데이터셋 S에서 X는 닫힌 항목 집합이다. 또한 X는 최소 지지도를 만족한다. 단순한 접근법은 먼저 빈번한 항목의 전체 집합을 마이닝한 다음 적절한 하위 집합인 모든 빈번한 항목 집합을 제거하고, 기존의 빈번한 항목 집합과 동일한 지지도를 적용하는 것이다. 하지만 이 방법은 매우 비효율적이다.

해당 문제를 다루고자 분할 정복 기법 및 깊이 우선 검색 전략을 사용해 닫힌 항목 집합을 마이닝하는 Closet+ [137]이 제안됐다. 검색 효율성을 높이고자 하이브리드 트리 투영hybrid tree projection 방법을 도입했다. 해당 방법은 FP-트리를 압축 기술로 사용하고 투영된 데이터베이스를 생성 및 스캔하면서 특정 접두어의 지역 빈번 항목을 계산한다 (7.3.3.2절에서 투영된 데이터베이스에 대한 자세한 정보를 제공할 것임). 빈번한 항목 집합 마이닝과는 달리 Closet+ 알고리즘은 닫힌 항목 집합 마이닝 프로세스 과정에서 닫힌 항목 집합이 될 가능성이 없는 접두사 항목 집합을 제거한다. 또한 알고리즘은 검색 공간을 줄이기 위해 항목 스킵item-skipping 기술을 제안한다.

새로 발견된 닫힌 항목 집합 후보가 실제로 닫혔는지 확인하고자 메모리에서 지금까지 마이닝된 모든 닫혀진 항목 집합을 유지하는 것은 여전히 매우 비용이 많이 든다. 해당 문제를 해결하고자 메모리 사용량을 줄이고 closure checking을 상당히 가속화할 수 있는 2단계 해시 인덱스 결과 트리 기반 기법 및 의사-투영 기반 상향 검사pseudo-projection-based upward-checking 조합인 Closet+는 효과적인 하위 집합 검사 스키마를 설계한다.

7.3.3 순차 패턴 마이닝

7.3.3절에서는 그림 7.10의 중간 계층에 나온 것과 같이 GSP[133], FreeSpan[126], PrefixSpan[100] 그리고 CloSpan[142]의 널리 사용되는 순차 패턴 마이닝을 소개한다. 첫 번째 알고리즘은 Apriori 알고리즘(후보 생성 및 테스트)의 아이디어를 기반으로 한다. 후자의 3가지 알고리즘은 FP-growth 알고리즘의 아이디어에 근거해 후보 생성 없이 패턴 성장에 의한 순차적 패턴을 생성한다. 따라서 3개의 알고리즘은 GSP보다 효율적이다. 또한 PrefixSpan은 잠재적인 후보 시퀀스의 가능한 모든 조합을 검사하지 않으므로 대부분의 순차 데이터베이스에서 FreeSpan 알고리즘보다 빠르다. 앞의 3개 알고리즘은 중복적이고 시간 소모적인 완전 빈번 순차 패턴을 생성한다. 이 문제를 해결하고자 CloSpan은 동일 지지도의 상위 시퀀스를 포함하지 않는 빈번한 닫힌 하위 시퀀스를 마이닝한다.

$s = \langle e_1 e_2 \ldots e_l \rangle$로 표현되는 시퀀스는 항목 집합의 정렬된 목록이며, $I = \langle I_1, I_2, \ldots, I_m \rangle$이다. 시퀀스의 각 요소 e_i는 항목 집합이다($e_i = (x_1 x_2 \ldots x_j)$, 여기서 $x_j \in I$는 항목임). 그림 7.13은 $\langle s_1, s_2, s_3, s_4 \rangle$ 시퀀스를 포함하는 시퀀스 데이터베이스 S를 나타낸다. 예를 들어, 첫 번째 시퀀스, $a_1 = \langle a(abc)(ac)d(cf) \rangle$는 $a \rightarrow (abc) \rightarrow (ac) \rightarrow d \rightarrow (cf)$의 순서로 기록된 5개의 항목 집합을 나타낸다. 항목은 시퀀스의 요소에서 최대 한 번만 발생할 수 있지만, 시퀀스의 다른 요소에서 여러 번 발생할 수 있다. 시퀀스의 항목 인스턴스 수를 시퀀스 길이length of the sequence라고 한다. 예를 들어, S에서 첫 번째 시퀀스는 9-length 시퀀스다. 시퀀스 $\alpha = \langle a_1, a_2, \ldots, a_n \rangle$은 $\alpha \sqsubseteq \beta$를 나타내는 시퀀스 $\beta = \langle b_1, b_2, \ldots, b_m \rangle$의 하위 시퀀

스라고 부른다. 정숫값이 $1 \leq j_1 < j_2 < \ldots < j_n \leq m$ 존재한다면 $a_1 \subseteq b_{j_1}$, $a_2 \subseteq b_{j_2}$, ..., $a_n \subseteq b_{j_n}$이다. 또한 β가 α의 상위 시퀀스라고 할 수 있다. 예를 들어, $\langle a(bc)df \rangle$는 s_1의 하위 시퀀스다. $support(\alpha)$으로 표시되는 시퀀스 α의 지지도는 α의 상위 시퀀스인 S의 시퀀스 개수다. 시퀀스는 하위 시퀀스가 시퀀스에서 여러 번 발생할 수 있는 경우에도 하위 시퀀스의 지지도에 한 번만 기여할 수 있다. 예를 들어, 최소 지지도를 2로 설정하면 $\langle (ab)c \rangle$는 s_1 및 s_3의 하위 시퀀스이므로 빈번한 순차 패턴이다. 시퀀스 데이터베이스 S와 최소 지지도 임곗값이 주어지면 순차 패턴 마이닝을 사용해 데이터베이스에서 순차 패턴의 전체 집합을 찾는다.

SID	시퀀스
s_1	$\langle a(abc)(ac)d(cf) \rangle$
s_2	$\langle (ad)c(bc)(ae) \rangle$
s_3	$\langle (ef)(ab)(df)cb \rangle$
s_4	$\langle eg(af)cbc \rangle$

4번째 스캔, 후보 4개
4개 인스턴스-순차 패턴 4개

3번째 스캔, 후보 64개
21개 인스턴스-순차 패턴 3개

2번째 스캔, 후보 51개
22개 인스턴스-순차 패턴 2개

1번째 스캔, 후보 7개
6개 인스턴스- 순차패턴 1개

a) 시퀀스 데이터베이스   ☐ 임곗값을 초과할 수 없음

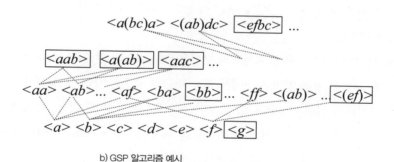

b) GSP 알고리즘 예시

그림 7.13 시퀀스 데이터베이스 S를 포함하는 GSP 알고리즘 예시

7.3.3.1 GSP 알고리즘

GSP라고 불리는 일반적인 순차 패턴 마이닝 기법은 priori를 기반으로 후보 하위 시퀀스 생성 및 테스트 접근법을 적용해 순차 패턴을 마이닝한다. 그림 7.13b는 마이닝 프로세스를 보여 준다. GSP는 먼저 S를 스캔하고, 각 항목의 지지도를 계산한다. 그리고 빈번한 항목 집합을 찾는다(예, 빈번한 length-1 하위 시퀀스). $\langle a \rangle$: 4, $\langle b \rangle$: 4, $\langle c \rangle$: 3, $\langle d \rangle$: 3, $\langle e \rangle$: 3, $\langle f \rangle$: 3, $\langle g \rangle$: 1. 빈번하지 않은 항목 g를 필터링함으로써 각 요소가 순차 패턴이 1로 구성된 시드^seed 집합 $L_1 = \{\langle a \rangle, \langle b \rangle, \langle c \rangle, \langle d \rangle, \langle e \rangle, \langle f \rangle\}$을 얻는다. 각 후속 패스^subsequent pass는 이전 패스에서 찾은 시드 집합에서 시작하며, 후보 시퀀스^candidate sequence라고 불리는 새로운 잠재적 순차 패턴을 생성하고자 시드 집합을 사용한다. 예를 들어, L_1을 기반으로 두 번째 패스에서 51개의 후보 시퀀스가 생성된다. k-th 패스에서 각 length-$(k-1)$ 하위 시퀀스가 $(k-1)$번째 패스에서 찾은 순차 패턴인 경우에만 시퀀스는 후보가 된다. 데이터베이스의 신규 스캔은 각 후보 시퀀스의 지지도를 수집하고 신규 순차 패턴 집합을 찾는다. GSP 알고리즘은 패스에서 신규 순차 패턴이 나타나지 않거나 신규 후보 시퀀스가 생성되지 않을 때까지 해당 프로시저를 반복한다. GSP 알고리즘은 Apriori 알고리즘과 비슷한 장점과 약점을 공유한다. GSP 알고리즘은 빈번하지 않은 후보를 제거할 수 있지만, 후보 생성에 대한 비용이 여전히 크며 스캔 횟수는 최소한 순차 패턴의 최대 길이다.

순차 패턴을 마이닝하기 위한 직관적인 방법은 FP-growth 알고리즘을 사용하는 것이다. 왜냐하면 정렬된 항목 집합 사이에서 공통 데이터 구조를 찾는 것이 쉽지 않기 때문에 문제를 해결하기 위해 FP-growth 알고리즘을 직접 적용할 수 없다. 이 문제를 해결하기 위해 패턴 증가에 따른 순차 패턴 마이닝을 위해 FreeSpan[126]과 PrefixSpan[100]이라는 2가지 알고리즘이 제안됐다. 반복해서 전체 데이터베이스를 스캔하고 대규모 후보 시퀀스 집합을 생성하고 테스트하는 대신 FreeSpan과 PrefixSpan은 재귀적으로 시퀀스 데이터베이스를 마이닝한 패턴 집합과 관련된 작은 데이터베이스 집합에 투영하고, 각 투영된 데이터베이스에서 내부적으로 빈번한 패턴을 마이닝한다. 두 알고리즘은 서로 다른 데이터베이스 투영 기준을 갖는다. FreeSpan은 특정 순서(증가 방향) 없이 현재 빈도 패턴 집합을 기반으로 투사 데이터베이스를 생성하는 반면 PrefixSpan은 빈번한 접두사를 증가시켜 데이터베이스를 투사한다. 그 결과 PrefixSpan은 대부분의 시퀀스 데이터베이스에서 FreeSpan보다 상당히 빠르다[100].

7.3.3.2 FreeSpan 알고리즘

시퀀스 $\alpha = \langle e_1e_2...e_l \rangle$의 경우 항목 집합 $e_1 \cup e_2 \cup ... \cup e_l$은 α의 투사된 항목 집합이라고 한다. FreeSpan은 항목 집합 X가 빈번하지 않은 경우 투영된 항목 집합이 X의 상위 집합인 모든 시퀀스는 순차 패턴이 될 수 없는 속성을 기반으로 한다. 그림 7.13a와 동일한 예제를 사용해 FreeSpan 알고리즘을 설명하고 지지도 임곗값을 2로 설정한다. 첫 번째 단계는 GSP와 비슷하다. 데이터베이스(S) 검색을 통해 각 항목에 대한 지지도를 수집하고 빈번한 항목을 찾아서 다음과 같이 $f\_list = \langle a \rangle$: 4, $\langle b \rangle$: 4, $\langle c \rangle$: 3, $\langle d \rangle$: 3, $\langle e \rangle$: 3, $\langle f \rangle$: 3 내림차순으로 정렬한다. f_list를 기반으로 순차 패턴의 완전한 집합은 항목 a만 포함하는 6개의 분리된 부분 집합($\{\langle aaa \rangle, \langle aa \rangle, \langle a \rangle, \langle a \rangle\}$)으로 분할될 수 있다. 해당 집합은 $\langle a \rangle$-projected 데이터베이스라고 한다. 해당 데이터베이스는 f_list ($\{\langle a(ab)a \rangle, \langle aba \rangle, \langle (ab)b \rangle, \langle ab \rangle\}$)에서 b 다음에 다른 항목이 없으며, $\langle b \rangle$-projected 데이터베이스라고 한다. 해당 데이터베이스는 항목 c를 포함하지만 f_list에 c 다음에 다른 항목이 없으며, 최종적으로 해당 데이터베이스는 항목 f를 포함한다. 6개의 분할된 부분 집합과 관련된 순차 패턴은 6개의 투영된 데이터베이스(S의 추가 스캔에 의해 생성된)를 구성해 마이닝될 수 있다.

$\langle a \rangle$-projected 데이터베이스 $\{\langle aaa \rangle, \langle aa \rangle, \langle a \rangle, \langle a \rangle\}$를 마이닝함으로써 항목 $a(\langle aa \rangle$:2)만을 포함하는 하나의 추가 순차 패턴만 발견된다. $\langle b \rangle$-projected 데이터베이스를 마이닝함으로써 f_list에 b 다음에 다른 항목이 없는 $\{\langle ab \rangle$:4, $\langle ba \rangle$:2, $\langle (ab) \rangle$:2, $\langle aba \rangle$:2}와 같은 4개의 추가 순차 패턴을 찾는다. $\langle c \rangle$-projected 데이터베이스 $\{\langle a(abc)(ac)c \rangle, \langle ac(bc)a \rangle, \langle (ab)cb \rangle, \langle acbc \rangle\}$를 마이닝하는 경우 프로세스는 다음과 같다.

투영된 데이터베이스를 한 번 스캔하면 length-2의 빈번한 시퀀스가 생성된다. 해당 시퀀스는 $\{\langle ac \rangle$: 4, $\langle (bc) \rangle$: 2, $\langle bc \rangle$: 3 $\langle cc \rangle$: 3 $\langle ca \rangle$: 2, $\langle cb \rangle$: 3}이다. $\langle c \rangle$-projected 데이터베이스를 추가로 스캔하면 6개 패턴에 대한 투영된 데이터베이스가 각각 생성된다. 예를 들어, $\langle ac \rangle$-projected 데이터베이스는 $\{\langle a(abc)(ac)c \rangle, \langle ac(bc)a \rangle, \langle (ab)cb \rangle,$

⟨*acbc*⟩}이며, ⟨*bc*⟩-projected 데이터베이스는 {⟨*a*(*abc*)(*ac*)*c*⟩, ⟨*ac*(*bc*)*a*⟩}이다. 그다음 알고리즘은 length-3 집합 패턴 {⟨*acb*⟩: 3, ⟨*acc*⟩}: 3, ⟨(*ab*)*c*⟩: 2, ⟨*aca*⟩}: 2}를 생성하기 위해 ⟨*ac*⟩-projected 데이터베이스를 마이닝한다. 4개의 length-3 패턴에 대해 4개의 투영된 데이터베이스가 생성된다. {⟨*ac*(*bc*)*a*⟩, ⟨(*ab*)*cb*⟩, ⟨*acbc*⟩}와 같은 ⟨*acb*⟩-projected 데이터베이스 마이닝은 length-4 패턴은 생성하지 않는다. 따라서 라인이 종료된다. 마찬가지로 다른 3개의 투영된 데이터베이스의 마이닝은 ⟨*ac*⟩-projected 데이터베이스의 length-4 패턴을 생성하지 않고 종료된다. 같은 절차를 기반으로 알고리즘은 다른 length-2 패턴의 투영된 데이터베이스를 재귀적으로 마이닝해 순차 패턴의 전체 집합을 도출한다.

한편, FreeSpan 각 하위 시퀀트 데이터베이스 투영 과정에서 GSP보다 작은 투영된 데이터베이스를 검색한다. 반면에 FreeSpan은 많은 투영된 데이터베이스를 생성해야 할 수도 있다. 패턴이 데이터베이스의 각 시퀀스에 나타나면 투영된 데이터베이스가 줄어들지 않는다(일부 빈번하지 않은 항목 삭제 제외). 예를 들어, 이 예제의 ⟨*f*⟩-projected 데이터베이스는 원래의 시퀀스 데이터베이스에 있는 것과 같은 3개의 시퀀스를 포함한다. 또한 length-*k* 하위 시퀀스로부터 length-(*k*+1) 후보 시퀀스를 성장시키는 많은 방법이 있으므로 가능한 조합을 검사하는 것은 비용이 많이 든다.

7.3.3.3 PrefixSpan 알고리즘

잠재적 후보 시퀀스의 가능한 모든 조합을 검사하지 않고자 PrefixSpan은 각 요소 내의 항목 순서를 사전순으로 수정한다. 예를 들어, 시퀀스 s_4는 ⟨*a*(*abc*)(*ac*)*d*(*fc*)⟩ 대신에 ⟨*a*(*abc*)(*ac*)*d*(*cf*)⟩로 표현된다. 그다음 알고리즘은 시퀀스의 접두사의 순서를 따르고, 시퀀스의 접미사만 투영한다. 예를 들어, ⟨*a*⟩, ⟨*aa*⟩, ⟨*a*(*ab*)⟩ 및 ⟨*a*(*abc*)⟩는 s_4의 접두사다. 하지만 접두사 ⟨*a*(*abc*)⟩의 모든 항목이 S [127]에서 빈번한 경우 ⟨*ab*⟩나 ⟨*a*(*bc*)⟩는 접두사로 간주되지 않는다. ⟨*a*(*bc*)(*ac*)*d*(*cf*)⟩는 접두사 ⟨*a*⟩와 관련된 접미사다. ⟨(_*bc*)(*ac*)*d*(*cf*)⟩는 접두사 ⟨*aa*⟩에 관한 접미사이며, ⟨(_*c*)(*ac*)*d*(*cf*)⟩는 ⟨*a*(*ab*)⟩의 접미사다.

접두사	투영된 데이터베이스	순차 패턴
$\langle a \rangle$	$\langle (abc)(ac)d(cf) \rangle$, $\langle (\_d)c(bc)(ae) \rangle$, $\langle (\_b)(df)(cb) \rangle$, $\langle (\_f)cbc \rangle$	$\langle a \rangle$, $\langle aa \rangle$, $\langle ab \rangle$, $\langle a(bc) \rangle$, $\langle a(bc)a \rangle$, $\langle aba \rangle$ $\langle abc \rangle$, $\langle (ab) \rangle$, $\langle (ab)c \rangle$, $\langle (ab)d \rangle$, $\langle (ab)f \rangle$ $\langle (ab)dc \rangle$, $\langle ac \rangle$, $\langle aca \rangle$, $\langle acb \rangle$, $\langle acc \rangle$, $\langle ad \rangle$, $\langle adc \rangle$, $\langle af \rangle$
$\langle b \rangle$	$\langle (\_c)(ac)d(cf) \rangle$, $\langle (\_c)(ae) \rangle$ $\langle (df)cb) \rangle$, $\langle c \rangle$	$\langle b \rangle$, $\langle ba \rangle$, $\langle bc \rangle$, $\langle (bc) \rangle$, $\langle (bc)a \rangle$, $\langle bd \rangle$, $\langle bdc \rangle$, $\langle bf \rangle$
$\langle c \rangle$	$\langle (ac)d(cf) \rangle$, $\langle (bc)(ae) \rangle$, $\langle b \rangle$, $\langle bc \rangle$	$\langle c \rangle$, $\langle ca \rangle$, $\langle cb \rangle$, $\langle cc \rangle$
$\langle d \rangle$	$\langle (cf) \rangle$, $\langle c(bc)(ae) \rangle$, $\langle (\_f)cb \rangle$	$\langle d \rangle$, $\langle db \rangle$, $\langle dc \rangle$, $\langle dcb \rangle$
$\langle e \rangle$	$\langle (\_f)(ab)(df)cb \rangle$, $\langle (af)cbc \rangle$	$\langle e \rangle$, $\langle ea \rangle$, $\langle eab \rangle$, $\langle eac \rangle$, $\langle eacb \rangle$, $\langle eb \rangle$, $\langle ebc \rangle$, $\langle ec \rangle$, $\langle ecb \rangle$, $\langle ef \rangle$, $\langle efb \rangle$, $\langle efc \rangle$, $\langle efcb \rangle$
$\langle f \rangle$	$\langle (ab)(df)cb \rangle$, $\langle cbc \rangle$	$\langle f \rangle$, $\langle fb \rangle$, $\langle fbc \rangle$, $\langle fc \rangle$, $\langle fcb \rangle$

그림 7.14 PrefixSpan 알고리즘 예시[127]

그림 7.14는 그림 7.12와 그림 7.13에 나와 있는 이전 예제와 동일한 설정을 사용하는 PrefixSpan 알고리즘을 보여 준다. $\langle a \rangle$: 4, $\langle b \rangle$: 4, $\langle c \rangle$: 3, $\langle d \rangle$: 3, $\langle e \rangle$: 3, $\langle f \rangle$: 3과 같은 모든 length-1 빈번한 시퀀스를 찾는 PrefixSpan의 첫 번째 단계는 GSP 및 FreeSpan과 같다. 순차 패턴의 완전한 집합은 6개의 접두사를 기반으로 접두사가 $\langle a \rangle$, $\langle b \rangle$에서부터 $\langle f \rangle$까지 6개의 하위 집합으로 분할된다. 순차 패턴의 하위 집합은 투영된 데이터베이스의 집합을 구성하고 각각을 재귀적으로 마이닝함으로써 마이닝될 수 있다. $\langle a \rangle$를 포함하는 시퀀스에서 $\langle a \rangle$가 처음 나오는 접두사만 고려해야 한다. 예를 들어, 시퀀스 $\langle (ef)(ab)(df)cb \rangle$에서는 시퀀스 $\langle (\_b)(df)cb \rangle$만이 $\langle a \rangle$의 접두사를 포함하는 마이닝 순차 패턴으로서 고려된다. $(\_b)$는 a가 접두사의 마지막 요소임을 의미한다.

$\langle a \rangle$를 포함하는 S의 시퀀스는 $\langle a \rangle$-projected 데이터베이스를 구성하고자 투영되며, 해당 데이터베이스는 $\langle (abc)(ac)d(cf) \rangle$, $\langle (\_d)c(bc)(ae) \rangle$, $\langle (\_b)(df)cb \rangle$ 및 $\langle (\_f)cbc \rangle$와 같은 4개의 접미사 시퀀스로 구성된다. $\langle a \rangle$-projected 데이터베이스를 한 번 스캔하면 빈번한 항목은 a: 2, b: 4, $\_b$: 2, c: 4, d: 2 및 f: 2가 된다. 따라서 $\langle a \rangle$ 접두사로 하는 모든 length-2 순차 패턴은 $\langle aa \rangle$: 2, $\langle ab \rangle$: 4, $\langle (ab) \rangle$: 2, $\langle ac \rangle$: 4, $\langle ad \rangle$: 2 및 $\langle af \rangle$: 2다. 접두사 $\langle a \rangle$의 모든 순차 패턴은 재귀적으로 $\langle aa \rangle$, $\langle ab \rangle$ 그리고 $\langle af \rangle$까지 6개의 하위 집합으로 분할될 수 있다. 해당 하위 집합은 투영된 데이터베이스를 생성하고 해당 데이터베이스를 다음과 같이 재귀적으로 마이닝한다.

$\langle aa\rangle$-projected 데이터베이스는 $\langle aa\rangle$: $\langle (\_bc)(ac)d(cf)\rangle$ 및 $\langle (\_e)\rangle$의 접미사를 포함하는 2개의 접미사 하위 시퀀스로 구성된다. 따라서 2개의 시퀀스로부터 빈번한 하위 시퀀스가 생성되지 않는다. $\langle aa\rangle$-projected 데이터베이스 마이닝 프로세스는 종료된다. $\langle ab\rangle$-projected 데이터베이스는 $\langle (\_c(ac)d(cf)\rangle$, $\langle (\_c)a\rangle$ 및 $\langle c\rangle$와 같은 3개의 접미사로 구성된다. $\langle ab\rangle$-projected 데이터베이스 재귀 마이닝은 $\langle (\_c)\rangle$, $\langle (\_c)a\rangle$, $\langle a\rangle$ 및 $\langle c\rangle$와 같은 4개의 순차 패턴을 갖는다. 해당 마이닝은 접두사 $\langle ab\rangle$를 포함하는 순차 패턴의 완전한 집합을 생성한다(예, $\langle a(bc)\rangle$, $\langle a(bc)a\rangle$, $\langle aba\rangle$, 및 $\langle abc\rangle$). $\langle (abc)\rangle$-projected 데이터베이스는 $\langle (ab)\rangle$: $\langle c\rangle$, $\langle d\rangle$, $\langle f\rangle$ 및 $\langle dc\rangle$의 접두사를 포함하는 순차 패턴에 따라 $\langle (\_c)(ac)$ $d(cf)\rangle$ 및 $\langle (df)(cb)\rangle$의 접미사 시퀀스로 구성된다. 따라서 최종 순차 패턴은 그림 7.14에서 보이는 것과 같이 $\langle (ab)c\rangle$, $\langle (ab)d\rangle$, $\langle (ab)f\rangle$, and $\langle (ab)dc\rangle$다. $\langle ac\rangle$, $\langle ad\rangle$ 및 $\langle af\rangle$-projected 데이터베이스는 비슷하게 생성되고 마이닝된다.

$\langle b\rangle$, $\langle c\rangle$, $\langle d\rangle$, $\langle e\rangle$ 및 $\langle f\rangle$ 접두사를 포함하는 순차 패턴은 해당 투영된 데이터베이스를 생성하고, $\langle a\rangle$-projected 데이터베이스와 비슷한 방법으로 데이터베이스를 마이닝함으로써 완성된다.

7.3.3.4 CloSpan 알고리즘

앞서 언급한 빈번한 순차 패턴 마이닝 알고리즘은 빈번한 항목 집합 마이닝 알고리즘이 직면한 것과 비슷한 문제에 직면한다. 즉, 완전한 순차 패턴 집합을 생성하는 것은 불필요하고 시간 소모적이다. 해당 문제를 해결하고자 빈번한 닫힌 하위 시퀀스^{frequent closed} subsequence를 마이닝하기 위한 CloSpan 알고리즘이 제안됐다(예, 해당 하위 시퀀스는 동일한 지지도의 상위 시퀀스를 포함하지 않음). 예를 들어, 그림 7.14와 같이 $\langle fcb\rangle$ 및 $\langle efcb\rangle$의 빈번한 순차 패턴 지지도는 2다. $\langle fcb\rangle$는 불필요하고 닫힌 순차 패턴으로 간주되지 않는다.

해당 문제를 해결하고자 투영된 데이터베이스의 동등성 개념을 기반으로 닫힌 순차 패턴을 마이닝하는 CloSpan 알고리즘[142]이 제안됐다. 또한 해시 기반 알고리즘은 무시해도 될 정도의 비용으로 검색 공간을 최적화하도록 설계됐다. [142]에서 발견할 수 있는 기술적인 세부 사항을 소개하는 대신 CloSpan 알고리즘을 사용해 휴먼 모빌리티 데이터

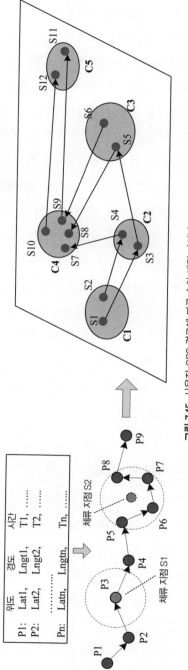

그림 7.15 사용자 GPS 경로에 따른 순차 패턴 마이닝

(예, 사용자가 생성하는 GPS 경로)의 순차 패턴을 마이닝하는 예제를 소개하고자 한다[143].

그림 7.15에 보이는 것과 같이 위도, 경도, 타임스탬프, 속도로 구성된 사용자의 GPS 로그가 주어진 경우 시간 순서에 따른 공간 포인트의 시퀀스로 구성된 GPS 경로를 생성할 수 있다. S_1과 S_2와 같이 체류 지점 탐지 알고리즘^{stay point-detection algorithm}[119]을 사용해 사용자가 특정 공간 거리 내에서 방문 지점을 탐지할 수 있다. 이러한 방문 지점^{stay point}은 관광지 방문, 레스토랑에서 식사, 또는 쇼핑과 같은 시맨틱^{semantic} 의미를 가진다. 따라서 GPS 경로의 다른 포인트보다 중요한 의미를 갖는다. 즉 GPS 경로는 방문 지점의 시퀀스로 변환되며, GPS 경로에 포함된 시맨틱 의미를 분석함에 따라 휴먼 모빌리티를 명확하게 표현한다. 며칠 동안의 사용자 GPS 로그를 분석해 $S_1 \rightarrow S_3 \rightarrow S_5 \rightarrow S_8$, $S_2 \rightarrow S_4 \rightarrow S_7$과 같은 여러 개의 방문 지점 시퀀스를 작성한다.

GPS 포인트가 부정확하기 때문에 같은 장소를 방문하는 사람들은 약간 다른 방문 포인트를 생성할 수 있다. 결과적으로 시퀀스는 어떤 항목도 정확히 공유하지 않기 때문에 직접적으로 비교할 수 없다. 또한 방문 포인트를 클러스터로 그룹화한다(S_1과 S_2는 클러스터 C_1으로 그룹화된다). 그 결과 그림 7.15에 표시된 사용자의 모빌리티는 $C_1 \rightarrow C_2 \rightarrow C_4$, $C_1 \rightarrow C_2 \rightarrow C_3 \rightarrow C_4$, $C_3 \rightarrow C_4 \rightarrow C_5$, $C_4 \rightarrow C_5$와 같은 4개의 클러스터 ID 시퀀스로 표현된다. CloSpan 알고리즘과 지지도 임곗값을 2로 설정해 $\langle C_1 \rightarrow C_2 \rightarrow C_4 \rangle$, $\langle C_3 \rightarrow C_4 \rangle$ 및 $\langle C_4 \rightarrow C_5 \rangle$의 닫힌 순차 패턴을 찾을 수 있다.

7.3.4 빈번한 하위 그래프 패턴 마이닝

빈번한 하위 그래프 마이닝^{FSM, Frequent Subgraph Mining}은 그래프 마이닝의 기본 빌딩 블록이다. 빈번한 하위 그래프 마이닝의 목적은 그래프 데이터셋에서 주어진 임곗값보다 더 자주 나타나는 모든 하위 그래프를 추출하는 것이다. 그래프 데이터셋은 트랜잭션 설정^{transactional setting}이라고 부르는 여러 개의 독립적인 소형 그래프 및 단일 대형 그래프를 포함하는 데이터셋으로 구분된다. 트랜잭션 그래프 설정에서 빈번한 하위 그래프 패턴은 그래프 데이터셋에서 주어진 임곗값(예, 30%)보다 큰 그래프의 부분에 포함된 하위 그래프다. 단일 그래프 설정에서 빈번한 하위 그래프는 큰 그래프에서 특정 횟수 이상 발생하는 그래프다.

7.3.4.1 빈번한 하위 그래프 마이닝의 트랜잭션 설정

그림 7.10의 하단 계층에 보이는 것과 같이 트랜잭션 설정을 가진 대표적인 FSM(빈번한 하위 그래프 마이닝) 기법은 FSG[111], gSpan[140] 및 CloseGraph[141]를 포함한다. FSG 알고리즘은 크기 k의 빈번한 하위 그래프를 결합해 $(k+1)$ 크기의 후보 하위 그래프를 생성하는 Apriori 기반 알고리즘[1]이다. gSpan은 빈번한 항목 집합을 마이닝하는 FP-growth와 비슷한 패턴 성장 기반 접근 방식이다. gSpan은 후보 생성 없이 빈번한 하위 그래프의 증가 및 검사를 하나의 절차로 결합한다. CloseGraph는 동일한 지지도를 가진 상위 그래프를 포함하지 않는 닫힌 빈번한 하위 그래프 패턴을 찾는다.

FSG

그래프 데이터베이스 $G = \{G_1 ... G_n\}$ 및 최소 지지도 θ가 주어진 경우 FSM 알고리즘을 사용해 그래프의 일부에서 최소 지지도를 만족하는 빈번한 하위 그래프를 찾기 위해 사용한다. FSG라고 부르는 기본적인 FSM 알고리즘은 크기 k의 빈번한 하위 그래프로부터 레벨 단위$^{level-by-level}$ 확장을 사용해 $(k+1)$ 크기의 후보 하위 그래프를 생성하는 Apriori 기반 알고리즘이다. 하위 그래프의 '크기'는 노드의 개수 또는 에지의 개수가 될 수 있다. 이것을 크기 k k-subgraph 또는 k-graph라고 한다. 결합 프로세스를 수행하는 동안 하위 그래프 isomorphism 알고리즘[134]은 k-graphs가 크기 $(k-1)$의 공통 하위 그래프를 공유해 $k+1$ 그래프를 생성할 수 있는지 여부를 확인하고자 사용된다. 2개의 그래프 사이의 노드 조인 및 에지 조인$^{edge\ join}$을 해 후보 빈번 패턴이 생성될 수 있다.

노드 기반 조인은 단일 노드로 시작된다. 해당 노드 레이블은 G의 최소 θ 그래프에 나타난다. $k-1$개의 공통 노드를 갖는 2개의 k-subgraph가 결합돼 $k+1$개의 노드를 갖는 후보를 생성할 때 모호성이 존재한다(2개의 비매칭 노드 사이에 에지가 존재하는 경우). 예를 들어, 그림 7.16의 상단 부분에서 보이는 것과 같이 2개의 3-subgraph G_1 및 G_2는 노드 조인을 통해 병합되면 4-subgraph의 후보는 C_1과 C_2가 된다. k-subgraph에 연결된 노드(예, $v_1 - v_2$, $v_1 - v_3$ 및 $v_2 - v_3$)는 조인 후 $k+1$-subgraph에 연결돼야 한다. 하지만 각각 G_1의 v_1 및 G_2의 v_2에 대한 2개의 v_3 링크가 있으므로 노드 기반 조인에서는 서로 다른 노드로 간주된다. 따라서 $k+1$-subgraph에서 2개의 v_3을 연결하거나 분리할 수 있다.

에지 기반 조인의 경우 각 단일 에지를 포함하는 단일 그래프는 G의 최소 θ 그래프에서 특정 노드 레이블 사이에 나타난다. 최종 후보에는 정확히 $k+1$ 에지가 포함되지만, 후보의 노드 수는 원래 그래프의 노드 수보다 크지 않을 수 있다. 그림 7.16의 하단과 같이 C_4는 원래 그래프 쌍과 동일한 개수의 노드를 갖고 있다. 왜냐하면 후보를 검색할 때 하위 그래프의 동형사상^{isomorphism}을 확인해야 하기 때문이다. 일반적으로 에지 기반 조인 성장은 전체적으로 적은 수의 후보를 생성하는 경향이 있으며 보다 효율적이다.

그다음 Apriori 가지치기 기술을 적용해 후보 개수를 축소한다. 즉 $k+1$-graph 후보를 포함하는 k-subgraph가 빈번한 경우 $k+1$-graph 후보는 제거될 수 있다. 나머지 각 후보 하위 그래프의 경우 그래프 데이터베이스 G에 대한 지지도가 계산된다. 만약 지지도가 최소 그래프(θ)보다 높으면 빈번한 $(k + 1)$-subgraph 패턴이 생성된다. 해당 프로시저는 빈번한 하위 그래프 패턴이 더 이상 발견되지 않을 때까지 지속적으로 반복된다. Apriori 기반 접근법의 단점은 비용이 많이 드는 조인 작업과 오탐$^{false\ positive}$의 제거다.

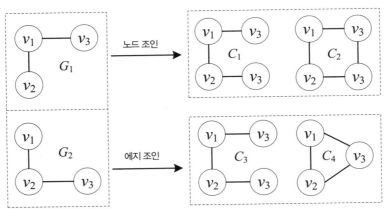

그림 7.16 2개의 하위 그래프 패턴 마이닝 사이의 조인

gSpan

위의 문제를 해결하고자 gSpan[140]은 2개의 기존 빈번한 하위 그래프를 결합하는 대신 패턴 성장 접근법을 기반으로 단일 하위 그래프에서 직접 하위 그래프를 확장하기 위해

제안됐다. 알고리즘은 가능한 모든 패턴에 대해 DFS 코드 트리$^{\text{code tree}}$라는 계층적 검색 공간을 작성하기 위해 깊이 우선 검색$^{\text{DFS, Depth-First Search}}$ 사전식 순서를 사용한다. 해당 검색 트리의 각 노드는 DFS 코드를 나타낸다. 트리의 $(k+1)$-th 레벨은 k-subgraph의 DFS 코드를 포함하는 노드를 포함한다. 해당 트리의 첫 번째 레벨의 노드는 정점 레이블(0-에지)만 포함한다. 따라서 $(k+1)$-subgraph는 트리의 $(k+1)$-th 레벨에서 DFS 코드의 one-edge 확장에 의해 생성된다. 검색 트리는 DFS 방식으로 검색을 수행하며, 최소 DFS 코드가 아닌 모든 하위 그래프를 제거해 중복되는 후보 생성을 방지한다. gSpan은 2개의 이전 하위 그래프를 결합하는 대신 단일 하위 그래프에서 직접 하위 그래프를 확장하기 때문에 FSG와 같은 조인 기반 방법에 비해 비용이 낮다. 연구 결과에 따르면 gSpan이 FSG보다 높은 성능을 보였다.

CloseGraph

gSpan이 FSG보다 훨씬 빠르지만, 여전히 많은 수의 불필요한 하위 그래프 패턴을 생성한다. 닫힌 항목 집합 및 닫힌 순차 패턴과 같이 g와 동일한 지지도를 갖는 적절한 g의 하위 그래프가 존재하지 않으면 그래프 g는 닫힌 데이터셋이다. 하지만 gSpan은 그래프 패턴에서 매우 엄격한 순서를 만들어 닫힌 하위 그래프 패턴을 생성하지 못하도록 한다. 해당 문제를 해결하고자 검색 공간을 최소화하기 위한 동등한 발생$^{\text{equivalent occurrence}}$과 조기 종료$^{\text{early termination}}$의 2가지 새로운 개념을 사용해 주어진 그래프 데이터베이스[141]로부터 닫힌 하위 그래프 패턴을 마이닝하는 CloseGraph가 제안됐다. 조기 종료가 실패하고 일부 패턴을 놓치는 경우가 있을 수 있기 때문에 해당 경우를 방지하고자 실패의 감지를 실시해 닫힌 그래프 패턴의 완전성과 안전성을 보장한다. 연구 결과 CloseGraph는 gSpan과 FSG보다 높은 성능을 가진 것으로 나타난다.

7.3.4.2 싱글 그래프의 FSM

단일 그래프 설정의 FSM은 단일 대형 그래프에서 빈번하게 발생하는 하위 그래프를 검색한다. 단일 대형 그래프 내에서 소형 그래프 집합이 연결된 컴포넌트로 간주될 수 있기 때문에 단일 그래프 설정은 트랜잭션 설정의 일반화다. 하지만 동일한 그래프의 여러 인스턴스가 겹칠 수 있기 때문에 단일 그래프에서 빈번한 하위 그래프를 탐지하는 것은 쉽지 않다. 컴퓨팅 부하가 그래프의 크기에 따라 기하급수적으로 상승한다.

그림 7.17과 같이 그래프는 7개의 노드로 구성되며, 각 에지와 관련된 숫자는 가중치다. 하위 그래프 S는 G의 (u_2, u_4, u_5), (u_2, u_3, u_5), (u_7, u_6, u_3)과 같은 3개의 동형 하위 그래프를 가진다. 2개의 그래프는 인접한 관계를 유지하는 방식으로 하나의 상단이 다른 상단의 꼭대기와 일치하도록 레이블을 다시 지정할 수 있는 경우 동형 구조라고 할 수 있다. 예를 들어, u_2의 레이블을 v_1로 대체하고, u_4를 v_2로, u_5를 v_3으로 대체하면 (u_2, u_4, u_5)의 각 노드 쌍 간에 동일한 인접성을 공유한다. 노드 매칭뿐만 아니라 에지 매칭은 동일한 레이블을 갖는다. 따라서 에지의 가중치를 고려하는 경우 (u_5, u_3, u_6)은 S의 동형 구조가 아니다. 동형의 하위 그래프는 문서에서 또한 인스턴스instance, 발생occurrence, 출현appearance, 또는 임베딩embedding이라고도 한다. 지지도를 3으로 설정하는 경우 S는 그래프 G의 빈번한 하위 그래프 패턴이다.

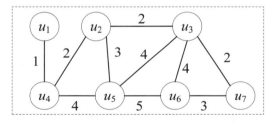
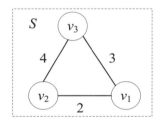

그림 7.17 Isomorphic 개념 및 단일 그래프의 빈번한 하위 그래프 패턴

그림 7.10의 하단 부분은 단일 그래프 설정을 포함하는 FSM 기법의 장점을 보여 준다. SUBDUE[92]는 성장과 저장grow-and-store이라는 개념을 기반으로 하며, Apriori와 비슷하지만 대략 2개의 하위 그래프와 매치된다. SIGRAM[111]은 후보 하위 그래프의 검색 공간을 줄이고자 지지도 값의 안티 프로퍼티anti-property를 유지하며, 성장과 저장 과정에서 불필요한 검색을 줄일 수 있다. Grami[95]는 성장과 저장 방법을 사용하지 않으며, SIGRAM보다 훨씬 효율적이다.

SUBDUE는 근사 측정값을 사용해 두 하위 그래프의 유사성을 비교하는 부정확한 FSM 알고리즘이다(2개의 하위 그래프가 지지도 값에 기여하기 위해 완전히 동일할 필요는 없음). 하지만 SUBDUE의 런타임은 입력 그래프의 크기에 따라 선형으로 증가하지 않는다. 또한 SUBDUE는 단지 적은 수의 패턴만 발견하는 경향이 있다. SUBDUE와 같은 일반적인 성장과 저장 접근 방식의 주요 병목 현상은 후보 하위 그래프의 수가 엄청나게 많다는 것이며, 해당 현상은 이러한 접근법을 실제로 사용할 수 없음을 나타낸다.

SIGRAM은 오탑$^{false-positive}$ 후보 하위 그래프를 축소하고자 안티모노톤^{antimonotone} 지지도 값을 사용한다. 입력 그래프 G와 2개의 하위 그래프 S_1, S_2가 주어지고, S_1이 S_2의 하위 그래프인 경우 안티모노톤 속성은 G의 S_2 지지도가 S_1보다 항상 높지 않다고 정의한다. 대형 그래프에서 안티모노톤 속성^{antimonotonicity}의 위반은 일반적으로 동형 하위 그래프들 간의 중첩(공통 노드)에 의해 야기된다. 따라서 적절한 안티모노톤 지지도 메트릭의 정의는 대형 그래프보다 FSM에서 매우 중요하다. 위반 문제를 해결하고자 모든 중첩 동형 하위 그래프 중 하나만 계산해야 한다. 다양한 유형의 안티모노톤 지지도 메트릭이 문헌에 제시되어 있다. 예를 들어, 최대 독립 집합$^{MIS, Maximum Independent Set}$의 크기는 직관적인 지지도 기준으로 제시된다[6]. 중첩 그래프는 각 정점이 주어진 데이터 그래프에서 하위 그래프의 동형을 나타내는 그래프다. 하위 그래프의 동형이 중첩되는 경우(동일한 정점을 공유함) 중첩 그래프의 두 정점 사이에 에지^{edge}가 존재한다. 하지만 SIGRAM은 모든 동형 그래프를 열거해야 하며, 높은 컴퓨팅 자원이 필요한 최대 독립 집합에 의존해야 한다. 해당 연산은 NP-완전이다. 따라서 실제로 해당 방법은 매우 많은 자원이 필요하다.

Grami는 모든 동형사상을 생성할 필요가 없으며, 훨씬 더 큰 그래프로 확장할 수 있다. Grami는 하위 그래프를 그래프에 표시하는 대신 빈번한 하위 그래프의 템플릿만 저장한다. 이 방법을 통해 성장과 저장 기법의 단점을 극복하며, Grami가 큰 그래프를 마이닝하고 빈도가 낮은 임곗값을 지원할 수 있다.

7.4 클러스터링

7.4.1 개념

클러스터링은 일련의 데이터 객체를 여러 그룹 또는 클러스터로 그룹화해 클러스터 내의 객체의 유사도는 높지만, 다른 클러스터의 객체와는 다르게 되는 프로세스다. 비유사도와 유사도는 객체를 설명하는 속성값을 기반으로 평가되며 종종 유클리드 거리, 코사인 유사도cosine similarity 및 피어슨 상관관계Pearson correlation와 같은 거리 측정[99]을 포함한다. 예를 들어, 피어슨 상관관계를 거리 특징으로 사용해 기본적인 속성 및 사람들의 방문 패턴을 기반으로 레스토링을 몇 개의 그룹으로 클러스터링할 수 있다.

주요 클러스터링 알고리즘은 그림 7.18과 같이 파티셔닝 기법partitioning method, 계층적 기법hierarchical method, 밀도 기반 기법density-based method의 3가지 범주로 분류할 수 있다.

1. **파티셔닝 기법.** 그림 7.18a와 같이 n개 객체 집합이 주어지면 파티셔닝 기법은 데이터의 k 파티션($k \leq n$)을 구성하며, 각 파티션은 클러스터를 나타내고 적어도 하나의 객체를 포함한다. 일반적으로 대부분의 파티셔닝 기법에서 각 객체는 하나의 그룹에만 포함된다. 일부 퍼지fuzzy 알고리즘은 기준을 완화해 하나의 객체가 여러 개의 클러스터에 포함될 수 있다. k가 주어지면 파티셔닝 기법은 초기 파티션을 생성한 다음 하나의 그룹에서 다른 그룹으로 오브젝트를 이동해 파티션을 반복적으로 개선한다. 좋은 파티션의 일반적인 기준은 같은 클러스터의 객체가 서로 '가까운' 반면 다른 클러스터의 개체는 '멀리 떨어져' 있다는 것이다. 그러한 기준을 기반으로 글로벌 최적 파티션을 달성하는 것은 계산적으로 비실용적이다. 그 대신 대부분의 애플리케이션은 k-mean 및 k-medoids 알고리즘과 같은 휴리스틱 기법을 사용한다.

2. **계층적 기법.** 계층적 방법은 응집 및 분할 접근 방식을 통해 그림 7.18b와 같이 주어진 객체 집합의 계층적 분해를 생성한다. 상향식 접근법bottom-up approach이라고도 알려진 agglomerative 접근법은 각 객체에서 시작해 별도의 그룹을 형성하고, 모든 그룹이 하나로 병합되거나 종료 조건이 유지될 때까지 서로 가까운 집단의 객체를 연속적으로 병합한다. 하향식 접근법top-down approach이라고도 불리는

divisive 접근법은 동일한 클러스터에 있는 모든 객체에서 시작해 각 객체가 하나의 클러스터에 있거나 종료 조건이 유지될 때까지 연속적인 반복에서 더 큰 클러스터를 여러 개의 작은 클러스터로 분할한다. 계층적 클러스터링 기법은 프레임워크 또는 메소드를 파티셔닝하는 메타메소드^{metamethod} 및 각 병합 및 분리 단계에 적용할 수 있는 밀도 기반 메소드로 사용될 수 있다. 객체가 클러스터에 할당되면 클러스터와 함께 이동된다(예, 클러스터의 속성을 사용해 연속 클러스터링 수행). 연속적인 반복에서 객체에 더 적합한 다른 클러스터가 있어도 다른 클러스터에 재할당되지 않는다. 이와 같은 방법은 계산에 필요한 컴퓨팅 작업 부하가 낮은 반면에 잘못된 결정을 수정할 수 없다.

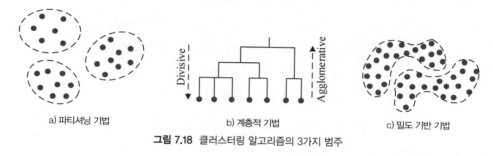

a) 파티셔닝 기법   b) 계층적 기법   c) 밀도 기반 기법

그림 7.18 클러스터링 알고리즘의 3가지 범주

3. 밀도 기반 기법. 대부분의 파티셔닝 방법은 객체 간의 거리를 기준으로 객체를 클러스터링하므로 구형 클러스터만 형성된다. 밀도 기반 기법은 '이웃^{neighbourhood}'의 밀도가 임곗값을 초과하는 한 주어진 클러스터를 지속적으로 성장시켜 임의의 모양 클러스터를 형성한다. 예를 들어, 클러스터의 각 객체의 경우 주어진 반지름의 이웃 객체의 개수는 반드시 최소 포인트 개수를 포함해야 한다. 또한 잡음 포인트의 밀도는 일반적으로 일반 포인트보다 낮기 때문에 해당 기법은 잡음 및 이상치를 필터링할 수 있다. 따라서 클러스터를 형성할 수 없다. 때로는 밀도 기반 클러스터링 방법을 용이하게 하기 위해 객체 공간을 한정된 수의 그리드로 양자화할 수 있다. 모든 클러스터링 작업은 원본 객체가 아닌 그리드 구조에서 추가로 수행된다. 이것은 많은 공간 데이터 마이닝 문제에 대한 효율적인 접근법이다.

7.4.2 파티셔닝 클러스터링 기법

7.4.2절에서 가장 잘 알려지고 자주 사용되는 파티셔닝 기법인 k-means 및 k-medoids 알고리즘을 소개한다. k는 객체 집합을 클러스터링하는 파티션 개수다. k의 값은 애플리케이션의 요구 사항을 기반으로 사용자에 의해 설정된다. 하지만 때때로 해당 값을 결정하는 것이 쉽지 않다.

7.4.2.1 k-means 알고리즘

그림 7.19는 k-means 알고리즘의 작동 절차를 나타낸다. 객체 집합 D 및 $k = 3$으로 설정한 경우 D의 초기 중심initial centroid이 3개의 그룹으로 분할되기 때문에 해당 알고리즘은 먼저 D에서 랜덤하게 3개의 객체를 선택한다. k-means 알고리즘은 각 객체 및 중심 centroid의 거리를 계산하며, 그림 7.19a와 같이 객체와 중심이 가장 가까운 파티션에 객체를 할당한다. 그다음 k-means 알고리즘은 각 클러스터의 객체를 기반으로 새로운 중심을 계산하고 각 객체를 가장 가까운 중심에 다시 할당해 3개의 신규 파티션을 형성한다. 그림 7.19b와 같이 2개의 십자 표시는 새로운 중심이며, 실선은 신규 클러스터를 나타낸다. 원래 C_1에 속했던 2개의 포인트가 재할당을 통해 C_2로 이동된다. 또한 2개의 포인트가 C_2에서 C_3으로 이동된다. k-means 알고리즘은 클러스터링 결과에 더 이상 변화가 없을 때까지(수렴) 클러스터링의 품질을 반복적으로 개선하고, 해당 절차(새로운 중심을 계산하고 가장 가까운 중심에 객체를 재할당)를 반복한다. 마지막으로 그림 7.19c와 같은 결과가 나온다.

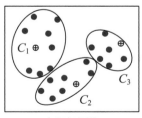 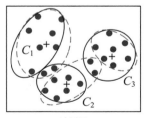 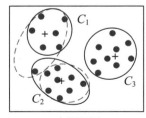

a) 초기 파티션   b) 반복   c) 최종 결과

그림 7.19 k-means 알고리즘 예시

7.4.2.2 k-medoids 알고리즘

k-means 알고리즘은 극도로 큰 값(또는 작은 값)이 데이터의 분포를 사실상 왜곡할 수 있기 때문에 이상치에 민감하다. 이 문제를 해결하기 위해 k-medoids 알고리즘은 평균값이 아닌 클러스터를 나타내기 위한 하나의 대표 객체를 사용할 것을 제안한다. 그다음 각 객체와 대표 객체 사이의 거리 합을 최소화해 데이터를 클러스터로 분할한다. 그러나 이것은 각 반복마다 복잡도 $O(k(n - k)^2)$를 갖는 NP-hard 문제다.

PAM^Partitioning Around Medoid 알고리즘[14]은 k-medoids 클러스터링의 일반적인 구현으로 반복과 탐욕적 접근법greedy approach을 통해 문제를 해결한다. 해당 알고리즘은 대표 객체를 대표가 아닌 객체로 교체해 클러스터링의 품질 개선 여부를 고려한다. 클러스터의 품질을 더 이상 개선할 수 없을 때까지 교체 프로세스가 반복된다. 그림 7.20은 7개의 객체 $\{o_1, o_2, o_3, o_4, o_5, o_6\}$을 2개의 클러스터로 분할하기 위한 PAM의 예제를 보여 준다. 초기 2개의 대표 객체로 $\{o_6, o_7\}$을 선택하면 객체와 2개의 medoids 사이의 거리는 20이다. 그림 7.20b와 같이 o_6을 o_3으로 교체하면 전체 거리가 15로 줄어든다. 마찬가지로 그림 7.20c와 같이 o_7을 o_3으로 교체하면 전체 거리가 14로 줄어든다. 즉, 마지막 교체가 더 효과적이다. 다른 교체 시도는 더 좋은 결과를 얻지 못하기 때문에 $\{o_7, o_3\}$가 2개의 클러스터 medoids로 선택된다.

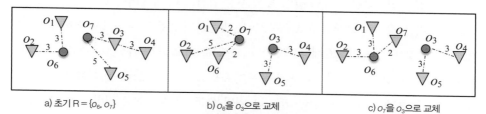

a) 초기 R = $\{o_6, o_7\}$ b) o_6을 o_3으로 교체 c) o_7을 o_3으로 교체

그림 7.20 k-medoids 클러스터링을 구현하기 위한 PAM 예시

7.4.3 밀도 기반 클러스터링

구형의 클러스터를 찾도록 설계된 파티셔닝 및 계층적 클러스터링 방법과는 달리 밀도 기반 방법은 임의의 형태를 가진 클러스터를 찾을 수 있으며, 이상치를 필터링할 수도 있다.

앞으로 자주 사용되는 3가지 밀도 기반 클러스터링 알고리즘인 DBSCAN^{Density-Based Spatial Clustering of Applications with Noise}[96], OPTICS^{Ordering Points To Identify the Clustering Structure}[84], DENCLUE^{Density-based Clustering}[103] 그리고 그리드 기반 클러스터링 기법을 다룰 것이다.

7.4.3.1 DBSCAN

DBSCAN 알고리즘은 거리 임곗값 ε 및 최소 포인트 개수 MinPts의 2가지 사용자 지정 파라미터로 이웃의 밀도를 정의한다. 거리 임곗값 ε-neighborhood가 최소 MinPts 객체를 포함하는 경우 객체 q는 코어 객체다. q의 ε-neighborhood에 포함되는 객체 p는 q에서 직접 접근할 수 있는 밀도다(ε 및 MinPts 관점에서). p_1과 p_2가 모두 q로부터 도달할 수 있는 밀도인 q가 있는 경우 2개의 객체 p_1과 p_2는 ε 및 MinPts에 대해 밀도로 연결된다(ε 및 MinPts 관점에서).

예를 들어, 그림 7.21은 MinPts = 3, ε를 원의 반지름, p, q, o 및 m을 코어 객체로 설정했다. 객체 q는 o에서 직접 밀도에 접근할 수 있고, 객체 o는 p에서 직접 밀도에 접근할 수 있다. 따라서 q는 p로부터 간접적으로 접근 가능한 밀도다. 하지만 q는 코어 객체가 아니므로 p는 q로부터 접근할 수 없다. 객체 s와 r은 모두 코어 객체 m에서 접근할 수 있기 때문에 연결된 밀도다.

DBSCAN 알고리즘은 아래와 같이 동작한다. 먼저 주어진 데이터셋 D의 모든 객체는 방문하지 않은 것으로 표시된다. DBSCAN은 방문하지 않은 객체 o를 랜덤하게 선택하며, 방문한 것으로 표시하고 해당 객체의 ε-neighborhood가 최소 MinPts를 포함하는지 확인한다. 그렇지 않은 경우 o를 잡음 포인트를 표시한다. 또는 o에 대한 신규 클러스터 C를 생성하고, o의 ε-neighborhood 내의 모든 객체를 후보 집합 N에 추가한다. DBSCAN은 반복을 통해 C에 다른 클러스터에 속하지 않는 N의 객체를 추가한다. 해당 프로세스에서 방문하지 않은 레이블이 있는 객체 $o'(N)$에 대해 DBSCAN은 방문한 것으로 표시하고, o'의 ε-neighborhood가 최소 MinPts 객체를 포함하는지 확인한다. o'의 ε-neighborhood의 객체가 N에 추가된다. DBSCAN 알고리즘은 C를 더 이상 확장할 수 없을 때까지(N이 비어 있음) 객체를 C에 계속 추가한다. 이제 클러스터 C는 완전히 생성된다. 다음 클러스터를 찾고자 알고리즘은 남은 D에서 랜덤하게 방문하지 않은 객체를 선택해, 신규 클러스터가 형성될 때까지 앞에서 언급한 프로세스를 다시 수행한다. 모든 객체를 방문한 다음 DBSCAN 알고리즘은 종료된다.

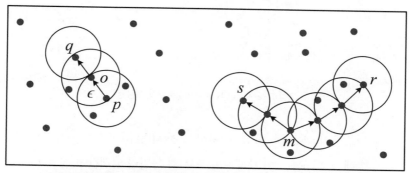

그림 7.21 밀도 클러스터링의 밀도 접근성 및 밀도 연결성([96]으로부터 적용됨)

DBSCAN의 복잡성은 $O(n^2)$이다. n은 데이터셋의 객체 수다. 만약 공간 인덱스를 사용하는 경우 계산 복잡도를 $O(nlogn)$로 줄일 수 있다. 적절한 ε과 MinPts를 사용해 DBSCAN은 임의의 형태의 클러스터를 찾을 수 있다. 하지만 문제에 대한 경험적 이해와 주어진 데이터셋의 분포에 따라 2개의 파라미터를 설정하는 것은 쉽지 않다. 또한 실제로는 고차원 데이터셋은 종종 매우 편향된 분포를 가지므로 내부 클러스터링 구조가 전역 밀도 파라미터 설정으로 식별되지 않을 수 있다.

7.4.3.2 OPTICS

클러스터링 분석에서 하나의 전역 파라미터 집합을 사용해야 하는 어려움을 해결하고자 OPTICS는 명시적인 클러스터 대신 클러스터 순서를 출력한다. 이것은 데이터의 밀도 기반 클러스터링 구조를 나타내는 분석 중인 모든 객체의 선형 리스트다. 밀도가 높은 클러스터의 객체는 클러스터 순서에 서로 더 가깝게 나열된다. 해당 순서는 다양한 범위의 파라미터 설정에서 획득한 밀도 기반 클러스터링과 동일하다. 따라서 OPTICS는 특정 밀도 임곗값을 제공하는 사용자가 필요하지 않다[84]. OPTICS는 객체에 대해 코어 거리 core distance와 접근 거리reachability distance의 2가지 중요한 속성을 사용한다.

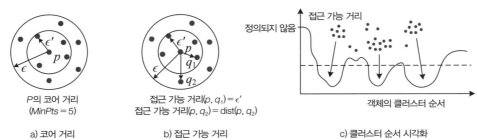

a) 코어 거리   b) 접근 가능 거리   c) 클러스터 순서 시각화

그림 7.22 OPTICS 예시([84]로부터 적용됨)

1. 객체 p의 코어 거리는 p의 ϵ'-이웃이 최소 MinPts 객체를 갖는 최솟값 ϵ'이다. 다시 말해, ϵ'는 p를 코어 객체로 만드는 최소 거리 임곗값이다. p가 ϵ 및 MinPts 와 관련해 코어 객체가 아닌 경우 p의 코어 거리는 정의되지 않는다. 예를 들어, 그림 7.22a와 같이 p의 코어 거리는 ϵ'이며, *MinPts* = 5로 설정한 경우 ϵ보다 작다.

2. q에서 객체 p에 대한 접근 가능 거리는 q에서 p 밀도를 접근 가능하게 만드는 최소 반지름 값이다. 밀도 접근 가능성의 정의에 따르면 q는 코어 객체이며, p는 반드시 q의 이웃이 돼야 한다. 따라서 q에서 p로 접근 가능한 거리는 최대 (core distance(q), dista(p, q))다. 예를 들어, 그림 7.22b와 같이 q_1에서 p로 접근 가능한 거리는 ϵ'이고 q_2의 거리는 dist(p, q_2)다. ϵ 및 *MinPts*와 관련해 q가 코어 객체 아닌 경우 p에서 q로 접근 가능한 거리는 정의되지 않는다.

OPTICS는 각 객체에 대해 코어 거리 및 적정한 접근 가능 거리를 저장하며, 각 코어 객체에서 객체의 최소 접근 거리 정렬된 OrderSeeds라는 리스트를 유지한다. OPTICS 는 입력 데이터베이스에서 임의의 객체를 현재 객체 p로 시작해 코어 거리를 결정하고, 접근 가능 거리를 '정의되지 않음^undefined'으로 설정한다. 그다음 p를 출력하고 아래와 같은 작업이 반복된다.

p가 코어 객체가 아닌 경우 OPTICS는 단순히 데이터베이스의 다음 객체로 이동하거나 p의 ϵ-neighborhood 객체를 검색한다. ϵ-neighborhood의 각 객체 q에 대해 OPTICS는 p에서부터 q까지의 접근 가능 거리를 업데이트한다. q가 아직 프로세스되지 않은 경우 OPTICS는 추가 확장을 위해 p에 대한 q의 접근 가능 거리를 기반으로 q를

OrderSeeds에 삽입한 후 p를 프로세스 완료로 표시한다. OPTICS는 최소 접근 가능 거리를 갖는 OrderSeeds의 객체 k를 검색하며(객체 k는 OrderSeeds에서 삭제됨), k의 코어 거리를 확인하고 k를 출력한다. K가 코어 객체인 경우 OPTICS는 추가로 k'의 ϵ-neighborhood 객체를 검색하고, 해당 객체의 k로부터의 접근 가능 거리를 업데이트한다. 만약 해당 neighborhood 객체가 프로세스되지 않은 경우 OPTICS는 추가 확장을 위해 해당 객체를 접근 가능 거리 기반으로 OrderSeeds에 삽입한 후 객체를 프로세스 완료로 표시한다. 반복 작업은 OrderSeeds에 아무것도 없을 때까지 수행된다. OPTICS는 데이터셋의 모든 객체가 처리되면 종료된다. 출력 파일 내의 객체의 순서는 클러스터 순서라고 한다.

그림 7.22c는 2차원 데이터셋에 대한 클러스터 순서의 시각화(예, 접근 가능성 그림)를 나타낸다. 해당 데이터셋의 가로축은 객체의 클러스터 순서를 나타내고, 세로축은 객체의 접근 가능 거리를 나타낸다. 시각화는 고유한 클러스터링 구조를 유도하는 데 사용할 수 있다. 예를 들어, 3개의 구멍은 3개의 클러스터를 나타낸다. 다른 클러스터링 방법과 비교해 OPTICS의 접근 가능성 그림은 입력 파라미터 ϵ 및 MinPts에 영향을 받지 않는다. 데이터셋의 클러스터링 구조를 항상 볼 수 있는 광범위한 가능한 값이 있기 때문에 해당 접근 가능성 그림을 고려할 때 구체적인 값은 중요하지 않다. 선택한 ϵ 값이 작을수록 접근 거리가 정의되지 않은 객체가 증가할 수 있다. 따라서 밀도가 낮은 클러스터를 볼 수 없다[84].

7.4.3.3 DENCLUE: 밀도 분포 함수 기반 클러스터링

DBSCAN 및 OPTICS에서 밀도는 반지름 파라미터 ϵ에 의해 정의된 이웃의 객체 수를 계산해 추정된다. 이와 같은 밀도 추정은 사용되는 반지름 값에 매우 많은 영향을 받는다. 때로는 반경이 조금만 증가해도 밀도가 크게 변한다. 통계에서 비모수 밀도 추정 nonparametric density-estimation 접근법인 커널 밀도 추정KDE, Kernel Density Estimation을 사용해 해당 문제를 해결할 수 있다. 커널 밀도 추정의 일반적인 개념은 관찰된 객체를 높은 확률 밀도를 갖는 지표로 취급하는 것이다. 점 x에서의 확률 밀도는 해당 점에서 관측된 객체까지의 거리에 따라 달라진다.

공식적으로 $x_1, \ldots, x_n$은 독립적이고 동등하게 분포된 확률 변수^{random variable} f의 샘플이다. 점 x에서 확률 밀도 함수의 커널 밀도 근삿값은 아래와 같다.

$$\hat{f}_h(x) = \frac{1}{nh} \sum_{i=1}^{n} K\left(\frac{x - x_i}{h}\right), \tag{7.7}$$

$K(\ )$는 커널이며, h는 스무딩 파라미터로 동작하는 대역폭^{bandwidth}이다. 데이터에서 허용되는 가장 작은 h를 사용할 수 있다. 커널은 이웃에 포함된 샘플 포인트의 영향을 모델링하는 기능으로 간주될 수 있다. 자주 사용되는 커널은 평균이 0이고 분산이 1인 표준 가우스 함수^{standard Gaussian function}다.

$$K\left(\frac{x - x_i}{h}\right) = \frac{1}{\sqrt{2\pi}} e^{-\frac{(x - x_i)^2}{2h^2}}. \tag{7.8}$$

DENCLUE는 클러스터링을 수행할 주어진 객체 집합을 기반으로 밀도를 추정하고자 가우스 커널을 사용한다. 포인트 x^*가 추정 밀도 함수의 로컬 최댓값^{local peak}인 경우 밀도 어트랙터^{density attractor}라고 한다. 불필요한 포인트를 제거하고자 DENCLUE는 $\hat{f}_h(x^*)$가 잡음 임곗값 α보다 큰 밀도 어트랙터 x^*만 고려한다.

핵심 밀도 어트랙터는 초기 클러스터의 중심으로 사용된다. 분석 중인 객체는 단계적인 힐 클라이밍^{hill-climbing} 프로시저[88]를 사용해서 해당 밀도 어트랙터에 할당된다. 밀도가 α보다 높은 한 쌍의 밀도 어트랙터 사이에 경로가 있는 경우 두 밀도 어트랙터는 연결된다. 여러 개의 밀도 어트랙터를 병합함으로써 DENCLUE는 잡음을 처리하면서 임의 모양의 클러스터를 찾을 수 있다.

7.4.3.4 그리드 기반 클러스터링 기법

해당 범주의 클러스터링 기법은 입력 객체의 분포에 관계없이 임베딩 공간을 균일한 셀^{cell}로 분할한 다음 연결된 셀 집합을 그룹화해 클러스터를 형성한다. 밀도 및 평균값과 같은 통계적 특성을 가진 각 셀을 나타내는 이러한 종류의 방법은 클러스터링 알고리즘이 처리해야 하는 객체 수를 크게 축소해 매우 효율적이고 쉽게 확장할 수 있다. 또한 이러한 그리드 구조는 병렬 컴퓨팅 및 증분 업데이트를 용이하게 한다. 그리드 기반 클러스터링 알고리즘은 세분성이 낮은coarse-grained 밀도 기반 클러스터링 접근법으로 간주할 수 있으며, 그리드를 근사치로 사용해 객체의 밀도를 대략적으로 추정한다.

그림 7.23a는 2차원 공간 포인트 모음을 사용하는 그리드 기반 클러스터링 알고리즘의 원리를 보여 준다. 알고리즘은 먼저 공간을 겹치지 않는 그리드로 분할해 주어진 임곗값 τ보다 큰 포인트 개수를 포함하는 밀도 그리드를 식별한다. 2개의 그리드가 겹치는 부분을 공유하는 경우 서로 연결된다. 하나의 그리드에서 인접하게 연결된 그리드의 시퀀스만 포함하는 다른 그리드의 경로를 찾을 수 있는 경우 2개의 그리드는 **연결된 밀도**다. 그다음 알고리즘은 클러스터를 연결하기 위해 해당 밀도 그리드를 사용하며, 각 클러스터는 연결된 그리드에 의해 형성된 최대 영역maximal region이다. 그리드에서 그래프 기반 모델을 사용해 이러한 연결된 그리드 영역을 쉽게 확인할 수 있다. 각 밀도 그리드는 그래프의 노드에 의해 표현되며, 각 그래프의 에지는 2개 그리드의 인접한 연결성을 나타낸다. 그래프에서 연결된 컴포넌트는 넓이 우선breadth-first 및 깊이 우선depth-first 검색을 통해 확인할 수 있다. 해당 연결된 컴포넌트의 데이터 포인트는 최종 클러스터로 보고된다.

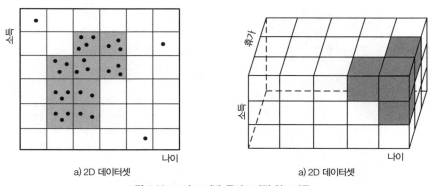

a) 2D 데이터셋 a) 2D 데이터셋

그림 7.23 그리드 기반 클러스터링 알고리즘

또한 그림 7.23a의 각 포인트를 2가지 특징(예, 소득과 나이를 가진 개인)을 가진 객체로 간주할 수 있다. 각 특징은 차원으로 간주되며, 균등한 간격으로 분할된다. 그다음 위에서 말한 동일한 절차에 따라 클러스터로서 최대 연결 그리드를 찾을 수 있다. 또한 그림 7.23b와 같이 3개의 특징을 포함하는 객체의 밀도는 3차원 큐브에 있는 포인트의 개수로 표현할 수 있다. 클러스터링은 최소 τ 포인트를 포함하는 연결된 밀도 큐브의 모음을 생성한다. 2개의 큐브는 하나의 공통된 2차원 표면을 공유하는 경우 연결된다. 이와 같은 알고리즘은 k-차원 데이터셋으로 일반화할 수 있다. 2개의 k-차원 큐브가 적어도 r, $r < k$의 차원의 표면을 공유하면 인접한 것으로 간주 될 수 있다[88].

그리드 기반 클러스터링 기법은 클러스터의 개수를 정의할 필요 없으며, 임의의 클러스터를 찾을 수 있다. 하지만 그리드의 크기 및 밀도 임곗값 τ을 정의하는 것은 직관적이지 않다. 2개의 파라미터를 변경하는 것은 일반적으로 클러스터링 결과에 상당한 영향을 미친다.

7.4.4 계층적 클러스터링 기법

계층적 클러스터링 기법은 분할divisive 및 응집agglomerative 방식을 통해 객체를 클러스터의 계층으로 그룹화한다. 해당 기법은 파티셔닝 및 밀도 기반 알고리즘과 같은 다른 클러스터링 기법에서 클러스터링 프레임워크로 사용될 수 있다.

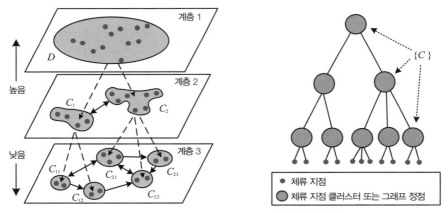

그림 7.24 밀도 기반 클러스터링 기법 및 계층적 클러스터링 결합

그림 7.24와 같이 사용자가 생성한 대규모 GPS 경로를 기반으로 핫스팟(예, 관광 명소)을 식별하는 것이 목표다. 계층적 클러스터링 기법을 사용한다. 서로 다른 지리적 크기의 클러스터를 발견하고자 계층적 클러스터링 기법을 채택한다. 왜냐하면 핫스팟은 다른 세분화 위치(예, 특정 식당)나 쇼핑몰, 공원, 심지어 비즈니스 구역으로 표현될 수 있기 때문

이다. 또한 핫스팟으로 표현하기에는 밀도가 충분하지 않은 지역을 필터링하고자 밀도 기반 알고리즘을 계층적 클러스터링 프레임워크로 통합한다.

그림 7.24에서 각 녹색 포인트는 GPS 경로에서 탐지된 체류 지점^{stay point}을 나타내며, 회색 원은 클러스터를 나타낸다. 모든 체류 지점을 모아서 데이터셋 D를 구성할 수 있으며, 그림의 오른쪽 부분에 묘사된 계층의 루트 노드로 간주할 수 있다. 밀도 기반 클러스터링 기법(예, $\epsilon = 500$ m 및 $MinPts = 30$을 갖는 OPTICS)을 D에 적용함으로써 C_1 및 C_2를 루트 노드의 자식으로 획득할 수 있다. 또한 C_1 및 C_2의 체류 지점에 각각 $\epsilon = 100$m 및 $MinPts = 8$과 같이 세밀한 파라미터 설정을 사용해 OPTICS를 적용할 수 있다. 마지막으로 C_1의 체류 지점을 기준으로 C_{11}과 C_{12}의 하위 클러스터가 형성되고, C_{21}, C_{22}, C_{23}으로 구성된 3개의 클러스터가 C_2를 기준으로 형성된다. 이러한 클러스터는 높은 레벨의 노드는 세분성이 낮은 핫스팟(공원처럼 큰 지리적 크기)을 나타내는 계층(또는 트리)을 구성하고, 낮은 레벨의 노드는 미세한 세분성의 핫스팟(식당과 같은 작은 지리적 크기)을 나타낸다. 그다음 해당 지역에서 사용자의 변화를 기반으로 여러 계층의 그래프를 생성할 수 있다.

7.5 분류

7.5.1 개념

데이터 분류는 과거 데이터를 기반으로 분류가 형성되는 학습 단계와 주어진 데이터의 클래스 레이블을 예측하는 모델인 분류 단계로 구성된다. 첫 번째 단계에서 분류 알고리즘은 데이터 튜플 X와 해당 클래스 레이블 모음으로 구성된 학습 데이터를 분석하거나 학습을 통해 분류기^{classifier}를 생성한다. 튜플 X는 n차원 속성 벡터 $X = (x_1, \ldots, x_n)$로 표시되며, 여기서 각 요소는 특징 유형의 값을 나타낸다. 각 튜플은 미리 정의된 클래스 c와 연관돼 있으며, 이 값은 불연속 값이며 정렬되지 않은 속성이다. 데이터 튜플은 인스턴스, 샘플, 객체, 또는 데이터 포인트로 참고된다. 학습 단계는 또한 주어진 X 및 클래스 레이블 c 사이의 매핑 함수 $f(X)$를 찾는 프로세스다. 두 번째 단계에서 분류기는 학습 데이터와는 다른 테스트 집합의 튜플을 분류하기 위해 사용된다. 해당 단계는 데이터 튜플

X와 매핑 함수 $f(X)$를 기반으로 튜플의 클래스 레이블 c를 예측하는 프로세스다. 그다음 몇몇 메트릭을 사용해서 분류기의 성능을 측정할 수 있다.

분류 모델을 평가하는 것에는 2가지 이슈가 있다. 하나는 학습 및 테스트 집합을 생성하는 데이터 파티셔닝 기법이다. 다른 하나는 정밀도^{precision}, 재현율^{recall} 그리고 F-measure와 같은 평가 메트릭이다.

7.5.1.1 데이터 파티션 기법

학습 및 테스트 데이터셋을 생성할 때 널리 사용되는 2가지 데이터 파티션 방법이 있다. 하나는 홀드 아웃 방법$^{holdout\ method}$이라고 하며, 일반적으로 데이터의 3분의 2를 학습 데이터로 사용하고, 나머지 3분의 1을 테스트 데이터로 사용한다. 학습 데이터와 테스트 데이터는 중복으로 사용되지 않는다. 다른 하나는 k-fold-cross-validation이다. 해당 기법은 주어진 데이터셋을 거의 동일한 크기의 k 하위 집합(또는 folds) $D_1,\ ...,\ D_n$ 으로 랜덤하게 분할한다. 학습 및 테스트는 k 값만큼 수행된다. 반복 i에서 D_i는 테스트 데이터로 지정되며, 나머지 fold 부분은 집합적으로 모델을 학습시키는 데 사용된다. 정확도는 k 반복에서 정확한 분류의 전체 개수를 초기 데이터에서 튜플의 총 개수로 나눈 값이다. 홀드 아웃 기법과는 달리 각 인스턴스는 학습에 $k - 1$회, 테스트에 1회 사용된다. 따라서 k-폴드^{fold} 교차 검증을 사용하는 분류기의 성능은 일반적으로 홀드 아웃 기법보다 높다. k-폴드 교차 검증은 일반적으로 데이터의 규모가 작을 때 사용된다.

7.5.1.2 평가 메트릭

정밀도, 재현율, 정확도 그리고 F-score는 분류 모델의 성능을 평가하기 위해 일반적으로 사용되는 메트릭이다. 이러한 메트릭 항목을 소개하기 전에 TP$^{True\ Positive}$, TN$^{True\ Negative}$, FP$^{False\ Positive}$ 및 FN$^{False\text{-}Negative}$으로 구성된 관련 용어를 알고 있어야 한다. 그림 7.25a는 이진 분류 작업$^{binary\ classification\ task}$을 사용해서 아래 예시와 같이 해당 용어를 오차행렬$^{confusion\ matrix}$에 나타낸다.

예측 클래스

	예	아니오	재현율	결과
예	TP	FN	$\dfrac{TP}{TP+FN}$	P
아니오	FP	TN	$\dfrac{TN}{FP+TN}$	N
정밀도	$\dfrac{TP}{TP+FP}$	$\dfrac{TN}{FN+TN}$	$\dfrac{TP+TN}{P+N}$	P+N

(왼쪽 세로 레이블: 예측 결과)

a) 오차 행렬

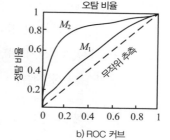

b) ROC 커브

그림 7.25 분류 메트릭 평가

- TP는 분류기에 의해 정확하게 레이블된 긍정 인스턴스를 나타낸다.
- TN은 분류기에 의해 정확하게 레이블된 부정 인스턴스를 나타낸다.
- FP는 긍정 인스턴스로 부정확하게 레이블된 부정 인스턴스를 나타낸다.
- FN은 부정 인스턴스로 부정확하게 레이블된 긍정 인스턴스를 나타낸다.

분류기의 정확도는 분류기에 의해 정확하게 분류된 테스트 집합 인스턴스의 백분율이다.

$$정확도 = \frac{TP+TN}{TP+TN+FP+FN} = \frac{TP+TN}{P+N}. \tag{7.9}$$

하지만 주요 관심 클래스의 거의 없는 클래스 불균형 문제를 다루는 경우 정확도는 분류기의 실제 성능을 보여 주지 못한다. 예를 들어, 의료 데이터셋에서 데이터의 1%만이 암을 가진 사람들로부터 생성되는 반면 데이터의 99%는 암이 없는 사람들로부터 생성된다. 의료 데이터를 기반으로 '암'과 '암이 아님'을 구분하도록 분류기를 학습시키고자 한다면 클래스가 주요 인스턴스에 일치되는 클래스 불균형 문제에 직면하게 된다(소수의 클래스가 희생됨). 더 구체적으로는 암 클래스에 대한 TP가 0이더라도 학습시킨 분류기의 (전체) 정확도는 여전히 98%보다 높을 수 있다(TN이 충분히 크기 때문). 하지만 이러한 소수 클래스를 식별할 수 있다는 것은 애플리케이션에서 반대 클래스(암이 아님)를 탐지하는 것과 비교할 때 매우 중요하다. 해당 이슈를 해결하고자 다른 클래스에서 분류기의 성능을 확인하기 위해 정밀도와 재현율이 제안됐다.

정밀도는 정확성의 척도다(클래스로 레이블이 지정된 인스턴스가 실제로 해당 클래스에 속하는 인스턴스의 비율). 재현율은 완성도의 척도다(예, 실제로 클래스에 레이블된 인스턴스 비율). 각각의 클래스는 자체 정밀도와 재현율을 갖는다. 공식적으로 클래스 예^{Yes}와 아니오^{No}의 정밀도는 다음과 같이 정의된다.

$$\text{정밀도(Yes)} = \frac{TP}{TP+FP}; \quad \text{정밀도(No)} = \frac{TN}{TN+FN}. \tag{7.10}$$

클래스의 재현율은 아래와 같다.

$$\text{재현율(Yes)} = \frac{TP}{TP+FN} = \frac{TP}{P}; \quad \text{재현율(No)} = \frac{TN}{FP+TN} = \frac{TN}{N}. \tag{7.11}$$

앞에서 언급한 의료 데이터 예시에 따르면 암 클래스의 정밀도와 재현율이 매우 낮은 경우 분류기의 성능이 좋지 않다는 것을 알 수 있다. 4가지의 메트릭 값이 모두 좋은 경우 분류기가 강력하다고 할 수 있지만, 분류기마다 서로 다른 메트릭에 대해서 고유한 장점을 가질 수 있다. 예를 들어, 몇몇 분류기는 정밀도가 약간 높지만 다른 분류기보다 약간 낮은 재현율을 갖거나 하나의 클래스 대해서는 약간 좋은 정밀도와 재현율을 갖지만 다른 클래스에 대해서는 약간 낮은 정밀도와 재현율을 가질 수 있다. 분류기의 전체적인 성능을 평가하는 것이 쉽지 않다. 사용자들이 문제를 해결하기 위한 방법은 정밀도와 재현율을 결합해 다음과 같이 F-score를 공식화하는 것이다.

$$F-score = \frac{2 \times precision \times recall}{precison + recall}. \tag{7.12}$$

F-score는 클래스 속하는 인스턴스의 확률(클래스 레이블이 아닌)을 생성하는 분류기의 성능을 측정하지 못한다. 의료 데이터의 경우 의사결정 트리와 같은 분류기가 생성한 결과는 암(0.75) 또는 암이 아님(0.25)과 같은 인스턴스의 확률이다. $\tau = 0.7$과 같이 임곗값 τ보다 Yes 확률이 높은 인스턴스는 최종적으로 암 클래스로 분류되며, 그렇지 않은 경우 암이 아님으로 레이블된다.

해당 문제를 해결하고자 이진 분류기$^{binary\ classifier}$의 성능을 측정하기 위한 ROC^{the} $^{Receiver\ Operating\ Characteristic}$ 커브^{curve}가 제안됐다. 커브는 다양한 임곗값 τ(예, τ를 0.9에서 0.1

로 변경)에서 FP 비율$\left(\text{FPR}: \dfrac{FP}{N}\right)$에 대한 TP 비율$\left(\text{TPR}: \dfrac{TP}{P}\right)$을 플롯팅^{plotting}해 생성된다. 그림 7.25b는 분류기 M_1과 M_2의 ROC 커브를 나타낸다. 대각선은 랜덤한 추측을 나타 낸다. 분류기의 ROC 커브가 대각선에 가까울수록 모델의 정확도가 떨어진다. 따라서 M_2 가 M_1보다 더 좋은 분류기다. 처음에는 τ를 줄이면 TP가 발생할 가능성이 높다. 따라서 커브가 0에서 가파르게 상승하며, 나중에 TP가 적고 FP가 많을수록 곡선이 완화되고, 더 수평적으로 된다.

7.5.2 나이브 베이지안 분류

X는 데이터 인스턴스이고 C는 클래스 레이블이다. 나이브 베이즈 분류$^{\text{Naïve Bayesian}}$ ^{Classification}는 베이즈 정리$^{\text{Bayes' theorem}}$에 따라 발생 확률 $P(C|X)$를 최대화하는 클래스 레 이블을 찾는 것이다.

$$P(C|X) = \frac{P(X|C)P(C)}{P(X)}. \tag{7.13}$$

공식적으로 D는 인스턴스의 학습 데이터이며, 각 데이터는 n-차원 특징 $(A_1, A_2, ...,$ $A_n)$의 값으로 구성된 벡터 $X = (x_1, x_2, ..., x_n)$이다(예, x_1은 특징 A_1의 값). m개의 클래스 C_1, C_2, ..., C_m이 있다고 가정한다. 나이브 베이지안 분류기는 $1 \leq j \leq m$, $j \neq i$에 대해 $P(C_i|X) > P(C_j|X)$인 경우에만 인스턴스 X가 C_i에 속한다고 예측한다. 즉, $P(C_i|X)$가 최 대화된 클래스 C_i를 찾는다. 이것을 최대 사후 가설$^{\text{maximum posterior hypothesis}}$이라 한다. 베 이즈 정리를 사용해 다음과 같은 결과를 얻는다.

$$P(C_i|X) = \frac{P(X|C_i)P(C_i)}{P(X)}. \tag{7.14}$$

$P(X)$는 모든 클래스에서 상수^{constant}이므로 $P(X|C_i)\,P(C_i)$만 최대화하면 된다. $P(C_i)$는 일반적으로 사전 확률$^{\text{prior probability}}$이라고 하며, $P(C_i) = |C_i, D|/|D|$로 추정할 수 있다. $|C_i,$ $D|$는 D에 포함된 학습 인스턴스 클래스 C_i의 개수다.

다양한 특징을 포함하는 데이터셋이 주어진 경우 $P(X|C_i)$를 계산하는 것이 높은 컴퓨

팅 자원을 요구하게 된다. 컴퓨팅 부하를 줄이고자 나이브 베이지안 분류기는 특징들이 조건부로 서로 독립적이라고 가정한다.

$$P(X|C_i) = P(x_1|C_i) \times P(x_2|C_i) \times \cdots \times P(x_n|C_i). \tag{7.15}$$

다음과 같이 쉽게 $P(x_1|C_i)$, $P(x_2|C_i)$, $P(x_n|C_i)$를 계산할 수 있다. 특징 A_i가 범주형인 경우 $P(x_i|C_i)$는 A_i에 대한 값 x_i를 갖는 D에 포함된 클래스 C_i 인스턴스의 개수이며, $|C_i$, $D|$에 의해 분할된다. 예를 들어, $P(x_i = male|C_i = buy\ computers)$는 컴퓨터를 구매한 남자 소비자의 숫자를 계산해 추정할 수 있다. 남자 소비자의 숫자는 컴퓨터를 구매한 총 소비자 수로 더 나뉜다.

A_i의 값이 연속적이면 평균 μ를 갖는 가우스 분포와 표준 편차 σ과 같은 분포를 기준으로 $P(x_i|C_i)$를 계산해야 한다.

$$f(x, \mu, \sigma) = \frac{1}{\sqrt{2\pi}\sigma} e^{-\frac{(x-\mu)^2}{2\sigma^2}}. \tag{7.16}$$

$$P(x_i|C_i) = f(x_k, \mu_{C_i}, \sigma_{C_i}), \tag{7.17}$$

μC_i 및 σC_i는 특징 A_k 값의 평균 및 표준 편차다. 이것은 D를 기반으로 추정된다. 예를 들어, $X = (36, \$45,000)$인 경우 A_1과 A_2는 각각 나이와 소득이다. 레이블 클래스를 *buy house = yes* 또는 *no*로 한다. 학습 집합을 통해 가정하면 집을 사는 D의 고객은 37 ± 10년 ($\mu = 37$세, $\sigma = 10$세)이라는 것을 알 수 있으며, 식 (7.16)을 기반으로 $P(X_1 = 36|buy\_house = yes)$를 계산할 수 있다.

클래스 조건 독립성은 많은 실제 데이터셋에서 유지되지 않을 수 있지만, 나이브 베이지안 분류자의 성능은 특히 소수의 특징과 클래스 레이블을 가진 분류 문제에 대해 실제로 사용할 수 있다. 나이브 베이지안 분류기에 대한 자세한 내용은 [88, 99]를 참고하면 된다.

7.5.3 의사결정 트리

나무와 같은 구조로 배열된 의사결정 트리는 특징 변수에 대한 계층적 의사결정을 사용하는 분류 방법론이다. 분할 기준split criterion이라는 트리의 특정 노드의 결정은 일반적으로 학습 데이터에서 하나 이상의 특징 변수에 대한 조건이다. 분류 기준은 학습 데이터를 2개 이상의 부분으로 나누며, 트리의 각 가지에서 클래스 변수의 '혼합' 수준을 최소화한다. 의사결정 트리의 각 노드는 논리적으로 상위 노드에서 분할 기준의 조합에 의해 정의된 데이터 공간의 하위 집합을 나타낸다. 의사결정 트리가 생성되면 특징값을 기반으로 트리를 이동함으로써 테스트 인스턴스를 리프 노드에 할당할 수 있다. 다른 클래스에 속하는 인스턴스의 확률은 리프 노드에서 다른 클래스의 비율로 표시된다.

전통적인 의사결정 트리 알고리즘은 ID3 [135], C4.5 [128] 그리고 CART^{Classification} And Regression Tree[86]를 포함한다. ID3는 범주형 특징 및 클래스 레이블을 분류하고자 설계됐다. C4.5는 실젯값의 특징과 범주 클래스의 분류 문제를 처리한다. CART는 실젯값의 특징과 실젯값의 예측을 수행하며 회귀 모델로 사용된다. CART는 7.5절에서 소개한다.

7.5.3.1 ID3 알고리즘

그림 7.26과 같이 그림 7.26b에 표시된 의사결정 트리는 ID3 알고리즘을 사용해 그림 7.26a에 표시된 학습 데이터를 기반으로 구성된다. 각 인스턴스는 나이와 소득으로 구성된 2가지 특징과 관련된 사용자 및 클래스 레이블 *buy computer: yes* 또는 *no*를 나타낸다.

ID3는 최대 정보 이득the maximum information gain이 있는 특징을 분할 기준으로 선택한다. 알고리즘은 먼저 아래와 같은 방정식을 기반으로 주어진 데이터셋 D의 정보 엔트로피entropy를 계산한다.

$$Entropy(D) = -\sum_{i=1}^{m} p_i \log_2 p_i, \tag{7.18}$$

p_i는 D에서 클래스 C_i의 비율이고 m은 클래스 레이블 개수다. 해당 예시에는 *yes* 또는 *no*의 클래스 레이블이 있다. 엔트로피(D)는 D의 복잡도를 나타낸다. D의 모든 인스턴스가 동일한 클래스($p_i = 1$ 및 $p_j = 0$, $1 \leq j \leq m, j \neq i$)에 속하는 경우 엔트로피(D)는 최솟값 0을 갖는다. D에서 서로 다른 클래스의 비율이 같으면 엔트로피(D)는 최댓값(가장 복잡함)을

갖는다. 예를 들어, D에 균등하게 분포된 2개의 클래스가 있는 경우($p_1 = p_2 = 1/2$), 아래와 같다.

$$Entropy(D) = -\frac{1}{2}\log_2 \frac{1}{2} - \frac{1}{2}\log_2 \frac{1}{2} = \frac{1}{2} + \frac{1}{2} = 1.$$

UID	나이	소득	클래스: *buy_computer*
u_1	청년	높음	아니오
u_2	청년	높음	아니오
u_3	중년	높음	예
u_4	노년	중간	예
u_5	노년	낮음	예
u_6	노년	낮음	아니오
u_7	중년	낮음	예
u_8	청년	중간	아니오
u_9	청년	낮음	예
u_{10}	노년	중간	예

a) 학습 인스턴스

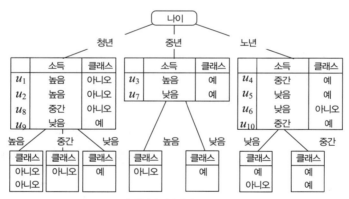

b) 생성된 의사결정 트리

그림 7.26 ID3 알고리즘 기반의 의사결정 트리 생성

k개의 고유한 값($x_1, x_2, ..., x_k$)을 포함하는 특징 A로 D를 분할한다고 가정하는 경우 특징 A의 값이 x_i와 동일한 인스턴스가 하위 집합에 할당된다. 즉 k 하위 집합($D_1, D_2, ..., D_k$)을 획득한 후 해당 파티션의 엔트로피 정보를 계산할 수 있다.

$$Entropy_A(D) = -\sum_{j=1}^{k} \frac{|D_j|}{|D|} Entropy(D_i), \tag{7.19}$$

$\frac{|D_j|}{|D|}$는 j번째 파티션의 가중치이고, $|D_j|$는 j번째 파티션의 인스턴스 개수를 나타낸다. 그다음 아래와 같이 분할 기준의 정보 이득을 계산한다.

$$Gain(A) = Entropy(D) - Entropy_A(D). \tag{7.20}$$

그림 7.26a에서 예^{yes}와 아니오^{no}의 비율은 각각 $\frac{3}{5}$와 $\frac{2}{5}$다. 따라서 D의 엔트로피는 아래와 같다.

$$Entropy(D) = -\frac{2}{5}\log_2\frac{2}{5} - \frac{3}{5}\log_2\frac{3}{5} = + = 0.971 \text{ bits.}$$

그림 7.26b에서 처음 3개의 자식 노드로 설명된 것처럼 나이를 분할 기준으로 사용해 3개의 부분(청년, 중년, 노년)으로 선택하면 D의 정보 엔트로피가 다음과 같이 계산된다.

$$Entropy_{age}(D) = \frac{4}{10} \times \left(-\frac{1}{4}\log_2\frac{1}{4} - \frac{3}{4}\log_2\frac{3}{4} \right) + \frac{2}{10} \times (-1\log_2 1 - 0\log_2 0)$$
$$+ \frac{4}{10} \times \left(-\frac{3}{4}\log_2\frac{3}{4} - \frac{1}{4}\log_2\frac{1}{4} \right) = 0.649 \text{ bits.}$$

방정식 (7.21)에 따르면 정보 이득은 $Gain(age) = 0.971 - 0.646 = 0.325$이다. D를 세 부분(낮음, 중간, 높음)으로 나누는 분할 기준으로 소득을 선택하면,

$$Entropy_{income}(D) = \frac{3}{10} \times \left(-\frac{1}{3}\log_2\frac{1}{3} - \frac{2}{3}\log_2\frac{2}{3} \right) + \frac{3}{10} \times \left(-\frac{2}{3}\log_2\frac{2}{3} - \frac{1}{3}\log_2\frac{1}{3} \right)$$
$$+ \frac{4}{10} \times \left(-\frac{3}{4}\log_2\frac{3}{4} - \frac{1}{4}\log_2\frac{1}{4} \right) = 0.876 \text{ bits.}$$

$Gain(income) < Gain(age)$인 경우 나이가 D를 분류할 수 있는 더 좋은 분할 기준이 되며, 첫 번째 계층의 노드를 구성할 때 사용된다. 그림 7.26에 나온 것처럼 첫 번째 계층의 노드에 있는 인스턴스를 하위 집합으로 더 분할하기 위해 $income$을 사용한다.

데이터셋을 동일한 클래스에 속하는 인스턴스를 포함하는 리프 노드로 완전히 분할하면, 의사결정 트리의 구조가 매우 복잡해지고 학습 데이터가 과적합될 수 있다. 또한 이

렇게 세분화된 노드의 인스턴스는 일부 잡음 및 이상치가 될 수 있다. 이와 같은 의사결정 트리를 테스트 집합에 적용하는 경우 성능이 좋지 않을 수 있다. 솔루션은 통계적 조치를 사용해 의사결정 트리에서 신뢰성이 가장 낮은 가지를 제거하고, 이해하기 쉬운 더 작고 복잡도가 낮은 버전을 생성할 수 있다. 트리를 가지치기에는 사전 가지치기prepruning 및 사후 가지치기postpruning의 접근 방식이 있다. 사전 가지치기는 트리 생성을 일찍 중단한다. 사후 가지치기는 완전히 구성된 트리에서 하위 트리를 제거한다.

7.5.3.2 C4.5 알고리즘

인스턴스의 속성이 실제 숫자 값(예, 사용자의 나이가 35)인 경우 데이터셋을 분할하는 데 사용할 수 있는 범주형 속성값이 존재하지 않는다. 또한 ID3 알고리즘은 더 이상 이와 같은 문제를 해결할 수 없다. 연속 및 분리 특징을 처리하고자 C4.5가 제안됐다.

연속적인 속성을 처리하고자 C4.5는 임곗값을 생성하고 속성값이 임곗값을 초과하는 값과 해당 값보다 작거나 같은 값으로 리스트를 분할한다. 적합한 임곗값을 찾고자 속성 A의 값을 정렬하고 각 연속값의 쌍pair 사이의 중간 지점을 분할 지점으로 지정한다(예, $(a_i + a_{i+1})/2$). A에 대한 각 분할 지점에 대해 파티션 수가 2개인 $Entropy_A(D)$를 계산한다. 최대 정보 이득($Gain(A)$)을 통해 최적의 분할 지점을 찾을 수 있으며, 데이터를 속성 A의 값이 분할 지점보다 작거나 같은 경우 다른 하나는 A의 값이 분할 지점보다 큰 경우로 분할한다.

C4.5 알고리즘은 분리된 특징을 처리하기 위해 이득 비율gain ratio이라는 정보 이득의 확장을 사용한다. $Entropy_A(D)$와 비슷하게 정의된 '분할 정보split information' 값을 사용해 일종의 정규화를 정보 이득에 적용한다.

$$SplitInfo_A(D) = -\sum_{j=1}^{k} \frac{|D_j|}{|D|} \log_2 \left(\frac{|D_j|}{|D|} \right). \tag{7.21}$$

해당 값은 속성 A에 대한 테스트의 k 결과에 해당하는 학습 데이터셋 D를 k개의 파티션으로 분할해 생성된 잠재적인 정보potential information를 나타낸다. 이득 비율은 다음과 같이 정의된다.

$$GainRatio(A) = \frac{Gain(A)}{SplitInfo_A(D)}. \qquad (7.22)$$

최대 이득 비율을 가진 속성이 분할 기준으로 선택된다. 이것은 다양한 파티션을 생성하는 속성을 통해 편향을 회피하기 위해 사용된다. 예를 들어, 인스턴스의 고유 식별자인 product ID(*ID*)를 분할 기준으로 사용하면 많은 수의 파티션이 생성된다. 각 파티션은 하나의 인스턴스만 포함하므로 파티션의 정보 $Entropy_{ID}(D) = 0$이다. 해당 값은 최대 정보 이득이며, 분할 기준으로 선택된다. 하지만 이와 같은 파티션은 분류를 수행할 필요 없다. 이득 비율을 사용해 $SplitInfo_{ID}(D)$가 매우 크다는 것을 알게 된다(예, 이득 비율은 매우 낮음). 따라서 *ID*는 분할 기준으로 선택되지 않는다.

C4.5는 누락된 속성값을 '?'로 표시해 누락된 속성값을 포함하는 학습 데이터를 처리할 수 있다. 누락된 속성값은 이득 및 엔트로피 계산에 사용되지 않는다. C4.5는 노드를 순회하며, 노드가 트리의 결과에 영향을 주는지 확인하고 영향을 주지 않으면 해당 노드는 리프 노드로 치환된다.

7.5.4 서포트 벡터 머신

서포트 벡터 머신^{SVM, Support Vector Machine}[93]은 비선형 매핑을 사용해 원래의 학습 데이터를 고차원으로 변환하고, 선형 최적 분리 초평면^{linear optimal separating hyperplane}을 검색해 한 클래스의 인스턴스를 다른 클래스와 분리한다. 서포트 벡터 머신은 지원 벡터(예, 학습 인스턴스)와 마진(지원 벡터에 의해 정의됨)을 사용해 초평면을 검색한다.

그림 7.27은 각 인스턴스가 2개의 특징(A_1 및 A_2)과 클래스 레이블(yes=1, no=−1)과 연관된 데이터셋에 대해 최적의 초평면을 검색하는 예시를 보여 준다. 2개의 특징을 2차원 공간으로 매핑하는 경우 각 인스턴스는 플롯^{plot}으로 표시된다. 더 구체적으로 2가지 유형의 원을 사용해 2가지 클래스의 인스턴스를 나타낸다. 변환을 수행한 후 2가지 클래스의 인스턴스를 분리하는 여러 가지 방법이 있다. 그림 7.27a와 b는 각각 2개의 분리 가능한 초평면을 나타내며, 둘 다 주어진 모든 인스턴스를 정확하게 분류할 수 있다. 하지만 직관적으로 마진이 큰 초평면은 마진이 작은 초평면보다 향후 데이터 인스턴스를 분류할

때 더 정확할 수 있다. 공식적으로 초평면에서 마진의 한 면(side)까지의 최단 거리가 초평면에서 마진의 다른 면까지의 최단 거리와 같으며, 마진의 '면'이 초평면과 평행한다 [99].

서포트 벡터 머신은 순차적 최소 최적화SMO, Sequential Minimal Optimization와 같은 볼록한 convex 2차 최적화 문제를 해결해 최대 마진 초평면maximum marginal hyperplane을 포함하는 데이터의 최적 분리를 찾는다. 두 클래스의 인스턴스를 분리할 수 있는 선형 매핑이 없는 경우 서포트 벡터 머신은 비선형 변환을 기반으로 원래 데이터를 고차원 공간으로 투영한다. 예를 들어, 그림 7.28a와 같은 2차원 공간에서 서로 다른 클래스에 속하는 인스턴스를 완벽하게 분리하는 초평면을 찾을 수 없다. 하지만 그림 7.28b와 같이 해당 인스턴스를 3차원 공간에 투영하면 서로 다른 공간(상단 및 하단)에 위치한 해당 인스턴스를 찾을 수도 있으며, 따라서 해당 인스턴스로부터 분리된 초평면을 찾을 수 있다.

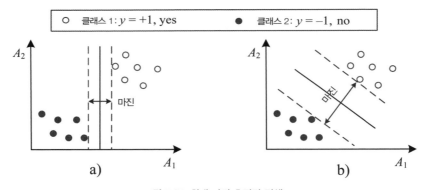

그림 7.27 최대 마진 초평면 검색

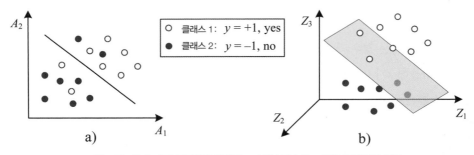

그림 7.28 최대 마진 초평면을 검색하고자 인스턴스를 고차원 공간으로 변환

하지만 여기에는 몇 가지 문제가 있다. 첫 번째는 어떻게 고차원 공간으로 변환하는 비선형 매핑을 선택하는가의 문제이고, 두 번째는 이러한 고차원 공간에서 최대 마진 초평면을 찾는 계산은 비용이 많이 든다는 문제다. 커널 함수가 해당 문제를 해결하기 위해 제안됐다. $\varphi(X)$이 기존 인스턴스를 변환하기 위해 적용된 비선형 매핑 함수라고 가정한다. 변환을 수행한 후에 선형 서포트 벡터 머신의 2차원 최적화 문제를 해결해 신규 고차원 공간에 있는 최대 마진 초평면을 찾을 수 있다. 고차원 공간에서 인스턴스의 내적 공간은 다음과 같다.

$$\varphi(X_i) \cdot \varphi(X_i) = K(X_i, X_j), \tag{7.23}$$

기존 공간의 커널 함수 계산으로 대체될 수 있으며, 잠재적으로 훨씬 낮은 차원이다. 사용자는 매핑을 안전하게 회피할 수 있고, 심지어 매핑이 무엇인지 알 필요도 없다. 이와 같은 커널 트릭kernel trick을 사용한 후에 선형 서포트 벡터 머신을 찾는 것과 비슷한 방법을 통해 최대 마진 초평면을 찾을 수 있다. 3가지 허용 가능한 커널 함수는 다음과 같다.

다항식 커널 h: $K(X_i, X_j) = (X_i \cdot X_j + 1)^h$,
가우스 방사 기본 함수 커널: $K(X_i, X_j) = e^{-\|X_i - X_j\|^2 / 2\sigma^2}$,
S자형 커널: $K(X_i, X_j) = tanh(kX_i \cdot X_j - \delta)^h$ $\tag{7.24}$

어떤 커널 함수가 가장 정확한 서포트 벡터 머신을 생성할 것인지를 결정하는 체계적인 방법은 없다. 가우스 방사 기본 함수 커널의 서포트 벡터 머신은 방사 기본 함수 네트워크radial basis function network라고 알려진 신경망neural network의 종류와 동일한 의사결정 초평면을 생성한다. S자형 커널의 서포트 벡터 머신은 다중 계층 퍼셉트론multilayer perceptron으로 알려진 단순한 2계층 신경망이다[99].

서포트 벡터 머신을 사용해 멀티클래스 분류 문제를 처리하는 경우 인스턴스가 클래스에 속하는지 아닌지를 결정하고자 분류기를 학습시켜서 재귀적으로 학습 집합을 두 부분으로 분할한다. 예를 들어, 데이터셋 D에는 인스턴스에서 사용할 수 있는 3가지의 클래스 레이블(C_1, C_2 그리고 C_3)이 존재한다. 먼저 D를 D_1과 D_2로 분할한다. D_1은 클래스 C_1에 속하는 인스턴스를 저장하고 D_2는 다른 클래스의 인스턴스 모음이다. C_1에 속하지 않는 인스턴스를 D_2에 있는 인스턴스의 클래스 레이블로 사용한 후 서포트 벡터 머신을 학습시키고 인스턴스가 C_1에 포함되는지 여부를 확인할 수 있다. 또한 D_{21}에 C_2의 인스턴스를 저장하고 D_{22}에 나머지 D_2(예, C_3)를 저장해 D_2를 D_{21}과 D_{22}로 분할한다. 인스턴스가 C_2에 속하는지 여부를 확인하고자 서포터 벡터 머신을 학습시킨다. 서포트 벡터 머신은 트리 구조를 생성하며, 각 노드는 인스턴스가 클래스에 속하는지 여부를 확인하는 서포트 벡터 머신이다. 트리의 높이는 클래스의 개수다. 트리를 검색함으로써 테스트 집합에 있는 인스턴스의 클래스가 결정된다.

서포트 벡터 머신의 구현 2차 최적화 문제 및 커널 함수를 고려할 때 매우 중요한 작업이다. 사용자들이 빠르게 서포트 벡터 머신을 구현해 문제를 해결할 수 있도록 LibSVM[87]과 같은 도구들이 있다.

7.5.5 불균형한 데이터 분류

데이터셋은 클래스들이 상당히 불평등한 분포를 갖는 경우 불균형한 것으로 고려된다. 예를 들어, 의료 데이터에서 암에 걸린 사람들의 수는 암에 걸리지 않은 사람들보다 훨씬 적다. 주식 시장 또는 은행 시스템에서 매우 적은 트랜잭션(예, 0.001% 미만)만이 사기^{fraud}로 분류된다. 해당 클래스(암, 사기)는 데이터에서 매우 작은 부분을 차지하지만, 일반적으로 대다수 데이터보다 더 가치 있다. 이러한 불균형 데이터 집합은 단순히 학습을 수행하면, 분류 모델에 의해 소수 데이터는 무시된다. 대부분의 데이터를 피팅^{fitting}해 소수 데이터가 잘못 분류되더라도 분류기는 매우 좋은 성능의 결과를 생성할 수 있지만, 해당 결과는 우리가 원하는 것이 아니다.

이 문제를 해결하고자 불균형 데이터로부터 학습^{learning from imbalanced data}[102]이라는 일련의 연구가 최근에 수행돼 왔으며, 리샘플링^{resampling}, 비용-민감 학습^{cost-sensitive learning}, 앙상블학습^{ensemble learning}, 원클래스 학습^{one-class learning}과 같은 4가지 범주의 기법을 제안한다.

7.5.5.1 리샘플링

해당 기법의 범주는 분류기에게 불균형한 데이터를 어떻게 학습해야 하는지를 알려주지 않는다. 대신 리샘플링은 소수 데이터의 오버샘플링^{oversampling}과 다수 데이터의 언더샘플링

undersampling을 통해 표준 알고리즘의 균형적인 데이터셋을 제공한다. 랜덤 오버샘플링의 메커니즘은 소수 집합 S_{min}에서 선택한 샘플를 복제해 S에 추가함으로써 원래 집합 S를 증가시킨다. 반대로 랜덤 언더샘플링은 다수 집합 S_{maj}에서 샘플을 무작위로 선택하고 S에서 해당 샘플을 제거한다.

랜덤 오버샘플링과 언더샘플링 메커니즘은 각각 과적합 및 정보 손실 위험이 있다 [102]. 따라서 리샘플링은 제공된 불균형 데이터에 기반한 휴리스틱 방식으로 설계돼야 한다. 자주 사용되는 오버샘플링 기법을 SMOTE[Synthetic Minority Oversampling Technique][89]라고 하며, 기존의 소수 샘플을 기반으로 합성 데이터[artificial data]를 생성한다. 더 정확하게는 그림 7.29와 같이 일부 소수 샘플 X_i와 일부 명시된 정수 K(해당 예시에서 $K = 3$)의 경우 다음과 같이 새로운 샘플 X_{new}를 생성한다.

$$X_{new} = X_i + \delta * (X_i - X_i'), \tag{7.25}$$

X_i'는 X_i의 K-최근접 소수 이웃으로부터 무작위로 선택된 소수 샘플이며, δ은 무작위 [0, 1] 사이의 무작위 숫자다. 결국 SMOTE 알고리즘은 소수 샘플의 볼록한 측면을 채워 넣어 데이터를 유의미하게 만든다.

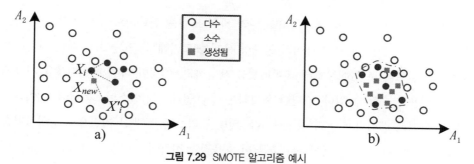

그림 7.29 SMOTE 알고리즘 예시

7.5.5.2 비용-민감 학습

비용-민감 학습은 소수의 샘플을 잘못 분류할 경우 더 큰 패널티[penalty]를 할당하는 방법이다. 예를 들어, 2개의 불균형한 데이터가 있는 경우 비용-민감 학습은 매트릭스 $C[C_1, C_2]$를 범주 c_2를 c_1로 잘못 분류하는 비용으로 정의하며, $C[Maj, Min] > C[Min, Maj]$다

(소수 클래스를 다수의 클래스로 잘못 분류하는 비용이 그 반대의 경우보다 높음). 정확한 분류는 $C[c_1, c_2] = 0$이다. 비용 매트릭스를 표준 분류 패러다임에 통합함으로써 비용-민감 학습 기법은 전체 비용 $\sum_{X_i} C[f(X_i), y_i]$를 최소화하는 것을 목표로 하며, 여기서 $f(X_i)$는 분류기를 나타낸다. 예를 들어, 다중 계층 퍼셉트론MLP, Multilayer Perceptron에서 원래 손실 함수는 아래와 같다.

$$E = \frac{1}{2}\sum_{o_i}(\hat{o}_\iota - o_i)^2, \tag{7.26}$$

여기서 소수 클래스와 다수 클래스는 구분하지 않는다. 비용-민감도는 원래 손실 함수에 비용 매트릭스를 적용해 다중 계층 퍼센트론에 사용할 수 있다.

$$E = C[Min, Maj] * \frac{1}{2}\sum_{o_i \in Maj}(\hat{o}_\iota - o_i)^2 + C[Maj, Min] * \frac{1}{2}\sum_{o_i \in Min}(\hat{o}_\iota - o_i)^2, \tag{7.27}$$

여기서 $\hat{o}_\iota$는 실제 자료이고, o_i는 모델의 결과다. 또한 신규 손실 함수를 기반으로 비용-민감 신경망을 학습할 수 있다[110].

7.5.5.3 앙상블학습

앙상블학습은 최종 모델을 구축하고자 여러 하위 모델을 전략적으로 생성 및 결합하는 과정이다. 그림 7.30과 같이 데이터 불균형 문제를 고려해 각 전체 소수 데이터와 다수 데이터의 일부를 포함하는 하위 데이터셋을 생성하고, 이러한 하위 데이터셋을 사용해 하위 모델을 학습할 수 있다. 간단한 해결책은 다수 클래스의 인스턴스를 소수 데이터와 동일한 크기로 랜덤하게 분리하는 것이다. 몇몇 휴리스틱heuristic을 기반으로 앙상블학습을 위한 하위 데이터셋을 생성하는 조금 더 효율적인 전략이 있다[108, 120]. 그다음 해당 개별 분류기의 결과를 통합한다.

7.5.5.4 원클래스 학습

원클래스one-class 학습 기법은 한 클래스의 객체만 포함하는 학습 집합을 통해 분류기를 학습시켜서 전체 객체 중에서 특정 클래스의 객체를 식별한다. 원클래스 학습은 다수의 일반 데이터와 소수의 이상anomaly 데이터를 갖고 있는 경우에 유용하다. 따라서 원클래스 학습은 불균형 데이터에 아주 적합하다. 일반적으로 원클래스 분류기는 원클래스 SVM[131]이다. 2개의 클래스를 분리하는 초평면을 찾는 표준 SVM과 달리 원클래스 SVM은 대상 클래스(불균형 학습의 대다수)에 속하는 대부분의 데이터를 둘러싸는 초구 표면hyperspherical surface을 찾는다.

초구 평면이 학습되면 초구 밖의 인스턴스는 이상 또는 소수로 분류된다. 원클래스 SVM 학습은 표준 SVM과 같이 내부 제품에만 의존하므로 커널 트릭은 다수 데이터가 원래 특징 공간의 소수 데이터와 분리할 수 없는 경우에도 원클래스 SVM이 적용될 수 있다.

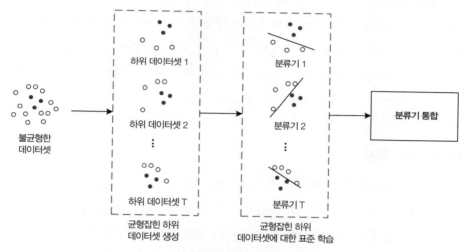

그림 7.30 불균형 데이터셋에 대한 앙상블학습

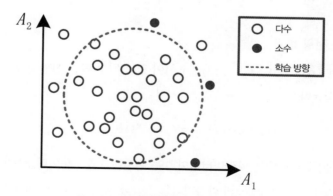

그림 7.31 불균형 데이터에 대한 원클래스 SVM

7.6 회귀

분류 모델에 의해 생성된 결과는 범주형 값을 갖는 인스턴스의 클래스이며, 때로는 다른 클래스의 확률과 관련돼 있다. 여기에는 또 다른 문제가 있는데 측정값을 기반으로 하루의 기온 또는 제품 가격과 같은 실젯값을 예측하는 것이다(예. 특징 또는 속성). 해당 문제는 변수들 간의 관계를 예측하는 통계적 기법인 회귀 모델에 의해 다뤄진다. 회귀 모델은 주어진 데이터를 기반으로 결측값을 삽입, 추정 그리고 예측할 수 있다.

선형 회귀^{linear regression}, 자기 회귀^{auto regression}, 로지스틱 회귀^{logistical regression}, 회귀 트리 ^{regression tree}와 같이 다양한 유형의 회귀 모델이 있다. 로지스틱 회귀 모델은 분류 문제를 해결하고자 사용된다. 회귀 트리와 같은 일부 회귀 모델은 클래식 분류 모델인 의사결정 트리에서 파생됐다. 7.6절에서는 선형 회귀, 자기 회귀와 이동 평균^{moving average} 및 회귀 트리의 3가지 널리 사용되는 회귀 모델에 초점을 맞춘다.

7.6.1 선형 회귀

선형 회귀는 스칼라 종속 변수^{dependent variable} y와 1개 이상의 설명 변수(또는 독립 변수) 사이의 관계를 모델링하는 방법이다. 설명 변수가 1개인 경우는 단순 선형 회귀^{simple linear regression}이며, 1개 이상의 설명 변수가 있는 경우 다중 선형 회귀^{multiple linear regression}라고 한다[97]. 단일 스칼라 변수 y가 아닌 예측해야 하는 여러 개의 종속 변수(Y)가 있는 경우를 다변량 선형 회귀^{multivariate linear regression}라고 한다.

7.6.1.1 단순 선형 회귀

데이터셋 $D = \{(x_1, y_1), (x_2, y_2), ..., (x_m, y_m)\}$이 있는 경우 단순 선형 회귀 모델은 다음과 같은 함수를 찾는다.

$$f(x_i) = \omega \cdot x_i + \varepsilon, \, s.t. \, f(x_i) \cong y_i, \tag{7.28}$$

ω는 x의 가중치를 나타내는 파라미터이며, ε는 편향(또는 오류항)이다. 추정 및 실젯값 사이의 제곱 오류를 최소화해 2개의 파라미터를 학습하며, 공식적으로 아래와 같다.

$$(\omega, \varepsilon) = argmin_{(\omega,\varepsilon)} \sum_{i=1}^{m} (f(x_i) - y_i)^2 = argmin_{(\omega,\varepsilon)} \sum_{i=1}^{m} (y_i - \omega \cdot x_i - \varepsilon)^2. \quad (7.29)$$

최소 제곱법$^{least\text{-}square\ method}$을 사용해 2개 파라미터의 최적 추정치를 찾을 수 있다. ω 및 ε에 대해 오류의 편미분$^{partial\ derivative}$ $E_{(\omega,\varepsilon)} = \sum_{i=1}^{m} (y_i - \omega \cdot x_i - \varepsilon)^2$을 각각 계산할 수 있다.

$$\frac{\partial E_{(\omega,\varepsilon)}}{\partial \omega} = 2\left(\omega \sum_{i=1}^{m} x_i^2 - \sum_{i=1}^{m} (y_i - \varepsilon)x_i\right), \quad (7.30)$$

$$\frac{\partial E_{(\omega,\varepsilon)}}{\partial \varepsilon} = 2\left(m\varepsilon - \sum_{i=1}^{m} (y_i - \omega x_i)\right). \quad (7.31)$$

위의 두 방정식을 0으로 설정하면 다음과 같이 닫힌 형태의 결과를 찾을 수 있다.

$$\omega = \frac{\sum_{i=1}^{m} y_i(x_i - \bar{x})}{\sum_{i=1}^{m} x_i^2 - \frac{1}{m}\left(\sum_{i=1}^{m} x_i\right)^2}, \quad (7.32)$$

$$\varepsilon = \frac{1}{m} \sum_{i=1}^{m} (y_i - \omega x_i), \quad (7.33)$$

$\bar{x} = \sum_{i=1}^{m} x_i$는 x의 평균이다.

선형 회귀 모델을 학습시키면(ω 및 ε를 찾음) 특징 x_i와 함수 $f(x_i)$을 기반으로 인스턴스 값을 예측할 수 있다.

7.6.1.2 다중 선형 회귀

단일 변수 y에 영향을 미치는 다중 특징이 있는 경우를 다중 선형 회귀라고 한다. 데이터 셋 D가 m개의 인스턴스를 갖고 있는 경우 $X_i = (x_1, x_2, \ldots, x_n)$는 i번째 인스턴스의 특징 벡터이며, y_i는 인스턴스의 실젯값을 가진 레이블이며, 다중 선형 회귀 모델은 함수 $f(X)$를 찾는 것이 목표다.

$$f(X_i) = \omega_1 x_1 + \omega_2 x_2 + \cdots + \omega_n x_n + \varepsilon, \, s.t. \, f(X_i) \approx y_i, \quad (7.34)$$

$(\omega_1, \omega_2, \ldots, \omega_n)$는 각 특징의 가중치를 나타내며, ε은 오류항이다. $\boldsymbol{\omega} = (\omega_1, \omega_2, \ldots, \omega_n)$으로 하면 방정식을 다른 형식으로 쓸 수 있다.

$$f(X_i) = \boldsymbol{\omega} \cdot X_i + \varepsilon. \tag{7.35}$$

$\hat{\boldsymbol{\omega}} = (\boldsymbol{\omega}; \varepsilon)$, $y = (y_1; y_2; \ldots, y_m)$로 하고,

$$X = \begin{bmatrix} x_{11} & x_{12} & \ldots & x_{1n} & 1 \\ x_{21} & x_{22} & & x_{2n} & 1 \\ & \vdots & \ddots & \vdots & \\ x_{m1} & x_{m2} & \ldots & x_{mn} & 1 \end{bmatrix}, \tag{7.36}$$

다음과 같이 방정식 (7.25)을 쓸 수 있다.

$$\hat{\boldsymbol{\omega}}^* = argmin_{(\hat{\boldsymbol{\omega}})} \sum_{i=1}^{m} (\boldsymbol{y} - X\hat{\boldsymbol{\omega}})^T (\boldsymbol{y} - X\hat{\boldsymbol{\omega}}). \tag{7.37}$$

$E_{\hat{\boldsymbol{\omega}}} = \sum_{i=1}^{m} (\boldsymbol{y} - X\hat{\boldsymbol{\omega}})^T (\boldsymbol{y} - X\hat{\boldsymbol{\omega}})$인 경우 $\hat{\boldsymbol{\omega}}$에 대해 $E(\hat{\boldsymbol{\omega}})$의 편미분을 계산한다.

$$\frac{\partial E_{\hat{\boldsymbol{\omega}}}}{\partial \hat{\boldsymbol{\omega}}} = 2X^T (X\hat{\boldsymbol{\omega}} - \boldsymbol{y}). \tag{7.38}$$

위의 방정식이 0이라고 했을 경우 $X^T X$가 풀랭크full-rank 행렬 또는 양의 정부호 행렬positive definite matrix이면 닫힌 형태closed-form의 결과를 찾을 수 있다. $X^T X$가 full-rank 행렬이 아닌 경우(예, 파라미터의 수가 인스턴스 수보다 많은 경우) $\hat{\boldsymbol{\omega}}$의 값이 다양하게 된다. 지금은 $\hat{\boldsymbol{\omega}}$의 더 나은 결과를 선택하기 위해 정규화를 사용해야 한다.

7.6.1.3 다변량 선형 회귀

인스턴스의 다중 특징 $X_i = (x_1, x_2, \ldots, x_n)$에 기반해 예측해야 하는 변수가 여러 개 있는 경우 해당 프로세스를 다변량 선형 회귀multivariate linear returation라고 한다. 다변량 선형 회귀는 단일 종속 변수 y를 예측하는 다중 선형 회귀와 다르다. 공식적으로 데이터셋 D는 m개의 인스턴스를 갖는다.

$$Y = \begin{bmatrix} y_{11} & y_{12} & \ldots & y_{1k} \\ y_{21} & y_{22} & & y_{2k} \\ & \vdots & \ddots & \vdots \\ y_{m1} & y_{m2} & \ldots & y_{mk} \end{bmatrix} = \begin{bmatrix} Y_1 \\ Y_2 \\ \vdots \\ Y_m \end{bmatrix},$$

$$X = \begin{bmatrix} x_{11} & x_{12} & \ldots & x_{1n} \\ x_{21} & x_{22} & & x_{2n} \\ & \vdots & \ddots & \vdots \\ x_{m1} & x_{m2} & \ldots & x_{mn} \end{bmatrix} = \begin{bmatrix} X_1 \\ X_2 \\ \vdots \\ X_m \end{bmatrix},$$

$$B = \begin{bmatrix} \omega_{11} & \omega_{12} & \ldots & \omega_{1k} \\ \omega_{21} & \omega_{22} & & \omega_{2k} \\ & \vdots & \ddots & \vdots \\ \omega_{n1} & \omega_{n2} & \ldots & \omega_{nk} \end{bmatrix} = [\boldsymbol{\omega}_1^T, \boldsymbol{\omega}_2^T, \ldots, \boldsymbol{\omega}_k^T],$$

$$U = \begin{bmatrix} \varepsilon_{11} & \varepsilon_{12} & \ldots & \varepsilon_{1k} \\ \varepsilon_{21} & \varepsilon_{22} & & \varepsilon_{2k} \\ & \vdots & \ddots & \vdots \\ \varepsilon_{m1} & \varepsilon_{m2} & \ldots & \varepsilon_{mk} \end{bmatrix},$$

(7.39)

다변량 선형 회귀는 $Y = XB + U$가 되도록 B와 U를 찾는다. Y, B 및 U가 열column 벡터인 경우 행렬 방정식은 다중 선형 회귀를 나타낸다.

7.6.2 자기 회귀

자기 회귀autogression는 타임스탬프 이전의 데이터 포인트를 기반으로 시계열 타임스탬프의 값을 예측한다. 자기 회귀 이동 평균ARMA, Autoregressive Moving Average은 기본 모델[4]로서 자기 회귀와 이동 평균 프로세스를 결합해 결과를 예측한다. 자기 회귀 이동 평균을 기반으로 연속적인 타임스탬프 값의 차분difference을 고려하는 자기 회귀 누적 이동 평균ARIMA, Autoregressive Integrated Moving Average 모델과 자기 회귀 누적 이동 평균의 시계열 시간 정보를 추가로 고려하는 계절성 자기 회귀 누적 이동 평균SARIMA, Seasonal Autoregressive Integrated Moving Average[27]이 제안됐다.

7.6.2.1 자기 회귀 이동 평균

시계열 데이터 $X = (x_1, x_2, \ldots, x_t)$가 주어진 경우 자기 회귀 이동 평균 모델은 자기 회귀 프로세스 및 이동 평균 프로세스를 기반으로 해당 시계열의 미래 값을 예측하는 데 사용된다. 해당 모델을 일반적으로 $ARMA(p, q)$로 나타내며, p는 자기 회귀의 순서, q는 이동 평균 순서다. $AR(p)$ 표기법은 순서 p의 자기 회귀 모델을 말하며, 공식적으로 다음과 같이 표현된다.

$$x_t = c + \sum_{i=1}^{p} \varphi_i x_{t-i} + \varepsilon_t, \tag{7.40}$$

φ_1, φ_2, ..., φ_p는 파라미터이며, c는 상수, 확률 변수 ε_t는 백색 잡음이다.

$MA(q)$ 표기법은 순서 q의 이동 평균 모델을 나타낸다.

$$x_t = \mu + \varepsilon_t + \sum_{i=1}^{q} \theta_i \varepsilon_{t-i}, \tag{7.41}$$

θ_1, θ_2, ..., θ_q는 파라미터이며, μ는 x_t(종종 0으로 가정)에 대한 기대치, ε_t, ε_{t-1}... 백색 잡음 오류 항이다.

따라서 $ARMA(p, q)$는 아래와 같다.

$$x_t = c + \varepsilon_t + \sum_{i=1}^{p} \varphi_i x_{t-i} + \sum_{i=1}^{q} \theta_i \varepsilon_{t-i}. \tag{7.42}$$

ARMA를 수행하는 경우 φ_i와 θ_i의 디폴트 파라미터를 사용하거나 해당 파라미터를 사전 정의할 수 있다. ε_t는 일반적으로 제로 평균을 포함하는 정규 분포에서 샘플링된 독립적이고 동일하게 분포된 변수인 것으로 가정한다.

7.6.2.2 ARIMA 및 SARIMA

현실적인 데이터의 변화를 포함하기 위해(특히 평균의 비정상성 및 계절적인 행위) ARIMA 및 SARIMA를 포함하는 ARMA의 변형 및 개량 모델이 제안됐다.

ARIMA의 AR은 과거의 데이터가 진화하는 관심 변수evolving variable of interest에 반영되는 것을 의미한다. MA는 회귀 오류는 실제로 값이 과거의 여러 시간대 및 동시에 발생한 선형 오차항의 조합으로 나타낸다. I(integrated)는 데이터 값이 현재 값과 이전 값의 차이로 대체됐음을 나타낸다(해당 차분 프로세스는 1번 이상 수행됨). 예를 들어, $x_t' = x_t - x_{t-1}$는 1차 차분이고, $x_t^* = x_t' - x_{t-1}'$는 2차 차분이다. 각 특징의 목적은 최대한 모델을 데이터에 적합하게 만드는 것이다.

비계절성nonseasonal ARIMA 모델은 일반적으로 ARIMA(p, d, q)로 나타내며, 파라미터 p, d 및 q는 음이 아닌 정수다. p는 자기 회귀 모델의 차수(시차time lag의 개수)이고, d는 차분 차수(데이터가 과거 값을 뺀 횟수)이며, q는 이동 평균 모델의 순서다.

SARIMA 모델은 일반적으로 ARIMA(p, d, q)(P, D, Q)$_m$으로 나타내며, m은 각 계절의 기간 수를 나타내고, 대문자 P, D, Q는 ARIMA 모델의 계절에 해당하는 자기 회귀, 차분 및 이동 평균을 나타낸다[27].

7.6.3 회귀 트리

목표 변수가 연속적인 값(일반적으로 실수)을 취할 수 있는 CART[86]와 같은 의사결정 트리를 회귀 트리regression tree라고 한다. 일반적으로 회귀 트리는 리프 노드의 데이터를 단순한 모델로 피팅할 수 있을 때까지 일부 구별되는 특징에 따라 주어진 데이터셋을 계층적으로 분할한다. 특징과 대상 변수가 모두 연속적인 경우 회귀 트리는 데이터의 분산 감소(의사결정 트리의 정보 이득과 비슷한 정도)를 사용해 파티션 임곗값을 결정한다. 데이터셋 $D = \{(X_1, y_1), (X_2, y_2), ..., (X_n, y_n)\}$이 있다고 가정하고, X_i는 m-차원 특징 벡터이고, y_i는 실젯값의 변수다. 분산 D는 다음과 같다.

$$Var(D) = \frac{\sum_{i=1}^{m}(y_i - \bar{y})^2}{m},$$
(7.43)

$\bar{y} = \frac{\sum_{i=1}^{m} y_i}{m}$는 목표 변수의 평균이다. 특징 A를 기준으로 D를 k개의 하위 집합 D_1, D_2, ..., D_k로 분할하면 분산은 다음과 같다.

$$Var(D)_A = \sum_{j=1}^{k} \frac{|D_j|}{|D|} Var(D_i),$$
(7.44)

$|D_j|$는 D_j의 인스턴스 개수를 나타내고, $Var(D_i)$는 식 (7.38)을 기반으로 계산된 D_i의 분산이다. 분산의 감소는 다음과 같이 정의된다.

$$D\_Var = Var(D) - Var(D)_A.$$
(7.45)

실젯값을 갖는 특징의 분할점을 찾는 방법은 C4.5와 같다. 특징 A의 값을 정렬하고 연속값의 각 쌍 사이의 중간점midpoint을 분할점(예, $(a_i + a_{i+1})/2$)으로 확인한다. 목표 변수의 최대 분산 감소로 이어지는 분할점은 특징의 임곗값으로 선택된다. 분산 또는 정보 이득을 가장 많이 감소시키는 특징은 데이터를 두 부분으로 분할하는 첫 번째 노드로 선택된다. 해당 프로세스는 일부 기준이 충족될 때까지(예, 트리의 깊이 또는 리프 노드의 인스턴스 수 또는 리프 노드의 데이터가 피팅됨) 데이터의 각 부분에서 반복적으로 수행된다.

D를 회귀 트리의 리프 노드로 분할한 후 간단한 모델로 각 노드의 데이터를 피팅할 수 있다(데이터의 평균을 직접 사용하거나 선형 회귀 모델을 사용함). 그림 7.32는 공간적 요인, 시간적 요인, 풍속, 습도 등과 같은 여러 특징[146]에 기초해 도시의 대기질AQI을 예측하는 회귀 트리의 예시를 보여 준다. 트리의 서클 노드circle note는 데이터를 분할하기 위해 선택된 특징을 나타낸다. 각 사각형 리프 노드는 서로 다른 특징을 결합해 대기질을 계산하는 선형 회귀 모델LM을 나타낸다(예, 데이터를 노드에 피팅 시킴). 트리의 각 에지와 관련된 숫자는 선택한 특징의 임곗값이다. 예를 들어, 공간적 요인의 값이 0.003보다 작고 시간적 요인이 −0.08보다 큰 경우 LM4를 사용해 대기질을 계산한다. 다른 LM에 있는 특징의 가중치는 서로 다르다. 예를 들어, 풍속이 6.62보다 높을 때 그림 7.32의 오른쪽 부분과 같이 대기질을 계산하고자 시간적 요인에 더 큰 가중치를 부여하는 LM2를 선택한다. 반대로 LM3에서는 공간적 요인이 높은 가중치를 갖는다.

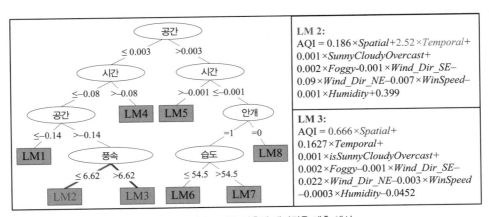

그림 7.32 회귀 트리를 사용해 대기질을 예측 예시

7.7 이상치 및 이상 탐지

데이터셋이 주어진 통계 프로세스에 의해 생성된다고 가정한다. 이상anomaly이라고도 알려진 이상치outlier는 마치 다른 메커니즘으로 생성된 것처럼 나머지 객체와 크게 다른 데이터 객체다. 이상치는 잡음 데이터와는 다르며, 측정 가능한 변수의 랜덤 오차 또는 분산이다.

한Han과 연구진[99]은 이상치를 전역 이상치global outlier, 상황적 이상치contextual outlier 그리고 집단적 이상치collective outlier의 3가지 범주로 분류했다. 전역 이상치는 그림 7.33a와 같이 나머지 데이터셋에서 크게 벗어나는 가장 단순한 유형의 이상치다. 데이터 객체가 특정 객체의 상황과 관련해 크게 벗어난 경우는 상황별 이상치다. 해당 이상치 범주는 또한 조건적 이상치conditional outlier라고도 한다. 예를 들어, 그림 7.33b에 표시된 것처럼 수평축은 날짜를 나타내고, 수직축은 주간 온도를 나타낸다. 한 해 동안 기온이 25℃인 날은 이상치가 아니지만, 베이징의 12월의 경우 상당히 이례적인 것으로 간주된다. 해당 12월의 기온은 상황별 이상치가 된다. 하위 집합의 개별 객체가 이상치가 아니더라도 객체 전체가 전체 데이터셋에서 크게 벗어난 경우 객체의 하위 집합은 집단적 이상치를 형성한다. 예를 들어, 그림 7.33c와 같이 각각의 검은색 객체는 개별적으로 이상치가 아니다. 하지만 해당 객체의 밀도가 나머지 데이터셋보다 훨씬 높기 때문에 해당 검은색 객체는 집합적으로 이상치를 형성한다.

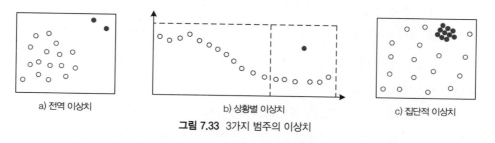

a) 전역 이상치 b) 상황별 이상치 c) 집단적 이상치

그림 7.33 3가지 범주의 이상치

이상치를 탐지하는 방법은 2가지 주요 범주로 분류할 수 있다.

1. 근접 기반 방법proximity-based method. 해당 방법은 가장 가까운 이웃에 대한 객체의 근접성이 동일 데이터셋에서 이웃에 대한 대다수 객체의 근접성과 크게 벗어나

는 경우 해당 데이터 객체가 이상치라고 가정한다. 근접 기반 방법은 거리 기반distance-based, 클러스터링 기반clustering-based 그리고 밀도 기반density-based으로 구성된다.

2. **통계적 방법**statistical method. 통계적 이상치 탐지 방법은 일반적인 데이터 객체가 통계적 모델을 따른다고 가정한다. 모델을 따르지 않는 데이터는 이상치로 간주된다. 통계적 방법은 통계적 가정 기반statistic assumption-based 및 예측 모델 기반predictive model-based method으로 구성된다.

7.7.1 근접 기반 이상치 탐지

7.7.1.1 거리 기반 이상치 탐지 방법

거리 기반 이상치 탐지 방법은 거리 함수와 반지름 임곗값으로 정의된 데이터 객체의 인접성을 참고한다. 데이터셋 $D = \{o_1, o_2, \dots o_n\}$이 n개의 객체로 구성돼 있고, 각 객체가 속성 m $o_i = (f_1, f_2, \dots f_m)$과 연관돼 있다고 가정하면 $o_i \cdot f_k$는 o_i의 k번째 특징을 나타낸다. $Dist(o_i, o_j)$는 두 객체의 거리를 뜻한다. 해당 거리는 두 객체의 속성 벡터 사이의 유클리드 거리가 될 수 있다.

$$Dist(o_i, o_j) = \sqrt[2]{\sum\nolimits_{k=1}^{m} (o_i \cdot f_k - o_j \cdot f_k)^2} \tag{7.46}$$

또는 피어슨 상관관계Pearson correlation와 마할라노비스 거리Mahalanobis distance와 같은 다른 거리가 될 수도 있다. D의 중심은 $D(\bar{f}_k = \frac{1}{n} \sum\nolimits_{i=1}^{n} o_i \cdot f_k, 1 \leq k \leq m, 1 \leq i \leq n)$의 모든 객체에서 각 속성의 평균을 계산해 얻을 수 있다. 해당 평균값의 벡터는 D의 중심 객체를 나타낸다(예, $o_c = (\bar{f}_1, \bar{f}_2, \dots, \bar{f}_m)$).

가장 단순한 거리 기반 방법은 객체의 r-이웃r-neighborhood에 포함되고, 데이터셋 $|D\|$의 크기로 나눈 객체의 개수가 임곗값 p보다 크지 않은지 확인하는 것이다. 해당 내용은 아래와 같다.

$$\frac{\|\{o' \mid Dist(o, o') \leq r\}\|}{\|D\|} \leq p, \tag{7.47}$$

r은 거리 임곗값이다. 해당 알고리즘은 $DB(r, p)$로 나타낸다. 예를 들어, 객체의 100m-이웃 내에 포함되는 데이터의 비율이 1% 이하인 경우 이상치로 간주된다. 해당 거리 기반 방법은 전역 이상치를 탐지하고, 집단적 이상치에 대해서는 효과적이지 않다. 또한 거리 및 비율 임곗값을 결정하는 것은 쉽지 않다.

또 다른 거리 기반 이상치 탐지 방법은 객체 o_i 및 주어진 데이터셋(예, $Dist(o_i, o_c)$)의 중심 사이의 거리를 계산한 후 거리가 데이터셋의 표준 편차 σ보다 3배 더 큰지 확인하며, 공식적으로 다음과 같이 작성된다.

$$\sigma = \sqrt[2]{\frac{1}{n}\sum_{i=1}^{n} Dist(o_i, o_c)^2}, \tag{7.48}$$

$$Dist(o_i, o_c) \geq 3\sigma. \tag{7.49}$$

식 (7.44)에 표시된 조건을 갖추면 o_i는 이상치로 간주된다. 해당 거리 기반 이상치 탐지는 비모수적nonprametric이며, 집단적 이상치를 처리한다. 따라서 해당 방법은 많은 애플리케이션에서 사용된다. 하지만 이 방법은 희박한 데이터셋을 처리할 수 없다.

7.7.1.2 클러스터링 기반 이상치 탐지

이상치는 소규모의 멀리 떨어진 클러스터 또는 어떠한 클러스터에도 속하지 않는 객체다. 이상치는 클러스터링 기반 이상치 탐지에 대한 3가지의 일반적인 접근법으로 이어진다[99].

1. 클러스터에 속하지 않은 객체는 이상치로 탐지된다. 그림 7.34a와 같이 OPTICS와 같은 밀도 기반 클러스터링 알고리즘을 사용해 a와 같은 포인트를 어떠한 클러스터에도 포함되지 않는 이상치로 간주될 수 있다.

2. 소규모의 멀리 떨어진 클러스터의 객체는 이상치로 탐지된다. k-means 알고리즘과 같은 파티션 기반 클러스터링 방법을 사용해 그림 7.34b와 같이 주어진 데이터셋을 여러 개의 클러스터로 나눌 수 있다. 소규모로 다른 클러스터와 멀리 떨어진 C_3와 같은 클러스터의 객체는 이상치로 간주된다.

3. 가장 가까운 클러스터의 중심에서 멀리 떨어진 객체는 이상치로 탐지된다. 그림 7.34c와 같이 파티션 기반 클러스터링 방법을 사용해 주어진 데이터셋을 몇 개의 클

러스터로 분할할 수 있다. 각 클러스터의 중심을 계산한 후에 객체 a의 가장 가까운 클러스터 C_1과 객체 b의 가장 가까운 클러스터 C_2를 찾을 수 있다. 객체 a는 C_1의 중심에서, 객체 b는 C_2의 중심에서 멀리 떨어져 있으므로 이상치로 탐지된다.

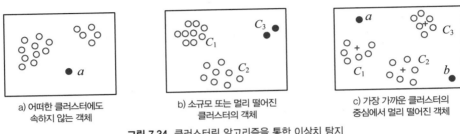

a) 어떠한 클러스터에도
속하지 않는 객체

b) 소규모 또는 멀리 떨어진
클러스터의 객체

c) 가장 가까운 클러스터의
중심에서 멀리 떨어진 객체

그림 7.34 클러스터링 알고리즘을 통한 이상치 탐지

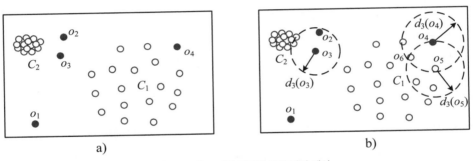

a)

b)

그림 7.35 밀도 기반 이상치 탐지 방법 예시

7.7.1.3 밀도 기반 이상치 탐지

거리 기반 및 클러스터링 기반 이상치 탐지 방법은 전역 파라미터 설정을 통해 전역 이상치를 탐지할 수 있다. 실제 데이터셋 대부분은 복잡한 구조를 가지며, 전역 데이터 분포보다는 내부의 근접성 측면에서 객체를 이상치로 판단한다.

예를 들어, 그림 7.35에는 희소^{sparse} 클러스터 C_1과 밀집^{dense} 클러스터 C_2가 있다. 거리 기반 및 클러스터링 기반 이상치 탐지 방법을 사용해 다수의 데이터에서 멀리 떨어진 객체 o_1을 이상치로 탐지할 수 있다. 하지만 o_2와 o_3 사이의 거리는 C_1의 객체와 가장 가까운 이웃 사이의 평균 거리보다 훨씬 작기 때문에 이상치 탐지 방법에 의해 이상치로 탐지되지 않는다. 7.6.1.1절에 소개된 $DB(r, p)$ 알고리즘을 사용해 o_2 및 o_3을 이상치로 인식하려면 임곗값 r을 더 낮은 값으로 선택해야 한다. 하지만 해당 설정을 C_1 그룹 전체를 이상치로 탐지한다. 해당 문제를 처리하기 위해 o_2와 o_3을 클러스터 C_2와 관련해 생각할 수 있다. 두 객체는 C_2에서 상당히 떨어져 있기 때문에 이상치로 탐지된다.

밀도 기반 이상치 탐지 방법의 기본 가정은 정상 객체 주위의 밀도는 주변 객체의 밀도와 비슷한 반면 이상치 객체 주변의 밀도는 주변 객체의 밀도와 크게 다르다는 것이다 [99]. 가정에 기반해 밀도 기반 이상치 탐지 방법은 객체의 이상치를 나타내는 척도인 이웃에 대한 객체의 상대적인 밀도를 활용한다. 해당 밀도는 다음과 같이 정의한다.

객체 집합으로 구성된 데이터셋 D가 주어지고, $d_k(o)$로 나타내는 객체 o의 k-distance 는 o와 k-번째 최근접 이웃 사이의 거리다. 예를 들어, 그림 7.35b와 같이 $k = 3$을 설정하면 $d_k(o_3)$, $d_k(o_4)$ 및 $d_k(o_5)$를 확인할 수 있다. $N_k(o) = \{o' | o' \in D, dist(o, o') \leq d_k(o)\}$로 표현되는 o의 k-distance 이웃은 $d_k(o)$보다 크지 않은 o에 대한 모든 객체의 거리를 포함한다. $N_k(o)$는 여러 개의 객체가 o에 대해 동일한 거리를 가지기 때문에 더 많은 k객체를 포함한다. 예를 들어, $N_k(o_5)$는 o_4 및 o_6이 o_5에 대해 동일한 거리를 가지므로 4개의 객체를 갖는다.

간단한 방법은 $N_k(o)$에서 o까지 객체와의 평균 거리를 이용해 o의 로컬 밀도^{local density}를 측정하는 것이다. 하지만 거리 측정의 통계적 변동은 o가 매우 가까운 이웃을 갖고 있을 때 감당할 수 없을 정도로 높을 수 있다. 이 문제를 해결하기 위해 접근 가능 거리를 평활 요소^{smoothing factor}로 추가한다. o 및 o' 객체의 경우 접근성 거리는 다음과 같이 표시된다.

$$reach\_d_k(o \leftarrow o') = \max\{d_k(o), dist(o, o')\}, \qquad (7.50)$$

k는 평활 효과를 제어하는 사용자 정의 파라미터다. 객체 o의 로컬 접근 가능 밀도는 다음과 같이 정의된다.

$$local\_dense_k(o) = \frac{\|N_k(o)\|}{\sum_{o' \in N_k(o)} reach\_d_k(o \leftarrow o')}. \qquad (7.51)$$

또한 객체의 로컬 이상치 요소를 다음과 같이 정의한다.

$$LOF_k(o) = \frac{1}{\|N_k(o)\|} \sum_{o' \in N_k(o)} \frac{local\_dense_k(o')}{local\_dense_k(o)}. \tag{7.52}$$

$local\_dense_k(o)$가 낮고 이웃의 값이 높으면 $LOF_k(o)$가 높다. 따라서 o는 이상치가 될 가능성이 높다. 그림 7.35b와 같이 $local\_dense_k(o_4)$와 $local\_dense_k(o_5)$는 거의 비슷하다. 따라서 o_4는 이상치로 탐지되지 않는다. 하지만 $local\_dense_k(o_3)$은 이웃에 비해 훨씬 작기 때문에 이상치로 탐지될 수 있다.

7.7.2 통계 기반 이상치 탐지

통계 기반 이상치 탐지 방법의 기본 원칙은 다음과 같다. "이상은 예측되는 확률적 모델에 의해 생성되지 않기 때문에 부분적으로 또는 전혀 무관하다고 의심되는 측정값이다"[10]. 해당 방법은 다음과 같은 가정을 기반으로 한다. 일반 데이터 인스턴스는 확률적으로 가능성이 높은 영역에서 발생하지만, 예외는 확률적으로 가능성이 낮은 영역에서 발생한다. 통계 기법은 통계적 모델(일반적인 경우)을 주어진 데이터에 피팅시킨 다음 통계적 추론 테스트를 적용해 탐지되지 않는 인스턴스가 해당 모델에 포함되는지를 확인한다. 적용된 테스트 통계에서 낮은 확률을 갖는 경우를 이상치로 선언한다.

7.7.2.1 로그-우도 비율 검정

통계학에서 우도비 검정LRT, Likelihood Ratio Test은 두 모델의 적합성을 비교하고자 사용되며, 하나의 모델null model은 다른 모델의 특수한 케이스 또는 잠재된 케이스다. 해당 검정은 2개 이상의 모델 파라미터가 관련이 있다고 가정하는 경우 가정을 단순화하는 것이 유효한지 여부를 테스트할 때 종종 사용된다. null 모델과 대체 모델alternative model의 두 경쟁 모델은 각각 로그 우도를 기록한 데이터에 각각 피팅된다. 검정 통계량(일반적으로 Λ으로 표시됨)은 다음과 같은 로그 우도 차이의 2배만큼 음수다.

$$\Lambda = -2\log \frac{likelihood\ for\ null\ model}{likelihood\ for\ alternative\ model}. \tag{7.53}$$

대체 모델이 null 모델보다 데이터에 유의하게 더 잘 적합한지 여부는 획득된 차이 Λ의 확률 또는 p-값을 도출해 확인할 수 있다. 대부분의 경우 검정 통계량 Λ의 확률 분포는 $df = df_2 - df_1$인 카이 제곱 분포 $\chi^2(\Lambda, df)$에 의해 근사화될 수 있으며, df_1 및 df_2는 각각 null 모델 및 대체 모델의 사용 가능한 파라미터 개수를 나타낸다.

지리적 영역 r에서 수집된 데이터셋 's'에 우도비 검정을 적용하는 경우 's'는 파라미터 Θ를 가진 특정 분포 $\mathcal{P}$를 따른다고 가정한다(예, 도착율이 λ인 포아송^{Poisson} 분포). 시간 간격 t_i에서 측정된 s의 발생 횟수를 x_i라고 가정하면 우도비는 다음과 같이 정의된다.

$$\Lambda(s) = -2\log\left(\frac{\mathcal{P}(x_i|\Theta)}{sup\{\mathcal{P}(x_i|\Theta')\}}\right), \tag{7.54}$$

Θ'는 측정된 데이터에 가장 적합하게 Θ를 변경시키는 새로운 파라미터다. sup는 $P(X_i|\Theta')$를 최대화하는 Θ'를 찾아 후자를 반환하는 상한 함수$^{supremum\ function}$를 나타낸다 [139]. 해당 검정의 이상치 정도$^{the\ anomalous\ degree}$ od는 다음과 같이 계산한다.

$$od = \chi^2\_cdf(\Lambda, df), \tag{7.55}$$

χ^2_cdf는 카이 제곱$^{chi-square}$ 분포의 누적 밀도 함수를 나타내며, df는 자유도다. 주어진 임곗값보다 od가 큰 타임 슬롯(χ^2 분포의 끝에서 Λ의 값이 떨어짐)은 이상^{anomalous}일 수 있다.

그림 7.36 우도비 검정^{LRT}를 사용해 시공간 데이터셋의 이상치를 탐지하는 2가지 예시를 보여 준다[147]. 그림 7.36a와 같이 먼저 분산이 평균에 비례하는 가우스 분포가 있는 단일 타임 슬롯을 고려한다(mean = 200, var = 1300). 타임 슬롯 x_t에서 s의 발생 횟수가 70이라고 가정하면 s의 이상 정도는 다음과 같이 계산한다.

1. null 모델의 우도^{likelihood} 계산:

$$L_{null} = Gaussian(70 \,|\, mean = 200, \, var = 1300).$$

2. Θ' 계산: 해당 예시에서는 평균을 70으로 설정해 대체 모델의 최대 우도$^{maximum\ likelihood}$를 획득한다. 분포의 분산이 평균에 비례한다고 가정하기 때문에 분산에 $P = \dfrac{70}{200} = 0.35$를 곱해야 한다.

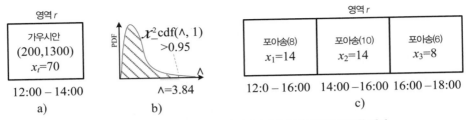

그림 7.36 지리적 영역에서 수집된 데이터에 우도비 검정을 적용한 예시

따라서 대체 모델의 신규 파라미터 Θ'는 ($mean = 200 \times 0.35 = 70$; $var = 1300 \times 0.35 = 455$)이다.

3. 대체 모델의 우도 계산

$$L_{alter} = Gaussian(70 \,|\, mean = 70, \, var = 455).$$

4. $\Lambda(s)$ 및 od 계산: 분산과 평균 사이의 고정적인 선형 관계를 가정할 때 df는 1이다. 식 (7.54) 및 식 (7.55)를 기반으로 이상치 수준은 다음과 같이 계산된다.

$$\Lambda(s) = -2 \log\left(\frac{L_{null}}{L_{alter}}\right) = 14.05, \quad od = \chi^2\_\mathrm{cdf}(14.05, \, fd = 1) = 0.999.$$

그림 7.36b와 같이 od의 임곗값을 0.95로 설정하는 경우 $\langle r, \, t \rangle$는 명백히 이상[anomaly]이다. Λ은 χ^2 분포에서 0.95에 해당하며, 1-freedom는 3.84이다. 따라서 $\Lambda(s) = 14.05 > 3.84$는 χ^2 분포의 끝으로 간주된다.

두 번째 예시에서 그림 7.36c와 같이 3개의 연속적인 타임 슬롯($\{t_1, \, t_2, \, t_3\}$)에 걸쳐 영역 r을 고려한다. 기본 분포는 포아송 분포라고 가정하지만, 타임 슬롯마다 다른 λ: $\lambda_1 = 8$, $\lambda_2 = 10$ 및 $\lambda_3 = 6$을 갖는다. 3개의 타임 슬롯에서 데이터셋의 발생 횟수는 14, 14 및 8이다.

1. null 모델의 우도 계산:

$$L_{null} = Poi(14 \,|\, \lambda_1 = 8) \times Poi(14 \,|\, \lambda_2 = 10) \times Pois(8 \,|\, \lambda_3 = 6).$$

2. $\Theta' = \{\lambda'_1, \, \lambda'_2, \, \lambda'_3\}$ 계산: 대체 모델의 우도를 최대화하기 위해 λs에 아래 값을 곱한다($fd = 1$이라고 가정).

$$p = \frac{14 + 14 + 8}{8 + 10 + 6} = 1.5,$$

$$\lambda_1' = 8 \times 1.5 = 12, \lambda_2' = 10 \times 1.5 = 15, \lambda_3' = 6 \times 1.5 = 9.$$

3. 대체 모델의 우도 계산:

$$L_{alter} = Poi(14 \mid \lambda_1') \times Poi(14 \mid \lambda_2') \times Pois(8 \mid \lambda_3').$$

4. $\Lambda(s)$ 및 od 계산:

$$\Lambda(s) = -2 \log\left(\frac{L_{null}}{L_{alter}}\right) = 5.19, od = \chi^2\_\mathrm{cdf}(5.09, fd = 1) = 0.978.$$

그림 7.36b에 따라 od의 임곗값을 0.95로 설정하면 3개의 타임 슬롯이 이상으로 간주된다. 다양한 시공간 데이터셋에서 집합적인 이상을 탐지하기 위해 고급 시공간 로그 우도비 검정(ST_LRT)이 [147]에서 제안됐다.

7.7.2.2 예측 기반 이상치 탐지

여러 요인의 영향을 받는 변수의 분포는 기존 분포 함수에 의해 설명되기에는 너무 복잡할 수 있다. 이 문제를 해결하기 위한 접근 방식은 과거 데이터에 기반해 변수와 그 영향인자 사이의 복잡한 매핑 함수로 간주될 수 있는 예측 모델을 학습시키는 것이다. 측정된인자를 기반으로 변수의 값을 예측하고자 해당 모델을 적용할 수 있다. 예측이 실젯값에서 크게 벗어나는 경우 이상치로 간주될 수 있다.

예를 들어, 그림 7.37과 같이 HVAC 시스템이 건물의 실내 공기질을 특정 표준으로 정화하는 데 필요한 시간을 예측하기 위해 해당 모델을 학습한다[91]. 대부분의 경우 예측된 시간[PTI, Predicted Time]은 실제 시간과 매치된다. 하지만 점선으로 된 원으로 표시된 시간 간격에서 예측된 시간과 실제 시간 사이에 큰 차이가 있음을 알 수 있다. 해당 차이는 이상치다. 층계의 HVAC 시스템을 검사한 결과 필터 시트가 매우 더러워서 교체해야 하는 것으로 나타났다. 필터 교체 후 PIT와 실제 시간 사이의 차이가 없어졌다.

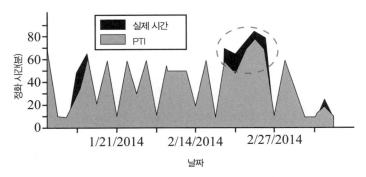

그림 7.37 예측 모델에 기반한 이상치 탐지 예시

또 다른 방법은 다수의 정상적인 인스턴스와 소수의 이상치로 구성된 불균형한 데이터를 기반으로 분류 모델을 학습시키는 것이다. 불균형한 데이터를 대상으로 설계된(7.5.5절 참고) 비용-민감 기법 및 오버/언더 샘플링 기법과 같은 분류 모델은 이상치를 인지할 때 사용될 수 있다. 모델을 학습시키기 위해 일부 레이블된 이상치를 학습 데이터로 제공한다. 많은 실제 시스템(예, 헬스케어 데이터의 암 및 신용카드 데이터의 사기)에서 이상치를 수집하는 것이 쉽지 않지만, 큰 문제가 되지는 않는다.

이상치를 탐지하지 못한 경우 원클래스 SVM을 사용할 수 있다. 예를 들어, 그림 7.31과 같이 일반적인 케이스에 포함돼 대부분의 데이터를 둘러싸는 초구$^{hyperspherical\ surface}$를 찾는 원클래스 SVM 모델을 학습시킬 수 있다. 초구를 학습하는 경우 외부의 인스턴스는 '이상'으로 분류된다.

7.8 요약

7장에서는 데이터 전처리$^{data\ preprocessing}$ 및 데이터 분석$^{data\ analytics}$이라는 2가지 주요 부분으로 구성된 범용적인 데이터 마이닝 프레임워크를 알아보았다.

데이터 전처리 부분은 데이터 정제, 데이터 변환 및 데이터 통합으로 구성된다. 데이터 정제는 결측치 보간, 잡음 데이터 평활 그리고 이상치 제거를 통해 데이터를 정제하는 것이 목표다. 데이터 변환은 다양한 형태의 데이터를 데이터 마이닝 모델에 사용자 친화적인 형식으로 전송한다. 데이터 통합은 여러 다른 소스의 데이터를 병합하고 콘텐츠의 손실을 최소화하면서 데이터의 표현을 축소한다.

데이터 분석은 다양한 데이터 마이닝 모델, 결과 표현 방법result presentation method 및 평가 방법evaluation method으로 구성된다. 모델이 수행할 작업을 기반으로 데이터 마이닝 모델은 빈번 패턴 마이닝, 클러스터링, 분류, 회귀 분석 및 이상치 탐지의 5가지 주요 범주로 나눌 수 있다.

빈번 패턴은 데이터셋에서 자주 보이는 항목 집합, 하위 시퀀스, 하위 구조다. 항목 집합, 시퀀스, 하위 그래프 패턴을 각각 마이닝하기 위한 알고리즘의 3가지 범주를 소개했다. 빈번 패턴 마이닝의 개선과 알고리즘들 간의 연결 또한 다뤘다.

데이터 클러스터링은 데이터 객체 집합을 여러 그룹 또는 클러스터로 그룹화해 클러스터 내의 객체는 비슷하지만, 다른 클러스터의 객체와는 매우 다른 프로세스다. 클러스터링 알고리즘의 3가지 범주인 파티셔닝 기법, 계층적 기법 그리고 밀도 기반 기법도 다뤘다. 또한 클러스터링은 지도학습supervised learning인 분류와 비교할 때 비지도학습unsupervised learning에 속한다.

데이터 분류는 과거 데이터를 기반으로 분류를 수행하는 학습 단계와 주어진 데이터에 대해 모델이 클래스 레이블을 예측하는 분류 단계로 구성된다. 나이브 베이지안naïve Bayesian, 의사결정 트리decision tree 및 서포트 벡터 머신support vector machine과 같이 잘 알려진 분류 모델을 다뤘다. 3가지 알고리즘은 사후 확률postprobability, 정보의 상태(예. 정보 엔트로피) 그리고 객체 사이의 거리를 기반으로 3개의 주요 분류 접근법을 보여 준다. 또한 불균형한 데이터를 학습하는 방법도 논의했다.

데이터 회귀는 일련의 측정치(예. 특징 또는 속성)를 기반으로 실젯값을 예측하는 것이 목표다. 데이터 회귀는 과거 데이터를 기반으로 모델을 구축하는 학습 단계와 주어진 데이터에 대해 클래스 레이블보다는 실젯값을 예측하는 예측 단계로 구성된다. 선형 회귀, 자기 회귀 그리고 회귀 트리로 구성된 3가지의 잘 알려진 모델을 논의했다.

이상치 또는 이상anomaly은 다른 메커니즘에 의해 생성된 것처럼 다른 객체들로부터 완전히 분리된 데이터 객체다. 7장에서 근접 기반 이상치 탐지 알고리즘과 통계 기반 이상치 탐지 알고리즘으로 구성된 2가지 범주의 이상치 탐지 알고리즘을 다뤘다. 근접 기반 알고리즘은 거리 기반, 클러스터링 기반 그리고 밀도 기반 이상치 탐지 알고리즘으로 구성된다. 통계 기반 알고리즘은 우도비 검정 및 예측 기반 이상치 탐지 방법으로 구성된다.

참고문헌

[1] Agrawal, R., and R. Srikant. 1994. "Fast Algorithms for Mining Association Rules." In *Proceedings of the 20th International Conference on Very Large Data Bases*. San Jose, CA: Very Large Data Bases Endowment (VLDB), 487–499.

[2] Ankerst, M., M. M. Breunig, H. P. Kriegel, and J. Sander. 1999. "OPTICS: Ordering Points to Identify the Clustering Structure." ACM SIGMOD Record 28 (2): 49–60.

[3] Box, G., G. M. Jenkins, and G. C. Reinsel. 1994. *Time Series Analysis: Forecasting and Control*. 3rd edition. Englewood Cliffs, NJ: Prentice-Hall.

[4] Breiman, L., J. H. Friedman, R. A. Olshen, and C. J. Stone. 1984. *Classification and Regression Trees*. Monterey, CA: Wadsworth and Brooks.

[5] Chang, C. C., and C. J. Lin. 2011. "LIBSVM: A Library for Support Vector Machines." *ACM Transactions on Intelligent Systems and Technology* 2 (3): 27.

[6] Aggarwal, Charu C. 2015. *Data Mining: The Textbook*. Cham, Switzerland: Springer.

[7] Chawla, Nitesh V., et al. 2011. "SMOTE: Synthetic Minority Over-Sampling Technique." *Journal of Artificial Intelligence Research* 16 (1): 321–357.

[8] Chen, M. S., J. Han, and P. S. Yu. 1996. "Data Mining: An Overview from a Database Perspective." *IEEE Transactions on Knowledge and Data Engineering* 8 (6): 866–883.

[9] Chen, X., Y. Zheng, Y. Chen, Q. Jin, W. Sun, E. Chang, and W. Y. Ma. 2014. "Indoor Air Quality Monitoring System for Smart Buildings." In *Proceedings of the 2014 ACM International Joint Conference on Pervasive and Ubiquitous Computing*. New York: Association for Computing Machinery (ACM), 471–475.

[10] Cook, D. J., and L. B. Holder. 1994. "Substructure Discovery Using Minimum Description Length and Background Knowledge." *Journal of Artificial Intelligence Research* 1:231–255.

[11] Cortes, C., and V. Vapnik. 1995. "Support-Vector Networks." *Machine Learning* 20 (3): 273–297.

[12] Deng, K., S. W. Sadiq, X. Zhou, H. Xu, G. P. C. Fung, and Y. Lu. 2012. "On Group Nearest Group Query Processing." *IEEE Transactions on Knowledge and Data Engineering* 24 (2): 295–308.

[13] Elseidy, M., E. Abdelhamid, S. Skiadopoulos, and P. Kalnis. 2014. "Grami: Frequent Subgraph and Pattern Mining in a Single Large Graph." *Proceedings of the VLDB Endowment* 7 (7): 517–528.

[14] Ester, M., H. P. Kriegel, J. Sander, and X. Xu. 1996. "A Density-Based Algorithm for Discovering Clusters in Large Spatial Databases with Noise." *Proceedings of the Second International Conference on Knowledge Discovery and Data Mining* 96 (34): 226–231.

[15] Freedman, D. A. 2009. *Statistical Models: Theory and Practice*. New York: Cambridge University Press.

[16] Golub, G. H., and C. Reinsch. 1970. "Singular Value Decomposition and Least Squares Solutions." *Numerische mathematik* 14 (5): 403–420.

[17] Han, J., J., Pei, and M. Kamber. 2011. *Data Mining: Concepts and Techniques*. Waltham, MA: Morgan Kaufmann.

[18] Han, J., J. Pei, B. Mortazavi-Asl, H. Pinto, Q. Chen, U. Dayal, and M. C. Hsu. 2001. "Prefixspan: Mining Sequential Patterns Efficiently by Prefix-Projected Pattern Growth." In *Proceedings of the 17th International Conference on Data Engineering*. Washington, DC: IEEE Computer Society Press, 215–224.

[19] Han, J., J. Pei, and Y. Yin. 2000. "Mining Frequent Patterns without Candidate Generation." *ACM SIGMOD Record* 29 (2): 1–12.

[20] He, H., and E. A. Garcia. 2009. "Learning from Imbalanced Data." *IEEE Transactions on Knowledge and Data Engineering* 21 (9): 1263–1284.

[21] Hinneburg, A., and D. A. Keim. 1998. "An Efficient Approach to Clustering in Large Multimedia Databases with Noise." In *Proceedings of the Fourth International Conference on Knowledge Discovery and Data Mining*. New York: AAAI Press, 58–65.

[22] Hochreiter, S., and J. Schmidhuber. 1997. "Long Short-Term Memory." *Neural Computation* 9 (8): 1735–1780.

[23] Hoyer, P. O. 2004. "Non-Negative Matrix Factorization with Sparseness

Constraints." *Journal of Machine Learning Research* 5:1457 – 1469.

[24] Hyndman, Rob J., and George Athanasopoulos. "8.9 Seasonal ARIMA Models." *Forecasting: Principles and Practice.* oTexts. Retrieved May 19, 2015. www.otexts .org/book/fpp.

[25] Kaelbling, Leslie P., Michael L. Littman, and Andrew W. Moore. 1996. "Reinforcement Learning: A Survey." *Journal of Artificial Intelligence Research* 4:237 – 285.

[26] Kang, Pilsung, and S. Cho. 2006. "EUS SVMs: Ensemble of Under-Sampled SVMs for Data Imbalance Problems." In *Neural Information Processing. Lecture Notes in Computer Science.* Berlin: Springer, 837 – 846.

[27] Klema, V., and A. J. Laub. 1980. "The Singular Value Decomposition: Its Computation and Some Applications." *IEEE Transactions on Automatic Control* 25 (2): 164 – 176.

[28] Kukar, M., and I. Kononenko. 1998. "Cost-Sensitive Learning with Neural Networks." In *Proceedings of the 13th European Conference on Artificial Intelligence (ECAI).* New York: John Wiley and Sons, 445 – 449.

[29] Kuramochi, M., and G. Karypis. 2001. "Frequent Subgraph Discovery." In *Proceedings of the 2001 IEEE International Conference on Data Mining.* Washington, DC: Institute of Electrical and Electronics Engineers (IEEE) Computer Society Press, 313 – 320.

[30] Kuramochi, M., and G. Karypis. 2005. "Finding Frequent Patterns in a Large Sparse Graph." *Data Mining and Knowledge Discovery* 11 (3): 243 – 271.

[31] Laney, D. 2001. "3D Data Management: Controlling Data Volume, Velocity and Variety." *META Group Research Note* 6:70.

[32] LeCun, Y., L. Bottou, Y. Bengio, and P. Haffner. 1998. "Gradient-Based Learning Applied to Document Recognition." *Proceedings of the IEEE* 86 (11): 2278 – 2324.

[33] LeCun, Y., Y. Bengio, and G. Hinton. 2015. "Deep Learning." *Nature* 521 (7553): 436 – 444.

[34] Lee, D. D., and H. S. Seung. 2011. "Algorithms for Non-Negative Matrix Factorization." In *Advances in Neural Information Processing Systems.* La Jolla, CA: Neural Information Processing Systems (NIPS), 556 – 562.

[35] Lee, W.-C., and J. Krumm. 2011. "Trajectory Preprocessing." In *Computing with Spatial Trajectories*, edited by Y. Zheng and X. Zhou, 1–31. Berlin: Springer.

[36] Lang, M., H. Guo, J. E. Odegard, C. S. Burrus, and R. O. Wells. 1996. "Noise Reduction Using an Undecimated Discrete Wavelet Transform." *IEEE Signal Processing Letters* 3 (1): 10–12.

[37] Li, Q., Y. Zheng, X. Xie, Y. Chen, W. Liu, and W. Y. Ma. 2008. "Mining User Similarity Based on Location History." In *Proceedings of the 16th ACM SIGSPATIAL International Conference on Advances in Geographic Information Systems*. New York: ACM, 34.

[38] Liu, Xu Ying, J. Wu, and Z. H. Zhou. 2006. "Exploratory Under-Sampling for Class-Imbalance Learning." In *Proceedings, Sixth International Conference on Data Mining*. Washington, DC: IEEE Computer Society Press, 965–969.

[39] Manyika, J., M. Chui, B. Brown, J. Bughin, R. Dobbs, C. Roxburgh, and A. H. Byers. 2011. *Big Data: The Next Frontier for Innovation, Competition, and Productivity*. New York: McKinsey.

[40] Mashey, J. R. 1997. "Big Data and the Next Wave of InfraStress." Paper presented at Computer Science Division Seminar, October, University of California, Berkeley.

[41] Mnih, V., K. Kavukcuoglu, D. Silver, A. A. Rusu, J. Veness, M. G. Bellemare, A. Graves, M. Riedmiller, A. K. Fidjeland, G. Ostrovski, and S. Petersen. 2015. "Human-Level Control through Deep Reinforcement Learning." *Nature* 518 (7540): 529–533.

[42] Mohri, M., A. Rostamizadeh, and A. Talwalkar. 2012. *Foundations of Machine Learning*. Cambridge, MA: MIT Press.

[43] Opitz, D., and Maclin, R., 1999. "Popular Ensemble Methods: An Empirical Study." *Journal of Artificial Intelligence Research* 11:169–198.

[44] Pei, J., J. Han, and L. V. Lakshmanan. 2001. "Mining Frequent Itemsets with Convertible Constraints." In *Proceedings of the 17th International Conference on Data Engineering*. Washington, DC: IEEE Computer Society Press, 433–442.

[45] Pei, J., J. Han, B. Mortazavi-Asl, J. Wang, H. Pinto, Q. Chen, U. Dayal, and M. C. Hsu. 2004. "Mining Sequential Patterns by Pattern-Growth: The Prefixspan Approach." *IEEE Transactions on Knowledge and Data Engineering* 16 (11): 1424–1440.

[46] Platt, J. 1998. "Sequential Minimal Optimization: A Fast Algorithm for Training Support Vector Machines." PDF. Technical Report MSR-TR-98-14. https://pdfs. semanticscholar.org/59ee/e096b49d66f39891eb88a6c84cc89acba12d.pdf.

[47] Quinlan, J. R. 2014. C4.5: *Programs for Machine Learning*. New York: Elsevier.

[48] Russell, S., and P. Norvig. 1995. *Artificial Intelligence: A Modern Approach*. Englewood Cliffs, NJ: Prentice-Hall, 27.

[49] Schölkopf, B., John C. Platte, John C. Shawe-Taylor, Alex J. Smola, and Robert C. Williamson. 2001. "Estimating the Support of a High-Dimensional Distribution." *Neural Computation* 13 (7): 1443–1471.

[50] Shang, J., Y. Zheng, W. Tong, E. Chang, and Y. Yu. 2014. "Inferring Gas Consumption and Pollution Emission of Vehicles throughout a City." In *Proceedings of the 20th ACM SIGKDD International Conference on Knowledge Discovery and Data Mining*. New York: ACM, 1027–1036.

[51] Srikant, R., and R. Agrawal. 1996. "Mining Sequential Patterns: Generalizations and Performance Improvements." In *Proceedings, 1996 International Conference on Extending Database Technology*. Berlin: Springer, 1–17.

[52] Ullmann, J. R. 1976. "An Algorithm for Subgraph Isomorphism." *Journal of the ACM* 23 (1): 31–42.

[53] Utgoff, P. E. 1989. "Incremental Induction of Decision Trees." *Machine Learning* 4 (2): 161–186.

[54] Vanetik, N., S. E. Shimony, and E. Gudes. 2006. "Support Measures for Graph Data." *Data Mining and Knowledge Discovery* 13 (2): 243–260.

[55] Wang, J., J. Han, and J. Pei. 2003. "Closet+: Searching for the Best Strategies for Mining Frequent Closed Itemsets." In *Proceedings of the Ninth ACM SIGKDD International Conference on Knowledge Discovery and Data Mining*. New York: ACM, 236–245.

[56] Wang, Y., Y. Zheng, and Y. Xue. 2014. "Travel Time Estimation of a Path Using Sparse Trajectories." In *Proceedings of the 20th ACM SIGKDD International Conference on Knowledge Discovery and Data Mining*. New York: ACM, 25–34.

[57] Wu, M., X. Song, C. Jermaine, Sanjay Ranka, and John Gums. 2009. "A LRT Framework for Fast Spatial Anomaly Detection." In *Proceedings of the 15th ACM SIGKDD Conference on Knowledge Discovery and Data Mining*. New York: ACM, 887–896.

[58] Yan, X., and J. Han. 2002. "Gspan: Graph-Based Substructure Pattern Mining." In *Proceedings, 2002 IEEE International Conference on Data Mining*. Washington, DC: IEEE Computer Society Press, 721–724.

[59] Yan, X., and J. Han. 2003. "CloseGraph: Mining Closed Frequent Graph Patterns." In *Proceedings of the Ninth ACM SIGKDD International Conference on Knowledge Discovery and Data Mining*. New York: ACM, 286–295.

[60] Yan, X., J. Han, and R. Afshar. 2003. "CloSpan: Mining: Closed Sequential Patterns in Large Datasets." In *Proceedings of the 2003 SIAM International Conference on Data Mining*. Philadelphia: Society for Industrial and Applied Mathematics (SIAM), 166–177.

[61] Ye, Y., Y. Zheng, Y. Chen, J. Feng, and X. Xie. 2009. "Mining Individual Life Pattern Based on Location History." In *Tenth International Conference on Mobile Data Management: Systems, Services and Middleware*. Washington, DC: IEEE Computer Society Press, 1–10.

[62] Yi, X., Y. Zheng, J. Zhang, and T. Li. 2016. "ST-MVL: Filling Missing Values in Geo-Sensory Time Series Data." In *Proceedings of the 25th International Joint Conference on Artificial Intelligence*. Pasadena, CA: International Joint Conferences on Artificial Intelligence Organization (IJCAI).

[63] Zheng, Y. 2015. "Methodologies for Cross-Domain Data Fusion: An Overview." *IEEE Transactions on Big Data* 1 (1): 16–34.

[64] Zheng, Y., X. Yi, M. Li, R. Li, Z. Shan, E. Chang, and T. Li. 2015. "Forecasting Fine-Grained Air Quality Based on Big Data." In *Proceedings of the 21st ACM SIGKDD International Conference on Knowledge Discovery and Data Mining*. New York: ACM, 2267–2276.

[65] Zheng, Y., H. Zhang, and Y. Yu. 2015. "Detecting Collective Anomalies from Multiple Spatio-temporal Datasets across Different Domains." In *Proceedings of the 23rd SIGSPATIAL International Conference on Advances in Geographic Information Systems*. New York: ACM, 2.

시공간 데이터를 위한
고급 머신러닝 기술

초록: 8장에서는 데이터 마이닝 및 머신러닝 모델 전용 설계를 요구하는 시공간 데이터의 고유한 속성을 설명하며, 시공간 데이터 맥락에서 협업 필터링, 행렬 분해, 텐서 분해, 확률적 그래픽 모델, 딥러닝 및 강화학습으로 구성된 6가지 범주의 고급 머신러닝 기법을 소개한다.

8.1 소개

실무에서 접하는 문제들은 7장에 나온 예시보다 더욱 복잡하다. 예를 들어, 분석할 변수에 영향을 미치는 다양한 데이터셋으로부터 추출된 많은 요소가 있다. 변수의 값을 예측하려면 어떻게 해당 요소를 결합해야 할까? 분류 작업에서 클래스 레이블(학습 데이터)이 있는 데이터는 매우 부족할 수 있으므로 효과적인 분류기를 학습시킬 수 없다. 레이블 부족 문제를 어떻게 처리해야 할까? 때때로 변수에 영향을 미치는 요인은 보이지 않고, 변수의 결과(예, 레스토랑 방문자의 평가)만 볼 수 있다. 변수의 값(다른 레스토랑의 방문자 평가 또는 동일 레스토랑의 다른 방문자 평가)을 어떻게 예측할 수 있을까? 이와 같은 문제는 더욱 발전된 데이터 마이닝 및 머신러닝 모델이 필요하다.

하지만 대부분의 머신러닝 기술은 원래 컴퓨터 비전 및 자연어 처리 문제를 해결하고자 고안됐다. 시공간 데이터는 텍스트, 이미지 그리고 비디오와는 매우 다르기 때문에 어반 컴퓨팅에서 발생되는 문제를 해결하고자 기존 머신러닝 모델을 단순히 적용하는 것은 상당히 비효율적이다. 이와 같은 상황에서 시공간 데이터를 다루고자 고급 머신러닝 기술을 적용해야 한다. 시공간 데이터의 고유한 속성을 고려할 때 이것은 매우 중요하다.

8.2 시공간 데이터의 고유 특성

시공간 데이터는 이미지 및 텍스트 데이터와 비교할 때 고유한 공간 속성과 시간 속성을 가진다. 공간 속성은 공간 거리와 공간 계층으로 구성된다. 시간 속성은 시간 근접성, 기간 및 경향을 포함한다.

8.2.1 시공간 데이터의 공간 속성

8.2.1.1 공간 거리

공간 거리에 따른 공간 상관관계 변화

지리학의 첫 번째 법칙에 따르면 "모든 것은 다른 모든 것과 관련이 있지만 가까운 것들은 먼 것보다 더 관련이 있다." 예를 들어, 그림 8.1a와 같이 근접한 거리를 가진 n_1 및 n_3의 온도는 일반적으로 더 먼 거리를 가진 n_2 및 n_3보다 더 비슷하다. 따라서 이웃을 기반으로 지역의 온도를 예측하고자 하는 머신러닝 알고리즘은 근접한 이웃의 측정값에 더 높은 가중치를 부여한다. 공간 거리는 지리적 공간에서 유클리드 거리에 국한되지 않는다. 공간 거리는 교통 네트워크에서 네트워크 거리이며, 각 노드는 공간 좌표를 갖고 각 에지는 공간 길이와 연관된다. 그림 8.1b와 같이 v_1과 v_4 사이의 유클리드 거리가 v_1과 v_2 사이의 유클리드 거리보다 짧지만, v_1 및 v_2의 교통 흐름은 도로망에서 더 긴 거리($v_1 \rightarrow v_2 \rightarrow v_3 \rightarrow v_4$)를 갖는 v_1 및 v_4보다 더 비슷하다. 서로 다른 공간 거리를 갖는 객체의 유사성을 구분하는 머신러닝 알고리즘이 필요하다.

이미지에서 두 픽셀 사이의 거리가 객체 인식 또는 이미지 분할의 특징으로 사용되는 경우도 있지만, 필드의 깊이는 이미지가 뭉개진다. 따라서 거리는 시공간 데이터의 거리에 비해서는 중요하지 않다. 예를 들어, 그림 8.1c와 같이 이미지의 픽셀(p_1, p_2)은 각각 개인의 얼굴과 배경에 해당된다. 이미지에는 해당 픽셀이 매우 가깝지만, 두 픽셀에 의해 표시되는 실제 위치는 현실적으로는 매우 멀리 떨어져 있다. 따라서 해당 픽셀은 전혀 관련이 없다. 반대로 거리가 더 먼 두 픽셀 (p_2, p_3)은 (p_1, p_2)보다 더 관련성이 높다.

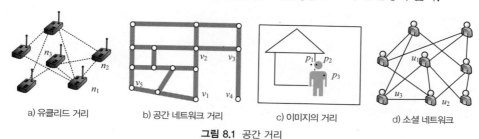

a) 유클리드 거리   b) 공간 네트워크 거리   c) 이미지의 거리   d) 소셜 네트워크

그림 8.1 공간 거리

공간 거리의 삼각 부등식

예를 들어, 그림 8.1a와 같이 n_1, n_2 그리고 n_3 사이의 유클리드 거리는 다음과 같은 삼각 부등식$^{triangle\ inequality}$이다.

$$[dist\,(n_1, n_3) - dist\,(n_2, n_3)] \leq dist\,(n_1, n_2) \leq [dist\,(n_1, n_3) + dist\,(n_2, n_3)]. \quad (8.1)$$

마찬가지로 그림 8.1b에 나타난 바와 같이 $v_5 \rightarrow v_3$ 사이의 최단 경로 길이는 $v_5 \rightarrow v_2 + v_2 \rightarrow v_3$ 사이의 최단 경로보다 작다.

$$Shortest\,(v_5 \rightarrow v_3) \leq Shortest\,(v_5 \rightarrow v_2) + Shortest\,(v_2 \rightarrow v_3). \quad (8.2)$$

따라서 다음과 같다.

$$Shortest\,(v_5 \rightarrow v_2) \geq Shortest\,(v_5 \rightarrow v_3) - Shortest\,(v_2 \rightarrow v_3). \quad (8.3)$$

공간 거리의 삼각 부등식은 데이터 마이닝 작업을 위해 검색 공간을 크게 제거하는 상한 및 하한을 확인할 수 있다. v_5와 v_3을 사전 계산된 영역 사이에 가장 짧은 경로가 있는 자체 영역에서 앵커 포인트$^{anchor\ point}$로 선택했다고 가정하자($Shortest(v_5 \rightarrow v_3)$은 이미 알려짐). 또한 $Shortest(v_2 \rightarrow v_3)$은 공간적으로 가깝기 때문에 계산하기가 매우 쉽다. 해당 위치는 동일한 도로 구간에 있다. 따라서 식 (8.3)을 기반해 최단 경로를 실제로 계산하지 않고도 v_5와 v_2 사이의 도로망 거리의 하한을 빠르게 도출할 수 있다. 하한은 k-최근접 이웃 검색 및 접근 가능성 예측과 같은 많은 컴퓨팅 프로세스를 촉진할 수 있다.

이와 같은 거리는 다른 유형의 데이터에는 존재하지 않는다. 예를 들어, 그림 8.1d와 같이 소셜 네트워크에서 u_1에 대한 거리를 고려할 때 u_2와 u_3 모두 원-홉one-hop으로 연결 돼 있기 때문에 u_2와 u_3를 구분할 수 없다. u_1에 직결된 모든 사용자는 u_1에 대해 동일한 거리(one-hop)를 갖는다.

8.2.1.2 공간 계층

서로 다른 위치의 세분화 정도는 일반적으로 공간 계층을 발생시킨다(예, 각 주state는 여러 개의 카운티로 구성되며, 카운티는 많은 도시로 구성됨). 계층의 다른 수준에서의 데이터 표현은 다른 수준의 지식을 뜻한다. 머신러닝 알고리즘이 서로 다른 세분성을 갖는 시공간 데이 터의 정보를 수집하는 것은 어려운 작업이다.

그림 8.2와 같이 서로 다른 개인의 위치 이력은 지리적 계층을 형성하며, 상위 레벨의 노드는 더 세분화된 위치 클러스터를 나타낸다. 예를 들어, c_{10}은 3개의 높은 세분성을 갖 는 위치 클러스터 c_{20}, c_{21} 및 c_{22}로 구성된다. c_{20}은 c_{30} 및 c_{31}로 추가 구성된다. 다른 색상 의 점은 4명의 다른 사용자의 위치 기록을 나타낸다.

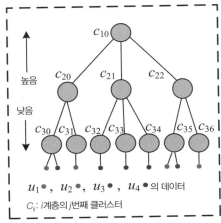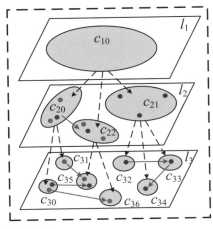

그림 8.2 공간의 계층적 속성

유사도가 높은 사용자가 더 많은 위치 기록을 공유할 수 있다는 일반적인 통찰[38]과 사용자의 위치 이력을 기반으로 4명의 사용자(u_1, u_2, u_3, u_4) 사이의 유사성을 예측하고자 한다. 두 번째 계층 l_2의 위치 기록만 확인하는 경우 모든 사용자가 $c_{20} \rightarrow c_{22}$를 거쳤기 때문에 u_1, u_2 및 u_3을 구분할 수 없다. 하지만 세 번째 계층을 확인하면 u_2 및 u_3 둘 다 c_{35}에 방문했음을 알 수 있다. 결과적으로 u_3은 u_1에 비해 u_2와 더 비슷하다. 마찬가지로 u_1과 u_3 모두 c_{30}을 방문했기 때문에 u_2에 비해 u_3은 u_1과 더 비슷하다.

반면 l_3에서 이러한 사용자의 데이터만 탐색하는 경우 u_1, u_2, u_4는 이 계층의 어떤 위치도 공유하지 않기 때문에 비교하기 어렵게 된다. 그러나 l_2에서 위치 이력을 확인하면 u_1과 u_2가 모두 $c_{20} \rightarrow c_{22}$를 통해 이동하지만, u_1과 u_2는 그렇지 않기 때문에 u_2를 u_4와 구분할 수 있다. 전체적으로 이와 같은 공간 계층을 사용하지 않으면 4명의 사용자를 구분할 수 없다.

8.2.2 시간 속성

1. 시간 근접성temporal closeness. 시간 근접성은 공간 거리와 비슷하며, 시간 근접성은 일반적으로 2개의 근접한 타임스탬프에서 생성된 데이터가 원거리의 타임스탬프에서 생성된 데이터보다 더 비슷함을 나타낸다[67]. 예를 들어, 그림 8.3a와 같이 가로축은 2개의 타임스탬프 사이의 시간 범위를 나타내고, 세로축은 2개의 타임스탬프 공기질 측정값 사이의 유사성을 나타낸다. 시간 범위가 증가함에 따라 유사성은 거의 지수 분포exponential distribution에 따라 줄어든다.

2. 시간 간격temporal period. 그림 8.3a과 같은 시간 근접성은 시공간 데이터의 주기적인 패턴 때문에 항상 정확하지 않을 수 있다. 예를 들어, 그림 8.3b와 같이 매일 오전 8시 도로의 주행 속도는 평일 동안 거의 같다. 그러나 오전 8시의 주행 속도는 전날 오전 8시보다 현재 오전 11시가 더 유사하지만, 현재 오전 11시의 주행 속도는 달라질 수 있다.

3. 시간 경향. 시간이 지남에 따라 시간 간격은 달라진다. 그림 8.3c는 오전 9~10시 사이의 주행 속도다. 주말에는 겨울이 다가옴에 따라 계속 증가하고 있다. 기온

이 떨어지면 사람들은 주말 활동의 시작 시간을 연기한다. 따라서 도로의 오전 9시 교통 상황이 점점 좋아진다.

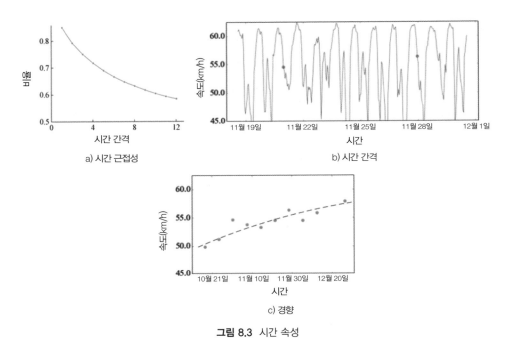

그림 8.3 시간 속성

비디오 분석에 관한 자료에서는 비디오가 시계열 데이터의 유형으로 간주되기 때문에 위에서 언급한 시간 및 공간 속성을 갖고 있지는 않지만, **시공간**이라는 용어가 자주 사용되는 것을 볼 수 있다. 예를 들어, 영화는 몇 분(기간)마다 결코 반복되지 않으며, 명확한 경향도 없다. 이미지에서 각 픽셀 쌍 사이의 거리는 지리적 공간에서의 거리만큼의 의미는 없다. 이미지 내에서 계층적으로 분할하거나 원래 해상도를 축소해 이른바 계층 구조를 구성할 수도 있지만, 해당 계층은 8.2.1.2절에서 다룬 공간 계층의 시맨틱 의미를 제공하지 않는다. 이미지 내에서 영역을 분할하고 여러 픽셀을 병합하는 것은 이미지 콘텐츠의 시맨틱 의미를 고려하지 않는다.

따라서 데이터 마이닝 및 머신러닝 알고리즘이 앞에서 언급한 시공간 속성을 인코딩하는 것은 여전히 과제로 남아 있다.

8.3 협업 필터링

협업 필터링CF, Collaborative Filtering은 추천 시스템에서 널리 사용되는 잘 알려진 모델이다. 협업 필터링의 기본적인 아이디어는 비슷한 사용자가 비슷한 아이템에 대해 비슷한 방식으로 평점rating을 생성한다는 것이다[10]. 따라서 사용자와 아이템 사이에 유사성이 밝혀지면 향후 아이템과 관련해 사용자 평점에 대한 잠재적 예측이 이뤄질 수 있다. 사용자 및 아이템은 일반적으로 행렬에 의해 구성되며, 행렬의 엔트리는 아이템의 사용자 평점을 나타낸다. 평점은 명시적 순위 또는 장소 방문 횟수 또는 사용자가 아이템을 검색한 횟수와 같은 암시적인 표시일 수 있다. 8.3절에서는 위치를 아이템으로 간주하는 예시 [44]를 사용해 위치 추천을 사용하는 협업 필터링 모델을 소개한다.

8.3.1 기본 모델: 사용자 기반 및 아이템 기반

그림 8.4에 나타낸 것과 같이 행렬 M의 각 행은 사용자를 나타내며, 각 열은 위치를 나타낸다. 각 항목의 값은 사용자가 특정 위치를 방문한 횟수이며, 위치에 대한 사용자의 암시적인 평점을 나타낸다. x는 수집된 데이터에서 확인된, 사용자가 방문하지 않은 위치를 나타낸다. 또한 협업 필터링 모델이 예측해야 하는 값이다. 일단 행렬이 공식화되면 행렬에서 두 행 사이의 거리는 그림 8.4a와 같이 두 사용자 사이의 유사성을 나타내며, 두 열 사이의 거리는 그림 8.4b와 같이 두 항목(예, 위치) 사이의 유사성을 나타낸다. 행렬 M의 결측값을 채워 넣음으로써 사용자가 방문하지 않은 위치의 잠재적인 관심도를 예측할 수 있으며, 개인화된 위치 추천을 수행할 수 있다.

메모리 기반 협업 필터링은 사용자와 아이템에 의해 알려지지 않은 평점을 동일한 아이템에 대한 다른 일부(일반적으로 가장 유사한 N) 사용자 평점의 집합으로 계산하는 가장 널리 사용되는 알고리즘이다. 협업 필터링 모델에는 사용자 기반 및 아이템 기반 기법이 있다.

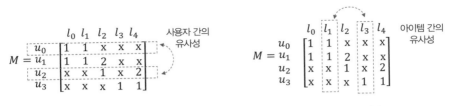

a) 사용자 기반 협업 필터링   b) 아이템 기반 협업 필터링

그림 8.4 메모리 기반 협업 필터링 모델

8.3.1.1 사용자 기반 협업 필터링 모델

사용자 기반 협업 필터링 모델은 일반적으로 그림 8.4a와 같이 기존 아이템에 대한 두 사용자의 평점를 기준으로 각 사용자 쌍간의 유사성을 추정한다. 사용자 기반 협업 필터링 모델에는 몇 가지 종류가 존재한다. 가장 널리 사용되는 기법을 아래와 같이 소개한다.

평가evaluation라고 부르는 사용자 u_p의 평점은 벡터 $R_p = \langle r_{p0}, r_{p1}, \ldots, r_{pn} \rangle$로 나타내며, r_{pj}는 위치 j에 대한 평점이다. 방문하지 않은 위치에 대한 사용자 p의 관심사(r_{pi})는 다음과 같이 예측할 수 있다.

$$r_{pi} = \overline{R_p} + d\sum_{u_q \in U'} sim(u_p, u_q) \times (r_{qi} - \overline{R_q}), \tag{8.4}$$

$$d = \frac{1}{|U'|}\sum_{u_q \in U'} sim(u_p, u_q), \tag{8.5}$$

$$\overline{R_p} = \frac{1}{|S(R_p)|}\sum_{i \in S(R_p)} r_{pi}, \tag{8.6}$$

$sim(u_p, u_q)$는 사용자 u_p와 u_q의 유사성을 나타낸다. U'는 u_q와 가장 비슷한 사용자 집합이다. 집합 S의 요소 개수는 $|S|$다. $\overline{R_q}$와 $\overline{R_p}$은 각각 평점 규모를 나타내는 u_p 및 u_q의 평균 평점이다. $S(R_p)$는 R_p의 하위 집합이며 $\forall r_{pj} \in S(R_p)$; $r_{pj} \neq 0$(u_p에 의해 평가된 위치 집합)이다.

$r_{qi} - \overline{R_q}$는 다른 사용자의 평점 편향bias을 피하기 위한 것이다. 예를 들어, 10이 가장 높은 평가 점수라고 가정하면 일부 보수적인 사용자들은 좋은 영화라고 생각하는 영화에 7점으로 평가할 수 있고, 다른 사용자들은 좋은 영화를 9점으로 평가할 수도 있다. 또한 다른 사용자들은 좋아하지 않는 영화에 4점 미만을 줄 수도 있지만, 일부 사용자들은 좋

아하지 않는 영화에 6점을 줄 수도 있다.

피어슨 상관관계 또는 코사인 유사성과 같은 R_p와 R_q를 기반으로 해 $sim(u_p, u_q)$을 계산하는 데 사용할 수 있는 일부 유사성 함수가 있다. 피어슨 상관관계의 수행은 다음과 같다.

$$sim\,(u_p, u_q) = \frac{\sum_{i \in S(R_p) \cap S(R_q)} (r_{pi} - \overline{R_p}) \cdot (r_{qi} - \overline{R_q})}{\sqrt{\sum_{j \in S(R_p) \cap S(R_q)} (r_{pj} - \overline{R_p})^2 \cdot \sum_{j \in S(R_p) \cap S(R_q)} (r_{qj} - \overline{R_q})^2}}. \tag{8.7}$$

$sim(u_p, u_q)$는 위치 사이의 시퀀스와 위치의 선호도와 같은 더 많은 요소를 고려하는 고급 모델에서 파생될 수 있다[38, 75].

8.3.1.2 아이템 기반 협업 필터링 모델

사용자 규모가 늘어나면 각 사용자 쌍 간의 유사성을 계산하는 것은 실제 시스템에서 비현실적이다. 아이템 개수(예, 위치)가 사용자 수보다 적을 수 있다는 점을 고려할 때 아이템 기반 협업 필터링 모델(예, Slope One 알고리즘 [37])이 해당 문제를 해결하기 위해 제안됐다. 여기에서는 아이템이 위치를 나타내는 위치 추천 시스템인 Slope One 알고리즘을 소개한다.

평점 r_{pj}와 r_{pi}를 각각 갖는 i와 j 2개의 위치가 주어진 경우 사용자의 평점에서 위치 j에 대한 위치 i의 평균 편차를 다음과 같이 간주한다.

$$dev_{j,i} = \sum_{R_p \in S_{j,i}(\mathcal{X})} \frac{r_{pj} - r_{pi}}{|S_{j,i}(\mathcal{X})|}, \tag{8.8}$$

$\mathcal{X}$는 평가의 전체 집합이며, $S_j(\mathcal{X})$는 위치 j, $\forall R_p \in S_j(\mathcal{X})$, $i, j \in S(R_p)$를 포함하는 평가 집합이며, $S_{i,j}(\mathcal{X})$는 위치 i와 j를 동시에 포함하는 평가 집합이다.

$dev_{j,i} + r_{pi}$가 r_{pi}에 기반한 r_{pj}에 대한 예측임을 고려할 때 합리적인 예측 변수는 모든 예측의 평균일 수 있다.

$$P(r_{pj}) = \frac{1}{|\mathcal{W}_j|} \sum_{i \in \mathcal{W}_j} (dev_{j,i} + r_{pi}), \tag{8.9}$$

$\mathcal{W}_j = \{i|i|i \in S(R_p),\ i \neq j,\ |S_j,\ i(\mathcal{X})|>0\}$은 모든 관련 위치의 집합이다. 또한 두 위치를 동시에 포함하는 평가 횟수는 다른 항목과 관련된 예측에 가중치를 부여하기 위해 사용된다. 직관적으로 아이템 B와 C의 u_p 평점을 포함하는 위치 A의 u_p 평점을 예측하고자 만약 2,000명의 사용자가 A와 B의 쌍을 평가한 반면 20명의 사용자만이 A와 C의 쌍을 평가한 경우 A에 대한 B의 u_p 평점은 C의 u_p 평점보다 훨씬 좋은 예측 변수가 될 수 있다. 간단히 말해서 $|S_j,\ i(\mathcal{X})|$가 클수록 위치 i와 j의 관련성이 더 커진다. 해당 개념을 기반으로 식 (8.10)과 같이 두 위치 cor_{ji}의 상관관계 유형으로 $|S_j,\ i(\mathcal{X})|$를 더 완화할 수 있다 (예, 두 위치[75] 사이의 사람들의 이동 패턴).

$$P(r_{pj}) = \frac{\sum_{i \in S(R_p) \wedge i \neq j}(dev_{j,i} + r_{pi}) \cdot |S_{j,i}(\mathcal{X})|}{\sum_{i \in S(R_p) \wedge i \neq j}|S_{j,i}(\mathcal{X})|}. \qquad (8.10)$$

$$P(r_{pj}) = \frac{\sum_{i \in S(R_p) \wedge i \neq j}(dev_{j,i} + r_{pi}) \cdot cor_{ji}}{\sum_{i \in S(R_p) \wedge i \neq j}cor_{ji}}. \qquad (8.11)$$

8.3.2 시공간 데이터를 위한 협업 필터링

8.3.2.1 사용자 기반 위치 추천

그림 8.4a와 같은 사용자 위치 행렬 M이 주어진 경우 원래 사용자 기반 협업 필터링 모델에서 사용자(u_p, u_q) 사이의 유사성은 단순히 두 사용자의 위치 평가(R_p 및 R_q) 사이의 거리(또는 상관관계)로 표현된다. 하지만 식 (8.7)에 제시된 것과 같은 유사성은 위치와 공간 계층 사이의 시퀀스와 같은 시공간 데이터의 고유한 특성을 고려하지 않으므로 위치 추천을 충분히 지원할 수 없다.

첫째, 사용자의 위치 이력은 방문한 위치의 순서에 의해 표시된다. 사용자의 삶에서 두 위치 사이에는 자연스러운 연결이 있으며, 사용자의 행동과 관심의 시맨틱semantic 의미를 나타낸다. 예를 들어, 동일한 레스토랑 및 쇼핑몰을 순차적으로 방문한 사용자들은 비슷한 생활 패턴을 공유한다. 따라서 해당 사용자들은 두 장소를 따로 방문한 사람들보다 더 비슷하다. 마찬가지로 더 긴 위치 시퀀스(예, x 대학교→y 레스토랑→z 영화관)를 공유하는 사용자는 더 짧은 위치 시퀀스(예, x 대학교→y 레스토랑)를 공유하는 사용자보다 더 비슷하다. 두 사용자의 위치 기록이 공유하는 위치 시퀀스가 점점 길어질수록 두 사용자는 더 비슷할 수 있다.

둘째, 지리적 공간에는 그림 8.2와 같이 서로 다른 세분성의 위치를 나타내는 공간 계층이 있다. 예를 들어, 두 사용자는 교실, 대학교, 도시에서 위치를 공유할 수 있다. 따라서 사용자의 위치 이력은 또한 공간 계층의 다양한 계층에 있는 위치 시퀀스로 나타낼 수 있다. 직관적으로 보다 세분화된 유사한 위치 기록을 공유하는 사용자는 세분성이 낮은 위치 공유보다 더 높은 상관관계를 가질 수 있다.

셋째, 다양한 선호도를 가진 지역에서 동시에 발생되는 사람들은 다른 수준의 유사성을 가질 수 있다. 예를 들어, 많은 사람들이 베이징의 여행 명소인 만리장성$^{Great Wall}$을 방문하지만, 모든 사람들이 서로 비슷하다는 것을 의미하지는 않는다. 하지만 2명의 사용자가 잘 알려지지 않은 레스토랑을 방문한 경우 해당 사용자들은 실제로 비슷한 선호도를 공유하거나 몇몇 (잠재적) 연관성을 가질 수 있다. 인기도가 낮은 위치를 공유하는 두 사용자는 많은 사람들이 방문한 장소를 공유하는 사용자보다 더 높은 상관관계를 갖는다.

위에서 언급한 3가지 요소를 고려해 위치 이력을 기반으로 두 사용자 간의 유사성을 다음과 같이 계산한다.

첫째, 그림 8.5와 같이 주어진 데이터를 기반으로 공간 계층을 구성하며, 각 녹색 지점은 사용자가 방문한 식당이나 사용자가 머물렀던 장소처럼 관심지역정보^{POI}와 같은 가장 세밀한 위치를 나타낸다. 위치는 온라인 소셜 네트워킹 서비스의 체크인 데이터에서 추출하거나 체류 지점 탐지 알고리즘$^{stay point detection algorithm}$을 사용해 사용자의 GPS 경로를 탐지할 수 있다[38]. 사용자의 전체 위치를 집합에 삽입함으로써 위치 집합을 서로 다른 크기를 갖는 클러스터를 계층적으로 클러스터링할 수 있다. 하단 계층의 클러스터는 세분성이 높고 더 작은 크기의 위치를 나타낸다. 계층은 다양한 사용자의 위치 이력을 비교할 수 있게 해준다.

그다음 위치 기록 및 공유된 공간 계층을 기반으로 계층의 각 층에 대한 각 사용자의 위치 시퀀스를 공식화한다. 예를 들어, u_1의 위치 이력은 3계층의 시퀀스 S_1^3 및 2계층의 S_1^2에 의해 나타낼 수 있다.

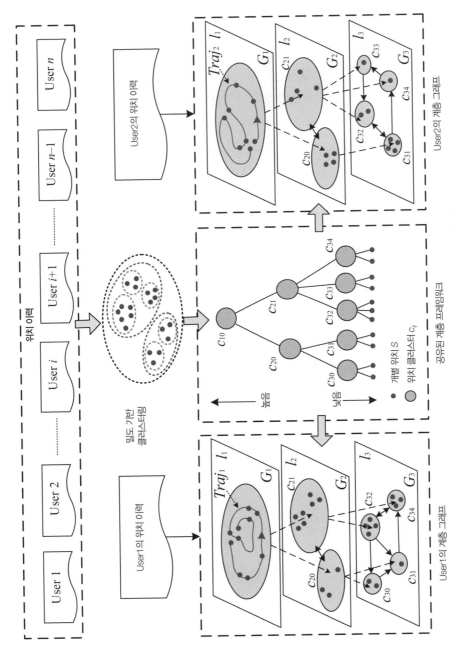

그림 8.5 위치 이력을 기반으로 사용자 사이의 유사성 계산

$$S_1^3 = c_{32} \xrightarrow{\Delta t_1} c_{30} \xrightarrow{\Delta t_2} c_{31} \xrightarrow{\Delta t_3} c_{34} \xrightarrow{\Delta t_4} c_{32} \xrightarrow{\Delta t_5} c_{34}, \tag{8.12}$$

$$S_1^2 = c_{21} \xrightarrow{\Delta t_1'} c_{20} \xrightarrow{\Delta t_1'} c_{21}, \tag{8.13}$$

Δt_1은 c_{32}에서 c_{30}까지 이동하기 위한 시간 간격이다.

둘째, 위치의 ID와 2개의 연속된 위치 사이의 시간 간격을 고려하는 시퀀스 매칭 알고리즘을 사용해 두 사용자가 공유하는 공통 하위 시퀀스를 찾는다[65]. 2개의 하위 시퀀스 $S_1[a_1, a_2, ..., a_k]$과 $S_2[b_1, b_2, ..., b_k]$ 그리고 시간적 제약 요인 $\rho \in [0, 1]$이 각각 주어진 경우 해당 하위 시퀀스는 다음과 같은 2개의 조건을 유지하면 k-length 공통 하위 시퀀스를 형성한다.

1. $\forall i \in [1, k], a_i = b_i;$

2. $\forall i \in [2, k], \dfrac{|\Delta t_i - \Delta t_i'|}{Max(\Delta t_i, \Delta t_i')} \leq \rho; \tag{8.14}$

Δt_i는 사용자가 위치 a_{i-1}에서 a_i로 이동하는 데 소요되는 시간 간격이고, $\Delta t_i'$는 위치 b_i와 b_{i-1} 사이의 위치다. 예를 들어, u_1과 u_2의 위치 이력은 그림 8.5와 같이 공간 계층의 3계층에 있는 2개의 시퀀스로 나타낼 수 있다.

$$S_1^3 = c_{32} \xrightarrow{1} c_{30} \xrightarrow{1} c_{31} \xrightarrow{1.4} c_{34} \xrightarrow{1.8} c_{32} \xrightarrow{0.8} c_{34},$$

$$S_2^3 = c_{31} \xrightarrow{1.5} c_{34} \xrightarrow{0.5} c_{33} \xrightarrow{1} c_{32} \xrightarrow{2.2} c_{31} \xrightarrow{1.6} c_{32} \xrightarrow{0.6} c_{31}.$$

$\rho = 0.2$로 설정하면 $c_{31} \to c_{34} \to c_{32}$는 두 사용자가 공유하는 공통 시퀀스다. u_2가 c_{33}에서 0.3시간을 소비한다고 가정하면 u_2가 c_{34}에서 c_{32}까지 이동하는 시간 간격은 총 1.8(0.5+0.3+1)시간이며 u_1과 같다. 시퀀스 매칭을 수행할 때 원래 시퀀스에서 위치가 연속되지 않도록 한다. $c_{31} \to c_{34}$도 두 사용자가 공유하는 공통 하위 시퀀스이지만 $c_{31} \to c_{34} \to c_{32}$에 포함돼 있기 때문에 최대 하위 시퀀스가 아니다. 마찬가지로 $c_{32} \to c_{31}$도 두 사용자가 공유하는 최대 공통 하위 시퀀스다.

최장 공통 부분 수열LCSS, Longest Common Subsequences Searching 및 동적 시간 워핑DTW, Dynamic Time Warping과 같이 잘 알려진 시퀀스 매칭 알고리즘은 매칭 프로세스에서 두 위치 사이의 이동 시간을 포함하지 않기 때문에 최대 공통 하위 시퀀스를 찾을 수 없다. 이와 같은 이유로 인해 [65]에서 두 사용자의 위치 기록 간의 최대 공통 하위 시퀀스를 탐지하는 방법이 제안됐다.

셋째, 역문서 빈도^{IDF, Inverse Document Frequency}의 개념을 기반으로 위치 c의 인기도를 다음과 같이 모델링한다.

$$iuf(c) = \log \frac{N}{n},$$ (8.15)

N은 전체 사용자의 숫자이며, n은 위치 c를 방문한 사용자의 숫자다. n이 증가할수록 $iuf(c)$는 작아진다. $iuf(c)$를 위치 c의 역사용자 빈도^{inverse user frequency}라고 한다.

마지막으로 사용자 u_1 및 u_2 사이의 유사성 점수를 다음과 같이 계산한다[77].

$$Sim\,User\,(u_1, u_2) = \sum_{l=1}^{L} f_w(l) \times Sim\,Sq\,(S_1^l, S_2^l),$$ (8.16)

$$Sim\,Sq\,(S_1, S_2) = \frac{\sum_{j=1}^{m} sg(s_j)}{|S_1| \times |S_2|},$$ (8.17)

$$sg(s) = g_w(k) \times \sum_{i=1}^{k} iuf(c_i),$$ (8.18)

s는 두 사용자에 의해 공유되는 하위 시퀀스이며, $sg(s)$는 s를 기반으로 계산되는 점수다. $iuf(c_i)$ s에 포함된 각 위치의 역사용자 빈도다. $g_w(k) = 2^{k-1}$는 s의 length(k)에 따라 변화되는 가중치 함수다. 하위 시퀀스가 길수록 가중치가 증가한다. $SimSq(S_1, S_2)$는 계층의 계층에서 u_1 및 u_2의 시퀀스를 기반으로 계산된 유사성 점수를 나타낸다. S_1 및 S_2에 의해 공유되는 공통 하위 시퀀스(m)가 있다고 가정하면 $SimSq(S_1, S_2)$는 하위 시퀀스(m)의 유사성 점수의 합이다. $SimSq(S_1, S_2)$는 사용자마다 다른 데이터 규모를 가질 수 있기 때문에 두 시퀀스의 길이 $|S_1| \times |S_2|$의 결과에 의해 추가로 표준화된다. 그렇지 않으면 위치 기록이 더 긴 사용자는 다른 사용자와 더 많은 하위 시퀀스를 공유하게 된다. 따라서 더 많은 데이터를 가진 사용자는 일반적으로 다른 사용자와 더욱 유사하게 된다. S_1^l은 l-layer에서 u_1의 위치 시퀀스를 의미한다. $f_w(l) = 2^{l-1}$은 더 깊은 계층에서 공유되는 하위 시퀀스에 더 높은 가중치를 부여하는 가중치 함수다. $SimUser(u_1, u_2)$는 공간 계층의 모든 계층에서 시퀀스의 유사성 점수의 가중치 집계다.

사용자 간의 유사성을 확보한 후 우리는 $SimUser(u_1, u_2)$를 원래 사용자 기반 협업 필터링 모델 (예를 들어, 식 (8.4)와 식 (8.5)의 $sim(u_p, u_q)$를 교체)에 적용한다.

물리적 위치(예, 서로 다른 도시에 거주하는 경우)를 공유하지 않는 사용자 간의 유사성을 추정하고자 먼저 해당되는 범주(예, 레스토랑)로 위치를 나타낸다. 그다음 사용자의 위치 이력은 레스토랑→쇼핑몰→대학교와 같이 관심지역정보[POI] 범주의 시퀀스로 나타낸다. POI 범주의 분류 체계는 그림 8.5에 표시된 공간 계층을 대체하기 위해 사용될 수 있다. 예를 들어, 레스토랑의 범주는 중국 요리, 이탈리아 음식, 일본 음식 등으로 구성될 수 있다. 이제 위에서 언급한 시퀀스 매칭 기법을 적용해 각 사용자 쌍에 대한 유사성 점수를 계산할 준비가 됐다. 사용자가 방문한 정확한 POI를 알 수 없는 경우(예, 사용자의 GPS 경로에서 일련의 체류 지점을 탐지하려고 할 때) 체류 지점 주위의 POI 범주 분포를 사용해 잠시 머물렀던 위치를 나타낸다[65]. 그다음 해당 위치를 범주 분포를 통해 계층적으로 클러스터링해 그림 8.5에 표시된 것과 동일한 계층 구조를 형성한다. 해당 기법의 범주에는 물리적 위치가 없으므로 사용자의 유사성을 더 이상 위치 추천에 적용할 수 없다. 대신 친구 추천 및 커뮤니티 검색에 사용할 수 있다.

8.3.2.2 아이템 기반 위치 추천

원래의 아이템 기반 협업 필터링 모델에서 두 위치 사이의 유사성은 사용자의 위치 평가에 근거해 추정한다. 이러한 유사성은 위치와 사용자의 여행 경험 사이의 순서를 무시하기 때문에 위치 간의 상관관계를 나타내지 않는다.

첫째, 두 위치 사이의 상관관계는 해당 장소를 방문하는 사람들의 숫자뿐만 아니라 이러한 사람들의 지식(또는 여행 경험)에 따라 달라진다. 예를 들어, 해외 관광객들은 베이징에 대해 잘 모르기 때문에 무작위로 베이징에 있는 몇몇 장소를 방문할 수도 있는 반면 베이징 현지인들은 베이징의 특정 장소를 방문할 수 있는 적절하고 합리적인 방법을 준비할 수 있다. 따라서 자세한 정보를 가진 사람들이 순차적으로 여행한 위치는 해당 지역에 대해 거의 알지 못하는 사람들이 방문하는 위치보다 더 높은 관련성을 갖는다.

개인의 여행 지식을 추정하는 것은 개인이 방문했던 위치의 상태에 달려 있기 때문에 매우 어려운 작업이다. 결과적으로 위치의 상태는 해당 위치를 방문한 개인의 지식에 의존한다. 직관적으로 풍부한 지식을 가진 사용자는 고품질의 관광 명소를 찾을 가능성이 더 높다. 결국 고품질의 관광 명소는 많은 지식을 통해 더 많은 사람들을 끌어들일 수 있다. 즉 지식과 사용자는 상호 의존적이지만, 어느 것도 사전에 알 수 없다. 또한 개인의 여행 경험은 장소에 따라 달라진다. HITS^{Hypertext Induced Topic Search} 기반 추론 모델은 위치 및 개인의 여행 경험의 품질을 계산해 해당 이슈를 처리한다[75]. 9장에서 해당 모델을 소개할 것이다.

둘째, 두 위치 A와 B 사이의 상관관계는 또한 두 위치를 방문한 순서에 따라 달라진다. A와 B, $Cor(A, B)$ 사이의 이러한 상관관계는 비대칭적이다($Cor(A, B) \neq Cor(B, A)$). 이동 순서 $A \rightarrow B$의 시맨틱 의미는 $B \rightarrow A$와 상당히 다를 수 있다. 예를 들어, 일방통행 도로에서는 B에서 A로 가는 것이 아니라 A에서 B로 가는 길밖에 없다. 사용자가 연속적으로 방문하는 두 장소는 비연속적으로 방문하는 곳보다 더 상관관계가 있을 것이다. 어떤 사용자는 $A(A \rightarrow B)$에서 직접 $B(B)$에 도달하는 반면 다른 사용자는 $B(A \rightarrow C \rightarrow B)$에 도착하기 전에 다른 위치 C를 방문한다. 단순히 두 순서에 의해 나타내는 $Cor(A, B)$는 다를 수 있다. 또한 $A \rightarrow C \rightarrow B$ 순서에서 C를 방문한 이후에 B로 이동하는 동안 사용자가 연속해서 $A \rightarrow C$에 접근하기 때문에 $Cor(A, C)$는 $Cor(A, B)$보다 더 큰 값으로 나타낼 수 있다.

요약하자면 두 위치 사이의 상관관계는 여행 중 방문한 사용자의 여행 경험에 가중치를 반영한 후 통합해 계산할 수 있다. 공식적으로 위치 A와 B 사이의 상관관계는 다음과 같이 계산할 수 있다.

$$Cor(A, B) = \sum\nolimits_{u_k \in U'} \alpha \cdot e_k, \qquad (8.19)$$

U'는 여행 중에 A와 B를 방문한 사용자의 집합이며, e_k는 A와 B가 속한 지역의 u_k의 여행 경험이며 $u_k \in U'$다. $0 < \alpha \leq 1$은 여행 시 두 장소의 인덱스 간격이 증가할수록 감소하는 덤핑 요소^{dumping factor}다. 예를 들어, $\alpha = 2^{-(|j-i|-1)}$로 설정한다. i와 j는 시퀀스에 포함된 A와 B의 인덱스다. 개인이 비연속적으로 두 장소를 방문하는 경우($|i-j|$ 커지고, α는 작아짐) 개인이 두 위치 사이의 상관관계에 대해 제공할 수 있는 기여도는 더 줄어든다.

마지막으로 위치 추천에 대한 아이템 기반 협업 필터링 모델을 개선하고자 식 (8.10)에 대한 위치 쌍 사이의 상관관계를 적용할 수 있다.

8.4 행렬 분해

8.4.1 기본적인 행렬 분해 방법

사용자 수와 항목 수가 모두 대규모인 경우 행렬 분해^{matrix factorization} 기반 방법을 사용해 협업 필터링 모델을 구현할 수 있다. 행렬 분해는 (희소) 행렬 X를 2개의 로 랭크^{low-rank} 행렬의 생성으로 분해해 사용자와 아이템의 잠재 변수를 각각 나타낸다. 사용자 및 아이템의 잠재적인 표현은 클러스터링 및 분류 문제에 도움이 되는 차원 축소^{dimension-reduction} 기술로 사용될 수 있다.

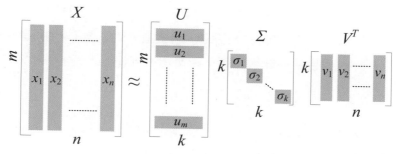

그림 8.6 특잇값 분해 개념

한편 두 행렬의 생성은 행렬 X를 근접하게 만들 수 있으며, 따라서 결측값을 X로 채우는 데 도움이 된다. 또한 사용자와 아이템 간의 유사성을 고려해 확인되지 않은 아이템에 대한 사용자의 평가를 추정하는 데 사용할 수 있다.

널리 사용되는 행렬 분해 방법에는 **특잇값 분해**^{SVD, Singular Value Decomposition}[1, 30]와 **비음수 행렬 분해**^{NMF, Nonnegative Matrix Factorization}[25, 36]가 있다.

특잇값 분해는 $m \times n$ 행렬 X를 3개의 행렬 $X = U\Sigma V^T$의 생성으로 인수분해한다. U는 $m \times m$ 실수 단위 행렬(즉 왼쪽 특이 벡터)이며, Σ는 $m \times n$ 직사각형 행렬로 대각(특잇값)에 음수가 아닌 실제 숫자를 가진다. V^T는 $n \times n$ 실제 단위 행렬(왼쪽 특이 벡터)이다. 실제로 그림 8.6과 같이 $U\Sigma V^T$에 의한 행렬 X를 근사하는 경우 Σ에서 top-k 최대 특잇값과 U와 V에서 해당되는 특이 벡터를 유지하면 된다.

특잇값 분해는 몇몇 좋은 속성을 갖고 있다. 첫째, U와 V는 직교 행렬($U \cdot U^T = I$,

$V \cdot V^T = I$)이다. 둘째, k의 값은 총 대각선 항목 합계의 90%보다 큰 첫 번째 k 대각선 항목을 선택하는 것과 같이 Σ에 의해 결정될 수 있다. 하지만 특잇값 분해는 비음수 행렬 분해에 비해 계산 비용이 많이 들고 병렬화하기가 더 어렵다.

비음수 행렬 분해는 $m \times n$ 행렬 R(m명의 사용자와 n개의 아이템을 갖는)을 $m \times K$ 행렬 P와 $K \times n$ 행렬 Q, $R = P \times Q$의 생성으로 인수분해하며, 3개의 행렬 모두 음수를 포함하지 않는 속성을 가진다. 해당 비음수 결과 행렬을 보다 쉽게 검사할 수 있다[25]. 또한 비음수는 위치 추천[75], 트래픽 추정[51], 오디오 스펙트럼 프로세싱과 같은 애플리케이션에서 고유한 데이터로 여겨진다. 행렬 P의 각 행은 사용자의 잠재된 특징을 나타내며, 행렬 Q의 각 열은 항목의 잠재된 특징을 나타낸다. K는 m과 n보다 상당히 작을 수 있으며, 사용자와 아이템에 대한 잠재적 특징의 수를 나타낸다. u_i로 d_j 항목의 평가를 예측하기 위해 u_i 및 d_j에 해당하는 두 벡터의 내적을 다음과 같이 계산할 수 있다.

$$\hat{r}_{ij} = p_i^T q_j = \sum_{k=1}^{k} p_{ik} q_{kj}. \tag{8.20}$$

적절한 P와 Q를 찾기 위해 먼저 일부 값으로 두 행렬을 초기화해 제품과 R의 차이를 다음과 같이 계산한다.

$$e_{ij}^2 = (r_{ij} - \hat{r}_{ij})^2 = \left(r_{ij} - \sum_{k=1}^{K} p_{ik} q_{kj} \right)^2. \tag{8.21}$$

그다음 반복적으로 차이의 로컬 최솟값을 찾는 경사 하강법gradient descent을 사용해 e_{ij}^2를 최소화한다. 값을 수정해야 하는 방향을 알기 위해 p_{ik}와 q_{kj}에 대해 식 (8.21)을 별도로 구분한다.

$$\frac{\partial e_{ij}^2}{\partial p_{ik}} = -2(r_{ij} - \hat{r}_{ij})(q_{kj}) = -2 e_{ij} q_{kj}, \tag{8.22}$$

$$\frac{\partial e_{ij}^2}{\partial q_{kj}} = -2(r_{ij} - \hat{r}_{ij})(p_{ik}) = -2 e_{ij} p_{ik}. \tag{8.23}$$

경사gradient를 획득한 후 p_{ik} 및 q_{kj}에 대한 업데이트 규칙을 다음과 같이 공식화한다.

$$p_{ik}' = p_{ik} + \alpha \frac{\partial e_{ij}^2}{\partial p_{ik}} = p_{ik} + 2 e_{ij} q_{kj}, \tag{8.24}$$

$$q'_{kj} = q_{kj} + \alpha \, \frac{\partial e_{ij}^2}{\partial q_{kj}} = q_{kj} + 2 \, e_{ij} \, p_{ik}, \tag{8.25}$$

α는 최솟값에 도달하는 비율을 결정하는 작은 값이다. p_{ik}을 최적화할 때 비음수 행렬 분해는 q_{kj}를 수정하며, 그 반대도 성립한다. 전체 오차 $\sum e_{ij}^2$가 최소치로 수렴될 때까지 경사 하강을 반복적으로 수행한다. 과적합^{overfitting}을 피하기 위해 오류 함수에 대해 정규화를 사용한다.

$$e_{ij}^2 = \left(r_{ij} - \sum_{k=1}^{K} p_{ik} q_{kj} \right)^2 + \frac{\beta}{2} \sum_{k=1}^{K} \left(\|P\|^2 + \|Q\|^2 \right). \tag{8.26}$$

특잇값 분해와 비교해 비음수 행렬 분해가 더 유연하고 병렬화가 가능하지만 정확도가 낮다.

8.4.2 시공간 데이터에 대한 행렬 분해

시공간 데이터의 맥락에서 사용자들은 운전자, 승객, 또는 서비스 이용자이기 때문에 앞에서 언급한 행렬의 아이템은 위치, 웹사이트, 또는 회사가 될 수 있다. 사용자를 객체로, 아이템을 객체의 속성으로 일반화할 수도 있다. 객체에 관한 데이터셋이 여러 개인 경우 단순히 서로 다른 소스의 다른 속성을 단일 행렬에 저장할 수 없다. 데이터셋은 서로 다른 분포와 의미를 가지기 때문에 해당 집합을 단일 행렬에 포함시키면 결측값이 부정확하게 보완될 수 있다.

[51, 72]와 같은 고급 기법은 서로 공통 차원을 공유하는 여러 개의 행렬을 포함하는 서로 다른 데이터 집합을 수용하기 위해 결합^{coupled} 행렬 분해(콘텍스트 인식 행렬 분해라고도 함)[53]를 사용한다. 해당 행렬을 공동으로 분해함으로써 데이터셋 사이에서 학습된 서로 다른 객체 사이의 유사성을 전송해 행렬의 결측값을 보다 정확하게 보완할 수 있다. 8.4.2.1절과 8.4.2.2절에서 결합 행렬 분해를 사용하는 2가지 예시를 소개한다.

8.4.2.1 위치 추천을 위한 결합 행렬 분해

사람들은 여행할 때 보통 어디에서 관광과 쇼핑을 할지와 특정 위치에서 무엇을 해야 할지 알고 싶어 한다. 첫 번째 질문은 주어진 특정 액티비티 쿼리의 위치 추천과 연관되며, 레스토랑, 쇼핑 센터, 영화/쇼, 스포츠/운동 영역 및 관광지를 포함할 수 있다. 두 번째 질문은 주어진 특정 위치 쿼리에 대한 액티비티 추천에 해당한다.

8.4.2.1절에서는 위치-액티비티 추천 시스템[72]을 소개하며, 팁 태그$^{tips-tagged}$ 경로 또는 체크인 시퀀스와 같이 수많은 소셜 미디어를 마이닝해 위의 질문에 대응한다. 첫 번째 질문과 관련해 해당 시스템은 사용자에게 특정 활동을 수행하기 위한 top-k 장소(예, 자금성 및 만리장성)의 목록을 제공한다. 두 번째 문제와 관련해 만약 사용자가 베이징 올림픽 공원을 방문한다면 추천 시스템은 근처에 있는 몇몇 액티비티와 멋진 레스토랑을 제안한다. 해당 추천 시스템은 위치와 액티비티가 본질적으로 밀접하게 관련돼 있기 때문에 위치 추천과 액티비티 추천을 결합행렬 분해 기법을 기반으로 하나의 지식 마이닝 프로세스에 통합한다.

그림 8.7과 같이 위치-액티비티 행렬 X는 다양한 사용자의 위치 이력을 기반으로 생성된다. X의 행은 장소를 나타내며, 열은 액티비티(예, 쇼핑 및 식사)를 나타낸다. 행렬 X의 항목은 특정 액티비티가 특정 위치에서 (모든 사용자에 의해) 수행된 빈도를 나타낸다. 해당 위치-액티비티 행렬이 완전히 채워지면 해당 액티비티에 해당하는 열에서 상대적으로 높은 빈도로 top-k 위치를 검색해 특정 액티비티에 대한 위치 집합을 추천할 수 있다. 마찬가지로 위치에 대한 액티비티 추천을 수행할 때 위치에 해당하는 행에서 top-k 액티비티를 검색할 수 있다.

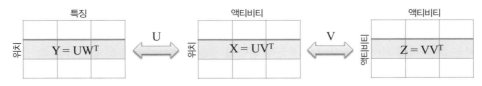

그림 8.7 추천을 위한 결합 행렬 분해

하지만 사용자 데이터의 일부(또한 개인은 매우 적은 장소만 방문할 수 있음)만 갖고 있기 때문에 위치-액티비티 행렬은 불완전하고 매우 희소하다. 따라서 기존 협업 필터링 모델은 고품질의 추천을 생성하는 데 효과적이지 않다. X를 단독으로 인수분해하면 데이터가 너무 희박하기 때문에 크게 도움이 되지 않는다.

이 문제를 해결하기 위해 그림 8.7의 왼쪽과 오른쪽 부분에 각각 표시된 다른 두 행렬(Y 및 Z)의 정보가 행렬 분해에 통합된다.

하나는 위치-특징 행렬이며, 다른 하나는 액티비티-액티비티 행렬이다. 이러한 종류의 추가 행렬은 일반적으로 콘텍스트context라고 하며, 다른 데이터셋을 통해 학습된다. 해당 예시에서는 위치를 나타내는 행과 관심지역정보(레스토랑 및 호텔)의 범주를 나타내는 열로 구성된 행렬 Y는 관심지역정보 데이터베이스를 기반으로 구축된다. 행렬 Y의 두 행 사이의 거리는 지리적 속성과 관련된 두 위치 사이의 유사성을 나타낸다. 비슷한 지리적 특성을 갖는 위치는 유사한 사용자 행동을 가진다는 결론을 내릴 수 있다. 다른 하나는 행렬 Z이며, 서로 다른 두 액티비티 사이의 상관관계를 모델링한다. 행렬 Z는 검색 엔진에 2가지 액티비티의 제목을 전송해 검색 결과를 학습한다.

결합 행렬 분해의 주요 목적은 집단 행렬 분해 모델에서 낮은 순위 행렬 U와 V를 공유하도록 요구함으로써 X, Y 및 Z 간에 정보를 전파하는 것이다. 행렬 Y와 Z는 밀도 데이터를 기반으로 구축되므로 정확한 분해(행렬 U와 V)를 얻을 수 있다. 따라서 행렬 X는 $X = UV^T$로 보다 정확하게 보완할 수 있다. 좀 더 구체적으로 목적 함수는 다음과 같이 공식화된다.

$$L(U, V, W) = \frac{1}{2}\left\|I \circ (X - UV^T)\right\|_F^2 + \frac{\lambda_1}{2}\left\|Y - UW^T\right\|_F^2 \\ + \frac{\lambda_2}{2}\left\|Z - VV^T\right\|_F^2 + \frac{\lambda_3}{2}\left(\|U\|_F^2 + \|V\|_F^2 + \|W\|_F^2\right), \qquad (8.27)$$

$\|\cdot\|_F$는 프로베니우스 노름Frobenius norm을 나타낸다. I는 X_{ij}가 누락된 경우 행렬의 항목이 $I_{ij} = 0$인 지시 행렬indicator matrix이며, 그렇지 않은 경우 $I_{ij} = 1$이다. 연산자 '∘'는 항목별 제품을 나타낸다. 목적 함수의 처음 3개 항은 행렬 분해의 손실을 제어하고, 마지막 항은 과적합을 방지하기 위해 인수분해된 행렬의 정규화를 제어한다. 일반적으로 해당 목적 함수는 모든 변수 U, V 및 W에 동시에 볼록convex하지 않다. 따라서 경사 하강과 같은 일부 수치 기법을 사용해 로컬 최적 솔루션을 얻을 수 있다.

8.4.2.2 교통 상황 예측을 위한 행렬 분해

도로망의 교통 조건은 행이 시간 간격을 나타내고, 열이 도로 구간을 나타내는 행렬로 모델링할 수 있다. 행렬의 항목은 특정 시간 간격에서 특정 도로 구간의 이동 속도(또는 이동 시간)를 나타낸다. 몇 개의 도로 구간에서 교통 상황을 관찰할 수 있다(예. 루프 감지기의 측정값 또는 차량의 GPS 경로 기준). 하지만 우리는 교통 상황을 모르며, 그것은 우리가 추론해야 한다. 8.4.2.2절에서는 차량의 GPS 경로 샘플(예. 택시)을 기반으로 도시 전체에 걸쳐 각 도로 구간의 이동 속도를 즉시 예측하는 결합 행렬 분해 방법[51]을 소개한다.

그림 8.8a와 같이 도로망에 GPS 경로를 맵 매칭한 후 행렬 M_r'은 시간 슬롯(예. 오후 2시~2시 10분)을 나타내는 행과 도로 구간을 나타내는 열을 포함해 생성될 수 있다. M_r'의 각 항목은 특정 도로 구간 및 특정 시간 슬롯의 이동 속도를 포함하며, 최근 수신된 GPS 경로를 기반으로 계산된다. 목표는 현재 시간 슬롯에 해당하는 행 t_j의 결측값을 채우는 것이다. M_r'에 행렬 분해만 적용해 목표를 달성할 수 있지만, 대부분의 도로 구간이 경로에 포함되지 않기 때문에 예측의 정확도는 그리 높지 않다.

해당 문제를 해결하기 위해 4개의 콘텍스트context 행렬(M_r, M_g, M_G' 그리고 Z)을 생성한다. 특히 M_r은 도로 구간에 대한 과거 교통 패턴을 나타낸다. M_r의 행과 열이 M_r'과 같은 의미를 가지므로 M_r의 항목은 오랫동안 축적된 과거 데이터의 평균 이동 시간을 나타낸다. M_r'와 M_r의 두 해당 항목 사이의 차이는 현재 교통 상황(도로 구간)에서 평균 패턴과의 편차를 나타낸다. 그림 8.8b와 같이 Z는 도로의 형태, 차선 수, 속도 제한 및 주변 POI 분포와 같은 도로 구간의 물리적 특징을 포함한다. 지리적 특성이 비슷한 2개의 도로 구간은 같은 시간에 유사한 교통 상황을 가질 수 있다고 추론한다.

그림 8.8c와 같이 자세한 교통 상황을 수집하기 위해 도시를 균일한 그리드로 나눈다. 최근 수신된 GPS 경로를 기반으로 그리드를 나타내는 열과 시간 슬롯을 나타내는 행을 갖는 행렬 M_G'가 생성된다. M_G'의 항목은 특정 그리드와 특정 시간 간격에서 이동하는 차량의 수를 나타낸다. 마찬가지로 오랜 시간 축적된 과거 경로를 그리드에 투영함으로써 유사한 M_G가 구축되며, 각 항목은 특정 그리드와 특정 시간 간격에서 이동하는 평균 차량 수가 된다. 즉 M_G'는 도시의 실시간 고수준 교통 상황을 나타내며, M_G는 과거의 고수

준 교통 패턴을 나타낸다. 두 행렬의 동일한 항목 사이의 차이는 현재 고수준 교통 상황이 과거 평균과 편차가 있음을 나타낸다.

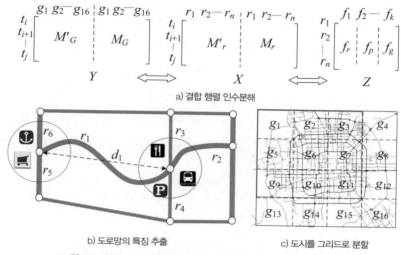

a) 결합 행렬 인수분해

b) 도로망의 특징 추출

c) 도시를 그리드로 분할

그림 8.8 행렬 인수분해 및 차량 이동경로를 기반으로 교통 상황 예측

해당 행렬(예, $X = M'_r \| M_r$, $Y = M'_G \| M_G$)을 통합함으로써 다음과 같은 목적 함수와 함께 결합 행렬 분해가 X, Y 그리고 Z에 적용된다.

$$L(T, R, G, F) = \frac{1}{2} \left\| Y - T(G; G)^T \right\|_F^2 + \frac{\lambda_1}{2} \left\| I \circ (X - T(R; R))^T \right\|_F^2$$
$$+ \frac{\lambda_2}{2} \left\| Z - RF^T \right\|_F^2 + \frac{\lambda_3}{2} \left(\|T\|_F^2 + \|R\|_F^2 + \|G\|_F^2 + \|F\|_F^2 \right), \tag{8.28}$$

$\|\cdot\|_F$는 프로베니우스 노름Frobenius norm을 나타낸다. I는 X_{ij}가 누락된 경우 행렬의 항목이 $I_{ij} = 0$인 지시 행렬indicator matrix이며, 그렇지 않은 경우 $I_{ij} = 1$이다. 연산자 '∘'는 항목별 제품을 나타낸다. 목적 함수의 처음 3개 항은 행렬 분해의 손실을 제어하고, 마지막 항은 과적합을 방지하기 위한 페널티의 정규화다.

8.5 텐서 분해

8.5.1 텐서의 기본 개념

텐서^{tensor}는 2개 이상의 엔티티 사이의 관계를 설명하는 행렬의 다차원적 확장이다. 예를 들어, 그림 8.9a는 3차원 텐서 $\mathcal{X}$를 나타내며, 첫 번째 차원은 지리적 영역을 나타내고, 두 번째 차원은 POI 범주를 나타내고, 세 번째 차원은 시간이다. 텐서의 항목 $\mathcal{X}(i, j, k)$는 i번째 영역에서 j번째 POI 범주의 POI를 방문한 사람들의 수를 k번째 시간 간격으로 저장한다. 여러 가지 이유로, 수집 가능한 데이터는 항상 전체 집합의 샘플이다. 그림 8.9b는 다른 시간 간격의 다른 도로 구간에서 여러 운전자의 주행 시간을 모델링하는 또 다른 텐서 $\mathcal{X}'$를 보여 준다.

여러 엔티티 사이의 관계를 동시에 수집함으로써 이러한 고차$^{high\ order}$ 텐서는 각 차원(엔티티)을 더 잘 이해할 수 있는 풍부한 지식을 제공하고, 2차원 행렬보다 빈 항목의 값을 보다 정확하게 예측할 수 있는 가능성을 높인다.

텐서의 차원을 모드^{mode}라고 한다. 텐서의 순서는 모드 개수다. 예를 들어, 3차$^{third-order}$ 텐서를 3가지 모드$^{three-mode}$ 텐서라고 할 수 있다. 그림 8.10a, b 및 c는 각각 3차원 텐서의 3가지 모드를 나타낸다. 3가지 모드의 파이버^{fiber}는 $\mathcal{X}_{:jk}$, $\mathcal{X}_{i:k}$ 및 $\mathcal{X}_{ij:}$로 나타낸다. 그림 8.10d와 같이 다른 모드의 경우 텐서를 다른 행렬로 변환한다. 예를 들어, 모드 1에 기반한 텐서 $\mathcal{X}$의 행렬 표현은 $\mathcal{X}_{(1)}$이다. 행렬 표현은 텐서를 분해하고 텐서와 행렬 사이의 생성을 계산하는 데 사용된다.

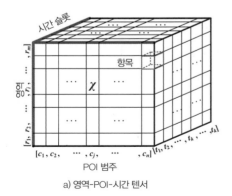

a) 영역-POI-시간 텐서

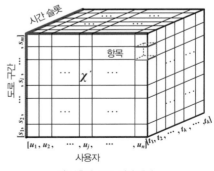

b) 사용자-도로-시간 텐서

그림 8.9 텐서 예제

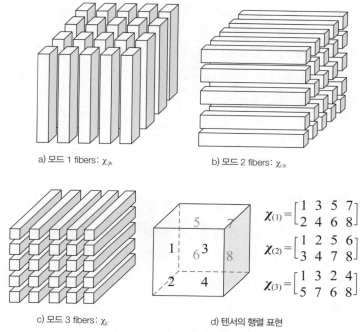

a) 모드 1 fibers: χ:jk b) 모드 2 fibers: χi:k

$$\chi_{(1)} = \begin{bmatrix} 1 & 3 & 5 & 7 \\ 2 & 4 & 6 & 8 \end{bmatrix}$$

$$\chi_{(2)} = \begin{bmatrix} 1 & 2 & 5 & 6 \\ 3 & 4 & 7 & 8 \end{bmatrix}$$

$$\chi_{(3)} = \begin{bmatrix} 1 & 3 & 2 & 4 \\ 5 & 7 & 6 & 8 \end{bmatrix}$$

c) 모드 3 fibers: χij: d) 텐서의 행렬 표현

그림 8.10 모드 및 텐서의 행렬 표현

두 벡터 $u \in \mathbb{R}^I$ 및 $v \in \mathbb{R}^I$의 내부 생성은 $u \cdot v = u(i) \times v(i)$로 나타낸다. 두 벡터 $u \in \mathbb{R}^I$ 및 $v \in \mathbb{R}^I$의 외부 생성은 $Y = u \circ v$, $Y \in \mathbb{R}^{I \times J}$로 나타내며,

$$Y(i, j) = u(i) \times v(j). \tag{8.29}$$

M-mode 텐서 $\mathcal{X} \in \mathbb{R}^{I1 \times I2 \times \cdots \times IM}$의 생성 및 벡터 $V \in \mathbb{R}^{In}$은 $Y = \mathcal{X}_{\times n} V$, $Y \in \mathbb{R}^{I1 \cdots \times In-1 \times In+1 \cdots \times IM}$으로 나타낸다.

$$Y(i_1, \cdots, i_{n-1}, i_{n+1}, i_M) = \sum_{i_n=1}^{I_n} \mathcal{X}(i_1, i_2, \cdots, i_M) V(i_n). \tag{8.30}$$

예를 들어, 3-mode 텐서 $\mathcal{X} \in \mathbb{R}^{I \times J \times K}$ 및 벡터 $V \in \mathbb{R}^I$, $\mathcal{X}^{\times 1} V \in \mathbb{R}^{J \times K}$의 경우 $Y(j, k) = \sum_{i=1}^{I} \mathcal{X}(i, j, k) V(i)$다.

M-mode 텐서 $\mathcal{X} \in \mathbb{R}^{I1 \times I2 \times \cdots \times IM}$ 및 행렬 $A \in \mathbb{R}^{J \times In}$이 주어진 경우 n-mode $\mathcal{X}$의 결과 및 A는 $Y = \mathcal{X}_{\times n} A$, $Y \in \mathbb{R}^{I1 \cdots \times In-1 \times J \times In+1 \cdots \times IM}$ 및 다음과 같이 나타낸다.

$$Y(i_1, \ldots, i_{n-1}, j, i_{n+1}, i_M) = \sum_{i_n=1}^{I_n} \mathcal{X}(i_1, i_2, \ldots, i_M)\, \boldsymbol{A}(j, i_n). \tag{8.31}$$

예를 들어, 3-mode 텐서와 행렬 사이의 $\mathcal{X} \in \mathbb{R}^{I \times J \times K}$, $A \in \mathbb{R}^{M \times J}$ 생성 및 2-mode $Y = \mathcal{X}_{\times 2}A$, $Y \in \mathbb{R}^{I \times M \times K}$; $Y(i, m, k) = \sum_{j}^{J} \mathcal{X}(i, j, k)\, A(m, j)$. $\mathcal{X} \in \mathbb{R}^{I_1 \times I_2 \times \cdots \times I_M}$ 생성 텐서의 프로베니우스 노름은 다음과 같이 정의된다.

$$\|\mathcal{X}\|_F = \sqrt{\sum_{i_1}^{I_1} \sum_{i_2}^{I_2} \cdots \sum_{i_M}^{I_M} \mathcal{X}(i_1, i_2, \ldots, i_M)^2}. \tag{8.32}$$

8.5.2 텐서 분해 기법

텐서의 차원이 증가함에 따라 2차원 행렬보다 텐서가 더 쉽게 희박해진다. 예를 들어, 사람들은 주어진 시간 간격에서 몇 개의 도로 구간에서만 운전할 수 있다. 따라서 텐서 $\mathcal{X}'$에 포함된 시간 슬롯이 많을수록 더 많은 빈 항목이 발생한다. 행렬 분해와 마찬가지로 다음과 같은 2개의 목표를 달성하기 위한 텐서 분해가 제안됐다.

1. **잠재적 표현**latent representation. 목표는 차원의 잠재적 표현을 학습하는 것이다. 예를 들어, 그림 8.9a에 표시된 텐서 $\mathcal{X}$를 분해함으로써 각각 다른 지리적 영역, POI 범주 및 시간 간격에 대해 잠재된 표현(일반적으로 훨씬 낮은 차원)을 얻을 수 있다. 잠재적 표현은 비슷한 지역을 클러스터링하는 것과 같이 향후 몇 시간 동안 지역을 방문하는 교통량을 예측하는 것과 같은 추가 데이터 마이닝 및 머신러닝 작업에 사용할 수 있다.

2. **결측값 보간**filling missing value. 텐서 분해의 또 다른 목표는 비어 있지 않은 항목의 값을 기반으로 희소 텐서의 결측값을 채우는 것이다. 예를 들어, 그림 8.9b에 표시된 텐서 $\mathcal{X}'$에 결측값을 채워 운전자가 주어진 도로 구간을 통과하는 데 소요되는 이동 시간을 추정할 수 있다. 기본적인 개념은 먼저 결측값이 아닌 항목을 기반으로 텐서를 일부 낮은 계수의 행렬의 곱으로 분해하고 낮은 계수의 행렬을 곱해 누락된 항목된 값을 복구하는 것이다.

널리 사용되는 텐서 분해 방법에는 PARAFAC [1, 19]와 터커Tucker[37, 59] 2가지가 있다. 그림 8.11a와 같이 표준 폴리아딕polyadic 분해라고도 알려진 PARAFAC은 3-mode

텐서 $\mathcal{X} \in \mathbb{R}^{I \times J \times K}$를 3-way 외적 곱의 합으로 분해한다. 터커^{Tucker} 분해는 그림 8.11b와 같이 $\mathcal{X}$를 3개의 행렬과 코어 텐서의 곱으로 분해한다.

8.5.2.1 PARAFAC 분해

그림 8.11a와 같이 PARAFAC는 다음과 같이 텐서 $\mathcal{X}$를 3-way 외적 곱$^{\text{outer product}}$으로 분해한다.

$$\mathcal{X} \approx \sum_{r=1}^{R} \boldsymbol{a}_r \circ \boldsymbol{b}_r \circ \boldsymbol{c}_r, \tag{8.33}$$

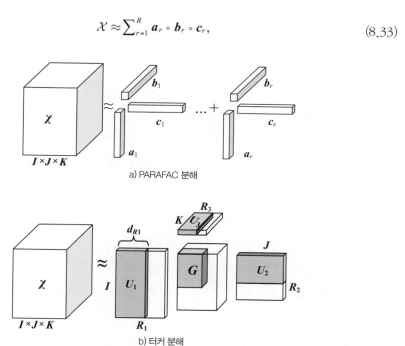

a) PARAFAC 분해

b) 터커 분해

그림 8.11 텐서 분해 기법

$\boldsymbol{a}_r \in \mathbb{R}^I$, $\boldsymbol{b}_r \in \mathbb{R}^J$, $\boldsymbol{c}_r \in \mathbb{R}^K$는 각각 첫 번째, 두 번째, 세 번째 요인 벡터$^{\text{factor vector}}$를 나타내며, r번째 구성 요소에서 R은 그림 8.11a에 표시된 구성 요소의 개수다. $\boldsymbol{a}_r$, $\boldsymbol{b}_r$ 그리고 $\boldsymbol{c}_r$의 3-way 외적 곱은 다음과 같이 나타낸다.

$$(\boldsymbol{a}_r \circ \boldsymbol{b}_r \circ \boldsymbol{c}_r)(i, j, k) = \boldsymbol{a}_r(i)\boldsymbol{b}_r(j)\boldsymbol{c}_r(k), \text{ for all } i, j, k. \tag{8.34}$$

요소 벡터를 사용해 요소 행렬은 다음과 같이 정의한다.

$$A = [a_1, a_2, \ldots, a_R] \in \mathbb{R}^{I \times R},$$
$$B = [b_1, b_2, \ldots, b_R] \in \mathbb{R}^{J \times R},$$
$$C = [c_1, c_2, \ldots, c_R] \in \mathbb{R}^{K \times R}.$$

다음과 같은 목적 함수를 최소화함으로써 PARAFAC 분해 문제를 해결할 수 있다. 함수는 볼록하지 않지만^{nonconvex}, 2개의 요인 행렬을 수정하면 세 번째 행렬의 선형 최소 제곱 문제로 문제가 축소된다.

$$\min_{A,B,C} \left\| \mathcal{X} - \sum_{r=1}^{R} a_r \circ b_r \circ c_r \right\|_F^2. \tag{8.35}$$

과적합을 피하기 위해 일반적으로 다음과 같이 일부 정규화가 목적 함수에 추가된다.

$$\min_{A,B,C} \left[\frac{1}{2} \left\| \mathcal{X} - \sum_{r=1}^{R} a_r \circ b_r \circ c_r \right\|_F^2 + \frac{\lambda}{2} \left(\|A\|_F^2 + \|B\|_F^2 + \|C\|_F^2 \right) \right], \tag{8.36}$$

$\frac{\lambda}{2} \left(\|A\|_F^2 + \|B\|_F^2 + \|C\|_F^2 \right)$는 과적합을 피하기 위한 정규화 페널티이며, λ는 정규화 페널티의 가중치를 조정하는 파라미터다. 당연히 3개의 요인 행렬이 커질수록 $\sum_{r=1}^{R} a_r \circ b_r \circ c_r$는 $\mathcal{X}$에 더 근사하게 된다. 하지만 텐서 분해는 원본 데이터의 낮은 계수의 잠재적 표현을 찾는 경향이 있기 때문에 분해 결과는 유용하지 않다. 근사의 품질을 생성하는 최소 R을 텐서의 계수$^{rank\ of\ the\ tensor}$라고 한다. 식 (8.36)에 대해 최적의 결과를 찾을 수 있는 닫힌 형태$^{closed-form}$의 솔루션은 없다. 일반적으로 경사 하강 기법을 내부적인 최적의 결과를 찾기 위해 사용된다.

데이터에 결측값이 있는 경우 텐서 안의 이러한 결측 항목의 값이 0이라고 가정할 수 없으며, 0 또한 값이 될 수 있다. 이 문제를 해결하기 위한 한 가지 방법은 다음과 같이 근사치와 빈 항목의 값 사이의 오류만 고려하는 것이다.

$$\min_{A,B,C} \left\| W \cdot \left(\mathcal{X} - \sum_{r=1}^{R} a_r \circ b_r \circ c_r \right) \right\|_F^2, \tag{8.37}$$

$$W(i,j,k) = \begin{cases} 1, & \text{if } (i,j,k) \text{ element is present} \\ 0, & \text{if } (i,j,k) \text{ element is missing} \end{cases}.$$

N-mode 텐서 $\mathcal{X} \in \mathbb{R}^{I1 \times I2 \times \cdots \times IN}$의 경우 각 추가 모드에 대해 신규 요소 행렬 $A^{(n)}$을 추가해 3-way CP^Canonical Polyadic 분해를 다음과 같이 확장할 수 있다.

$$\mathcal{X} \approx \sum_{r=1}^{R} \boldsymbol{a}_r^{(1)} \circ \boldsymbol{a}_r^{(2)} \circ \cdots \circ \boldsymbol{a}_r^{(N)}, \tag{8.38}$$

$\boldsymbol{a}_r^{(n)}$은 r-th 컴포넌트의 n-th 요소 벡터를 나타낸다. $A^{(n)} = [\boldsymbol{a}_1^{(n)}, \boldsymbol{a}_2^{(n)}, \cdots, \boldsymbol{a}_r^{(n)}]$.

N 요소의 외적 곱은 다음과 같이 정의한다.

$$\mathcal{X}(i_1, i_2, \ldots, i_N) = \boldsymbol{a}_r^{(1)}(i_1) \times \boldsymbol{a}_r^{(2)}(i_2) \times \cdots \boldsymbol{a}_r^{(N)}(i_N). \tag{8.39}$$

8.5.2.2 터커 분해

해당 분해 기법은 터커^Tucker[59]에 의해 제안됐으며, 터커 분해 계산을 하기 위해 HOSVD^Higher Order Singular Value Decomposition을 제안한 드 라타우워^De Lathauwer와 연구진[34]에 의해 대중화됐다. 실제로 터커는 3개의 모델을 제안했다. 그림 8.11b는 Tucker-3(이하 Tucker)라고도 하는 세 번째 모델을 나타낸다. 터커 분해는 3-mode 텐서 $\mathcal{X} \in \mathbb{R}^{I \times J \times K}$를 3개의 요소 행렬 $\boldsymbol{A} \in \mathbb{R}^{I \times R1}$, $\boldsymbol{B} \in \mathbb{R}^{J \times R2}$, $\boldsymbol{C} \in \mathbb{R}^{K \times R3}$로 분해하며, 또한 코어 텐서 G에 의해 곱해진다.

$$\mathcal{X} \approx \boldsymbol{G}_{\times 1} \boldsymbol{A}_{\times 2} \boldsymbol{B}_{\times 3} \boldsymbol{C}. \tag{8.40}$$

또는, 해당 분해는 요소별로 다음과 같이 나타낼 수 있다.

$$\mathcal{X}(i, j, k) \approx \sum_{r_1=1}^{R_1} \sum_{r_2=1}^{R_2} \sum_{r_3=1}^{R_3} \boldsymbol{G}(r_1, r_2, r_3) \boldsymbol{A}(i, r_1) \boldsymbol{B}(j, r_2) \boldsymbol{C}(k, r_3). \tag{8.41}$$

A, B, C 그리고 G는 HOSVD를 통해 계산될 수 있다.

때때로 과적합을 피하기 위해 정규화가 목적 함수에 추가된다.

$$L(G, U_1, U_2, U_3) = \frac{1}{2} \left\| \mathcal{X} - \boldsymbol{G}_{\times 1} \boldsymbol{A}_{\times 2} \boldsymbol{B}_{\times 3} \boldsymbol{C} \right\|_F^2 + \frac{\lambda}{2} \left(\|\boldsymbol{G}\|_F^2 + \|\boldsymbol{A}\|_F^2 + \|\boldsymbol{B}\|_F^2 + \|\boldsymbol{C}\|_F^2 \right), \tag{8.42}$$

목적 함수의 첫 번째 부분은 근사치 및 비어 있지 않은 X 항목의 값 사이의 오차를 최소화한다. $\mathcal{X}; \frac{\lambda}{2} \left(\|\boldsymbol{G}\|_F^2 + \|\boldsymbol{A}\|_F^2 + \|\boldsymbol{B}\|_F^2 + \|\boldsymbol{C}\|_F^2 \right)$는 과적합을 피하기 위한 정규화 페널티이며, λ는 정규화 페널티의 기여도를 제어하는 파라미터다.

목적 함수에 대한 최적의 A, B, C 및 G를 찾을 수 있는 closed-from 솔루션은 없다. 또는 일반적으로 경사 하강 기법을 내부적인 최적의 결과를 찾을 때 사용된다. 식 (8.37) 과 마찬가지로 텐서에 누락된 항목이 많은 경우 근사 오차를 계산할 때 비어 있지 않은 항목만 고려하도록 마스크mask W가 목적 함수에 추가된다.

$$\frac{1}{2}\left\| W \cdot (\mathcal{X} - G_{\times 1} A_{\times 2} B_{\times 3} C)\right\|_F^2. \tag{8.43}$$

A, B, C 및 G을 구한 후 $\mathcal{X}$의 누락된 항목을 $G_{\times 1}A_{\times 2}B_{\times 3}C$의 곱으로 복구한다. 자세한 내용은 논문 [31] 및 [47]에서 확인할 수 있다.

8.5.3 시공간 데이터의 텐서 분해

위치와 시간은 행렬을 구성하기 위한 2가지 기본적인 차원이다. 위치 시간 행렬에 3차원 (예, POI 범주 또는 사용자)을 추가해 시공간 데이터의 상관관계를 보다 잘 파악할 수 있는 텐서를 쉽게 만들 수 있다. 반면 3차원은 측정치가 없는 항목을 더 많이 생성해 데이터 희소성 문제를 악화시킨다. 단순한 텐서 분해 기법은 더 이상 매우 희박한 텐서의 누락된 항목을 정확하게 채우지 않는다. 이 문제를 해결하기 위해 여러 데이터 소스의 정보를 통합해 누락된 항목을 보다 정확하게 채우는 결합 텐서 분해(콘텍스트 인식 텐서 분해)가 제안됐다. 복수의 데이터 소스를 결합할 때 원본 데이터의 시공간적 특성을 보존하는 방법 또한 간과할 수 없는 문제다.

8.5.3절에서는 결합된 텐서 분해 기술을 시연하기 위해 3가지 예시를 소개한다. 첫 번째는 개인 맞춤형 위치 추천이다. 두 번째는 특정 시간대에 도로 구간에 위치한 각 운전자의 이동 시간을 추정하는 것이다. 세 번째는 서로 다른 시간대의 여러 위치의 소음 상황을 진단하는 것이다.

8.5.3.1 개인 맞춤형 위치 추천

위치에 대해 사람들마다 서로 다른 선호도를 갖고 있으므로 8.4.2.1절에서 소개한 범용 위치-활동 추천location- activity recommendation[72]에 사용자 차원을 원본 위치-활동 행렬에 추가함으로써 확장시킬 수 있다. 그림 8.12와 같이 사용자 위치 활동 텐서 A는 특정 사용자가 특정 위치에서 특정 활동을 수행한 시간을 나타내는 항목과 함께 구축된다. 만약 우리가 모든 항목의 값을 추정할 수 있다면 개인 맞춤형 추천이 가능하다. 그러나 사용자들은 매우 적은 위치만 방문하기 때문에 텐서 A의 데이터는 매우 희박한 편이다. 따라서 단순한 텐서 완성 방법으로는 누락값을 채울 수 없다.

이 문제를 해결하기 위해 도로망 및 POI 데이터셋과 같은 희박하지 않은 데이터 소스를 기반으로 4개의 콘텍스트 행렬context matrix이 구축된다. 또한 해당 행렬은 텐서 A와 일부 차원을 공유한다. 예를 들어, 텐서 A는 사용자 차원을 행렬 B와 공유하며, 위치 차원은 행렬 E와 공유한다. 결과적으로, 행렬의 데이터는 텐서 A를 완성하기 위해 텐서로 전달된다.

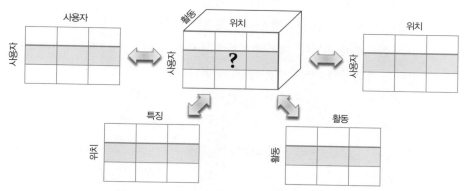

그림 8.12 텐서 분해를 기반으로 개인 맞춤형 위치-활동 추천

PARAFAC-스타일 텐서 분해 프레임워크는 정규화된 분해를 위해 텐서를 콘텍스트 행렬과 통합해 사용한다. 보다 구체적으로 목적 함수는 다음과 같이 정의된다.

$$\mathcal{L}(X,Y,Z,U) = \frac{1}{2}\left\|W \cdot (\mathcal{A} - [\![X,Y,Z]\!])\right\|_F^2 + \frac{\lambda_1}{2}\operatorname{tr}(X^T L_B X) + \frac{\lambda_2}{2}\left\|C - YU^T\right\|_F^2$$
$$+ \frac{\lambda_3}{2}\operatorname{tr}(Z^T L_D Z) + \frac{\lambda_4}{2}\left\|E - XY^T\right\|_F^2 + \frac{\lambda_5}{2}\left(\left\|X\right\|_F^2 + \left\|Y\right\|_F^2 + \left\|Z\right\|_F^2 + \left\|U\right\|_F^2\right)$$

$$(8.44)$$

$[X, Y, Z] = \sum x_i \circ y_i \circ z_i$; $\circ$는 외적 곱을 나타내는 연산자다. W는 비어 있지 않은 항목을 선택하는 마스크다. $A(i, j, k)$가 비어 있는 경우 $W(i, j, k) = 0$이다. L_B는 B의 라플라시안 행렬$^{Laplacian\ Matrix}$이며, $L_B = Q - B$로 정의되며 Q는 대각 항목 $Q_{ij} = \sum_j B_{ij}$; $tr(\cdot)$는 행렬의 대각합$^{trace\ of\ a\ matrix}$을 나타내는 대각 행렬$^{diagonal\ matrix}$이다. $\|\cdot\|_F$는 프로베니우스 표준을 나타낸다. $\lambda_i(i = 1, ..., 5)$는 조정 가능한 파라미터다. 목적 함수의 경우 X, Y 그리고 Z의 내부적인 최소 결과를 찾기 위해 경사 하강을 사용한다.

8.5.3.2 텐서 분해를 사용해 개별 운전자의 이동 시간 추정

8.4.2.2절에서 각 도로 구간에서 평균 이동 속도를 추정하기 위한 결합 행렬 분해를 다뤘다. 사람들은 각각 다른 운전 기술, 습관 그리고 도로에 대한 지식을 갖고 있기 때문에 같은 도로에 대한 이동 시간은 같지 않다. 특정 운전자의 목적지 도착 시간을 추정하기 위해서 다른 시간대의 다른 도로 구간에 위치한 운전자의 이동 시간을 추정해야 한다. 이것은 기본적으로 텐서 분해 문제다. 데이터 희소성 문제를 다루기 위해 다른 데이터 소스의 지식을 융합하는 몇몇 콘텍스트 행렬을 생성한다[61].

그림 8.13과 같이 텐서 $\mathcal{A}_r \in \mathbb{R}^{N \times M \times L}$는 최근에 수신된 L 시간대 및 도로망 데이터의 GPS 경로를 기반으로 도로 구간, 운전자 그리고 시간 슬롯을 각각 나타내는 3차원으로 구성된다. 항목 $\mathcal{A}_r(i, j, k) = c$는 시간 슬롯 k(예, 오후 2시~2시 30분)의 시간 값 c를 갖는 j번째 운전자가 주행하는 i번째 도로 구간을 나타낸다. 마지막 시간 슬롯은 현재 시간 슬롯을 나타내며, 텐서를 공식화하기 직전에 $L-1$ 시간 슬롯과 결합된다. 운전자는 짧은 시간 동안 일부 도로 구간만 이동할 수 있기 때문에 텐서는 매우 희박하다. 0이 아닌 항목의 값을 기준으로 누락된 항목을 추정하는 경우 현재 시간대의 특정 도로 구간을 이동하는 운전자의 이동 시간을 획득할 수 있다.

해당 작업을 위해 장기간(예, 한 달)에 걸친 과거 경로를 기반으로 다른 텐서 $\mathcal{A}_h$가 생성된다. $\mathcal{A}_h$는 $\mathcal{A}_r$과 동일한 구조를 갖고 있지만, 항목 $\mathcal{A}_h(i, j, k) = c'$는 기록된 과거의 시간 슬롯 k에 있는 I 번째 도로 구간에 위치한 j 번째 운전자의 평균 이동 시간을 나타낸다. 본질적으로 $\mathcal{A}_h$는 전체 도로망에서 과거 교통 패턴과 운전자들의 행동을 나타내는 $\mathcal{A}_r$보다 훨씬 더 밀도가 높다.

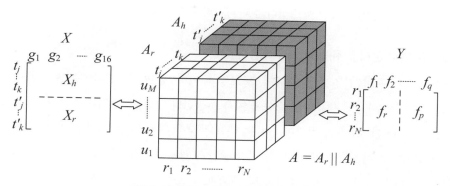

그림 8.13 텐서 분해를 이용한 이동 시간 추정

A의 누락된 항목을 보완할 수 있도록 2개의 콘텍스트 행렬(X 및 Y)이 생성된다. 행렬 X(X_r 및 X_h로 구성된)는 세분성이 낮은^{coarse-grained} 교통 환경 측면에서 서로 다른 시간 간격 사이의 상관관계를 나타낸다. 이것은 그림 8.8c의 그리드와 비슷하다. X_r의 항목은 특정 시간대에서 특정 그리드를 통과하는 차량의 수를 나타낸다. X_r의 행은 도시의 특정 시간대에서의 대략적인 교통 상황을 나타낸다. 결과적으로 2개의 서로 다른 행의 유사성은 2개의 시간대 사이의 교통 흐름 상관관계를 나타낸다. X_h는 X_r과 동일한 구조를 가지며, t_i에서 t_j로 그리드를 이동하는 과거의 평균 차량 수를 저장한다.

행렬 Y는 그림 8.8a의 행렬 Z와 유사한 각 도로 구간의 지리적인 특징을 저장한 후 다음과 같은 목적 함수를 최적화하며, 행렬 X 및 Y를 포함하는 $A = A_r \| A_h$를 공통으로 분해한다.

$$\mathcal{L}(S, R, U, T, F, G) = \frac{1}{2} \left\| W \cdot (A - S \times_R R \times_U U \times_T T) \right\|_F^2 + \frac{\lambda_1}{2} \left\| X - TG \right\|_F^2$$
$$+ \frac{\lambda_2}{2} \left\| Y - RF \right\|_F^2 + \frac{\lambda_3}{2} \left(\left\| S \right\|_F^2 + \left\| R \right\|_F^2 + \left\| U \right\|_F^2 + \left\| T \right\|_F^2 + \left\| F \right\|_F^2 + \left\| G \right\|_F^2 \right),$$

$$(8.45)$$

$\left\| W(A - S \times_R R \times_U U \times_T T) \right\|_F^2$ 텐서 분해의 오차를 최소화하며, W는 마스크이며, $A(i, j, k)$이 비어 있는 경우에는 $W(i, j, k)$는 0이고 그렇지 않은 경우 $W(i, j, k) = 1$이다. $\left\| X - TG \right\|_F^2$ 및 $\left\| Y - RF \right\|_F^2$는 행렬 X와 Y에 대한 오차를 각각 최소화한다. $\left\| S \right\|_F^2 + \left\| R \right\|_F^2 + \left\| U \right\|_F^2 + \left\| T \right\|_F^2 + \left\| F \right\|_F^2 + \left\| G \right\|_F^2$는 과적합을 피하기 위한 정규화다. λ_1, λ_2 그리고 λ_3는 목적 함수에서 다

른 부분의 중요성에 가중치를 지정하는 파라미터다.

8.5.3.3 텐서 분해를 사용한 도시 소음 진단

정^{Zheng} 및 연구진[74]은 소셜 미디어, 도로망 데이터 및 POI를 포함하는 311 플랫폼의 민원 데이터를 사용해 세분화된 소음 상황을 추정한다. 그림 8.14와 같이 뉴욕시의 소음 상황은 3차원 텐서로 모델링되며, 3차원 텐서는 각각 지역, 소음 범주 그리고 시간 슬롯을 나타낸다. 항목 $A(i, j, k)$는 특정 기간 동안 수집된 총 311 플랫폼의 민원을 범주 c_j, 지역 r_i 그리고 시간 슬롯 t_k로 저장한다. 아무때나 소음에 대한 민원을 제기하는 사람들은 없기 때문에 해당 항목은 매우 희박한 텐서다. 텐서가 완전히 채워지면 도시 전체의 소음 상황을 알 수 있다.

데이터 희소성 문제를 다루기 위해 연구진은 3개의 특징 범주(지리적 특성, 휴먼 모빌리티 특징 그리고 소음 범주 상관관계 특징(행렬 X, Y, Z로 나타냄))를 POI/도로망 데이터, 사용자 체크인 그리고 311 플랫폼의 민원에서 각각 추출한다. 예를 들어, 행렬 X의 행은 지역을 나타내고, 각 열은 교차로 개수 및 도로 구간의 전체 길이와 같은 지역의 도로망 특징을 나타낸다. 행렬 X는 지리적 특징과 관련해 2개 지역 사이의 유사성을 통합한다. 단순히 비슷한 지리적 특징을 갖는 지역은 비슷한 소음 상황을 가질 수 있다. $Z \in \mathbb{R}^{M \times M}$는 소음의 서로 다른 범주 사이의 상관 행렬이다. $Z(i, j)$는 소음 c_i 범주가 다른 범주 c_j와 함께 발생하는 빈도를 나타낸다.

해당 특징들은 콘텍스트 인식 텐서 분해 접근법에서 텐서의 결측값을 보충하기 위한 콘텍스트로 사용된다. 보다 구체적으로 A는 0이 아닌 항목을 기반으로 몇 개의(낮은 계수) 행렬과 코어 텐서(또는 몇 개의 벡터)의 곱셈으로 분해된다. 행렬 X는 $X = R \times U$와 같이 두 행렬의 곱셈으로 인수분해될 수 있으며, $R \in \mathbb{R}^{N \times d_R}$ 및 $U \in \mathbb{R}^{d_R \times P}$는 각각 지역 및 지리적 특징에 대한 낮은 계수의 잠재적 요소다. 마찬가지로 행렬 Y는 $Y = T \times R^T$와 같이 두 행렬의 곱으로 인수분해된다. $T \in \mathbb{R}^{L \times d_T}$는 시간 슬롯에 대한 낮은 계수의 잠재적 요소 행렬이다. d_T 및 d_R은 일반적으로 매우 작은 값이다. 목적 함수는 다음과 같이 정의된다.

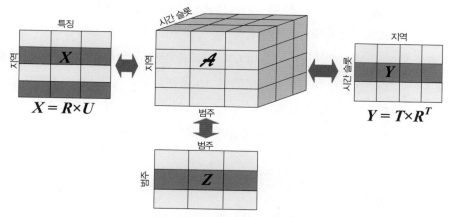

특징
지역 X
$X = R \times U$

시간 슬롯
지역 $\mathcal{A}$
범주
범주
범주 Z

지역
Y
시간 슬롯
$Y = T \times R^T$

그림 8.14 텐서 분해를 사용한 도시 소음 진단

$$\mathcal{L}(S, R, C, T, U) = \frac{1}{2} \left\| W \cdot (\mathcal{A} - S \times_R R \times_C C \times_T T) \right\|_F^2 + \frac{\lambda_1}{2} \left\| X - RU \right\|_F^2 + \frac{\lambda_2}{2} \operatorname{tr}(C^T L_Z C)$$

$$+ \frac{\lambda_3}{2} \left\| Y - TR^T \right\|_F^2 + \frac{\lambda_4}{2} \left(\left\| S \right\|_F^2 + \left\| R \right\|_F^2 + \left\| C \right\|_F^2 + \left\| T \right\|_F^2 + \left\| U \right\|_F^2 \right),$$

$$(8.46)$$

$\left\| W(\mathcal{A} - S \times_R R \times_C C \times_T T) \right\|_F^2$는 $\mathcal{A}$의 분해 오차를 제어한다. W는 마스크^{mask}이며 $\mathcal{A}(i, j, k)$가 비어 있는 경우 $W(i, j, k) = 0$이다. 그 밖의 경우에는 $W(i, j, k) = 1$이다. $\left\| X - RU \right\|^2$는 X의 인수분해 오차를 제어한다. $\left\| Y - TR^T \right\|^2$는 Y의 인수분해 오차를 제어한다. $\left\| S \right\|_F^2 + \left\| R \right\|_F^2 + \left\| C \right\|_F^2 + \left\| T \right\|_F^2 + \left\| F \right\|_F^2 + \left\| U \right\|_F^2$는 과적합을 피하기 위한 정규화 페널티다. λ_1, λ_2, λ_3 및 λ_4는 협업 분해 중 각 파트의 기여를 제어하는 파라미터다.

이제 행렬 X와 Y는 텐서 $\mathcal{A}$와 같은 지역의 차원을 공유한다. 텐서 $\mathcal{A}$는 Y의 공통 시간 차원과 Z의 범주 공유 차원을 갖는다. 따라서 지역, 시간 및 범주에 대한 잠재 공간을 공유한다. 해당 아이디어는 결합 행렬 분해에 도입됐다. $tr(C^T L_Z C)$는 아래와 같이 매니폴드 정렬$^{\text{manifold alignment}}$에서 파생됐다.

$$\sum_{i,j} \left\| C(i, .) - C(j, .) \right\|^2 Z_{ij} = \sum_k \sum_{i,j} \left\| C(i, k) - C(j, k) \right\|^2 Z_{ij}$$
$$= tr(C^T (D - Z) C) = tr(C^T L_Z C),$$

$$(8.47)$$

$C \in \mathbb{R}^{M \times dC}$는 범주의 잠재 공간이다. $D_{ii} = \sum_i Z_{ij}$는 대각 행렬이며 $L_z = D - Z$는 범주 상관관계 그래프의 라플라시안 행렬이다. 더 높은 유사성(Z_{ij}가 더 큰)을 가진 2개의 소음 범주(예, i-th 및 j-th)를 보장하는 $tr(C^T L_z C)$도 새로운 잠재 공간 C에서 더 가까운 거리를 갖는다. 이와 같은 경우 하나의 데이터셋(예, 311 플랫폼 민원)만 매니폴드 정렬에 포함된다. 따라서 $\mathbf{D} = D$다. 목적 함수([8.46]에서 나온)의 전역 최적화 결과를 찾을 수 있는 closed-form 솔루션이 없기 때문에 내부 최적화를 찾기 위해 수치 기법인 경사 하강을 사용한다.

8.6 확률적 그래픽 모델

8.6.1 일반 개념

확률론적 그래픽 모델^{probabilistic graphical model}은 그래프가 랜덤 변수 사이의 조건부 의존 구조를 표현하는 확률론적 모델이다. 일반적으로 확률론적 그래픽 모델은 다차원 공간에 대한 완전한 분포를 인코딩하기 위한 기초로서 그래프 기반 표현을 사용한다. 해당 그래프는 특정 분포를 유지하는 독립 집합의 간결한 또는 인수분해된 표현으로 간주할 수 있다.

베이지안 네트워크^{Bayesian network} 및 마르코프 네트워크(^{Markov network}, 마르코프 랜덤 필드[29]라고도 함)와 같은 분포를 그래픽으로 표현하는 2가지 방법이 있다. 두 방법 모두 인수분해 및 독립성의 특성을 포함하지만, 인코딩할 수 있는 독립적인 집합과 유도하는 분포의 인수분해가 다르다[7].

베이지안 네트워크는 n개의 변수 $X_1, X_2, ..., X_n$의 결합 확률을 $P[X_1, X_2, ..., X_n] = \prod_{i=1}^{n} P[X_i | PA(X_i)]$로 인수분해하는 방향성 비순환 그래프^{directed acyclic graph}다. 예를 들어, 그림 8.15a와 같이 결합 확률 $P(A, B, C, D) = P(A)P(B)P(C|A, B)P(D|B, C)$다. 베이지안 네트워크를 사용해 다른 변수 간의 인과관계를 나타낼 수도 있다.

마르코프 네트워크는 순환하는 무방향 그래프로 설명된 마르코프 속성을 갖는 랜덤 변수 집합이다. 따라서 마르코프 네트워크는 베이지안 네트워크가 할 수 없는 특정 의존성(예, 순환 의존성)을 나타낼 수 있다. 반면에 베이지안 네트워크가 할 수 있는 특정 의존성

(예, 유도 의존성)을 나타낼 수 없다.

이론적으로 말하자면 그래픽 모델은 주어진 데이터에서 자동으로 학습될 수 있지만, 그래픽 모델의 구조는 일반적으로 수동으로 설계되고 인간의 지식을 기반으로 한다. 그래픽 모델의 구조를 자동으로 학습하는 것은 복잡하고 높은 계산 비용이 많이 필요하기 때문에 여전히 어려운 과제다. 인간의 지식을 모델에 통합하면 그래픽 모델은 소규모 학습 데이터셋 또는 레이블이 지정되지 않은 데이터의 머신러닝 문제를 처리할 수 있다. 해당 모델은 레이블 희소성 문제를 해결하는 데 도움이 될 수 있다. 또한 SVM과 같은 다른 분류 모델과 비교해 분류 작업에서 레이블 불균형을 처리할 수 있다.

반면에 여러 개의 변수(예, 도시 전체의 모든 도로 구간에 대한 교통 상황 추정)를 처리하는 경우 그래픽 모델은 매우 크고 복잡한 구조가 돼 학습 및 추정에 대한 비용이 크게 증가한다. 따라서 그래픽 모델은 대규모 데이터를 포함하는 복잡한 문제를 처리하고자 확장하는 것이 쉽지 않다고 할 수 있다.

a) 베이지안 네트워크   b) 마르코프 네트워크

그림 8.15 그래픽 모델의 2가지 유형

8.6.2 베이지안 네트워크

8.6.2.1 개요

그림 8.16과 같이 베이지안 네트워크를 사용하는 2개의 주요 단계가 있다.

1. 학습 단계. 베이지안 네트워크에는 2가지 유형의 학습 유형이 있다. 하나는 네트워크 구조를 학습하는 것이며, 또 다른 하나는 베이지안 네트워크의 구조가 주어진 파라미터(조건부 확률)를 학습하는 것이다. 파라미터 학습 방법은 최대 우도 추정MLE, Maximum Likelihood Estimation[46], 최대 사후 확률MAP, Maximum A Posterior 그리고 기대치 최대화EM, Expectation Maximization[11]와 같이 3개의 범주로 분류할 수 있다.

2. 예측 단계. 이 단계는 일부 종속 변수의 관찰과 학습 단계에서 얻은 분포의 파라미터를 기반으로 종속 변수에 대한 변수의 한계 확률$^{marginal\ probability}$을 추론하는 것이 목표다. 추론 알고리즘에는 정확한 추론과 근사 추론의 2가지 범주가 있다. 변수 제거$^{variable\ elimination}$, 신뢰 전파$^{belief\ propagation}$[66] 및 클리크 트리$^{clique\ tree}$를 포함한 대표적인 추론 알고리즘은 변수의 한계 확률에 대한 정확한 추론 결과를 생성할 수 있다. 베이지안 네트워크는 너무 커서 정확한 추론 결과를 얻을 수 없기 때문에 우리는 loopy BP[43], 변분 추론$^{variational\ inference}$[60], 샘플링^{sampling} 방법과 같은 근사 추론 알고리즘을 채택해야 한다.

학습 및 추론 단계에서 사용될 베이지안 네트워크의 결합 확률을 조건부 확률의 곱으로 인수분해하기 위해서는 방향성 분리$^{D-separation}$를 통해서 변수 사이의 조건부 독립성을 찾아야 한다.

동적 베이지안 네트워크$^{DBN,\ Dynamic\ Bayesian\ Network}$는 인접한 시간 단계에 포함된 변수를 서로 연관시키는 베이지안 네트워크다. DBN에는 2가지 유형이 있다. 첫 번째 유형은 서로 다른 시간대에서 동일한 베이지안 네트워크 구조를 공유하는 반면 다른 유형은 서로 다른 시간대에서 다른 구조를 가질 수 있다. 두 번째 유형은 은닉 마르코프 모델^{HMM,} $^{Hidden\ Markov\ Model}$과 칼만 필터$^{Kalman\ filter}$의 일반화다. DBN은 forward-backward 알고리즘 및 비터비 알고리즘$^{Viterbi\ algorithm}$과 같은 일부 추론 알고리즘을 가질 수 있지만, 베이지안 네트워크의 추론 및 학습 알고리즘은 DBN의 학습 및 추론 단계에서 사용될 수 있다.

8.6.2.2 독립성 및 방향성 분리

베이지안 네트워크의 추론과 학습 단계를 살펴보기 전에 변수 사이의 의존성을 확인해야 한다. 두 변수 X와 Y는 $P(X, Y) = P(X)P(Y)$ 또는 $P(X|Y) = P(X)$인 경우 독립적이다. $P(X, Y|Z) = P(X|Z)P(Y|Z)$인 경우 다른 변수 Z가 주어지면 조건부 독립적이다.

해당 정의는 여러 변수로 쉽게 확장될 수 있다. 베이지안 네트워크에서 변수 사이의 조건부 독립성을 식별할 수 있다면 베이지안 네트워크의 결합 확률을 조건부 확률의 곱으로 인수분해할 수 있으며, 베이지안 네트워크의 추론과 학습 단계를 훨씬 더 쉽게 수행할 수 있다. 예를 들어, 만약 X와 Y가 Z에 독립적인 경우 $P(X, Y|Z) = P(X|Z)P(Y|Z)$가 된다.

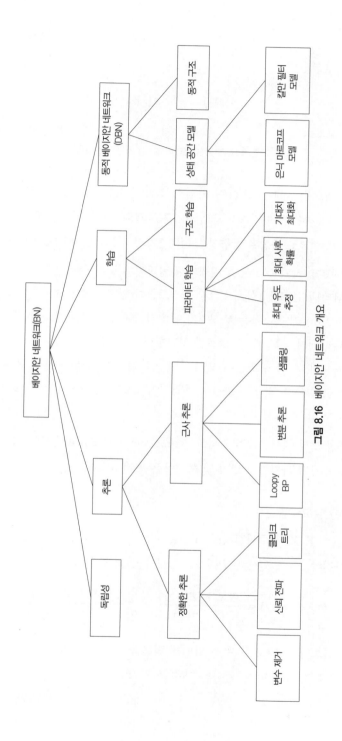

그림 8.16 베이지안 네트워크 개요

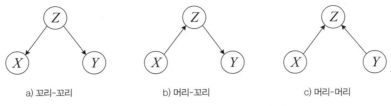

a) 꼬리-꼬리   b) 머리-꼬리   c) 머리-머리

그림 8.17 방향성 분리의 3가지 기본적인 예시

베이지안 네트워크에서 조건부 독립성을 지정하는 정확한 방법은 방향성 분리 D-separation를 사용하는 것이다[27]. 그림 8.17은 꼬리-꼬리tail-to-tail, 머리-꼬리head-to-tail, 머리-머리head-to-head로 구성된 방향성 분리의 3가지 기본적인 예시를 보여 준다.

1. 꼬리-꼬리. 해당 구조는 X 및 Y가 독립적이며, Z가 주어진 경우 조건부 독립적임을 나타낸다. Z가 X에서 Y까지의 경로를 차단하는 경우 $X - Y$로 나타낸다.

2. 머리-꼬리. 해당 구조는 X 및 Y가 종속적이며, Z가 주어진 경우 조건부 독립적임을 나타낸다. Z는 $X - Y$ 경로를 차단한다.

3. 머리-머리. 해당 구조는 X 및 Y가 종속적임을 나타낸다. 또한 Z 및 Z의 자식이 주어진 경우 X 및 Y는 조건부 독립적이다. Z 또는 Z의 자식은 $X - Y$ 경로를 차단하지 않는다.

해당 방향성 분리 예시를 일반화하고자 노드 A에서 노드 B로의 모든 경로가 차단된 경우 다른 그룹 C가 주어지면 노드 A 및 B 그룹은 조건부 독립적이다.

8.6.2.3 추론 알고리즘

결합 확률 $P(X, Y, Z)$이 주어진 경우 X는 2개의 상태 (x_1, x_2)를 가지며, Y는 2개의 상태 (y_1, y_2)를 가진다. $Z = z_1$인 경우 $P(X|Z = z_1)$를 다음과 같이 추론할 수 있다.

$$P(X|Z = z_1) = \frac{P(X, Y, Z = z_1)}{P(Z = z_1)} = \frac{\sum_Y P(X, Y, Z = z_1)}{\sum_{X,Y} P(X, Y, Z = z_1)}. \tag{8.48}$$

기본적으로 인스턴스 $Z = z_1$을 우선 확인해 확률을 계산할 수 있다. 그다음 해당 인스턴스에서 X 및 Y의 서로 다른 목록의 개수를 각각 계산한다(예, $(X = x_1, Y = y_1)$, $(X = x_1, Y = y_2)$, $(X = x_2, Y = y_1)$ 및 $(X = x_2, Y = y_2)$의 인스턴스 개수). 해당 열거 알고리즘의 계산 복잡도는 $O(n^m)$이며, 여기서 n은 상태 개수이고, m은 주어진 변수 Z(이 경우에는 $n=m=2$)를 제외한 종속 변수의 개수다. 여러 개의 변수가 있는 경우 계산 프로세스를 수행하기에는 계산 비용이 너무 높아지게 된다.

정확한 추론

알고리즘 $O(n^m)$의 연산 복잡성을 줄이고자 베이지안 네트워크를 추론하는 다양한 알고리즘이 개발됐다. 이어서 변수 제거, 신뢰 전파 그리고 클리크 트리 알고리즘과 같이 널리 사용되는 기법을 소개한다.

변수 제거

Z에 따라 X 및 Y가 조건부 독립적인 경우 결합 확률을 $P(X, Y, Z) = P(Z)P(X|Z)P(Y|Z)$로 분해한다. 결과적으로 다음과 같이 X의 한계 확률을 추론한다.

$$P(X) = \sum_Y P(X|Y) \sum_Z P(Z)P(Y|Z),$$

시간 복잡도 $O(n \times 2)$인 경우 n은 Y 및 Z의 상태 개수다.

$\sum_Z P(Z)P(Y|Z)$를 $\varphi_1(Y)$로 나타내면 $P(X)$를 다음과 같이 계산할 수 있다.

$$P(X) = \sum_Y P(X|Y)\varphi_1(Y).$$

이것은 계산 프로세스를 수행하는 동안 $P(X, Y, Z)$에서 변수 Z를 제거하는 것과 같다. 또한 추론에서 Y를 제거함으로써 $\sum_Y P(X|Y)\varphi_1(Y)$를 통해 $\varphi_2(X)$로 나타낼 수 있다.

일반적으로 추론 단계에서 변수 제거를 사용해 순서대로 변수(변수 선택)를 제거한다. 제거 순서가 달라지면(예, Z 또는 Y를 먼저 제거) 추론의 시간 복잡도가 달라진다. 최적의 제거 순서를 찾는 것은 NP-hard다. 변수 제거 순서를 찾고자 일반적으로 사용되는 2가지 방법은 최대 카디널리티 검색과 최소 결합 검색이다.

신뢰 전파

변수 제거 알고리즘은 매번 특정 변수에 대한 한계 확률을 추론한다. 추론해야 할 변수가 여러 개인 경우 알고리즘을 여러 번 실행해야 하기 때문에 효율성이 떨어진다. 이 문제를 해결하고자 신뢰 전파 알고리즘은 트리 구조를 가진 베이지안 네트워크에서 여러 변수에 대한 한계 확률을 동시에 계산한다. 신뢰 전파 알고리즘에는 여러 가지 변형이 있지만, 요소 그래프를 위해 설계된 알고리즘에 초점을 맞춘다. 요소 그래프는 요소의 곱에 의한 결합 확률 분포를 나타내는 2개의 노드 집합, 변수 및 요소로 구성된다.

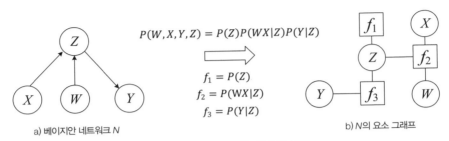

a) 베이지안 네트워크 N   b) N의 요소 그래프

그림 8.18 요소 그래프의 신뢰 전파

예를 들어, 그림 8.18a와 같이 D-separation에 따라 X 및 W는 Z(head-to-head)가 주어진 경우 종속적이며, (W, X) 및 Y는 Z(head-to-tail)가 주어진 경우 독립적이다. 따라서 $P(W, X, Y, Z) = P(Z)\mathrm{P}(WX|Z)P(Y|Z)$다. 요소 노드 함수를 $f_1 = P(Z)$, $f_2 = P(WX|Z)$, $f_3 = P(Y|Z)$와 같이 정의하며, $P(X, Y, Z)$를 그림 8.18b와 같이 요소 그래프로 나타낼 수 있다. 추론의 목표는 조건부 확률(f_1, f_2 및 f_3)을 기반으로 $P(X)$, $P(Y)$ 및 $P(Z)$의 한계 확률을 계산하는 것이다. 추론의 목표는 조건부 확률(f_1, f_2 및 f_3)을 기반으로 $P(X)$, $P(Y)$ 및 $P(Z)$의 한계 확률을 계산하는 것이다.

신뢰 전파 알고리즘은 그래프에서 조건부 독립 관계를 기반으로 효율적인 추론을 수행한다. 해당 알고리즘은 변수에서 요소 노드까지의 메시지가 요소 노드에서 변수까지의 메시지의 곱으로 표현되는 반복을 기반으로 메시지가 에지를 따라서 변수에서 요소로 전달되고 요소에서 변수로 전달된다. 예를 들어, 그림 8.18과 같이 변수 노드 Z에서 요소 노드 f_2(예, $message_z \rightarrow f_2$)로 전송되는 메시지는 Z의 인접 요소 노드(f_2 제외)에서 Z로 전송되는 메시지의 곱이다. 즉

$$message_{z \rightarrow f_2} = message_{f_3 \rightarrow z} \times message_{f_1 \rightarrow z}. \tag{8.49}$$

요소 노드 F_2에서 Z로 전달되는 메시지는 $message_{X \rightarrow f_2} \times message_{W \rightarrow f_2} \times f_2$, $message_{f_2 \rightarrow z}$에 연결된($Z$ 제외) 변수 노드의 곱이다. 해당 메시지는 W 및 X로부터 더욱 멀어진다. 즉

$$message_{f_2 \to z} = \sum_{WX} message_{X \to f_2} \times message_{W \to f_2} \times f_2. \qquad (8.50)$$

요소 그래프의 노드(예, Y)를 루트로 무작위로 선택해 요소 그래프를 트리로 변환한다. 루트 노드는 변수 노드 또는 요소 노드일 수 있다. 그다음 루트 노드에서 시작해 메시지를 리프 노드로 전파한다. 메시지는 식 (8.49) 및 식 (8.50)에 표시된 것과 비슷한 방식으로 구성된다. 루트 노드의 메시지 초깃값은 1(예, $message_{Y \to f_3} = 1$)이며, $message_{f_3 \to z} = 1 \times f_3 = P(Y|Z)$다. 첫 번째 전파 라운드 후 첫 번째 라운드와 동일한 메시지 구성 방식에 따라 리프 노드(예, W 및 X)에서 루트로 메시지 전파를 시작한다. 전파를 반복한 후 정확히 추론할 수 있다.

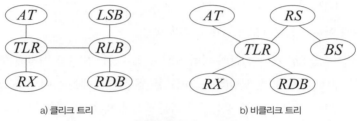

a) 클리크 트리　　　　　　　　　　b) 비클리크 트리

그림 8.19 클리크 트리 예시

클리크 트리

신뢰 전파 알고리즘은 순환을 포함하는 베이지안 네트워크에 대해 정확한 추론 결과를 생성할 수 없다. 또한 베이지안 네트워크의 모든 변수에 대한 한계 확률을 계산할 필요는 없다. 해당 문제를 해결하기 위해 변수를 단일 노드로 클러스터링해 베이지안 네트워크의 순환을 제거하기 위한 클리크 트리 알고리즘이 제안됐다. 그런 다음 각 노드의 변수에 대한 결합 확률을 추론한 후 열거 또는 변수 제거 알고리즘을 사용해 각 단일 변수에 대한 추론을 쉽게 수행할 수 있다.

　클리크 트리 알고리즘은 클리크 트리에서 수행되는 신뢰 전파 알고리즘의 변형이다. 클리크 트리는 클리크^{clique}라는 노드가 변수 집합에 해당하는 무방향 트리$^{undirected\ tree}$다. 클리크 트리의 두 클리크가 공통 변수를 갖는 경우 해당 두 클리크 사이의 경로에 있는 모든 클리크는 공통 변수를 반드시 포함해야 한다. 예를 들어, 클리크 *LSB*는 변수 *B*를 다른 클리크 RDB와 공유하는 3개의 변수를 갖는다. 따라서 클리크 RLB는 반드시 공통 변수 B를 포함한다. 그렇지 않은 경우 클리크 트리가 아니다. 예를 들어, 그림 8.19b에 표시된 트리는 RDB와 BS 사이의 경로에 공통 변수 B가 포함돼 있지 않기 때문에 클리크 트리가 아니다.

클리크 트리를 생성한 후 각 노드의 변수에 대한 공통 확률을 얻기 위해 트리에 대한 신뢰 전파를 수행한다. 예를 들어, 그림 8.19a에 나온 클리크 트리를 기반으로 신뢰 전파 알고리즘을 통해 $P(T, L, R)$를 획득한다. 그다음 각 변수의 한계 확률을 다음과 같이 계산할 수 있다.

$$P(T) = \sum_{L,R} P(T, L, R), P(L) = \sum_{T,R} P(T, L, R), \quad P(R) = \sum_{T,L} P(T, L, R).$$

클리크 트리 아래와 같은 4개의 단계에 따라 생성된다.

1. 첫 번째, 최소한 하나 이상의 자식 노드를 공유하는 노드를 연결해 주어진 베이지안 네트워크에 대한 모랄moral 그래프를 생성한다. 예를 들어, 노드 T와 노드 L은 동일한 자식 노드 R을 공유하기 때문에 그림 8.20a와 같이 무방향 에지와 연결된다. 동일한 규칙이 노드 R과 노드 B에 적용되며 모든 에지가 무방향 에지로 변환된다.

2. 두 번째, 첫 번째 단계에서 생성한 moral 그래프에서 각 노드의 결핍deficiency을 계산해 베이지안 네트워크의 모든 노드가 제거될 때까지 가장 작은 결핍을 가진 노드를 단계별로 제거한다. 노드의 결핍은 노드가 제거될 경우 노드의 인접 네트워크 사이의 연결을 유지하고자 추가할 에지의 개수를 의미한다. 예를 들어, 그림 8.20b에서 볼 수 있듯이 노드 T의 결핍은 2다. 즉 T를 moral 그래프에서 제거하는 경우 노드 T와 인접 노드 사이의 연결을 유지하려면 노드 A와 노드 R 사이에 에지를 추가하고, 노드 A와 노드 L 사이에도 에지를 추가해야 한다. 노드 A를 제거하는 경우 A는 1개의 인접 노드(예, 노드 T)만 있기 때문에 신규 에지를 추가할 필요가 없다. 모든 노드의 결핍을 확인한 후에 가장 작은 결핍을 가진 노드부터 작업이 수행된다. 해당 예시에서는 시작 노드를 A 또는 D로 선택할 수 있다. 제거 순서가 다르면 다른 클리크가 생성된다. moral 그래프에서 노드를 제거한 후 각 노드의 결핍을 업데이트하고, 가장 작은 결핍을 가진 노드를 제거

한다. 모든 노드가 제거될 때까지 해당 과정이 반복된다. 그림 8.20b에 표시된 예시는 제거 순서 A, T, D, R, L, S, B를 생성한다.

3. 세 번째, 두 번째 단계에서 생성된 제거 순서에 따라 노드를 원-홉^{one-hop} 인접 노드들과 병합함으로써 각 노드에 대한 클리크를 순서대로 구성한다. 분리기^{separator}라고도 불리는 노드의 원-홉 노드는 노드를 moral 그래프의 나머지 부분으로부터 분리한다. 예를 들어, 그림 8.20c와 같이 노드 A를 노드 T와 그룹화해 클리크를 생성한 다음 moral 그래프에서 제거한다. 그다음 클리크를 생성하기 위해 노드 T는 L 및 R과 그룹화되며, 각 노드가 원-홉 인접 노드만 남을 때까지 반복된다. 남은 노드는 클리크를 형성한다.

4. 네 번째, 클리크 트리를 형성하기 위해 공통 변수를 공유하는 클리크(세 번째 단계에서 생성된)를 차례로 연결한다. 예를 들어, 그림 8.20d와 같이 마지막 클리크 LSB에서부터 순차적으로 신규 클리크를 클리크 트리에 추가한다. 공통 변수 L과 B를 공유하기 때문에 클리크 RBL은 LSB에 연결된다. 그다음 클리크 DRB는 변수 R과 B를 공유하기 때문에 RBL에 추가된다. 마지막으로 순환을 포함하지 않는 클리크 트리가 생성된다. 각 클리크의 결합 확률을 계산함으로써 신뢰 전파 알고리즘을 클리크에 트리에 적용할 수 있다.

근사 추론

실제 애플리케이션에서는 복잡한 종속 구조를 가진 많은 수의 랜덤 변수가 그래픽 모델에 포함된다. 결과적으로 한계 분포 또는 결합 분포 계산과 같은 추론 작업은 높은 계산 비용이 발생한다. 따라서 위에서 소개한 정확한 추론 알고리즘은 복잡한 그래픽 모델과 같은 추론 문제를 해결할 수 없게 된다.

또한 정확한 추론 결과는 일부 애플리케이션에서는 유용하지 않다. 예를 들어, 향후 도로 구간에서 교통 혼잡의 발생 여부를 예측하기 위해서 지난 몇 시간 동안의 날씨와 교통 상황과 같이 주어진 일부 측정값의 근사 확률을 확인해야 한다. 만약 $P(congestion == Yes | observations)$가 $P(congestion == No | observations)$보다 압도적으로 높은 경우 교통 혼잡이 곧 발생할 것임을 알 수 있다. 해당 값이 0.8 정도로 추정되는 경우 $P(congestion == Yes | observations) = 0.79$ 또는 0.81과 같은 정확한 값을 추론하는 것은 그다지 중요

하지 않다.

이 2가지 이유로 근사 추론 방법의 3가지 범주를 소개한다.

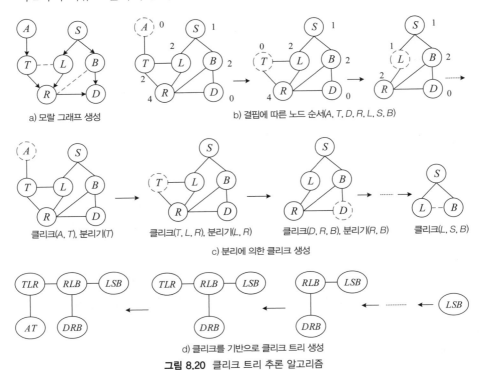

a) 모랄 그래프 생성

b) 결핍에 따른 노드 순서(A, T, D, R, L, S, B)

클리크(A, T), 분리기(T) 클리크(T, L, R), 분리기(L, R) 클리크(D, R, B), 분리기(R, B) 클리크(L, S, B)

c) 분리에 의한 클리크 생성

d) 클리크를 기반으로 클리크 트리 생성

그림 8.20 클리크 트리 추론 알고리즘

루프-포함 신뢰 전파

신뢰 전파 알고리즘은 원래 비순환 그래픽 모델을 위해 설계됐지만, 약간의 수정을 통해 근사 추론 결과를 계산하기 위한 일반 그래프에 사용할 수 있다. 해당 알고리즘은 때때로 루프-포함 신뢰 전파^{loopy belief propagation}라고도 한다. 왜냐하면 일반적으로 그래프가 루프와 같은 순환을 포함하기 때문이다. 그래프에는 노드가 포함돼 있지 않을 수 있으므로 메시지 업데이트의 초기화 및 스케줄링을 약간 조정해야 한다(이전에 설명한 비순환 그래프에 대한 스케줄과 비교). loopy 신뢰 전파는 모든 변수의 메시지를 1로 초기화한다. 신뢰 전파 알고리즘과 동일한 메시지 정의를 사용해 반복 과정에서 모든 메시지를 업데이트한다. 수렴^{converge}에 실패하거나 반복 과정 동안 여러 상태 사이에서 변화되는 그래프가 존재한다. 해당 알고리즘은 대부분의 단일 루프를 포함하는 그래프를 수렴하지만, 획득한 확률은 부정확할 수 있다. loopy 신뢰 전파가 수렴되는 정확한 조건은 여전히 정확하게 파악되지 않는다.

변분 추론

변분 방법은 주로 베이지안 추론[60]에서 발생하는 다루기 힘든 적분을 근사approximating하고자 사용된다. 변분 추론의 기본 개념은 원본 그래픽 모델을 단순화하고 측정된 데이터가 주어지면 측정되지 않은 변수(은닉 변수 및 파라미터)의 사후 확률을 근사하는 것이다. 변분 추론은 측정되지 않은 변수의 사후 확률에 대한 분석된 근사치를 변분 분포를 통해 제공해 측정된 데이터의 한계 확률에 대한 하한을 생성한다.

변분 추론 방법은 기대치 최대화EM의 확장으로 여겨진다. 변분 추론은 변분 기대 단계variational expectation-step와 변분 최대화 단계variational maximization-step로 구성된다. 하지만 기존 EM 알고리즘은 은닉 변수 사이의 독립성 가정에 의존하므로 복수의 은닉 변수 사이에 의존성이 존재하는 경우를 처리할 수 없다. 즉 의존적 은닉 변수에 대한 한계 확률 $P(D, \theta)$ 계산의 난해성 때문에 EM 알고리즘은 E-단계expectation-step에서 조건부 확률 $P(Z|D, \theta)$의 유도를 생성할 수 없다. Z는 은닉 변수를 나타내고, D와 θ은 각각 측정된 데이터와 추론된 파라미터를 나타낸다.

해당 문제를 처리하고자 변분 추론 방법은 평균장 이론mean field theory을 기반으로 보조함수auxiliary function를 최대화하는 대신 다루기 쉬운 분포 $q(\theta)$와 다루기 힘든 분포 $P(Z|D, \theta)$ 사이의 쿨백-라이블러 발산KLD, Kullback-Leibler Divergence을 최소화한다.

샘플링

몬테카를로 방법Monte Carlo method이라고도 하는 샘플링 방법은 분포의 확률적 수치 샘플링을 기반으로 한다. 샘플링의 기본 개념은 분포로부터 독립적인 일련의 샘플을 구해 정확한 사후 확률의 수치적 근사치를 제공하는 것이다. 일반적으로 가장 많이 사용되는 샘플링 방법은 기각 샘플링rejection sampling, 중요도 샘플링importance sampling 및 깁스 샘플링Gibbs sampling이다. 예를 들어, 깁스 샘플링 알고리즘은 직접 샘플링이 어려운 경우 특정 다변량 확률 분포에서 근사화된 일련의 측정을 생성한다. 해당 시퀀스는 결합 분포를 근사하게 하거나 변수의 한계 분포를 근사하게 하거나 변수의 추론값을 계산하는 데 사용할 수 있다.

8.6.2.4 학습 알고리즘

1. **구조 학습.** 베이지안 네트워크의 구조는 변수 간의 조건부 의존성을 반영한다. 추론 및 학습은 베이지안 구조를 기반으로 수행된다. 하지만 베이지안 네트워크 구조 학습은 검색 공간이 넓기 때문에 매우 어려운 작업이다[13, 58]. 그래픽 모델 구조에 대한 사전 지식이 없는 경우 임의의 변수 사이의 가능한 모든 조합을 시도해야 한다. 단순화를 위해 일부 연구에서는 베이지안 네트워크가 구조를 학습할 때 트리라고 가정하지만, 이것이 항상 실제로 적용되지는 않는다.

2. **파라미터 학습.**
   - 최대 우도 추정^{MLE}. 해당 방법은 주어진 측정치의 우도를 극대화해 파라미터를 추론한다. 예를 들어, 베이지안 네트워크의 결합 확률이 $P(X, Y, Z|\theta)$라고 가정하면 θ는 추론 파라미터이며, 측정치는 $\{(x_1, y_1, z_1), (x_2, y_2, z_2), (x_3, y_3, z_3)\}$이며, 해당 측정치의 우도는 $L = \prod_{i=1}^{3} P(x_i, y_i, z_i|\theta)$로 정의할 수 있다. $max_\theta L$에 의해 파라미터 θ를 추정할 수 있다.
   - 최대 사후 확률^{MAP}. 최대 사후 확률은 사전 지식과 측정 결과를 바탕으로 사후 확률을 최대화해 파라미터를 추정한다. θ에 대한 사전 분포가 $P(\theta)$라고 가정할 때 측정치 $f(X, Y, Z|\theta)$의 샘플링 분포에 따라 다음과 같이 파라미터를 추정할 수 있다.

$$\theta = argmax_\theta\, P(\theta|X, Y, Z) = argmax_\theta \frac{f(X, Y, Z|\theta)P(\theta)}{P(X, Y, Z)}, \tag{8.51}$$

   $P(X, Y, Z)$는 모든 파라미터에 대해 평균화된 데이터 확률이며, $P(X, Y, Z) = \int f(X, Y, Z|\theta)\, P(\theta)\, d\theta$이다. 최대 우도 측정은 파라미터의 균일한 사전 분포를 가정하거나 사전 분포를 무시해 비정형화된 최대 사후 확률의 변형으로서 최대 사후 확률의 특수한 사례로 여겨진다.
   - 기대치 최대화^{EM}. 기대치 최대화는 측정되지 않은 잠재 변수가 모델에 존재하는 MLE 및 MAP 문제를 해결하고자 일반적으로 사용되는 최적화 기법이다.

특히 해당 알고리즘은 기대 단계$^{E-step}$ 및 최대화 단계$^{M-step}$로 구성된다. 기대 단계에서 로그 우도 함수의 기대치는 모델 파라미터의 현재 추정치를 사용해 계산한다. 최대화 단계에서 로그-우도 함수(최대 우도 추정 내)의 기대치를 최대화하거나 기대 단계에서 예상되는 로그 사후 확률 함수를 최대화하는 모델 파라미터의 신규 솔루션을 생성한다.

8.6.3 마르코프 랜덤 필드

8.6.2절에서 소개된 추론 및 학습 알고리즘은 실제로 베이지안 네트워크와 마르코프 랜덤 필드로 구성된 일반 그래픽 모델을 위해 설계됐다. 즉, 해당 알고리즘들은 마르코프 랜덤 필드에 적용할 수 있다. 마르코프 랜덤 필드가 크지 않고 복잡하지 않은 경우 신뢰 전파 알고리즘과 같은 정확한 추론 방법을 적용할 수 있다. 그렇지 않은 경우 근사 추론 방법(예, 변분 추론 및 샘플링 방법)을 사용해야 한다.

예를 들어, 신뢰 전파 알고리즘은 순환을 포함하지 않는 마르코프 랜덤 필드에 대한 정확한 추론 결과를 생성하고자 사용될 수 있다. 순환을 포함하는 마르코프 랜덤 필드의 경우 해당 모델을 트리 구조 그래프로 변환하고자 클라크 트리 알고리즘을 채택하고, 정확한 추론을 도출하고자 신뢰 전파 알고리즘을 사용할 수 있다. 또 다른 방법은 순환을 포함하는 마르코프 랜덤 필드에 대한 근사 추론 결과를 생성하고자 loopy 신뢰 전파 알고리즘을 사용하는 것이다. 마르코프 랜덤 필드가 여러 개의 순환을 포함하는 경우 근사 추론을 위해 변분 추론 및 샘플링 기법을 사용한다.

8.6.3절에서 마르코프 랜덤 필드의 학습과 추론에 관한 더 이상의 기술적인 세부 사항을 소개하지 않는다. 대신 8.6.5절에서 마르코프 랜덤 필드를 사용해 더 많은 애플리케이션을 소개한다.

8.6.4 시공간 데이터의 베이지안 네트워크

베이지안 네트워크는 4가지 측면에서 시공간 데이터 마이닝에 활용할 수 있다. 첫째, 확률론적 의존성에 기반해 베이지안 네트워크는 서로 다른 시공간 데이터셋 사이에 지식을 융합할 수 있는 방법을 제공한다. 둘째, 베이지안 네트워크는 레이블된 데이터를 얻을 수 없거나 매우 부족할 때 추론 문제를 처리할 수 있다. 셋째, 베이지안 네트워크는 서로 다른 시공간 변수 사이의 인과관계를 밝힐 수 있다. 넷째, 동적 베이지안 네트워크는 시공간 데이터의 시간적 순서를 모델링할 수 있다.

시공간 데이터에 베이지안 네트워크를 적용하는 것의 핵심 과제는 복잡한 시공간 추론 문제를 정밀한 구조로 모델링해 대규모 추론 문제를 처리할 수 있도록 확장하는 것이다.

8.6.4.1 시공간 데이터를 위한 기본 베이지안 네트워크

8.6.4.1절에서는 기본 베이지안 네트워크(동적 베이지안 네트워크가 아닌)를 사용해 시공간 데이터의 추론을 수행하는 2가지 예시를 소개한다. 첫 번째 예시는 택시 및 POI의 GPS 경로와 같은 다양한 데이터셋을 기반으로 교통량을 추론하는 것이다[51]. 해당 예시는 위에서 언급한 베이지안 네트워크의 첫 번째 및 두 번째 기능을 보여 준다. 두 번째 예시는 대기 오염 물질과 다양한 장소의 기상 조건 사이의 인과관계를 추론하며[78], 베이지안 네트워크의 첫 번째 및 세 번째 기능을 나타낸다. 첫 번째 예시는 범주형 변수와 관련된 것이며, 두 번째 예시는 연속형 변수를 다룬다.

교통량 추정

이번 예시에서는 택시, POI, 도로망의 GPS 경로를 기반으로 지난 몇 분 동안 각 도로 구간을 통과하는 교통량(차량 수)을 추론하는 것이 목표다. 본질적으로 주행 속도, 교통량, 밀도 사이에는 특정 관계(예, 기본 다이어그램)가 존재한다. 그러나 해당 관계를 정확하게 측정하려면 대규모의 교통량 데이터가 필요하다. 많은 도로 구간이 교통량 측정 장치를 갖추지 않았기 때문에 도시 규모의 학습 데이터를 수집하는 것은 비용이 매우 많이 든다. 따라서 해당 관계를 학습하고자 지도학습 알고리즘을 사용하는 것은 비현실적이다. 또한 도로 구간에서 샘플링된 차량(예, 택시)의 데이터는 전체 차량 집합과 상당히 다를 수 있지만, 주행 속도는 비슷할 수 있다. 다시 말해 도로 구간에서 더 많은 택시 데이터를 수집하는 것이 더 많은 다른 종류의 차량 데이터를 의미하지 않는다. 이와 같은 경우 샘플링된 교통 데이터를 통해 직접적으로 전체 교통량을 추론할 수 없다.

해당 문제를 처리하고자 부분적으로 측정된 베이지안 네트워크를 기반으로 TVI^{Traffic}

Volume Inference라는 비지도 그래픽 모델unsupervised graphical model이 제안됐다. 그림 8.21에서 흰색 노드는 은닉 변수를 나타내고, 회색 노드는 측정값인 TVI 모델의 그래픽 구조를 나타낸다. 직관적으로는 하나의 베이지안 네트워크를 구축해 전체 도로망을 모델링하는 것이다. 해당 네트워크는 수십만 개의 도로 구간으로 구성될 수 있다. 이것은 수백만 개의 노드와 에지가 있는 베이지안 네트워크를 생성하며, 학습과 추론을 하기에는 지나치게 복잡하다. 대신 동일한 수준의 모든 도로 구간의 데이터를 사용해 각 도로 구간 레벨에 대해 하나의 TVI 모델을 학습한다. 그다음 해당 모델을 적용해 각 도로 구간 레벨에 대해 각각 교통량을 추론한다.

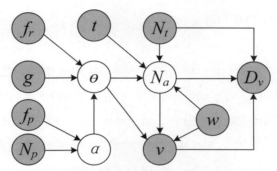

그림 8.21 베이지안 네트워크를 기반으로 교통량 추론

구체적으로 도로 구간의 각 도로 차선 N_a(차선의 분당 차량 수)의 교통량은 기상 조건 w, 시간대 t, 도로의 잠재된 유형 θ, 측정된 샘플 차량의 양 N_t의 4가지 주요 요소에 의해 영향을 받는다. 또한 도로의 θ는 도로망 특징 f_r(길이, 진입차수, 진출차수 그리고 도로 구간의 비틀림), 전역 위치 특징 f_g 그리고 POI 주변(잠재 변수 θ로 나타냄)으로 구성된다. α는 추가로 서로 다른 POI 범주 f_p의 분포 및 도로 구간 주변의 전체 POI 개수 N_p에 의해서도 영향을 받는다. $\bar{v}$ 및 d_v는 각각 평균 주행 속도 및 속도 변화다. 해당 값은 택시 경로 데이터를 통해 획득하거나 다른 모델(예, [51]에서 제안된 TSE)에 의해 추론된다. $\bar{v}$은 θ, N_a 그리고 w에 종속적이다. D_v는 N_t, N_a 그리고 $\bar{v}$에 종속적이다. 모델의 모든 변수는 이산discretized된다. 이것은 추론의 복잡성을 줄이면서 추론된 결과가 가스 소비 및 배출량 계산에 통계적으로 유용하다는 것을 보장한다.

은닉 노드로 인해 N_a의 조건부 확률을 숨겨진 노드로 인해 각 조건의 발생을 계산해 단순히 N_a의 조건부 확률을 도출할 수 없다. 따라서 비지도 방법으로 파라미터를 학습하기 위해 EM 알고리즘을 사용한다. 시작 부분에서 EM 알고리즘은 랜덤 값으로 파라미터(조건부 확률(예, $P(\alpha|f_p, N_p)$, $P(\bar{v}|N_a, \theta, w)$)를 설정한다. E-단계에서 측정된 데이터의 각 인스턴스에 대해 은닉 노드(α, θ, N_a)의 값을 계산하고자 정확한 추론 방법을 사용한다. 이것은 추론 프로세스다. M-단계에서는 E-단계의 추론 결과를 스캐닝하며, 해당 알고리즘은 기존 파라미터를 대체하는 조건부 확률을 재계산한다. 파라미터가 수렴될 때까지 계속 반복하고, 알려지지 않은 파라미터에 대한 솔루션을 학습한다.

대기 오염 물질의 인과관계 추론

대기 오염의 근본 원인을 규명하는 것은 많은 도시의 지속 가능성을 위해 매우 중요하다[78]. 이번 예시에서는 베이지안 네트워크를 사용하는 여러 도시의 서로 다른 대기 오염 물질과 대기질 데이터 및 기상 데이터와 같은 다양한 데이터셋 사이의 인과관계를 추론하고자 한다. 예를 들어, 그림 8.22a와 같이 풍속이 5m/s 미만일 때 PM10(직경 10μm 이하 입자 물질)의 고농도는 주로 장자커우Zhangjiakou의 SO_2 농도와 바오딩Baoding의 PM2.5(직경 2.5μm 이하 입자 물질)의 고농도에 기인한다. 또한 바오딩의 PM2.5 농도가 높은 것은 주로 헝수이Hengshui와 창저우Cangzhou의 NO_2가 원인이다. 이와 같은 인과관계를 파악하면 근본적인 대기 오염 문제를 해결하는 데 도움이 될 수 있다.

하지만 인과관계를 생성하는 것은 다음과 같은 이유로 매우 어려운 작업이다. 첫 번째, 해당 지역의 지난 몇 시간 동안의 상황과 지리적인 주변 상황과 같은 여러 요인에 따라 지역의 대기 오염 물질의 농도가 증가 및 감소한다. 또한 기상 조건과 같은 환경에 영향을 받는다. 베이지안 네트워크에서 가능한 모든 요소를 대상 변수(예, 베이징의 PM2.5)에 연결하면 모델의 구조가 다소 복잡해져 학습과 추론을 효과적으로 수행할 수 없다. 예를 들어, 베이징에서 직경 300km의 원 내에는 대략 100개의 도시가 있다. 각 도시는 10개 이상의 대기질 관측소를 보유하며, 각 관측소는 6가지 유형의 대기 오염 물질의 농도를 생성한다. 따라서 고려해야 할 $100 \times 10 \times 6$요소가 있다. 각 요소는 4개 이상의 상태를 추가로 가질 수 있다. 또한 대상 변수는 여러 시간 간격(현재 시간뿐만 아니라) 동안 해당 요소에 영향을 받는다. 종속성은 또한 여러 가지 기상 조건에 따라 달라질 것이다. 이러한 종속성은 베이지안 네트워크의 복잡성을 크게 증가시킨다.

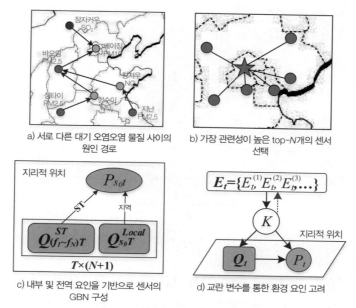

a) 서로 다른 대기 오염오염 물질 사이의
원인 경로

b) 가장 관련성이 높은 top-N개의 센서
선택

c) 내부 및 전역 요인을 기반으로 센서의
GBN 구성

d) 교란 변수를 통한 환경 요인 고려

그림 8.22 베이지안 네트워크를 기반으로 대기 오염의 근본적인 원인 파악

두 번째, 모델의 복잡성을 줄이기 위한 직관적인 방법은 베이지안 네트워크에서 가장 관련성이 높은 top-N개의 요소만 유지하는 것이다. 하지만 해당 애플리케이션에서 대상 변수와 다른 요소 간의 상관관계를 결정하는 것도 쉽지 않다. 대상 변수와 요소의 측정치는 지오태그^{geotagged}된 시계열로 나타내며, 대부분의 경우 약간의 사소한 변동과 함께 시간이 지남에 따라 약간 변화한다. 단순히 해당 시계열 사이의 피어슨 상관관계를 계산하면 해당 요소 사이의 상관관계는 안정적인 측정값과 일부 변화에 의한 특징들이 나타날 것이다. 반면에 변경이 많은 측정값은 두 시계열 간격 사이의 의존성을 보여 줄 것이다.

예를 들어, 그림 8.23에서 센서 S_2의 PM2.5 측정값은 일반적으로 S_3에 가깝고, 상대적으로 S_1과는 떨어져 있다. 따라서 S_1과 S_2 사이의 피어슨 상관관계는 S_2와 S_3 사이의 관계보다 크다. 하지만 S_1의 PM2.5가 변경되면 S_2의 PM2.5도 거의 동일한 경향으로 변경된다. 이러한 급격한 변화는 서로 다른 대기 오염 물질 또는 화학적인 프로세스 사이의 물리적 상호작용을 나타낼 수 있으므로 사소한 변동보다 더 가치가 있다. 또한 센서 사이의 종속성을 계산할 때 센서의 공간적인 위치를 고려해야 한다. 환경적인 상황에서 대기 오염 물질은 전파와 분산을 통해 지역 사이를 이동해야 하기 때문에 때때로 측정값이 유사해 보일지라도 서로 멀리 떨어진 두 곳의 대기 오염 물질은 서로 직접적인 종속성을 갖지 않을 수 있다.

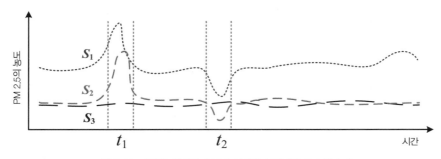

그림 8.23 다양한 센서의 측정값 사이의 실질적인 종속성 수집

앞에서 언급된 2가지 문제를 해결하고자 그림 8.18b와 같이 먼저 효율적인 알고리즘을 기반으로 각 센서 측정값 쌍 사이의 공간적으로 진화하는 패턴을 마이닝한다[70]. 해당 패턴은 서로 다른 위치에 있는 서로 다른 대기 오염 물질 사이의 종속성을 효과적으로 확인해 베이지안 네트워크에서 가장 관련성이 높은 top-N개의 요소를 선택하고자 사용할 수 있다. 또한 2개의 대기 오염 물질이 실제로 종속적인 시간대를 찾는다(예, 그림 8.23에 표시된 t_1 및 t_2). 따라서 두 시계열 사이의 종속성을 계산할 때 더 의미 있는 시간대의 측정값을 찾을 수 있다. 해당 패턴은 추론 결과의 정확성을 향상시키며, 베이지안 네트워크의 복잡성을 감소시킨다.

그다음 과거 T시간 동안($Q^{ST}_{[s_1,...,s_n]T}$로도 나타냄) 시간대 t($P_{s_0,t}$로도 나타냄)에서 다른 지역(바오딩의 PM2.5 및 NO$_2$, 장자커우의 SO$_2$)의 $P_{s_0,t}$를 가장 관련성이 높은 top-N 대기 오염 물질에 연결하는 지역(예, 베이징의 PM2.5)의 대상^{target} 대기 오염 물질 S_0에 대한 베이지안 네트워크를 생성하며, 과거 T시간($Q^{local}_{s_0,T}$으로 나타냄) 동안의 자체적인 측정값을 갖는다. $Q^{ST}_{[s_1,...,s_n]T}$와 $Q^{local}_{s_0,T}$은 그림 8.18d와 같이 $P_{s_0,t}$의 부모 노드(Q_t로 나타냄)를 형성한다. 따라서 에 영향을 미치는 T × (N+1) 요소가 존재한다. 또한 센서의 원래 값 대신 1시간의 시간 차이(현재 시간 값에서 1시간 전 값을 뺀 값)를 사용한다.

여기서는 대기 오염 물질의 농도가 연속적인 값이기 때문에 해당 문제를 모델링하기 위해 가우스 베이지안 네트워크^{GBN, Gaussian Bayesian Network}를 채용한다. 또한 대기질의 1시간 시간 차이는 가우스 분포를 따른다. 가우스 베이지안 네트워크는 부모 노드의 영향을 받는 대상 변수 $P_{s_0,t}$의 분포와 같은 가우스 분포를 따르는 몇 가지 좋은 속성을 갖고 있다. 가우스 베이지안 네트워크의 속성은 다음과 같다.

$$P_{s_0,t} = \mu_{s_0,t} + (Q^{ST}_{[s_1,...,s_n]T} \oplus Q^{local}_{s_0,T})A_k + \varepsilon_{s_0,t},$$

μ_{s_0}은 $P_{s_0,t}$의 평균값이며, $\oplus$는 해당 특징의 결합을 나타낸다. A_k는 해당 특징에 대응되는 회귀 파라미터 벡터다. $\varepsilon_{s_0,t}$은 회귀 편향이며, $\mu_{s_0,t}$, A_k 그리고 $\varepsilon_{s_0,t}$은 데이터로부터 학습되는 파라미터다. 이것이 실제 가우스 회귀 모델이다.

대기 오염 물질 사이의 인과관계에 대한 환경적인 요소 $E_t = \{E_t^{(1)}, E_t^{(2)}, ..., E_t^{(n)}\}$의 영향을 고려하고자 그림 8.22d와 같이 (잠재) 교란 변수 K를 GBN에 통합한다. 여기에는 여러 가지 환경 요소가 있기 때문에 각 상태가 여러 개이므로 이것을 결합하면 큰 공간이 생성된다. 예를 들어, 풍속, 풍향, 습도, 온도, 날씨로 구성된 5가지 요소가 각각 4가지 상태를 갖고 있다고 가정하는 경우 $4^5 = 1,024$개의 상태가 존재한다. 만약 E_t를 교란요인으로 직접 사용하면 각 상태와 관련된 샘플의 수는 매우 적다. 이것은 불확실한 추론 결과를 낳는다. 일부 이산 값(예, $K = 1, 2, 3$ 각각은 환경 상태 클러스터를 나타냄)과 함께 잠재 변수 K를 통합하면 각 클러스터에 포함되는 샘플의 개수가 커지며, 따라서 보다 신뢰할 수 있는 추론 결과를 도출할 수 있다. K 잠재 클러스터를 각각 양호, 보통 및 나쁜 분산 조건을 갖는 K 유형의 환경 상황으로 간단히 이해할 수 있다. 물론 해당 조건은 이와 같은 단어로 표현하는 것보다 더 복잡한 의미를 가진다. 마르코프 동등성(동일한 결합 확률 분포를 공유하는 방향성 비순환 그래프^{DAG, Directed Acyclic Graph})을 기반으로 화살표 방향을 $E_t \rightarrow K$에서 $K \rightarrow E_t$로 변경할 수 있다. K는 E_t, Q_t 그리고 P_t의 분포를 결정하며, 생성 프로세스에서 그래픽 모델의 분포를 학습할 수 있다.

베이지안 네트워크의 학습 프로세스는 그림 8.24와 같이 나타낼 수 있다. 공간적으로 진화하는 패턴을 기반으로 대상 오염 물질에 대한 가장 상관관계가 높은 top-$N(M, M>N$

중에서) 대기 오염 물질을 선택해 가우스 베이지안 네트워크를 구성한다. K-평균 알고리즘을 사용해 환경 조건을 K 초기 클러스터로 클러스터링한다. 해당 알고리즘은 추후 반복 과정의 수렴을 촉진한다. 해당 베이지안 네트워크의 파라미터를 추론하고자 EM 알고리즘이 제안된다.

파라미터를 학습한 후 $P(Q_t, E_t, P_t)$에 따라 각 시간대에 K를 할당한다. 각 클러스터와 관련된 시간대의 측정값을 기준으로 대상 대기 오염 물질과 top-M 후보 사이의 그랜저 인과관계$^{Granger\ causality}$를 추가로 계산한다. 이 단계는 대상 대기 오염 물질과 다른 후보 간의 인과관계를 개선한다. 진화하는 패턴을 기반으로 계산된 상관관계는 실제 인과관계가 아니며, 검색 공간을 축소하고 불필요한 변동을 제거하고자 사용된다는 점을 기억해야 한다. 그다음 베이지안 네트워크를 구성하기 위해 가장 높은 그랜저 인과관계 점수를 가진 top-N 후보를 선택한다. 따라서 K 클러스터에 해당하는 K 베이지안 네트워크가 있다. 동일한 EM 알고리즘을 사용해 각 베이지안 네트워크의 파라미터를 추정한 다음 그랜저 인과관계를 다시 계산하고, 베이지안 네트워크를 재구성한다. 베이지안 네트워크의 구조가 더 이상 변하지 않을 때까지 각 클러스터의 반복 과정이 중단된다. 각 클러스터의 베이지안 네트워크는 서로 다른 환경 상황에서 서로 다른 대기 오염 물질 사이의 인과관계를 나타낸다.

위에서 언급한 방법을 사용해 환경적 상황에 따라 각 지역의 대기 오염 물질에 대한 인과관계를 추론할 수 있다. 같은 클러스터의 서로 다른 위치들 사이에 원홉$^{one-hop}$ 인과관계를 연결함으로써 인과관계를 형성한다. 예를 들어, 그림 8.22a와 같이 풍속이 5m/s 미만일 때 베이징의 PM10 고농도는 주로 장자커우의 SO_2와 바오딩의 PM2.5에 의해 발생한다. 또한 바오딩의 PM2.5는 주로 형수이와 창저우의 NO_2에 의해 발생한다.

8.6.4.2 시공간 데이터를 위한 은닉 마르코프 모델

은닉 마르코프 모델의 기본 개념

은닉 마르코프 모델$^{HMM,\ Hidden\ Markov\ Model}$은 그림 8.25와 같이 각 타임스탬프에서 동일한 구조를 반복하는 동적 베이지안 네트워크다. 각 흰색 노드는 은닉 상태를 나타내며, $S = \{s_1, s_2, \dots s_m\}$에 속하는 범주 값이다. 회색 노드는 측정치다(예, 해당 시간대에 수집된

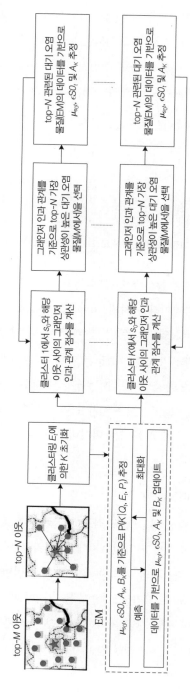

그림 8.24 대기 오염을 진단하기 위한 베이지안 네트워크의 학습 프로세스

데이터에서 추출한 특징). 은닉 마르코프 모델에는 3가지 중요한 조건부 확률이 존재한다. 첫 번째는 $P(S_j | S_i)$, $1 \leq i, j \leq m$, $i \neq j$로 표시되는 다른 상태 간의 전이 확률이다. 두 번째는 $P(s | o)$, $s \in S$로 표시되는 방출 확률로 측정치 o가 주어진 경우 상태 s를 확인할 수 있는 가능성을 나타낸다. 세 번째는 은닉 변수 $P(h_1 = s_i)$, $1 \leq i \leq m$의 사전 확률이다.

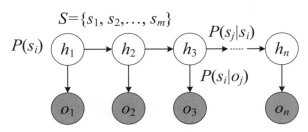

그림 8.25 은닉 마르코프 모델의 구조

은닉 마르코프 모델은 해당 유형의 작업을 수행하기 위해 사용될 수 있다. 하나는 앞에서 말한 확률을 고려해 필터링이라는 시퀀스($P(n | o_1, o_2, \dots o_n)$)의 끝에 은닉 상태를 추론하는 것이다. 해당 문제는 전향 알고리즘forward algorithm을 통해 해결할 수 있다. 두 번째 것은 순서의 중간에 있는 변수의 은닉 상태(예, $P(h_k | o_1, o_2, \dots o_n)$)를 추론하는 스무딩smoothing이라고 하는데, 이것은 전향-후향 알고리즘으로 해결할 수 있다. 가장 가능성이 높은 설명most likely explanation이라는 마지막 것은 전체 관측 시퀀스를 볼 확률을 최대화하는 은닉 상태 시퀀스를 찾는 것이다. 해당 문제는 비터비 알고리즘Viterbi algorithm을 통해 해결할 수 있다.

마르코프 은닉 모델 기반 맵 매칭

맵 매칭map matching은 일련의 원시 위도/경도 좌표를 일련의 도로 구간으로 변환하는 프로세스다. 차량이 어느 도로를 주행하고 있었는지에 대한 지식은 교통 흐름을 평가하고, 차량의 이동 경로를 안내하며, 출발지와 목적지 사이의 가장 빈번한 이동 경로를 탐지하는데 중요하다. 맵 매칭은 평행도로, 고가도로, 언덕을 고려할 때 쉬운 문제가 아니다.

그림 8.26은 마르코프 은닉 모델 개념을 기반으로 하는 저해상도 GPS 이동 경로에 대한 맵 매핑 알고리즘[39]을 나타낸다. 해당 알고리즘은 먼저 경로의 각 지점까지 서클 거

리 내에 있는 후보 도로 구간을 찾는다. 예를 들어, 그림 8.26a와 같이 도로 구간 e_i^1, e_i^2, e_i^3은 p_i에 대한 서클 거리 내에 있으며, c_i^1, c_i^2, c_i^3는 p_i를 반영하는 해당 도로 구간의 후보 지점이다. p_i와 후보 지점 $dist(c_i^j, p_i)$ 사이의 거리는 p_i가 후보 지점에 매칭되는 확률 $N(c_i^j)$를 나타낸다. 해당 확률은 정규 분포에 의해 모델링되는 마르코프 은닉 모델의 방출 확률emission probability로 간주될 수 있다.

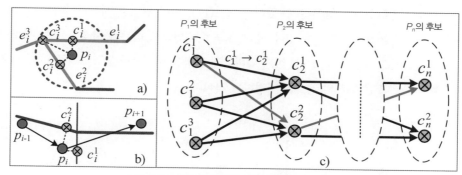

그림 8.26 마르코프 은닉 모델을 기반으로 맵 매칭

$$N(c_i^j) = \frac{1}{\sqrt{2\pi}\sigma} \, e^{-\frac{dist(c_i^j,\, p_i)^2}{2\sigma^2}}.$$

해당 알고리즘은 또한 2개의 연속적인 경로 지점과 후보 지점 사이의 전이 확률transition probability을 고려한다. 예를 들어, 그림 8.26b와 같이 p_{i-1}과 p_{i+1}을 고려하면 c_i^2는 p_i의 실제 매치가 될 가능성이 더 높다. 두 후보 지점 사이의 전이 확률은 유클리드 거리와 도로 네트워크 거리 사이의 비율로 표시된다.

마지막으로 그림 8.26c에 나타난 바와 같이 방출 및 전이 확률을 결합함으로써 맵 매칭 알고리즘은 전체 매치 확률을 최대화하는 일련의 도로 구간을 찾는다. 해당 개념은 일련의 관찰 결과에 따라 가장 가능성이 높은 상태 순서를 찾기 위해 방출 및 전이 확률을 고려하는 마르코프 은닉 모델과 비슷하다. 해당 문제의 은닉 상태는 GPS 지점이 실제로 생성된 도로 구간이며, GPS 지점은 관측치다.

8.6.4.3 시공간 데이터를 위한 잠재 디리클레 할당

잠재 디리클레 할당LDA, Latent Dirichlet Allocation은 은닉 변수를 포함하는 생성 모델이다. 해당 알고리즘의 개념은 문서가 잠재된 주제에 대한 임의의 혼합으로 표현될 수 있다는 것이며, 각각의 내용은 단어들에 대한 분포로 나타낸다[8]. 문서의 주제와 관련해 문서의 규모를 수만 개의 단어에서 몇 개의 주제로 줄일 수 있고, 계산 효율성과 두 문서 사이의 유사성 계산의 정확성을 향상시킬 수 있다. 예를 들어, 다른 단어를 사용하더라도 비슷한 의미의 문서를 클러스터링할 수 있다. 주제 분포를 기반으로 하는 유사성은 추천 시스템과 검색 엔진에도 활용될 수 있다. 잠재 디리클레 할당은 비지도학습 알고리즘이다. 사용자가 해야 하는 것은 주제의 개수를 지정하는 것이다.

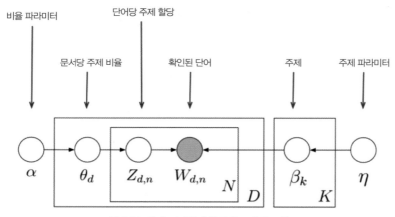

그림 8.27 잠재 디리클레 할당의 그래픽 표현

그림 8.27은 잠재 디리클레 할당의 그래픽 표현이다. α 및 η는 각각 디리클레 문서-주제 분포와 주제어 분포의 선행 파라미터다. K개의 주제와 M개의 단어가 있다고 가정하면 β는 $K \times M$ 행렬이며, β_k는 M단어에 대한 k번째 주제의 분포를 나타낸다. d번째 문서에 대한 주제 비율은 θ_d이며, 여기서 θ_d, k는 d번째 문서에 있는 주제 k에 대한 주제 비율을 나타낸다. 예를 들어, 문서는 개와 고양이의 2가지 주제(예, $k = 2$)를 가질 수 있다. $\theta_d = (0.8, 0.2)$는 해당 문서의 주제가 80%는 개에 관한 것이고, 20%는 고양이에 관한 것을 뜻한다. d번째 문서에 대한 주제 할당은 Z_d이며, Z_d, n은 d번째 문서에서 n번째 단어

에 대한 주제 할당을 나타낸다. 문서 d에 대해 확인된 단어는 W_d이며, 여기서 W_d, n은 문서 d의 n번째 단어다.

잠재 디리클레 할당의 생성 프로세스는 다음과 같다.

1. 각 주제 k에 대해 $\beta_k \sim$ 디리클레(η)을 생성한다.
2. 문서 d에 대해 $\theta_d \sim$ 디리클레(α)을 생성한다.
3. 문서 d, $W_{d,n}$의 n번째 단어에 대해
   a. $Z_{d,n} \sim$ 다항식(θ_d)을 생성하고
   b. $W_{d,n} \sim$ 다항식($\beta Z_{d,n}$)을 생성한다.

잠재 디리클레 할당의 학습 과정은 사후 분포 $P(\theta, z, \beta \mid W, \alpha, \eta, K)$를 최대화해 관찰된 (W, α, η, K)을 기반으로 파라미터 (θ, z, β)를 추론하는 것이다. 해당 과정은 깁스 샘플링Gibbs sampling 또는 변분 추론에 의해 처리되는 기대 단계(또는 추론 단계)를 포함하는 EM 알고리즘을 통해 수행할 수 있다.

잠재 디리클레 할당을 시공간 데이터에 적용하는 것에는 3가지 과제가 있다. 첫 번째는 시공간 데이터를 기반으로 문서 및 단어를 생성하는 것이다. 두 번째는 시공간 데이터의 사전 지식을 잠재 디리클레 기반 모델에 인코딩하는 것이다. 세 번째는 다양한 시공간 데이터셋을 통합하는 것이다.

기능적 영역 추론

위안Yuan과 연구진[68, 69]은 고속도로, 순환도로 등 주요 도로를 이용해 도시를 분할한 후 해당 지역의 POI 및 휴먼 모빌리티 패턴을 사용해 각 지역의 기능을 추론한다. 지역의 기능은 비즈니스, 교육 및 주거 지역과 같이 여러 범주의 기능이 혼합돼 있기 때문에 지역의 기능을 추론하는 것은 어려운 작업이다.

그림 8.28a와 같이 지역은 문서document, 지역의 기능은 주제topic, POI 범주(예, 레스토랑과 쇼핑몰)는 메타데이터(작성자, 제휴관계, 키워드) 그리고 휴먼 모빌리티 패턴은 단어로 사용되는 잠재 디리클레 할당 변종 기반LDA variant-based 추론 모델이 제안됐다. 추론은 특정 기능을 가진 영역이 특정 유형의 모빌리티 패턴을 생성한다는 것이다. POI와 휴먼 모빌리티 패턴을 해당 모델의 다양한 부분에 제공함으로써 지역은 기능의 분포로 나타내며,

각 기능은 모빌리티 패턴의 분포로 나타낸다.

그림 8.28b는 잠재 디리클레 할당 변종 기반 모델의 그래픽 표현을 나타내며, N은 모빌리티 패턴의 개수를 나타낸다. R은 지역의 개수를 나타내며, K는 미리 정의돼야 하는 기능의 개수다. 기본 LDA 모델에서는 α를 선택하는 것에 대한 사전 정보가 없으므로 모든 문서가 동일한 디리클레 사전 α를 공유한다. LDA 모델을 애플리케이션에 적용하는 경우 지역의 POI를 파악해 어느 정도 지역의 기능을 설명할 수 있다. 따라서 그림 8.28b와 같이 서로 다른 지역은 지역의 POI 특징 x_r에 종속되는 서로 다른 α_r을 갖는다. x_r을 형성하는 간단한 방법은 지역에 있는 다양한 범주의 POI 개수를 계산하는 것이다. 예를 들어, 지역에는 5개의 레스토랑, 1개의 영화관, 2개의 쇼핑몰, 1개의 대학교 등이 있을 수 있다. 따라서 $x_r = (5, 1, 2, 1, \ldots)$이다. 이것보다 개선된 방법은 POI의 각 범주의 TF-IDF^{Term Frequency-Inverse Document Frequency}를 통해 x_r을 더욱 정규화하는 것이다.

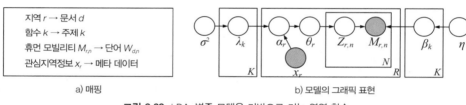

<table>
<tr><td>지역 $r \rightarrow$ 문서 d
함수 $k \rightarrow$ 주제 k
휴먼 모빌리티 $M_{r,n} \rightarrow$ 단어 $W_{d,n}$
관심지역정보 $x_r \rightarrow$ 메타 데이터</td></tr>
</table>

a) 매핑   b) 모델의 그래픽 표현

그림 8.28 LDA-변종 모델을 기반으로 기능 영역 학습

모빌리티 패턴 $M_{r,n}$은 지역 사이의 사람들의 이동 패턴에 의해 정의된다. 즉 사람들이 지역 r을 떠날 때와 도착할 때다. 각 이동 패턴은 지역을 설명하는 한 단어를 뜻하며, 패턴의 빈도는 문서에서 단어의 발생 수를 나타낸다.

해당 모델의 생성 프로세스는 다음과 같다

1. 각 함수 k에 대해
   a. $\lambda_k \sim N(0, \sigma^2 I)$, 생성 및
   b. $\beta_k \sim Dirichlet(\eta)$ 생성.
2. 지역 r이 주어진 경우
   a. 각 함수 k에 대해 $\alpha_{r,k} = \exp(x_r^T \lambda_k)$ 생성
   b. $\theta_r \sim$ 디리클레(α_r) 생성

c. 지역 r에서 n번째 모빌리티 패턴, $M_{r,n}$

    i. $Z_{r,n}$~다항식(θ_r) 생성 및

    ii. $M_{r,n}$~다항식($\beta Z_{r,n}$) 생성

$N(\cdot)$은 하이퍼 파라미터로서 σ를 갖는 가우스 분포를 나타내며, λ_k은 x_r과 동일한 길이를 갖는 벡터다. η은 주제 단어 분포에 대한 사전 파라미터다. 해당 모델은 깁스 샘플링을 기반으로 추론 단계를 수행하는 EM 알고리즘을 통해 예측할 수 있다.

집단 이상 징후 탐지

데이터셋에서 인스턴스가 비정상 여부를 판단하려면 일반적으로 인스턴스가 기본 분포와 얼마나 다른지를 추정해야 한다. 해당 추정을 하기 위해서는 주어진 데이터셋의 기본 분포를 추정해야 하며, 이 작업은 데이터셋이 희박한 경우 매우 어렵다. 예를 들어, 특정 지역에서 특정 질병의 발생은 며칠에 한 번만 발생할 수 있다. 발생하지 않음을 나타내는 값이 0인 연속값의(예, ⟨0, 0, 0, 0, 1, 0, 0, 0, 0, 0, 2, ...⟩) 발생을 연결하면 연속값의 평균과 분산이 0에 매우 가깝다. 거리 기반 이상 탐지 방법을 사용하는 경우 평균값(거의 0)까지의 거리가 표준 편차보다 3배 크기 때문에 연속값의 0이 아닌 모든 항목이 이상anomaly으로 간주된다.

해당 문제를 처리하고자 지역의 다양한 데이터셋을 통합해 희박한 데이터셋의 분포를 추론하는 다중 소스 잠재 주제MSLT, Multiple Source Laten-Topic 모델[76]이 제안됐다. 각 데이터셋의 분포를 정확하게 추정한 후 통계 모델(예, 로그 우도 비율 검정)에 사용해 도시의 잠재적 이상 징후를 탐지할 수 있다. 예를 들어, MSLT는 택시 데이터, 자전거 공유 데이터 및 311건의 민원 데이터를 기반으로 뉴욕시의 집단적 이상을 탐지한다.

MSLT 모델은 2가지 통찰을 기반으로 수행된다. 첫째, 한 영역의 서로 다른 데이터셋은 서로 다른 관점에서 지역을 설명함으로써 상호보완적이다. 예를 들어, POI 및 도로망 데이터는 지역 토지 이용을 나타내는 반면 택시 및 자전거의 이동 흐름은 지역 내 사람들의 모빌리티 패턴을 나타낸다. 따라서 개별 데이터셋을 통합하는 것은 지역의 잠재적인 기능을 파악하는 데 도움이 된다. 지역의 잠재적인 기능에 의해 해당 데이터셋 사이에는 근본적인 연결 및 영향이 존재한다. 예를 들어, 한 지역의 토지 이용은 어쨌든 그 지역의

교통 흐름을 결정하게 될 것이고, 반면에 지역의 교통 패턴은 그 지역의 토지 이용을 나타낼 것이다. 한 지역의 잠재적 기능을 더 잘 설명하기 위해 통합함으로써 지역에 포함된 서로 다른 데이터셋이 상호보완될 수 있으며, 각 데이터 분포를 추정하는 것에도 도움이 된다. 둘째, 데이터셋은 여러 지역에서 참고할 수 있다. 예를 들어, 유사한 POI 분포와 도로 구조를 갖는 두 지역(r_1, r_2)은 비슷한 교통 패턴을 가질 수 있다. 따라서 r_1에서 충분한 교통량 데이터를 수집할 수 없더라도 r_2의 교통량 데이터를 기반으로 분포를 추정할 수 있다.

이러한 통찰력을 바탕으로 그림 8.29a와 같이 여러 데이터셋을 융합할 수 있는 잠재 토픽 모델을 설계할 수 있다. 첫 번째 예와 마찬가지로 해당 모델에서 지리적 영역은 문서로 간주된다. 지역의 잠재적 기능은 문서의 잠재된 주제에 해당하며, 지역의 POI와 도로망 데이터는 문서의 키워드로 간주된다. 또한 한 지역의 디리클레 사전 α_r도 경험에 기반한 설정보다는 POI나 도로망 등의 지리적 특성에 따라 달라진다. 첫 번째 예시와 달리 MSLT의 단어^{word}는 서로 다른 데이터셋에서 도출된다. 다른 데이터셋의 범주는 단어로 간주된다. 따라서 다양한 주제어 분포(β_1, β_2, ... β_s)가 있으며, s는 데이터셋의 개수다.

보다 구체적으로 그림 8.29a의 회색 노드는 관측치이며, 흰색 노드는 은닉 변수다. 첫 번째 예시와 비슷하게 K는 주제 개수, x_r은 도로망에서 추출한 특징과 지역에 위치한 POI를 저장하는 벡터, λ_k는 k번째 잠재 주제에 해당하는 x_r과 길이가 같은 벡터다. λ_k의 각 항목 값은 제로 평균과 표준 편차 σ를 갖는 가우스 분포를 따르며, $\alpha_r \in \mathbb{R}^K$는 지역별 주제 분포에 사전 디리클레 파라미터다. $\theta_r \in \mathbb{R}^K$는 지역 r의 주제 분포다.

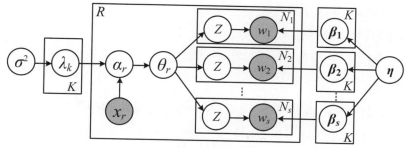

a) MSLT의 그래픽 표현

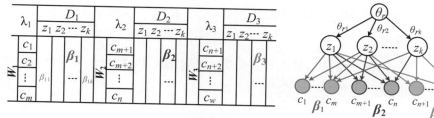

b) 서로 다른 데이터셋 사이의 주제어 분포

그림 8.29 MSLT 모델의 그래픽 표현

첫 번째 예시와는 다르게 $W = \{W_1,\ W_2,\ ...,W_s\}$는 단어 집합의 컬렉션이며, W_i는 i번째 데이터셋에 해당하는 단어 집합이다. β_i는 i번째 데이터셋의 주제어 분포를 나타내는 행렬이다(예, W_i). W_i의 단어 w는 i번째 데이터셋이 갖고 있는 범주 중 하나다(예, $W_1 = \{c_1,\ c_2,\ ...,\ c_m\}$). 범주는 도시의 소음 유형 또는 시간 및 출발지 도착에 의해 정의된 모빌리티 패턴 유형일 수 있다. 그림 8.29b와 같이 3개의 서로 다른 데이터셋은 지역 r에서 θ_r에 의해 제어되는 주제들의 동일한 분포를 공유하지만, 다른 색상의 화살표로 표시되는 고유한 주제어 분포 β_i, $1 \le i \le 3$을 갖는다. β_{iz}는 단어 집합 W_i에서 주제 z의 단어 분포를 나타내는 벡터다. MSLT 모델의 생성 프로세스는 다음과 같다.

1. 각 토픽 z에 대한 $\lambda_z \sim N(0,\ \sigma^2 I)$ 생성.

2. 각 단어 집합 W_i와 각 주제 z에 대한, $\beta_{iz} \sim Dir(\eta)$ 생성.

3. 각 지역 r(예, 문서 r)에 대해서

   a. 각 주제 k에 대해 $\alpha_{r,k} = \exp(x_r^T \lambda_k)$.

   b. $\theta_r \sim$ 디리클레(α_r) 생성.

c. 문서 r에 포함된 각 단어 w

    i. $z \sim$ 다항식(θ_r) 생성.

    ii. w가 포함된 해당 단어 집합의 β_i 선택.

    iii. $w \sim$ 다항식(β_{iz}) 생성.

σ^2, η, K는 고정된 파라미터인 반면 관측된 α와 W을 기반으로 λ와 β를 학습해야 한다. 확률적 EM 알고리즘으로 모델을 학습한다. 해당 알고리즘은 다음과 같은 2개의 단계를 번갈아 수행한다. 하나는 관찰된 단어와 특징에 따라 현재의 사전 배포에서 주제 할당을 샘플링하는 것이다. 다른 하나는 할당된 주제가 있는 경우 파라미터 β를 수치적으로 최적화하는 것이다.

그다음 지역의 잠재된 주제 분포 θ_r과 주제어 분포 β를 활용해 다음과 같이 각 단어 $prop(w)$의 비율을 계산한다(MSLT 모델에서 범주는 단어로 표시됨).

$$prop(w) = \sum_z \theta_{rz} \beta_{iz}(w),$$

θ_{rz}는 지역 r에 있는 주제 z의 분포이며, $\beta_{iz}(w)$는 단어 w에 있는 주제 z의 분포를 나타낸다. β_{iz}는 w가 속한 단어의 주제 z의 단어 분포를 나타내는 벡터다. MSLT 모델은 상호보완적인 여러 데이터셋을 기반으로 θ_r과 β를 학습하므로 단순히 각 범주의 발생 건수를 계산하고 해당 분포를 처리하는 것보다 정확하다.

8.6.5 시공간 데이터를 위한 마르코프 네트워크

8.6.5.1 선형-체인 조건부 랜덤 필드

선형-체인linear-chain 조건부 랜덤 필드CRF, Conditional Random Ffield는 자연어 텍스트와 같은 순차 데이터를 구문 분석하기 위한 판별적 비방향 확률적 그래픽 모델undirected probabilistic graphical model이다[33]. HMM에 비해 CRF의 장점은 특징 간의 독립적 가정을 완화하는 것이다. 또한 CRF는 최대 엔트로피 마르코프 모델에 의해 나타내는 레이블 편향 문제를 방지한다. 다음 단락에서 지역의 대기 질을 추론하기 위해 CRF를 사용하는 예를 소개한다.

도시 대기 질(예, PM2.5의 농도)에 대한 정보는 시민들의 건강을 보호하고 대기 오염을 통제하는 데 매우 중요하다. 많은 도시들이 지상 대기질 측정소를 건설해 PM2.5를 모니터링한다. 하지만 해당 대기질 측정소의 건설 및 유지비가 많이 들기 때문에 도시의 대기질 측정소 개수는 한정적이다. 유감스럽게도 대기 질은 날씨, 교통량 그리고 토지 사용과 같은 여러 복잡한 요인에 따라 비선형적으로 변화한다.

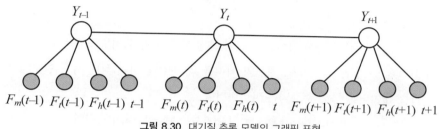

그림 8.30 대기질 추론 모델의 그래픽 표현

그림 8.30은 기상 조건 F_m, 교통 조건 F_t, 휴먼 모빌리티 패턴 F_h 및 해당 지역에서 관측된 요일 및 시간 t 등 다양한 특징에 기초해 지역의 대기질을 추론하기 위한 모델의 그래픽 구조 G를 보여 준다[73]. 해당 모델은 2가지 종류의 노드 $G = (X, Y)$로 구성된다. 흰색 노드 $Y = \{Y_1, Y_2, \ldots, Y_n\}$는 회색 노드 $X = \{X_1, X_2, \ldots, X_n\}$, $X_i = \{F_m, F_t, F_h, t\}$로 나타내는 관측 순서가 주어진 경우 추론하고자 하는 은닉 상태 변수를 나타낸다. $Y_i \in Y$는 Y_{i-1}과 Y_i 사이의 에지를 포함하는 체인을 형성하고자 생성되며, 또한 $C = \{healthy,$ $moderate,$ $unhealthy,$ for $sensitive$ $people,$ $unhealthy,$ $very$ $unhealthy,$ $hazardous\}$를 포함하는 대기질 지수^{AQI, Air Quality Index} '레이블'을 가진다.

예를 들어, 그림 8.30과 같이 지난 3 시간 동안 대기질 상태를 나타내기 위해 3개의 상태 노드로 시퀀스를 구성할 수 있다. 학습 데이터는 대기질 측정소를 통해 수집된다. 먼저 모델을 학습시킨 후에 지난 3시간 동안의 관측치 X_i를 바탕으로 측정소가 없는 다른 위치에 대한 지난 3시간 동안의 대기질 상태를 추론할 수 있다. 결과는 $healthy \rightarrow$ $moderate \rightarrow moderate$와 같을 수 있다.

학습 프로세스는 다음과 같다. X에 대해 조건을 지정하면 랜덤 변수 Y_i는 그래프 G와 관련해 마르코프 속성을 따른다.

$$P(Y_i|\boldsymbol{X}, Y_j, i \neq j) = P(Y_i|\boldsymbol{X}, Y_j, i \sim j), \tag{8.52}$$

그래프 $\boldsymbol{G}$에서 $i \sim j$는 i 및 j가 이웃임을 의미한다.

관찰된 시퀀스 x가 주어진 특정 레이블 시퀀스 y의 확률은 다음과 같이 잠재적 기능의 정규화된 곱으로 정의된다.

$$exp\Big(\sum_j \lambda_j t_j(y_{i-1}, y_i, x, i) + \sum_k \mu_k s_k(y_i, x, i)\Big), \tag{8.53}$$

$t_j(y_{i-1}, y_i, y_i, x, i)$는 전체 관측 시퀀스의 전이 특징 함수이며, 위치 i 및 $i-1$; $s_k(y_i, x, i)$의 레이블이다. $s_k(y_i, x, i)$는 위치 i에서의 레이블 및 관찰 순서의 상태 특징 함수이고 λ_j 및 μ_k는 학습 데이터를 통해 추정되는 파라미터다.

$s_k(y_i, x, i) = s_k(y_{i-1}, y_i, x, i)$를 사용해서 식 (8.53)을 다음과 같이 변환한다.

$$P(y|x, \lambda) = \frac{1}{Z(x)} exp\Big(\sum_j \lambda_j f_j(y_{i-1}, y_i, x, i)\Big), \tag{8.54}$$

$Z(x)$는 정규화된 요소다. 이것은 비공식적으로 Y_i에 대해 가능한 각 값의 가능성을 부분적으로 결정하는 입력 시퀀스에 대한 측정값으로 생각할 수 있다. 해당 모델은 각 특징에 가중치를 할당하고 Y_i에 대한 특정 값의 확률을 결정하고자 특징들을 통합한다.

학습 데이터 $\{(x^{(k)}, y^{(k)})\}$의 k 시퀀스가 주어진 경우 최대 우도 학습 $P(y|x, \lambda)$에 의해 파라미터 λ가 학습되며, 경사 하강을 사용해서 해결할 수 있다.

$$L(\boldsymbol{\lambda}) = \sum_k \left[log\frac{1}{Z(x)} + \sum_j \lambda_j f_j(y_{i-1}, y_i, x, i) \right]. \tag{8.55}$$

8.6.5.2 시공간 그래프에 대한 선호도 그래프

선호도 그래프$^{\text{AG, Affinity Graph}}$는 다중 계층 가중치 연결 그래프 $G = \langle \mathcal{G}^1, \mathcal{G}^2, ..., \mathcal{G}^n \rangle$이며, 각 계층은 $t_1, t_2, ..., t_n$으로부터 하나의 시간대를 나타낸다. $\mathcal{G}^i = \langle V, E, W^{t_i} \rangle$는 시간대 t_i의 그래프다. V는 모든 그리드의 집합이고, E는 에지 집합이며, W^{t_i}는 t_i의 에지 가중치를 나타낸다. 그림 8.31과 같이 지역의 대기질 지수를 추론하고자 선호도 그래프를 사용한다. 8.6.5.2절에서 다룬 선형 체인 CRF 모델과는 달리 지역의 대기질을 개별적으로 추론하는 AG-기반 솔루션은 모든 위치의 대기질을 동시에 추론한다.

추론을 수행하기 전에 도시는 균일하게 분리된(예, 1km × 1km) 그리드로 분할된다. AG의 노드는 그리드의 대기질 상태를 나타내는 랜덤 변수다. 노드 집합 $V = U \cup \mathcal{V}$은 대기질 측정소가 없는(흰색 노드로 나타냄) 그리드의 하위 집합 U와 대기질 측정소가 있는 그리드의 하위 집합 $\mathcal{V}$(회색 노드로 나타냄)로 구성된다. $\mathcal{V}$ 노드는 레이블이 분류된 것을 나타내고 U 노드는 레이블이 분류되지 않은 것을 나타낸다. 레이블이 분류되지 않은 각 노드 $u \in U$는 추론할 AQI 분포 $P(u)$와 연관돼 있다. AG는 다음과 같이 구성된다[26].

1. 측정소 위치에 연결. 관찰되지 않은 모든 노드 $u \in U$는 지리적 거리에 관계 없이 동일한 타임스탬프의 관측된 모든 노드 $v \in \mathcal{V}$에 연결되며, 흰색 노드와 회색 노드를 연결하는 실선으로 표시된다. 관측된 노드는 매우 희박하기 때문에 이러한 연결을 추가하는 것은 효율성에 큰 영향을 미치지 않는다.

2. 가까운 위치 연결. 가까운 위치의 AQI 값은 기본적으로 높은 상관관계가 있으므로 그래프의 각 계층 내에서 각 노드는 서로 다른 흰색 노드를 연결하는 실선으로 표시되며, 주어진 지리적 반경 r 내에서 $w \in U$를 사용해 인접 노드에 연결된다.

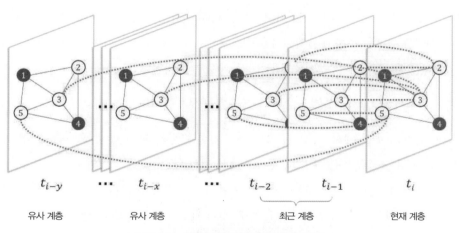

그림 8.31 선호도 그래프를 통한 대기질 추론

3. **현재 계층에 연결.** 위치의 AQI 값은 과거 AQI 값과 높은 상관관계가 있기 때문에 타임스탬프 t_i의 각 노드 $u \in U$는 그림 8.31에 파란색 점선으로 표시된 이전 타임 스탬프 z: t_{i-1}, t_{i-2}, …, 및 t_{i-z}와 연결된다.

4. **유사한 계층에 연결.** 특정 기간 동안(예, 24시간마다) 환경적인 요소가 반복되기 때문에 현재 계층의 노드는 가장 비슷한 환경 특성을 가진 특정 과거 계층의 해당 노드에 연결되며, 빨간색 점선으로 표시된다. 계층 간의 유사성은 특징을 기반으로 계산된다.

AG와 데이터에서 학습한 선호도 함수에 기초해 다음과 같은 3가지 통찰력을 바탕으로 준지도학습semisupervised-learninig 접근법을 제안한다. 첫째, 레이블링된 노드 $v \in V$에서 관찰된 AQI는 레이블링되지 않은 노드 $u \in U$의 AQI 분포 $P(u)$를 추론하고자 사용된다. 둘째, 기능이 비슷한 노드는 비슷한 AQI 분포를 가져야 하며, 따라서 에지의 가중치가 더 높다. 셋째, 관측되지 않은 위치에 대한 AQI 값을 사용할 수 없고, 관측된 데이터가 희소하기 때문에 추론 오류를 최소화하고자 모델 파라미터를 조정하는 것은 효과적이지 않다. 대신 모델 불확실성을 최소화하고자 파라미터를 조정하는 것이 좋다.

3가지 개념을 통합해 우리는 다음과 같은 최적의 에지 가중치 집합을 구한다. a) 추론 수행 후 레이블되지 않은 노드는 가까운 이웃과 비슷한 AQI 분포를 가져야 한다. b) 학습된 레이블 분포는 추론의 불확실성을 최소화하고자 작은 엔트로피를 가져야 한다.

a)를 확인하고자 손실 함수 최소화를 다음과 같이 수행한다.

$$Q(P) = \sum_{(u,v) \in E} w_{u,v} \cdot (P(u) - P(v))^2, \tag{8.56}$$

$P(u)$는 위치 u, $u \in U$에서 서로 다른 범주에 걸친 대기질의 확률(또는 분포)이다. $P(v)$는 지역 v, $v \in V$의 대기질의 분포다. $w_{u,v}$는 AG에서 에지 연결 노드 u와 v의 가중치다. $w_{u,v}$가 크면(위치 u와 v가 매우 가까운 경우) 두 위치의 대기질이 비슷하며, 따라서 $(P(u) - P(v))^2$도 작아진다. 쿨백-라이블러 발산과 같은 다중 거리 함수를 사용해 $P(u) - P(v)$를 측정할 수 있다.

목표는 $Q(P)$를 최소화하는 레이블 되지 않은 노드에 대한 AQI 분포를 찾는 것이다.

P 함수의 고조파 속성harmonic property은 인접 노드의 가중치 평균을 사용해 레이블이 없

는 각 노드의 AQI 분포를 할당하기 위한 솔루션을 도출한다.

$$P(u) = \frac{1}{deg_u} \sum_{(u,v)\in E} w_{u,v} \cdot P(v), \tag{8.57}$$

deg_u는 노드 u의 차수이며, $w_{u,v}$는 다음과 같이 정의된다.

$$w_{u,v} = \exp\left(-\sum_k \pi_k^2 \times (a \cdot \|u.f_k - v.f_k\| + b)\right), \tag{8.58}$$

f_k는 특징의 유형이다(예: 지역의 신호등 개수). $\|u.f_k - v \cdot f_k\|$는 u 및 v의 특징 f_k의 차이를 나타내며 π_k, a 그리고 b는 학습해야 하는 파라미터다. 이것은 비슷한 기능을 가진 노드가 비슷한 AQI 분포를 가져야 한다는 두 번째 개념에 해당한다.

직관적인 접근 방식은 $\{\pi_k\}$를 조정해 검증 데이터를 사용하는 레이블 노드의 가능성을 극대화하는 것이다. 그러나 관측된 데이터는 매우 희소하기 때문에 해당 접근 방식은 검증 데이터에 대한 과적합이 발생한다. 결과적으로 레이블이 없는 노드의 추론된 AQI 분포의 엔트로피를 최소화함으로써 π_k를 학습한다. 추론된 분포가 높은 정보 엔트로피를 갖는다면 추론 모델은 자연스럽게 무용지물이 된다. 예를 들어, $P(u == good) = P(u == moderate) = \cdots = P(u == hazardous) = \frac{1}{6}$이면 예측 결과로 어떤 레이블을 선택해야 하는지 알 수 없다. 지금은 정보 엔트로피가 가장 높은 상황이다(가장 불확실함). 반대로 $P(u == good) = 1$이면 최종 레이블로 $good$을 확실히 예측할 수 있다. 이 상황에서는 엔트로피는 0이다.

레이블이 지정되지 않은 노드의 평균 AQI 분포 엔트로피 $H(P_U)$는 다음과 같이 정의할 수 있다.

$$H(P_U) = -\sum_{u\in U} \Big[P(u)\log(P(u)) + (1 - P(u))\log(1 - P(u)) \Big], \tag{8.59}$$

$|U|$는 AG에서 레이블이 없는 노드의 개수다.

이어서 상호보완적인 추론 절차가 시작되며, 학습된 특징 가중치 π_k는 레이블이 없는 노드 $u \in U$의 AQI 분포 $P(u)$를 업데이트하고, $P(u)$는 다음 반복 과정에서 최소화할 평균 AQI 분포 엔트로피 $H(P_U)$를 결정한다. 특징 가중치 π_k가 변경될 때마다 AG를 기반으로 신규 AQI 분포 $P(u)$를 추가로 생성하는 에지 가중치 $w_{u,v}$의 업데이트가 발생하며, 수렴될 때까지 반복적으로 진행한다.

8.6.5.3 가우스 마르코프 랜덤 필드

랜덤 벡터 $X = (x_1, x_2, ..., x_n)$는 평균 μ 및 정밀 행렬 Q를 포함하는 그래프 $G = \{V, E\}$에 대해 가우스 마르코프 랜덤 필드GMRF, Gaussian Markov Random Field라고 하며, 이와 같은 경우 밀도는 다음과 같은 형태를 가진다.

$$\pi(X) = (2\pi)^{-n/2} |Q|^{1/2} \exp\left(-\frac{1}{2}(X-\mu)^T Q(X-\mu)\right), \tag{8.60}$$

그리고 $Q_{ij} \neq 0 \Leftrightarrow \{i, j\} \in E$이며, V 및 E는 노드 집합 및 에지 집합이다. G의 구조는 X의 변수들 사이의 조건부 의존성을 시각적으로 요약하고, 행렬 Q의 값은 X의 특수 확률 밀도special probability density를 결정한다. 지역을 오고가는 군중의 흐름을 GMRF를 기반으로 예측할 수 있다[22]. GMRF는 잡음과 누락된 데이터를 잘 처리하며 빅데이터로 확장할 수 있다. 예를 들어, 특정 시간대 n 동안 지역의 유입량을 시계열 $X = (x_1, x_2, ..., x_n)$로 나타낼 수 있으며, 이것을 기반으로 x_{n+1}을 추론할 수 있다. 확률 밀도 X는 식 (8.60)에 표시된 형식이 아닐 수 있으므로 이 문제에 GMRF를 적용하기 전에 시간 t의 첫 번째 전향 차분forward difference을 $\Delta x_t = x_{t+1} - x_t$, $t = 1, 2, ..., n-1$로 계산해야 한다. 실제 데이터에 대한 경험적 연구에 따르면 Δx_t는 가우스 분포를 따른다. 따라서 GMRF는 이 문제에 적용될 수 있다.

Q와 G를 희소하게 만들고자 X에 다음과 같은 가정이 필요하다.

$$\Delta x_t \sim N(0, k^{-1}), \tag{8.61}$$

$k \in R$은 데이터를 통해 학습할 정밀도 파라미터다. 그림 8.32에 표시된 그래프의 가정과 구조를 바탕으로 다음과 같이 정밀 행렬 Q와 밀도 함수를 구성할 수 있다.

$$\pi(X \mid k) \propto k^{(n-1)/2} \exp\left(-\frac{1}{2} X^T Q X\right). \tag{8.62}$$

학습 과정에서 최대 사후 추정을 사용해 파라미터 k를 찾는다. GMRF의 구조는 매우 단순하기 때문에 매우 효율적으로 학습하고 추론할 수 있다.

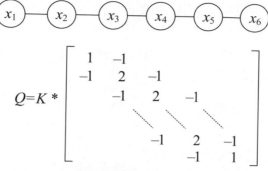

$$Q = K * \begin{bmatrix} 1 & -1 & & & & \\ -1 & 2 & -1 & & & \\ & -1 & 2 & -1 & & \\ & & \ddots & \ddots & \ddots & \\ & & & -1 & 2 & -1 \\ & & & & -1 & 1 \end{bmatrix}$$

그림 8.32 GMRF를 사용해 시계열 예측

8.7 딥러닝

딥러닝은 하나 이상의 은닉 계층hidden layer를 포함하는 인공 신경망ANN, Artificial Neural Network 의 작업을 학습하는 애플리케이션이다. 그림 8.33에 나타낸 것과 같이 ANN은 일반적으로 입력 계층input layer, 은닉 계층hidden layer 및 출력 계층output layer을 갖고 있다. 일반적으로 그림 8.33b와 같이 여러 개의 은닉 계층을 가진 ANN을 심층 신경망DNN, Deep Neural Network 이라고 한다. 딥러닝은 형상 추출 및 변환을 위해 비선형 처리 장치의 여러 계층을 계단식cascade으로 사용한다. 각 연속 계층은 이전 계층의 출력을 입력으로 사용한다[12]. 심층 신경망과 딥러닝은 거의 동등하게 사용되지만, 전자는 ANN의 구조에 더 초점을 맞추고 있고, 후자는 학습 알고리즘을 강조한다. 딥러닝은 2가지 주요 기능을 제공한다.

1. **학습 표현.** 딥러닝은 학습 데이터 표현을 기반으로 하는 광범위한 머신러닝 기법의 한 종류다. 상위 레벨 기능은 하위 레벨 기능에서 파생돼 계층적 표현을 형성한다. 예를 들어, 그림 8.33b와 같이 심층 신경망의 은닉 계층 중 하나의 출력은 입력의 잠재된 표현으로 간주될 수 있다. 그런 다음 작업을 완료하기 위해 다른 분류 및 클러스터링 모델의 입력으로 잠재 표현을 사용할 수 있다. 학습 알고리즘은 지도, 비지도 또는 부분적인 지도학습을 사용할 수 있다. 지도학습은 ANN 학습과 거의 동일하며, 일반적으로 역전파 알고리즘과 많은 입출력 학습 데이터를 기반으로 수행된다. 오토인코더autoencoder와 같은 비지도 기술은 신경망의 출

력을 입력과 동일하게 설정함으로써 주어진 입력의 잠재 표현을 학습한다. 중간 계층(예, 은닉 계층)은 잠재 표현으로 간주된다. 잠재 표현의 차원은 일반적으로 입력보다 훨씬 낮으므로 계산 효율성을 향상시키면서 고차원의 저주the curse of high dimensionality를 해결할 수 있다.

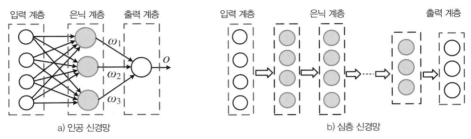

a) 인공 신경망   b) 심층 신경망

그림 8.33 ANN 및 심층 신경망

2. 엔드-투-엔드end-to-end 예측. 딥러닝은 입력의 잠재 표현을 생성하는 것 외에도 회귀 및 분류 작업으로 구성된 엔드-투-엔드 예측을 제공할 수 있다. 예를 들어, 딥러닝을 사용해 도시 전체에서 각 지역 또는 지역 전체의 군중 흐름을 예측할 수 있다[71]. 이것은 회귀 문제이며, 출력이 실수real valued numbers이기 때문이다. 또한 개와 고양이 같은 다양한 주제의 이미지를 분류하기 위해 심층 신경망을 사용할 수 있다. 해당 엔드-투-엔드 애플리케이션의 경우 입력과 그에 상응하는 출력으로 구성된 많은 수의 학습 데이터를 제공해야 한다. 또한 해당 엔드-투-엔드 예측에서 은닉 계층의 값은 입력의 잠재적 표현으로 간주될 수 있다.

가장 성공적인 딥러닝 기법 중 하나로서 ANN이 존재하므로 ANN에 대한 소개로 8.7절을 시작하고자 한다. 그다음 CNNConvolutional Neural Network과 RNNRecurrent Neural Network으로 구성된 가장 성공적인 2가지 딥러닝 기법을 소개한다. LSTMLong Short-Term Memory 네트워크 또한 8.7.3절에서 간략히 소개한다.

8.7.1 인공 신경망

ANN은 노벨상 수상자인 휴벨Hubel과 비젤Wiesel이 제안한 1959년 생물학적 모델에서 영감을 받았는데 그는 1차 시각 피질에서 단순 세포와 복잡한 세포라는 2가지 유형의 세포를 발견했다. 많은 ANN은 이러한 생물학적 관찰에 의해 영감을 받은 세포 유형의 계단식 모델로 볼 수 있다.

8.7.1.1 개념

ANN은 일반적으로 입력 계층, 은닉 계층, 출력 계층으로 구성된다. 입력 계층(그림 8.33a에 표시된 가장 왼쪽 계층)은 입력값(예, 주어진 데이터셋에서 추출된 기능들)을 갖는다. 입력 계층의 노드 개수는 일반적으로 입력의 개수와 같다. 그림 8.33a에 표시된 가장 오른쪽 계층(출력 계층)에서 최종 결과를 생성한다. 출력 계층의 노드 수는 ANN이 완료해야 하는 작업에 따라 달라진다. 예를 들어, 단일 값을 예측하는 것이 목표인 회귀 문제의 경우 출력 계층은 하나의 노드만 가진다. 이진 분류 문제의 경우 일반적으로 2개의 노드가 있으며, 각 노드는 하나의 범주를 나타낸다. 은닉 계층에서 노드 수를 설정하는 명확한 규칙은 없다.

ANN에서 각 노드는 노드를 이전 계층의 노드에 연결하는 에지를 통해 특정 개수의 입력을 수신한다. 일반적으로 ANN은 서로 다른 계층 간의 노드에 대해 완전 연결^{fully} ^{connected} 전략을 사용한다. 즉 노드는 이전 계층의 모든 노드에 연결된다. 동일한 계층의 노드가 연결되지 않는다. 각 에지는 이전 노드에 대한 입력의 중요성을 정의하는 가중치와 연관된다. 각 노드는 먼저 입력의 가중치 합계를 계산한 다음 시그모이드^{sigmoid} 함수와 같은 활성 함수^{activating function}를 사용해 (0, 1) 사이의 값으로 전달한다. 예를 들어, 그림 8.32의 ANN의 출력은 다음과 같다.

$$o = Sigmoid(\omega_1 o_1 + \omega_2 o_2 + \omega_3 o_3 + b), \tag{8.63}$$

ω_1, ω_2 및 ω_3은 해당 에지의 가중치이며, o_1, o_2, o_3은 각각 은닉 계층에 있는 3개 노드의 출력이다. b는 바이어스^{bias} 상수다. ω_1, ω_2, ω_3 및 b는 데이터를 기반으로 학습해야 하는 파라미터다. o_1, o_2, o_3은 1계층의 출력을 기반으로 식 (8.63)에 나타낸 것과 같은 방법으로 계산할 수 있다. 왼쪽에 있는 부분이 데이터로부터 관찰할 수 있는 입력이기 때문에 신경망이 주어지면 최종 출력을 계산한다.

8.7.1.2 학습

ANN의 학습 과정은 역전파 알고리즘을 기반으로 한다. 알고리즘은 먼저 ANN의 파라미터에 대한 초깃값을 임의로 설정하고 입력을 기반으로 학습 인스턴스의 출력을 계산한다. 그다음 각 인스턴스의 예측 $\hat{p}_i$ 및 실측 데이터 p_i 사이의 오차를 측정해 모든 인스턴스의 제곱 오류 합계(평균 제곱 오차)를 최소화하도록 파라미터를 수정한다.

$$E = \sum_i (\hat{p}_i - p_i)^2, \tag{8.64}$$

$\hat{p}_i$는 식 (8.63)에 나온 접근 방법으로 통해 계산된다. 최적의 결과를 찾을 수 있는 닫힌 형태의 솔루션이 없기 때문에 내부적인 최적의 결과를 찾기 위해 경사 하강 방식을 사용한다. 파라미터의 값(예, ω_1)을 조정하는 경우 다른 파라미터의 값은 고정된다. ω_1의 값은 다음과 같이 반복적으로 조정된다.

$$\omega_1 \leftarrow \omega_1 - \gamma \cdot \frac{\partial E}{\partial \omega_1}, \tag{8.65}$$

$\frac{\partial E}{\partial \omega_1}$은 ω_1에 대한 오차 E의 편미분partial derivative이다. γ는 하강 속도를 제어하는 학습률(사용자 지정)이다. 2회 연속 라운드 MSE의 감소가 사전 정의된 임곗값(예, $|E_n - E_{n-1}| < \delta$)보다 작으면 반복이 종료되고, 해당 라운드에 대해 ω_1의 값이 결정된다. 그다음 ω_1이 고정된 상태에서 ω_2와 같은 다른 파라미터를 튜닝한다. 모든 파라미터가 조정되면 튜닝이 종료된다. 다른 파라미터의 값이 변경되는 경우 모든 파라미터의 값이 이전 라운드의 값에 수렴되거나 크게 변경되지 않을 때까지 ω_1, ω_2 등을 재조정하는 새로운 튜닝 과정을 시작한다.

8.7.1.3 예시

그림 8.34는 ANN을 사용해 기존 측정소의 대기질 측정값과 도시의 지리적 데이터를 기반으로 측정소가 없는 위치의 대기질을 예측하는 예시를 보여 준다[73]. 그림 8.34a에 보여지는 것처럼 각각의 청색 점은 시간마다 대기질 측정값을 생성하는 대기질 모니터링 측정소를 뜻한다.

그림 8.34b는 입력 생성(왼쪽 박스)과 인공 신경망과 같이 2개 파트로 구성된 ANN 기반 추론 모델의 구조를 나타낸다. 추론 모델은 보간 작업을 수행할 때 지리적 거리만 고려하는 것이 아니라 위치의 지리적 특성 간의 차이를 고려하는 비선형 보간 알고리즘으로 간주할 수 있다.

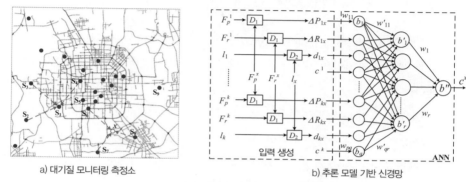

a) 대기질 모니터링 측정소   b) 추론 모델 기반 신경망

그림 8.34 ANN 기반 대기질 추론

입력 생성

이 단계에서는 추론을 수행할 위치와 연결하기 위한 n개의 측정소를 무작위로 선택한다. 예를 들어, 그림 8.34a와 같이 측정소 S_1, S_2, S_3의 측정값을 기반으로 위치 x의 대기질을 추론할 수 있다(해당 예시에서는 $n = 3$으로 설정함). 해당 측정소의 원래 특징을 입력으로 사용하는 대신에 측정소의 특징과 위치 x의 특징 사이의 차이를 식 (8.66~8.68)으로 계산한다. 해당 식에서 F_p^k, F_r^k, l^k, c^k는 각각 POI 특징, 도로망 특징, 지리적 위치 그리고 측정소 k의 AQI 값을 나타낸다. D_1은 특징 사이의 거리 함수(예, 피어슨 상관관계)이며, D_2는 위치 사이의 지리적 거리를 계산한다.

$$\Delta P_{kx} = Pearson\_Cor\,(F_p^k, F_p^x), \tag{8.66}$$

$$\Delta R_{kx} = Pearson\_Cor\,(F_r^k, F_r^x), \tag{8.67}$$

$$d_{kx} = Geo\_Distance\,(l^k, l^x). \tag{8.68}$$

pairwise 차이는 다음 ANN이 서로 다른 지리적 거리와 지리적 특징을 가진 한 쌍의 위치 사이의 대기질의 상관관계를 학습하는 데 사용된다.

인공 신경망

그림 8.34b와 같이 추론 모델의 오른쪽 부분은 다음과 같이 공식적으로 정의되는 3계층 신경망이다.

$$c^k = \varphi\left(\sum_r w_r \varphi\left(\sum_q w'_{qr} \cdot \left(\sum_p f_p w_{pq} + b_q\right) + b'_n\right) + b''\right), \tag{8.69}$$

f_p는 입력 특징이며, p는 특징의 개수다. $\varphi(x)$는 시그모이드 함수다. b_m, b'_n, b''는 다른 계층의 뉴런과 관련된 바이어스이며, w_{pq}, w'_{qr}, 및 w_r는 다른 계층의 입력과 관련된 가중치를 나타낸다.

추론 모델은 기존 모니터링 측정소의 데이터를 기반으로 학습된다. 예를 들어, S_2, S_3 및 S_4를 기준으로 S_1의 대기질을 추론할 수 있다. 추론 모델의 입력은 식 (8.66~8.68)에 의해 계산된다. S_1의 실제 대기질 측정값은 추론 오차를 추정하기 위한 근거로 사용된다. 또한 (S_4, S_5, S_6) 또는 (S_2, S_5, S_7)을 기준으로 S_1의 대기질을 추론할 수 있다. 또는 (S_4, S_5, S_6) 또는 (S_1, S_3, S_6)를 기준으로 S_2의 대기질을 추론할 수 있다. 스테이션을 다른 스테이션과 페어링하면 많은 입력 레이블 쌍을 교육 데이터로 공식화할 수 있다. 측정소를 다른 측정소와 결합함으로써 많은 입력 레이블 쌍을 학습 데이터로 구성할 수 있다. 위에서 언급한 역전파 알고리즘을 사용해 이러한 모든 추론의 평균 제곱 오차^{MSE}를 최소화하는 일련의 파라미터$(b_m, b'_n, b'', w_{pq}, w'_{qr}, w_r)$를 찾을 수 있다. 위치의 지리적 속성(예. 지리적 거리 및 POI 분포)의 차이로 인한 대기질에 대한 영향을 학습해야 하기 때문에 가장 가까운 거리의 측정소만 결합할 수 없다. 모델은 여러 유형의 측정소를 통해 특정 위치의 대기질을 추론하는 입력 레이블 쌍에 의해 학습된다.

추론 프로세스에서는 또한 여러 측정소와 추론할 위치를 쌍으로 구성하며, 각 쌍에는 3개의 측정소가 있고 대기질 예측을 생성한다. 그다음 최종적인 값을 생성해 여러 집합의 평균을 예측할 수 있다. 그림 8.34에서 소개한 모델은 분류 작업으로 쉽게 확장시킬 수 있으며, 해당 작업에서 예측은 출력 계층에 y개의 노드를 설정해 실젯값이 아닌 대기질 범주다. 각 노드는 범주에 포함되며, 실젯값이 가장 큰 노드를 최종 예측 결과로 선택한다. 그다음 여러 측정소 집합의 예측을 집계해 예측의 각 범주에 대한 빈도를 계산할 수 있다. 예측을 하는 경우 빈도는 범주의 확률로 간주 될 수 있다.

8.7.2 합성곱 신경망

8.7.2.1 합성곱 신경망의 기본 구조

합성곱 신경망[CNN, Convolutional Neural Network]은 계층이 서로 완전히 연결된 피드 전송[feed-forward] 신경망에서 발생되는 문제를 처리하고자 생성됐다. 완전한 연결은 신경망의 규모가 매우 큰 경우 차원(학습해야 할 파라미터가 지나치게 많음)의 저주를 일으킨다. 또한 많은 애플리케이션에 사용할 수 있는 입력 계층 공간 정보를 제거한다.

개별 피질 뉴런[individual cortical neurons]이 수용 영역[receptive field]으로 알려진 공간의 제한된 영역에서 자극에 반응하는 생물학적 과정에 의해 영감을 받은 CNN은 그림 8.35와 같이 합성곱 계층[convolutional layer]과 샘플링(또는 풀링) 계층으로 구성된다. CNN의 입력은 2차원 행렬(예, 각 픽셀이 회색 레벨을 포함하는 이미지)이 될 수 있다. 행렬의 각 항목은 이미지의 픽셀을 나타내며, 항목 값은 픽셀의 회색 레벨을 나타낸다. 한 항목에 여러 값이 포함돼 있을 때 행렬을 텐서로 변환할 수 있으며, 각 항목에는 벡터가 추가된다. 벡터에 추가된 값의 개수를 채널이라고 한다. 예를 들어, RGB 이미지는 각 픽셀에 3개의 채널이 있다(각각 빨간색, 초록색, 파란색의 수준을 나타냄). 각 채널은 CNN의 각 계층 내에 고유한 특징 맵[feature map]을 가진다. 합성곱 및 최대 풀링 계층을 수행한 후에 신경망의 높은 수준의 추론은 완전히 연결된 계층을 통해 이뤄진다. 완전히 연결된 층의 뉴런은 일반 신경망에서 볼 수 있듯이 이전 층의 모든 활성화에 완전한 연결을 갖고 있다. 그림 8.35에 대해 정확한 이해를 위해서는 CNN의 3가지 주요 개념을 학습해야 한다.

1. **지역 연결성**[local connectivity]. 피드 전송 신경망에서 입력은 그림 8.36a와 같이 모든 뉴런은 근접한 은닉 노드에 완전히 연결돼 있다. 반대로 CNN의 입력은 작은 지역 내에서만 연결을 생성한다. 은닉 계층의 각 뉴런은 이전 계층의 작은 필드에 연결되며, 이것을 지역 수용 영역[local receptive field]이라고 한다. 직관적으로 이미지 객체는 대개 가까운 픽셀 그룹으로 표시되지만, 이미지의 다른 부분에 있는 픽셀은 직접적으로 연관되지 않을 수 있다. 지역 연결 개념은 신경망의 복잡성을 크게 감소시켜서 차원의 저주를 해소하고, 입력들 사이의 공간적 상관관계를 파악하는 데 활용된다.

2. **가중치 공유**^{share weight}. 합성곱 계층^{convolutional layer}에서는 뉴런이 여러 개의 병렬 은닉 계층으로 구성돼 있는데 각각을 **특징 맵**^{feature map}이라 한다. 특징 맵의 각 뉴런은 이전 계층의 지역 수용 영역에 연결된다. 모든 특징 맵에 대해 모든 뉴런은 특징 맵에서 필터 또는 커널로 알려진 동일한 가중치 파라미터를 공유한다. 가중치 공유는 파라미터의 개수를 추가로 축소해 CNN이 여러 개의 은닉 계층을 가질 수 있게 하고, 많은 입력을 처리할 수 있게 한다.

   그림 8.36b는 가중치 공유의 예를 보여 준다. 각 그리드는 이미지의 픽셀 또는 CNN의 은닉 계층 내부의 뉴런을 나타낸다. 편의를 위해 각 그리드가 하나의 값만 갖는 2차원 예제부터 살펴본다. 지역 수용 영역(회색 영역으로 표시됨)에 3×3 그리드가 있는 경우 첫 번째 합성곱 계층의 뉴런이 이미지의 9개 픽셀에 연결된다. 마찬가지로 은닉 계층의 뉴런은 이전 은닉 계층 내의 9개 뉴런에 연결된다. 각 그리드의 오른쪽 하단 모서리에 있는 작은 숫자는 일반적인 신경망의 에지 가중치와 비슷한 커널 파라미터다. 합성곱 연산 후에 해당 파라미터는 커널 파라미터와 입력의 실제 내적^{dot product}이며, 최초 9개 그리드의 값은 단일 값으로 통합된다(예, 3). 동일한 파라미터를 가진 커널은 다른 9개의 그리드로 슬라이드해 이전 계층 내의 모든 그리드가 계산될 때까지 다른 값 등을 계산한다. 슬라이딩^{sliding} 중에는 커널의 파라미터가 변경되지 않으므로 모든 커널이 특징 맵에서 동일한 파라미터 집합을 공유한다고 할 수 있다.

3. **풀링**^{pooling}. 합성곱 계층 외에도 CNN은 풀링 계층^{pooling layer}를 포함하며, 일반적으로 합성곱 계층 직후에 사용된다. 즉 합성곱 계층의 출력이 풀링 계층 네트워크의 입력으로 사용된다. 풀링 계층의 개념은 특징 맵의 작은 수용 필드에서 합성곱 활성화 통계를 계산해 변환 불변 특징^{translation invariant feature}을 생성하는 것이다. 여기에 있는 작은 수용 영역의 크기는 풀링 크기 또는 커널 풀링에 따라 달라진다. 예를 들어, 그림 8.36c에 나타낸 것과 같이 2×2 최대 풀링 커널을 선택해 그림 8.36b에 표시된 합성곱 계층의 출력에 적용하면 풀링의 결과는 4이며, 이것은 그리드의 최댓값이다. 또한 다른 풀링의 결과는 각각 3과 5다. 풀링 작업이 수행될 때 인접한 수용 영역 간에는 오버랩이 발생되지 않는다.

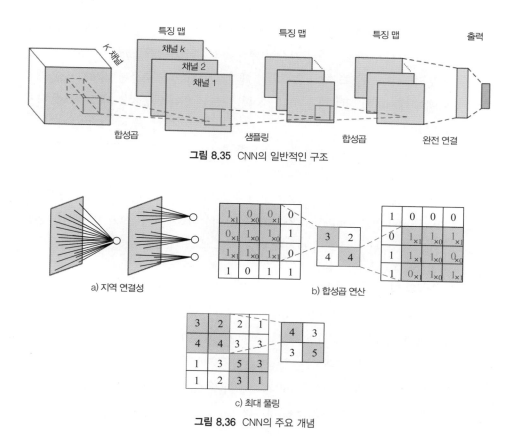

그림 8.35 CNN의 일반적인 구조

그림 8.36 CNN의 주요 개념

8.7.2.2 CNN의 경험적 설정

CNN에는 이론적으로 증명되진 않았지만, 실질적으로 사용되는 몇 가지 경험적 설정 empirical setting이 있다.

- 제로 패딩zero padding. 입력 볼륨의 경계에 입력을 0으로 채우는 것이 편리한 경우가 있다. 제로 패딩은 출력 볼륨 공간 크기를 제어한다. 특히 입력 볼륨의 공간 크기를 정확하게 유지하는 것이 도움이 되는 경우가 있다. 예를 들어 도시의 모든 그리드에서 군중의 흐름을 예측한다.

- 드롭아웃dropout. 완전히 연결된 계층은 대부분의 파라미터를 차지하기 때문에 과적합이 발생하기 쉽다. 과적합을 줄이는 한 가지 방법은 노드 또는 노드 사이의

연결을 드롭아웃하는 것이다[55]. 각 학습 단계에서 개별 노드는 확률 $1-p$로 네트워크의 '드롭 아웃'되거나 감소된 네트워크가 남도록 확률 p로 유지된다. 드롭 아웃된 노드로 인입되거나 출력되는 에지도 제거된다. 축소된 네트워크만 해당 단계의 데이터에 대해 학습된다. 제거한 노드는 원래 가중치로 네트워크에 다시 삽입된다.

- ReLU[Rectified Linear Unit]. ReLU는 비포화 활성화 함수[nonsaturating activation function] $f(x) = \max(0, x)$를 적용하는 뉴런 계층이다. 해당 계층은 합성곱 계층의 수용 필드에 영향을 미치지 않고 결정 함수와 전체 네트워크의 비선형 속성을 증가시킨다. $\tanh(x)$ 및 $sigmoid(x)$와 같은 다른 함수와 비교할 때 ReLU를 사용하면 일반화 정확도에 큰 차이 없이 신경망 학습을 몇 배 더 빠르게 한다[32].

8.7.2.3 CNN의 학습 프로세스

CNN의 학습 프로세스는 일반적인 ANN과 거의 같다. 즉, 역전파 알고리즘을 통해 모든 인스턴스의 평균 제곱 오류를 최소화한다. 하지만 CNN에서 은닉 계층의 수가 증가하면 파라미터는 초기에 수렴을 방해하는 기울기 손실 문제[vanishing gradient problem] 때문에 조정하기 어려워진다. 해당 문제는 주로 표준화된 초기화 및 중간 표준화 계층에 의해 해결되는데, 해당 계층은 수십 개의 계층을 가진 네트워크가 역전파 알고리즘을 통해 확률적 경사 하강을 위한 수렴을 시작할 수 있게 한다. 그러나 네트워크 깊이가 계속 증가함에 따라 정확도는 포화 상태에 이른 후에 급속히 저하된다. 예상과는 달리 이러한 성능 저하는 과적합에 의한 것이 아니며, 적당한 깊이의 모델에 더 많은 계층을 추가하면 더 높은 학습 오류가 발생한다[21].

성능 저하 문제를 해결하고자 계층에서 필요한 기본 매핑을 직접 적합시키는 대신 레지듀얼[residual] 매핑을 적합시킬 수 있도록 딥 레지듀얼 학습[deep residual-learning] 프레임워크가 제안됐다. 공식적으로는 요구되는 기본 매핑 $H(x)$를 학습하는 대신 누적된 비선형 계층이 $F(x) := H(x) - x$의 다른 매핑을 만족시키도록 한다. x는 입력이다. 원래 매핑은 $F(x) + x$로 재구성된다. 실험에 의해 밝혀진 바에 따르면 기존의 참고되지 않은 매핑 $H(x)$를 최적화하는 것보다 레지듀얼[residual] 매핑 $F(x)$를 최적화하는 것이 더 쉽다. 딥 ResNet[deep residual network을 사용한 152계층의 딥 합성곱 네트워크는 몇 가지 이미지 분류 작업을 위해 학습됐고, 평균을 능가하는 뛰어난 성능을 보여 줬다.

8.7.2.4 CNN의 변형

1990년에 르쿤LeCun과 연구진[35]은 손으로 작성된 숫자를 분류하는 최초의 CNN 모델을 개발했다. 레이블된 데이터의 증가와 GPU 및 클라우드 컴퓨팅과은 컴퓨팅 자원이 증가함에 따라 CNN의 다양성이 증대됐다. 예를 들어, 크리체프스키Krizhevsky 및 연구진은 2012년 이미지 분류 대회ImageNet에서 우승한 클래식 CNN 모델AlexNet을 제안했다. 이후 ZFNet, VGGNet, GoogleNet, ResNet과 같은 더욱 정교한 네트워크 구조를 가진 다양한 종류의 CNN 모델이 만들어졌다.

이미지 분류에서 CNN의 성공으로 인해 객체 검출, 객체 추적, 포즈 추정, 시각적 특징 감지 및 동작 인식과 같은 다른 컴퓨팅 비전 작업을 처리하기 위한 다양한 종류의 CNN 아키텍처의 생성을 주도했다. CNN 기반의 가장 많이 사용되는 객체 검출은 지역region-based CNN^R-CNN[16]이다. R-CNN은 먼저 선택적 탐색 알고리즘을 사용해 약 2,000개의 지역 제안region proposal을 추출한다. 그다음 지역 제안은 고정된 크기로 변형되고 특징 추출을 위해 사전 학습된 CNN 모델로 제공된다. 지역 제안의 특징은 자동차와 사람과 같은 객체의 범주에 해당하는 여러 이진 분류기binary classifier를 학습시키기 위해 사용된다. 해당 이진 분류기가 학습되면 각 지역 제안의 특징을 모든 분류기에 제공해 특정 유형의 객체가 지역에 포함돼 있는지 확인할 수 있다. 객체의 범주를 결정한 후 선형 회귀 모델을 사용해 객체의 경계 상자에 대해 더 정확한 좌표를 출력한다.

R-CNN이 높은 성능을 보여 주지만, 자체 CNN 모듈에서 여러 번 처리된 지역 제안 사이에 겹치는 부분이 많으며, 이로 인한 컴퓨팅 자원이 많이 필요하다. 이 문제를 해결하기 위해 컴퓨팅 자원을 공유해 R-CNN을 가속화하는 SPP-netSpatial Pyramid-Pooling network[20]이 제안됐다. 즉 서로 다른 지역 제안들 사이의 겹치는 영역이 중복 처리되지 않는다. 하지만 R-CNN과 SPP-net의 학습 절차는 여전히 여러 단계의 파이프라인이다. CNN 기반 특징 추출기는 레이블된 데이터의 다른 유형을 기반으로 작업(VGGNet 사용)을 통해 사전 학습된다. 따라서 레이블된 데이터(객체 검출 전용)는 CNN 기반 특징 추출기의

파라미터를 조정하는 데 사용할 수 없다.

해당 문제를 해결하고자 Fast R-CNN[15]은 다른 범주에 걸쳐 영역에 포함된 객체의 확률 분포를 예측하고, 동시에 객체의 경계 상자를 생성할 수 있는 엔드-투-엔드 학습 프로시저를 사용해서 SPP-net를 개선한다. 사전 학습된 CNN 모듈 또한 엔드-투-엔드 프로시저를 사용하긴 하지만, 세부 조정 과정에서 지역 제안의 경계 박스를 포함하는 전체 네트워크의 파라미터는 업데이트될 수 있다. Fast R-CNN은 학습 과정을 단순화하는 동시에 강력한 정확성과 속도를 보여 준다. Fast R-CNN을 기반으로 한 Fast R-CNN[48]은 객체 제안 생성을 가속화하기 위해 지역 제안 네트워크를 사용한다.

CNN에 시퀀스-투-시퀀스$^{\text{sequence-to-sequence}}$를 적용하는 또 다른 연구 과정이 있다. TTS$^{\text{Text-To-Speech}}$ 및 음성 합성 작업을 위해 설계된 WaveNet[45]은 언어 기능을 원하는 주파수로 업샘플링^{upsampling}하는 조건부 네트워크와 이산 오디오 샘플$^{\text{discretized audio samples}}$에 대한 확률 분포를 생성하는 자기 회귀 네트워크로 구성된다. 원시 오디오 생성에 필요한 장기적인 시간 의존성을 처리하고자 WaveNet은 매우 큰 수용 영역을 나타내는 확장된 인과 합성곱$^{\text{dilated causal convolutions}}$을 사용한다. WaveNet은 사람 수준에 가까운 음성을 생성할 수 있지만, 모델의 자기 회귀 특성으로 발생하는 고주파수로 인해 추론이 어려운 계산 문제를 일으킨다. 이 문제를 해결하고자 아리크^{Arik} 및 연구진[1]은 TTS의 계층 개수, 레지듀얼 채널 개수, 스킵^{skip} 채널 개수를 다양화하는 딥 보이스$^{\text{Deep Voice}}$라는 WaveNet의 변형을 제안했다. 딥 보이스는 WaveNet보다 최대 400배 빠른 속도를 달성하는 동시에 더 적은 파라미터가 필요하다.

게링^{Gehring}과 연구진[14]은 기계 번역의 맥락 안에서 시퀀스-투-시퀀스 학습을 수행하는 CNN에 기반한 아키텍처를 소개한다. 순환 신경망(예, LSTM)과 비교할 때 모든 요소에 대한 계산을 학습 과정에서 완전히 병렬화할 수 있다.

8.7.3 순환 신경망

8.7.3.1 순환 신경망의 범용 프레임워크

순환 신경망RNN, Recurrent Neural Network은 유닛unit 간의 연결이 순환 사이클을 형성하는 인공 신경망 클래스다. 해당 클래스는 네트워크의 내부 상태를 생성해 동적으로 시간과 관련된 상태를 나타낼 수 있다. 피드-포워드 신경망과는 달리 RNN은 내부 메모리를 사용해 임의의 입력 시퀀스를 처리할 수 있다. 해당 프로세스를 통해 구분되지 않고 연결된 필기 인식 또는 음성 인식과 같은 작업에 적용할 수 있다[50]. RNN은 시퀀스의 모든 요소에 대해 동일한 작업을 수행하며, 이전 연산에 따라 출력이 발생하기 때문에 순환recurrent이라고 한다. RNN에서 고려해야 하는 또 다른 하나는 지금까지 계산된 내용에 대한 정보를 캡처하는 '메모리'가 있다는 것이다. 이론적으로 RNN은 임의로 긴 시퀀스의 정보를 이용할 수 있지만, 실제로는 몇 단계의 정보만 사용하는 것으로 제한된다.

그림 8.37a RNN의 범용 프레임워크를 나타내며, x_t 및 o_t는 각각 시간 단계time step t에서의 입력 및 출력을 나타내고, h_t는 시간 단계 t에서의 은닉 상태이며, W, V 및 U는 입력, 출력 및 변환 파라미터다. 보다 구체적으로 s_t가 네트워크의 '메모리'로서 이전의 은닉 상태와 현재 단계에서의 입력($h_t = f(Uh_{t-1}, Wx_t)$을 기반으로 계산된다. 해당 함수는 보통 tanh 또는 RLU와 같은 비선형성(nonlinearity)을 갖는다. h_0으로 표시된 첫 번째 은닉 상태는 일반적으로 0으로 초기화된다. 그림 8.37b는 RNN의 통합된 상태를 보여 준다.

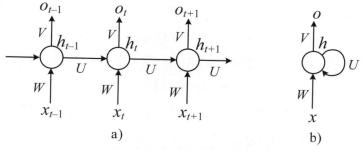

a)   b)

그림 8.37 RNN의 범용 프레임워크

예를 들어 자연어 처리를 사용해 주어진 문장의 다음 단어를 예측하려면 각 단어를 시간 단계로 간주할 수 있다. x_t는 문장의 t번째 단어다(one-hop 벡터 또는 단어의 임베딩embedding 표현으로 나타낼 수 있음). o_t는 단어에 대한 벡터의 확률이 된다. 예측할 다음 단어가 포함된 학습을 수행할 문장이 주어지면 o_t에 대한 단어의 확률을 1로 설정하고, 나머지 단어를 0으로 설정할 수 있다. 학습 프로세스 후에 RNN 모델을 적용해 부분 문장에서 다음 단어를 예측하고, 최대 확률을 가진 단어를 최종 예측으로 선택한다.

각 계층에서 서로 다른 파라미터를 사용하는 기존의 심층 신경망과 달리 RNN은 모든 단계에서 같은 파라미터(U, V 및 W)를 공유한다. 이것은 다른 입력을 사용해 같은 단계를 수행하는 것을 뜻한다. 해당 공유를 통해 학습이 필요한 총 파라미터 개수를 크게 줄인다.

위의 다이어그램에서는 각 시간 단계마다 출력이 있지만, 작업에 따라 출력이 필요하지 않을 수 있다. 예를 들어, 문장의 감성setiment of a sentence을 예측하는 경우 개별 단어의 감성이 아닌 최종 출력만 고려한다. 또한 각 시간 단계에서 입력이 필요하지 않을 수 있다. RNN의 주요 특징은 시퀀스에 대한 정보를 캡처하는 은닉 상태다.

8.7.3.2 LSTM

가장 일반적으로 사용되는 RNN 유형은 LSTM[23]이며, 일반 RNN보다 장기 의존성long-term dependencies을 캡처하는 데 더 많이 활용된다. LSTM은 본질적으로 RNN과 같지만, 은닉 상태를 계산하는 방법에서 차이가 있다. LSTM 유닛은 장기간 또는 단기간 동안 값을 기억하는 데 뛰어난 순환 네트워크 유닛이다. 해당 기능의 핵심은 순환 컴포넌트 내에서 활성 함수를 사용하지 않는 것이다. 따라서 저장된 값은 시간 경과에 따라 반복적으로 변형되지 않으며, 시간에 따른 역전파 알고리즘을 적용해 학습을 수행하는 경우 그래디언트gradient 또는 블레임blame 기간이 사라지지 않는 경향이 있다.

LSTM에는 다양한 종류가 있다. 그림 8.38은 핍홀 LSTM 블록peephole LSTM block의 구조를 나타낸다. x_t는 입력 벡터, h_t는 출력 벡터, c_t 셀 상태 벡터, W, V 그리고 b 파라미터 매트릭스 및 벡터다. f_t는 저장된 과거 정보의 가중치를 나타내는 포겟forget 게이트 벡터이며, i_t는 신규 수집된 정보의 가중치를 나타내는 입력 게이트 벡터다. o_t는 출력 후보를 나타내는 출력 게이트 벡터다. c_t 노드의 출력 화살표(파란색 화살표로 표시)는 실제로 오른쪽에서 왼쪽으로의 단일 화살표를 제외하고 c_{t-1}의 출력 화살표를 나타낸다.

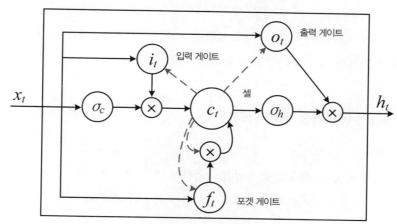

그림 8.38 LSTM 블록 구조

일반적인 LSTM과 비교할 때 대부분의 경우 h_{t-1}가 아닌 c_{t-1}이 사용된다. 앞에서 언급한 벡터는 다음과 같이 계산된다.

$$f_t = \sigma_g\,(W_f\,x_t + U_f\,c_{t-1} + b_f\,), \tag{8.70}$$

$$i_t = \sigma_g\,(W_i\,x_t + U_i\,c_{t-1} + b_i), \tag{8.71}$$

$$o_t = \sigma_g\,(W_o\,x_t + U_o\,c_{t-1} + b_o), \tag{8.72}$$

$$c_t = f_t \cdot c_{t-1} + i_t \cdot \sigma_c\,(W_c\,x_t + b_c), \tag{8.73}$$

$$h_t = o_t \cdot \sigma_h\,(c_t), \tag{8.74}$$

여기서 σ_g는 시그모이드 함수이며 σ_c는 쌍곡선 탄젠트hyperbolic tangent다. $\sigma_h(x) = x$로 사용되며, 이것은 일반 LSTM의 쌍곡선 탄젠트다. ·는 항목별entrywise 곱을 나타내며, 초기 상태는 $c_0 = 0$ 및 $h_0 = 0$다.

학습 시퀀스 집합의 LSTM 전체 오류를 최소화하고자 시간에 따른 역전파 알고리즘 [42] 반복적인 경사 하강 알고리즘 오차에 대한 미분에 비례해 각 가중치를 변경할 수 있다. 일반 RNN에서 경사 하강을 사용할 때의 주요 문제점은 오류 기울기error gradient가 중요한 이벤트 사이의 시간 지연의 크기에 따라 기하급수적으로 빠르게 사라지는 것이다.

하지만 LSTM 블록을 사용할 경우 오류 값이 출력에서 역전파되면 오류는 블록의 메모리 부분에 갇힌다. 이것을 오류 회전error carousel이라고 하며, 오류를 차단하도록 학습될 때까지 각 게이트에 오류를 지속적으로 피드백한다. 따라서 규칙적인 역전파는 LSTM 블록을 학습시켜 매우 오랜 기간 동안 값을 기억하는 데 효과적이다.

8.7.4 시공간 데이터를 위한 딥러닝

8.7.4.1 과제

딥러닝은 원래 이미지, 비디오 및 음성을 처리하기 위해 제안됐으며, 최근에 자연어 처리에 적용됐다. 시공간 데이터를 다루고자 딥러닝을 사용할 때 아래의 3가지 과제에 직면하게 된다.

1. 데이터 변환data transformation. CNN 입력은 일반적으로 텐서 행렬이다. LSTM의 입력은 벡터의 시퀀스가 될 수 있다. 하지만 시공간 데이터는 균일하지 않은 위치의 포인트 집합, 또는 임의의 모양 및 길이의 경로, 또는 매우 희소한 연결과 동적 노드가 있는 그래프와 같은 다양한 포맷을 갖는다. 시공간 데이터를 딥러닝 모델에서 사용할 수 있는 형식으로 변환하는 것은 쉽지 않은 작업이다.

2. 시공간 속성 인코딩encoding spatiotemporal property. 8.2절에서 다뤘던 것처럼 공간적 거리, 공간적 계층구조, 시간적 기간과 경향 같은 시공간 데이터는 이미지와 텍스트 데이터에는 명확하게 존재하지 않는 고유한 특성을 갖고 있다. 따라서 어반 컴퓨팅 문제를 수행할 때 이러한 요소를 고려하지 않는 기존의 딥러닝 알고리즘을 단순히 적용할 수 없다. 딥러닝 모델에서 해당 고유 시공간 속성을 동시에 획득하는 방법은 여전히 어려운 과제다.

3. 도메인 간 데이터 통합fusing knowledge across different domain. 어반 컴퓨팅 애플리케이션에서는 일반적으로 다양한 데이터셋을 활용한다. 딥러닝 프레임워크를 통해 여러 도메인의 여러 데이터셋에 대한 데이터를 어떻게 통합할 것인지는 여전히 과제로 남아 있다.

8.7.4.2 딥러닝을 활용한 군중 흐름 예측

위에서 언급한 3가지 과제를 시공간 데이터에 대한 딥러닝 모델의 정교한 설계로 해결할 수 있는 방법을 보여 주기 위한 예시를 사용한다[71]. 해당 예시는 도시 전체에서 군중의 유입inflow 및 유출outflow을 예측하는 것이 목표다. 하지만 한 지역의 군중 흐름은 지난 몇 시간 동안의 지역 내 군중 흐름(시간적 상관관계), 인접 지역 및 먼 지역의 군중 흐름(공간적 상관관계), 기상 조건 및 이벤트 같은 외부 요인 등의 여러 복잡한 요소에 영향을 받는다.

데이터 변환

그림 8.39는 데이터 변환 프로세스를 나타내며, 입력은 군중의 GPS 경로, 출력은 3차원 텐서다. 각 경로는 사람의 이동성을 나타내는 해당 타임스탬프를 포함하는 GPS 좌표의 시퀀스다. 도시를 균일한 그리드로 분할하고, 사람들의 이동 경로를 해당 그리드에 반영한다. 그리드의 유입 또는 유출되는 경로 개수를 계산해 각 그리드 내의 주어진 시간 동안 유입과 유출의 크기를 도출할 수 있다. 그다음 각 시간대에서 수집된 경로 데이터(예, 1시간 동안)를 3차원 텐서로 변환하며, 첫 번째와 두 번째 차원은 지리적 공간의 그리드이고, 세 번째 차원은 유입, 유출의 값을 저장한다. 간결성을 위해 그림 8.39는 각 그리드의 유입만 시각화한다(예, 텐서를 행렬로 분해함). 그리드 색상이 옅을수록 교통량이 커진다. 일정 기간 동안 경로를 생성함으로써 일련의 행렬을 생성할 수 있다. 또한 기상 조건 및 이벤트와 같은 외부 조건도 존재한다. 이와 같은 요소들이 딥러닝의 입력을 형성한다. 예측은 과거의 프레임이 주어진 경우 미래의 프레임 모양을 예측하는 것이다.

그림 8.40a는 위와 같은 문제를 해결하기 위한 ST-ResNet Spatiotemporal Residual Network이라는 딥러닝 모델 프레임워크를 제시한다. 해당 프레임워크는 3개의 딥 레지듀얼 CNN deep residual CNN, 1개의 퓨전 컴포넌트 그리고 1개의 완전 연결 신경망으로 구성된다. 해당 프레임워크는 각각 또는 전체 지역의 흐름을 종합적으로 예측하는 엔드-투-엔드 예측 프레임워크다.

시간 속성 인코딩

딥 레지듀얼 CNN 동일한 네트워크 구조를 공유하고, 시간적 인접성, 기간 그리고 경향 속성을 각각 모델링한다. 보다 구체적으로는 가장 오른쪽에 있는 딥 레지듀얼 CNN은 군중 흐름의 시간적 인접성을 모델링하고자 최근 몇 시간 동안의 유입 프레임을 입력으로 사용한다(예, 인접한 시간대의 흐름은 시간이 지남에 따라 자연스럽게 변화할 것임). 중간 딥 레지듀얼 CNN은 어제, 그제 그리고 며칠 전에 해당하는 기간의 정보를 모델링하고자 같은 시간대의 프레임을 입력으로 사용한다. 일반적으로 군중의 흐름은 거의 매일 반복된다. 가장 왼쪽에 있는 딥 레지듀얼 CNN은 경향 정보를 모델링하고자 지난주, 2주 전, 또는 지난달의 같은 시간대의 프레임을 사용한다. 학습 및 예측 프로세스 과정에서 그 밖의 프레임들은 스킵된다. 이를 통해 딥러닝 모델은 네트워크 구조와 학습 작업의 복잡성을 증가시키지 않으면서 장기간 동안 데이터에서 3가지 시간 특성을 모두 캡처할 수 있다.

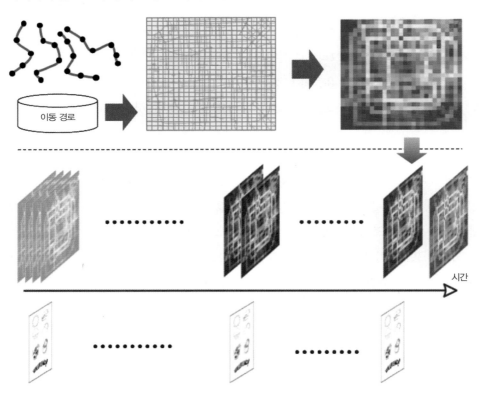

그림 8.39 딥러닝을 위한 시공간 데이터 변환

공간 속성 인코딩

그림 8.40b와 같이 각각의 딥 레지듀얼 CNN에서 근거리과 원거리의 공간적 상관관계를 캡처하고자 다양한 합성곱 계층을 가진 CNN을 활용한다. 합성곱의 라운드가 1~2차례 지나면 인접 지역의 정보를 하나의 값으로 통합한다. 이 과정은 주변 지역 사이의 공간적 상관관계를 캡처하는 것과 비슷하다. 합성곱 연산을 지속하는 경우 원거리의 그리드 정보를 통합할 수 있고, 따라서 더 먼 거리의 상관관계를 캡처할 수 있다. 하지만 은닉 계층이 증가하기 때문에 CNN 학습은 어려워진다(8.7.2.3절 참고). 그다음 CNN 모델에 딥 레지듀얼 구조를 적용한다. 프레임워크의 딥 레지듀얼 CNN은 그림 8.40c와 같이 실제로는 몇몇 ResUnit의 연속적인 형태a cascade of a few ResUnits다. 예측의 크기를 입력과 동일하도록 하고자 제로 패딩zero padding을 사용한다.

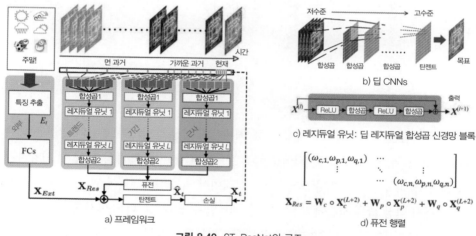

그림 8.40 ST-ResNet의 구조

퓨전

프레임워크의 퓨전은 2개의 레벨이 존재한다. 먼저 모델은 각 엔트리는 특정 지역에 해당하는 3개의 가중치를 갖는 3가지 값으로 구성된 그림 8.40d와 같이 퓨전 행렬을 사용해 3개의 딥 레지듀얼 CNN에 의해 생성된 예측을 통합한다. 당연히 3개의 시간적 속성은 서로 다른 지역과 서로 다른 특징을 갖는다. 대학교와 같은 일부 지역은 학생들이 날씨에 관계없이 정기적으로 수업에 출석해야 하기 때문에 명확한 흐름을 갖는 시간적 속성을 보여 주지만, 경향 속성은 명확하지 않다. 엔드-투-엔드 예측 프레임워크의 행렬 값은 신경망의 다른 파라미터를 통해 학습된다. 두 번째 레벨의 통합은 항목별 합계를 통해 X_{Res} 및 X_{Ext}를 통합한다. X_{Ext}는 완전 연결 계층의 출력이며, 외부 요소(예, 기상 조건)를 벡터로 변환한다. 그다음 벡터는 합산 전에 X_{Res}와 동일한 행렬 표현으로 재구성된다.

ST-ResNet은 뉴욕시와 베이징의 택시 및 자전거 공유 데이터와 같은 다양한 데이터 셋에서 LSTM 및 CNN보다 성능이 뛰어나다. LSTM를 사용해 군중 흐름의 경향 정보를 캡처하려면 데이터의 입력은 충분히 긴 시간(예, 3개월 이상) 동안 이뤄져야 하며, 그렇지 않은 경우 경향은 데이터에 포함되지 않는다. 프레임당 1시간을 설정할 경우 LSTM 모델의 길이는 2,000 이상이 된다. 이와 같은 LSTM 모델을 학습시키는 것은 비현실적이며, 해당 메모리는 그렇게 오래 전의 정보를 유지할 수 없다. LSTM은 위치 사이 공간적 상관 관계를 캡처하지 않는다. 따라서 ST-ResNet보다 시공간 데이터를 예측에 대한 정확도 가 낮다.

8.8 강화학습

현실에서 사람들은 일반적으로 일을 통해 최대한의 보상을 받고자 일련의 결정을 해야 한다. 예를 들어, 아타리 브레이크아웃^Atari Breakout과 같은 비디오 게임을 할 때 사용자는 가능한 한 빨리 공을 왼쪽이나 오른쪽으로 움직여서 벽돌을 깨트려야 한다. 최적의 움직 임을 통해서 가장 짧은 시간에 모든 벽돌을 깨트릴 수 있다. 또 다른 예시를 보면 출발지 에서 목적지에 도달하고자 운전자는 여러 개의 교차로를 지나면서 좌회전, 우회전 또는 직진을 함으로써 다양한 경로의 길을 선택할 수 있다. 목적지까지 가장 빠르게 도착할 수 있는 최적의 결정 순서가 존재한다. 또한 자전거 공유 시스템의 운영과 자전거 사용률을 효율적으로 개선하고자 지속적으로(예를 들어, 시간마다) 사용률이 낮은 지역의 자전거들을 사용률이 높은 지역으로 이동시켜야 한다. 최적의 재분배 결정 순서는 자전거 사용량을 최대화할 수 있다.

강화학습은 순차적 결정 문제를 다루는 머신러닝의 한 종류다[29, 57]. 강화학습은 누 적 보상^cumulative reward에 대한 개념을 극대화하고자 소프트웨어 에이전트가 특정 환경에서 어떤 행동을 취해야 하는지에 관한 행동주의 심리학으로부터 영감을 받았다. 8.8절에서는 강화학습의 범용 프레임워크와 최적 또는 최적에 가까운 행동을 찾기 위한 다양한 방법을 소개한다.

8.8.1 강화학습 개념

8.8.1.1 강화학습의 범용 프레임워크

그림 8.41a는 강화학습의 기본적인 프레임워크를 나타내며, 특정 기간 동안 최대한의 보상을 얻고자 에이전트는 환경과 상호작용한다. 보다 구체적으로 에이전트는 환경의 현재 상태 s_t를 기반으로 결정 a_t를 내린다. 그다음 에이전트는 즉각적인 스칼라 보상$^{scalar\ reward}$ r_t를 받고, 환경 상태는 S_{t+1}로 진화한다.

강화학습 작업에서 에이전트는 아래와 같은 프로세스를 사용해서 일련의 결정을 내리며, 보상을 받고 환경의 다음 상태에 영향을 미친다.

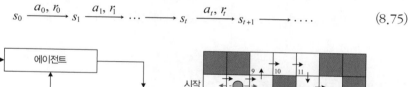

$$s_0 \xrightarrow{a_0,\ r_0} s_1 \xrightarrow{a_1,\ r_1} \cdots \longrightarrow s_t \xrightarrow{a_t,\ r_t} s_{t+1} \longrightarrow \cdots. \tag{8.75}$$

a) 기본 프레임워크

그림 8.41 강화학습 개념

b) 예시

강화학습의 목표는 에이전트가 최적의 정책^{policy} $\pi^*(a_t|s_t)$를 학습하는 것이다. 즉 상태 $s_t \in S$에 대해 에이전트는 정책 π^*을 통해 상태 s_t에 따른 최대 장기 보상을 받을 수 있다. $\pi^* \cdot \pi^*(a_t|s_t) \in [0,\ 1]$은 에이전트가 상태 s_t에 대해 $a_t \in A$에서 조치를 취할 확률이다. S와 A는 상태 공간과 행동 공간을 각각 나타낸다.

$$\sum_{a_t \in A} \pi^*(a_t\ |\ s_t) = 1. \tag{8.76}$$

상태 s_t 이후의 장기 보상은 차감된 보상$^{discounted\ reward}$ $\sum_{k=0}^{\infty} \gamma^k r_{t+k}$ 또는 T-step 보상 $\sum_{k=0}^{T} \gamma^T r_{t+k}$에 의해 정의되며, $\gamma \in [0,1]$은 차감률$^{discount\ ratio}$이다. 최적 정책 π^*은 상태 s_t에 대한 최적의 행동이 하나뿐인 경우 결정론적 정책이며, $a_t = \pi^*(s_t)$로 나타낼 수 있다. 이어서 차감된 보상을 포함하는 강화학습 작업을 분석한다. T-step 보상에 대해서도 유사한 결과를 쉽게 확장할 수 있다.

그림 8.41b와 같은 미로 게임을 사용해 강화학습의 개념을 설명한다. 에이전트는 원^{circle}으로 표시되며, 해당 원은 왼쪽 상단 그리드에서 시작해 미로 밖으로 나오는(예. '도착' 그리드) 가장 빠른 길을 찾는다. 환경은 미로, 상태는 에이전트 위치(그리드 인덱스)로 정의할 수 있다. 예를 들어, 에이전트의 현재 상태를 $s = 2$로 나타낼 수 있다. 에이전트는 위, 아래, 왼쪽, 오른쪽의 행동을 취할 수 있다. 현재 위로 갈 수 있는 길이 없기 때문에 에이전트는 위로 움직일 수 없다. 에이전트는 행동을 취할 때마다 -1의 보상을 받게 된다. 강화학습 방법을 통해 특정 상태 s가 주어진 경우 에이전트는 미로를 가장 빨리 탈출할 수 있는 최적의 행동 순서를 찾게 된다(예. 녹색으로 표시된 이동 경로). 각각의 이동은 -1의 보상과 연관돼 있으며, 가장 빠른 경로는 최대 장기 보상$^{maximum\ long-term\ reward}$을 획득한다.

8.8.1.2 마르코프 의사결정 과정

강화학습 작업 환경이 마르코프 속성을 갖고 있는 경우 해당 강화학습 작업을 의사결정 과정$^{MDP,\ Markov\ Decision\ Process}$이라고 한다[5, 6, 64]. 마르코프 속성을 갖는 환경에서 환경의 다음 상태 s_{t+1}은 현재 상태 s_t와 현재 행동 a_t에만 의존한다. 즉 다음 상태 $s_{t+1} \in S$의 확률은 아래와 같다.

$$p(s_{t+1} \mid s_0, a_0, s_1, a_1, \ldots, s_t, a_t) = p(s_{t+1} \mid s_t, a_t). \tag{8.77}$$

즉각적인 보상 r_t는 s_t, a_t 그리고 s_{t+1}의 결과이며 $r_t = r(s_t, a_t, s_{t+1})$로 나타낸다. 대부분의 실제 강화학습 작업을 MDP로 공식화할 수 있으며, 대부분의 강화학습 방법이 MDP에 제안된다. 예를 들어, 그림 8.41b와 같은 미로 게임은 MDP라고 할 수 있다. 따라서 8.8.2절에서 MDPs에 초점을 맞춘다.

최적의 정책 $\pi^*(a|s)$를 찾기 위한 방법을 제시하기 전에 먼저 강화학습에서 필요한 2개의 필수 개념인 상태 가치 함수^state value function와 행동-가치 함수^action-value function를 살펴봐야 한다. 임의의 정책 $\pi(a|s)$이 주어진 경우 해당 정책의 상태 가치 함수 $v_\pi(s)$와 행동-가치 함수 $q_\pi(s, a)$를 정의할 수 있다. 상태 가치 함수 $v_\pi(s)$는 에이전트가 정책 $\pi(a|s)$을 통해 상태 s 이후에 획득할 수 있는 미래의 장기 전체 보상^expected long-term total reward이다. 수학적으로는 아래와 같다.

$$v_\pi(s) = \mathbb{E}_\pi\left[\sum_{k=0}^{\infty} \gamma^k r_{t+k} \mid s_t = s\right]. \tag{8.78}$$

마찬가지로 행동-가치 함수 $q_\pi(s, a)$는 정책 $\pi(a|s)$을 통해 상태 s에서 시작해 행동 a를 취하는 미래의 장기 전체 보상으로 정의된다.

$$q_\pi(s, a) = \mathbb{E}_\pi\left[\sum_{k=0}^{\infty} \gamma^k r_{t+k} \mid s_t = s, a_t = a\right]. \tag{8.79}$$

최적의 정책은 다른 정책들보다 각 상태에 대한 최대 상태 값을 획득한다.

$$v_{\pi*}(s) \geq v_\pi(s), \forall\ s \in S, \forall\ \pi \neq \pi^*. \tag{8.80}$$

일반적으로 상태 공간 S와 행동 공간 A의 크기를 기반으로 최적의 정책 $\pi^*(a|s)$를 학습하는 방법은 테이블 형식의 행동-가치 기법^tabular action-value method과 근사 기법^approximate method으로 구성된 2개의 클래스로 나눌 수 있다. 상태 공간 S와 행동 공간 A가 작은 경우 각 상태의 값 $v_\pi(s)$와 각 행동의 값 $q_\pi(s, a)$를 계산하고 테이블에 유지할 수 있다. 하지만 S 및 A의 공간이 크거나 무한인 경우 해당 방법을 적용할 수 없다. 이 경우에는 파라미터 θ를 포함하는 근사 함수 $v_\pi(s; \theta)$를 학습하고자 몇몇 관측된 상태 값 v_π를 사용할 수 있다. 그다음 근사함수 $v_\pi(s; \theta)$를 사용해 확인되지 않은 상태를 근사할 수 있다. 또한 행동-가치 기법 $q_\pi(s, a)$의 경우 파라미터 θ를 포함하는 함수 $q_\pi(s, a; \omega)$를 사용해 근사할 수 있으며, $q_\pi(s, a; \omega)$를 사용해 다른(관찰되지 않은) 상태의 값을 추정할 수 있다. 테이블 형식의 행동-가치 기법은 최적의 결과를 획득할 수 있으며, 반면 근사 기법은 근사치의 결과를 획득할 수 있다. 실제 문제에서는 상태 공간 및 행동 공간이 극도로 커질 수 있기 때문에 근사 기법이 테이블 형식의 행동-가치 기법보다 실용적이다.

8.8.2 테이블 형식의 행동-가치 기법

해당 범주 접근 방식에는 동적 프로그래밍 기법dynamic programming method[4, 24, 64], 몬테 카를로 기법Monte Carlo method[3, 54] 및 시간적 차이 기법temporal-difference method의 3가지 기본적 기법이 있다. 동적 프로그래밍 기법을 사용하려면 환경을 정확하게 모델링해야 한다. 즉 상태 전이 확률 $p(s_{t+1}|s_t, a_t)$와 즉각적인 보상 $r_t = r(s_t, a_t, s_{t+1})$이 수식으로 모두 주어져야 한다. 실제로는 환경이 매우 복잡하기 때문에 정확한 모델링이 어려울 수 있다. 따라서 반복적으로 최적의 정책을 찾고자 샘플링 기법을 사용하는 몬테 카를로 기법과 시간적 차이 기법이 제안됐다. 표 8.1은 위의 3가지 기법을 비교한 것이며, 8.8.2.1절에서 자세히 설명한다.

8.8.2.1 동적 프로그래밍 기법

동적 프로그래밍 기법에는 정책 반복policy iteration과 값 반복value iteration 기법이 있다. 해당 기법을 설명하기 전에 먼저 동적 프로그래밍 기법의 기초인 벨만 방정식Bellman equation[5, 6]을 소개한다. 벨만 방정식은 상태 전이 확률 $p(s'|s, a)$와 보상 $r(s, a, s')$에 대한 데이터가 필요하다.

그림 8.39a와 같이 정책 π에 따라 현재 상태 s에 대해 행동 a를 선택할 확률 $\pi(a|s)$가 있으며, 환경 상태의 확률 $p(s'|s, a)$는 s'가 된다. 따라서 식 (8.78)의 상태 값 함수의 정의에 따르면 현재 상태의 값 $v_\pi(s)$와 다음 상태의 값 $v_\pi(s')$ 사이의 관계는 다음과 같다.

$$v_\pi(s) = \sum_{a \in A'} \pi(a|s) \sum_{s' \in S'} p(s'|s, a)\left[r(s, a, s') + \gamma v_\pi(s')\right], \tag{8.81}$$

A'는 s가 주어진 경우 가능한 행동의 집합이다. S'는 A'가 주어진 경우 가능한 상태의 집합이다. 예를 들어, 그림 8.42a에서 s가 주어진 경우 가능한 행동은 3개다(예, $|A'| = 3$). 해당 행동을 취한 후 6개의 다른 상태 S'에 도달하게 된다. A'는 s에 의해 발생되는 제약 조건 때문에 A의 부분 집합이 된다. 예를 들어, 그림 8.41b에 표시된 미로 게임에서는 그리드 3에서만 위 또는 아래로 이동할 수 있다. 마찬가지로 S'는 S의 부분 집합일 수 있다.

그림 8.41b와 같이 현재 행동-가치 $q_\pi(s, a)$와 다음 상태 값 $v_\pi(s')$ 사이의 관계를 다음과 같이 획득할 수 있다.

$$q_\pi(s, a) = \sum_{s'} p(s' \mid s, a)\big[r(s, a, s') + \gamma v_\pi(s')\big].\tag{8.82}$$

표 8.1 서로 다른 테이블 형식의 행동-가치 기법 비교

기법		정책 평가 단계			정책 개선 단계
		초기화	규칙/샘플링	반복	
동적 프로그래밍	정책 반복	random $v_{\pi_0}^0(s)$	사전 정의된 함수	여러 단계	결정론적
	값 반복	$v_{\pi_0}^1 \rightarrow v_{\pi_1}^0$	사전 정의된 함수	단일 단계	결정론적
몬테 카를로 기법	기본 방법	random $q(s, a)$; random a_0	샘플링	1회 에피소드 후 $q(s, a)$ 업데이트	결정론적
	on-policy 기법	random $q(s, a)$; random a_0	샘플링	1회 에피소드 후 $q(s, a)$ 업데이트	ε-greedy 전략
시간적 차이 기법	sarsa 알고리즘	random $q(s, a)$; random a_0	샘플링	에피소드에서 1단계 후에 $q(s, a)$ 업데이트	ε-greedy 전략 $((r_0 + \gamma q(s_1, a_1))$
	Q-러닝 알고리즘	random $q(s, a)$; choose a_0 based on the ε-greedy strategy	샘플링	에피소드에서 1단계 후에 $q(s, a)$업데이트	ε-greedy 전략 $(r_0 + \gamma \max_a q(s_1, a))$

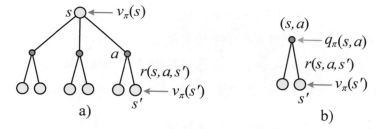

그림 8.42 상태-행동-가치 사이의 관계

2개의 벨만 방정식을 기반으로 아래의 결과를 도출한다.

$$v_\pi(s) = \sum_a \pi(a \mid s) q_\pi(s, a).\tag{8.83}$$

$\pi(a \mid s)$가 결정론적 정책인 경우 $v_\pi(s) = q_\pi(s, \pi(s))$다.

정책 반복 기법

해당 기법은 정책 평가(E)와 정책 개선(I) 단계로 구성된다. 특정 정책 π_0이 주어진 경우 정책 평가 단계를 통해 해당 정책의 상태 값 함수 v_{π_0}를 확인한다. v_{π_0}를 기반으로 정책 개선

단계에서 정책 π_0를 정책 π_1로 개선한다. 해당 기법을 통해 지속적으로 두 단계를 아래와 같이 반복한다.

$$\pi_0 \xrightarrow{E} v_{\pi_0} \xrightarrow{I} \pi_1 \xrightarrow{E} v_{\pi_1} \xrightarrow{I} \pi_2 \xrightarrow{E} \cdots \xrightarrow{I} \pi^* \xrightarrow{E} v_{\pi^*}, \tag{8.84}$$

정책이 더 이상 개선되지 않을 때까지 반복이 수행되며 최적의 정책 π^*을 찾는다.

정책 평가 단계에서 모든 정책에 대해(예. 초기 정책 π_0) 정책 π_0에 따라 상태 값 함수 $v_{\pi_0}(s)$를 획득한다. 해당 작업은 평가 단계 내에서 두 번째 반복으로 수행할 수 있다. 초기에는 임의로 가치 함수를 $v_{\pi_0}^0(s)$로 설정하며, 벨만 방정식 (8.81)을 기반으로 다음과 같이 상태 가치 함수를 업데이트한다.

$$v_{\pi_0}^{k+1}(s) = \sum_{a \in A'} \pi_0(a\,|\,s) \sum_{s' \in S'} p(s'\,|\,s, a) \left[r(s, a, s') + \gamma v_{\pi_0}^k(s') \right], \tag{8.85}$$

K는 0에서 시작하는 2차^{secondary} 반복 횟수다. 즉 $(k+1)$번째 반복에서 s부터 시작되는 미래의 상태 값은 현재 보상 $r(s, a, s')$ 더하기 k번째 반복에서 추정된 다음 상태 s'부터 시작하는 (γ에 의해 차감 된) 예상 상태 값으로 계산될 수 있다. $v_{\pi_0}^{k+1}(s)$는 k가 증가함에 따라 실제 상태 가치 함수 $v_{\pi_0}(s)$에 점차 수렴된다.

정책 개선 단계에서 초기 정책 π_0에 대한 상태 값 $v_{\pi_0}(s)$을 획득한 후에 정책 π_0을 개선하고, 개선된 정책 π_1을 얻을 수 있다. $v_{\pi_0}(s)$를 사용하면 벨만 방정식 (8.82)에 따라 모든 행동 $a \in A'$에 대해 $q_{\pi_0}(s, a)$를 계산할 수 있다.

$$q_{\pi_0}(s, a) = \sum_{s' \in S'} p(s'\,|\,s, a) \left[r(s, a, s') + \gamma v_{\pi_0}(s') \right]. \tag{8.86}$$

그다음 A'에서 최댓값 $q_{\pi_0}(s, a)$를 가진 행동 a를 선택한다.

$$\pi_1(s) = \arg\max_a q_{\pi_0}(s, a), \tag{8.87}$$

정책 π_0를 대체한다. 정책 π_1은 정책 π_0보다 개선됐음을 $v_{\pi_1}(s) \ge v_{\pi_0}(s)$, $\forall s \in S$와 같이 증명할 수 있다.

값 반복

정책 반복 기법의 정책 평가 단계에서 상태 가치 함수(예. $v_{\pi_0}(s)$)를 획득하고자 2차 반복의 여러 과정을 수행해야 한다. 하지만 정책(예. π_0)이 적절하지 않게 초기화된 경우 반복 과정은 불필요하며 시간 낭비가 될 수 있다. 따라서 정책 평가 단계에서 다음과 같은 2가지 개선을 통해 값 반복 기법을 제안한다.

첫 번째, 초기 정책 π_0 및 초기 상태 가치 함수 $v_{\pi_0}^0(s)$가 주어진 경우 그림 8.43에 표시된 괄호의 사용을 통해 단 한 번의 2차 반복 과정을 나타낼 수 있다.

$$v_{\pi_0}^1(s) = \sum_{a \in A'} \pi_0(a \mid s) \sum_{s' \in S'} p(s' \mid s, a)[r(s, a, s') + \gamma v_{\pi_0}^0(s')].$$

즉 해당 반복 과정 후에 즉시 중단된다. 하지만 정책 반복 기법에서 $\pi_0 \to v_{\pi_0}^0 \to v_{\pi_0}^1 \to \cdots \to v_{\pi_0}^k \to \pi_1$를 수행해야 한다.

두 번째, $v_{\pi_0}^1(s)$의 값을 사용해 다음 반복에서 $v_{\pi_1}^0(s)$를 대체하며, 그림 8.43에서 점선으로 된 화살표로 표시된다. 즉 2차 반복에서 $v_{\pi_1}(s)$의 초깃값을 무작위로 다시 선택하지 않는다.

정책 개선 단계는 이전 방식과 같다. 해당 방법으로 최적의 정책 π^*을 획득한다.

8.8.2.2 몬테 카를로 기법

동적 프로그래밍 기법은 상태 전이 확률 $p(s' \mid s, a)$ 및 보상 $r(s, a, s')$을 사용할 수 있는 강화학습 작업의 환경을 알아야 하며, 실무에서 해당 내용을 확인하는 것은 너무 복잡할 수 있다. 따라서 환경에 대한 정확한 모델이 필요하지 않은 몬테 카를로 기법 및 시간적 차이 기법이 제안됐다.

기본적인 몬테 카를로 기법

동적 프로그래밍 기법과 마찬가지로 몬테 카를로 기법도 반복 과정을 사용해 최적의 정책 π^*을 다음과 같이 획득한다.

$$\pi_0 \xrightarrow{E} q_{\pi_0} \xrightarrow{I} \pi_1 \xrightarrow{E} q_{\pi_1} \xrightarrow{I} \pi_2 \xrightarrow{E} \cdots \xrightarrow{I} \pi_i \xrightarrow{E} \cdots \xrightarrow{I} \pi^* \xrightarrow{E} q_{\pi^*}, \tag{8.88}$$

E는 정책 평가 단계를 나타내고, I는 정책 개선 단계를 나타낸다. 하지만 동적 프로그래밍 기법과는 2가지 면에서 다르다.

첫 번째, 정책 평가 단계에서 몬테 카를로 기법은 상태 가치 함수 $v_{\pi_i}(s)$ 대신 행동-가치 함수 $q_{\pi_i}(s, a)$를 평가한다. 복잡한 환경에서 방정식 (8.86)과 같이 $v_{\pi_i}(s)$와 $q_{\pi_i}(s, a)$ 사이에 사전 정의된 관계가 없으므로 $q_{\pi_i}(s,\ a)$를 직접 계산해야 하며, 그렇지 않으면 $\pi_{i+1}(s) = \arg \max_a q_{\pi_i}(s,\ a)$로 새로운 결정론적 정책을 도출할 수 없다. 즉 v_{π_i}를 계산하는 것이 $q_{\pi_i}(s,\ a)$보다 간단하지만, v_{π_i}는 π_{i+1}을 도출할 수 없다.

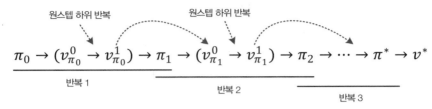

그림 8.43 값 반복 기법 예시

두 번째, 정책 평가 단계에서 상태 전이 확률 $p(s'|s,\ a)$와 보상 $r(s,\ a,\ s')$가 정해지지 않았기 때문에 몬테 카를로 기법은 각 상태-행동 쌍 $(s,\ a)$에 대한 행동-가치 $q_{\pi_i}(s,\ a)$를 획득하기 위해 샘플링 기법을 사용한다. 보상은 주어진 환경에서 취해진 행동의 결과를 관찰함으로써 획득된다. 보상은 $r(s,\ a,\ s')$와 같은 기존 함수를 기반으로 계산하기에는 지나치게 복잡하다.

그림 8.44의 상단 부분에서 볼 수 있듯이 임의의 시작 상태 s_0 및 행동 a_0이 주어지면 환경과의 상호작용을 통해 에이전트가 보상 r_0을 받고 환경 상태가 s_1이 된다. 정책 π_0에 따라 에이전트는 행동 a_1을 취하며 보상 r_1을 받고 상태는 s_2가 된다. 환경과의 상호작용을 기반으로 상태-행동 쌍 $(s_t,\ a_t)$, $t = 0,\ 1,\ \ldots,\ T$의 시퀀스를 관찰하며, T는 에이전트가 환경과 상호작용하는 시간 길이다. 상태-행동 쌍의 시퀀스는 샘플링 또는 에피소드^{episode}라고 하며, 에이전트가 환경과의 상호작용을 중지한 후 종료된다(예. 그림 8.41b에 나온 미로를 탈출하는 것). 에피소드에 나타나는 각 상태-작용 쌍$(s_t,\ a_t)$에 대해 결과를 계산할 수 있다. 즉 $(s_t,\ a_t)$ 이후의 장기 보상은 $G(s_t,\ a_t) = \sum_{l=t}^{T} \gamma^{l-t} r_l$로 나타내며, $\gamma \in (0,\ 1)$은 차감률 ^{discount ratio}이다.

몬테 카를로 기법에서 π_i를 기준으로 i번째 반복 과정에서 하나의 에피소드를 샘플링한다. 한편, 각기 다른 에피소드에서 발생하는 각 상태-행동 쌍 $(s,\ a)$에 대한 전역 저장소를 유지한다. 상태-행동 쌍이 현재 에피소드에 나타나는 경우 에피소드의 관찰을 기반으로 결과 $G_i(s,\ a)$를 계산할 수 있으며, 그렇지 않은 경우 $G_i(s,\ a)$는 빈 값^{empty}이 된다.

또한 $q_{\pi_i}(s,\ a)$은 비어 있지 않은 결과 $G_q(s,\ a)$의 평균이며, $q = 0,\ 1,\ ...,\ i$는 과거 i 반복의 평균이다.

정책 개선 단계에서는 $q_{\pi_i}(s,\ a)$를 기반으로, $(i+1)$번째 에피소드를 생성하는 데 사용되는 신규 정책 π_{i+1}를 획득한다.

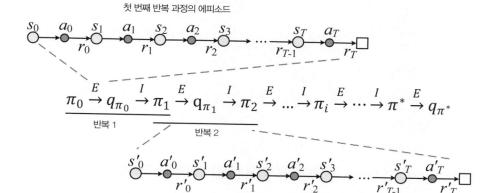

그림 8.44 몬테 카를로 기법의 에피소드

온-폴리시 몬테 카를로 기법

기본적인 몬테 카를로 기법은 각 상태-행동 쌍이 에피소드에서 충분한 횟수로 나타나도록 해 각 상태-행동 쌍 값을 과거 평균으로 평가할 수 있다. 그렇지 않은 경우 정책 개선 단계에서 정책을 효과적으로 개선하지 못한다. 실제로 방정식 (8.88)과 같은 결정론적 정책 π_k에 따라 에이전트는 상태-행동 쌍의 극히 제한된 부분만을 탐색할 수 있다. 이것은 탐험 시작exploring start 문제다. 해당 문제를 처리하고자 연구원들은 온-폴리시on-policy 몬테 카를로 기법과 오프-폴리시off-policy 몬테 카를로 기법을 개발했다. 여기에서는 고전적인 온-폴리시 몬테 카를로 기법을 소개한다. 오프-폴리시 기법은 더욱 복잡하고 [28, 56]에서 관련 내용을 찾을 수 있다.

온-폴리시 몬테 카를로 기법은 최적의 행동뿐만 아니라 다른 행동을 선택할 확률을 통합해 탐험 시작 문제를 처리한다. 구체적으로 초기 (비결정론적) 정책 π_0에서 하나의 에피소드를 샘플링해 행동-가치 함수 q_{π_0}을 업데이트한 후 새로운 비결정론적 정책 π_1을 획득할 수 있다. 특정 상태 s가 주어진 경우 정책 π_1은 최대화된 행동-가치를 가진 행동을 선택할 확률 $1-\varepsilon$과 랜덤으로 행동을 선택할 확률 ε을 가지며, ε은 $[0, 1]$ 사이의 값이다. 이것을 ε-**탐욕 전략**$^{\varepsilon\text{-greedy strategy}}$이라고 한다. 마찬가지로 같은 기법을 사용해 비결정론적 정책 π_2 등을 얻을 수 있다. ε은 점차 감소할 수 있다(예, $\varepsilon = 1/k$, k는 반복 횟수). 이와 같이 온-폴리시 몬테 카를로 기법은 상태-행동 쌍을 활용해 그에 따라 정책을 최적의 정책으로 개선할 가능성이 더 높다.

8.8.2.3 시간적 차이 기법

몬테 카를로 기법과 비슷하게 [49, 56, 62]와 같은 시간적 차이 기법은 환경에 대한 정확한 모델이 필요하지 않다. 시간적 차이 기법은 최적의 정책을 획득하고자 정책 평가 및 개선 과정을 사용하며, 각 반복 과정에서 환경과의 실제 상호작용을 샘플링한다. 하지만 몬테 카를로 기법의 에피소드는 많은 강화학습 작업에서 전혀 종료되지 않을 수 있다.

한 에피소드가 종료된 후에만 정책을 개선하는 몬테 카를로 기법과 달리 시간적 차이 기법은 한 에피소드에서 정책을 지속적으로 개선할 수 있다. 따라서 시간적 차이 기법은 중간에 종료될 필요가 없다. 또한 몬테 카를로 기법보다 더 빨리 수렴할 수도 있다.

시간적 차이 기법은 또한 위에서 언급한 탐험 시작 문제를 갖는다. 해당 문제를 해결하고자 Sarsa 알고리즘[49]으로 불리는 온-폴리시 기법과 Q-러닝으로 불리는 오프-폴리시 기법을 사용한다.

온-폴리시 시간적 차이 기법

Sarsa 알고리즘은 초기 행동-가치 함수 $q(s, a)$로 시작하며, 이는 기본적으로 각 엔트리가 특정 상태의 특정 동작 값에 해당하는 행렬이다. 행렬의 행은 상태를 나타내며, 열은 행동을 나타낸다. Sarsa 알고리즘은 $q(s, a)$를 수렴할 때까지 각 에피소드 단계에서 $q(s, a)$의 엔트리를 업데이트한다.

예를 들어, 그림 8.44의 에피소드 1에서 임의의 상태 s_0에서 시작해 임의의 행동 a_0을 취하면 에이전트는 보상 r_0을 얻어 s_1에 도달한다(두 값은 a_0을 취한 후에 관찰됨). 랜덤하게 초기화한 $q(s, a)$에 따르면 에이전트는 ε-greedy 전략에 따라 확률 $1-\varepsilon$의 $a_1 = \arg$

$\max_a q(s_i, a)$ 행동 또는 확률 ε의 다른 랜덤 행동을 취한다. $q(s, a)$를 기반으로 $q(s, a)$의 엔트리에 속하는 $q(s_1, a_1)$의 값을 얻을 수 있다. 그다음 $q(s_0, a_0)$를 아래와 같이 업데이트 한다.

$$q(s_0, a_0)' \leftarrow q(s_0, a_0) + \alpha((r_0 + \gamma q(s_1, a_1)) - q(s_0, a_0)), \tag{8.89}$$

$q(s_0, a_0)'$은 $q(s_0, a_0)$의 업데이트 버전이며 α는 $[0, 1]$의 비율이다. $(r_0 + \gamma q(s_1, a_1))$은 단지 하나의 샘플로부터 도출된 예측값이며(즉 다양한 샘플을 기반으로 계산된 예측값에서 벗어날 가능성이 있음), $q(s_0, a_0)$를 $(r_0 + \gamma q(s_1, a_1))$으로 적극적으로 대체할 수 없다. 대신 α를 사용해 $q(s_0, a_0)$가 수렴될 때까지 점진적으로 수정한다. 해당 업데이트 전략을 통해 각 단계에서 $q(s, a)$ 행렬의 엔트리 값을 업데이트하며, 최종적으로 여러 단계 후에 행렬의 모든 항목을 업데이트한다.

오프-폴리시 시간 차이 기법

Q-러닝 알고리즘[62, 63]은 아래의 2가지 차이점을 제외하고, Sarsa 알고리즘과 거의 동일하다.

첫 번째, Q-러닝 알고리즘은 임의의 행동 a_0을 취하는 대신 ε-greedy 전략에 따라 a_0을 선택한다.

두 번째, Q-러닝 알고리즘은 행동-가치 함수 $q(s_t, a_t)$를 아래와 같이 업데이트한다.

$$q(s_0, a_0)' \leftarrow q(s_0, a_0) + \alpha((r_0 + \gamma \max_a q(s_1, a)) - q(s_0, a_0)), \tag{8.90}$$

$\max_a q(s_1, a)$는 에이전트가 수행하는 작업의 실젯값인 $q(s_1, a_1)$이 아니라 현재 $q(s, a)$에 기반한 최대 행동-가치이다. Q-러닝 알고리즘은 Sarsa 알고리즘과 동일한 전략을 사용해 에이전트의 다음 행동을 선택하지만, $q(s, a)$를 업데이트하기 위해 다른 행동-가치를 선택한다. 해당 업데이트 전략은 Sarsa 알고리즘보다 빠르게 수렴된다.

8.8.3 근사 기법

앞에서 언급한 바와 같이 테이블 형식의 행동-가치 기법은 상태 공간 S와 행동 공간 A가 작은 경우에만 수행된다. 하지만 실제 애플리케이션에서 상태 공간 및 행동 공간은 대단히 크고, 심지어 무한에 가깝다(예, 상태 공간은 연속적인 값이 될 수 있음). 따라서 일부 근사 기법들은 몇몇 관측된 상태 값을 기반으로 근사 함수approximation function $v_\pi(s;\theta)$를 학습하고자 제안됐다. 그다음 $v_\pi(s;\theta)$는 관측되지 않은 상태의 값들을 대략적으로 예측하고자 사용된다. 마찬가지로 $q_\pi(s, a; \omega)$를 학습해 각 행동-가치 $q_\pi(s, a)$를 근사할 수도 있다. ω는 파라미터 집합이다. 근사 함수 $v_\pi(s;\theta)$ 또는 $q_\pi(s, a; \omega)$는 선형 모델 [9, 40], 의사결정 트리 모델, 인공 신경망 또는 심층 신경망(심층 강화학습이라고 함) 일 수 있다. 근사 함수 $v_\pi(s;\theta)$ 또는 $q_\pi(s, a; \omega)$는 선형 모델 [9, 40], 의사결정 트리 모델, 인공 신경망 또는 심층 신경망(심층 강화학습)이 될 수 있다[41]. 근사 함수를 획득하는 것은 실제로 지도학습을 수행하는 프로세스다.

근사 기법은 구급차 재배치[40], 아타리Atari 게임[41], 바둑 게임[52], 컴퓨터 시스템과 네트워크의 자원 관리 등과 같은 많은 현실적 의사결정 문제에서 사용된다. [40]은 선형 기법을 적용해 근사함수를 학습하고, [41, 52]는 심층 신경망을 활용해 함수를 생성한다.

근사 함수는 동적 프로그래밍 기법, 몬테 카를로 기법, 시간적 차이 기법을 포함하는 모든 테이블 형식의 행동-가치 기법에 적용될 수 있다. 계속해서 근사 기법을 Q-러닝 기법에 적용하는 방법을 설명한다.

8.8.3.1 근사 Q-러닝

Q-러닝 기법은 임의의 초기 행동-가치 함수 $q(s, a)$에서부터 시작된다. 마찬가지로 근사 기법의 경우 근사 함수 $q(s, a; \omega)$에 대한 임의의 초기 가중치 ω로 사용하며, 에피소드의 각 단계에서 식 (8.90)과 비슷한 방법으로 가중치 ω를 업데이트한다. 현재 가중치를 ω^-로 가정하고 $r_0 + \gamma \max_a q(s_1, a; \omega^-)$가 $q(s_t, a_t; \omega)$에 대한 새로운 추정이라고 가정하면 다음을 최소화함으로써 더 나은 가중치 ω를 얻을 수 있다.

$$L(\omega) = [r_0 + \gamma \max_a q(s_1, a; \omega^-) - q(s_0, a_0; \omega)]^2. \qquad (8.91)$$

경사 하강 알고리즘을 기반으로 다음 식을 사용해 ω를 업데이트할 수 있다.

$$\begin{aligned}\omega &= \omega^- - \frac{\alpha}{2} \frac{\partial L(\omega)}{\partial \omega} \\ &= \omega^- - \alpha \left[(r_0 + \gamma \max_a q(s_1, a; \omega^-) - q(s_0, a_0; \omega) \right] \frac{\partial q(s_0, a_0; \omega)}{\partial \omega}.\end{aligned} \tag{8.92}$$

$\frac{\alpha}{2}$는 경사 하강 알고리즘의 학습률$^{\text{learning rate}}$이다. $q(s_0, a_0; \omega)$에서 가중치 ω를 업데이트하는 것은 Q-러닝에서 행동-가치 $q(s_0, a_0)$를 업데이트하는 것과 같다. 가중치 ω는 최적의 가중치 ω^*로 업데이트되고, 근사 함수 $q(s, a; \omega^*)$은 최적의 정책 π를 획득하는 것을 기반으로 최적 행동-가치 $q^*(s, a)$를 근사한다.

8.8.3.2 심층 강화학습

환경과 행동 공간이 매우 복잡하기 때문에 가치 함수를 근사하기 위해 선형 모델이나 기존의 1계층 은닉 신경망을 사용하는 기존 근사 기법으로는 최적의 가중치 ω^*를 수렴하기 어렵다. 컴퓨팅 자원과 데이터의 가용성이 증가함에 따라 강화학습 작업에 보다 효과적인 가치 함수를 학습하기 위해 심층 학습을 적용했다.

그림 8.45a와 같이 주어진 행동 s_t(예, $q(s_t, a_i; \omega^*)$, $i = 1, 2, ..., m$)의 다양한 값을 근사하고자 입력이 현재 상태 s_t인 심층 신경망을 학습시킨다. 행동 공간이 큰 경우 그림 8.45b와 같이 한 번에 하나의 행동값을 근사하게 하기 위해 대체 심층 신경망을 학습한다. 학습 프로세스는 식 (8.91) 및 식 (8.92)와 비슷하며, ω는 심층 신경망의 파라미터다.

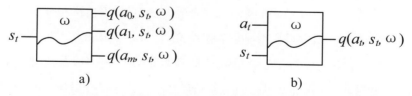

그림 8.45 강화학습에서 가치 함수를 근사하는 심층 신경망

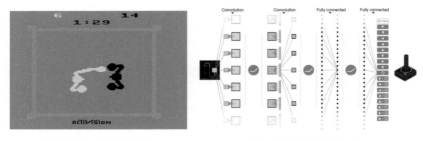

a) 아타리 권투 게임 인터페이스   b) 가치 함수로서의 심층 신경망

그림 8.46 딥러닝을 활용한 아타리 권투 게임(원본 그림 [188])

예를 들어, 그림 8.45a에 보이는 심층 강화학습은 아타리^{Atari} 권투 게임[18]에 사용됐다. 그림 8.46a와 같이 해당 게임에서 플레이어는 흰색 권투 선수를 제어해 검은색 권투 선수를 상대한다. 플레이어는 왼쪽, 오른쪽, 위로 이동, 아래로 이동, 펀치 등의 18가지 행동을 취할 수 있다. 각 행동을 취한 후 플레이어는 보상을 받는다(예, 상대를 한 번 때리기 (1) 또는 때리지 않기(0)). 게임의 상태는 현재의 프레임에 이전 3개의 프레임을 더한 것이다. 현재의 게임 상황을 고려해, 심층 강화학습은 흰색 권투 선수가 미래에 가장 높은 점수를 받을 수 있도록 최적의 행동 순서를 찾는다.

그림 8.46b는 18가지 행동의 가치를 근사한 심층 신경망을 나타낸다. 출력 계층에는 18개의 노드가 있고, 각 노드는 행동에 대응하며 [0, 1] 사이에 속하는 숫자를 생성한다. 숫자는 각 행동의 값을 나타내며 다음 단계에서 행동이 취해질 확률을 나타낸다.

앞에서 언급한 예시에서는 행동이 취해진 후의 상태 전이에 대한 명확한 정의 또는 관찰을 가졌다. 상태 공간이 무한한 경우(예, 연속적인 숫자) 다음 상태를 사전 정의하거나 실제로 관찰할 수 없는 경우 다음 상태를 얻을 수 없다. 따라서 식 (8.91) 및 식 (8.92)와 같은 심층 강화학습 모델을 학습할 수 없다. 심층 강화학습을 교통 신호등을 제어하거나 전기 신호를 변환하고자 사용할 때는 게임을 플레이하는 것과 같은 학습 프로세스를 수행하는 것이 모든 강화학습 작업 환경에 적용되는 것은 아니다. 이 경우에는 과거 데이터를 사용하는 다른 모델(예, 다른 심층 신경망)을 기반으로 상태 전이 함수를 학습해야 한다. 그다음 해당 전이 함수와 행동-가치 함수를 사용해 강화학습의 학습 과정을 시뮬레이션할 수 있다.

8.9 요약

8장에서는 이미지 및 텍스트 데이터와 비교할 때 시공간 데이터의 고유한 특성을 논의했다. 공간 속성은 공간 거리와 공간 계층으로 구성된다. 시간 속성은 시간적 근접성, 기간, 경향으로 구성된다. 이러한 고유한 속성은 시공간 데이터 전용으로 설계된 고급 머신러닝 알고리즘이 필요하다.

8장에서는 6가지 범주의 머신러닝 알고리즘의 원리와 시공간 데이터를 처리하고자 어떻게 해당 알고리즘을 적용할 수 있는지 소개했다.

해당 알고리즘은 사용자 기반 CF와 항목 기반 CF 모델로 구성된 2가지 유형의 협업 필터링 알고리즘으로 시작된다. 2개의 위치 추천 시스템이 제시됐으며, CF 모델이 공간적 데이터를 처리하는 데 어떻게 사용돼야 하는지를 보여 준다.

그다음 SVD 및 NMF를 포함하는 2개의 행렬 인수분해 알고리즘이 제시됐다. 커플링된 행렬 인수분해라고 불리는 고급 행렬 분해 기법은 위치 추천과 교통 상황 추정의 2가지 애플리케이션을 사용해서 소개했다.

8장에서는 행렬을 텐서로 확장해 PARAFAC 분해와 터커 분해로 구성된 널리 사용되는 2가지 유형의 텐서 분해 방법을 소개했다. 콘텍스트 인식 텐서 분해 기법은 개인화된 위치 추천 시스템, 경로의 이동 시간 추정 및 도시 소음 진단의 3가지 예를 통해 소개됐다. 모든 시나리오와 알고리즘은 시공간 데이터를 기반으로 한다.

또한 8장에서는 베이지안 네트워크와 마르코프 랜덤 필드로 구성된 확률적 그래픽 모델에 대한 학습 및 추론 알고리즘의 기본적인 개념을 소개했다. 베이지안 네트워크를 사용해 교통량을 예측하고, 맵 매칭을 수행하고, 지역의 잠재 기능을 발견하기 위한 3가지 예시를 보여 줬다. 또한 마르코프 랜덤 필드를 사용해 사용자의 운송 모드transportation mode of a user, 지역의 대기 질, 지역의 군중 흐름을 예측하는 3가지 예시를 제시했다.

8장에서는 신경망과 심층 학습에 관한 기본적인 개념을 설명했으며, CNN과 LSTM과 같은 자주 사용되는 심층 신경망을 소개했다. 또한 도시 전체의 모든 지역에서 군중의 흐름을 예측하도록 설계된 딥러닝 모델도 제시했다.

마지막으로 강화학습의 범용적인 프레임워크를 소개했다. 최적의 정책을 학습하기 위한 테이블 형식의 행동-가치 기법과 근사 기법으로 구성된 2가지 알고리즘 범주가 제시됐다. 행동-가치 함수를 근사하기 위해 심층 신경망을 사용하는 심층 강화학습 또한 논의했다.

참고문헌

[1] Arik, S. O., et al. 2017. "Deep Voice: Real-Time Neural Text-to-Speech." arXiv preprint arXiv:1702.07825. Cornell University Library, Ithaca, New York.

[2] Bao, J., Y. Zheng, and M. F. Mokbel. 2012. "Location-Based and Preference-Aware Recommendation Using Sparse Geo-Social Networking Data." In *Proceedings of the 20th International Conference on Advances in Geographic Information Systems*. New York: Association for Computing Machinery (ACM), 199–208.

[3] Barto, A. G., and M. Du. 1994. "Monte Carlo Matrix Inversion and Reinforcement Learning." In *Advances in Neural Information Processing Systems: Proceedings of the 1993 Conference*. San Francisco: Morgan Kaufmann, 687–694.

[4] Bellman, R. E. 1956. "A Problem in the Sequential Design of Experiments." *Sankhya* 16:221–229.

[5] Bellman, R. E. 1957. *Dynamic Programming*. Princeton, NJ: Princeton University Press.

[6] Bellman, R. E. 1957. "A Markov Decision Process." *Journal of Mathematical Mechanics* 6:679–684.

[7] Bishop, Christopher M. 2006. "Graphical Models." In *Pattern Recognition and Machine Learning*. Berlin: Springer, 359–422.

[8] Blei, D., A. Ng, and M. Jordan. 2003. "Latent Dirichlet Allocation." *Journal of Machine Learning Research* 3:993–1022.

[9] Busoniu, L., R. Babuska, B. De Schutter, and D. Ernst. 2010. *Reinforcement Learning and Dynamic Programming Using Function Approximators* (Vol. 39). Boca Raton: CRC Press.

[10] Carroll, J. D., and J. J. Chang. 1970. "Analysis of Individual Differences in Multidimensional Scaling via an N-way Generalization of 'Eckart-Young' Decomposition." *Psychometrika* 35 (3): 283–319.

[11] Dempster, Arthur P., Nan M. Laird, and Donald B. Rubin. 1977. "Maximum Likelihood from Incomplete Data via the EM Algorithm." *Journal of the Royal Statistical Society. Series B (Methodological)* 39 (1): 1–38.

[12] Deng, L., and D. Yu. 2014. "Deep Learning: Methods and Applications." *Foundations and Trends® in Signal Processing* 7 (3–4): 197–387.

[13] Friedman, N., I. Nachman, and D. Peér. 1999. "Learning Bayesian Network Structure from Massive Datasets: The Sparse Candidate Algorithm." In *Proceedings of the Fifteenth Conference on Uncertainty in Artificial Intelligence*. San Francisco: Morgan Kaufmann, 206–215.

[14] Gehring, J., M. Auli, D. Grangier, Denis Yarats, and Yann N. Dauphin. 2017. "Convolutional Sequence to Sequence Learning." arXiv preprint arXiv:1705.03122. Cornell University Library, Ithaca, New York.

[15] Girshick, R. 2015. "Fast R-cnn." In *Proceedings of the 2015 IEEE International Conference on Computer Vision*. Washington, DC: Institute of Electrical and Electronics Engineers (IEEE) Computer Society Press, 1440–1448.

[16] Girshick, R., J. Donahue, T. Darrell, and J. Malik. 2014. "Rich Feature Hierarchies for Accurate Object Detection and Semantic Segmentation." In *Proceedings of the IEEE Conference on Computer Vision and Pattern Recognition*. Washington, DC: IEEE Computer Society, 580–587.

[17] Goldberg, D., N. David, M. O. Brain, and T. Douglas. 1992. "Using Collaborative Filtering to Weave an Information Tapestry." *Communications of the ACM* 35 (12): 61–70.

[18] Golub, G. H., and C. Reinsch. 1970. "Singular Value Decomposition and Least Squares Solutions." *Numerische mathematik* 14 (5): 403–420.

[19] Harshman, R. A. 1970. "Foundations of the PARAFAC Procedure: Models and Conditions for an 'Explanatory' Multi-Modal Factor Analysis." UCLA Working Papers in Phonetics, 16, 1–84. Ann Arbor, MI: University Microfilms, No. 10,085.

[20] He, K., X. Zhang, S. Ren, and J. Sun. 2015. "Spatial Pyramid Pooling in Deep Convolutional Networks for Visual Recognition." *IEEE Transactions on Pattern Analysis and Machine Intelligence* 37 (9): 1904–1916.

[21] He, K., X. Zhang, S. Ren, and J. Sun. 2016. "Deep Residual Learning for Image Recognition." In *Proceedings of the 2016 IEEE Conference on Computer Vision and Pattern Recognition*. Washington, DC: IEEE Computer Society Press, 770–778.

[22] Hoang, M. X., Y. Zheng, and A. K. Singh. 2016. "FCCF: Forecasting Citywide Crowd Flows Based on Big Data." In *Proceedings of the 24th ACM SIGSPATIAL International Conference on Advances in Geographic Information Systems*. New York: ACM, 6.

[23] Hochreiter, S., and J. Schmidhuber. 1997. "Long Short-Term Memory." *Neural Computation* 9 (8): 1735–1780.

[24] Howard, R. 1960. *Dynamic Programming and Markov Processes*. Cambridge, MA: MIT Press.

[25] Hoyer, P. O. 2004. "Non-Negative Matrix Factorization with Sparseness Constraints." *Journal of Machine Learning Research* 5:1457–1469.

[26] Hsieh, H. P., S. D. Lin, and Y. Zheng. 2015. "Inferring Air Quality for Station Location Recommendation Based on Urban Big Data." In *Proceedings of the 21st ACM SIGKDD International Conference on Knowledge Discovery and Data Mining*. New York: ACM, 437–446.

[27] Jensen, Finn V. 1996. *An Introduction to Bayesian Networks*. Volume 210. London: UCL Press, 6.

[28] Kaelbling, L. P., M. L. Littman, and A. W. Moore. 1996. "Reinforcement Learning: A Survey." *Journal of Artificial Intelligence Research* 4:237–285.

[29] Kindermann, R., and J. L. Snell. 1980. *Markov Random Fields and Their Applications*. Volume 1. Providence, RI: American Mathematical Society.

[30] Klema, V., and A. J. Laub. 1980. "The Singular Value Decomposition: Its Computation and Some Applications." *IEEE Transactions on Automatic Control* 25 (2): 164–176.

[31] Kolda, T. G., and B. W. Bader. 2009. "Tensor Decompositions and Applications." *SIAM Review* 51 (3): 455–500.

[32] Krizhevsky, A., I. Sutskever, and G. E. Hinton. 2012. "Imagenet Classification with Deep Convolutional Neural Networks." In *Proceedings of the 25th International Conference on Neural Information Processing Systems* 1:1097–1105.

[33] Lafferty, J., A. McCallum, and F. Pereira. 2001. "Conditional Random Fields: Probabilistic Models for Segmenting and Labeling Sequence Data." In *Proceedings of the 18th International Conference on Machine Learning*. San Francisco: Morgan Kaufmann.

[34] de Lathauwer, L., B. De Moor, and J. Vandewalle. 2000. "A Multilinear Singular Value Decomposition." *SIAM Journal on Matrix Analysis and Applications* 21 (4): 1253–1278.

[35] LeCun, Y., B. E. Boser, J. S. Denker, D. Henderson, R. E. Howard, W. E. Hubbard, and L. D. Jackel. 1990. "Handwritten Digit Recognition with a Back-Propagation Network." In *Advances in Neural Information Processing Systems* 2. San Francisco: Morgan Kaufmann, 396–404.

[36] Lee, D. D., and H. S. Seung. 2011. "Algorithms for Non-Negative Matrix Factorization." In *Proceedings, Advances in Neural Information Processing Systems*. San Francisco: Morgan Kaufmann, 556–562.

[37] Lemire, D., and A. Maclachlan. 2005. "Slope One: Predictors for Online Rating-Based Collaborative Filtering." *Proceedings of SIAM Data Mining* 5:1–5.

[38] Li, Q., Yu Zheng, Xing Xie, Yukun Chen, Wenyu Liu, and Wei-Ying Ma. 2008. "Mining User Similarity Based on Location History." In *Proceedings of the 17th ACM SIGSPATIAL Conference on Advances in Geographical Information Systems*. New York: ACM Press, 1–10.

[39] Lou, Y., C. Zhang, Y. Zheng, X. Xie, W. Wang, and Y. Huang. 2009. "Map-Matching for Low-Sampling-Rate GPS Trajectories." In *Proceedings of the 17th ACM SIGSPATIAL International Conference on Advances in Geographic Information Systems*. New York: ACM, 352–361.

[40] Maxwell, M. S., M. Restrepo, S. G. Henderson, and H. Topaloglu. 2010. "Approximate Dynamic Programming for Ambulance Redeployment." *INFORMS Journal on Computing* 22 (2): 266–281.

[41] Mnih, V., K. Kavukcuoglu, D. Silver, A. A. Rusu, J. Veness, M. G. Bellemare, A. Graves, M. Riedmiller, A. K. Fidjeland, G. Ostrovski, and S. Petersen. 2015. "Human-Level Control through Deep Reinforcement Learning." *Nature* 518 (7540): 529–533.

[42] Mozer, M. C. 1989. "A Focused Back-Propagation Algorithm for Temporal Pattern Recognition." *Complex Systems* 3 (4): 349–381.

[43] Murphy, Kevin P., Yair Weiss, and Michael I. Jordan. 1999. "Loopy Belief Propagation for Approximate Inference: An Empirical Study." In *Proceedings of the Fifteenth Conference on Uncertainty in Artificial Intelligence*. San Francisco: Morgan Kaufmann.

[44] Nakamura, A., and N. Abe. 1998. "Collaborative Filtering Using Weighted Majority Prediction Algorithms." In *Proceedings of the 15th International Conference on Machine Learning*. San Francisco: Morgan Kaufmann, 395 – 403.

[45] Oord, A., S. Dieleman, H. Zen, Karen Simonyan, Oriol Vinyals, Alex Graves, Nal Kalchbrenner, Andrew Senior, and Koray Kavukcuoglu. 2016. "Wavenet: A Generative Model for Raw Audio." arXiv preprint arXiv:1609.03499. Cornell University Library, Ithaca, New York.

[46] Pan, Jian-Xin, and Kai-Tai Fang. 2002. "Maximum Likelihood Estimation." In *Growth Curve Models and Statistical Diagnostics*. Berlin: Springer, 77 – 158.

[47] Papalexakis, E. E., C. Faloutsos, and N. D. Sidiropoulos. 2016. "Tensors for Data Mining and Data Fusion: Models, Applications, and Scalable Algorithms." *ACM Transactions on Intelligent Systems and Technology* 8 (2): 16.

[48] Ren, S., K. He, R. Girshick, and J. Sun. 2015. "Faster R-CNN: Towards Real-Time Object Detection with Region Proposal Networks." *Advances in Neural Information Processing Systems* 28:91 – 99.

[49] Rummery, G. A., and M. Niranjan. 1994. "On-Line Q-learning Using Connectionist Systems." Technical Report CUED/F-INFENG/TR 166. Engineering Department, Cambridge University, Cambridge.

[50] Sak, H., A. W. Senior, and F. Beaufays. "Long Short-Term Memory Recurrent Neural Network Architectures for Large Scale Acoustic Modeling." In *Proceedings of the Fifteenth Annual Conference of the International Speech Communication Association*. Singapore, 338 – 342.

[51] Shang, J., Y. Zheng, W. Tong, E. Chang, and Y. Yu. 2014. "Inferring Gas Consumption and Pollution Emission of Vehicles throughout a City." In *Proceedings of the 20th ACM SIGKDD Conference on Knowledge Discovery and Data Mining*. New York: ACM, 1027 – 1036.

[52] Silver, D., A. Huang, C. J. Maddison, A. Guez, L. Sifre, G. Van Den Driessche, J. Schrittwieser, I. Antonoglou, V. Panneershelvam, M. Lanctot, and S. Dieleman. 2016. "Mastering the Game of Go with Deep Neural Networks and Tree Search." *Nature* 529 (7587): 484 – 489.

[53] Singh, A. P., and G. J. Gordon. 2008. "Relational Learning via Collective Matrix Factorization." In *Proceedings of the 14th ACM SIGKDD International Conference on Knowledge Discovery and Data Mining*. New York: ACM, 650 – 658.

[54] Singh, S. P., and R. S. Sutton. 1996. "Reinforcement Learning with Replacing Eligibility Traces." *Machine Learning* 22 (1–3): 123–158.

[55] Srivastava, N., G. Hinton, A. Krizhevsky, I. Sutskever, and R. Salakhutdinov. 2014. "Dropout: A Simple Way to Prevent Neural Networks from Overfitting." *Journal of Machine Learning Research* 15 (1): 1929–1958.

[56] Sutton, R. S. 1988. "Learning to Predict by the Method of Temporal Differences." *Machine Learning* 3 (1): 9–44.

[57] Sutton, R. S., and A. G. Barto. 2017. *Reinforcement Learning: An Introduction*. 2nd edition Cambridge, MA: MIT Press.

[58] Tsamardinos, I., L. E. Brown, and C. F. Aliferis. 2006. "The Max-min Hill-Climbing Bayesian Network Structure Learning Algorithm." *Machine Learning* 65 (1): 31–78.

[59] Tucker, L. R. 1966. "Some Mathematical Notes on Three-Mode Factor Analysis." *Psychometrika* 31 (3): 279–311.

[60] Wainwright, M. J., and M. I. Jordan. 2008. "Graphical Models, Exponential Families, and Variational Inference." *Foundations and Trends® in Machine Learning* 1 (1–2): 1–305.

[61] Wang, Y., Y. Zheng, and Y. Xue. 2014. "Travel Time Estimation of a Path Using Sparse Trajectories." In *Proceedings of the 20th ACM SIGKDD International Conference on Knowledge Discovery and Data Mining*. New York: ACM, 25–34.

[62] Watkins, C. J. C. H. 1989. "Learning from Delayed Rewards." PhD diss., Cambridge University, Cambridge.

[63] Watkins, C. J. C. H., and P. Dayan. 1992. "Q-learning." *Machine Learning* 8 (3–4): 279–292.

[64] White, D. J. 1985. "Real Applications of Markov Decision Processes." *Interfaces* 15:73–83.

[65] Xiao, X., Y. Zheng, Q. Luo, and X. Xie. 2014. "Inferring Social Ties between Users with Human Location History." *Journal of Ambient Intelligence and Humanized Computing* 5 (1): 3–19.

[66] Yedidia, Jonathan S., William T. Freeman, and Yair Weiss. 2000. "Generalized Belief Propagation." *Advances in Neural Information Processing Systems* 13:689–695.

[67] Yi, X., Yu Zheng, Junbo Zhang, and Tianrui Li. 2016. "ST-MVL: Filling Missing Values in Geo-sensory Time Series Data." In *Proceedings of the 25th International Joint Conference on Artificial Intelligence*. Pasadena, CA: International Joint Conferences on Artificial Intelligence Organization(IJCAI).

[68] Yuan, J., Y. Zheng, and X. Xie. 2012. "Discovering Regions of Different Functions in a City Using Human Mobility and POIs." *Proceedings the 18th ACM SIGKDD International Conference on Knowledge Discovery and Data Mining*. New York: ACM, 186–194.

[69] Yuan, N. J., Y. Zheng, X. Xie, Y. Wang, K. Zheng, and H. Xiong. 2015. "Discovering Urban Functional Zones Using Latent Activity Trajectories." *IEEE Transactions on Knowledge and Data Engineering* 27 (3): 1041–4347.

[70] Zhang, C., Y. Zheng, X. Ma, and J. Han. 2015. "Assembler: Efficient Discovery of Spatial Co-Evolving Patterns in Massive Geo-Sensory Data." In *Proceedings of the 21st ACM SIGKDD International Conference on Knowledge Discovery and Data Mining*. New York: ACM, 1415–1424.

[71] Zhang, Junbo, Yu Zheng, and Dekang Qi. 2017. "Deep Spatio-Temporal Residual Networks for Citywide Crowd Flows Prediction." In *Proceedings of the 31st AAAI Conference on Artificial Intelligence*. New York: AAAI Press.

[72] Zheng, V. W., Y. Zheng, X. Xie, and Q. Yang. 2010. "Collaborative Location and Activity Recommendations with GPS History Data." In *Proceedings of the 19th International Conference on the World Wide Web*. New York: ACM, 1029–1038.

[73] Zheng, Y., F. Liu, and H. P. Hsieh. 2013. "U-air: When Urban Air Quality Inference Meets Big Data." In *Proceedings of the 19th ACM SIGKDD International Conference on Knowledge Discovery and Data Mining*. New York: ACM, 1436–1444.

[74] Zheng, Y., T. Liu, Y. Wang, Y. Zhu, Y. Liu, and E. Chang. 2014. "Diagnosing New York City's Noises with Ubiquitous Data." In *Proceedings of the 2014 ACM International Joint Conference on Pervasive and Ubiquitous Computing*. New York: ACM, 715–725.

[75] Zheng, Y., and X. Xie. 2011. "Learning Travel Recommendations from User-Generated GPS Traces." *ACM Transactions on Intelligent Systems and Technology* 2 (1): 2.

[76] Zheng, Y., H. Zhang, and Y. Yu. 2015. "Detecting Collective Anomalies from Multiple Spatio-temporal Datasets across Different Domains." In *Proceedings of the 23rd SIGSPATIAL International Conference on Advances in Geographic Information*

Systems. New York: ACM. 2.

[77] Zheng, Y., L. Zhang, Z. Ma, X. Xie, and W. Y. Ma. 2011. "Recommending Friends and Locations Based on Individual Location History." *ACM Transactions on the Web* 5 (1): 5.

[78] Zhu, Julie Yixuan, Chao Zhang, Huichu Zhang, Shi Zhi, Victor O. K. Li, Jiawei Han, and Yu Zheng. 2017. "pg-Causality: Identifying Spatiotemporal Causal Pathways for Air Pollutants with Urban Big Data." *IEEE Transactions on Big Data*. doi:10.1109/TBDATA.2017.2723899.

09

크로스 도메인 지식 융합

초록: 기존 데이터 마이닝은 일반적으로 단일 도메인의 데이터를 처리한다. 빅데이터 분야는 서로 다른 도메인의 다양한 소스에서 다양한 데이터셋을 접하게 된다. 해당 데이터셋은 여러 가지 양식으로 구성되며, 각각 표현(representation), 분포(distribution), 스케일(scale) 및 밀도(density)가 다르다. 여러 개의 서로 다른(그러나 잠재적으로 연결돼 있는) 데이터셋에서 지식의 힘을 확인하는 방법은 빅데이터 연구에서 가장 중요하며, 기본적으로 빅데이터를 기존의 데이터 마이닝 작업과 구별한다. 이 과정은 머신러닝과 데이터 마이닝에서 다양한 데이터셋의 지식을 유기적으로 융합할 수 있는 고급 기술을 요구한다. 9장에서는 지식 융합 방법론을 요약하고, 이를 스테이지 기반(stage-based), 특징 레벨 기반(feature level-based) 및 시맨틱 의미 기반(semanric meaning based) 지식 융합 방법의 3가지 범주로 분류한다. 이러한 방법은 스키마 매핑 및 데이터 병합보다는 지식 융합에 중점을 두며, 도메인 간 데이터 융합과 데이터베이스 커뮤니티에서 연구된 기존의 데이터 융합을 크게 구분한다. 9장에서는 각 범주의 기법들의 고수준 원리와 해당 기법을 사용해 실제 빅데이터 문제를 처리하는 예시를 소개한다. 또한 기존 지식을 프레임워크에 적용해 다양한 지식 융합 기법 사이의 관계와 차이점을 살펴본다.

9.1 소개

빅데이터 분야는 소셜 미디어에서 교통, 의료, 무선 통신 네트워크에 이르기까지 다양한 영역에서 다양한 데이터가 생성되고 있다. 문제를 해결할 때 일반적으로 여러 개의 서로 다른 데이터셋을 활용해야 한다. 여러 데이터셋의 융합을 통해 결측값(희소 데이터셋) 입력 [36, 50, 57, 58], 미래 예측[60], 인과관계 추론[63], 객체 프로파일링[51, 53], 이상 징후 탐지[61] 등을 수행한다.

예를 들어, 도시 계획을 개선하기 위해 도로망의 구조, 교통량, 관심지역정보(POI) 그리고 도시의 인구를 고려해야 한다. 대기 오염을 해결하고자 날씨 데이터와 자동차와 공장에서 나오는 배기 가스 그리고 위치의 분산 조건과 함께 대기질 데이터를 연구해야 한다. 사용자에게 보다 정확한 여행지 추천을 제공하고자 인터넷과 실제 세계에서의 사용자 행동을 고려해야 한다. 이미지의 시맨틱 의미를 보다 잘 이해하고자 픽셀에서 파생된 주변 텍스트와 기능을 활용해야 한다. 따라서 여러 도메인에 포함된 여러 데이터셋에서 통합된 지식을 어떻게 풀어낼 것인가가 빅데이터 연구에서 가장 중요하며, 이 작업은 근본적으로 빅데이터를 기존의 데이터 마이닝 작업과 구별하게 해준다.

하지만 서로 다른 도메인의 데이터는 여러 양식으로 구성되며, 각 양식은 서로 다른 표현, 분포, 스케일 및 밀도를 갖는다. 예를 들어, 텍스트는 보통 개별적인 희소성 워드 카운트 벡터로 표현되는 반면 이미지는 화소 강도^{pixel intensity} 또는 실젯값 및 밀도를 나타내는 특징 추출기의 출력^{output of feature extractor}으로 표현된다. POI는 정적 범주와 관련된 공간 포인트로 표시되는 반면 대기질은 지오태깅된 시계열^{geotagged time series}을 사용해 나타낸다. 휴먼 모빌리티 데이터는 이동 경로로 표현되는 반면[55] 도로망은 공간 그래프로 표현된다. 서로 다른 데이터셋을 균일하게 또는 단순하게 서로 다른 데이터셋의 특징을 결합하는 것은 데이터 마이닝 작업에서 성능이 향상되지 않는다[5, 31, 37]. 그 결과 다양한 양식의 데이터를 융합하는 것은 고급 데이터 융합 기술을 요구하는 빅데이터 연구의 새로운 과제가 되고 있다.

9장에서는 여러 데이터셋의 지식을 융합할 수 있는 3가지 범주의 방법을 요약한다.

데이터 융합 방법의 첫 번째 범주는 데이터 마이닝 작업의 여러 단계에서 다른 데이터셋을 사용한다. 이것은 스테이지 기반의 융합 방법이라고 한다. 예를 들어, 정^{Zheng}과 연구진[59]은 먼저 도로망 데이터에 의해 도시를 분리된 지역으로 분할한 다음 휴먼 모빌리티 데이터를 기반으로 잘 연결되지 않은 지역 쌍을 탐지한다. 이 지역 쌍들은 도시 교통망의 과거 디자인을 나타낼 수 있다.

두 번째 범주인 특징 레벨 기반 데이터 통합에는 2개의 하위 범주가 있다. 하위 범주는 먼저 다른 데이터셋에서 추출한 기능을 특징 벡터에 직접 연결한다. 그런 다음 특징 벡터는 정규화를 통해 분류 또는 회귀 모델을 학습하고자 사용되며, 정규화를 통해 오버피팅을 피하고 중복성과 특징의 종속성이 줄어든다. 다른 하위 범주는 심층 신경망$^{Deep\ Neural}$ ^{Network}을 사용해 다른 데이터셋에서 추출된 원래 기능의 잠재 표현을 학습한다. 그다음 분류 또는 예측을 위해 새로운 특징 표현을 모델에 반영한다.

세 번째 범주는 시맨틱 의미 기반$^{semantic\ meaning-based}$ 지식 융합을 사용한다. 해당 이름은 2가지의 이유로 사용된다. 첫째, 특징 레벨 기반 지식 융합 기법은 각 특징 및 데이터셋의 시맨틱 의미를 고려하지 않는다. 각 특징은 해당 기법에 의해 실젯값 또는 범주형 숫자로 간주된다. 하지만 시맨틱 의미 기반 기법을 사용하는 경우 각 데이터셋 및 특징의 의미와 서로 다른 특징 간의 관계를 이해해야 한다. 둘째, 이 범주의 기법이 사람의 사고 (사람들이 과제를 완료하기 위해 여러 데이터셋을 어떻게 생각하는가)에서 도출되기 때문이다. 이 범주는 추가로 4개의 그룹으로 구성된다.

1. **멀티뷰 기반 기법.** 해당 기법의 그룹은 다른 데이터셋(또는 다른 데이터셋의 특징)을 객체의 다른 뷰로 취급한다. 서로 다른 관점에서 객체를 설명하는 서로 다른 특징이 서로 다른 모델로 제공된다. 결과는 추후 서로 통합되거나 서로 보강된다. 협업학습$^{co-training}$[8]은 이 범주의 예시다.

2. **유사성 기반 기법.** 해당 기법의 그룹은 서로 다른 데이터셋을 통합하고자 서로 다른 객체 간의 근본적인 상관관계(또는 유사성)를 활용한다. 일반적인 방법은 공통 차원을 가진 다른 행렬에 의해 서로 다른 데이터셋을 모델링하는 협업 필터링^{CF,} $^{Collaborative\ Filtering}$ 또는 콘텍스트 인식$^{context-aware}$ 협업 필터링이다. 이러한 행렬(또는 텐서)을 함께 분해함으로써 단일 행렬(또는 텐서)만을 고려하는 것보다 더 나은 결과를 얻을 수 있다. 매니폴드^{manifold} 정렬도 이 그룹에 속한다.

3. 확률적 의존성 기반 기법. 해당 그룹은 그래픽 표현을 사용해 서로 다른 데이터셋 간의 확률적 인과관계(또는 종속성)를 모델링한다. 베이지안 네트워크와 마르코프 랜덤 필드가 대표적인 모델로서 서로 다른 데이터셋에서 추출한 특정을 그래프 노드로 나타내고, 에지를 포함하는 두 특징 간의 종속성을 나타낸다.

4. 변환 학습 기반 기법. 해당 그룹은 소스 도메인에서 타깃 도메인으로 지식을 변환해 타깃 도메인의 데이터 희소성 문제(특징 구조 또는 관찰 누락 문제 포함)를 처리한다. 변환 학습은 서로 다른 학습 과제(예, 도서 추천에서 여행 추천) 간에 지식을 전달할 수 있다.

9.1.1 기존 데이터 통합과의 관계

데이터 통합의 일부로 간주되는 기존의 데이터 융합[7]은 동일한 실제 객체를 나타내는 여러 데이터를 일관되고 정확하며 유용한 표현으로 통합하는 프로세스다. 그림 9.1a는 기존의 데이터 융합의 패러다임을 제시한다. 예를 들어, 베이징에 대한 3개의 POI 데이터셋이 서로 다른 3개의 데이터 공급자에 의해 생성된다. 기존의 데이터 융합의 목적은 스키마 매핑schema mapping과 중복 탐지 프로세스duplicate detection을 통해 일관된 데이터 스키마를 가진 3개의 데이터셋을 하나의 데이터베이스로 병합하는 것이다. 동일한 POI(예, 레스토랑)를 묘사하는 서로 다른 데이터셋의 레코드가 동일한 도메인(예, POI)에 생성된다.

하지만 그림 9.1b에 표현된 바와 같이 빅데이터 환경에서는 다양한 영역에서 생성된 여러 데이터셋이 존재하며, 잠재 객체latent object에 의해 암시적으로 연결돼 있다. 예를 들어, 교통 상황, POI 및 지역의 인구 통계는 잠재 기능을 일괄적으로 설명하며, 서로 다른 도메인으로부터 파생된다. 문자 그대로 3개의 데이터셋 레코드는 각각 다른 객체(도로 구간), POI 및 인구를 설명한다. 따라서 스키마 매핑 및 중복 탐지를 사용해서 해당 데이터를 직접적으로 통합할 수 없다. 대신 지역의 기능을 유기적으로 이해하고자 각기 다른 방법으로 각 데이터셋에서 지식을 추출해야 한다. 해당 방법은 기존 데이터 융합(데이터베이스 커뮤니티에서 연구)과 도메인 간 지식 융합을 크게 구분하는 스키마 매핑보다는 지식 융합이라고 할 수 있다.

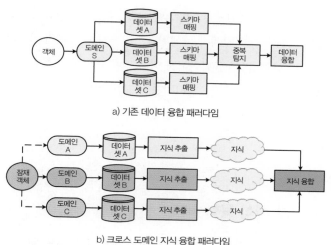

a) 기존 데이터 융합 패러다임

b) 크로스 도메인 지식 융합 패러다임

그림 9.1 다양한 지식 융합 기법의 패러다임

9.1.2 이기종 정보 네트워크와의 관계

정보 네트워크는 객체들 사이의 상호작용과 객체에 초점을 맞춰 현실 세계의 추상화를 나타낸다. 해당 추상화 레벨은 실제 세계에 대한 필수적인 정보를 표현하고 저장하는 것뿐만 아니라 링크의 힘을 탐구해 추상화로부터 지식을 마이닝하기 위한 유용한 도구를 제공한다[38]. 상호 연결된 데이터를 동종 그래프 또는 네트워크로 보는 기존의 많은 네트워크 모델에서 벗어나 이기종 정보 네트워크heterogeneous information network는 노드와 다른 유형의 관계로 구성된다. 예를 들어, 서지 정보 네트워크bibliographic information는 저자, 콘퍼런스 및 논문으로 구성된 여러 유형의 노드로 구성된다. 해당 네트워크의 서로 다른 노드 사이의 에지는 저자가 논문을 발표하고, 논문이 콘퍼런스에서 발표되며, 콘퍼런스에 참석하는 것과 같은 서로 다른 시맨틱 의미를 나타낸다. 이기종 네트워크를 마이닝하기 위한 다양한 알고리즘이 제안됐다(예, 랭킹 및 클러스터링 [39, 40]).

이기종 정보 네트워크는 소셜 네트워크, 전자 상거래 및 온라인 영화 데이터베이스와 같은 거의 모든 도메인에 구축할 수 있다. 하지만 서로 다른 도메인의 데이터가 아닌 단일 도메인의 객체만 연결한다. 예를 들어, 서지 정보 네트워크에서 사람, 논문 및 콘퍼런스는 모두 서지 도메인에서 파생된다. Flickr 정보 네트워크에서 사용자, 이미지, 태그 및 코멘트는 모두 소셜 미디어 도메인에서 파생된다. 전혀 다른 도메인(예, 교통량 데이터, 소셜 미디어 그리고 대기질)의 데이터를 융합하고자 하는 경우 이기종 네트워크는 다른 도메인의 객체들 사이에 시맨틱 의미를 갖는 명시적인 링크를 찾지 못할 수 있다. 결과적으로 이기종 정보 네트워크를 마이닝하기 위한 알고리즘이 크로스 도메인 데이터 융합에 직접적으로 적용될 수 없다.

9.2 스테이지-기반 지식 융합

해당 기법의 범주는 그림 9.2a와 같이 데이터 마이닝 작업의 다른 단계에서 서로 다른 데이터셋을 사용하거나 다른 모델에 다른 데이터를 전달한 다음 그림 9.2b와 같이 서로 다른 모델의 결과를 통합한다. 양식의 일관성에 대한 요구 사항 없이 서로 다른 데이터셋이 느슨하게 결합돼 있다. 해당 기법의 범주는 다소 간단하기 때문에 몇 가지 예시를 사용해 간단히 소개한다.

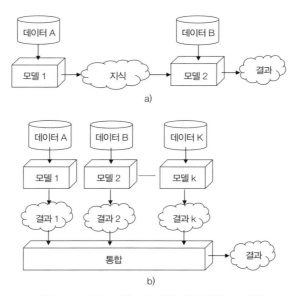

그림 9.2 스테이지 기반 지식 융합 기법의 범용 프레임워크

예시 1. 그림 9.3a에서와 같이 먼저 도시는 맵 분할 기법map-segmentation method[52]을 사용해 주요 도로에 의해 지역을 분할한다. 그다음 그림 9.3b와 같이 택시의 GPS 경로 그래프를 생성하고자 해당 지역에 매핑한다. 그래프에서 노드는 지역, 에지는 두 지역 사이의 이동성 집계(해당 예시에서는 택시 데이터)를 나타낸다. 지역 그래프는 실제로 도로 네트워크와 택시 경로의 지식을 결합한다. 지역 그래프 분석을 통해 도로망의 부적절한 설계를 파악하고[59] 교통 이상traffic anomaly[12, 28]을 탐지 및 진단하고 도시의 기능적 지역을 찾기 위한 연구가 수행됐다[51, 53].

a) 맵 세그멘테이션   b) 지역 그래프

그림 9.3 도로 네트워크 및 휴먼 모빌리티 데이터의 지식 융합

예시 2. 그림 9.4에서와 같이 친구 추천에서 샤오Xiao와 연구진[45, 46]은 먼저 개인의 위치 기록(공간 경로의 형태로 기록됨)에서 체류 지점stay points을 탐지한다. 다양한 사용자의 위치 기록이 실제 세계에서는 중복되지 않을 수 있기 때문에 각 체류 지점은 다양한 범주에 포함된 주변 POI의 분포를 설명하는 형상 벡터로 변환된다. 예를 들어, 5개의 레스토랑, 1개의 쇼핑몰 그리고 1개의 주유소가 체류 지점 주변에 있을 수 있다. TF-IDFTerm Frequency-Inverse Document Frequency를 사용해 계산을 더욱 정규화할 수 있다. 즉 이러한 특징 벡터 사이의 거리는 사람들이 방문한 장소 사이의 유사성을 나타낸다.

마지막으로 체류 지점은 POI의 특징 벡터를 기반으로 계층적으로 그룹화돼 트리 구조를 형성하며, 여기서 노드는 머무름 지점의 클러스터링이다. 나중에 이들 체류 지점은 POI의 특징 벡터에 기초해 그룹으로 계층적으로 클러스터링돼 트리 구조를 형성하며, 여기서 노드는 체류 지점의 클러스터다. 해당 체류 지점들은 POI의 특징 벡터를 기반으로 트리 구조를 가진 그룹에 계층적으로 클러스터링되며, 노드는 체류 지점의 클러스터를 나타낸다. 부모 노드는 자식 노드의 체류 지점으로 구성된다. 사용자가 최소 1개 이상의 체류 지점에 포함된 노드를 선택해 사용자의 위치 기록을 부분 트리로 나타낼 수 있다. 사용자가 특정 시간 내에 2개의 노드에서 발생되는 2개의 연속적인 체류 지점을 갖는 경우 사용자의 부분 트리는 추가로 에지를 포함하는 동일 계층의 2개 노드를 연결해 계층적인 그래프로 변환된다. 계층 그래프는 사용자의 경로 정보와 사용자가 방문한 POI 정보를 포함한다. 서로 다른 사용자의 계층 그래프가 동일한 트리 구조를 기반으로 생성되므로 사용자의 위치 기록이 비슷해진다. 마지막으로 두 사용자 사이의 유사성은 사용자의 계층 그래프 사이의 유사성에 의해 측정될 수 있다.

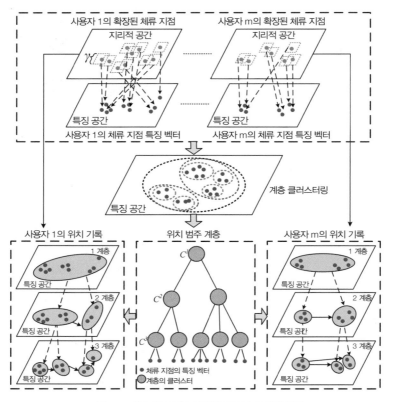

그림 9.4 경로 및 POI를 사용해 사용자 유사성 추정

예시 3. 세 번째 예시에서 판Pan과 연구진[33]은 먼저 차량의 GPS 경로 및 도로망 데이터를 기반으로 교통 이상을 탐지한다. 교통 이상은 운전자의 주행 행동이 원래 패턴과 크게 다른 도로망의 하위 그래프로 표현된다. 탐지된 이상 징후의 시간 범위와 지리적 범위에 속하는 위치의 이름을 쿼리로 사용해 이상 징후가 발생한 장소에서 사람들이 게시한 관련 소셜 미디어(트윗 등)를 검색한다. 검색된 소셜 미디어를 통해 일반적으로는 거의 발생하지 않지만, 이상이 발생한 경우 빈번하게 생성되는 대표적인 용어(예, 퍼레이드 및 재난)를 마이닝해 탐지된 이상을 설명한다. 첫 번째 단계는 확인할 소셜 미디어의 범위를 축소하고, 두 번째 단계는 첫 번째 단계에서 탐지된 결과의 시맨틱 의미를 강화시킨다.

해당 기법의 범주는 다른 지식 융합 방법을 포함하는 메타 접근법이라고 할 수 있다. 예를 들어, 위안Yuan과 연구진[53]은 먼저 도로망 데이터와 택시 경로를 사용해 지역 그래프를 생성한 후 확률론적 그래픽 모델 기반 기법인 그래픽 모델을 통해 POI의 정보와 지역 그래프의 지식을 융합한다.

9.3 특징 기반 지식 융합

9.3.1 정규화를 통한 특징 연결

해당 범주의 간단한 기법은 여러 데이터셋에서 추출된 특징을 동등하게 처리해 순차적으로 특징 벡터에 결합한 후 특징 벡터는 클러스터링 및 분류 작업에 사용된다. 서로 다른 데이터셋의 표현, 분포 및 규모가 매우 다를 수 있기 때문에 다양한 연구에서 해당 종류의 융합에 대한 한계를 제시했다[2, 31, 37]. 첫째, 해당 연결은 학습 샘플이 소규모인 경우 과적합을 유발하며 각 뷰의 특정 통계적 속성이 무시된다[47]. 둘째, 서로 다른 양식의 저수준 특징들 사이에 존재하는 고도로 비선형적인 관계를 찾는 것은 어렵다[37]. 셋째, 서로 연관될 수 있는 다른 데이터셋에서 추출된 특징에는 중복성과 종속성이 있다.

고급 학습 기법의 하위 범주로서 특징 중복 문제를 처리하고자 객체 함수에 희소 정규화를 추가하는 것을 제안한다. 결과적으로 머신러닝 모델은 중복되는 특징에 0에 가까운 가중치를 할당할 수 있다.

예시 4. 다양한 데이터 소스를 결합해 부동산의 가격도 예측할 수 있다. 푸(Fu)와 연구진 [16-18]은 휴먼 모빌리티 및 도시 위치 등과 같은 다양한 데이터셋에서 추론한 잠재적 가치에 따라 도시 주거용 부동산의 미래 순위를 예측하는 연구를 수행했다. 연구에서 가치는 상승하는 시장에서 더 빠르게 증가하고, 하락하는 시장에서 다른 것보다 더 느리게 감소하는 능력을 의미한다. 이전 가격 대비 증가 또는 감소 비율을 5단계(R1 - R5)로 구분하며, R1은 가장 높은 가치를 의미하며, R5는 가장 낮은 가치다. 가치는 해당 지역에 정착하거나 자본 투자를 하는 사람들에게 매우 중요하다.

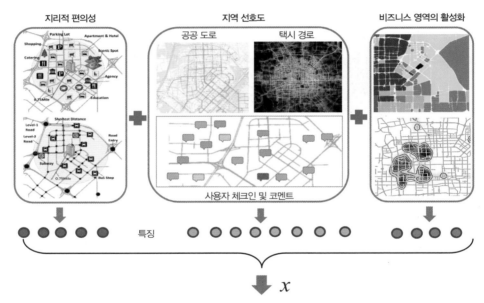

그림 9.5 다양한 데이터셋의 지식을 활용한 부동산 순위 표현

그림 9.5와 같이 연구진은 지리적 편의성, 지역 선호도 그리고 비즈니스 영역 활성화로 구성된 3가지 범주를 고려했다. 해당 요소들은 실제로 "부동산에서 중요한 것은 위치, 위치 그리고 위치"라는 격언에 해당한다. 조금 더 구체적으로 주변의 지리적 데이터(예, 도로망 및 POI), 교통 데이터(예, 택시 경로 및 대중 교통 시스템의 카드 스와이프 기록) 및 소셜 미디어를 마이닝해 각 속성에 대한 고유한 특징 집합을 식별했다.

간단한 방법은 선형 회귀 동작 방식을 기반으로 아래와 같이 해당 특징들을 벡터 x로 연결하는 것이다.

$$y_i = f_i(x_i; \omega) = \omega^T x_i + \epsilon_i, \qquad (9.1)$$

y_i 및 x_i는 각각 부동산 속성 i의 증가 비율 및 특징 벡터이며, ω는 여러 가지 특징에 해당하는 가중치 벡터, ϵ_i는 제로 평균과 분산 σ_2를 갖는 가우스 편향이다. 식 (9.1)을 확률론적 표현으로 나타내면 다음과 같다.

$$P(y_i|x_i) = N(y_i|f_i, \sigma^2) = N(y_i|\omega^T x_i, \sigma^2). \qquad (9.2)$$

하지만 서로 다른 데이터셋에서 추출한 특징들에는 중복성과 의존성이 존재한다. 예를 들어, 지역의 교통 패턴은 해당 지역의 도로망 구조에 따라 달라진다. 따라서 택시 경로와 같은 휴먼 모빌리티 데이터에서 추출한 특징은 도로망과 연관돼 있다. 해당 문제를 해결하고자 목적 함수에 2가지 제약 조건이 추가된다.

첫 번째는 부동산 속성 i 및 h에 대한 페어와이즈^{pairwise} 랭킹 제약이다.

$$P(i \rightarrow h) = Sigmoid(f_i - f_h) = \frac{1}{1 + \exp\left(-(f_i - f_h)\right)}, \qquad (9.3)$$

$i{\rightarrow}h$는 부동산 i가 증가율 측면에서 부동산 h보다 순위가 높은 것을 나타낸다. i가 h보다 순위가 높은 경우 f_i의 실젯값은 f_h보다 크다. 그림 9.6a와 같이 예측이 실젯값($f_i - f_h > 0$)을 따를 경우 $Sigmoid(f_i - f_h)$는 1에 가까운 결과를 출력한다. 이것은 한 쌍의 특성들 사이의 정확한 순서를 유지하는 예측에 대한 보상이다. 반대로 예측 f_i가 $f_h(f_i - f_h < 0)$보다 작고, i가 h보다 실제로 순위가 높은 경우 $Sigmoid(f_i - f_h)$는 0에 가까운 값을 출력한다. 이것은 한 쌍의 부동산 속성에 대해 잘못된 순위를 예측하는 것에 대한 벌칙과 같다.

부동산 속성에 대한 실젯값을 알고 있기 때문에 $i{\rightarrow}h$에 대한 다양한 학습 데이터를 생성할 수 있으며, 다음과 같은 제약 조건을 목표 함수에 추가해 모든 쌍들 사이의 순서를 유지하기 위한 예측이 필요하다.

$$\prod_{i=1}^{I-1} \prod_{h=i+1}^{I} P(i \rightarrow h), \qquad (9.4)$$

l는 속성의 전체 개수다. 전체적인 확률을 극대화함으로써 속성 사이의 순서를 유지할 수 있다.

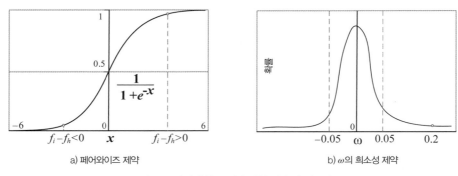

a) 페어와이즈 제약   b) ω의 희소성 제약

그림 9.6 지식 융합 문제에 대한 제약 및 정규화

두 번째 제약은 ω에 대한 희소성 정규화$^{sparsity\ regularization}$다. 특징 사이의 의존성과 상관관계로 인해 예측에 반드시 기여하지 않는 중복 특성이 많이 존재한다. 사용자들은 이러한 중복된 특징들의 가중치가 가능하면 최소화되기를 원한다. 반면 우리는 몇몇 핵심적인 특징에 가중치를 할당하고자 한다. 그 결과 평균이 0이고 표준 편차가 매우 작은 가우스 분포를 따르기 위해 ω의 분포를 시행한다. 따라서 그림 9.6b와 같이 대부분의 가중치는 거의 0에 근접하며, 중요한 특징에 대해 매우 높은 가중치(매우 작은 확률로)를 설정할 수 있다. 특히 목적 함수에 다음과 같은 제약 조건을 추가한다.

$$P(\boldsymbol{\omega}|0, \boldsymbol{\beta}^2)\,P(\boldsymbol{\beta}^2|a, b) = \prod_m N(\omega_m|0, \beta_m^2) \prod_m Inverse - Gamma(\beta_m^2|a, b), \quad (9.5)$$

($\boldsymbol{\omega} = \omega_1, \omega_2, ..., \omega_m$)는 특징의 파라미터 벡터이며, m은 학습 모델에 포함된 특징의 개수다. $\boldsymbol{\beta}^2 = (\beta_1^2, \beta_2^2, ..., \beta_m^2)$은 해당 파라미터의 분산 벡터다. 좀 더 구체적으로 파라미터 ω_m의 값은 제로 평균이고 분산이 β_m^2인 가우스 분포를 따르는 것으로 가정한다. 분포에 대한 평균을 0으로 설정하면 ω_m을 큰 값으로 할당할 확률이 감소한다. β_m^2의 값을 정규화하기 위해 이전 분포(예, 역감마)를 추가로 배치한다. 희소성을 강화하기 위해 상수 a와 b는 일반적으로 0에 가깝게 설정된다. 따라서 β_m^2는 값이 작아지는 경향이 있다. 다시 말해 특징 가중치 ω_m은 가우스^{Gaussian} 기댓값(0)에 따라 변경될 확률이 매우 높다.

이중 정규화(예, 제로 평균 및 역감마)를 사용하는 경우 사전 희소 베이지안Bayesian sparse prior을 통해 대부분의 특징 가중치를 동시에 0 또는 0에 가까운 값으로 정규화할 수 있으며, 모델이 중요한 특징에 대해 높은 가중치를 학습할 수 있도록 한다. 사전 희소 베이지안의 희소성 정규화는 L_1 및 L_2 정규화만큼 강하지는 않지만, L_1 및 L_2 정규화는 모든 파라미터를 최소화하기 위한 목적을 갖고 있기 때문에 해당 애플리케이션에는 적절하지 않을 수 있다. 또한 사전 희소 베이지안은 평활smooth function이며, 따라서 기울기gradient를 계산하기 쉽다. 많은 목적 함수가 경사 하강에 의해 해결된다는 점을 감안할 때 희소 정규화를 많은 데이터 마이닝 작업에 적용할 수 있다.

최종적으로 목적 함수를 다음과 같이 최대화할 수 있다.

$$P(y_i|x_i) = \prod_{i=1}^{I} N(y_i|\omega^T x_i, \sigma^2) \times \prod_{i=1}^{I-1} \prod_{h=i+1}^{I} P(i \rightarrow h) \times \prod_m N(\omega_m|0, \beta_m^2). \quad (9.6)$$

9.3.2 딥러닝 기반 지식 융합

딥러닝은 지도, 비지도, 준지도 접근법을 사용해 이미지, 사운드 및 텍스트와 같은 데이터를 이해하기 위한 여러 수준의 표현 및 추상화를 학습한다. 딥러닝은 예측기predictor의 역할뿐만 아니라 다른 분류기 또는 예측기에 반영될 수 있는 신규 특징 표현을 학습하기 위해서도 사용된다. 새로운 특징 표현들은 이미지 인식과 음성 번역에서 수작업으로 만들어진 특징들보다 더 유용하다는 것이 입증됐다. 딥러닝에 대한 자세한 내용은 8장의 8.7절을 참고하면 된다.

대부분의 심층 신경망은 단일 양식으로 데이터를 처리하기 위해 사용된다. 최근에는 심층 신경망을 사용해 다양한 양식의 데이터에서 특징 표현을 학습하기 위한 일련의 연구가 시작됐다. 해당 표현은 분류 및 정보 검색 작업에서 유용한 것으로 입증됐다.

예시 5. 응이암Ngiam과 연구진[31]은 2가지 양식(예, 오디오와 비디오) 사이의 '중간 수준middle-level' 특징 표현을 캡처하기 위한 심층 오토인코더deep autoencoder 아키텍처를 제안했다. 표 9.1과 같이 크로스 양식 학습cross-modality learning, 공유 표현 학습shared-representation learning, 멀티모달 융합multimodal fusion으로 구성된 3가지 학습 설정을 연구했다.

표 9.1 다중 양식 특징 표현 학습[31]

	특징 학습	지도학습	테스팅
기존 딥러닝	오디오	오디오	오디오
	비디오	비디오	비디오
크로스 양식 학습	A + V	A	A
	A + V	V	V
공유 표현 학습	A + V	A	V
	A + V	V	A
멀티모달 융합	A + V	A + V	A + V

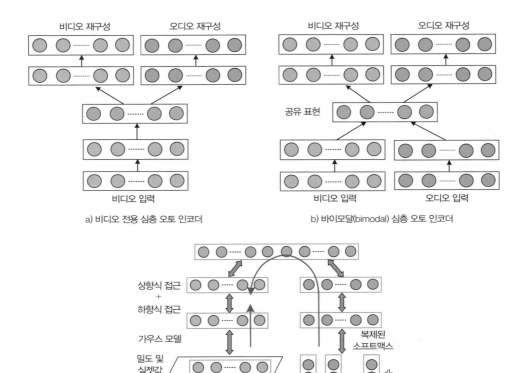

a) 비디오 전용 심층 오토 인코더

b) 바이모달(bimodal) 심층 오토 인코더

c) 양방향 특징 표현 학습

그림 9.7 딥러닝을 통한 멀티모달 데이터 융합

그림 9.7a는 크로스 양식 학습에 대한 심층 오토인코더의 구조를 나타내며, 더 좋은 특징 표현을 재구성하기 위해 비디오 및 오디오에 각각 단일 양식(예, 비디오 또는 오디오)을 입력으로 사용한다. 서로 다른 양식을 포함하는 공유 표현 학습 및 멀티모달 융합과 관련해 학습 및 테스팅을 수행하는 동안 해당 연구에서 그림 9.7b에 표시된 아키텍처를 채택했다. 이와 같이 제안된 딥러닝 모델에 대한 광범위한 평가는 (1) 딥러닝이 다른 양식의 도움을 받아 단일 양식 표현과 (2) 여러 양식에 걸친 상관관계를 포함하는 공유 표현을 효과적으로 학습한다는 것을 보여 준다.

예시 6. 볼츠만Boltzmann 머신을 사용하는 딥러닝은 다중 양식 데이터 융합의 또 다른 작업이다. 분류 및 검색 문제에 대해 이미지와 텍스트를 융합하는 멀티모달 DBMDeep Boltzmann Machine[37]이라는 딥러닝 모델이 제안됐다. DBM 모델은 다음 3가지 기준을 충족한다. (1) 학습된 공유 특징 표현은 '개념concept'의 유사성을 유지한다. (2) 일부 특징이 없는 경우 공동 특징 표현을 쉽게 얻을 수 있으므로 누락된 특징을 보충한다. 그리고 (3) 신규 특징 표현은 다른 특징에서 쿼리를 수행하는 경우 단일 양식의 검색을 용이하게 한다.

그림 9.7c와 같이 멀티모달 DBM은 고밀도 실젯값의 이미지 특징 벡터를 모델링하고자 가우스–베르누이Gaussian-Bernoulli RBMRestricted Boltzmann Machine을 사용하는 동시에 희소한 워드 카운트 벡터를 모델링하고자 복제된 소프트맥스softmax를 사용한다. 멀티모달 DBM은 각 모달리티에 대해 분리된 2개의 DBM 계층으로 구성된 후 그 위에 계층을 추가해 결합한다. 또한 멀티모달 DBM은 인접 계층 사이에 상호 연결을 갖는 생성generative 및 무방향undirected 그래픽 모델이다. 해당 그래픽 모델은 양방향(상향식 및 하향식) 검색(2개의 붉은색 화살표로 나타냄)을 지원한다.

잘 설계된 아키텍처와 함께 제공되는 멀티모달 DBM의 핵심 개념은 많은 수의 사용자 태그 이미지로부터 텍스트와 이미지(예, $P(\mathbf{v}_{img}, \mathbf{v}_{text}; \theta)$, θ는 파라미터를 포함)에 대한 공동 밀도 분포를 학습하는 것이다. 이 연구는 검색 작업뿐만 아니라 분류에 대한 광범위한 실험을 수행한다. 멀티모달 입력과 비모달unimodal 입력 모두 테스트하며, 멀티모달리티 데이터를 융합하는 모델의 효과를 검증한다.

실제로 심층 신경망 기반 융합 모델의 성능은 일반적으로 심층 신경망의 파라미터를 얼마나 알맞게 튜닝하는지에 따라 달라진다. 적절한 파라미터 집합을 찾으면 다른 파라미터보다 훨씬 나은 성능을 얻을 수 있다. 하지만 많은 수의 파라미터와 볼록하지 않은 nonconvex 최적화 설정을 고려할 때 최적의 파라미터를 찾는 것은 여전히 사용자의 경험에 크게 의존하는 노동 집약적이고 시간 소모적인 프로세스다. 또한 중간 수준의 특징 표현이 무엇을 의미하는지 설명하기는 어렵다. 심층 신경망이 어떻게 근본적인 특징을 더 잘표현하는지 실제로 이해하지 못한다.

9.4 시맨틱 의미 기반 지식 융합

특징 기반 지식 융합 기법은 각 특징의 의미를 고려하지 않으며, 특징은 실젯값 숫자 또는 범주값으로만 간주된다. 특징 기반 융합과는 달리 시맨틱 의미 기반 기법은 서로 다른 데이터셋에 포함된 특징 사이의 각 데이터셋 및 관계의 인사이트를 도출한다. 우리는 각 데이터셋이 무엇을 의미하는지 왜 다른 데이터셋이 융합될 수 있는지 그리고 데이터가 서로를 어떻게 상호보완하는지를 알고 있다. 데이터 융합 프로세스는 사람들이 다양한 데이터셋을 활용해 문제를 풀어가는 방식에서 파생된 시맨틱 의미(및 통찰력)를 갖고 있다. 따라서 해당 프로세스는 설명 가능하고 이해 가능한 의미를 갖는다. 9.4절에서는 멀티뷰 기반, 유사성 기반, 확률적-의존성 기반 그리고 전이학습TL, Transfer Learning 기반의 4가지 시맨틱 의미 기반 지식 융합 메소드method를 소개한다.

9.4.1 멀티뷰 기반 지식 융합

서로 다른 데이터셋 또는 서로 다른 특징의 하위 집합은 서로 다른 객체의 뷰로 간주될 수 있다. 예를 들어, 사람은 얼굴, 지문, 서명 같은 여러 출처로부터 얻은 정보로 식별할 수 있다. 이미지는 색상이나 질감과 같은 다양한 특징 집합으로 나타낼 수 있다. 지리적 지역의 기능은 POI, 도로망 그리고 휴먼 모빌리티 패턴으로 나타낼 수 있다. 해당 데이터셋은 동일한 객체를 설명하는 것처럼 데이터셋 간에 잠재적인 공감대가 형성돼 있다. 한편 이러한 데이터셋은 다른 뷰가 갖지 못한 지식을 포함하면서 상호 보완적이다. 결과적으로 여러 뷰를 결합하면 객체를 포괄적이고 정확하게 설명할 수 있다.

[47]을 기반으로 멀티뷰-학습 알고리즘은 (1) 협업학습^{co-training}, (2) 다중 커널 학습^{multiple kernel learning}, (3) 부분공간 학습^{subspace learning}의 3가지 그룹으로 분류될 수 있다. 특히 협업학습 유형의 알고리즘[8]은 별개의 두 데이터 뷰 사이의 상호 연관성을 극대화하기 위해 교대로 학습한다. 다중 커널 학습 알고리즘[19]은 자연스럽게 다양한 뷰에 대응하고, 커널을 선형 또는 비선형적으로 결합해 학습을 향상시키는 커널을 활용한다. 하위 공간-학습 알고리즘[13]은 멀티뷰를 통해 공유되는 잠재 하위 공간을 획득하는 것을 목표로 하며, 입력 뷰가 해당 잠재 하위 공간에서 생성된 것으로 가정한다.

9.4.1.1 협업학습

협업학습[8]은 멀티뷰 학습의 가장 초기 스키마 중 하나다. 협업학습은 각 예시를 2개의 뚜렷한 관점으로 분할할 수 있는 설정을 고려해 3가지 주요 전제를 가진다. (1) 충분성^{sufficiency}: 각 뷰는 자체적으로 분류하기에 충분하다. (2) 호환성^{compatibility}: 양측 뷰의 타깃 함수는 높은 확률을 포함하는 협업학습 특징에 대한 동일한 레이블을 예측한다. (3) 조건부 독립성: 뷰는 클래스 레이블이 주어지는 경우 조건부 독립적이다. 조건부 독립성 전제는 강한 속성을 가지므로 대개 실무에서는 사용되지 않는다. 따라서 몇몇 제한적인 대안[2]을 고려한다.

레이블된 예시의 집합 L 및 레이블되지 않은 예시의 집합 U가 기존 협업학습 알고리즘[8]에 주어진 경우 알고리즘은 먼저 레이블이 없는 예시를 포함하는 소규모 풀^{smaller pool} U'을 생성한 후 다음과 같은 절차를 수행한다. 첫 번째, L을 사용해 뷰 v_1 및 v_2에서 각각 2개의 분류기 f_1 및 f_2를 학습시킨다. 두 번째, 해당 분류기에 의해 지정된 레이블을 사용해, 2개의 분류기가 레이블되지 않은 집합 U'을 검사하며, 집합 L에 대해 예시 p를 가장 확실한 양성^{positive}으로 표시하고, 예시 n은 음성^{negative}으로 표시한다. 마지막으로, U'는 U에서 예제 $2p + 2n$를 무작위로 선택해 보충한다. 협업학습 알고리즘의 원리는 분류기 f_1이 분류기 f_2가 학습에 사용할 수 있는 레이블 집합에 예시를 추가하는 것이다. 독립성 전제가 위반되는 경우 일반적으로 추가된 예시의 효용성이 떨어진다. 따라서 협업학습이 유용하지 않을 수 있기 때문에 여러 가지 변종 기법이 개발됐다.

레이블 없는 예시에 레이블을 할당하는 대신 니그암Nigam과 연구진[30]은 각 뷰에서 EM Expectation-and-Maximization 알고리즘을 실행해 하나의 반복에서 다른 반복으로 변경될 수 있는 레이블이 없는 예시의 확률적 레이블을 제공한다. co-EM이라고 불리는 해당 알고리즘은 다양한 문제에 대해 협업학습보다 더 높은 성능을 보이지만, 클래스 확률을 생성하고자 각 뷰의 분류기가 필요하다. 확률적 방법으로 SVM Supported Vector Machine을 재구성함으로써 브레펠드Brefeld와 연구진[9]은 해당 갭을 줄이고자 SVM의 co-EM 버전을 개발했다. 저우Zhou와 연구진[62]은 협업학습 스타일 알고리즘을 분류에서 회귀 문제로 확장시켰다. 연구진은 CoREG라고 부르는 알고리즘을 제안했으며, 해당 알고리즘은 2개의 KNN K-Nearest Neighbor 회귀자regressor를 사용한다. 각 회귀자는 학습 과정에서 다른 레이블되지 않은 데이터에 레이블을 지정한다. CoREG는 레이블이 없는 적절한 예시를 선택하고자 레이블되지 않은 예시의 레이블링이 레이블된 예시에 미치는 영향을 검토해 레이블링 신뢰도를 추정한다. 최종 예측은 2개의 회귀자가 생성한 회귀 추정치regression estimate의 평균을 통해 생성된다.

예시 7. 정Zheng과 연구진[56, 57]은 대기질, 기상 데이터, 교통, POI, 도로망의 5가지 데이터셋을 기반으로 도시 전체의 정밀한 대기질을 추론하기 위한 협업학습 기반 모델을 제안했다. 그림 9.8a 멀티뷰 학습의 관점에서 해당 모델의 철학을 보여 준다. 기본적으로 대기질은 각 지역에 대한 시간적 의존성(검은색 점선 수직 화살표)과 서로 다른 지역에 대한 공간적 상관관계(빨간색 실선 수평 화살표)를 포함한다. 예를 들어, 현재 특정 지역의 대기질은 과거 시간의 영향을 받는다. 또한 주변 지역의 대기질이 나쁜 경우 해당 장소의 대기질 또한 나빠질 수 있다. 따라서 시간적 의존성과 공간적 상관관계는 한 장소의 대기질에 대한 각각의 고유한 뷰(시간적 뷰 및 공간적 뷰)를 형성한다.

그림 9.8b와 같이 2개의 분류기로 구성된 협업학습 기반 프레임워크가 제안됐다. 하나는 ANN 기반의 공간 분류기spatial classifier이며, 해당 분류기는 공간과 관련된 특징을 입력으로 사용해(예, POI의 밀도 및 고속도로의 길이) 다양한 위치의 대기질 정도 간의 공간적 상관관계를 모델링한다. 다른 하나는 해당 지역에 대한 대기질의 시간적 의존성을 모델링하고자 시간적으로 관련된 특징들을(예, 교통 및 날씨) 포함하는 선형 체인linear-chain 조건

부 랜덤 필드CRF, Conditional Random Field에 기초한 시간 분류기다. 2개의 분류기는 먼저 오버랩되지 않은 특징을 사용해 제한된 레이블 데이터를 바탕으로 학습하고, 레이블되지 않은 인스턴스를 각각 추정한다. 각 라운드에서 분류기를 통해 정확하게 추론한 인스턴스들은 학습 집합으로 보내지며, 다음 라운드에서 분류기의 추가 학습을 위해 사용된다. 반복 과정은 레이블되지 않은 데이터가 레이블되거나 추론 정확성이 더 이상 증가하지 않을 때까지 반복된다.

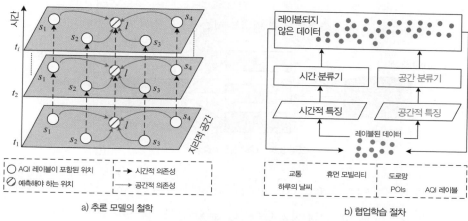

그림 9.8 협업학습 기반 대기질 추론 모델

인스턴스의 레이블을 추론하는 경우 서로 다른 레이블에 대한 2개의 확률분포 집합을 생성하며, 서로 다른 특징을 서로 다른 분류기로 전달한다. 두 분류기의 최대 확률 곱이 있는 레이블이 결과로 선택된다.

9.4.1.2 다중 커널 학습

다중 커널 학습MKL, Multiple-Kernel Learning은 사전 정의된 커널 집합을 사용하고, 알고리즘의 일부로 커널의 최적 선형 또는 비선형 조합을 학습하는 머신러닝 기법의 집합으로 볼 수 있다. 커널은 데이터에 대한 예측으로서 유사성 개념, 분류기 또는 회귀자가 될 수 있다. [19]를 기반으로 다중 커널 학습에는 2가지 사용법이 있다(그림 9.9 참고).

1. 서로 다른 커널은 서로 다른 유사성 개념에 해당한다. 학습 기법 최상의 커널을 선택하거나 해당 커널의 조합을 사용한다. 데이터 샘플은 모든 특징을 기반으로 커널을 학습하기 위해 전체 집합으로부터 검색된다. 특정 커널이 편향된 데이터를 가질 수 있기 때문에 학습기learner가 커널 집합 중에서 선택할 수 있도록 하는 것이 더 나은 결과를 가져올 수 있다. 예를 들어, SVM에서 널리 사용되는 선형linear, 다항식polynomial 및 가우스 커널Gaussian kernel과 같은 몇 가지 커널 기능이 있다. 이것은 전체 특징 집합이 각 커널을 학습시키고자 사용되기 때문에 이러한 종류의 다중 커널 학습은 원래 멀티뷰 학습용으로 설계되지 않았다.

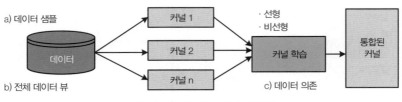

그림 9.9 다중 커널 학습 프로시저

2. 다중 커널 학습 변종의 주요 용도는 서로 다른 표현 및 소스 또는 양식으로부터 인입된 입력을 사용해 서로 다른 커널을 학습하는 것이다. 해당 입력은 서로 다른 표현이기 때문에 서로 다른 커널에 대해 서로 다른 유사성 기준을 가진다. 이와 같은 경우 커널을 결합하는 것이 여러 개의 정보 소스를 통합할 수 있는 방법이다. 추론은 다른 분류기를 결합하는 것과 비슷하다. **초기 결합**(early combination, 서로 다른 소스의 특징이 하나의 학습기에 연결되고 공급되는 경우) 및 **후기 결합**(late combination, 서로 다른 특징이 서로 다른 분류기에 공급된 후 의사결정이 수정된 또는 학습된 결합기에 의해 결합되는 경우)과는 다르게 노블Noble[32]은 해당 커널 결합을 **중간 단계의 결합**intermediate combination이라고 한다.

커널 결과를 결합하는 방법에는 선형, 비선형 및 데이터 종속 결합의 3가지가 있다. 선형 결합은 가중치가 없는(평균) 합계와 가중치 합계로 구성된다. 비선형 결합 기법[42] 커널의 비선형 함수, 즉 곱셈, 거듭 제곱 및 지수를 사용한다. 데이터 종속 결합 기법은 각 데이터 인스턴스에 대한 특정 커널 가중치를 할당한다. 해당 기법을 통해 데이터의 지역 분포를 식별하고 각 지역에 대한 적절한 커널 결합 규칙을 학습할 수 있다.

기존 다중 커널 학습 알고리즘은 2가지의 주요 학습 방법론 그룹을 포함한다.

1. 1단계[one-step] 기법은 순차 접근법[sequential approach] 또는 동시 접근법[simultaneous approach]을 사용해 단일 패스[single pass]에서 결합 함수 및 기본 학습기의 파라미터를 계산한다. 순차 접근법에서는 결합 함수 파라미터가 먼저 결합된 후 결합된 커널을 사용해 커널 기반 학습기가 학습된다. 동시 접근법에서는 해당 파라미터 집합이 동시에 학습된다.

2. 2단계[two-step] 기법은 반복 접근법[iterative approach]을 사용한다. 각 반복에서 기본 학습기의 파라미터를 수정하면서 결합 함수의 파라미터를 먼저 업데이트한다. 그 다음 결합 함수의 파라미터를 수정하는 동안 기본 학습기의 파라미터를 업데이트한다. 해당 단계는 수렴이 될 때까지 반복된다.

예시 8. 랜덤 포레스트[random forest][10]와 같은 앙상블[Ensemble] 및 부스팅[boosting] 기법[1]은 다중 커널 학습에서 유래했다. 랜덤 포레스트는 부트스트랩 결합(bagging이라고도 함) 개념과 제어된 분산을 포함하는 의사결정 트리를 구성하기 위한 랜덤 특징의 집합을 결합한다. 구체적으로 랜덤 포레스트는 [22, 23]에서 소개된 원리에 따라 배깅[bagging] 및 특징의 일부를 기반으로 매번 학습 데이터의 일부를 선택해 여러 개의 의사결정 트리를 학습한다. 테스트를 수행하는 경우 서로 다른 케이스 특징의 집합이 해당 의사결정 트리로 동시에 전송된다. 각 커널은 예측을 생성하며, 선형으로 집계된다.

예시 9. 정[Zheng]과 연구진[60]은 5가지 데이터셋을 기반으로 48시간 전에 지역의 대기질을 예측했다. 그림 9.10은 예측 모델의 아키텍처를 보여 주며, 해당 아키텍처는 2개의 커널(공간 예측기 및 시간 예측기)과 1개의 커널 학습 모듈(예측 통합기)을 포함한다. 시간 예측기[temporal predictor]는 해당 지역의 날씨, 과거 몇 시간 동안의 대기질 인덱스[AQI] 그리고 일기예보와 같은 측정소와 관련된 데이터를 통해 측정소 대기질을 예측한다. 한편 공간 예측기는 측정소의 미래 대기질을 예측하기 위해 AQI 및 다른 측정소의 풍속과 같은 공간 인접 데이터를 고려한다. 2개의 예측기는 측정소에 대해 독립적인 자체 예측을 생성하며, 예측 통합기[prediction aggregator]는 측정소의 현재 기상 조건에 따라 동적으로 통합된다. 일부 경우 지역의 예측이 더 중요한 반면 공간 예측은 다른 경우(예, 바람이 강하게 불 때)에 더 큰 가중치를 부여해야 한다. 예측 통합기는 2개의 데이터 커널 사이의 동적 결합을 학습하는 회귀 트리를 기반으로 한다.

다중 커널 학습 기반 프레임워크 다음의 3가지 이유로 대기질 예측 예시에서 단일 커널 기반 모델보다 성능이 우수하다. (1) 특징 공간의 관점: 공간 및 시간 예측기에서 사용되는 특징은 중복되지 않으며, 측정소의 대기질에 대한 다른 뷰를 제공한다. (2) 모델의 관점: 공간 및 시간 예측기는 각각 현저히 다른 특성을 갖는 지역 요소 및 전역 요소를 모델링한다. 예를 들어, 지역 요소는 회귀 문제에 더 가깝고, 전역 요소는 비선형 보간 문제에 더 가깝다. 따라서 해당 요소들은 서로 다른 기법으로 처리된다. (3) 파라미터 학습 관점: 모든 특징을 단일 모델에 공급하면 많은 파라미터를 학습할 수 있는 큰 모델이 생성된다. 하지만 학습 데이터에는 제한이 있다. 예를 들어, 해당 도시에 대한 1년 6개월의 AQI 데이터만을 갖고 있다. 큰 모델을 유기적으로 결합된 3개의 작은 모델로 분해함으로써 파라미터 공간을 대폭 축소해 정확한 학습과 예측이 가능하다.

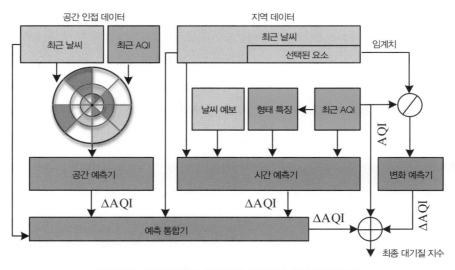

그림 9.10 대기질 예측을 위한 다중 커널 학습 기반 프레임워크

9.4.1.3 하위 공간 학습

하위 공간subspace 학습 기반 접근법은 그림 9.11과 같이 입력 뷰는 잠재 하위 공간으로부터 생성될 것이라는 추측을 기반으로 다중 뷰에서 공유되는 잠재 하위 공간을 획득하는 것이 목표다. 하위 공간을 통해 분류, 클러스터링 등의 후속 작업을 수행할 수 있다. 또한 구성된 하위 공간은 일반적으로 입력 뷰보다 낮은 차원을 가지기 때문에 '차원의 저주curse of dimensionality' 문제는 어느 정도 해결될 수 있다.

단일 뷰 학습에 관한 문헌에서 주성분 분석PCA, Principal Component Analysis은 단일 뷰 데이터에 대한 하위 공간을 이용하고자 널리 사용되는 기법이다. 정준 상관 분석CCA, Canonical Correlation Analysis[20]은 PCA의 다중 뷰 버전으로 간주될 수 있다. 하위 공간에서 2개의 뷰 사이의 상관관계를 극대화함으로써 정준 상관 분석은 각 뷰에 하나의 최적화된 투영을 출력한다. 정준 상관 분석에 의해 구성된 하위 공간은 선형linear이므로 비선형 내장 데이터셋에 직접적으로 적용할 수 없다. 해당 문제를 해결하고자 정준 상관 분석의 커널 변종, 즉 KCCA[27]는 선형 정준 상관 분석이 작동하는 더 높은 공간에 각 비선형 데이터 포인트를 매핑하기 위해 제안됐다. CCA 및 KCCA는 하위 공간을 비지도 방식으로 활용한다. PCA로부터 CCA 생성에 의해 동기를 얻은 다중 뷰 피셔 판별 분석multiview Fisher discriminant analysis[25]은 레이블 정보를 가진 유용한 투영projections을 찾고자 개발됐다. 로렌스Lawrence[26]는 비선형 차원 축소의 작업을 수행할 수 있는 잠재 변수 모델을 구성하기 위한 도구로서 가우스 프로세스를 제시했다. 첸Chen과 연구진[13]은 범용적인 다중-뷰 잠재-공간 마르코프 네트워크generic multi-view latent-space Markov network를 기반으로 여러 개의 뷰에 의해 공유되며 예측 하위 공간을 학습하는 통계적 프레임워크를 개발했다.

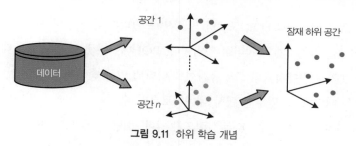

그림 9.11 하위 학습 개념

9.4.2 유사성 기반 지식 융합

9.4.2.1 일반적인 인사이트

유사성similarity은 서로 다른 객체 사이에 존재한다. 2개의 객체(X, Y)가 일부 메트릭metric과 관련해서 유사하다는 것을 알고 있다면 그림 9.12a와 같이 Y의 데이터가 부족한 경우 Y가 X의 정보를 활용할 수 있다. 이것은 또한 많은 추천 시스템을 구현하는 협력 필터링collaborative-filtering 알고리즘의 일반적인 개념이다.

그림 9.12b와 같이 X와 Y가 각각 다중 데이터셋(예, S_1, S_2, ..., S_n)을 갖고 있는 경우 해당 데이터셋의 각 쌍을 기반으로 두 객체 사이의 여러 유사성을 학습할 수 있다. 예를 들어, S_1만을 기준으로 X와 Y 사이의 유사성을 계산할 수 있으며, S_2를 기반으로 $Sim_{S_1}(X, Y)$ 및 $Sim_{S_2}(X, Y)$로 나타낼 수 있다. 각각의 유사성은 X와 Y의 상관관계를 하나의 관점에서 기술하고, 해당 상관관계를 전체적으로 통합한다. 결과적으로 X와 Y의 상관관계는 각각의 개별적인 유사성을 향상시킬 수 있다.

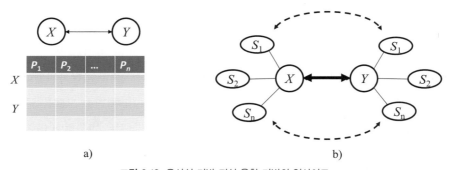

a)   b)

그림 9.12 유사성 기반 지식 융합 기법의 인사이트

예를 들어, X와 Y는 각각 POI, 도로망 및 휴먼 모빌리티 패턴을 나타내는 S_1, S_2, S_3의 3가지 데이터셋을 가진 2개의 지리적 영역이다. POI 데이터셋 S_1과 도로망 데이터셋 S_2는 각 데이터셋의 관점에서 X와 Y의 유사성을 나타낼 만큼 충분히 밀집돼 있다. 하지만 사람들의 교통 데이터 중 일부인 택시 데이터로부터 수집되는 휴먼 모빌리티패턴 S_3은 매우 희소하다. 따라서 $Sim_{S_3}(X, Y)$는 신뢰도가 낮다. 해당 지역의 S_3 데이터셋에 대한 결측값을 채우는 경우 결과 또한 설명하기 어렵다. S_1, S_2 그리고 S_3을 결합함으로써 X 및 Y

지역에 대한 더 나은 정보를 얻을 수 있으며, 따라서 실제 상관관계를 더 정확하게 추론할 수 있다. 추후 상관관계의 더 나은 추정을 활용해 $Sim_{S_3}(X, Y)$를 개선시키고, 결과적으로 결측값을 자체적인 S_3에 채워 넣을 수 있다.

결합된 행렬 분해coupled matrix factorization, 콘텍스트 인식 텐서 분해context-aware tensor decomposition 및 매니폴드 정렬manifold alignment이 해당 범주의 대표적인 기법이다.

9.4.2.2 결합된 행렬 분해

결합된 행렬 분해(또는 콘텍스트 인식 행렬 분해)는 서로 다른 행렬을 포함하는 서로 다른 데이터를 수용하며, 해당 데이터셋은 서로 공통의 차원을 공유한다. 8장에서 행렬 분해 원리를 소개하고, 위치 추천 및 교통 상황 추론을 위해 해당 기법을 이용한 2가지 예시를 살펴보았다. 따라서 여기에서 해당 기법의 자세한 내용을 다루지 않는다.

9.4.2.3 콘텍스트 인식 텐서 분해

텐서 분해 알고리즘은 행렬 분해에 3차원을 추가해 개인화된 위치-활동 추천 시스템에서 위치location-활동activity-사용자user 및 주행 방향 서비스의 사용자user-도로road-시간time과 같은 3개의 엔티티 사이의 관계를 모델링한다. 텐서와 공통 차원을 공유해 콘텍스트context로 간주되는 복수의 행렬을 가진 텐서를 일괄적으로 인수분해하는 것을 콘텍스트 인식 텐서 분해context-aware tensor decomposition라고 한다. 해당 콘텍스트 행렬은 다른 데이터셋의 지식을 통합하므로 텐서만 분해하는 것보다 누락된 항목을 더 정확하게 보완할 수 있다. 8.5절에서 텐서 분해 원리를 소개하고, 콘텍스트 인식 텐서 분해를 사용해 개인화된 위치-활동 권장 사항 수행, 경로의 이동 시간 추정, 도시 소음 진단 등의 3가지 예시를 살펴보았다. 따라서 추가적인 세부 사항에 대해 논의하지 않는다.

9.4.2.4 매니폴드 정렬

매니폴드 정렬은 각 데이터셋 내의 인스턴스 관계를 활용해 데이터셋 사이의 관계에 대한 지식을 강화함으로써 초기에 서로 다른 데이터셋을 공동 잠재 공간joint latent space에 매핑한다[43]. 매니폴드 정렬은 Isomap[41], 로컬 선형 임베딩locally linear embedding [35] 및 라플라시안 고유 맵Laplacian eigenmaps[4]과 같은 차원 축소를 위한 다른 매니폴드 학습 기법과 밀접한 관련이 있다. 데이터셋이 주어진 경우 해당 알고리즘들은 데이터셋의 저차원 매니폴드 구조^{low-dimensional manifold structure}를 식별하고, 데이터셋의 저차원 임베딩^{low-dimensional embedding}에 저장한다. 매니폴드 정렬은 동일한 패러다임을 따르지만 여러 데이터셋을 포함한다. 매니폴드 정렬에는 2가지 핵심 개념이 존재한다.

첫 번째, 매니폴드 정렬은 데이터셋 사이의 관련성을 유지하고, 각 데이터셋의 비슷한 인스턴스를 유클리드 공간의 비슷한 위치에 매핑함으로써 각 데이터셋 내의 개별 구조를 유지한다. 그림 9.13과 같이 매니폴드 정렬은 데이터셋(X, Y)을 신규 공통 잠재 공간($f(X)$, $g(Y)$)에 매핑하며, 각 데이터셋 내에서 비슷한 인스턴스와 데이터셋의 해당 인스턴스는 해당 공간에서 가깝거나 동일하다. 2가지 유사점은 데이터셋 내의 내부 유사성을 유지하기 위한 부분과 서로 다른 데이터셋 사이의 관련성을 위한 부분으로 구성된 손실 함수에 의해 모델링된다.

공식적으로 c를 포함하는 데이터셋 X^1, X^2, ..., X^c를 사용해 각 데이터셋 내의 내부 유사성은 방정식 (9.7)에 의해 모델링된다.

$$C_\lambda(F^a) = \sum_{i,j} \| F^a(i,.) - F^a(j,.) \|^2 \cdot W^a(i,j), \tag{9.7}$$

X^a는 a번째 데이터셋으로 n_a 측정치 및 p_a 기능을 포함하는 $n_a \times p_a$ 데이터 행렬이다. F^a는 X^a의 임베딩이다. W^a는 $n_a \times n_a$ 행렬이며, 행렬에서 $W^a(i,j)$는 인스턴스 $X^a(i,.)$와 $X^a(j,.)$의 유사성이다. 합계는 해당 데이터셋의 모든 인스턴스 쌍에 의해 대체된다. $C_\lambda(F^a)$는 X^a 내의 내부 유사성을 유지하는 비용이다. X^a, $X^a(i,.)$ 및 $X^a(j,.)$의 2개의 데이터 인스턴스가 유사한 경우 $W^a(i,j)$가 더 커지며, 잠재 공간에서의 위치 $F^a(i,.)$ 및 $F^a(i,.)$는 더 근접해야 한다($\| F^a(i,.) - F^a(j,.) \|^2$는 작음).

2개 데이터셋 사이의 인스턴스에 대한 관련된 정보를 유지하려면 X^a 및 X^b에서 각 관련 쌍의 비용은 $C_k(F^a, F^b)$이다.

$$C_k(F^a, F^b) = \sum_{i,j} \| F^a(i,.) - F^b(j,.) \|^2 \cdot W^{a,b}(i,j), \tag{9.8}$$

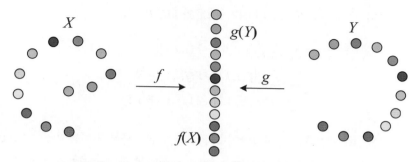

그림 9.13 두 데이터셋의 매니폴드 정렬(그림은 [43]에서 파생됨)

$W^{a,b}(i, j)$은 유사성 또는 $X^a(i,.)$와 $X^b(j,.)$ 인스턴스 사이의 관련된 정도다. 2개의 데이터 포인트의 관련성이 높은 경우 $W^{a,b}(i, j)$가 커지며, 잠재 공간의 위치 $F^a(i,.)$ 및 $F^b(j,.)$가 서로 더 근접해야 한다. 일반적으로 $X^a(i,.)$와 $X^b(j,.)$가 관련된 경우 $W^{a,b}(i, j) = 1$이다. 따라서 최종 손실 함수는 다음과 같다.

$$C_1(F^1, F^2, \ldots, F^k) = u \cdot \sum_a C_\lambda (F^a) + v \cdot \sum_{a \neq b} C_k (F^a, F^b); \qquad (9.9)$$

일반적으로 $u = v = 1$이다.

두 번째, 알고리즘 관점에서 매니폴드 정렬은 정렬된 개별 데이터셋이 동일한 기본 매니폴드 구조를 갖는다고 가정한다. 두 번째 손실 함수는 단순히 공동 인접 행렬^{joint adjacency} matrix을 사용하는 라플라시안 고유 맵의 손실 함수다.

$$C_2(\mathbf{F}) = \sum_{i,j} \| \mathbf{F}(i,.) - \mathbf{F}(j,.) \|^2 \cdot \mathbf{W}^{a,b}(i, j), \qquad (9.10)$$

해당 함수의 합계는 인스턴스의 전체 쌍에 의해 대체되며, $\mathbf{F}$는 전체 데이터셋의 통합된 표현이고, $\mathbf{W}$는 전체 데이터셋의 $(\sum_a n_a \times \sum_a n_a)$ 공동 인접 행렬이다.

$$W = \begin{pmatrix} vW^1 & uW^{1,2} & \cdots & uW^{1,c} \\ & \vdots & \ddots & \vdots \\ uW^{c,1} & uW^{c,2} & \cdots & vW^c \end{pmatrix}. \qquad (9.11)$$

식 (9.10)은 2개의 데이터 인스턴스가 동일한 데이터셋($a = b$) 또는 다른 데이터셋 ($a \neq b$)에 포함돼 있는지와 관계 없이 $X^a(i,.)$와 $X^b(j,.)$의 유사성을 나타낸다. 두 경우 모두 $\mathbf{W}(i, j)$가 더 클 경우 잠재 공간의 위치 $\mathbf{F}(i,.)$와 $\mathbf{F}(i,.)$는 서로 더 근접해야 한다.

$$
\begin{aligned}
C_2(\mathbf{F}) &= \sum_{i,j} \sum_k \left\| \mathbf{F}(i, k) - \mathbf{F}(j, k) \right\|^2 \cdot \mathbf{W}^{a,b}(i, j) \\
&= \sum_k \sum_{i,j} \left\| \mathbf{F}(i, k) - \mathbf{F}(j, k) \right\|^2 \cdot \mathbf{W}^{a,b}(i, j) \qquad (9.12) \\
&= \sum_k tr(\mathbf{F}(., k)' \mathbf{LF}(., k)) = tr(\mathbf{F}' \mathbf{LF}),
\end{aligned}
$$

$\|M(i,.)\|^2 = \sum_k M(i, k)^2$과 라플라시안이 2차 연산자라는 사실을 이용해 $tr(\cdot)$은 행렬의 대각합$^{\text{matrix trace}}$을 나타내며, $\mathbf{L} = \mathbf{D} - \mathbf{W}$는 전체 데이터셋의 공동 라플라시안 행렬을 나타낸다. 또한 $\mathbf{D}$는 $\mathbf{D}^a(i, j) = \sum_j \mathbf{W}(i, j)$를 포함하는 대각 행렬 $(\sum_a n_a \times \sum_a n_a)$이다. $\mathbf{L}$에서 표준 매니폴드 학습 알고리즘을 사용해 원래 데이터셋의 공동 잠재 표현을 획득한다. 따라서 매니폴드 정렬은 여러 데이터셋의 낮은 차원의 임베딩을 찾아내는 제한된 공동 차원 축소의 한 형태로 볼 수 있다.

예시 10. 정^{Zheng}과 연구진[58]은 소셜 미디어, 도로망 데이터 및 POI를 포함하는 311 플랫폼의 민원 데이터를 사용해 세분화된 소음 상황을 추론했다. 그림 9.14에서 볼 수 있듯이 3차원 텐서로 뉴욕시의 소음 상황을 모델링하며, 각각 지역, 소음 범주 및 타임 슬롯을 나타낸다. 엔트리 $A(i, j, k)$는 특정 기간 동안 지역 r_i 및 타임 슬롯 tk에서 범주 c_j의 총 311건의 민원 사항을 저장한다. 사람들이 항상 소음 상황을 신고하지 않기 때문에 텐서는 매우 희소하다. 텐서의 데이터가 희소하지 않은 경우 도시 전체의 소음 상황을 알 수 있다.

　데이터 희소성 문제를 해결하고자 연구진은 POI/도로망 데이터, 사용자 체크인 그리고 311개의 민원 데이터로부터 지리적 특징, 휴먼 모빌리티 특징 그리고 소음 범주 관련 특징(행렬 X, Y 그리고 Z로 나타냄)들을 추출했다. 예를 들어, 행렬 X의 행은 지역을 나타내며, 각 열은 교차로의 수 및 해당 지역의 도로 구간의 총 길이와 같은 도로망 특징을 나타낸다. 행렬 X는 지리적 특징 측면에서 두 지역 사이의 유사성을 결합한다. 단순히 생각하면 유사한 지리적 특징을 가진 지역들은 유사한 소음 상황을 가질 수 있다. $Z \in \mathbb{R}^{M \times M}$은 소음의 다양한 범주에 대한 상관 행렬$^{\text{correlation matrix}}$이다. $Z(i, j)$는 소음 범주 c_i가 다른 범주 c_j와 함께 발생하는 빈도를 나타낸다.

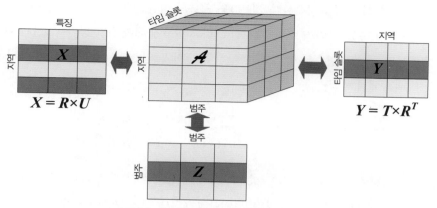

그림 9.14 텐서 분해를 통한 도시 소음 진단

해당 특징은 텐서의 누락된 항목을 보완하기 위해 콘텍스트 인식 텐서 분해 접근에서 콘텍스트로 사용된다. 보다 구체적으로 $\mathcal{A}$는 0이 아닌 엔트리에 따라 몇 개의(하위 순위) 행렬과 코어 텐서(또는 몇 개의 벡터)의 곱셈으로 분해된다. 행렬 X는 2개의 행렬 $X = R \times U$의 곱셈으로 인수분해될 수 있으며, 여기서 $R \in \mathbb{R}^{N \times d_R}$ 및 $U \in \mathbb{R}^{d_R \times P}$는 각각 지역 및 지리적 특징에 대한 하위 순위 잠재 요인$^{low-rank\ latent\ factor}$이다. 마찬가지로 행렬 Y는 2개의 행렬 $Y = T \times R^T$의 곱셈으로 인수분해될 수 있으며, 여기서 $T \in \mathbb{R}^{L \times d_T}$는 타임 슬롯에 대한 하위 순위 잠재 행렬이다. d_T와 d_R은 일반적으로 매우 작다. 목적 함수는 다음과 같이 정의된다.

$$
\begin{aligned}
\mathcal{L}(S,R,C,T,U) = {} & \frac{1}{2} \left\| \mathcal{A} - S \times_R R \times_C C \times_T T \right\|^2 \\
& + \frac{\lambda_1}{2} \left\| X - RU \right\|^2 + \frac{\lambda_2}{2} tr(C^T L_Z C) + \frac{\lambda_3}{2} \left\| Y - TR^T \right\|^2 \quad (9.13) \\
& + \frac{\lambda_4}{2} (\left\| S \right\|^2 + \left\| R \right\|^2 + \left\| C \right\|^2 + \left\| T \right\|^2 + \left\| U \right\|^2),
\end{aligned}
$$

$\left\| \mathcal{A} - S_{\times_R} R_{\times_C} C_{\times_T} T \right\|^2$는 $\mathcal{A}$의 분해 오류 제어, $\left\| X - RU \right\|^2$는 X의 인수분해 오류 제어, $\left\| Y - TR^T \right\|^2$는 Y의 인수분해 오류 제어, $\left\| S \right\|^2 + \left\| R \right\|^2 + \left\| C \right\|^2 + \left\| T \right\|^2 + \left\| U \right\|^2$는 과적합을 피하기 위한 정규화 페널티다. 또한 λ_1, λ_2, λ_3 및 λ_4는 협업 분해$^{collaborative\ decomposition}$를 수행하는 동안 각 부분의 기여를 제어하는 파라미터다. 여기에서는 행렬 X와 Y는 텐서 $\mathcal{A}$

와 동일한 지역의 차원을 공유한다. A는 Y와 공통의 시간 차원을 갖고 있고, Z와 공유된 범주 차원을 갖고 있다. 따라서 지역, 시간 그리고 범주에 대한 잠재 공간을 공유한다. 해당 개념은 결합 행렬 인수분해coupled matrix factorization에 도입됐다. $tr(C^T L_z C)$는 매니폴드 정렬(식 (9.12))에서 파생됐다.

$$\sum_{i,j} \left\| C(i,.) - C(j,.) \right\|^2 Z_{ij} = \sum_k \sum_{i,j} \left\| C(i,k) - C(j,k) \right\|^2 Z_{ij}$$
$$= tr(C^T(D-Z)C) = tr(C^T L_Z C), \tag{9.14}$$

$C \in \mathbb{R}^{M \times d_C}$는 범주의 잠재 공간, $D_{ii} = \sum_i Z_{ij}$는 대각 행렬diagonal matrix 그리고 $L_Z = D - Z$는 범주 상관관계 그래프의 라플라시안 행렬이다. $tr(C^T L_Z C)$는 높은 유사성(예, Z_{ij}가 큰 경우)을 갖는 2개의 소음 범주(예, i 및 j)가 신규 잠재 공간 C에서 근접해 있음을 보장한다. 이와 같은 경우 오직 하나의 데이터셋(311 플랫폼의 민원 데이터)만이 매니폴드 정렬에 포함되기 때문에 $D = D$이다. 목적 함수의 전역 최적 결과를 찾기 위한 닫힌 솔루션이 없기 때문에 로컬 최적화를 찾기 위한 수치적 방법인 경사 하강을 사용한다.

9.4.3 확률적 의존성-기반 지식 융합

해당 기법의 범주는 상관관계 또는 인과관계가 될 수 있는 확률적 의존성을 기반으로 서로 다른 데이터셋의 지식을 융합한다. 보다 구체적으로 해당 기법은 다른 데이터셋의 속성을 관련된 또는 관련되지 않은 에지와 연결해 일부 변수의 값을 예측하고자 추론이 수행되는 것을 기반으로 의존성을 그래픽으로 표현한다.

예를 들어, 그림 9.15와 같이 데이터셋 S_1의 요소 C는 데이터셋 S_3의 요소 C에 보다 의존적인 데이터셋 S_2의 요소 B로부터 야기된다. 또는 요소 A와 B가 공통으로 C로부터 야기된다는 것을 알 수 있으며, D에 상호 의존적이다. 베이지안 네트워크와 마르코프 랜덤 필드로 구성된 확률적 그래픽 모델은 해당 지식 융합 접근법의 범주에서 대표적인 방법이다. 그래픽 모델의 구조는 이론적으로는 주어진 데이터에서 자동으로 학습할 수 있지만, 대개 인간의 지식을 기반해 수동으로 설계된다. 그래픽 모델의 구조를 자동 학습하는 것은 여전히 어려운 과제이며, 매우 복잡하고 계산 비용이 높다. 인간의 지식을 모델에 통합함으로써 그래픽 모델은 소규모의 학습 데이터 또는 레이블되지 않은 데이터를 통해 머신러닝 문제를 처리할 수 있다. 해당 모델은 레이블 희소성 문제를 해결할 수 있다. 또한 SVM과 같은 다른 분류 모델과 비교했을 때 레이블 불균형 문제를 처리할 수 있다.

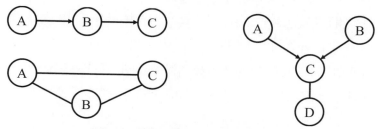

그림 9.15 확률적 의존성-기반 지식 융합 기법 예시

9.4.3.1 베이지안 네트워크

베이지안 네트워크는 n개의 변수의 결합 확률을 인수분해하는 방향성 비순환directed acyclic 그래프다. 베이지안 네트워크를 사용하는 경우 학습 파라미터와 종속 변수와 관련된 한계 확률을 추론하는 2개의 주요 단계가 있다. 베이지안 네트워크에 대한 자세한 내용은 8.6.2절을 참고하면 된다.

9.4.3.2 마르코프 랜덤 네트워크

마르코프 랜덤 필드Markov random field라고도 부르는 마르코프 네트워크는 순환하는 무방향 그래프로 나타낼 수 있는 마르코프 속성을 갖는 랜덤 변수 집합이다. 따라서 마르코프 네트워크는 베이지안 네트워크가 할 수 없는 특정 종속성(예, 순환 종속성)을 나타낼 수 있다. 반면에 베이지안 네트워크가 할 수 있는 특정 의존성(예, 유도 의존성)을 나타낼 수는 없다. 마르코프 랜덤 네트워크의 학습과 추론 알고리즘은 베이지안 네트워크와 비슷하다. 마르코프 랜덤 네트워크에 대한 자세한 내용은 8.6.3절을 참고하면 된다.

9.4.4 학습 기반 지식 융합 전이

대부분의 머신러닝 및 데이터 마이닝 알고리즘은 학습 데이터 및 미래 데이터가 같은 특징 공간에 위치하고, 동일한 분포를 갖는다고 가정한다. 하지만 많은 실제 애플리케이션에서 이 가정은 적용되지 않을 수 있다. 예를 들어, 때때로 관심 분야의 분류 작업이 존재할 수 있지만, 충분한 학습 데이터가 다른 관심 분야에만 존재할 수 있는데 해당 데이터는 다른 특징 공간 또는 다른 데이터 분포를 가질 수 있다. 레이블된 데이터와 레이블되지 않은 데이터가 동일한 것으로 가정되는 준지도학습semisupervised learning과는 달리 전이학습은 학습과 테스트에 사용되는 도메인, 작업 및 분포가 다를 수 있다.

현실에서 전이학습의 많은 예를 확인할 수 있다. 예를 들어, 테이블에 대한 인식을 학습하는 것은 의자를 식별하는 것에 대해 도움이 될 수 있다. 자전거 타는 법을 배우면 오토바이를 타는 데 도움이 될 수 있다. 이와 같은 예시는 또한 디지털 세상에서도 폭넓게 적용된다. 예를 들어, 아마존에서 사용자의 거래 기록을 분석함으로써 해당 사용자의 관심사를 분석할 수 있으며, 해당 데이터를 다른 애플리케이션이나 여행지 추천으로 전이시킬 수 있다. 한 도시의 교통 데이터에서 학습한 지식은 다른 도시로 전이될 수 있다.

표 9.2 전이학습의 분류법(TL)[34]

학습 설정		소스 및 타깃 도메인	소스 및 타깃 작업
기존 ML		같음	같음
전이학습(TL)	귀납적 학습/	같음	동일하지 않지만 관련됨
	비지도 TL	동일하지 않지만 관련됨	동일하지 않지만 관련됨
	변환학습	동일하지 않지만 관련됨	같음

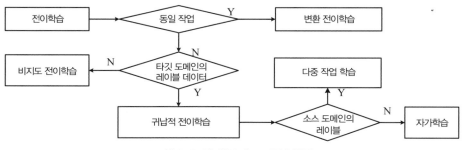

그림 9.16 전이학습의 또 다른 분류법

9.4.4.1 동일한 데이터셋 사이의 전이

판^{Pan}과 양^{Yang}의 연구진[34]은 표 9.2와 같이 소스와 타깃 도메인 사이의 서로 다른 작업과 상황에 따라 전이학습을 3가지 범주로 분류하는 효과적인 설문 조사를 수행했다. 그림 9.16은 소스 및 타깃 도메인에서 레이블 데이터의 사용 여부에 따른 다양한 전이학습 분류법을 보여 준다.

작업은 동일하지만 소스와 타깃 도메인이 다른 경우를 처리하기 위해 Transductive 학습이 제안됐다. 또한 소스 도메인과 타깃 도메인 사이의 차이에 대한 2개의 하위 범주가 존재한다.

첫 번째 하위 범주에서는 도메인 사이의 특징 공간은 동일하지만, 한계 확률 분포가 다르다. 전이학습에 대한 대부분의 기존 작업은 해당 범주에 포함된다. 예를 들어, 교통량 추정 작업에서 교통량 데이터를 특정 도시에서 학습 데이터가 부족한 다른 도시로 전달할 수 있다.

두 번째 하위 범주는 도메인 사이의 특징 공간이 서로 다른 경우다. 예를 들어, 하나의 도메인은 중국어 웹 페이지를 갖고 있으며, 다른 하나는 영어 웹 페이지를 갖는다. 하지만 작업은 동일하다(예, 시맨틱 의미의 유사성을 기반으로 웹 페이지를 클러스터링).

양^{Yang}과 연구진[49]은 해당 범주의 상황을 처리하고자 이기종 전이학습^{heterogeneous} $^{transfer\ learning}$이라는 설정을 수행했다. 해당 작업 흐름에는 2가지 방향이 있다. 즉 (1) 소스에서 타깃으로 변환[14] 또는 (2) 2개의 도메인을 공통 잠재 공간으로 투영[64]이다. 이기종 전이학습에서 소스와 타깃 도메인은 서로 다른 특징 공간에서 파생됐지만, 각 도메인 자체는 단일 데이터 소스와 비슷하다.

Transductive 학습과는 달리 귀납학습$^{inductive\ learning}$은 소스 및 타깃 도메인에서 작업이 다른 학습 사례를 처리한다. 한 가지 문제를 해결하면서 얻은 지식을 저장하고, 해당 지식을 다른 문제에도 적용하는 데 초점을 맞춘다. 멀티태스크 학습$^{MTL,\ Multitask\ Learning}$[11]은 귀납 전이학습에 대한 대표적인 접근 방식이다. MTL은 공유 표현을 사용해 다른 관련 문제와 함께 문제를 학습한다. MTL은 학습자가 작업 사이의 공통성을 활용할 수 있게 해주기 때문에 종종 메인 작업에 대한 개선된 모델을 생성할 수 있다[11]. MTL은 해당 작업이 일부 공통성을 갖고 있고 약간 언더샘플링^{undersampling}된 경우 잘 작동한다.

그림 9.17은 MTL의 2가지 예시를 보여 준다. 그림 9.17a는 2개의 분류 작업 사이의 학습 전이를 나타낸다. 실제 세계에서의 위치 기록(예, 소셜 네트워킹 서비스에서의 체크인) 측면에서 수행할 수 있는 작업은 다양한 여행 패키지에 대한 개인의 관심을 추론하는 것이다. 또 다른 작업은 사용자가 인터넷에서 검색한 도서를 기반으로 다른 도서 유형에 대한 사용자의 관심을 추정하는 것이다. 우연히 동일한 사용자로부터 2개의 데이터셋을 획득하는 경우 2개의 작업을 MTL 프레임워크에서 연결할 수 있으며, 해당 프레임워크는 사용자의 일반적인 관심사에 대한 공유 표현을 학습한다. 사용자가 검색한 도서들은 사용자의 일반적인 관심사 및 특징을 암시해 여행 패키지 추천에 활용할 수 있다. 마찬가지로 사용자의 물리적 위치에서 얻은 지식은 또한 사용자의 다른 도서들에 대한 관심을 추정하는 데 도움이 된다. MTL은 데이터셋이 매우 희소한 경우에 특히 유용하다(예, 사용자의 체크인 데이터 매우 적은 경우).

그림 9.17b는 가까운 미래의 대기질과 교통 상황을 동시에 예측하는 MTL의 또 다른 예시를 제시한다. 일반적으로 알 수 있는 사실은 교통 상황에 따라 대기 오염 물질의 양이 달라지므로 대기 질에 미치는 영향이 달라진다는 것이다. 마찬가지로 사람들은 공기가 좋은 날에는 하이킹이나 외출을 가는 경향이 있으며, 공기가 좋지 않은 날에는 외출을 자제한다. 그 결과 교통 상황 또한 대기질에 영향을 받는다. 두 데이터셋의 공유 특징 표현은 타임 슬롯에서 지역의 잠재 공간으로 간주될 수 있다.

예시 11. 리우Liu와 연구진[29]은 2시간 동안 파이프 네트워크pipe network의 15개 모니터링 지점에서 수질(예, 잔류 염소)을 예측하기 위한 새로운 멀티태스크, 멀티뷰 학습 프레임워크multi-view learning framework를 제안했다. 해당 예측은 수자원의 수질 조정, 오염 경보 발령, 유지보수 제안(예, 특정 파이프라인 교체)에 대한 수자원 사업자의 의사결정에 대한 정보를 알려줄 수 있다.

해당 프레임워크에서 도시 데이터의 다양한 소스는 각각 수질에 대한 공간적 또는 시간적 관점으로 간주된다. 예를 들어, 그림 9.17과 같이 도로망, POI, 주변 지점의 수질과 같은 특징들은 수질에 대한 공간적 관점을 형성하는 반면 날씨, 수압 특징hydraulic feature, 시간 그리고 지난 몇 분 동안의 한 지점의 수질과 같은 특성은 시간적 관점으로 간주된다. 시간 예측기temporal predictor 및 공간 예측기spatial predictor로 구성된 2개의 예측기는 대응하는 뷰의 특징을 각각 입력으로 취해 예측 결과를 개별적으로 생성한다.

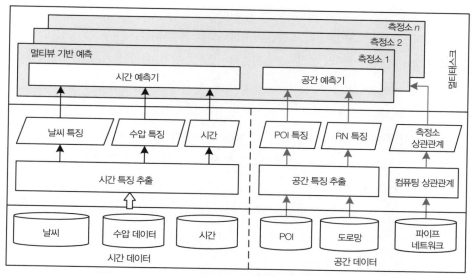

그림 9.17 도시 수질을 예측하기 위한 멀티태스크, 멀티뷰 학습 프레임워크

또한 각 모니터링 지점의 예측은 작업으로 간주된다. 15개 모니터링 지점의 수질은 일관적으로 예측되며 이것은 MTL이다. 공식적으로 서로 다른 뷰와 작업의 예측 결과는 다음과 같은 목적 함수에 따라 집계된다.

$$
\min_W \frac{1}{2} \sum_{l=1}^{M} \left\| y_l - \frac{1}{2} X_l w_l \right\|_2^2 + \lambda \sum_{l=1}^{M} \left\| X_l^s w_l^s - X_l^t w_l^t \right\|_2^2 \\
+ \gamma \sum_{l,m,\, l \neq m}^{M} c_{lm} \left\| w_l - w_m \right\|_2^2 + \theta \left\| W \right\|_{2,1},
\tag{9.15}
$$

$X_l w_l = X_l^s w_l^s + X_l^t w_l^t$은 두 작업 예측기의 집계이다. X_l^s은 작업 l에서 공간 예측기의 특징 집합이며, w_l^s은 대응되는 파라미터다. 단순화를 위해 선형 회귀 모델이 두 예측기에 사용된다. 마찬가지로 X_l^t은 작업 l에서 시간 예측기의 특징 집합이며, w_l^t은 대응되는 파라미터다. w_l은 x의 l_2-norm으로 나타내는 w_l^s과 $w_l^s \cdot \|x\|_2$으로 구성된 작업 l의 파라미터 집합이다.

$\|X_l^s w_l^s - X_l^t w_l^t\|_2^2$는 뷰 정렬$^{\text{view alignment}}$을 나타낸다. 즉 동일한 작업의 공간적, 시간적 관점의 예측 결과는 서로 근접해야 한다.

$\sum_{l,m,l \neq m}^{M} c_{lm} \|w_l - w_m\|_2^2$는 작업 정렬$^{\text{task alignment}}$을 나타낸다. c_{lm}은 두 작업 사이의 상관 관계를 나타내며, 파이프 네트워크의 두 모니터링 지점 사이의 연결성에 의해 측정될 수 있다. 2개의 모니터링 지점이 짧고 굵은 파이프로 잘 연결돼 있는 경우 한 지점에서 다른 지점까지 물이 쉽게 흐를 수 있다. 결과적으로 해당 수질 사이의 상관관계가 높게 된다. c_{lm}의 값이 큰 경우(예. 작업 l 및 m의 상관관계가 높은 경우) 두 작업의 파라미터도 비슷하며, 따라서 $\|w_l - w_m\|_2^2$는 작다.

λ, γ, θ 정규화 파라미터다. W는 $M \times N$ 파라미터 행렬이며, 각 행은 하나의 작업(즉 하나의 모니터링 포인트)을 나타내고, 각 열은 특징을 나타낸다. M은 작업의 개수이고, $N = \|X_i^s\| + \|X_i^t\| \cdot \|W\|_{2,1} = \sum_{i=1}^{M} \sqrt[2]{\sum_{j=1}^{N} w_{ij}}$는 과적합을 피하기 위한 정규화다.

연구에 따르면 멀티태스크, 멀티뷰 프레임워크는 단일 뷰를 사용하거나 단일 작업의 기반의 기존 예측 모델 및 기타 머신러닝 알고리즘보다 높은 성능을 가진다.

9.4.4.2 다중 데이터셋 사이의 전이학습

빅데이터 분야에서 더 높은 성능을 구현하고자 다양한 머신러닝 작업들이 도메인의 다양한 데이터를 활용한다. 이러한 상황은 여러 데이터셋의 지식을 소스에서 타깃 도메인으로 전송할 수 있는 새로운 기술을 요구한다. 예를 들어, 베이징과 같은 대도시는 도시의 미세한 대기질을 추론할 수 있는 충분한 데이터셋(교통량, 날씨, 휴먼 모빌리티 등)이 존재한다. 하지만 다른 도시에 모델을 적용할 때 일부 데이터셋(예. 교통량)이 없거나 일부 데이터셋의 충분한 데이터가 없을 수 있다(예. 휴먼 모빌리티). 베이징의 여러 데이터셋에서 수집한 지식을 다른 도시로 전달할 수 있을까?

그림 9.18은 다양한 데이터셋을 처리하는 전이학습의 4가지 상황을 보여 준다. 다른 도형은 다른 데이터셋을 나타내며, 뷰^{view}라고도 한다. 그림 9.18a에 나온 것과 같이 타깃 도메인은 (소스 도메인에 포함된) 모든 종류의 데이터셋을 갖고 있으며, 각 데이터셋은(소스 도메인으로서) 충분한 데이터를 갖고 있다. 즉 타깃 도메인은 소스 도메인으로서 동일한(또는 충분한) 특징 공간을 갖고 있다. 이와 같은 상황은 멀티뷰 전이학습을 통해 처리할 수 있다[15, 48 54]. 예를 들어, 장^{Zhang}과 연구진[54]은 소스 도메인의 레이블된 데이터와 다른 뷰의 특징을 모두 활용하는 MVTL-LM$^{\text{Multi-View Transfer Learning with a Large Margin}}$을 통한

멀티뷰 전이학습을 제안했다. DISMUTE[15]는 멀티뷰 크로스 도메인 학습multi-view cross-domain learning을 위한 특징 선택을 수행한다. MDT^Multi-view Discriminant Transfer[48]는 도메인 불일치domain discrepancy와 뷰 불일치view disagreement를 동시에 최소화하기 위해 각 뷰에 대한 판별 가중치 벡터discriminant weight vector를 학습한다.

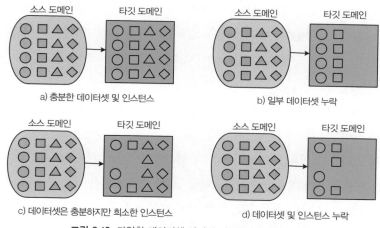

a) 충분한 데이터셋 및 인스턴스

b) 일부 데이터셋 누락

c) 데이터셋은 충분하지만 희소한 인스턴스

d) 데이터셋 및 인스턴스 누락

그림 9.18 다양한 데이터셋 사이의 다양한 전이학습 패러다임

그림 9.18b와 같이 일부 데이터셋은 타깃 도메인에 존재하지 않지만 다른 데이터셋은 소스 도메인만큼 충분하다. 뷰 구조view structure라고도 하는 데이터셋 누락 문제를 처리하고자 멀티뷰, 멀티태스킹 학습[21, 24]에 대한 일련의 연구가 제안됐다. 하지만 해당 알고리즘은 타깃 도메인에는 모든 종류의 데이터셋이 있지만 일부 데이터셋은 매우 적은 (또는 매우 희박한) 측정치를 가지며, 그림 9.18d와 같은 상황을 처리할 수 없다. 해당 예시에는 일부 데이터셋은 존재하지 않으며(뷰 누락), 일부 데이터셋은 매우 희박한(측정 누락) 상황이다. 해당 문제를 해결하고자 웨이Wei와 연구진[44]은 뷰 구조 누락과 측정 누락 문제를 처리할 수 있는 전이학습 접근법을 제안했다.

예시 12. 어반 컴퓨팅 시나리오에서 베이징과 뉴욕 같은 몇몇 대도시의 경우에는 데이터가 충분한 경우가 많다. 하지만 데이터 수집을 위한 인프라가 제공되지 않거나 구축되지 않은 소규모 또는 신규 도시는 데이터 유형이 부족하거나 데이터 유형에 대한 측정치가 매우 희박할 수 있다. 이것은 위에서 언급한 구조적 누락structural-missing과 측정 누락observation-missing 문제로 이어진다. 충분한 데이터를 가진 도시source city로부터 수집한 지식을 데이터가 부족한 다른 도시target city로 전달할 수 있으면 대상 도시의 데이터가 충분하지 않았더라도 여러 도시에 신속하게 새로운 기술을 배치할 수 있다. 해당 과정은 어반 컴퓨팅의 콜드 스타트cold start 문제 해결에 도움이 될 수 있다.

여러 도시에 지식을 전달하는 경우 어떤 데이터를 전달할 수 있고 어떤 데이터를 전달할 수 없는지를 인지해야 한다. 대기질 예측 문제 예시를 통해 살펴보면 베이징의 데이터를 기반으로 학습한 예측 모델을 다른 도시인 바오딩Baoding에 직접적으로 전달할 수 없는데 해당 도시들의 대기질 분포 매우 다르기 때문이다. 두 도시의 도로망이 매우 다르기 때문에 베이징의 교통 데이터를 파악해 바오딩의 예측 모델을 학습시킬 수는 없다. 따라서 이와 같은 전이transfer는 효과적이지 않다.

대신에 서로 다른 유형의 데이터셋 사이의 관계에 대한 지식은 보편적일 수 있으며, 따라서 다른 도시들 간에 전달될 수 있다. 예를 들어, 대기 오염은 교통 혼잡과 관련돼 있을 수 있으며 어느 도시에나 적용된다. 또한 서로 다른 도시의 동일한 유형의 데이터셋은 비슷한 잠재 표현을 가질 수 있다. 서로 다른 도시의 데이터를 동일한 잠재 공간에 반영할 수 있는 경우 해당 데이터를 데이터 부족 문제data scarcity problem를 해결하는 데 활용할 수 있다. 예를 들어, 다른 도시의 교통 패턴은 도로망이 다르기 때문에 서로 다른 지리적 분포들을 갖고 있지만, 잠재된 표현은 같을 수 있다(예, 아침과 저녁 출퇴근 시간에는 주행 속도가 느리고 나머지 시간은 비교적 주행 속도가 높음). 따라서 두 도시의 교통 데이터를 잠재 공간에 반영하면 해당 데이터를 통해 데이터 부족 문제를 해결할 수 있다.

그림 9.19와 같이 전이학습 프레임워크transfer-learning framework는 먼저 그래프 클러스터링 기반 사전 학습 알고리즘graph clustering–based dictionary learning algorithm을 통해 원천 도시의 충분한 데이터를 기반으로 사전dictionary을 빌드한다. 사전은 서로 다른 유형의 데이터셋 사이의 관계를 인코딩하고, 원천 및 대상 도시 모두의 데이터를 잠재된 공간으로 투영하기 위한 기반(희소 코딩 모델의 경우)으로 사용된다. 그런 다음 두 도시의 데이터를 잠재 공간에서 함께 사용해 멀티모달 전이 에이다부스트AdaBoost 모델을 학습할 수 있다. 대상 도시의 데이터는 누락된 데이터 유형을 가질 수 있으므로 데이터를 집계하기 위해 최대 풀링pooling을 사용한다. 요약하면 전이학습 프레임워크는 사전dictionary과 인스턴스를 원천

도시에서 대상 도시로 전달된다.

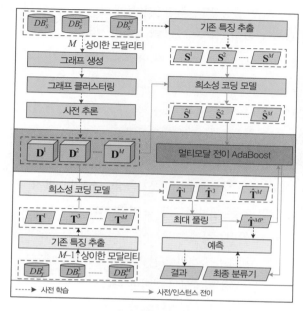

a) 프레임워크

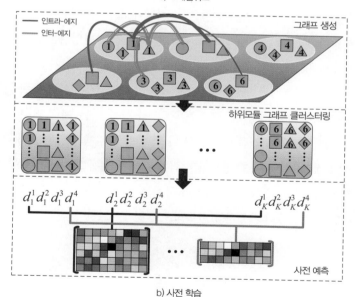

b) 사전 학습

그림 9.19 도시 사이의 전이학습

사전 학습^{dictionary learning} 알고리즘과 관련해 서로 다른 인스턴스의 특징을 2가지 유형의 에지에 연결해 그래프를 생성한다. 그림 9.19b와 같이 각 원^{circle}은 지역(예, 인스턴스)을 나타내며, 서로 다른 모양의 아이콘은 다른 유형의 특징을 나타낸다. 예를 들어, 사각형 아이콘은 POI 특징을 나타낼 수 있고, 삼각형 아이콘은 기상학적 특징을 나타낼 수 있다. 각 유형의 특징은 기본적으로 특징 벡터다. 이를테면 POI 특징 벡터는 서로 다른 범주에 포함된 POI의 분포를 저장할 수 있다. 더 구체적으로 2개의 인스턴스 특징 사이의 유사성이 지정된 임곗값을 초과하는 경우 사전 학습 알고리즘은 서로 다른 두 지역의 동일한 유형의 특징을 인트라-에지^{intra-edge}에 연결한다. 또한 알고리즘은 지리적 거리가 주어진 임곗값보다 작을 경우 서로 다른 유형의 특징들을 인터-에지^{inter-edge}와 연결한다.

그다음 사전 학습 알고리즘은 3가지 기준에 따라 그래프의 해당 특징들을 k그룹으로 클러스터링한다. 첫째, 각 클러스터에는 모든 유형의 특징이 포함돼 있어야 한다. 둘째, 레이블 데이터(예, 대기질 레이블)는 k개의 그룹으로 균등하게 분배돼야 한다. 셋째, 각 그룹의 레이블 데이터는 가능한 한 일관성이 있어야 한다.

각 클러스터에 포함된 인스턴스의 특징값을 활용함으로써 사전^{dictionary}은 각각의 데이터 유형을 생성할 수 있다. 해당 알고리즘은 각 사전에 포함된 서로 다른 유형의 특징들의 관계를 인코딩하며, 이것은 데이터의 유형을 잠재 공간에 반영하는 희소성 코딩^{sparse coding}의 기반으로 사용된다.

멀티모달 전송 에이다부스트 모델은 한 가지 유형의 데이터셋에서 추출된 기능을 기반으로 예측 변수를 학습해 부스팅 방식^{boosting approach}을 통해 다른 예측 변수의 결과를 집계한다. 보다 구체적으로 알고리즘은 원천 도시 및 대상 도시에 포함된 전체 인스턴스에 초기 가중치^{initial weight}를 할당한 후 성능이 수렴될 때까지 원천 도시에서 잘못 분류된 인스턴스에 더 작은 가중치를 할당하고, 대상 도시에서 잘못 분류된 인스턴스에 더 큰 가중치를 할당해 해당 인스턴스의 가중치를 반복적으로 업데이트한다.

9.5 다양한 융합 기법 비교

표 9.3은 이러한 지식 융합 기법들(첫 번째 열에 표시된)의 비교를 보여 주며, 두 번째 열(메타)은 특정 기법이 다른 접근법을 메타 기법meta method으로 통합할 수 있는지를 나타낸다. 예를 들어, 시맨틱 의미 기반 데이터 융합 기법semantic meaning-based data fusion method은 스테이지 기반 융합 기법stage-based fusion method에 적용할 수 있다.

서로 다른 기법들이 다양한 애플리케이션에 따라 다른 방식으로 동작하기 때문에 어떤 지식 융합 기법이 가장 좋은지 판단하기는 쉽지 않다. 지식 융합 기법에 대한 비교 표를 보여 주긴 했지만, 주어진 문제에 대한 적절한 기법을 선택하는 것은 몇몇 요소에 기반하는 여전히 어려운 문제다.

표 9.3 다양한 데이터 융합 기법 비교

| 기법 | | 메타 | 레이블 | | 목표 | 학습 | 확장성 |
			볼륨	위치			
스테이지 기반		Y	NA	NA	NA	NA	NA
특징	연결	N	대규모	변경	F, P, C, O	S	Y
	심층 신경망	N	대규모	변경	F, P, A, O	U/S	Y
시맨틱	멀티뷰	Y	소규모	고정	F, P, O	S, S	Y
	확률	N	소규모	고정	F, P, C, O, A	S/U	N
	유사성	N	소규모	변경	F, A, O	U	Y
	전이	Y	소규모	고정	F, P, A, O	S/U	Y

9.5.1 데이터셋의 볼륨, 속성, 통찰력

첫째, 표 9.3의 세 번째 열(볼륨)과 같이 특징 기반 데이터 융합 기법은 학습 데이터로 사용할 많은 개수의 레이블된 인스턴스가 필요한 반면 시맨틱 기반 기법은 적은 수의 레이블된 인스턴스가 있는 데이터셋에 적용될 수 있다. 일반적으로 동일 개수의 학습 데이터가 주어진 경우 특징들 간의 상관관계와 의존성이 존재하기 때문에 특징 연결 기반 기법feature concatenation based method은 시맨틱 기반 접근법만큼 효과적이지 않다. 희소성 정규화sparsity regularization를 추가하면 문제를 어느 정도 완화할 수 있지만, 근본적으로 해결할 수는 없다. 특히 영상 및 음성 데이터의 경우 많은 양의 레이블 데이터가 있는 경우 심층 신경망을 사용한 특징 기반 융합을 잘 수행할 수 있다. 하지만 모델의 성능은 파라미터 튜닝에 크게 의존한다. 다양한 파라미터를 포함하는 대규모 모델이 주어진 경우 사용자 경험이 개입해야 하는 시간 소모가 큰 프로세스다.

둘째, 객체의 유형을 학습하는 경우(예, 지리적 위치) 레이블된 데이터를 지속적으로 생성할 수 있는 객체 인스턴스가 있는지(표 9.3의 4번째 열인 위치의 고정 또는 변경)를 고려해야 한다. 예를 들어, 예시 7의 일부 지역에는 지속적으로 대기질 데이터를 생성하는 고정된 위치의 모니터링 측정소가 존재할 수 있다. 반대로 특정 지역의 사람들이 311건의 민원(예시 10에서 언급됨)을 지속적으로 제기하고 있는지 확인할 수는 없다. 때때로 A 또는 B 지역에서 311건의 민원이 있는 반면 다른 시간대에 C, D, E 지역에서 해당 민원을 접수한다. 일부 극단적인 경우 해당 지역에 311 플랫폼의 민원 데이터가 존재하지 않을 수 있다. 즉 311 플랫폼의 민원이 있는 지역은 유연하게 발생하며, 한 지역에 대해 안정적인 뷰 클래스 레이블 쌍stable view-class label pair을 형성할 수 없다. 결과적으로 멀티뷰 기반 융합 기법 또는 특징 기반 융합 기법은 311 플랫폼의 민원을 처리하는 데 적합하지 않을 수 있다. 반면에 해당 문제는 유사성 기반 융합 기법으로도 해결할 수 없다.

측정소의 위치가 고정돼 있기 때문에 레이블된 지역과 레이블되지 않은 지역 모두 고정된다. 우리는 데이터가 레이블된 지역과 항상 데이터가 없는 지역 사이의 유사성을 계산할 수 없다.

9.5.2 머신러닝 작업의 목표

다양한 데이터셋을 융합하는 목표는 희소한 데이터셋의 결측치 보간, 미래 예측, 인과관계 추론, 객체 프로파일링 그리고 이상 탐지 등이 있다. 5번째 열에서 보이는 것처럼 확률론적 종속성 기반 데이터 융합 기법은 이러한 모든 목표를 달성할 수 있다(F, P, C, O, A). 특히 베이지안 네트워크 및 특징 연결 기반 융합 기법(예, 선형 회귀 모델 사용 시)은 일반적으로 인과관계 추론 문제(C)를 다루는 데 효과적이다. 베이지안 네트워크의 방향 에지directed edge of a Bayesian network는 서로 다른 요소(노드) 사이의 인과관계를 나타내며, 선형 회귀 모델에서 특징의 가중치는 문제에 대한 요소의 중요성을 나타낸다. 반면 심층 신경망 기반의 지식 융합 기법은 인과관계를 추론하는 데는 그다지 효과가 없을 수 있다. 원본 특징이 심층 신경망에 의해 중간 수준의 특징으로 변환됨에 따라 각 특징의 시맨틱 의미가 퇴색된다.

9.5.3 머신러닝 알고리즘 학습

학습 기법은 지도(S), 비지도(U) 그리고 준지도(SS) 학습으로 구성되며, 6번째 열에 나와 있다. 사용 가능한 실제 레이블된 데이터 또는 레이블된 데이터 규모를 기반으로 적당한 기법을 선택할 수 있다. 예를 들어, 지도 및 준지도학습 방식은 멀티뷰 기반 데이터 융합 기법에 적용할 수 있다. 심층 신경망 기반 융합 기법은 엔드 투 엔드 분류 모델을 학습하고자 지도학습 방식을 사용하며, 원본 특징의 잠재 표현을 학습하고자 비지도학습 방식을 사용한다. 특징 연결 기반 기법은 지도학습 방식을 통해서만 학습될 수 있기 때문에 특징 연결 기반 기법은 레이블되지 않은 머신러닝 작업에 활용할 수 없다.

9.5.4 효율성 및 확장성

표의 오른쪽 열에 표시된 효율성 및 확장성과 같은 데이터 마이닝 작업에는 몇 가지 요구사항이 존재한다. 일반적인 경우 확률 의존성 기반 접근법probabilistic dependency-based approach은 확장하기 쉽지 않다(N). 복잡한 구조를 가진 그래픽 모델(예, 여러 개의 히든 노드 및 계층)은 다루기 어렵게 된다. 유사성 기반 데이터 융합 기법과 관련해 행렬이 매우 커지면 병렬로 작동할 수 있는 음수 미포함 행렬 분해NMF, Nonnegative Matrix Factorization를 활용해 분해를 촉진할 수 있다(Y).

9.6 요약

여러 개의 서로 다른 데이터셋을 포함하는 지식 융합은 빅데이터 연구와 어반 컴퓨팅의 근본적인 문제이며, 크로스 도메인 데이터 융합과 데이터베이스 커뮤니티에서 연구된 기존의 데이터 융합으로 구분된다. 9장에서는 스테이지 기반, 특징 레벨 기반 및 시맨틱 의미 기반 방법으로 구성된 3가지 범주의 지식 융합 방법을 소개했다.

두 번째 기법의 범주는 특징 연결 기반 및 심층 신경망 기반 방법이라는 2가지 요소로 구성된다. 특징 연결 기반 기법은 일반적으로 과적합을 피하고 특징 사이의 중복을 줄이고자 정규화를 포함한다. 심층 신경망 기반 지식 융합 기법의 중간 레벨 특징 표현은 다양한 데이터셋의 지식 융합으로 나타난다. 잠재 표현은 SVM 또는 클러스터링 알고리즘(예, 데이터 마이닝 작업을 완료하기 위한 K-평균 알고리즘)과 같은 다른 분류 모델에서 사용될 수 있다.

세 번째 기법의 범주는 멀티뷰 학습 기반, 유사성 기반, 확률적 의존성 기반 그리고 전이학습 기반 기법들로 구성된다.

멀티뷰 학습 기반 기법은 다음과 같은 통찰력을 통해 수행된다. 객체의 서로 다른 데이터셋 또는 서로 다른 특징 하위 집합은 객체에 대한 서로 다른 뷰로 간주된다. 해당 뷰는 서로 보완적이며, 다른 뷰에 존재하지 않는 지식이 포함돼 있다. 그 결과 여러 뷰를 결합하면 객체를 포괄적이고 정확하게 설명할 수 있다. 멀티뷰 학습 기반 접근법의 대표적인 방법으로는 협업학습co-training, 멀티 커널 학습 및 서브스페이스 학습이 포함된다.

유사성 기반 접근법은 다음과 같은 통찰력을 통해 수행된다. 유사성은 서로 다른 객체들 사이에 존재한다. 만약 2개의 객체(X, Y)가 어떤 행렬 관점에서 유사하다는 것을 알고 있다면 X의 정보는 Y가 데이터가 부족한 경우 Y에 의해 활용될 수 있다. X 및 Y가 각각 여러 개의 데이터셋을 갖는 경우 해당하는 각 데이터셋 쌍을 기반으로 2개 객체 사이의 여러 유사성을 학습할 수 있다. 각각의 유사성은 X와 Y의 상관관계를 하나의 관점에서 설명하며, 해당 상관관계를 집합적으로 통합한다. 결과적으로 X와 Y의 상관관계는 각각의 개별 유사성을 향상시킬 수 있다. 유사성 기반 접근법의 대표적인 방법은 행렬 인수분해, 콘텍스트 인식 텐서 분해 및 매니폴드 정렬이다.

확률적 의존성 기반 기법은 다른 데이터셋의 속성을 방향성 또는 비방향성 에지와 연결해 일부 변수의 값을 예측하고자 추론이 수행되는 것을 기반으로 의존성을 그래픽으로 표현한다. 확률적 의존성 기반 기법의 대표적인 기법들은 은닉 마르코프 모델, 잠재 디리클레 할당 그리고 마르코프 랜덤 필드(예, 조건부 랜덤 필드 및 가우스 마르코프 랜덤 필드)와 같은 베이지안 네트워크다.

사용자들이 특정 도메인에서 학습한 지식을 다른 도메인의 문제를 해결하고자 활용할 수 있는 것을 기반으로 접근 방식의 마지막 범주는 단일 유형의 데이터셋 또는 여러 유형의 데이터셋 간에 지식을 전달할 수 있다. 멀티태스크 학습은 해당 범주의 대표적인 기법이며, 멀티뷰 학습과 결합해 멀티태스크, 멀티뷰 학습 접근법을 생성할 수 있다.

이러한 지식 융합 기법의 비교는 9장의 결론 부분에 제시되며, 전문적인 지식이 요구되는 주어진 문제에 대한 적절한 기법을 선택할 수 있도록 도와준다.

참고문헌

[1] Abney, S. 2002. "Bootstrapping." In *Proceedings of the 40th Annual Meeting of the Association for Computational Linguistics*. Stroudsburg, PA: Association for Computational Linguistics, 360–367.

[2] Balcan, M. F., A. Blum, and Y. Ke. 2004. "Co-Training and Expansion: Towards Bridging Theory and Practice." *Advances in Neural Information Processing Systems* 14:89–96.

[3] Baxter, J. 2000. "A Model of Inductive Bias Learning." *Journal of Artificial Intelligence Research* 12:149–198.

[4] Belkin, M., and P. Niyogi. 2003. "Laplacian Eigenmaps for Dimensionality Reduction and Data Representation." *Neural Computation* 15 (6): 1373–1396.

[5] Bengio, Y., A. Courville, and P. Vincent. 2013. "Representation Learning: A Review and New Perspectives." *IEEE Transactions on Pattern Analysis and Machine Intelligence* 35 (8): 1798–1828.

[6] Blei, D., A. Ng, and M. Jordan. 2003. "Latent Dirichlet Allocation." *Journal of Machine Learning Research* 3:993–1022.

[7] Bleiholder, J., and F. Naumann. 2008. "Data Fusion." *ACM Computing Surveys* 41 (1): 1–41.

[8] Blum, A., and T. Mitchell. 1998. "Combining Labeled and Unlabeled Data with Co-Training." In *Proceedings of the Eleventh Annual Conference on Computational Learning Theory*. New York: ACM, 92–100.

[9] Brefeld, U., and T. Scheffer. 2004. "Co-em Support Vector Learning." In

Proceedings of the Twenty-first International Conference on Machine Learning. New York: Association for Computing Machinery (ACM), 16.

[10] Breiman, L. 2001. "Random Forests." *Machine Learning* 45 (1): 5–32.

[11] Caruana, R. 1997. "Multitask Learning: A Knowledge-Based Source of Inductive Bias." *Machine Learning* 28:41–75.

[12] Chawla, S., Y. Zheng, and J. Hu. 2012. "Inferring the Root Cause in Road Traffic Anomalies." In *Proceedings of the 2012 IEEE 12th International Conference on Data Mining*. Washington, DC: Institute of Electrical and Electronics Engineers (IEEE) Computer Society Press, 141–150.

[13] Chen, N., J. Zhu, and E. P. Xing. 2010. "Predictive Subspace Learning for Multi-View Data: A Large Margin Approach." *Advances in Neural Information Processing Systems* 23:361–369.

[14] Dai, W., Y. Chen, G.-R. Xue, Q. Yang, and Y. Yu. 2008. "Translated Learning: Transfer Learning across Different Feature Spaces." In *Proceedings of the 21st International Conference on Neural Information Processing Systems*. La Jolla, CA: Neural Information Processing Systems (NIPS), 353–360.

[15] Fang, Z., and Z. M. Zhang. 2013. "Discriminative Feature Selection for Multi-View Cross-Domain Learning." In *Proceedings of the 22nd International Conference on Information and Knowledge Management*. New York: ACM, 1321–1330.

[16] Fu, Y., Y. Ge, Y. Zheng, Z. Yao, Y. Liu, H. Xiong, and N. Jing Yuan. 2014. "Sparse Real Estate Ranking with Online User Reviews and Offline Moving Behaviors." In *Proceedings of the 2014 IEEE International Conference on Data Mining*. Washington, DC: IEEE Computer Society Press, 120–129.

[17] Fu, Y., H. Xiong, Y. Ge. Z. Yao, and Y. Zheng. 2014. "Exploiting Geographic Dependencies for Real Estate Appraisal: A Mutual Perspective of Ranking and Clustering." In *Proceedings of the 20th SIGKDD Conference on Knowledge Discovery and Data Mining*. New York: ACM.

[18] Fu, Y., H. Xiong, Y. Ge, Y. Zheng, Z. Yao, and Z. H. Zhou. 2016. "Modeling of Geographic Dependencies for Real Estate Ranking." *ACM Transactions on Knowledge Discovery from Data* 11 (1): 11.

[19] Gonen, M., and E. Alpaydn. 2011. "Multiple Kernel Learning Algorithms." *Journal of Machine Learning Research* 12:2211–2268.

[20] Hardoon, D., S. Szedmak, and J. Shawe-Taylor. 2004. "Canonical Correlation Analysis: An Overview with Application to Learning Methods." *Neural Computation* 16 (12): 2639 – 2664.

[21] He, J., and R. Lawrence. 2011. "A Graph-Based Framework for Multi-Task Multi-View Learning." In *Proceedings of the 28th International Conference on Machine Learning*. Madison, WI: Omnipress, 25 – 32.

[22] Ho, T. K. 1995. "Random Decision Forest." In *Proceedings of the 3rd International Conference on Document Analysis and Recognition*. Washington, DC: IEEE Computer Society Press, 278 – 282.

[23] Ho, T. K. 1998. "The Random Subspace Method for Constructing Decision Forests." *IEEE Transactions on Pattern Analysis and Machine Intelligence* 20 (8): 832 – 844.

[24] Jin, X., F. Zhuang, H. Xiong, C. Du, P. Luo, and Q. He. 2014. "Multi-Task Multi-View Learning for Heterogeneous Tasks." In *Proceedings of the 23rd ACM International Conference on Information and Knowledge Management*. New York: ACM, 441 – 450.

[25] Kan, M., S. Shan, H. Zhang, S. Lao, and X. Chen. 2012. "Multi-View Discriminant Analysis." In *Proceedings of the 12th European Conference on Computer Vision*. Berlin: Springer, 808 – 821.

[26] Lawrence, N. D. 2004. "Gaussian Process Latent Variable Models for Visualisation of High Dimensional Data." *Advances in Neural Information Processing Systems* 16:329 – 336.

[27] Lai, P. L., and C. Fyfe. 2000. "Kernel and Nonlinear Canonical Correlation Analysis." *International Journal of Neural Systems* 10 (5): 365 – 377.

[28] Liu, W., Y. Zheng, S. Chawla, J. Yuan, and X. Xie. 2011. "Discovering Spatio-Temporal Causal Interactions in Traffic Data Streams." In *Proceedings of the 17th ACM SIGKDD Conference on Knowledge Discovery and Data Mining*. New York: ACM, 1010 – 1018.

[29] Liu, Y., Y. Zheng, Y. Liang, S. Liu, and D. S. Rosenblum. 2016. "Urban Water Quality Prediction Based on Multi-Task Multi-View Learning." In *Proceedings of the Twenty-Fifth International Joint Conference on Artificial Intelligence*. New York: AAAI Press.

[30] Nigam, K., and R. Ghani. 2000. "Analyzing the Effectiveness and Applicability

of Co-training." In *Proceedings of the Ninth International Conference on Information and Knowledge Management*. New York: ACM, 86 – 93.

[31] Ngiam, J., A. Khosla, M. Kim, J. Nam, H. Lee, and A. Y. Ng. 2011. "Multimodal Deep Learning." In *Proceedings of the 28th International Conference on Machine Learning*. Madison, WI: Omnipress, 689 – 696.

[32] Noble, W. S. 2004. "Support Vector Machine Applications in Computational Biology." In *Kernel Methods in Computational Biology*, edited by Bernhard Schölkopf, Koji Tsuda, and Jean-Philippe Vert. Cambridge, MA: MIT Press.

[33] Pan, B., Y. Zheng, D. Wilkie, and C. Shahabi. 2013. "Crowd Sensing of Traffic Anomalies Based on Human Mobility and Social Media." In *Proceedings of the 21st ACM SIGSPATIAL International Conference on Advances in Geographic Information Systems*. New York: ACM, 334 – 343.

[34] Pan, S. J., and Q. Yang. 2010. "A Survey on Transfer Learning." *IEEE Transactions on Knowledge Discovery and Data Engineering* 22 (10): 1345 – 1359.

[35] Roweis, S., and L. Saul. 2000. "Nonlinear Dimensionality Reduction by Locally Linear Embedding." Science 290 (5500): 2323 – 2326.

[36] Shang, J., Y. Zheng, W. Tong, E. Chang, and Y. Yu. 2014. "Inferring Gas Consumption and Pollution Emission of Vehicles throughout a City." In *Proceedings of the 20th ACM SIGKDD International Conference on Knowledge Discovery and Data Mining*. New York: ACM, 1027 – 1036.

[37] Srivastava, N., and R. Salakhutdinov. 2012. "Multimodal Learning with Deep Boltzmann Machines." In *Proceedings of the Neural Information and Processing Systems*.

[38] Sun, Y., and J. Han. 2012. "Mining Heterogeneous Information Networks: Principles and Methodologies." *Synthesis Lectures on Data Mining and Knowledge Discovery* 3 (2): 1 – 159.

[39] Sun, Y., J. Han, P. Zhao, Z. Yin, H. Cheng, and T. Wu. 2009. "Rankclus: Integrating Clustering with Ranking for Heterogeneous Information Network Analysis." In *Proceedings of the 12th International Conference on Extending Database Technology: Advances in Database Technology*. New York: ACM, 565 – 576.

[40] Sun, Y., Y. Yu, and J. Han. 2009. "Ranking-Based Clustering of Heterogeneous Information Networks with Star Network Schema." In *Proceedings of the 15th ACM SIGKDD International Conference on Knowledge Discovery and Data Mining*. New

York: ACM, 797–806.

[41] Tenenbaum, J., Vin de Silva, and J. Langford. 2000. "A Global Geometric Frame-Work for Non-Linear Dimensionality Reduction." *Science* 290 (5500): 2319–2323.

[42] Varma, M., and B. R. Babu. 2009. "More Generality in Efficient Multiple Kernel Learning." In *Proceedings of the 26th Annual International Conference on Machine Learning*. New York: ACM, 1065–1072.

[43] Wang, C., P. Krafft, and S. Mahadevan. 2011. "Manifold Alignment." In *Manifold Learning: Theory and Applications*, edited by Yunqian Ma and Yun Fu. Boca Raton, FL: CRC Press.

[44] Y. Wei, Y. Zheng, and Q. Yang. 2016. "Transfer Knowledge between Cities." In *Proceedings of the 22nd ACM SIGKDD International Conference on Knowledge Discovery and Data Mining*. New York: ACM, 1905–1914.

[45] Xiao, X., Y. Zheng, Q. Luo, and X. Xie. 2010. "Finding Similar Users Using Category-Based Location History." In *Proceedings of the 18th ACM SIGSPATIAL Conference in Advances in Geographic Information Systems*. New York: ACM, 442–445.

[46] Xiao, X., Y. Zheng, Q. Luo, and X. Xie. 2014. "Inferring Social Ties between Users with Human Location History." *Journal of Ambient Intelligence and Humanized Computing* 5 (1): 3–19.

[47] Xu, C., T. Dacheng, and X. Chao. 2013. "A Survey on Multi-View Learning." arXiv:1304.5634.

[48] Yang, P., and W. Gao. 2013. "Multi-view Discriminant Transfer Learning." In *Proceedings of the Twenty-Third International Joint Conference on Artificial Intelligence*. New York: AAAI Press, 1848–1854.

[49] Yang, Q., Y. Chen, G.-R. Xue, W. Dai, and Y. Yu. 2009. "Heterogeneous Transfer Learning for Image Clustering via the Social Web." In *Proceedings of the Joint Conference of the 47th Annual Meeting of the ACL and the 4th International Joint Conference on Natural Language Processing of the AFNLP: Volume 1*. Stroudsburg, PA: Association for Computational Linguistics, 1–9.

[50] Yi, X., Y. Zheng, J. Zhang, and T. Li. 2016. "ST-MVL: Filling Missing Values in Geo-Sensory Time Series Data." In *Proceedings of the Twenty-Fifth International Joint Conference on Artificial Intelligence*. New York: AAAI Press.

[51] Yuan, J., Y. Zheng, and X. Xie. 2012. "Discovering Regions of Different Functions in a City Using Human Mobility and POIs." In *Proceedings of the 18th ACM SIGKDD International Conference on Knowledge Discovery and Data Mining*. New York: ACM, 186–194.

[52] Yuan, N. J., Y. Zheng, and X. Xie. 2012. "Segmentation of Urban Areas Using Road Networks." *Microsoft Technical Report*, MSR-TR-2012-65.

[53] Yuan, N. J., Y. Zheng, X. Xie, Y. Wang, K. Zheng, and H. Xiong. 2015. "Discovering Urban Functional Zones Using Latent Activity Trajectories." *IEEE Transactions on Knowledge and Data Engineering* 27 (3): 1041–4347.

[54] Zhang, D., J. He, Y. Liu, L. Si, and R. Lawrence. 2011. "Multi-View Transfer Learning with a Large Margin Approach." In *Proceedings of the 17th SIGKDD Conference on Knowledge Discovery and Data Mining*. New York: ACM, 1208–1216.

[55] Zheng, Y. 2015. "Trajectory Data Mining: An Overview." *ACM Transactions on Intelligent Systems and Technology* 6 (3): 1–29.

[56] Zheng, Y., X. Chen, Q. Jin, Y. Chen, X. Qu, X. Liu, E. Chang, W.-Y. Ma, Y. Rui, and W. Sun. 2013. "A Cloud-Based Knowledge Discovery System for Monitoring Fine-Grained Air Quality." *Microsoft Technical Report*, MSR-TR-2014-40.

[57] Zheng, Y., F. Liu, and H. P. Hsieh. 2013. "U-Air: When Urban Air Quality Inference Meets Big Data." In *Proceedings of the 19th SIGKDD Conference on Knowledge Discovery and Data Mining*. New York: ACM, 1436–1444.

[58] Zheng, Y., T. Liu, Y. Wang, Y. Zhu, Y. Liu, and E. Chang. 2014. "Diagnosing New York City's Noises with Ubiquitous Data." In *Proceedings of the 2014 ACM International Joint Conference on Pervasive and Ubiquitous Computing*. New York: ACM, 715–725.

[59] Zheng, Y., Y. Liu, J. Yuan, and X. Xie. 2011. "Urban Computing with Taxicabs." In *Proceedings of the 13th International Conference on Ubiquitous Computing*. New York: ACM, 89–98.

[60] Zheng, Y., X. Yi, M. Li, R. Li, Z. Shan, E. Chang, and T. Li. 2015. "Forecasting Fine-Grained Air Quality Based on Big Data." In *Proceedings of the 21st ACM SIGKDD International Conference on Knowledge Discovery and Data Mining*. New York: ACM, 2267–2276.

[61] Zheng, Y., H. Zhang, and Y. Yu. 2015. "Detecting Collective Anomalies from Multiple Spatio-Temporal Datasets across Different Domains." In *Proceedings of the*

23rd SIGSPATIAL International Conference on Advances in Geographic Information Systems. New York: ACM, 2.

[62] Zhou, Z. H., and M. Li. 2005. "Semi-Supervised Regression with Co-Training." In *Proceedings of the 19th International Joint Conference on Artificial Intelligence*. San Francisco, CA: Morgan Kaufmann.

[63] Zhu, Julie Yixuan, Chao Zhang, Huichu Zhang, Shi Zhi, Victor O. K. Li, Jiawei Han, and Yu Zheng. 2017. "pg-Causality: Identifying Spatiotemporal Causal Pathways for Air Pollutants with Urban Big Data." *IEEE Transactions on Big Data*. doi:10.1109/TBDATA.2017.2723899.

[64] Zhu, Y., Y. Chen, Z. Lu, S. J. Pan, G.-R. Xue, Y. Yu, and Q. Yang. 2011. "Heterogeneous Transfer Learning for Image Classification." In *Proceedings of the Twenty-Fifth AAAI Conference on Artificial Intelligence*. New York: AAAI Press.

어반 데이터 분석의 고급 주제

초록: 10장에서는 9장에서 소개된 기본 기술을 기반으로 어반 데이터 분석의 몇 가지 고급 주제에 대해 설명한다. 첫째, 어반 컴퓨팅 문제가 주어진 경우 우리는 일반적으로 다음과 같은 질문을 살펴봐야 한다. 문제를 해결하려면 어떤 데이터셋을 선택해야 하는가? 적절한 데이터셋을 선택함으로써 문제를 보다 효과적이고 효율적으로 해결할 수 있다. 둘째, 경로 데이터는 복잡한 데이터 모델을 갖고 있으며, 고유한 데이터 마이닝 기법이 필요한 이동하는 객체에 대한 다양한 지식을 포함하고 있다. 셋째, 대규모 데이터셋에서 자세한 지식을 추출하려면 효율적인 데이터 관리 기법과 머신러닝 모델이 모두 필요하다. 어반 컴퓨팅 작업을 수행하기 위해서는 두 기술의 유기적 통합이 필수적이다. 마지막으로 어반 컴퓨팅 문제를 해결하기 위해서는 데이터 사이언스와 도메인 지식 모두 필요하다. 사람의 지능을 머신 지능과 어떻게 연결시킬 것인가와 같은 주제도 토론할 가치가 있다. 인터랙티브 시각 데이터 분석은 이 문제를 해결하기 위한 접근법일 수 있다.

10.1 적절한 데이터셋을 선택하는 방법

어반 컴퓨팅 문제가 발생한 경우(예, 향후 48시간 동안 도시의 대기 질 예측) 첫 번째 단계는 해당 문제를 해결하고자 사용할 수 있는 교통량, 관심지역정보(POI), 기상 데이터와 같은 몇 가지 데이터셋을 선택하는 것이다. 도시에는 다양한 데이터셋이 존재하므로 어떻게 해당 데이터셋이 생성되고 해당 데이터셋이 왜 어반 컴퓨팅 문제를 해결하는 데 도움이 될 수 있는지를 고려해야 한다. 최신의 데이터 분석 모델을 채택하지 않더라도 적절한 데이터셋을 선택하면 문제를 신속하게 해결하는 데 도움이 될 수 있다. 반대로, 해결해야 할 문제에 대한 통찰력이 포함돼 있지 않은 부적절한 데이터셋을 선택하면 특징 공학feature engineering과 모델 학습에 많은 시간을 소비하게 된다. 빅데이터 분야에서는 모델보다 특징이 중요하며, 특징보다 데이터가 중요하다.

효과적이고 핵심적인 데이터셋을 선택하는 것은 2가지 관점으로 정해진다. 첫 번째 관점은 해결해야 할 문제를 이해하는 것이다. 두 번째 관점은 데이터셋의 인사이트다. 해결해야 할 문제를 파악해 문제와 관련된 요소가 무엇인지 알 수 있다. 데이터셋이 내포하는 인사이트를 파악하면 어떤 유형의 데이터가 요소를 나타낼 수 있고, 어느 정도까지 요소를 나타낼 수 있는지 결정할 수 있다. 앞에서 언급한 2가지 관점의 지식을 활용해 상관 분석 툴, 시각화 및 실험을 통해 우리가 사용하고자 하는 데이터셋과 해결하고자 하는 문제 사이의 상관관계에 대한 추론을 추가로 검증할 수 있다.

10.1.1 문제 이해하기

문제를 이해함으로써 문제와 관련되거나 문제를 발생시키는 요소를 알 수 있다. 따라서 데이터 선택하고 요소를 나타낼 수 있는 해당 특징을 추출할 수 있다. 하나의 데이터셋이 모든 요소들을 포함하지 않는 경우 다른 데이터셋으로 보완한다. 예를 들어, 대기질이 대기 오염 물질을 발생시킬 수 있는 차량의 흐름과 관련이 있다는 것을 알고 있는 경우 향후 대기질을 예측할 때 루프 검출기loop detector 데이터에서 파생된 교통 흐름을 참고할 수 있다. 하지만 루프 검출기는 일반적으로 전체 도로망의 일부인 주요 도로에 설치돼 있기 때문에 해당 데이터는 도시의 일부 교통량만 나타낼 수 있다. 따라서 더 많은 데이터셋

(예, 택시, 관심지역정보(POI) 및 도로망 구조의 GPS 경로)을 보충 자료로 고려해야 한다. 해당 데이터셋은 도시의 교통 흐름과 관련성이 높으며 도시의 대기질을 예측하기 위해 활용된다.

문제에 대한 이해는 3가지로 요소로 구성된다. 첫 번째 요소는 삶에서 축적된 상식이다. 예를 들어, 날씨가 흐린 날은 대기질 좋지 않은 경향이 있다. 또는 오전 출근 시간 동안의 교통 혼잡을 나타내는 교통량은 거의 매일 반복된다.

두 번째 요소는 다른 연구진이 출판한 기존 문헌을 통한 학습이다. 예를 들어, 교통 혼잡이 발생하는 경우에는 차량이 80km/h의 속도로 운전하는 것보다 대기 오염 물질을 더 많이 생성할 수 있다는 환경 보호 분야의 출판물을 통해 알 수 있다. 건물의 밀도가 높은 지역은 대기 오염 물질의 분포 상태가 좋지 않을 것이며, 따라서 개방된 야외보다 대기질이 좋지 않을 가능성이 높다.

세 번째 부분은 우리가 보유한 데이터의 간단한 분석에서 비롯된다. 예를 들어, 일정 기간 도시의 대기질 데이터를 그래프로 나타내면 야간에는 대기질이 나빠지고 낮에는 다시 정상으로 돌아가는 특정 주기 패턴을 확인할 수 있다. 이것은 사람들의 일반적인 이해와 상충될 수 있다. 마찬가지로 파이프 네트워크에서 POI와 수질을 함께 시각화함으로써 밀도가 높은 POI를 가진 지역이 좋은 수질을 갖는 경향이 있음을 확인할 수 있다. 그 이유는 물 사용 패턴일 수 있다. POI가 많은 지역은 낮에 물을 더 많이 사용하고 더 자주 사용하는 경향이 있어 POI가 적은 지역보다 파이프 네트워크의 물이 빠르게 순환한다. 이러한 데이터는 단순히 서로 다른 데이터셋의 상관관계를 분석함으로써 얻을 수 있지만, 기존 도메인에 보고된 연구에서는 누락됐다.

10.1.2 데이터와 관련된 인사이트

우리는 일반적으로 어반 컴퓨팅 분야의 많은 데이터셋을 다룬다. 데이터의 근원과 형식 그리고 본래의 의미를 아는 것 외에도 자료가 내포하고 있는 인사이트에 대해 깊이 이해해야 한다. 그 자료가 시사하는 바가 있다. 인사이트는 데이터셋에서 학습할 수 있는 요소와 데이터셋이 요소를 어느 정도까지 나타낼 수 있는지 등이 포함된다.

예를 들어, 택시의 GPS 경로는 택시의 동선과 다른 위치에서 탑승한 승객이 있는지 여부를 나타낸다. 이것은 데이터의 기본적인 정보다. 하지만 데이터에서 도출할 수 있는 교통 상황, 사람들의 이동 패턴, 지역의 기능 등 더 많은 인사이트를 얻을 수 있다. 구체적으로 말하면 택시는 일반적으로 동일한 도로에서 비슷한 속도로 다른 차량과 함께 이동하기 때문에 택시의 경로 데이터에서 도출된 속도 정보는 도로상의 교통 상황을 나타낸다. 또한 각 택시 경로의 주정차 지점을 알고 있기 때문에 경로 데이터는 사람들의 출퇴근 패턴을 알 수 있다. 대량의 택시 경로 데이터는 특정 지역 사람들의 이동 패턴을 나타낼 수 있다. 교통 상황과 사람들의 통근 패턴은 그 지역의 기능, 환경, 경제에 대한 데이터를 추가로 획득할 수 있다. 결과적으로 지역의 기능을 추론하고자 택시 경로를 소스의 한 유형으로 사용할 수 있다.

데이터셋의 인사이트를 활용하면 다른 도메인의 문제를 해결하고자 도메인 데이터를 사용할 수 있다. 특정 유형의 데이터를 사용할 수 없는 경우 완전히 똑같지는 않지만 대상 문제와 근본적인 상관관계가 있는 다른 데이터셋을 활용할 수 있으며, 우리는 더 이상 데이터가 부족하다고 생각하지 않을 수 있다.

반면에 우리는 데이터 유형이 얼마나 요소를 나타낼 수 있는지 알아야 한다. 예를 들어, 택시 흐름은 도로에서 교통 흐름의 일부라는 것을 알고 있다. 각 도로 구간의 교통량을 추론하는 경우, 해당 유형의 데이터는 충분하지 않다. 마찬가지로 택시는 사람들이 선택할 수 있는 다양한 교통 수단 중 하나일 뿐이다(지하철, 자전거, 버스 등이 있음). 택시에서 파생된 이동성 패턴은 지역의 기능을 추론하기에 충분하지 않을 수 있다. 부족한 데이터를 보완하기 위해 더 많은 데이터셋을 통합해야 한다. 예를 들어, 쇼핑몰, 영화관, 지하철역, 대학 및 주거용 부동산과 같은 POI는 지역 사람들의 이동 패턴을 결정한다. 마찬가지로 도로망 데이터는 사람들의 이동 패턴뿐만 아니라 도로상의 교통 상황에 큰 영향을 미친다. 따라서 두 데이터셋을 택시 경로와 함께 사용해 지역의 기능을 추론할 수 있으며, 택시 경로에서 누락된 정보를 보완할 수 있다.

10.1.3 추론 검증

해결해야 할 문제와 데이터셋이 내포하고 있는 인사이트를 이해하면 문제에 영향을 미치는 요소와 데이터셋에서 추출한 기능 사이의 상관관계에 대한 몇 가지 추론을 도출할 수 있다. 이러한 추론은 상관 분석 도구, 시각화 및 실험 테스트의 3가지 접근법을 통해 추가로 검증할 수 있다.

10.1.3.1 상관관계 분석 도구 활용

피어슨 상관관계 및 KL-발산^{Kullback-Leibler divergence}과 같은 두 벡터 사이의 상관관계를 측정하고자 사용할 수 있는 다양한 도구들이 존재한다. 해결해야 할 문제의 관측치 및 잠재적으로 관련된 데이터셋에서 추출한 특징을 동일한 길이의 두 벡터로 전환해 해당 상관관계 도구를 사용해 추론을 검증할 수 있다. 두 벡터 사이의 상관관계가 높거나 거리가 근접한 경우는 추론이 적절함을 뜻하며, 해당 데이터셋을 통해 문제를 해결할 수 있다. 예시를 사용해 해당 범주의 접근 방식을 설명한다.

예시 1. 도시 소음 진단. 2001년부터 뉴욕시는 311 플랫폼을 운영해 사람들이 긴급하지 않은 도시의 문제를 모바일 앱이나 전화를 통해 신고할 수 있게 했다. 소음은 해당 시스템의 세 번째로 큰 불만 항목이다. 소음 관련 각 불만 사항은 위치, 타임스탬프 및 시끄러운 음악 또는 건설 소음과 같은 세분화된 소음 범주와 관련된다. 따라서 311 플랫폼 데이터는 실질적인 '센서로서의 인간^{human as a sensor}'과 '군중 감지^{crowd sensing}'의 결과이며, 각 개인이 주변 소음에 대한 자신의 정보를 제공해 도시 전체의 소음 공해 진단에 정보를 제공한다. 하지만 311 플랫폼 데이터는 사람들이 항상 주변 소음 상황을 제공하지는 않기 때문에 데이터는 희소한 편이다(자세한 내용은 2.4.4.2절 참고).

해당 문제를 해결하고자 정^{Zheng}과 연구진[114]은 소셜 미디어, POI 및 도로망 데이터의 체크인 데이터로 구성된 3개의 추가 데이터셋을 사용해 희소한 311 플랫폼 데이터를 보완한다. 3개의 데이터셋은 상식적 지식 및 아래와 같은 분석에 따라 도시 소음과 상관관계가 있기 때문이다. 그림 10.1은 서로 다른 범주와 시간대에 접수된 체크인 개수와 311 플랫폼의 민원을 나타낸다. 해당 숫자는 [0, 1] 사이에 해당하는 값으로 정규화돼 각

각 같은 길이의 벡터에 저장된다. 두 데이터셋은 시간이 지남에 따라 매우 비슷한 트렌드를 공유한다는 것을 알 수 있다. 예를 들어, 그림 10.1a와 같이 아트 앤드 엔터테인먼트 범주의 체크인 개수와 하루의 각 시간 동안의 차량에 대한 소음 민원 사항의 개수 사이에는 강력한 상관관계(Pearson correlation 0.873; T-test의 P-값 <<0.001)가 있다. 마찬가지로 유흥 장소Nightlife Spot 범주의 사용자 체크인 개수는 시끄러운 음악/파티Loud Music/Party 범주의 민원 접수 건수와 높은 상관관계를 갖는다(Pearson correlation 0.745; T test의 P-값 <<0.001). 그림 10.1b에는 사용자 체크인(아트앤드 엔터테인먼트 및 유흥 장소 범주에서)과 소음 민원(시끄러운 음악/파티 범주)의 지리적인 위치 분포를 각각 보여 준다.

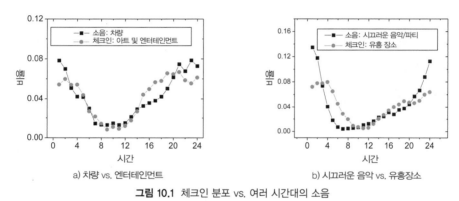

a) 차량 vs. 엔터테인먼트

b) 시끄러운 음악 vs. 유흥장소

그림 10.1 체크인 분포 vs. 여러 시간대의 소음

10.1.3.2 시각화 활용

해결해야 할 문제는 (여러 데이터셋으로 표현되는) 여러 요소에 의해 영향을 받을 수 있으며, 단일 데이터셋에서 추출된 특징 벡터와 해당 문제의 관측치 사이의 상관관계가 명확하지 않을 수 있다. 따라서 상관관계 분석 도구는 관련성을 찾아내지 못할 수도 있다. 이런 경우 데이터셋과 문제 사이의 잠재적 상관관계를 시각적으로 표현할 수 있는 몇 가지 시각화 접근 방식을 사용할 수 있다.

예시 1를 기준으로 지리적 공간에 대한 시각화를 사용해 POI 및 311 플랫폼 데이터 사이의 상관관계를 조사할 수 있다. 그림 10.2a 및 b에 나타난 것과 같이 시끄러운 대화 소음 민원의 지리적인 공간 분포는 식당 범주의 POI 분포와 유사한 영역(점선으로 표시된 원)을 공유한다. 한 지역에 위치한 식당 범주의 POI가 많을수록 해당 지역에서 더 많은 소음 민원 사항이 접수된다. 또한 시끄러운 음악의 소음 분포와 아트 및 엔터테인먼트의 POI 사이에도 유사점이 있다. 따라서 POI 및 도로망 데이터를 추가 정보로 활용해 충분한 311 플랫폼 데이터가 없을 경우 해당 지역의 소음 데이터를 보충할 수 있다. 각각의 데이터는 도시 소음에 대한 전반적인 관점 중 일부만을 제공하기 때문에 해당 분포 사이에는 여전히 약간의 오차가 있다. 이것이 여러 개의 데이터 소스를 활용해야 하는 이유다.

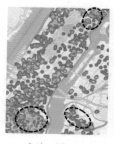 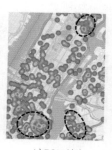 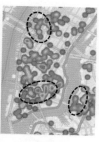 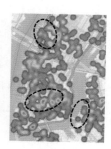

a) 시끄러운 대화   b) POI: 식당   c) 시끄러운 음악   d) POI: 엔터테인먼트

그림 10.2 POI의 지리적 분포 및 접수된 소음 민원

예시 2. 정과 연구진[113]은 날씨 데이터, 교통 데이터, POI 및 도로망을 사용해 측정소가 없는 위치의 대기질을 추론한다. 그림 10.3은 2012년 8월부터 12월까지 베이징에서 수집된 데이터를 사용해 PM10(입자의 크기가 $10\mu m$ 이하인 먼지)의 대기질 지수^{AQI}와 4가지 기상 특성 사이의 상관관계 행렬을 보여 준다.

해당 그림의 각 행과 열은 하나의 특징을 나타낸다. 예를 들어, 첫 번째 열의 수직축과 첫 번째 열의 수평축은 온도를 나타낸다. 2개의 특징은 2차원 공간을 형성하며, 플롯^{plot}은 위치의 AQI 레이블을 의미하며, 플롯의 좌표는 해당 지역에 포함된 2개의 특징값에 의해 설정된다. 서로 다른 AQI 레이블은 서로 다른 색을 갖는 서로 다른 모양으로 나타낸다. 예를 들어, 녹색 사각형은 대기질이 좋은 위치를 나타내고, 보라색 별은 유해한 대기질을 가진 위치를 나타낸다. (습도=80, 온도=17, AQI=위험)은 습도-온도 공간의 플롯이다(즉 첫 번째 행의 두 번째 블록). 500개의 위치가 있다고 가정하면 서로 다른 모양을 갖는 500개의 플롯이 존재한다.

그림 10.3과 같이 풍속이 높은 마지막 열의 오른쪽에 더 많은 녹색 사각형이 나타나며, 해당 현상은 높은 풍속이 PM10의 농도를 분산시킨다는 것을 나타낸다. 또한 두 번째 줄

상단에는 일반적으로 높은 PM10 농도로 인한 높은 습도를 나타내는 더 많은 보라색 별을 볼 수 있다. 시각화는 이러한 기상학적 특징과 PM10 사이의 상관관계를 추론한다. 따라서 해당 특징은 위치의 대기질을 추론하기 위한 머신러닝 모델에서 사용된다.

10.1.3.3 정량적 실험 결과

위에서 언급한 2가지 검증 접근 방식을 수행한 후에 데이터셋을 추가하고 데이터 분석 모델의 성능이 향상되는지 확인해야 한다. 때로는 데이터셋이 상관관계 분석 및 시각화를 기준으로 문제와 관련돼 있더라도 해당 데이터가 다른 데이터셋에 이미 포함돼 있을 수 있기 때문에 머신러닝 모델의 성능을 향상시키지 못할 수 있다.

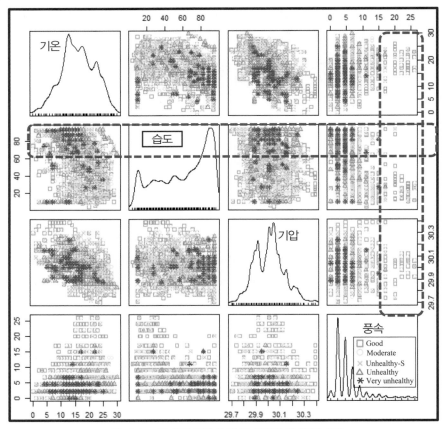

그림 10.3 기상 관련 특징 및 PM10 사이의 상관관계 행렬

표 10.1은 예시 1의 평가를 나타내며, X는 POI 및 도로망 데이터에서 추출한 특징 행렬이며, Y는 소셜 미디어에서 파생된 특징 행렬이다. 데이터 소스 X와 Y가 하나씩 추가되면 콘텍스트 인식 텐서 분해 모델의 성능이 점차 향상된다(예, 추론 에러 감소). 해당 결과는 2개의 데이터셋에서 파생된 특징이 문제를 해결하는 데 유용하다는 것을 뜻한다.

표 10.1 예시 1의 성능

방법	평일		주말	
	평균 제곱근 오차	평균 절대 오차	평균 제곱근 오차	평균 절대 오차
TD	4.391	2.381	4.141	2.393
TD + X	4.285	2.279	4.155	2.326
TD + X + Y	4.160	2.110	4.003	2.198
TD + X + Y + Z	4.010	2.013	3.930	2.072

10.2 이동 경로 데이터 마이닝

이동 경로는 지리적 공간에서 이동하는 객체에 의해 생성되는 기록이며, 일반적으로 시간순으로 배열된 일련의 점(예, $p_1 \rightarrow p_2 \rightarrow \cdots \rightarrow p_n$)으로 표현된다. 각 점은 지리 공간 좌표 세트와 $p = (x, y, t)$와 같은 타임스탬프로 구성된다.

개선된 위치 수집 기술^location acquisition technology은 사람, 차량, 동물과 같이 이동하는 객체의 이동성을 나타내는 이동 경로를 생성한다. 이러한 경로 데이터는 이동하는 객체와 위치를 이해하기 위한 새로운 정보를 제공하며, 위치 기반 소셜 네트워크, 지능형 교통 시스템 및 어반 컴퓨팅에서 다양한 애플리케이션을 촉진한다. 결과적으로 해당 애플리케이션의 보급은 이동 경로 데이터를 활용하기 위한 새로운 컴퓨팅 기술의 체계적인 연구가 필요하다. 이러한 상황속에서 이동 경로 데이터 마이닝[112]은 컴퓨터 과학, 사회학, 지리학 등 수많은 분야의 주목을 받으며 점점 더 중요한 연구 주제가 되고 있다.

이동 경로 데이터 마이닝 분야에서 집중적이고 광범위한 개별 연구가 수행됐다. 하지만 해당 분야가 성숙해지기 위한 시간이 필요하며, 기존 연구를 포지셔닝할 수 있는 체계적인 검토가 부족하다. 방대한 양의 논문과 도서를 직면한 커뮤니티는 이러한 기존 기술 간의 연결, 상관관계 및 차이점을 아직 명확히 규명하지 못한다. 따라서 10.2절에서는 그림 10.4와 같은 패러다임을 기반으로 이동 경로 데이터 마이닝 분야를 전체적으로 훑어본다.

첫 번째, 경로 데이터를 생성하는 소스를 4개의 그룹으로 분류해 경로 데이터가 각 그룹에서 활용될 수 있는 몇 가지 핵심 애플리케이션을 나열한다.

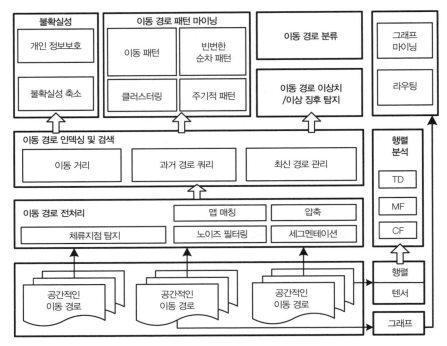

그림 10.4 이동 경로 데이터 마이닝 패러다임

두 번째, 이동 경로 데이터를 사용하기 전에 노이즈 필터링, 세그멘테이션 및 맵 매칭과 같은 이슈를 먼저 처리해야 한다. 이 단계를 경로 전처리$^{\text{trajectory preprocessing}}$라고 하며, 경로 데이터 마이닝 작업의 기본적인 단계다. 노이즈 필터링은 위치 측정 시스템의 불량 신호로 인해 발생할 수 있는 일부 노이즈 포인트를 경로에서 제거하는 것이다(예, 도시 번화가를 이동하는 경우). 경로 압축$^{\text{trajectory compression}}$은 경로의 유틸리티를 유지하면서 (통신, 프로세싱 및 데이터 스토리지의 오버 헤드를 줄이기 위해) 경로의 크기를 압축하는 것이다. 체류지점 탐지 알고리즘$^{\text{stay point-detection algorithm}}$은 특정 거리 임곗값 내에서 이동하는 객체가

일정 시간 동안 머문 위치를 식별한다. 체류 지점은 사용자가 방문한 식당이나 쇼핑몰을 뜻할 수 있으며, 경로의 다른 지점보다 더 중요한 의미를 갖는다. 경로 세그멘테이션 trajectory segmentation은 클러스터링 및 분류와 같은 추가 프로세스를 위해 경로를 시간 간격, 공간 모양 또는 시맨틱 의미를 기반으로 분류한다. 맵 매칭map matching은 경로의 각 지점 을 해당 지점이 실제로 생성된 해당 도로 구간에 반영한다.

세 번째, 다수의 온라인 애플리케이션은 실시간 경로 데이터 마이닝을 사용하며(예, 교 통 이상 징후 탐지), 대규모 경로 데이터에서 특정 조건을 만족하는 경로 데이터를 빠르게 검색하는 효과적인 데이터 관리 알고리즘을 사용한다. 쿼리의 종류는 최근접 이웃 및 범 위 쿼리가 존재한다. 최근접 이웃 쿼리는 거리 메트릭(예, 두 경로 사이의 거리)과 연관된다. 또한 2가지 유형의 경로 데이터(과거 및 현재)가 존재하며, 서로 다른 관리 기법을 사용한 다. 이 부분은 4장에서 논의했다.

네 번째, 위의 두 단계를 기반으로 경로 패턴 마이닝trajectory pattern mining, 경로 불확실성 trajectory uncertainty, 경로 이상치 탐지trajectory outlier detection 그리고 경로 분류trajectory classification 와 같은 마이닝 작업을 수행한다.

- 경로 패턴 마이닝. 대규모의 공간적인 경로들은 이동하는 객체의 이동성 패턴을 분석할 수 있으며, 특정한 패턴을 포함하는 개별적인 경로 또는 비슷한 패턴을 공유하는 경로 그룹으로 나타낼 수 있다. 9.2.6절에서 이동성 패턴, 경로 클러스 터링, 주기적 패턴 그리고 빈번한 순차 패턴의 4가지 범주의 패턴을 살펴보았다.

- 경로 불확실성. 객체는 지속적으로 이동하지만 특정 시간에만 객체의 위치가 업 데이트될 수 있으므로 2개의 업데이트 지점 사이에서 이동하는 객체의 위치는 명확하지 않다. 경로의 효용성을 높이기 위한 일련의 연구는 경로의 불확실성을 모델링하고 감소시키기 위한 노력을 해왔다. 반면 또 다른 연구 과제는 사용자 가 경로를 공유하는 경우 사용자의 개인 정보 보호를 목표로 한다. 9.2.5절에서 경로의 불확실성을 리뷰했다.

- 경로 이상치 탐지. 경로 이상치는 경로 데이터 일반적으로 발생되는 패턴 및 일부 유사도 메트릭과 관련해 상당히 다른 값을 가진다(경로 또는 경로의 구간). 또한 예 상 패턴(예, 자동차 사고로 인한 교통 혼잡)에 부합하지 않는 사건이나 관측(경로 집합

으로 표시)일 수 있다. 8절에서 경로 데이터의 이상치/이상 징후 탐지를 소개했다.

- **경로 분류.** 지도학습 접근법을 통해 경로 또는 경로의 구간을 특정 범주로 분류할 수 있다. 범주는 액티비티(하이킹 또는 식사) 또는 도보 또는 운전과 같은 다양한 이동 수단이 될 수 있다. 9.2.7절에서 경로 분류 예시를 다뤘다.

마지막으로 경로를 원본 형태로 조사하는 것 외에도 경로를 그래프, 행렬, 텐서 등의 다른 형식으로 변환할 수 있다(그림 10.4의 오른쪽 부분 참고). 신규 경로 표현은 그래프 마이닝, 협업 필터링CF, 행렬 인수분해MF, 텐서 분해TD와 같은 기존 마이닝 기술을 활용해 경로 데이터 마이닝 접근법을 확장하고 다양화한다. 9.2.9절에서 변환의 대표적인 예시를 다뤘다.

프레임워크는 경로 데이터 마이닝의 범위 및 로드맵을 정의하며, 이 분야에 발을 들여놓는 사람들에게 폭넓은 정보를 제공한다. 개별 연구 작업은 해당 프레임워크의 각 계층에 잘 배치되고 분류되며 연결된다. 전문가들은 문제를 해결하거나 해결되지 않은 문제를 찾는 데 필요한 방법을 쉽게 찾을 수 있다.

10.2.1 경로 데이터

경로의 출처는 4개의 주요 범주로 분류된다.

1. **사람들의 이동성.** 사람들은 자신들의 실시간 움직임을 능동 또는 수동적인 방법으로 공간적 경로의 형태로 오랫동안 기록해 왔다.
   - **능동 기록.** 여행자들은 여행을 기록하고 친구들과 경험을 공유할 목적으로 GPS 경로를 사용해 이동 경로를 기록한다. 자전거를 타거나 조깅을 하는 사람들은 자신들의 활동을 기록한다. 플리커Flickr는 사진마다 위치 태그와 사진을 찍은 장소와 시간을 나타내는 타임스탬프가 있어서 일련의 지오태그 사진들geotagged photos이 공간적 경로를 형성할 수 있다. 또한 위치 기반 소셜 네트워크의 사용자 '체크인'은 시간순으로 정렬하면 하나의 경로 데이터로 간주할 수 있다.
   - **수동 기록.** 휴대전화를 소지하고 있는 사용자는 의도치 않게 다양한 공간적 경

로를 생성한다. 해당 경로는 전환이 발생하는 기지국 ID로 표현된다. 또한 신용카드의 거래 기록은 각 거래에 거래가 발생한 장소를 나타내는 타임스탬프와 가맹점 ID가 포함돼 있기 때문에 카드 보유자의 공간적 경로를 나타낸다.

2. **교통 수단의 이동성.** 우리의 삶에서 GPS가 장착된 차량(택시, 버스, 선박 그리고 항공기)을 흔하게 볼 수 있다. 예를 들어, 주요 도시의 택시들은 주기적으로 타임스탬프를 포함하는 위치를 전송하는 GPS가 장착돼 있다. 해당 데이터는 자원 할당, 교통 분석 및 교통망 개선에 사용될 수 있는 많은 수의 공간적 경로를 형성한다.

3. **동물의 이동성.** 생물학자들은 동물의 이동 흔적, 행동 양식, 생활 방식을 연구하고자 호랑이, 새와 같은 동물의 이동 경로를 수집한다.

4. **자연현상의 이동성.** 기상학자, 환경학자, 기후학자, 해양학자들은 허리케인, 토네이도, 해류 같은 특정 자연현상의 경로를 수집한다. 이러한 경로 데이터들은 환경과 기후의 변화를 포착해 과학자들이 자연재해를 처리하고 우리가 살고 있는 자연환경을 보호하는 데 도움을 준다.

10.2.2 이동 경로 전처리

10.2.2절에서는 마이닝 작업을 시작하기 전에 경로 데이터를 처리하는 하는 4가지 필수 기법을 소개한다. 해당 기법은 노이즈 필터링, 체류지점 탐지, 경로 압축, 경로 세그멘테이션으로 구성된다.

10.2.2.1 노이즈 필터링

센서 노이즈 및 도심 협곡urban canyon의 잘못된 위치 신호가 수신 등과 같은 요인으로 인해 공간적 경로의 정확성은 완벽하지 않다. 때때로 에러를 수용하거나(차량이 실제로 주행한 도로에서 일부 GPS 위치가 벗어나는 경우) 맵 매칭 알고리즘을 사용해서 수정할 수 있다. 그림 10.5와 같은 경우 p_5의 노이즈 위치는 오차가 너무 커서(예, 실제 위치에서 수백 미터 떨어져 있음) 이동 속도와 같은 유용한 정보를 얻을 수 없다.

평균 (또는 중앙값) 필터

측정 지점 z_i의 경우 (알려지지 않은) 실젯값의 추정은 z_i의 평균(또는 중앙값)과 시간의 $n-1$ 선행값이다. 평균(중앙값) 필터는 시간적으로 인접한 z_i 값을 포함하는 슬라이딩 윈도우 sliding window로 생각할 수 있다. 그림 10.5와 같이 슬라이딩 윈도우가 5인 중앙값 필터를 사용하면 $p_5 \cdot z = \sum_{i=1}^{5} p_i \cdot z/5$다. 과도한 오류를 처리하는 경우 평균 필터보다는 중앙값 필터를 사용하며, 윈도우의 평균값 대신 중앙값을 사용해 노이즈 지점을 평활화한다.

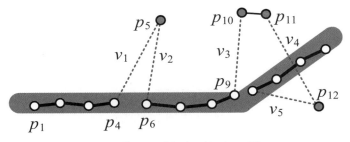

그림 10.5 이동 경로의 노이즈 지점

평균(중앙값) 필터는 이동 경로의 p_5와 같은 개별적인 노이즈 지점을 처리할 때 효과적이다. 하지만 여러 개의 연속적인 노이즈 지점(예, p_{10}, p_{11}, p_{12})을 처리하는 경우 높은 값을 갖는 슬라이딩 윈도우가 필요하다. 이것은 계산된 평균값(또는 중앙값)과 실제 포인트의 위치 사이의 더 큰 에러를 유발한다. 이동 경로의 샘플링 비율이 낮은 경우(예, 2개의 연속적인 지점이 수백 미터를 초과하는 경우) 평균 및 중앙값 필터는 효과적이지 않다.

칼만 및 입자 필터

칼만Kalman 필터의 추정 경로는 측정값과 모션 모델 사이의 트레이드오프trade-off다. 칼만 필터는 물리 법칙에 따른 추정치를 제공하는 것 외에도 속도와 같은 고차 운동 상태에 대한 근본적인 추정치를 제공한다. 칼만 필터는 선형 모델과 가우스 노이즈를 추정해 효율성을 얻지만, 입자particle 필터는 보다 일반적이면서 덜 효율적인 알고리즘을 사용해 이러한 추정을 완화한다. 칼만 및 입자 필터를 사용해 노이즈가 많은 궤도 지점을 고정하는 튜토리얼 형식의 소개 내용은 [41]에서 확인할 수 있다.

입자 필터링의 초기화 단계는 초기 분포에서 $x_i^{(j)}$, $j = 1, 2, ..., P$를 생성한다. 예를 들

어, 해당 입자들은 속도가 0이고 가우스 분포를 사용해 초기 위치 측정 주위에 클러스터 된다. 두 번째 단계는 중요도 샘플링^{importance sampling}이며, 동적 모델 $P(x_i|x_{i-1})$를 사용해 입자가 각 단계에서 어떻게 변경되는지 확률적으로 시뮬레이션한다. 세 번째 단계는 측정 모델을 사용해 모든 입자의 중요도 가중치^{importance weight} $\omega_i^{(j)} = P(z_i|\hat{x}_i(j))$를 계산한다. 입자의 중요도가 높은 경우 더 정확한 측정값을 갖는다. 그런 다음 중요도 가중치는 정규화돼 하나로 합쳐진다. 루프의 마지막 단계는 선택 단계로서, 정규화된 중요도 가중치 $\omega_i^{(j)}$에 비례하는 신규 P 입자 $x_i(j)$ 집합이 선택된다. 결과적으로 $\hat{x}_i = \sum_{i=1}^{P} \omega_i^{(j)} \hat{x}_i(j)$를 사용해 가중치 합계를 계산할 수 있다.

칼만 및 입자 필터는 측정 잡음^{measurement noise}과 동적 이동 경로 모두를 모델링한다. 하지만 해당 필터는 초기에 측정된 위치에 의존한다. 이동 경로의 초기 지점에 노이즈가 포함된 경우 해당 필터의 유효성이 급격하게 떨어진다.

휴리스틱 기반 이상치 탐지

위에서 언급한 필터는 이동 경로에서 노이즈 측정을 추정 값으로 대체하는 반면 휴리스틱 기반^{heuristic based} 이상치 검출 알고리즘은 이동 경로에서 직접 노이즈 지점을 제거한다. T-드라이브[97]와 GeoLife[111] 프로젝트에서 사용된 노이즈 필터링 방법은 먼저 한 지점과 그 후속 지점 사이의 시간 간격과 거리를 기준으로 경로에서 각 지점의 이동 속도를 계산한다(우리는 이것을 구간이라고 부름). $p_4 \rightarrow p_5$, $p_5 \rightarrow p_6$, $p_9 \rightarrow p_{10}$(그림 10.5의 점선으로 표현됨)과 같은 구간에서 임계치보다 큰 속도(예, 300 km/h)는 제거된다. 노이즈 지점의 개수가 일반 지점보다 훨씬 적다는 점을 감안할 때 p_5와 p_{10}과 같이 분리된 지점은 이상치^{outlier}로 간주할 수 있다. 일부 거리 기반 이상치 탐지^{distance-based outlier detection}는 거리 d 내의 p_5 이웃의 개수가 전체 이동 경로의 포인트 비율보다 더 작은지 여부를 쉽게 확인할 수 있다. 따라서 p_{10}, p_{11} 및 p_{12}도 필터링된다. 이러한 알고리즘은 경로 및 데이터 희소성 문제에 대한 초기 오류를 처리할 수 있지만 임곗값 d 및 p 설정은 여전히 휴리스틱^{heuristic}을 기반으로 한다.

10.2.2.2 체류 지점 탐지

이동 경로에서 모든 공간 지점이 똑같이 중요한 것은 아니다. 일부 지점들은 쇼핑몰, 관광지, 또는 주유소와 같이 사람들이 머물렀던 장소를 나타내며, 이러한 지점을 체류 지점이라고 한다. 그중 하나는 사용자가 잠시 체류하는 단일 지점 위치(예. 체류 지점 1)다. 이러한 상황은 사용자의 위치 기반 기기가 일반적으로 동일한 위치에서 여러 데이터를 생성하기 때문에 매우 드물다. 두 번째 유형은 그림 10.6a에 표시된 체류 지점 2와 같이 이동 경로에서 좀 더 일반적으로 관찰되며, 사람들이 이동하거나(예. 그림 10.6b와 c) 정지해 있지만 위치 측정값이 변동되는 곳을 나타낸다.

이러한 체류 지점을 통해 일련의 타임스탬프 공간 지점 P의 이동 경로를 의미 있는 장소의 순서 S로 바꿀 수 있다.

$$P = p_1 \rightarrow p_2 \rightarrow \cdots \rightarrow p_n, \Rightarrow S = s_1 \xrightarrow{\Delta t_1} s_2 \xrightarrow{\Delta t_2} , \ldots, \xrightarrow{\Delta t_{n-1}} s_n,$$

따라서 여행지 추천, 목적지 예측, 택시 추천 및 연료 소비량 추정과 같은 다양한 응용 프로그램을 사용할 수 있다.

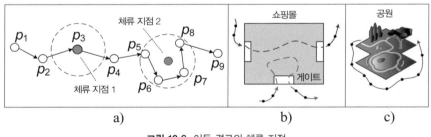

그림 10.6 이동 경로의 체류 지점

반면 일부 애플리케이션(예. 경로의 이동 시간 추정 및 주행 방향 제안)의 경우 전처리 과정에서 이러한 체류 지점을 이동 경로에서 제거한다.

리^{Li}와 연구진[42]은 체류 지점 탐지 알고리즘$^{stay\ point-detection\ algorithm}$을 고안했다. 해당 알고리즘은 먼저 경로의 기준점(예. 그림 10.6a에 표시된 p_5)과 그 후속 지점 사이의 거리가 주어진 임곗값(예. 100m)을 초과하는지 여부를 확인한 후 기준점과 거리 임곗값 내의 마지막 지점(예. p_8) 사이의 시간대를 측정한다. 시간대가 임곗값을 초과하는 경우 체류 지점(p_5, p_6, p_7, p_8)을 탐지하며, 알고리즘은 체류 지점 p_9에서부터 후속 체류 지점을 탐지하기 시작한다.

위안^{Yuan}과 연구진[100, 101]은 밀도 클러스터링$^{density\ clustering}$ 개념을 기반으로 체류 지점 탐지 알고리즘을 개선했다. p_5에서부터 p_8이 체류 지점 후보임을 확인한 후 해당 알고리즘은 p_6에서부터 후속 지점을 추가로 확인한다. 예를 들어, p_6에서 p_9까지의 거리가 임 곗값보다 작으면 p_9가 체류 지점에 추가된다.

10.2.2.3 이동 경로 압축

기본적으로 이동하는 객체에 대해 매초 타임스탬프가 표시된 지리적 좌표를 기록할 수 있다. 하지만 통신, 컴퓨팅, 데이터 스토리지의 많은 배터리 전력 및 오버헤드가 발생한 다. 또한 대부분의 애플리케이션은 그와 같은 정확한 위치까지는 필요하지 않다. 이런 문 제를 해결하고자 경로의 크기를 줄이는 동시에 신규 데이터 표현의 정밀도를 훼손하지 않는 2가지 범주의 경로 압축 전략$^{trajectory\ compression\ strategies}$이 제안됐다[41].

1. 경로의 형태를 기반으로 하며, 오프라인 압축(배치 모드)과 온라인 압축 모드로 추가 구성된다. 오프라인 압축 모드는 전체 경로가 생성된 후 경로의 크기를 줄 인다. 온라인 모드는 객체가 이동하는 즉시 경로를 압축한다.

2. 또 다른 방법은 이동 경로에 있는 각 지점의 시맨틱 의미(예, 주행 속도 및 사진을 찍 은 장소)를 기반으로 경로를 압축해 모양뿐만 아니라 경로의 시맨틱 의미를 유지 한다.

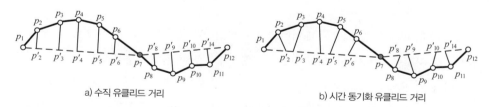

a) 수직 유클리드 거리   b) 시간 동기화 유클리드 거리

그림 10.7 압축 오차를 측정하는 거리 측정법

2가지 전략 외에 압축 오류를 측정하는 거리 측정 지표는 수직 유클리드 거리^{perpendicular} $^{Euclidean\ distance}$와 시간 동기화 유클리드 거리$^{time\text{-}synchronized\ Euclidean\ distance}$다. 그림 10.7과 같

이 12개의 점이 있는 경로를 3개의 지점(p_1, p_7, p_{12})으로 압축한다고 가정하는 경우 거리 측정 지표는 그림 10.7a와 b에서 각각 p_i와 p_i'를 연결하는 구간의 길이를 합한 것이다. 시간 동기화 유클리드 거리는 p_1과 p_7 사이에서 일정한 속도로 이동한다고 가정하며 시간 간격으로 $\overline{p_1 p_7}$의 각 원점의 투영을 계산한다.

형태 기반 경로 압축

오프라인 압축

전체적인 타임스탬프로 구성된 이동 경로를 고려할 때 배치 압축 알고리즘은 기존 경로에서 제거 가능한 지점을 삭제해 근사 경로approximated trajectory를 생성한다. 이것은 컴퓨터 그래픽 및 지도 연구 커뮤니티에서 연구돼 온 라인 단순화 문제와 비슷하다[53].

더글라스-피커Douglas-Peucker[20]라는 잘 알려진 알고리즘이 원래 경로를 근사화하고자 사용된다. 그림 10.8a와 같이 더글라스-피커 알고리즘의 개념은 원래 경로를 대략적인 라인으로 대체하는 것이다(예, $\overline{p_1 p_{12}}$). 해당 근사화가 지정된 오류 조건(예시에서는 수직 유클리드 거리가 사용됨)을 충족하지 못할 경우 가장 큰 오류를 갖는 지점을 분할 지점(p_4)으로 선택해 원래의 문제를 2개의 하위 영역으로 재귀적으로 분할한다. 해당 프로세스는 근삿값과 기존 이동 경로 사이의 오류가 특정값 이하로 내려갈 때까지 실행된다. 원래 더글러스-피커 알고리즘의 복잡성은 $O(N^2)$다. N은 이동 경로의 지점 개수다. 개선된 복잡도는 $O(N \log N)$다[28]. 근사 경로가 최적화됐는지 확인하기 위해 벨만Bellman 알고리즘[5]은 $O(N^3)$의 복잡성을 가진 동적 프로그래밍 기술을 사용한다.

온라인 데이터 축소

대부분의 애플리케이션은 경로 데이터를 시기적절하게 전송해야 하기 때문에 새롭게 생성된 공간 지점을 경로에 포함할지 여부를 결정하기 위한 일련의 온라인 경로 압축 기술이 고안됐다. 온라인 압축 기법에는 슬라이딩 윈도우 알고리즘sliding window algorithm[34] 및 오픈 윈도우 알고리즘open window algorithm[52]과 같은 윈도우 기반 알고리즘과 이동하는 객체의 속도 및 방향 기반 알고리즘이 있다.

슬라이딩 윈도우 알고리즘의 개념은 공간 지점을 유효한 라인 구간을 포함하는 슬라이딩 윈도우에 고정시키고, 근사 오류approximation error가 오류 경계를 초과할 때까지 슬라이딩 윈도우를 증가시킨다. 오픈 윈도우 알고리즘은 더글라스 피커 알고리즘의 휴리스틱을 적용해 경로 구간에 근접하도록 윈도우에서 최대 오류가 있는 지점(예, 그림 10.8b의 p_3)을 선택한다. 그런 다음 해당 지점은 후속 작업을 근사하기 위한 새로운 앵커 지점으로 사용된다.

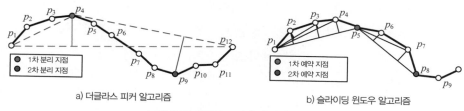

a) 더글라스 피커 알고리즘   b) 슬라이딩 윈도우 알고리즘

그림 10.8 더글라스 피커 알고리즘 예시

다른 범주의 알고리즘은 온라인 경로 압축을 수행하는 경우 속도와 방향을 핵심 요소로 사용한다. 예를 들어, 포타미아스^{Potamias}와 연구진[67]은 신규로 확보한 지점에 중요한 정보가 포함돼 있는지 여부를 판단하고자 마지막 2개의 위치와 주어진 임곗값에서 파생된 안전 영역$^{safe area}$을 사용한다. 신규 데이터 지점이 안전 영역 내에 있는 경우 해당 위치는 중복된 것으로 간주되므로 제거될 수 있다. 중복되지 않은 경우 근사 경로에 포함된다.

시맨틱 의미를 통한 이동 경로 압축

일련의 연구[15, 70]는 경로를 압축할 때 경로의 시맨틱 의미를 유지하는 것이 목표다. 예를 들어, 위치 기반 소셜 네트워크에서 사용자가 체류한 지점, 사진을 찍거나, 방향을 크게 바꾼 일부 특수 지점은 경로의 시맨틱 의미를 나타내는 다른 지점보다 더 중요하다. 첸^{Chen}과 연구진[15]은 스켈레톤 형상$^{shape\ skeleton}$과 앞서 언급한 특수 지점을 모두 고려하는 경로 단순화 알고리즘$^{TS,\ Trajectory\ Simplification\ algorithm}$을 제안했다. 해당 알고리즘은 먼저 경로 세그멘테이션 알고리즘을 사용해 경로를 워킹^{walking} 및 비워킹^{nonwalking} 구간으로 구분한다[115](9.2.2.4절 참고). 지점은 방향의 변경 정도와 인접한 지점까지의 거리에 따라 가중치가 부여된다.

또 다른 연구 분야[33, 72]에서는 교통망의 제한을 포함한 경로 압축을 고려한다. 예를 들어, 동일한 도로 구간에 있는 불필요한 지점을 제거할 수 있다. 이동하는 객체가 앵커 포인트에서 현재 위치까지 최단 경로인 경우 앵커 포인트 이후에 새로 획득한 모든 지점을 제거할 수도 있다. 해당 연구 분야는 맵 매칭 알고리즘을 사용한다(9.2.2.5절 참고). 2014년, 시간 표현과 경로의 공간 표현을 분리하고자 PRESS[72]가 고안됐다. PRESS는 경로 공간 및 시간 정보를 각각 압축하는 하이브리드 공간 압축 알고리즘 및 오류 경계 error-bounded 시간 압축 알고리즘으로 구성된다. 공간 압축은 빈번한 순차 패턴 마이닝 기법을 허프만Huffman 코딩과 결합해 경로의 크기(자주 이동하는 경로는 짧은 코드로 표시할 수 있음)를 줄여 저장 공간을 축소한다.

10.2.2.4 이동 경로 세그멘테이션

경로 클러스터링 및 분류와 같은 다양한 시나리오에서 추가 프로세스를 위해 경로를 구간으로 분할한다. 세그멘테이션은 컴퓨팅 복잡성을 축소할 뿐만 아니라 전체 경로에서 학습할 수 있는 것 이상으로 하위 경로 패턴과 같은 추가적인 정보를 마이닝할 수 있게 해준다.

첫 번째 기법의 범주는 시간 간격time interval을 기준으로 한다. 예를 들어, 그림 10.9A에서 설명한 것처럼 연속적인 두 샘플링 지점 사이의 시간대가 주어진 임곗값보다 크면 경로는 해당 지점에서 두 부분으로 나뉜다(예, $p_1 \rightarrow p_2$, $p_3 \rightarrow \cdots \rightarrow p_9$). 때때로 경로를 동일한 시간 길이의 구간으로 나눌 수 있다.

두 번째 기법의 범주는 경로의 모양을 기반으로 한다. 예를 들어, 10.9b와 같이 이동하는 방향이 임곗값을 초과해서 변경되는 전환점을 사용해서 경로를 구분할 수 있다. 또는 그림 10.9c에 표시된 것처럼 더글러스-피커 알고리즘과 같은 라인 단순화 알고리즘 line simplification algorithm을 사용해 경로의 모양을 재훈련retraining해야 하는 핵심 지점을 식별할 수 있다. 그다음 이동 경로는 해당 지점을 사용해서 구간으로 분할된다.

또한 리Lee와 연구진[40]은 $L(H)$와 $L(D|H)$의 2가지 구성 요소를 포함하는 MDLMinimum Description Language 개념을 사용해 경로를 분할하는 방법을 고안했다. 가설을 사용해 인코딩을 하는 경우 $L(H)$는 비트로 구성된 가설 H에 대한 설명 길이이며, $L(D|H)$는 비트로 구성된 데이터에 대한 설명 길이다. 보다 정확하게 $L(H)$는 $\overline{p_1 p_7}$ 및 $\overline{p_1 p_9}$와 같은 분할된 구간

의 전체 길이를 나타낸다. 반면 $L(D|H)$는 원래 경로와 신규 분할된 구간 사이의 전체(수직 및 각도) 거리를 나타낸다. 근사 알고리즘을 사용해 경로에서 $L(H) + L(D|H)$를 최소화하는 고유한 지점 리스트를 찾는다. 경로는 해당 지점을 사용해 구간으로 분할된다.

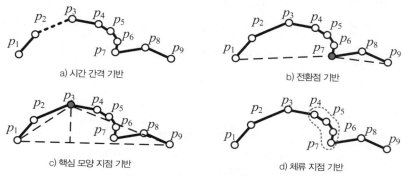

그림 10.9 이동 경로 세그멘테이션 기법

세 번째 기법의 범주는 경로에 포함된 지점의 시맨틱 의미를 기반으로 한다. 그림 10.9d와 같이 경로는 체류 지점을 포함하는 구간(예, $p_1 \rightarrow p_2 \rightarrow p_3$, $p_8 \rightarrow p_9$)을 사용해서 분할된다. 결과에 포함된 체류 지점은 애플리케이션에 따라 유지 여부가 결정된다. 예를 들어, 주행 속도를 추정하는 경우 (택시 경로에서) 택시를 정차했던 체류 지점은 제거해야 한다[103]. 반면 두 사용자 사이의 유사성을 추정하는 경우 2개의 연속적인 체류 지점 사이의 기존 경로 지점을 배제하고 체류 지점에만 초점을 맞춘다.

다른 시맨틱 의미 기반 경로 세그멘테이션은 경로를 운전, 버스, 도보와 같은 다양한 교통 수단의 구간으로 구분한다. 예를 들어, 정과 연구진[109, 115, 119]은 도보 기반 세그멘테이션 기법을 고안했다. 이를 통해 알 수 있는 사실은 2개의 서로 교통 모드 사이에 전환이 생긴다는 것이다. 따라서 우선 지점의 속도($p.v$)와 가속도($p.a$)를 기반으로 경로에서 도보 지점Walk Point과 비도보 지점Nonwalk Point을 구별할 수 있으며, 경로는 그림 10.10a와 같이 대체 도보 구간Walk Segment과 비도보 구간Nonwalk Segment으로 나눌 수 있다.

그러나 실제로는 그림 10.10b와 같이 비도보 구간의 몇몇 지점은 교통 혼잡으로 버스가 서행하는 경우 도보 지점Walk Point으로 탐지될 수 있다. 반면 위치 오류locative error로 인해 도보 구간에서 몇몇 지점이 주행 속도(v_t)의 상한선을 초과하게 되면 비도보 지점Nonwalk Point

으로 인식된다. 해당 문제를 해결하고자 구간의 거리 또는 시간 범위가 임곗값보다 작을 경우 해당 구간을 후방^{backward} 구간에 병합한다. 그다음 구간 길이는 그림 10.10c와 같이 임곗값을 초과하는 경우, 특별 구간^{Certain Segment}으로 간주된다. 또는 그렇지 않으면 불확실한 구간^{Uncertain Segment}으로 간주된다. 일반 사용자가 짧은 거리 내에서 교통 모드를 자주 변경하지 않기 때문에 불확실한 구간은 불확실한 구간 개수가 연속으로 특정 임곗값을 초과하면(해당 예시에서는 3개) 하나의 비도보 구간으로 병합된다. 마지막으로 각 구간에서 추출된 특징을 사용해 정확한 모드를 확인한다.

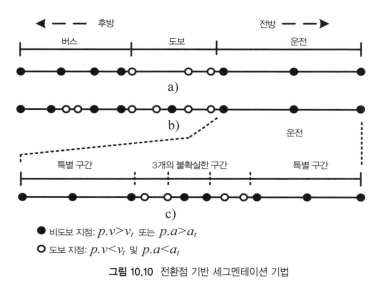

그림 10.10 전환점 기반 세그멘테이션 기법

10.2.2.5 맵 매칭

맵 매칭은 기존 위도/경도 좌표의 시퀀스를 도로 구간의 시퀀스로 변환하는 프로세스다. 교통 흐름을 분석하고, 차량의 주행 거리를 안내하고, 차량이 가는 곳을 예측하고, 출발지와 목적지 사이에서 가장 자주 사용되는 주행 경로를 탐지하고자 차량의 현재 위치를 파악하는 것이 중요하다. 평행도로^{parallel road}, 고가도로^{overpasse} 그리고 지선도로^{spur}를 고려할 때 맵 매칭은 쉽지 않다[37]. 맵 매칭 분류 기법에는 사용된 추가 정보^{additional information used} 및 경로에서 고려된 샘플링 지점의 범위^{range of sampling points considered in a trajectory}를 기반으로 하는 기법이 있다.

사용된 추가 정보에 따르면 맵 매칭 알고리즘은 지오메트릭geometric[25], 토폴로지topological[14, 94], 확률probabilistic[59, 66, 69] 및 그 밖의 고급advanced 기법[51, 56, 99]의 4가지 그룹으로 분류될 수 있다. 지오메트릭 맵 매칭 알고리즘은 도로 네트워크에서 개별 링크의 모양을 고려한다. 예를 들어, GPS 지점을 가장 가까운 도로에 매칭한다. 토폴로지 알고리즘은 도로망의 연결성에 초점을 맞춘다. 대표적인 알고리즘representative algorithm 으로는 프레셔Frechet 거리를 사용해 GPS 시퀀스와 후보 도로 시퀀스 사이의 적합도를 측정한다[7]. 노이즈가 많고 샘플링 비율이 낮은 경로를 처리하고자 확률론적 알고리즘probabilistic algorithm[59, 66, 69]은 GPS 노이즈를 명시적으로 제공하고 도로망을 통해 가능한 여러 경로를 고려해 최적의 경로를 찾는다. [51, 56, 99]를 사용해서 도로망의 토폴로지와 경로 데이터의 노이즈를 모두 포함하는 보다 개선된 맵 매칭 알고리즘이 최근에 등장했다. 해당 알고리즘은 동시에 노이즈 경로 데이터에 접근하고 도로망을 통과하는 합리적인 경로를 형성하는 일련의 도로 구간을 찾는다.

맵 매칭 알고리즘은 샘플링 지점 고려 범위에 따라 로컬local/증분incremental 및 전역global 기법의 2가지 범주로 분류할 수 있다. 로컬/증분 알고리즘[11, 19]은 이미 일치하는 부분에서 솔루션을 순차적으로 확장하는 탐욕스러운 전략greedy strategy을 사용한다. 해당 알고리즘은 거리와 방향 유사성을 기반으로 로컬 최적 지점을 찾는다. 하지만 경로의 샘플링 비율이 낮은 경우 일치 정확도가 떨어진다. 대신 전역 알고리즘[1, 7]은 전체 이동 경로를 도로망에 매칭시킨다(예, 이전 지점 및 후속 지점 고려). 전역 알고리즘은 로컬 기법보다 정확하지만 효율성이 낮으며, 일반적으로 전체 경로가 이미 생성된 오프라인 작업(예, 빈번한 경로 패턴 마이닝)에서 사용된다.

고급 알고리즘[51, 56, 99]은 낮은 샘플링 비율 경로의 매핑을 처리하기 위해 로컬 및 전역 정보(또는 지오메트릭, 토폴로지 및 확률)를 사용한다. 그림 10.11a에 표시된 바와 같이 [51]에 제안된 알고리즘은 먼저 경로에서 각 지점까지의 원형circle 거리 내에 있는 로컬 후보 도로 구간을 찾는다. 예를 들어, 도로 구간 e_i^1, e_i^2 및 e_i^3은 원형 거리 내에 있으며, c_i^1, c_i^2, c_i^3은 이러한 도로 구간의 후보 지점이다. p_i와 후보 지점 $dist(c_i^j, p_i)$ 사이의 거리는 p_i가 후보 지점과 매칭될 수 있는 확률 $N(c_i^j)$을 나타낸다. 해당 확률은 정규 분포에 의해 모델링된 지역 및 지오메트릭 정보로 간주될 수 있다.

$$N(c_i^j) = \frac{1}{\sqrt{2\pi}\sigma} \, e^{-\frac{dist(c_i^j,\, p_i)^2}{2\sigma^2}}. \tag{10.1}$$

해당 알고리즘은 또한 각각의 두 연속 경로 지점의 후보 지점 사이의 전이 확률을 고려한다. 예를 들어, 그림 10.11b에 묘사된 바와 같이 c_i^2는 p_{i-1}과 p_{i+1}을 고려할 때 p_i의 실제 일치 가능성이 더 높다. 두 후보 지점 간의 전이 확률은 유클리드 거리와 도로망 거리 사이의 비율로 표시된다. 해당 전이는 실제로 도로망의 토폴로지 정보에 기초한다. 마지막으로 그림 10.11c와 같이 로컬 확률과 전이 확률을 결합한 맵 매칭 알고리즘은 (후보 그래프에서) 매칭의 전역 확률을 극대화하는 경로를 찾는다. 해당 개념은 측정값의 시퀀스를 고려할 때 가장 가능성이 높은 상태 시퀀스를 찾는 출력 및 전이 확률을 갖는 은닉 마르코프 모델^{HMM}과 비슷하다[56].

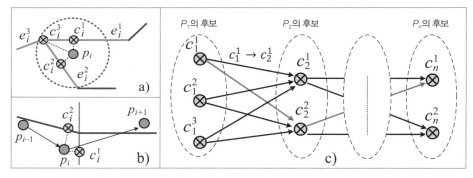

그림 10.11 고급 맵 매칭 알고리즘

10.2.3 이동 경로 데이터 관리

서로 다른 경로의 샘플 또는 다른 부분에 여러 번 접근해야 하므로 대규모의 이동 경로 데이터를 마이닝하는 것은 매우 시간 소모적인 일이다. 따라서 필요한 경로(또는 경로의 일부)를 신속하게 검색할 수 있는 효과적인 데이터 관리 기법이 필요하다. 경로 데이터 관리는 이동하는 객체의 현재 위치와 관련된 이동 객체 데이터베이스와는 달리 이동하는 객체의 과거 데이터를 처리한다. 결과적으로 해당 기법은 인덱싱 구조 및 검색 알고리즘과 경로 데이터 전용으로 설계된 클라우드 컴퓨팅 플랫폼이 필요하다. 해당 알고리즘은 4.4절에서 다뤘으며, 클라우드 컴퓨팅 플랫폼은 5장에서 다뤘다. 따라서 10.2.3절에서 다시 다루지 않는다.

10.2.4 이동 경로의 불확실성

이동하는 객체의 위치가 일정한 시간 간격으로 기록되기 때문에 경로 데이터는 일반적으로 객체의 실제 이동 경로의 샘플이다. 한편으로는 2개의 연속적인 샘플링 지점 사이의 객체의 이동 경로를 알 수 없게 된다(또는 불확실하게 됨). 이것을 해결하기 위해서는 경로의 불확실성을 줄여야 한다. 반면에 일부 애플리케이션에서는 경로에서 유출될 수 있는 사용자의 개인 정보를 보호하려면 경로를 보다 불확실하게 만들어야 한다.

10.2.4.1 경로 데이터의 불확실성 축소

대부분의 경로는 불확실성이 발생하는 샘플링 지점 사이의 객체의 이동성을 나타내는 매우 낮은 샘플링 비율로 기록되며, 이것을 불확실한 이동 경로^{uncertain trajectory}라고 부른다. 예를 들어, 10.12a와 같이 통신 부하를 줄이고자 택시의 GPS 좌표(p_1, p_2, p_3)를 몇 분마다 기록해 2개의 연속 샘플링 지점 사이에 여러 경로를 만들 수 있다. 그림 10.12b와 같이 포스퀘어^{Foursquare}와 같은 위치 기반 소셜 네트워킹 서비스에서 사람들의 체크인 기록을 시간순으로 연결하면 이동 경로로 활용할 수 있다. 사용자들이 자주 체크인을 하지 않기 때문에 2회 연속 체크인 사이의 시간 간격(및 거리)은 몇 시간(및 몇 킬로미터)일 수 있다. 결과적으로 두 체크인 지점 사이의 사용자 이동 경로를 확인할 수 없다. 그림 10.12c와 같이 에너지를 절약하기 위해 철새에 설치된 GPS 로거^{logger}는 반나절마다 위치 기록만 전송한다. 결과적으로 2개의 특정 지역 사이의 철새의 이동 경로는 매우 불확실하다.

이동 경로의 불확실성을 쿼리하기 위한 모델링

쿼리를 수행하고자(예, 객체가 쿼리 윈도우를 교차할 수 있을까?) 이동 객체 데이터베이스에 대한 적절한 쿼리 평가 기법과 결합된 불확실성의 여러 모델[16, 65]이 제안됐다. 그림 10.12b와 같이 이동 경로가 3개의 파란색 체크인을 사용해서 생성됐는지 또는 경로의 불확실성을 모델링하지 않고 범위 쿼리 R를 사용해서 생성됐는지 여부를 알 수 없다. 해당 기법의 대부분은 두 샘플링 지점 사이의 불확실한 객체 위치에 대한 보수적인 경계를 제공하는 것이 목표다. 해당 기법은 일반적으로 실린더^{cylinder}[80, 81] 또는 비드^{bead}[79]와 같은 지오메트릭 객체를 경로의 근사치로 사용한다. 해당 모델은 데이터 마이닝과 관련해서는 관련이 없으므로 10.2.4.1절에서는 다루지 않는다. 최근의 접근법은 각 시점에서 독립적인 확률 밀도 함수^{independent probability density function}를 사용하거나[17], 객체의 불확실한 위치를 보다 정교하게 모델링하고 다양한 쿼리를 수행하기 위한 확률적 프로세스^{stochastic process}[21, 58, 68, 87](예, 마르코프 체인)를 사용한다.

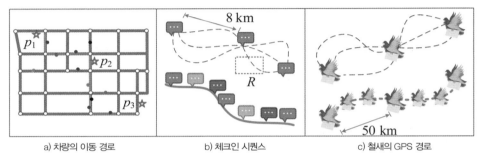

a) 차량의 이동 경로   b) 체크인 시퀀스   c) 철새의 GPS 경로

그림 10.12 불확실한 이동 경로 예시

불확실한 이동 경로를 기반으로 경로 추론

다양한 쿼리를 사용해서 기존 경로의 검색을 수행하는 전술한 모델과는 달리 일련의 신규 기법은 이동하는 객체가 불확실한 경로를 기반으로 몇몇 샘플 지점을 이동할 가장 가능성 높은(누락된 하위 경로) k-route(s)를 추정한다(또는 '구성한다'). 같거나 비슷한 경로를 공유하는 경로(또는 부분적으로 공유하는)는 종종 상호보완을 통해 해당 경로를 더욱 완벽하게 만들 수 있음을 알 수 있다. 즉 동일하거나 유사한 경로에 서로 다른 경로를 교차참조해 불확실한 경로를 보간할 수 있다('불확실성 + 불확실성→확실성').

예를 들어, 다양한 택시의 불확실한 경로를 고려할 때(그림 10.12a에서 다른 색상의 점으로 표시됨) 파란색 경로가 가장 가능성이 높은 경로로 추론할 수 있다. 마찬가지로 그림 10.12b와 같이 여러 사용자의 체크인 데이터를 기반으로 파란색 곡선이 3개의 파란색 체크인 사이의 이동 경로 중 가장 가능성이 높은 경로임을 알 수 있다. 마찬가지로 철새들의 불확실한 GPS 기록을 고려할 때 철새들의 이동 경로를 확인할 수 있다. 경로의 불확실성을 줄이는 것은 과학적인 연구를 촉진하고 여행 추천 시스템 및 교통량 관리와 같은 다양한 애플리케이션 프로그램에 활용할 수 있다. 불확실한 경로를 보완하는 방법에는 2가지 범주가 있다.

1. 하나는 도로망 설정에서 생성된 경로를 위해 설계됐다[108]. 해당 기법의 범주를 맵 매칭 알고리즘과 구분하는 2가지 측면이 있다. 첫째, 경로의 불확실성을 줄이는 기법은 다양한 경로의 데이터를 활용하는 반면 맵 매칭 알고리즘은 단일 경로의 지오메트릭 정보와 도로망의 토폴로지 정보만 사용한다. 둘째, 불확실성 기법에서 사용하는 경로의 샘플링 비율은 매우 낮다(예, 10분 이상).

2. 다른 하나는 여유 공간을 의미하며, 그림 10.12b, c와 같이 이동하는 객체(날아다니는 새나 등산하는 사람들)는 도로망[83]의 경로를 따르지 않는다. 주요 과제는 2가지다. 하나는 일련의 쿼리 지점과 관련될 수 있는 경로를 결정하는 것이다. 다른 하나는 관련 경로를 근사할 수 있는 경로를 생성하는 것이다. 그림 10.13a와 같이 [83]에서 제안된 방법은 지리 공간을 균일한 그리드로 분할한 다음(그리드 크기는 필요한 추론 정확도에 따라 달라짐) 해당 그리드에 경로를 매핑한다.

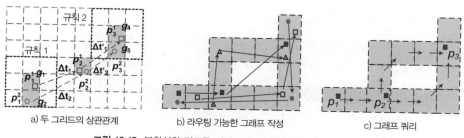

a) 두 그리드의 상관관계   b) 라우팅 가능한 그래프 작성   c) 그래프 쿼리

그림 10.13 불확실한 경로를 기반으로 가장 가능성 있는 경로 추정

일부 그리드의 이동 경로가 아래 2가지 규칙 중 하나를 만족할 경우 지역을 생성하기 위해 연결될 수 있다.

i. 두 경로 구간의 시작점(p_1^1, p_1^2)이 지리적 공간 이웃인 2개의 그리드(g_1, g_2)에 위치하고 두 구간의 끝점(p_2^1, p_2^2)이 동일한 그리드에 위치하며 두 구간의 이동 시간(Δt_1, Δt_2)이 유사하면 2개의 그리드(g_1, g_2)를 연결할 수 있다.

ii. 출발점(p_2^1, p_2^2)이 같은 그리드에 위치하며, 끝점(p_3^1, p_3^2)이 이웃 그리드(g_4, g_5)에 포함되고, 두 구간의 이동 시간($\Delta t_1'$, $\Delta t_2'$)이 비슷하면 그리드(g_4, g_5)를 연결할 수 있다.

그림 10.13b과 같이 분리된 그리드를 연결된 영역으로 전환한 후 노드가 그리드를 나타내는 라우팅 가능한 그래프를 작성할 수 있다. 그래프에서 2개의 인접한 그리드 사이의 방향과 이동 시간은 2개의 그리드를 통과하는 경로에 기초해 추론된다. 마지막으로 그림 10.13c와 같이 3개의 쿼리 지점을 감안하면 라우팅 알고리즘을 기반으로 그래프에서 가장 가능성이 높은 경로를 찾을 수 있다. 보다 자세한 경로를 찾기 위해 식별된 경로를 통과하는 경로에 대해 회귀 분석을 수행할 수 있다.

수^{Su}와 연구진[74]은 일련의 고정 앵커 포인트에 경로를 결합하는 앵커 기반 보정 시스템$^{anchor\text{-}based\ calibration\ system}$을 제안했다. 해당 접근법은 앵커 지점과 경로 간의 공간적 관계를 고려한다. 또한 보정값을 개선하도록 추론 모델을 사용해서 과거 기록을 학습한다.

10.2.4.2 이동 경로 데이터의 개인 정보

경로의 불확실성을 줄이는 대신 몇몇 기법은 사용자의 이동 경로 공개로 인한 개인 정보 유출로부터 사용자 데이터를 보호한다[1, 18, 88]. 이러한 종류의 기법은 서비스 품질이나 경로 데이터의 유용성을 보장하면서 사용자의 위치를 모호하게 한다. 사용자의 개인 정보 유출에 대한 경로 데이터를 보호해야 하는 2가지 중요한 상황이 존재한다.

하나는 실시간의 연속적인 위치 기반 서비스(예, 반경 1km의 교통상황을 알려줘)다. 이런 상황에서 사용자는 서비스를 사용할 때 현재 위치를 정확하게 공개하지 않을 수 있다. 단순한 위치 정보와는 달리 경로에 있는 연속적인 샘플 사이의 시공간 상관관계는 사용자의 정확한 위치를 추론하는 데 도움이 될 수 있다. 해당 상황에서 개인 정보를 보호하는 기법에는 공간 은폐$^{spatial\ cloaking}$[54], 지역 혼합$^{mix\ zone}$[6], 경로 혼합$^{path\ confusion}$[29], 짧은 ID에 기반한 오일러 히스토그램$^{Euler\ histogram}$[86], 더미 경로$^{dummy\ trajectory}$[36] 등이 포함된다.

다른 하나는 과거 경로의 공개다. 개인의 다양한 경로를 수집하는 것은 공격자들이 사용자들의 집과 직장을 추론할 수 있게 할 수 있고, 따라서 사용자 정보를 획득할 수 있다.

이런 환경에서 사용자의 프라이버시를 보호하는 기법은 클러스터링 기반clustering-based[1], 일반화 기반generalization-based[55], 억제 기반suppression-based[77], 그리드 기반 접근 방식grid-based approach을 포함한다[24]. 경로 개인 정보에 대한 종합적인 조사는 [18]에서 확인할 수 있다.

10.2.5 경로 패턴 마이닝

10.2.5절에서는 단일 경로single trajectory 또는 경로 그룹에서 발견할 수 있는 4가지 주요 범주의 패턴을 살펴본다. 해당 패턴은 동시 이동 패턴moving-together pattern, 경로 클러스터링 trajectory clustering, 순차적 패턴sequential pattern 그리고 주기적 패턴periodic pattern이다.

10.2.5.1 동시 이동 패턴

경로 패턴 연구의 한 분야에서는 동물 무리flock[26, 27], 차량 수송convoy[31, 32], 군중swarm [43], 여행 동료traveling companion[75, 76], 모임gathering[107, 121]과 같이 일정 기간 동안 함께 이동하는 객체 그룹을 발견하는 데 초점을 맞추고 있다. 해당 패턴들은 종들의 이동, 군사 감시, 교통 사건 탐지 등에 대한 연구에 도움을 줄 수 있다. 해당 패턴들은 그룹의 형태나 밀도, 그룹의 객체 수, 패턴의 지속시간과 같은 요소로 구분할 수 있다.

구체적으로 동물 무리는 최소한 k개의 연속적인 타임스탬프를 위해 사용자 지정 크기의 디스크 내에서 함께 이동하는 객체의 그룹이다. 동물 무리와 관련된 주요 문제는 미리 정의된 원형 형태인데 이는 실제로 집단의 모양을 잘 묘사하지 못할 수 있기 때문에 이른바 손실된 무리 문제lossy-flock problem가 발생한다. 이동성을 가진 그룹의 크기와 모양에 대한 엄격한 제한을 피하고자 차량 수송은 밀도 기반 클러스터링을 사용해 모양에 대한 일반적인 이동 경로 패턴을 캡처한다. 차량 수송은 연속적인 시간 지점 k 동안 밀도를 연결시키고자 객체의 그룹을 사용한다. 동물 무리와 차량 수송은 연속적인 시간대에 관한 엄격한 요구 사항을 갖고 있지만, 리니와 연구진[43]은 군중이라고 부르는 보다 일반적인 이동 경로 패턴을 고안했다. 군중은 최소 k 타임스탬프 동안(연속적이지 않을 수 있음) 지속되는 객체의 클러스터다. 차량 수송과 동물 무리는 패턴 마이닝을 위해 전체 경로를 메모리에 로드해야 하지만, 여행 동료[75, 76]는 데이터 구조(traveling buddy라고 부르는)를 사용해 시스템으로 스트리밍되는 경로에서 차량 수송/클러스터링 패턴을 지속적으로 찾는다. 따라서 여행 동료 패턴은 차량 수송과 군중의 온라인(및 증분) 탐지 기법으로 여겨진다.

객체가 빈번하게 이동하는 기념 행사와 퍼레이드 같은 일부 사건들을 탐지하고자 모임 패턴[107, 121]은 모임의 구성원을 점진적으로 진화시켜 위에서 언급한 패턴의 제약을 더욱 느슨하게 한다. 모임의 각 클러스터는 최소한 m_p명의 참가자들을 포함하며, 최소한 해당 모임의 k_p 클러스터에 나타나는 객체다. 모임 패턴은 이벤트를 탐지하고자 사용되며, 탐지된 패턴의 지오메트릭 특성(예, 위치 및 모양)이 상대적으로 안정적이어야 한다.

그림 10.14a는 해당 패턴을 나타낸다. 타임스탬프를 $k = 2$로 설정하면 그룹 $\langle o_2, o_3, o_4 \rangle$는 t_1에서 t_3까지의 동물 무리다. o_5는 그룹의 동료이지만, 동물 무리 정의에서 사용된 고정된 디스크 크기로 인해 포함시킬 수 없다. 반면 $\langle o_2, o_3, o_4, o_5 \rangle$는 t_1에서 t_3까지 연결된 밀도 기반이기 때문에 차량 수송은 o_5를 그룹에 포함시킬 수 있다. 해당 그룹 객체는 또한 연속이지 않은 시간대 t_1과 t_3에 군중을 형성한다. 그림 10.14b와 같이 $k_p = 2$와 $m_p = 3$으로 설정하면 $\langle C_1, C_2, C_4 \rangle$가 모임이 되며, $\langle C_1, C_3, C_5 \rangle$는 C_5가 C_2와 C_3에서 너무 멀리 떨어져 있기 때문에 모임이 되지 않는다.

상술한 패턴 마이닝 알고리즘은 이동하는 객체의 클러스터를 찾고자 일반적으로 밀도 기반 거리 메트릭을 사용한다. 크리스티안[Christian]과 연구진[30]은 이동하는 객체의 방향 및 속도와 같은 시맨틱 요소를 고려해 거리 측정법을 확장했다.

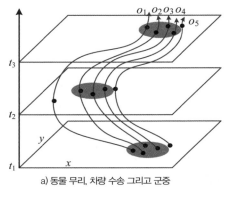
a) 동물 무리, 차량 수송 그리고 군중

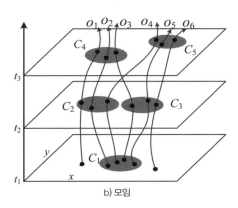
b) 모임

그림 10.14 동시 이동 패턴 예시

10.2.5.2 이동 경로 클러스터링

서로 다른 이동하는 객체가 공유하는 대표적인 경로나 공통적인 경향을 찾기 위해서 일반적으로 유사한 경로를 클러스터에 그룹화해야 한다. 일반적인 클러스터링 접근 방식은 특징 벡터를 사용해 경로를 나타내며, 특징 벡터 사이의 거리에 따라 두 경로 사이의 유사성을 나타낸다. 하지만 서로 다른 경로에 대해 길이가 균일한 특징 벡터를 생성하는 것은 쉽지 않다. 다른 경로에 대해 서로 다른 특성(길이, 모양, 샘플링 속도, 지점의 개수와 순서 등)을 포함하고 있기 때문이다. 또한 경로에 있는 지점의 순차적 및 공간적 특성을 특징 벡터에 인코딩하기 어렵다.

위에서 언급한 제약 사항들을 고려할 때 일련의 기법들을 개선했다. 경로 사이의 거리 메트릭을 4.4절에서 다뤘기 때문에 제안된 경로의 클러스터링 기법에 초점을 맞춘다. 10.2.5.2절에서 논의하는 클러스터링 기법은 도로망의 제약이 없는 공간을 사용해 이동 경로에 특화돼 있음을 유의해야 한다. 도로망 설정을 포함한 이동 경로 클러스터링을 다룬 몇몇 논문(예, [35])이 있긴 하지만, 해당 문제는 맵 매칭 및 그래프 클러스터링 알고리즘을 사용해서 실제로 해결할 수 있다. 즉 먼저 맵 매칭 알고리즘을 사용해서 이동 경로를 도로망에 반영한 후 그래프 클러스터링 알고리즘을 적용해 하위 그래프(예, 도로 모음)를 찾는다.

개프니[Gaffney]와 연구진[8, 22]은 회귀 혼합 모델[regression mixture model]과 EM 알고리즘을 사용해 유사한 경로를 클러스터로 그룹화할 것을 제안했다. 해당 알고리즘은 2개의 전체 경로 사이의 전체 거리와 관련된 경로를 클러스터링한다. 하지만 이동하는 객체는 실제적으로 전제 이동 경로에서 함께 이동하는 경우가 드물다. 따라서 리[Lee]와 연구진[40]은 그림 10.15a와 같이 경로를 라인 구간[line segment]으로 분할하고 경로의 하우스도르프[Hausdorff] 거리를 사용해 근접한 경로 구간의 그룹을 만들 것을 제안했다. 대표 경로는 각 구간 클러스터에서 최종 단계에서 정해진다.

이동 경로 데이터는 종종 점진적으로 수신되기 때문에 리[Li]와 연구진[45]은 추가로 수신 경로의 계산 비용과 저장을 목표로 하는 증분 클러스터링 알고리즘[incremental clustering algorithm]을 제안했다. 리[Lee][40]와 리[Li][45] 모두 데이터 스트림을 클러스터링하기 위해 아가왈[Aggarwal]과 연구진[2]이 제안한 마이크로 및 매크로 클러스터링 프레임워크[micro and macro clustering framework를 적용했다. 즉 해당 기법은 먼저 경로 구간의 마이크로 클러스터(그림 10.15b 참고)를 찾은 후 마이크로 클러스터를 매크로 클러스터로 그룹화한다(그림 10.15c 참고). 리니 연구[45]의 주요 통찰력은 신규 데이터가 먼 지역보다는 신규 데이터가 수신된 지역에만 영향을 미친다는 것이다.

a) 구간 클러스터   b) 마이크로 클러스터   c) 매크로 클러스터

그림 10.15 부분 구간을 기반의 이동 경로 클러스터링[108]

10.2.5.3 이동 경로에 대한 마이닝 순차 패턴

해당 분야의 연구 중에서 단일 이동 경로 또는 복수의 이동 경로에서 순차 패턴sequential pattern 을 찾는 것을 연구한다. 해당 연구에서 순차 패턴은 비슷한 시간대에서 공통적인 위치 순서를 이동하는 특정 개수의 이동하는 객체를 뜻한다.

$$A: l_1 \xrightarrow{1.5h} l_2 \xrightarrow{1h} l_7 \xrightarrow{1.2h} l_4 \quad B: l_1 \xrightarrow{1.2h} l_2 \xrightarrow{2h} l_4,$$

이동 순서의 위치가 연속적일 필요는 없다. 예를 들어, 2개의 경로 A와 B는 방문 순서 및 이동 시간이 비슷하기 때문에(l_2 및 l_4는 경로 A에서 연속이지 않지만) 공통의 순서 $l_1 \rightarrow l_2 \rightarrow l_4$ 를 공유한다. 일반적으로 서포트support라고 불리는 코퍼스corpus에서 이러한 공통적인 순서의 발생이 임곗값을 초과하면 순차 경로 패턴sequential trajectory pattern이 탐지된다. 해당 패턴을 통해 여행지 추천travel recommendation, 생활 패턴 이해life-pattern understanding, 다음 위치 예측next-location prediction, 사용자 유사성 추정estimating user similarity 그리고 이동 경로 축소trajectory compression 등에 활용할 수 있다.

이동 경로에서 순차적 패턴을 탐지하고자 먼저 공통 위치를 순서대로 정의해야 한다. 이상적으로는 소셜 네트워킹 서비스의 사용자 체크인 시퀀스와 같은 경로 데이터에서 각 위치에는 고유한 ID(예, 레스토랑 이름)가 태그된다. 2개의 위치가 동일한 ID를 공유하는 경우를 공통 위치라고 한다. 하지만 많은 GPS 경로에서 각 지점은 한 쌍의 GPS 좌표를 특징으로 하며, 모든 패턴 인스턴스에서 정확하게 반복되지는 않는다. 해당 패턴은 2개의 서로 다른 경로의 지점들을 직접적으로 비교할 수 없게 만든다. 또한 GPS 경로는 수천 개의 지점으로 구성될 수 있다. 이것을 적절하게 다루지 못하는 경우 해당 지점들로 인해 엄청난 컴퓨팅 비용이 필요하다.

자유 공간의 순차 패턴 마이닝

라인 단순화 기반 기법

앞서 언급한 문제를 해결하기 위한 초기 솔루션이 2005년에 제안됐다[9]. 해당 솔루션은 더글러스-피커와 같은 라인 단순화 알고리즘을 사용해 경로를 형성하는 주요 지점을 먼저 식별한다[20]. 그다음 각 라인 구간의 서포트를 계산하기 위해 단순화된 라인 구간과 인접한 경로의 일부를 그룹화한다. 이동 경로의 2개 지점 사이의 이동 시간은 고려되지 않는다.

클러스터링 기반 기법

앞서 언급한 문제를 해결하는 보다 일반적인 최근 방법은 서로 다른 경로의 지점을 관심 영역으로 클러스터링한 후 경로의 지점은 지점의 클러스터 ID로 표현된다. 결과적으로 경로는 여러 경로를 비교할 수 있는 일련의 클러스터 ID로 재구성된다. 예를 들어, 그림 10.16a와 같이 3개의 경로를 다음과 같이 나타낼 수 있다.

$$Tr_1 : l_1 \xrightarrow{\Delta t_3} l_3, \ Tr_2 : l_1 \xrightarrow{\Delta t_1} l_2 \xrightarrow{\Delta t_2} l_3, \ Tr_3 : l_1 \xrightarrow{\Delta t_1'} l_2 \xrightarrow{\Delta t_2'} l_3,$$

l_1, l_3 및 l_3은 지점들의 클러스터다. 변환 후 시간 제약을 가진 PrefixSpan[64] 및 CloseSpan[91]과 같은 기존 순차 패턴 마이닝 알고리즘을 사용해 이러한 시퀀스에서 순차 패턴을 마이닝할 수 있다. 해당 예시에서 아래와 같은 경우 서포트 임곗값을 3으로 설정하면 $l_1 \rightarrow l_3$이 순차적 패턴임을 알 수 있다.

$$\frac{|\Delta t_3 - (\Delta t_1 + \Delta t_2)|}{\max(\Delta t_3, \Delta t_1 + \Delta t_2)} < \rho, \qquad \frac{|\Delta t_3 - (\Delta t_1' + \Delta t_2')|}{\max(\Delta t_3, \Delta t_1' + \Delta t_2')} < \rho,$$

ρ는 2개의 이동 시간이 비슷하다는 것을 보장하는 비율 임곗값이다. 또한 서포트의 임곗값을 2로 설정하면 $l_1 \rightarrow l_2 \rightarrow l_3$는 Δt_1이 $\Delta t_1'$과 비슷하고 $\Delta t_2'$가 Δt_2와 비슷할 경우 순차 패턴이다. 더 나아가 지안노티^{Giannotti}와 연구진[23]은 도시를 균일한 그리드로 나누고, 각 그리드에 포함된 GPS 지점의 밀도를 기준으로 해당 그리드를 관심 영역으로 그룹화한다. 관심 영역의 순차적 패턴을 탐지하기 위해 아프리오리^{Apriori}와 유사한 알고리즘이 제안됐다.

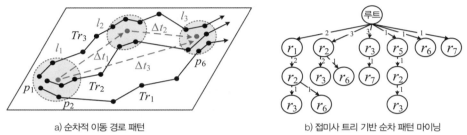

a) 순차적 이동 경로 패턴 b) 접미사 트리 기반 순차 패턴 마이닝

그림 10.16 이동 경로 데이터의 순차 패턴 마이닝

위치의 시맨틱 의미를 중요하게 다루는 애플리케이션의 경우 먼저 각 경로에서 체류 지점을 탐지해 경로를 일련의 체류 지점으로 전환할 수 있다. 추후에 해당 체류 지점을 클러스터링해 관심 영역을 생성하고 체류 지점이 속한 클러스터 ID를 사용해 경로를 나타낼 수 있다. 해당 접근법을 활용해 예^{Ye}와 연구진[93]은 개인의 GPS 경로에서 생활 패턴을 마이닝하는 방법을 고안했다. 샤오^{Xiao}와 연구진[84, 85]은 두 사용자의 경로가 공유하는 순차 패턴을 찾고자 그래프 기반 시퀀스 매칭 알고리즘을 제안했다. 해당 패턴은 두 사용자 간의 유사성을 추정하는 데 사용된다.

도로망의 순차 패턴 마이닝

순차 패턴 마이닝 문제가 도로망 설정에 적용되는 경우 먼저 맵 매칭 알고리즘을 사용해 각 경로를 도로망에 매핑한다. 그다음 경로는 문자열로 인식되는 도로 구간 ID의 순서로 나타낸다. 그 결과 문자열을 대상으로 설계된 PrefixSpan과 같은 몇몇 순차 패턴 마이닝 알고리즘은 순차 이동 경로 패턴을 찾고자 적용할 수 있다.

그림 10.16b는 그림 4.27에 표시된 4개의 경로를 나타내는 접미사 트리$^{suffix\ tree}$를 나

타낸다. 노드는 도로 구간이고, 루트에서 노드까지의 경로는 이동 경로를 나타내는 문자열의 접미사에 해당한다. 예를 들어, Tr_1은 문자열 $r_1 \rightarrow r_2 \rightarrow r_6$로 표시되며, 여기서 $r_2 \rightarrow r_6$와 r_6는 문자열의 접미사다. 각 링크와 관련된 숫자는 경로를 통과하는 이동 경로의 개수를 나타낸다(예, 문자열 패턴의 서포트). 예를 들어, $r_1 \rightarrow r_2$를 통과하는 2개의 경로(Tr_1 및 Tr_2)와 $r_1 \rightarrow r_2 \rightarrow r_6$을 통과하는 1개의 경로가 있다. 해당 접미사 트리를 생성한 후에 $O(n)$의 복잡도로 주어진 임곗값보다 큰 서포트를 갖는 빈번한 패턴(트리의 경로)을 찾을 수 있다. 접미사 트리의 크기는 원래 경로보다 훨씬 클 수 있다. 경로 데이터셋의 크기가 매우 큰 경우 접미사 트리의 깊이에 제약 조건을 설정해야 한다. 또한 접미사 트리에서 파생된 순차적 패턴은 연속돼야 한다. 시간적 제약 조건은 명시적으로 고려되지 않지만, 경로의 속도 제약 조건을 고려할 때 동일한 경로에 있는 두 객체의 이동 시간은 유사해야 한다.

더 나아가 송^{Song}과 연구진[72]은 접미사 트리를 사용해 빈번한 경로 패턴을 탐지한 다음 허프먼^{Huffman} 인코딩을 사용해 이동 경로를 축소했다. 왕^{Wang}과 연구진[82]은 접미사 트리를 사용해 빈번한 경로 패턴을 찾아 쿼리 경로의 이동 시간을 추정 할 때 하위 경로 조합의 후보를 줄이는 데 사용한다.

10.2.5.4 이동 경로의 주기적 패턴 마이닝

이동하는 객체는 보통 주기적인 활동 패턴을 갖고 있다. 예를 들어, 사람들은 매달 쇼핑을 하고, 동물들은 매년 한 장소에서 다른 장소로 이동한다. 이러한 주기적인 행동은 장기간의 과거 이동 패턴에 대한 통찰력 있고 간결한 설명을 제공해 경로 데이터를 압축하고 이동하는 객체의 미래 이동을 예측하는 데 도움이 된다.

시계열 데이터에 대한 주기적인 패턴 마이닝은 광범위하게 연구돼 왔다. 예를 들어, 양^{Yang}과 연구진은 (범주)시계열에서 비동기 패턴$^{asynchronous \, pattern}$[89], 놀라운 주기적 패턴 $^{surprising \, periodic \, pattern}$[90] 및 갭 페널티가 있는 패턴$^{pattern \, with \, gap \, penalty}$[92]을 찾으려는 시도를 했다. 공간 위치의 모호함으로 인해 시계열 데이터를 위해 설계된 기존 방법은 경로에 직접 적용할 수 없다. 해당 문제를 해결하고자 카오^{Cao}와 연구진[9]은 경로에서 최대 주기 패턴$^{maximal \, periodic \, pattern}$을 검색하기 위한 효율적인 알고리즘을 제안했다. 해당 알고리즘은 (전역) 최소 서포트 임곗값$^{minimum \, support \, threshold}$이 필요한 빈번한 패턴 마이닝과 유사한 패러다임을 따른다. 하지만 주기적 행동은 실제 환경에서 더욱 복잡하며, 다양한 인터리빙 기간interleaving period, 부분 시간 범위partial time span 그리고 시공간 노이즈 및 특이치가 발생할 수 있다.

해당 문제를 해결하고자 리Li와 연구진[44]은 이동 경로 데이터에 대한 2단계 탐지 기법two-stage detection method을 제안했다. 첫 번째 단계에서는 커널 밀도 추정KDE과 같은 밀도 기반 클러스터링 알고리즘을 사용해 이동하는 객체가 자주 방문한 몇 개의 기준점을 탐지한다. 그다음 이동하는 객체의 경로는 몇 개의 이진binary 시계열로 변환되며, 각 시계열은 기준점에서 이동하는 객체의 $in(1)$ 및 $out(0)$의 상태를 나타낸다. 각 시계열에 푸리에 변환Fourier transform 및 자기 상관autocorrelation 기법을 적용해 각 기준점의 주기적 시간 값을 계산할 수 있다. 두 번째 단계는 계층적 클러스터링 알고리즘을 사용해 부분적인 이동 시퀀스에서 발생하는 주기적 행동을 요약한다. 2012년에는 리Li와 연구진[46]은 불완전하고 희박한 데이터 소스에서 주기적인 패턴을 마이닝할 수 있도록 연구 범위를 확대했다 [44].

10.2.6 이동 경로 분류

이동 경로 분류trajectory classification는 이동, 운송 모드 및 활동과 같이 서로 다른 상태의 경로(또는 그 구간)를 구별하는 것이 목표다. 원시 경로 데이터(또는 구간)에 시맨틱 레이블로 태그를 지정하면 경로의 가치가 한 단계 높아지므로 여행지 추천, 생활 경험 공유 및 상황 인식 컴퓨팅과 같은 많은 애플리케이션에서 활용할 수 있다.

이동 경로 분류는 일반적으로 3개의 주요 단계로 구성된다.

1. 분할 기법을 사용해 경로를 구간으로 분할한다. 때때로 각각의 단일 지점은 최소 추론 단위minimum inference unit로 간주된다.
2. 각 구간(또는 지점)에서 특징 추출.
3. 각 구간(또는 지점)을 분류하기 위한 모델 생성.

이동 경로는 필수적인 시퀀스이기 때문에 로컬 지점(또는 구간)의 정보와 인접한 지점(또는 구간) 사이의 순차적 패턴을 통합하는 동적 베이지안 네트워크DBN, 조건부 랜덤 필드CRF 같은 기존 시퀀스 추론 모델을 활용할 수 있다.

802.11 무선 신호를 사용해서 LOCADIO[38]는 기기의 모션(정지 및 이동)을 2개의 상태로 분류하고자 HMM을 적용한다. GSM[Global System for Mobile communication] 경로의 신호를 기반으로 티모시[Timothy]와 연구진[78]은 사용자의 이동성을 정지, 걷기, 운전으로 구성된 3가지 상태로 분류했다. 주[Zhu]와 연구진[123]은 GPS 경로를 기반으로 손님 탑승[Occupied], 빈 택시[Nonoccupied] 및 주차[Parked]로 구성된 택시의 상태를 추론했다. 해당 기법은 먼저 체류 지점 기반 탐지 기법을 사용해 이동 경로에서 주차 가능한 장소를 찾는다. 그다음 주차 장소에 따라 택시 경로가 구간으로 분할된다(그림 10.9d 참고). 각 구간을 대상으로 단일 경로, 여러 택시의 과거 경로, 도로망 및 POI와 같은 지리적 데이터를 포함하는 특징들을 추출한다. 그다음 구간의 상태를 손님 탑승 또는 빈 택시로 분류하기 위한 2단계 추론 기법을 사용한다. 해당 기법은 먼저 식별된 특징을 사용해 로컬 확률 분류기[local probabilistic classifier]를 학습시킨 다음 은닉 세미-마르코프[semi-Markov] 모델을 사용해서 전역 이동 패턴을 고려한다.

정[Zheng]과 연구진[115, 119]은 사용자의 이동 경로를 운전, 자전거, 버스 및 도보로 구성된 교통 모드로 분류한다. 일반적으로 사람들은 단일 이동 시에도 교통 모드를 변경하기 때문에 먼저 경로를 도보 기반 분할 기법을 사용해서 구간으로 분할한다(자세한 내용은 그림 10.10 참고).

목적지 변경 비율, 정지 비율 그리고 속도 변경 비율과 같은 특징 집합을 추출하고 의사결정 트리 분류기에 반영된다. 추론 결과를 기반으로 추론 오류를 수정하기 위해 서로 다른 위치에서 서로 다른 교통 모드 사이의 전환 가능성을 고려하는 그래프 기반 후처리 프로세싱[post processing] 단계가 수행된다.

린[Lin]과 연구진[47, 63]은 그림 10.17a와 같이 위치 기반 활동 인식 및 중요한 장소 발견을 위한 계층적 추론 모델을 제안했다. 해당 모델은 이러한 거리 패치[street patch]에서 추출한 특징을 기반으로 GPS 지점의 시퀀스를 a_1, a_2, ..., a_n(도보, 운전, 수면)와 같은 일련의 활동으로 분류하고 P_1 및 P_2 같은 중요한 장소를 동시에 식별한다(예, 집, 직장 및 버스 정류장).

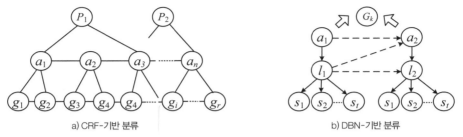

a) CRF-기반 분류   b) DBN-기반 분류

그림 10.17 활동 인식을 위한 이동 경로 분류

인^{Yin}과 연구진[94]은 일련의 와이파이$^{Wi-Fi}$ 신호에 따라 사용자의 활동과 상위 레벨의 목표를 추론하기 위한 DBN 기반 추론 모델을 제안했다. 그림 10.17b는 하위 계층이 원시 와이파이 신호의 입력을 포함하는 DBN의 구조를 나타낸다. 두 번째 계층은 이러한 신호가 수신되는 위치의 목록이며, 최상위 레벨은 사용자 활동에 해당한다. 결과적으로 상위 목표는 추론된 활동의 순서에 근거해 추론된다.

10.2.7 이동 경로의 이상 탐지

이동 경로의 특이치^{outlier} 또는 이상^{anomaly}은 유사성 측면에서 다른 항목들과 확연히 다른 항목이 될 수 있다(예, 이동 경로 또는 이동 경로의 구간). 또한 특이치는 예상되지 않았던 이벤트 또는 측정값(이동 경로의 집합으로 나타냄)이 될 수 있다(예, 자동차 사고로 인한 교통 혼잡). 범용적인 이상 탐지 기법에 대한 연구는 [10]에서 확인할 수 있다.

10.2.7.1 특이치 이동 경로 탐지

특이치를 포함하는 이동 경로 또는 부분적인 이동 경로는 모양 및 이동 시간과 같은 거리 지표 및 코퍼스 관점에서 다른 이동 경로와는 확연히 다른 경로를 갖는다. 특이치를 포함하는 이동 경로는 택시 운전자의 고의적인 우회[49, 105] 또는 예상치 못한 도로 변경(교통 사고 또는 공사로 인한)이 될 수 있다. 또한 잘못된 경로로 주행하는 경우도 있다.

일반적인 방법은 기존의 경로 클러스터링 또는 빈번한 패턴 마이닝 기법을 활용하는 것이다. 경로(또는 구간)를 어떤 (밀도 기반) 클러스터에 수용할 수 없거나 빈번하지 않은 경우 특이치가 될 수 있다. 리^{Lee}와 연구진[39]은 경로 데이터셋에서 경로의 비정상적인 부분을 찾기 위한 분할 및 탐지 프레임워크를 제안했다. 해당 기법은 [40]에서 제안된 이동 경로 클러스터링을 확장한 것이다.

10.2.7.2 이동 경로의 이상 이벤트 탐지

또 다른 방법은 많은 이동 경로를 이용해 (경로 자체보다는) 교통 이상을 탐지하는 것이다. 교통 이상은 교통 사고, 교통 통제, 시위, 스포츠 행사, 축하 행사, 자연 재해 및 기타 이벤트 등에 의해 발생될 수 있다.

류^{Liu}와 연구진[50]은 도시를 주요 도로를 포함하는 분리된 지역으로 분할하고, 해당 지역을 이동하는 차량 경로에 따라 두 지역 사이의 비정상적인 링크$^{anomalous link}$를 파악한다. 연구진은 하루를 타임 빈$^{time bin}$으로 나누고, 각 링크에 대해 3가지 특징, 즉 타임 빈에서 링크를 이동하는 차량의 수, 목적지 지역에 진입하는 모든 차량과 출발하는 차량 중 이들 차량의 비율을 분석했다. 타임 빈의 3가지 특징은 각각 이전 날짜의 특징값들과 비교해 각 특징의 최소 왜곡$^{minimum distort}$을 계산한다. 그다음 타임 빈의 링크는 특징의 최소 왜곡을 나타내는 각 차원을 사용해 3차원 공간으로 나타낼 수 있다. 이후 마할라노비스 거리$^{Mahalanobis distance}$는 특이치로 간주되는 3차원 공간의 극점$^{extreme point}$을 측정한다. 상술한 연구에 이어 산제이^{Sanjay}와 연구진[12]은 두 지역 간의 교통 이상을 탐지하고 두 지역을 통과하는 교통 흐름의 이상 현상을 설명하고자 2단계 마이닝 및 최적화 프레임워크를 제안했다(자세한 내용은 10절 참고).

판^{Pan}과 연구진[60]은 도시의 도로망에서 운전자의 주행 행동에 따라 교통 이상 징후를 식별한다. 탐지된 이상 징후는 운전자의 주행 행동이 원래 패턴과 크게 다른 도로망의 하위 그래프로 나타나며, 이상 현상이 발생했을 당시 사람들이 게시한 소셜 미디어의 대표적인 용어를 마이닝해 탐지된 이상 현상을 설명한다.

팡^{Pang}과 연구진[61, 62]은 이전에 역학 연구$^{epidemiological study}$에 사용됐던 우도비 테스트$^{likelihood ratio test}$를 사용해 교통 패턴을 설명한다. 연구진은 도시를 균일한 격자로 분할하고, 일정 기간 동안 해당 위치에 도착하는 차량의 수를 계산한다. 예상되는 동작(차량 수)에서 통계적으로 유의미하게 이탈된 연속 셀^{cell} 집합과 시간대를 식별하는 것이 목표다. 로그 우도 비율 통곗값이 χ^2 분포의 꼬리에 해당하는 지역은 비정상 일 가능성이 높다.

정과 연구진[106]은 택시 경로, 자전거 공유 데이터, 311 플랫폼의 민원, POI 및 도로 망으로 구성된 다중 데이터셋과 같은 종합적인 관점에서 일부 연속적인 시간 간격 동안 의 이상 징후를 갖는 주변 위치의 그룹을 나타내는 집합적인 이상 현상을 탐지한다. 해당 기법은 먼저 다중 소스의 잠재 디리클레 할당^{LDA} 알고리즘을 사용해 311 플랫폼의 민원 데이터와 같은 희박한 데이터셋의 분포를 추정한다. 그런 다음 시공간 우도비 테스트 모 델을 기반으로 다양한 지역 조합 및 시간 간격의 이상 정도를 측정한다.

10.2.8 다른 표현으로 이동 경로 전환

10.2.8.1 이동 경로에서 그래프로 전환

이동 경로는 원래 형식으로 처리되는 것 외에 다른 데이터 구조로 전환될 수 있다. 해당 전환은 이동 경로에서 지식을 발견하는 데 사용될 수 있는 방법론을 다양화한다. 이동 경로를 그래프로 전환하는 것은 대표적인 전환 유형 중 하나다. 해당 전환을 수행할 때 주요 목표는 전환된 그래프에서 노드와 에지를 정의하는 것이다. 이동 경로를 그래프로 전환하는 기법은 도로망이 전환 관련된 여부에 따라 구별된다.

도로망 설정

도로망은 기본적으로 노드가 교차점이고 에지는 도로 구간을 나타내는 방향 그래프다. 따라서 이동 경로를 그래프로 전환하는 가장 직관적인 방법은 이동 경로를 도로망에 반영하는 것이다. 그다음 반영된 이동 경로를 기반으로 에지에 대한 속도 및 교통량과 같은 몇몇 가중치를 계산한다. 계속해서 가중치가 반영된 그래프를 감안해 몇몇 쿼리 지점 사이에서 가장 가능성이 높은 경로(사람에 의해 이동)를 찾고, 출발지와 목적지 사이의 가장 인기 있는 경로를 식별하고, 교통 이상을 탐지하고, 지도를 자동으로 업데이트할 수 있다.

두 번째 접근법은 랜드마크 그래프$^{landmark\ graph}$다. 예를 들어, 위안^{Yuan}과 연구진[97, 103]은 다수의 택시에 의해 생성된 GPS 경로를 기반으로 T-드라이브라는 이름의 지능형 주행 방향 시스템intelligent driving-direction system을 제안했다. 맵 매칭 프로세스 후 T-드라이브는 택시가 빈번하게 사용하는 top-k 도로 구간을 랜드마크 노드로 간주한다(그림 10.18a에 표시된 빨간색 지점). 2개의 랜드마크를 연속으로 이동하는 경로는 해당 랜드마크 사이의 이동 시간을 추정하는 데 사용되는 랜드마크 에지(파란색 선으로 표시됨)로 집계된다. 가장 빠른 주행 경로를 찾기 위해 2단계 라우팅 알고리즘이 제안됐다. 해당 알고리즘은 먼저 랜드마크 그래프를 검색해 대략적인 경로(일련의 랜드마크로 표시됨)를 찾은 다음 원래의 도로망에서 연속적인 랜드마크를 연결하는 상세한 경로를 찾는다.

세 번째 기법은 지역 그래프region graph를 생성하며, 노드는 지역을 나타내고 에지는 두 지역 사이의 통근 집계를 나타낸다. 예를 들어, 그림 10.18b와 같이 이미지 세그멘테이션 기반image segmentation-based 알고리즘[101]을 활용해 정Zheng과 연구진은 주요 도로를 통해 도시를 지역으로 분할하고 도로망의 근본적인 문제를 탐지한다. 주요 도로에 의해 분리된 지역은 노드로 표현되며, 두 지역 사이에 일정한 수의 통근이 있으면 에지와 연결된다.

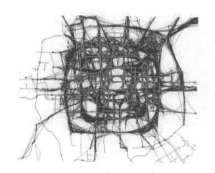

a) 랜드마크 그래프

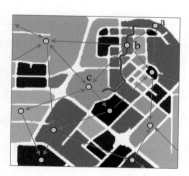

b) 지역 그래프

그림 10.18 이동 경로를 그래프로 전환

전환 후 스카이라인 알고리즘skyline algorithm을 사용해 잘 연결되지 않은(교통량이 많고, 이동 속도가 느리고, 긴 우회로를 가짐) 지역(에지)을 수집한다. 또한 지역 그래프는 교통 이상[50, 12] 및 도시 기능 지역[102, 104]을 탐지하기 위해 사용된다.

빈 공간

연구의 또 다른 분야는 아래의 주요 단계를 기반으로 도로망을 사용하지 않고 이동 경로를 그래프로 전환한다.

1. 클러스터링 기법을 사용해 원시 경로를 정점^{vertex}으로 주요 위치 식별.
2. 2개의 지역을 주행하는 이동 경로를 기반으로 라우팅 가능한 그래프를 생성하는 정점 연결.

여행지 추천

정^{Zheng}과 연구진[109, 118]은 많은 사람들이 생성한 이동 경로에서 흥미로운 위치와 여행 순서를 찾도록 제안했다. 해당 기법에서는 그림 10.19a와 같이 먼저 각 경로에서 체류 지점을 탐지한 다음 서로 다른 사람들의 체류 지점을 위치로 클러스터링한다. 해당 위치와 원시 경로를 기반으로 그림 10.19b와 같이 사용자 위치 양분 그래프$^{\text{user-location}}$ $^{\text{bipartite graph}}$와 그림 10.19c와 같이 위치 간 라우팅 가능한 그래프를 구축한다.

양분 그래프에서 사용자 및 지역은 노드의 2가지 유형으로 간주된다. 에지는 사용자가 해당 위치를 방문한 경우 사용자 노드와 위치 노드 사이에 구축된다. 그다음 HITS$^{\text{Hypertext-}}$ $^{\text{Induced Topic Search}}$ 기반 모델을 사용해 위치의 관심 수준(권한 점수)과 사용자의 여행 지식(허브 점수)을 추론한다. 추론된 점수를 기반으로 도시에서 가장 흥미로운 장소와 여행 전문가들을 확인할 수 있다. 지^{Jie}와 연구진[4]은 협업 필터링 프레임워크에 비슷한 아이디어를 적용해 사용자의 선호도, 소셜 환경 및 현재 위치와 관련된 여행 추천 작업을 수행한다.

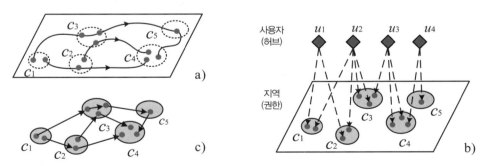

그림 10.19 흥미로운 장소와 여행 시퀀스 마이닝

그림 10.19c와 같이 위치 그래프에서 에지는 2개의 위치를 통과하는 원시 경로의 집계를 나타낸다. 해당 그래프에서 에지의 중요성(또는 대표성)을 계산하고자 3가지 요인을 고려한다. (1) 해당 에지에서 출발하는 사람들의 확률 가중치를 갖는 출발지 지역의 권한 점수, (2) 해당 에지에 도착하는 사람들의 확률 가중치를 갖는 목적지의 권한 점수, (3) 해당 에지를 통과한 사용자의 허브 점수. 경로의 점수는 경로가 포함하는 에지 점수를 합산해 계산한다.

[118]의 영향을 받아 2010년 이후의 대규모 이동 경로에서 자주 사용되는 경로를 식별하기 위한 일련의 연구가 수행됐다. 특히 윤Yoon과 연구진[95, 96]은 사용자의 출발지와 목적지, 시간 등을 고려해 각 위치에서 일반적인 체류 시간 간격을 가진 일련의 장소로 구성된 최상의 이동 경로를 제안했다.

첸Chen과 연구진[13]은 각 원시 경로에서 전환점을 식별하고, 해당 전환점을 그룹으로 클러스터링한다. 그런 다음 해당 클러스터는 정점으로 사용돼 전송 네트워크를 구축한다. 그 후 사람들이 한 정점에서 다른 정점으로 이동할 확률은 두 정점을 통과하는 경로의 개수를 기반으로 계산된다. 마지막으로 출발지와 목적지를 고려해 가장 높은 확률을 포함하는 전송 네트워크의 경로를 가장 자주 사용하는 노선으로 찾을 수 있다. 하지만 해당 기법은 낮은 샘플링 비율을 갖는 경로에는 적용할 수 없다. 이 문제를 해결하고자 웨이Wei와 연구진[83]은 지리적 공간을 균일한 그리드로 나눈 다음 그리드와 원시 경로를 기준으로 라우팅 가능한 그래프를 구성한다.

특정 커뮤니티 검색 기법을 사용하는 또 다른 연구 분야는 경로에서 학습된 그래프를 기반으로 커뮤니티 장소를 탐지한다. 커뮤니티 장소는 클러스터보다 클러스터 내에서 지역 간의 높은 밀도로 연결된 위치의 클러스터다. 예를 들어, 린지빌로Rinzivillo와 연구진[71]은 지방자치단체 또는 카운티의 낮은 공간 해상도spatial resolution에서 휴먼 모빌리티의 경계를 찾는 연구를 수행했다. 연구진은 피사Pisa에 복잡한 네트워크를 생성하기 위해 차량 GPS 기록을 지역에 매핑했다. 그런 다음 커뮤니티 검색 알고리즘Infomap을 사용해 네트워크를 겹치지 않는 하위 그래프로 분할한다. 사용자의 이동 속도 및 경험과 같은 경로의 시맨틱 의미는 [48, 110]에서 두 위치 사이의 상호작용 강도를 추정하기 위해 고려됐다.

사용자 유사성 추정

연구의 또 다른 분야는 사용자 사이의 유사성을 계산하기 위해 사용자의 이동 경로를 계층적 그래프로 전환한다. 해당 연구는 친구 추천 및 커뮤니티 검색과 같은 다양한 소셜 애플리케이션에서 활용된다.

그림 10.20과 같이 정^{Zheng}과 연구진[117]은 서로 다른 사용자의 경로에서 탐지된 체류 지점을 저장하며, 밀도 기반 클러스터링 알고리즘을 반복적으로 사용해 체류 지점을 분할해서 클러스터링한다. 그 결과 트리 기반 계층 구조가 생성되며, 상위 레벨의 노드는 세분성이 낮은 클러스터(체류 지점)이고, 하위 레벨의 노드는 세분성이 높은 클러스터다. 계층 구조는 전체 사용자의 체류 지점에서 수집됐기 때문에 서로 다른 사용자들에게 공유된다. 사용자의 이동 경로를 공유된 계층 구조에 반영해 사용자에 대한 개별적인 계층 구조 그래프를 생성할 수 있다.

그림 10.20의 왼쪽 하단 및 오른쪽 하단과 같이 두 사용자의 위치 기록은 서로 비교할 수 없는 경로 모음에서 공통 노드가 있는 2개의 개별 그래프로 변환된다. 두 그래프를 매칭해서 각 그래프 레벨에서 공통 클러스터 시퀀스를 찾을 수 있다. 예를 들어, $c_{32} \rightarrow c_{31} \rightarrow c_{34}$는 두 사용자가 3단계에서 공유하는 공통 시퀀스 내의 클러스터 관심도 및 공통 시퀀스의 길이와 계층 구조의 레벨을 고려해 사용자 쌍에 대한 유사성 점수를 계산한다.

샤오^{Xiao}와 연구진[85]은 다른 도시나 국가에 거주하는 사용자 간의 유사성 추정을 용이하게 하고자 유사성 컴퓨팅을 물리적 위치에서 시맨틱 공간으로 확장했다. 경로에서 탐지된 체류 지점은 체류 지점의 범위 내에서 POI(다양한 범주에 걸친)의 분포로 나타낸다. 그다음 다른 사용자의 체류 지점은 그림 10.20과 비슷한 방식으로 다른 POI 범주의 분포에 따라 계층으로 클러스터링된다.

10.2.8.2 이동 경로에서 행렬로 전환

이동 경로를 변화시킬 수 있는 또 다른 형태는 행렬이다. 협업 필터링 및 행렬 분해와 같은 기존 기법을 사용해 행렬은 누락된 관측치를 보완할 때 활용할 수 있다. 전환의 핵심은 다음과 같다. (1) 행은 무엇을 의미하며, (2) 열은 무엇을 의미하며, (3) 엔트리는 무엇을 나타내는가? 행렬 분해에 대한 기법과 예시를 8.4절에서 다뤘기 때문에 여기에서 해

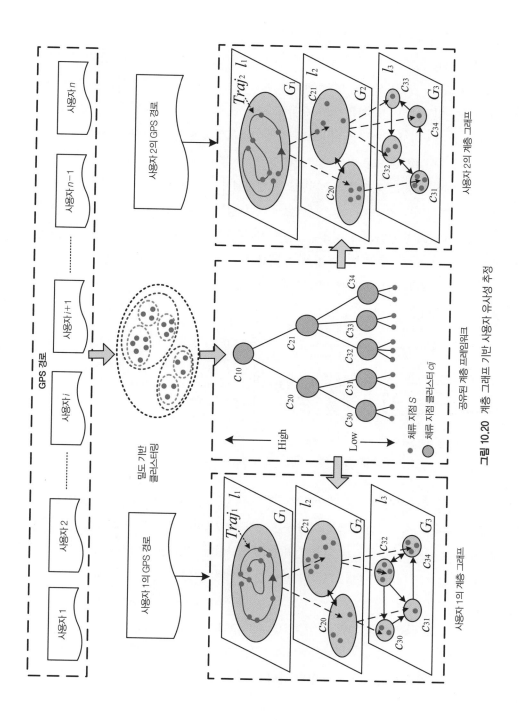

그림 10.20 계층 그래프 기반 사용자 유사성 추정

당 내용들을 상세하게 설명하지 않는다.

추가로 행렬은 이상^{anomaly}을 탐지하기 위한 입력으로 사용할 수 있다. 차울라^{Chawla}와 연구진[12]은 두 지역 사이에 이상 현상을 일으키는 교통 흐름을 식별하는 연구를 수행했다. 해당 연구에서 연구진은 먼저 주요 도로를 사용해서 도시를 지역들로 분할하고, 그림 10.21a같이 택시의 경로를 기반으로 지역 그래프를 구축한다. 그다음 그림 10.21b와 같이 그래프에 표시된 도로를(예, 지역 간의 링크의 시퀀스) 사용해서 경로를 나타낸다.

2개의 행렬은 경로 및 그래프를 기반으로 생성된다. 하나는 링크-교통 행렬 L이며, 그림 10.21c와 같이 나타낸다. 해당 행렬에서 행은 링크, 열은 링크에 해당하는 시간대다. L의 엔트리는 특징 시간대의 특정 링크를 주행하는 차량의 개수를 나타낸다. 예를 들어, 시간대 t_1에서 링크 l_1를 주행하는 10대의 차량이 존재한다. 다른 하나는 링크-도로 행렬 A이며, 행은 링크, 열은 도로를 나타낸다. 특정 링크가 특정 도로에 포함되는 경우 A의 엔트리는 1이다.

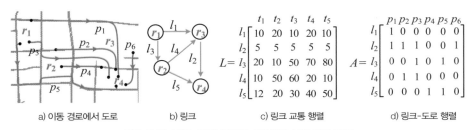

그림 10.21 PCA-기반 기법을 사용해서 교통 이상 탐지

행렬 L이 주어지면 PCA$^{\text{Principal Component Analysis}}$ 알고리즘을 사용해서 비정상적인 링크를 탐지하며, 비정상적인 링크를 나타내는 숫자 1이 포함된 열 벡터 b로 나타낸다. 구체적으로는 $\tilde{L} = L - \mu$이며, μ는 열^{column}의 샘플 평균이다. 그다음 $t \times t$ 행렬 $C = \tilde{L}^T \tilde{L}$가 생성되며, t는 시간대의 개수다. 행렬의 고유 분해$^{\text{eigen-decomposition}}$(예, $Cv_i = \lambda_i v_i$)를 사용해서 고유 값-고유 벡터$^{\text{eigenvalue-eigenvector}}$ 쌍 (λ_i, v_i)을 획득할 수 있다. 해당 예시의 고유 값 $\lambda_i(i = 1, 2, ..., 5)$은 $(1.9 \times 10^3, 0.67 \times 10^3, 0.02 \times 10^3, 0.01 \times 10^3, 0)$이다.

(λ_i, v_i) 쌍은 고유 값 λ_i의 내림차순으로 정렬된다. 첫 번째 고유 벡터 $[v_1, ..., v_r]$은 정상적인 부분 공간 P_n을 생성하는 반면 나머지 고유 벡터 $[v_{r+1}, ..., v_t]$는 비정상적인 부분

공간 P_a를 생성한다. 해당 예시에서는 첫 번째 고유 벡터를 선택한다. 나중에 모든 데이터 지점이 $P_a : x \rightarrow x_a$로 반영되며, x는 원점$^{\text{origin point}}$이고 x_a는 반영된 값이다. P_a 공간에서 다음과 같이 평균 μ_a에서 모든 지점에 대한 편차의 제곱을 계산한다.

$$(0.4 \times 10^3, 0.06 \times 10^3, 0.5 \times 10^3, 1.47 \times 10^3, 0.49 \times 10^3).$$

모든 지점, 즉 $\|x_a - \mu_a\| > \theta$을 비정상적인 링크로 선택한다. θ은 임곗값이다. 해당 예시에서 1.47×10^3는 다른 것들보다 큰 값을 가진다. 따라서 l_4는 비정상적인 링크로(예, $b = (0, 0, 0, 1, 0)$) 탐지된다.

그다음 비정상적인 링크와 도로 사이의 관계를 $Ax = b$ 방정식을 해결함으로써 캡처한다. x는 b에 표시된 이러한 비정상적인 정도에 반영되는 도로를 나타내는 열 벡터다. L_1 최적화 기법을 사용해 x를 추론할 수 있다.

10.2.8.3 이동 경로를 텐서로 전환

행렬 기반 전환의 일반적인 확장은 경로를 3차원 텐서로 변경하며, 추가 정보를 수용하고자 3차원이 추가된다. 전환의 목표는 일반적으로 누락된 엔트리를 (텐서 안에) 채우거나 두 도로 구간 또는 주유소와 같은 객체 사이의 상관관계를 찾는 것이다. 해당 문제를 해결하는 일반적인 방법은 텐서가 0이 아닌 엔트리를 기반으로 소수 (낮은 순위) 행렬과 코어 텐서(또는 소수의 벡터)의 곱셈으로 분해하는 것이다.

10.3 데이터 관리와 머신러닝 결합

10.3.1 필요성

데이터 관리(또는 데이터베이스)와 머신러닝은 해당 분야의 이론, 콘퍼런스, 커뮤니티가 거의 겹치지 않는 별도의 분야로 여겨진다. 데이터 관리는 정보 시스템에서 데이터 저장, 업데이트 및 검색의 효율성에 초점을 맞춘다. 반면 머신러닝은 데이터를 활용해 지식을 학습하는 알고리즘의 효율성에 중점을 둔다. 때때로 어반 컴퓨팅 분야의 실제 빅데이터 프로젝트에서는 도시의 과제를 해결하기 위해 양측의 지식을 유기적으로 통합해야 한다.

예를 들어, 머신러닝 모델은 특정 지역의 지난 1시간 동안의 교통 상황을 예측하기 위해 해당 지역에 위치한 차량의 주행 속도를 입력으로 사용한다. 지난 1시간 동안 해당 지역을 이동한 차량을 찾아낸 다음 해당 GPS 경로를 검색해 이동 속도를 계산하는 것은 시간이 매우 많이 걸리는 과정이다. 데이터 관리 기법(예, 시공간 인덱싱 구조)이 없으면 전체 GPS를 무차별 대입 방식brute-force으로 스캔해 각 GPS 지점이 특정 지역 또는 주어진 시간 간격 내에 포함되는지를 계속 확인해야 한다. 도시 전체 지역에 대한 주행 속도 특징을 수집하는 것은 2시간 이상이 걸릴 것이다. 해당 프로세스는 어반 컴퓨팅 애플리케이션이 몇 초 내로 추후 도시 전체에 대한 교통 상황 예측을 생성하지 못하는 이유가 된다.

다른 AI 시스템과는 달리 대부분의 머신러닝 알고리즘은 아래의 3가지 이유로 인해 단독으로 어반 컴퓨팅 문제를 처리하지 못한다.

1. **동적 환경.** 어반 컴퓨팅 애플리케이션의 환경은 초 단위로 변경되는 매우 동적인 환경이다. 따라서 온라인 쿼리를 제공하기 위해 오프라인 인덱스를 작성할 수 없다. 예를 들어, 그림 10.22a와 같이 검색 엔진에서는 오프라인 프로세스에서 주기적으로 전체 인터넷에서 크롤링된 웹 페이지에 대한 단어-문서 인덱스를 생성할 수 있으며, 해당 인덱스는 온라인 쿼리를 제공하며, 한 번 생성되면 변경되지 않는다. 하지만 택시 디스패칭 시스템taxi-dispatching system과 같은 어반 컴퓨팅 애플리케이션은 택시의 위치가 지속적으로 변경되며, 초 단위로 인덱스를 업데이트해야 한다. 그렇지 않은 경우 쿼리의 검색 결과는 유용하지 않다.

2. **복잡한 데이터 전환.** 특징 추출 프로세스feature-extraction process는 머신러닝 시스템에 비해 어반 컴퓨팅 애플리케이션에서 훨씬 더 복잡하다. 어반 컴퓨팅에서는 일반적으로 머신러닝 모델이 필요로 하는 특징을 인식할 수 없다. 대부분의 경우 단일 데이터셋에서 이러한 데이터셋을 도출하지 못할 수도 있다. 대신 특징은 그림 10.22b와 같이 다양한 컴퓨팅 프로세스를 통해 (서로 다른 유형의) 원시 데이터에서 파생된다. 예를 들어, 차량의 주행 속도는 차량의 GPS 경로 및 도로망을 기반으로 계산된다. 특징 추출 프로세스는 GPS 경로를 해당 도로 구간 및 특정 지역 및 시간대의 GPS 경로를 검색하기 위한 시공간 범위 쿼리를 반영하고자 맵 매칭 알고리즘을 사용한다. 특징 추출 프로세스에 관련된 경로(D1)와 도로망(D2)

으로 구성된 2가지 유형의 데이터가 존재한다. 2개의 데이터셋 중 어느 것도 주행 속도 특징만 도출할 수 없다. 효율적인 데이터 관리 기법이 없으면 특징 추출 프로세스는 몇 시간이 걸린다.

입력이 단지 몇 개의 키워드 또는 짧은 문구인 검색 엔진, 또는 입력이 단지 하나의 이미지 또는 몇 개의 비디오 프레임인 컴퓨터 비전 시스템과 같은 머신러닝 시스템과는 매우 다르다. 특징은 평균mean, 표준 편차standard deviation, 단어 빈도term-frequency, 역문서 빈도inverse document frequency, 또는 SIFTScale-Invariant Feature Transform 특징 계산과 같은 단순 전환을 통해 하나의 도메인으로 생성된다.

3. **도시 전체 및 다중 소스 입력.** 시간 간격뿐만 아니라 다른 위치들 사이에 강한 의존성이 있기 때문에 어반 컴퓨팅 시스템에서 머신러닝 모델의 입력은 개별 지역에 대한 예측을 수행하더라도 일반적으로 개별 지역이나 도로보다는 도시 전체의 정보를 나타낸다. 예를 들어, 특정 지역의 군중의 흐름은 주변 지역뿐만 아니라 먼 거리의 지역에도 영향을 미친다. 따라서 도시 전체의 교통 상황을 고려해야 한다. 그림 10.22c와 같이 기존 머신러닝 시스템은 어반 컴퓨팅 시스템보다 훨씬 단순하다. 예를 들어, 이미지 분류 문제의 경우 이미지 인식 결과는 개별적이기 때문에 머신러닝 모델의 입력은 하나의 이미지다. 따라서 하나의 이미지를 분류하기 위해서 수만 개의 이미지를 입력으로 사용할 필요는 없다.

또한 어반 컴퓨팅 애플리케이션은 일반적으로 작업을 완료하고자 서로 다른 도메인의 다양한 데이터셋을 사용해야 한다. 예를 들어, 교통, 날씨 및 POI를 기반으로 대기 질을 예측할 수 있다. 결과적으로 어반 컴퓨팅 시스템의 입력에서 발생하는 서로 다른 색상의 여러 원circle을 볼 수 있다. 다른 색상은 다른 도메인의 데이터를 나타낸다.

고급 데이터 관리 기법이 요구되는 머신러닝 모델 입력의 규모scale 및 복잡성complexity 문제가 발생한다.

이러한 문제를 해결하는 간단한 방법은 더 많은 서버를 사용해 다른 데이터셋 또는 다른 데이터 파티션을 병렬로 처리하는 것이다. 하지만 이 방법은 많은 컴퓨팅 자원을 낭비하고, 보다 진보된 머신러닝 모델을 사용할 수 없게 한다. 게다가 더 많은 서버를 사용할수록 더 많은 입력/출력 비용이 수반되는 서버의 대수만 증가하기 때문에 성능 향상에는

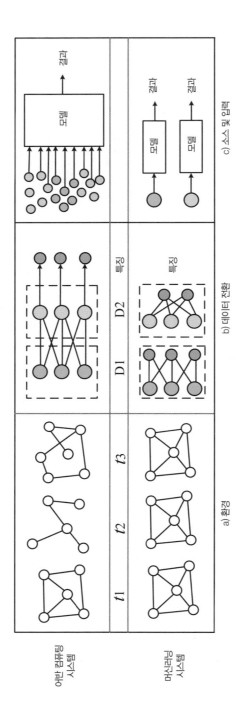

그림 10.22 에반 컴퓨팅 및 기존 머신러닝 시스템과의 차이

a) 환경   b) 데이터 전환   c) 소스 및 입력

에반 컴퓨팅 시스템

머신러닝 시스템

t1   *t2*   *t3*

D1   D2   특징

특징

모델   결과

모델   결과

모델   결과

한계가 있다. 따라서 데이터 관리를 머신러닝에 통합하면 적은 컴퓨팅 자원으로 보다 유용한 지식을 효율적으로 학습할 수 있다.

현재 데이터 관리와 머신러닝은 여러 빅데이터 시스템에서 연속적인 단계로 활용된다. 데이터 관리와 머신러닝의 결합은 매우 느슨하거나 시스템 수준, 또는 거의 0에 가깝다. 예를 들어, 몇몇 데이터 관리 기법은 데이터를 저장하는 데 사용되며, 머신러닝 알고리즘에서 저장된 데이터를 추후 사용한다. 또는 빅데이터를 처리하는 경우 머신러닝 알고리즘은 일반적으로 분산 시스템에서 실행된다. 알고리즘적인 수준에서 데이터 관리와 머신러닝은 통합되지 않는다.

10.3.1절에서는 데이터 관리 기법을 알고리즘 수준에서 머신러닝 알고리즘에 유기적으로 통합하는 3가지 접근 방식을 소개한다.

1. 첫 번째 범주는 공간 및 시공간 인덱싱 구조를 사용해 머신러닝 모델의 특징 추출 프로세스의 효율성을 높이는 것이다.
2. 두 번째 범주는 패턴 마이닝 알고리즘과 같은 데이터 관리 기술을 사용해 해당 패턴을 머신러닝 알고리즘의 입력으로 사용해 원시 데이터에서 빈번한 패턴을 찾는 것이다. 빈번한 패턴의 규모는 기존 데이터보다 훨씬 작기 때문에 머신러닝 알고리즘의 입력을 정제해 컴퓨팅 복잡성을 줄이면서 효율성을 높인다.
3. 세 번째 범주는 데이터 관리 기술을 사용해 머신러닝 알고리즘의 상한 또는 하한을 도출해 알고리즘의 계산 공간을 줄인다.

10.3.2 인덱싱 구조를 통한 머신러닝 개선

해당 범주의 기법은 어반 컴퓨팅 시스템의 데이터 변환(예. 특징 추출)을 촉진하고자 공간 또는 시공간 인덱싱 구조를 생성한다. 10.3.2절에서는 3가지 예시를 사용해 통합을 설명한다.

예시 1. 대기질. 정^{Zheng}과 연구진[113]은 s_1과 s_2 같은 기존 측정소의 POI, 도로망, 교통상황 및 대기질 데이터로 구성된 다양한 데이터셋과 머신러닝 모델을 기반으로 도시의 특정 지역의 대기질을 예측하는 연구를 수행했다. 그림 10.23a과 같이 해당 지역(*l*)의 대기질은 원으로 표시된 영역에 포함된 데이터의 영향을 받는 것으로 가정한다. 원으로 표시된 해당 지역은 l의 영향권^{affecting region}이라고 한다.

지역 l의 대기질을 예측하고자머신러닝 모델의 입력은 (1) POI에서 추출된 특징 및 l 영향권의 도로망 (2) 지난 1시간 동안 해당 지역을 이동하는 택시에서 생성된 GPS 경로에서 추출한 주행 속도 및 주정차 횟수와 같은 특징 등을 포함한다. 주행 속도 특징을 추출하기 위한 간단한 방법은 먼저 최근에 수신한 택시 경로에서 각각의 GPS 지점을 스캔해 l 영향권 범위에 속하는지 확인하는 것이다. 그다음 각 GPS 지점의 주행 속도는 GPS 지점과 이전 지점 사이의 거리 및 시간대를 기반으로 계산된다.

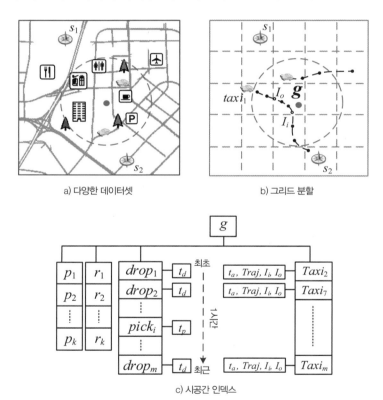

a) 다양한 데이터셋

b) 그리드 분할

c) 시공간 인덱스

그림 10.23 도시 대기의 특징 추출 프로세스를 촉진하기 위한 인덱싱 구조

하지만 해당 프로세스는 굉장히 많은 시간이 걸린다. 지난 1시간 동안 수신된 n개의 GPS 지점과 예측해야 하는 m개의 위치가 있다고 가정하면 계산 복잡도는 $O(n \times m)$이다. 일반적으로 n은 매우 큰 값이다. 예를 들어, 5초마다 10만 대의 차량이 GPS 지점을 생성한다. 1시간 동안 수신된 GPS 지점의 개수는 $100,000 \times 3,600/5 = 72,000,000$이다. 1만 개 지역의 대기질을 추론하려면 해당 지역에서 각각 7,200만 개의 지점을 확인해야 한다(720억 번의 확인이 필요함). 공간 인덱싱 구조 없이는 모든 지점들이 메모리에 로드 됐다 해도 해당 스캔 작업은 몇 시간이 걸리게 된다. 또한 해당 지역의 여러 범주에 포함되는 주정차 횟수 및 POI 분포와 같은 추출해야 하는 특징들도 남아 있다. 이러한 요소들은 몇 분 이내로 머신러닝 알고리즘이 도시 전체의 대기질을 예측할 수 없게 만든다.

그림 10.23b와 같이 도시는 균일한 그리드로 분할되며, 그리드 g와 POI, 도로망 및 그리드와 관련된 경로의 관계를 유지하기 위한 인덱싱 구조가 생성되며, 특징 추출이 상당히 빨라진다.

구체적으로는 그림 10.23c와 같이 그리드 g에 포함되는 POI의 ID는 배열로 나타낸다. 그리드 g에 포함되거나 교차되는 도로 구간의 ID는 다른 배열에 저장된다. 택시 경로에서 추출한 주정차 기록은 생성된 시간(t_p와 t_d)에 따라 정렬돼 다른 배열로 저장된다. 마지막으로 그리드 g에 진입하는 택시의 ID는 진입 시간 t_a에 따라 배열에 정렬된다. 각 배열에는 2개의 지점 인덱스(I_i 및 I_o)를 갖는 택시의 경로 ID 또한 저장된다. 그림 10.23b와 같이 g로 진입한 택시의 첫 번째 지점은 경로의 4번째 지점($I_i = 4$)이고, 택시가 해당 지역에서 출발하기 직전 지점은 경로의 7번째 지점($I_o = 7$)이다. 택시 ID 배열 및 주정차 배열은 최근 1시간 데이터만 저장하며, 과거 데이터는 삭제한다.

주어진 지역의 특징을 추출하는 경우 먼저 영향권 지역에 포함되거나 교차하는 그리드 G를 찾는다. 각 그리드 G의 인덱스를 기반으로 해당 지역의 POI 검색, 서로 다른 범주의 POI 개수를 계산할 수 있다. 해당 지역에서 완전히 벗어난 다른 그리드는 무시되며, 컴퓨팅 부하를 절약할 수 있다. 또한 최근 생성된 주정차, 택시 ID를 해당 인덱스에서 효과적으로 검색할 수 있다. 택시는 G에 포함된 여러 개의 그리드를 이동하므로 동일한 택시에서 생성된 데이터를 통합해야 한다. 예를 들어, 그림 10.23b와 같이 $Taxi_1$은 영향권에 있는 3개의 그리드를 이동했다. 따라서 3개의 그리드 인덱스로부터 검색된 3개의 데이터가 존재한다. 3개의 데이터를 통합한 결과는 $(Taxi_1, I_i = 2, I_o = 9)$다. 해당 결과는 일반적으로 디스크에 저장된다. 동일한 택시의 데이터를 통합하는 것은 디스크에 접근 횟수를 줄이고, 머신러닝 알고리즘의 효율을 개선할 수 있다.

예시 2: 이동 시간 추정을 위한 접미사-트리 기반 인덱스. 왕Wang과 연구진[82]은 POI, 도로망 및 날씨와 같은 다른 데이터셋과 결합된 희소한 차량 경로를 사용해 임의 경로의 이동 시간을 추정한다. 예를 들어, 그림 10.24와 같이 현재 시간대에서 경로 $P: r_1 \rightarrow r_2 \rightarrow r_3$의 이동 시간은 최근에 수신된 Tr_1, Tr_2, Tr_3 및 Tr_4로 구성된 4개의 경로를 기반으로 추정할 수 있다. 맵 매칭 프로세스가 수행된 후 각 경로는 일련의 도로 구간으로 변환된다(예, Tr_1: $r_1 \rightarrow r_2 \rightarrow r_6$).

전체 도로를 이동하는 경로 데이터는 충분하지 않기 때문에 다른 경로의 데이터를 결합해서 경로의 이동 시간을 추정해야 한다. 예를 들어, Tr_2만 사용해서 $r_1 \rightarrow r_2 \rightarrow r_3$의 이동 시간을 계산할 수 있다. 또는 r_1(Tr_1 및 Tr_2 기반), r_2(Tr_1, Tr_2, Tr_3 기반) 그리고 r_3(Tr_2, Tr_3, Tr_4 기반)에 대한 이동 시간을 각각 계산할 수 있다. 그다음 $r_1 \rightarrow r_2 \rightarrow r_3$의 이동 시간은 각 도로 구간의 이동 시간을 합산해 계산한다. 또한 Tr_2와 Tr_3를 사용해 $r_2 \rightarrow r_3$의 이동 시간을 추정하고 r_1의 이동 시간과 합산할 수 있다. 또는 Tr_1과 Tr_2를 기반으로 $r_1 \rightarrow r_2$를 먼저 계산한 다음 r_3와 합산한다.

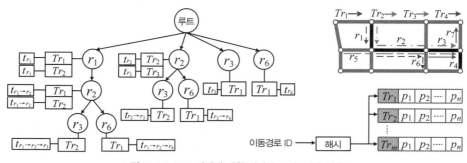

그림 10.24 도로 쿼리에 대한 접미사 트리-기반 인덱스

서로 다른 구간을 합산하는 것은 서포트 및 길이 사이의 트레이드오프trade-off로서 고유한 장단점을 가진다. 경로의 길이가 증가할수록 경로를 이동하는 경로(지지대)의 수는 감소한다. 따라서 일부 운전자로부터 수집된 이동 시간의 신뢰도는 감소한다. 반면 여러 개

의 하위 경로를 연결하면 각 하위 경로에 더 많은 경로가 생성되지만, 더 많은 부분 경로가 발생하며 더 많은 불확실성이 수반된다. 따라서 경로의 이동 시간을 정확하게 추정하는 최적의 연결 기법을 찾기 위해 학습 알고리즘을 사용한다.

학습 알고리즘은 주어진 경로를 통과하는 경로를 검색하기 위한 다양한 쿼리들을 생성한다. 효과적인 인덱싱 구조를 생성하지 않으면 해당 경로 쿼리를 수행할 때마다 최근 수신된 모든 경로를 스캔해야 한다. 짧은 시간 간격 동안 수십만 개의 경로가 생성되고, 각 경로는 수백 개의 도로 구간을 이동할 수 있기 때문에 모든 경로를 스캔하는 것은 시간 소모적이다. 따라서 학습 알고리즘은 이동 시간을 효과적으로 추정할 수 없다.

해당 문제를 해결하고자 그림 10.24의 왼쪽 그림과 같이 현재 시간대의 이동 경로를 유지하는 접미사 트리 기반 인덱싱 구조가 고안됐다. 인덱싱 트리의 각 노드는 도로 구간을 뜻하며, 트리의 각 경로는 도로 네트워크의 경로에 해당한다. 각 노드는 루트^{root}에서 노드까지의 경로를 통과하는 이동 경로의 ID와 시간을 저장한다. 예를 들어, $t_{r_1 \rightarrow r_2 \rightarrow r_3}$은 이동 경로 $r_1 \rightarrow r_2 \rightarrow r_3$의 시간을 뜻한다. 기존 경로를 찾기 위해 접미사 트리는 문자열의 모든 접미사(맵 매칭 경로)를 찾아 트리에 삽입한다. 예를 들어, $r_1 \rightarrow r_2 \rightarrow r_6$의 접미사는 r_6 및 $r_2 \rightarrow r_6$으로 구성된다. 인덱스의 크기를 줄이기 위해 p_1 및 p_2와 같은 경로의 포인트는 트리에 저장되지 않는다.

검색을 수행하는 경우 루트에서부터 쿼리 경로의 최종 도로 구간을 나타내는 노드를 해당 접미사 트리에서 쉽게 찾을 수 있다. 그다음 이동 경로의 ID와 노드의 시간대를 검색할 수 있다. 이동 경로의 ID를 기반으로 해시 테이블을 통해 포인트를 검색할 수 있다 (그림 10.24의 오른쪽 하단 부분 참고). 주어진 경로 쿼리를 통과하는 경로가 없는 경우 경로는 접미사 트리에 존재하지 않는다.

10.3.3 머신러닝의 후보 규모 축소

해당 기법은 패턴 마이닝을 통해 머신러닝 알고리즘의 입력을 축소해 머신러닝 알고리즘이 보다 복잡한 문제를 효율적으로 해결할 수 있게 해준다. 이와 관련된 3개의 예시를 살펴본다.

예시 1: 경로의 이동 시간 추정. 10.3.2절에서 소개된 두 번째 예시에 추가해 데이터베이스 기법이 머신러닝 알고리즘에 어떻게 활용될 수 있는지 추가적으로 소개한다. 이동 경로가 매우 긴 경우(도로 구간이 많이 포함되는 경우) 이동 경로에 도로 구간을 연결해 이동 시간을 추정하는 다양한 방법들이 존재한다. 해당 방법들은 추후 머신러닝 알고리즘이 경로의 이동 시간을 효율적으로 추정하지 못하게 한다.

실제로 많은 하위 경로가 현재 시간대의 어떤 경로에도 존재하지 않을 수 있기 때문에 경로의 모든 연관성을 확인할 필요는 없다. 솔루션의 효율성을 더욱 높이고자 접미사 트리 기반 패턴 마이닝 알고리즘을 사용해 과거 이동 경로에서 빈번한 경로 패턴을 미리 마이닝할 수 있다(자세한 내용은 그림 10.16b 참고). 그다음 경로 패턴의 연관성을 확인하기만 하면 된다. 해당 연관성의 규모는 기존 보다 훨씬 작다. 예를 들어, 경로 $r_1 \rightarrow r_2 \rightarrow r_3 \rightarrow r_4$ 의 이동 시간을 추정할 때 $r_3 \rightarrow r_4$의 조합을 확인할 필요가 없다.

예시 2: 대기질의 인과관계. 주^{Zhu}와 연구진[123]은 베이지안 네트워크와 대기질 데이터 및 기상 데이터와 같은 다양한 데이터셋을 사용해 서로 다른 도시의 다양한 대기 오염원들과의 인과관계를 밝혀 내는 연구를 수행했다. 하지만 해당 연구는 매우 어려운 작업이다. 특정 장소의 대기 오염 물질 농도는 지난 몇 시간의 상황과 인접 지역 그리고 환경과 같은 다양한 요인에 따라 달라지기 때문이다. 이로 인해 베이지안 네트워크의 복잡성이 매우 높아진다. 베이지안 모델의 복잡성을 줄이기 위한 간단한 방법은 베이지안 네트워크에서 가장 상관관계가 높은 N개 요소만을 유지하는 것이다. 하지만 특별한 처리를 하지 않으면 두 대기 오염 물질의 측정값 사이의 상관관계는 안정적인 측정값과 사소한 변동에 의해 좌우되고, 따라서 두 대기 오염 물질 사이의 의존성을 실제로 밝힐 수 없다(그림 8.23 참고).

이 문제를 처리하고자 각 센서 측정값 쌍 간의 공간적인 공진화 패턴$^{coevolving\ pattern}$은 효율적인 패턴 마이닝 알고리즘을 사용해 기존 입력에서 마이닝한다. 해당 패턴은 서로 다른 지역의 다양한 대기 오염 물질 사이의 의존성을 효과적으로 판단할 수 있으며, 따라서 베이지안 네트워크에서 가장 관련성이 높은 N개의 요소를 선택하기 위해 활용된다. 또한 두 대기 오염 물질이 실제로 서로 관련된 시간대를 찾아 두 대기 오염 물질 간의 종속성을 보다 정확하게 계산한다. 해당 작업은 추론 결과의 정확성을 향상시키면서 베이지안 네트워크의 복잡성을 감소시킨다. 패턴 마이닝 알고리즘을 사용하지 않으면 베이지안 네트워크는 해당 규모의 입력을 처리할 수 없다.

예시 3: 교통 혼잡 전파 패턴 예측. 교통 데이터에서 교통 혼잡 전파 패턴congestion propagation pattern을 발견하기 위한 유사한 아이디어가 제안됐다. 응우옌Nguyen과 연구진[57]은 연속적인 시간대에서 발생되는 혼잡과 공간적으로 인접한 도로 구간을 연결해 혼잡 트리를 생성했다. 해당 혼잡 트리를 사용해서 빈번한 하위 트리 패턴을 마이닝한다. 그다음 동적 베이지안 네트워크가 빈번한 하위 트리 패턴을 기반으로 구축되며, 혼잡 전파를 모델링하고 혼잡 발생 확률을 추정한다. 빈번한 하위 트리 패턴은 동적 베이지안 네트워크의 구조를 설계하고자 활용되며, 도로 구간에서 정체를 유발할 수 있는 후보 요소의 개수를 크게 감소시킨다.

10.3.4 머신러닝에 사용되는 컴퓨팅 공간을 축소시키기 위한 경계 확보

이 범주의 접근 방식은 머신러닝 알고리즘에 대한 상한 또는 하한을 도출해 불필요한 계산 부하를 크게 감소시킨다. 예를 들어, 후보 그룹 A의 상한이 다른 후보 그룹 B의 하한보다 작으면 가장 큰 값을 가진 후보를 찾을 때 그룹 A의 모든 후보를 제외할 수 있다. 또는 그룹 A의 각 후보에 대한 정확한 값을 계산하기 전에 그룹 A를 제거한다고도 할 수 있다. 후보 그룹의 상한 또는 하한을 추정하는 작업이 각 후보의 정확한 값을 계산하는 것보다 훨씬 자원 소모가 적기 때문에 계산 부하가 크게 줄어 든다.

예를 들어, 정Zheng과 연구진[106]은 로그 우도비 테스트LRT, Log-likelihood Ratio Test를 사용해 서로 다른 도메인에 포함된 다양한 데이터셋을 기반으로 도시의 집단 이상collective anomaly을 즉시 탐지하기 위한 연구를 수행했다. 집단에는 2가지 종류의 의미가 있다. 하나는 시공간 집단성을 나타낸다. 즉 몇 개의 연속적인 시간 간격 동안 인근 지역의 집합은 이상 징후를 나타내는 반면 해당 지역을 개별적으로 확인할 경우 해당 시간대의 해당 지역이 정상으로 나타날 수 있다. 다른 하나는 단일 데이터셋의 관점에서는 정상이지만, 여러 데이터셋을 확인하는 경우 이상 징후가 나타날 수 있다. 이러한 집단 이상은 전염병의 초기 단계, 자연 재해의 시작, 근본적인 문제, 또는 잠재적으로 치명적인 사고를 나타낼 수 있다. 예를 들어, 그림 10.25a와 같이 a_1, a_2, a_3는 집단 이상을 나타낸다.

언제 어디서 이상이 발생할지 미리 알 수 없기 때문에 여러 시간대 및 지역이 포함된 LRT 결과를 확인해야 한다. LRT 결과는 확인해야 할 내용이 많기 때문에 시간이 오래 걸리며, 이로 인해 해당 알고리즘이 실시간으로 이상을 탐지할 수 없게 된다.

해당 문제를 처리하고자 이상 규모의 상한은 ⟨지역, 시간⟩ 엔트리 조합으로 도출된다. 또한 계산된 엔트리 조합의 이상 규모의 스카이라인^{skyline}은 유지된다. 예를 들어, 그림 10.25b와 같이 녹색 원은 엔트리 조합을 나타내며, 차원은 각각 데이터셋에서 파생된 이상 규모를 나타낸다. 해당 예시에서 택시 이동 데이터, 자전거 공유 데이터, 도시 소음 데이터로 구성된 데이터셋이 집단 이상을 탐지한다. 붉은색 점은 녹색 원의 영향을 받지 않는 스카이라인 조합이다.

신규 엔트리 집합이 생성되는 경우(예, ⟨l_1, t_1⟩, ⟨l_2, t_2⟩,···⟨l_k, t_k⟩) 먼저 각 데이터셋 유형을 기반으로 해당 집합의 이상 규모의 상한을 계산한다. 해당 집합의 상한이 기존 스카이라인 조합의 영향을 받으면 해당 조합의 모든 하위 집합 또한 스카이라인의 영향을 받는다. 따라서 (⟨l_1, t_1⟩, ⟨l_2, t_2⟩) 및 (⟨l_1, t_1⟩, ⟨l_3, t_3⟩)과 같은 해당 하위 집합 사이의 가능한 모든 조합에 대한 추가적인 확인을 하지 않아도 된다. 그렇지 않은 경우 인입되는 엔트리 조합을 필터링하고자 해당 집합의 이상 규모가 스카이라인에 삽입된다. 스카이라인의 기존 엔트리 조합이 신규 인입된 조합에 영향을 받는 경우 기존 엔트리는 스카이라인에서 삭제된다. 스카이라인 및 상한을 활용해 수많은 엔트리 조합을 확인하지 않아도 된다.

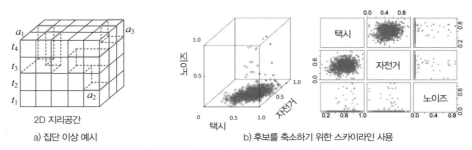

a) 집단 이상 예시   b) 후보를 축소하기 위한 스카이라인 사용

그림 10.25 집단 이상 탐지: 상한을 활용한 예시

10.4 인터랙티브 시각 데이터 분석

어반 컴퓨팅 문제를 해결하기 위해서는 도메인 지식 및 데이터 과학을 사용한다. 해당 데이터는 일반적으로 해당 분야의 전문가로부터 수집된다(예, 도메인 전문가 및 데이터 과학자). 해당 전문가들에게 상호간의 지식 공유 및 통합 방법에 대한 접근법을 제공해야 한다. 인터랙티브 시각 데이터 분석^{interactive visual data analytics}은 아래의 3가지 기능을 통해 해당 목표를 획득하기 위한 효과적인 접근법 중 하나일 수 있다.

1. 데이터 분석 모델이 상호작용 및 피드백을 통해 복잡하고 미묘한 문제 요소를 점진적으로 통합하도록 지원.
2. 파라미터 조정 프로세스 제어.
3. 결과를 세부적으로 분석하고 새로운 통찰력을 획득.

10.4.1 여러 복잡한 요소 통합

어반 컴퓨팅 프로젝트의 데이터 분석을 수행하는 경우에는 일반적으로 고려해야 할 기준들이 존재한다. 예를 들어, 전기차의 충전소를 배치하는 경우 해당 충전소가 배치될 위치, 교통 상황 및 주변 시설(예, 쇼핑몰 및 식당)을 지나가는 차량의 수를 고려해야 한다. 이러한 모든 기준을 한 번에 고려한다면 데이터 분석 모델이 해결하기에는 문제가 너무 복잡해진다. 또한 도메인 전문가가 명확하게 명시하거나 정량화할 수 없는 몇 가지 미묘한 기준이 있을 수 있다.

이런 문제를 해결하고자 인터랙티브 시각 데이터 분석은 몇 가지 간단한 기준만을 고려해 생성된 몇 가지 사전 결과^{preliminary result}를 도메인 전문가에게 제공한다. 도메인 전문가는 다른 기준을 통합한 도메인 지식을 바탕으로 부적합한 위치를 제거하거나 예비 결과에서 몇 개의 좋은 후보지를 제안하는 것과 같은 사전 결과에 대한 피드백을 제공할 수 있다. 데이터 분석 모델은 피드백을 제약 조건으로 사용해 또 다른 결과를 생성할 수 있다. 도메인 전문가와 데이터 분석 모델 간의 상호작용은 만족스러운 결과가 나올 때까지 여러 번 반복된다. 인터랙티브 시각 데이터 분석을 통해 도메인 지식과 데이터 과학을 결합할 수 있다.

10.4.2 사전 지식 없이 파라미터 조정

다양한 데이터 분석 모델에는 조정해야 할 몇 가지 중요한 파라미터가 존재한다. 하지만 사용자는 해당 파라미터를 설정하기 위한 사전 지식을 갖고 있지 않다. 예를 들어, 2개의 서로 다른 시공간 데이터셋 사이의 상관관계를 연구하려면 거리 임곗값 d와 시간 간격 임곗값 t를 사용해 해당 데이터셋의 인스턴스 간 동시 발생 co-occurrence을 정의해야 한다. 2개의 인스턴스 사이의 지리적 거리가 d보다 작고 시간 간격이 t보다 작을 경우 동시 발생으로 간주한다. 서로 다른 d와 t는 서로 다른 동시 발생 개수를 생성하며, 이로 인해 상관관계 패턴 마이닝의 서포트가 달라진다. 하지만 마이닝 결과를 보기 전까지 d와 t를 어떤 값으로 설정해야 하는지 알 수 없다. 이 문제를 해결하고자 인터랙티브 시각 데이터 분석 시스템은 임의의 d 및 t의 사전 결과를 보여 주며, 사용자는 결과를 확인한 후 해당 파라미터를 지속적으로 조정할 수 있다. 사용자는 2개의 파라미터와 패턴 마이닝 결과의 상관관계 그리고 다양한 마이닝 결과를 확인한 후에 파라미터의 조정 추세를 학습할 수 있다. 상관관계 및 추세는 머신 인텔리전스로 모델링하기에는 너무 복잡할 수 있지만 휴먼 인텔리전스로 처리할 수 있다.

10.4.3 결과 상세 분석

인터랙티브 시각 데이터 분석은 또한 어반 컴퓨팅 시스템이 반환하는 결과를 분석해 문제에 대한 보다 상세한 지식을 얻도록 도와준다. 예를 들어, 어반 컴퓨팅 시스템은 지난 1년 동안 택시가 생성한 GPS 경로를 이용해 도시의 교통 혼잡 지수 traffic congestion index를 계산한다. 때때로 특정 지역의 교통 상황(예, 연휴 기간의 핫스팟)을 파악하기 위해 전반적인 결과를 상세하게 분석해야 한다. 분석 지역을 확대하면 새로운 가설(예, 주말 동안 특정 쇼핑몰 주변의 교통 상황 확인)이 발생하며, 상호작용을 통해 생성된 결과에 대한 추가적인 정제가 필요하다.

한편 정제된 결과는 문제를 해결하기 위한 흥미로운 발견이나 현상을 설명하기 위한 깊은 통찰력을 준다. 예를 들어, 특정 지역의 교통 혼잡이 부족한 주차 공간을 가진 혼잡한 쇼핑몰로 인해 야기된다는 것을 알 수 있다. 한편 상호작용은 주어진 공간 및 시간 범위에 포함되는 경로를 찾기 위한 데이터 검색 프로세스와 검색된 경로를 기반으로 혼잡 지수를 생성하고자 재계산 프로세스가 필요하다. 따라서 인터랙티브 시각 데이터 분석 모델은 인터랙티브 프레임워크에서 시각화와 함께 데이터 관리 및 머신러닝 알고리즘을 통합해야 한다.

10.5 요약

10장에서는 유용한 데이터 활용 전략, 이동 경로 데이터 마이닝 기법, 머신러닝 알고리즘과 데이터 관리 기법, 인터랙티브 시각 데이터 분석을 결합하는 접근법으로 구성된 어반 데이터 분석을 위한 고급 주제들을 다뤘다.

효과적이고 핵심적인 데이터셋을 선택하는 것은 2가지 관점에서 이뤄져야 한다. 하나는 해결해야 할 문제에 대한 충분한 이해다. 또 다른 하나는 데이터셋이 가진 통찰이다. 이러한 2가지 관점을 고려해서 상관관계 분석 도구, 시각화 및 연구를 통해 추론을 추가로 검증할 수 있다.

경로 데이터 마이닝을 위한 범위와 로드맵을 정의하는 프레임워크가 제시되며, 경로 전처리trajectory preprocessing, 경로 데이터 관리trajectory data management, 경로 불확실성trajectory uncertainty, 경로 패턴 마이닝trajectory pattern mining, 경로 분류trajectory classification, 경로에 포함된 이상치 탐지outlier detection in trajectory로 구성된다. 그리고 경로 데이터를 그래프, 행렬, 텐서와 같은 다른 데이터 포맷으로 전환할 수 있다. 개별 연구 작업은 해당 프레임워크의 각 계층에서 잘 배치되고 분류되고 연결된다. 프레임워크는 연구를 수행하고자 하는 사람들을 위해 폭넓은 관점을 제공한다. 전문가들은 문제를 해결하거나 해결되지 않은 문제를 찾고자 필요한 방법을 쉽게 찾을 수 있다.

어반 컴퓨팅 프로젝트의 데이터 분석 모델은 일반적으로 동적 환경, 복잡한 데이터 전환 및 도시 광역 데이터 및 다중 소스 입력을 다룬다. 이와 같은 고유의 특징들은 머신러닝 알고리즘과 데이터 관리 기법의 통합이 요구된다. 통합을 위한 3가지 접근 방식이 도입됐으며, 인덱싱 구조를 통한 머신러닝 알고리즘을 개선, 패턴 마이닝 기법을 사용해 머신러닝 후보 축소, 학습 알고리즘의 검색 공간을 축소하기 위한 상한 및 하한을 도출하는 것이다.

마지막으로 인터랙티브 시각 데이터 분석은 도메인 전문가와 데이터 과학자에게 다음과 같은 3가지 기능을 제공해 상호 지식을 공유하고 통합할 수 있는 접근 방식이다.

1. 데이터 분석 모델이 상호작용 및 피드백을 통해 문제의 복잡하고 미묘한 요소를 점진적으로 통합할 수 있도록 지원.

2. 파라미터 튜닝 프로세스 지원.

3. 결과 상세 분석 및 결론 도출.

인터랙티브 시각 데이터 분석은 데이터 관리 및 머신러닝 알고리즘을 활용하며, 또한 시각화를 자연스럽게 인터랙티브 프레임워크에 통합한다.

참고문헌

[1] Abul, O., F. Bonchi, and M. Nanni. 2008. "Never Walk Alone: Uncertainty for Anonymity in Moving Objects Databases." In *Proceedings of the 24th IEEE International Conference on Data Engineering*. Washington, DC: Institute of Electrical and Electronics Engineers (IEEE) Computer Society Press, 376–385.

[2] Aggarwal, C. C., J. Han, J. Wang, and P. S. Yu. 2003. "A Framework for Clustering Evolving Data Streams." In *Proceedings of the 29th International Conference on Very Large Data Bases*. San Jose, CA: Very Large Data Bases Endowment (VLDB), 81–92.

[3] Alt, H., A. Efrat, G. Rote, and C. Wenk. 2003. "Matching Planar Maps." *Journal of Algorithms* 49 (2): 262–283.

[4] Bao, J., Y. Zheng, and M. F. Mokbel. 2012. "Location-Based and Preference-Aware Recommendation Using Sparse Geo-Social Networking Data." In *Proceedings of the 20th ACM SIGSPATIAL International Conference on Advances in Geographic Information Systems*. New York: Association for Computing Machinery (ACM), 199–208.

[5] Bellman, R. 1961. "On the Approximation of Curves by Line Segments Using Dynamic Programming." *Communications of the ACM* 4 (6): 284.

[6] Beresford, A. R., and F. Stajano. 2003. "Location Privacy in Pervasive Computing." IEEE Pervasive Computing 2 (1): 46–55.

[7] Brakatsouls, S., D. Pfoser, R. Salas, and C. Wenk. 2005. "On Map-Matching Vehicle Tracking Data." In *Proceedings of the 31st International Conference on Very Large Data Bases*. San Jose, CA: VLDB Endowment, 853–864.

[8] Cadez, I. V., S. Gaffney, and P. Smyth. 2000. "A General Probabilistic Framework for Clustering Individuals and Objects." In *Proceedings of the 6th ACM SIGKDD Conference on Knowledge Discovery and Data Mining*. New York: ACM, 140–149.

[9] Cao, H., N. Mamoulis, and D. W. Cheung. 2005. "Mining Frequent Spatio-Temporal Sequential Patterns." In *Proceedings of the 5th IEEE International Conference on Data Mining*. Washington, DC: IEEE Computer Society Press, 82–89.

[10] Chandola, V., A. Banerjee, and V. Kumar. 2009. "Anomaly Detection: A Survey." *ACM Computing Surveys* 41 (3): 1–58.

[11] Chawathe, S. S. 2007. "Segment-Based Map Matching." *IEEE Intelligent Vehicles Symposium*. Washington, DC: IEEE Computer Society Press, 1190–1197.

[12] Chawla, S., Y. Zheng, and J. Hu. 2012. "Inferring the Root Cause in Road Traffic Anomalies." In *Proceedings of the 12th IEEE International Conference on Data Mining*. Washington, DC: IEEE Computer Society Press, 141–150.

[13] Chen, L., M. T. Ozsu, and V. Oria. 2005. "Robust and Fast Similarity Search for Moving Object Trajectories." In *Proceedings of the 24th ACM SIGMOD International Conference on Management of Data*. New York: ACM, 491–502.

[14] Chen, W., M. Yu, Z. Li, and Y. Chen. 2003. "Integrated Vehicle Navigation System for Urban Applications." In *Proceedings of the International Conference Global Navigation Satellite System*. CGNS, 15–22.

[15] Chen, Y., K. Jiang, Y. Zheng, C. Li, and N. Yu. 2009. "Trajectory Simplification Method for Location-Based Social Networking Services." In *Proceedings of the 2009 ACM SIGSPATIAL Workshop on Location-Based Social Networking Services*. New York: ACM, 33–40.

[16] Cheng, R., J. Chen, M. F. Mokbel, and C. Y. Chow. 2008. "Probabilistic Verifiers: Evaluating Constrained Nearest-Neighbor Queries over Uncertain Data." In *Proceedings of the IEEE 24th Conference on Data Engineering*. Washington, DC: IEEE Computer Society Press, 973–982.

[17] Cheng, R., D. V. Kalashnikov, and S. Prabhakar. 2004. "Querying Imprecise Data in Moving Objects Environments." *IEEE Transactions on Knowledge and Data Engineering* 16 (9): 1112 – 1127.

[18] Chow, C. Y., and M. F. Mokbel. 2011. "Privacy of Spatial Trajectories." In *Computing with Spatial Trajectories,* edited by Y. Zheng and X. Zhou, 109 – 141. Berlin: Springer.

[19] Civilis, A., C. S. Jensen, J. Nenortaite, and S. Pakalnis. 2005. "Techniques for Efficient Road-Network-Based Tracking of Moving Objects." *IEEE Transactions on Knowledge and Date Engineering* 17 (5): 698 – 711.

[20] Douglas, D., and T. Peucker. 1973. "Algorithms for the Reduction of the Number of Points Required to Represent a Line or Its Caricature." *Cartographica: The International Journal for Geographic Information and Geovisualization* 10 (2): 112 – 122.

[21] Emrich, T., H. P. Kriegel, N. Mamoulis, M. Renz, and A. Züfle. 2012. "Querying Uncertain Spatio-Temporal Data." In *Proceedings of the 28th IEEE Conference on Data Engineering.* Washington, DC: IEEE Computer Society Press, 354 – 365.

[22] Gaffney, S., and P. Smyth. 1999. "Trajectory Clustering with Mixtures of Regression Models." In *Proceedings of the 5th ACM SIGKDD International Conference on Knowledge Discovery and Data Mining.* New York: ACM, 63 – 67.

[23] Giannotti, F., M. Nanni, D. Pedreschi, and F. Pinelli. 2007. "Trajectory Pattern Mining." In *Proceedings of the 13th ACM SIGKDD International Conference on Knowledge Discovery and Data Mining.* New York: ACM, 330 – 339.

[24] Gidófalvi, G., X. Huang, and T. B. Pedersen. 2007. "Privacy-Preserving Data Mining on Moving Object Trajectories." In *Proceedings of the 8th IEEE International Conference on Mobile Data Management.* Washington, DC: IEEE Computer Society Press, 60 – 68.

[25] Greenfeld, J. S. 2002. "Matching GPS Observations to Locations on a Digital Map." In *Proceedings of the 81st Annual Meeting of the Transportation Research Board.* Washington, DC: Transportation Research Board, 576 – 582.

[26] Gudmundsson, J., and M. V. Kreveld. 2006. "Computing Longest Duration Flocks in Trajectory Data." In *Proceedings of the 14th Annual ACM International Symposium on Advances in Geographic Information Systems.* New York: ACM, 35 – 42.

[27] Gudmundsson, J., M. V. Kreveld, and B. Speckmann. 2004. "Efficient Detection of Motion Patterns in Spatio-Temporal Data Sets." In *Proceedings of the 12th Annual ACM International Symposium on Advances in Geographic Information Systems*. New York: ACM, 250–257.

[28] Hershberger, J., and J. Snoeyink. 1992. "Speeding Up the Douglas-Peucker Line Simplification Algorithm." In *Proceedings of the 5th International Symposium on Spatial Data Handling*. New York: ACM, 134–143.

[29] Hoh, B., M. Gruteser, H. Xiong, and A. Alrabady. 2010. "Achieving Guaranteed Anonymity in GPS Traces via Uncertainty-Aware Path Cloaking." *IEEE Transactions on Mobile Computing* 9 (8): 1089–1107.

[30] Jensen, C. S., D. Lin, and B. C. Ooi. 2007. "Continuous Clustering of Moving Objects." *IEEE Transactions on Knowledge and Data Engineering* 19 (9): 1161–1174.

[31] Jeung, H., H. Shen, and X. Zhou. 2008. "Convoy Queries in Spatio-Temporal Databases." In *Proceedings of the 24th IEEE International Conference on Data Engineering*. Washington, DC: IEEE Computer Society Press, 1457–1459.

[32] Jeung, H., M. Yiu, X. Zhou, C. Jensen, and H. Shen. 2008. "Discovery of Convoys in Trajectory Databases." *Proceedings of the VLDB Endowment* 1 (1): 1068–1080.

[33] Kellaris, G., N. Pelekis, and Y. Theodoridis. 2009. "Trajectory Compression under Network Constraints." In *Proceedings, Advances in Spatial and Temporal Databases*. Berlin: Springer, 392–398.

[34] Keogh, E. J., S. Chu, D. Hart, and M. J. Pazzani. 2001. "An On-Line Algorithm for Segmenting Time Series." In *Proceedings of the 2001 IEEE International Conference on Data Mining*. Washington, DC: IEEE Computer Society Press, 289–296.

[35] Kharrat, A., I. S. Popa, K. Zeitouni, and S. Faiz. 2008. "Clustering Algorithm for Network Constraint Trajectories." In *Headway in Spatial Data Handling*. Berlin: Springer, 631–647.

[36] Kido, H., Y. Yanagisawa, and T. Satoh. 2005. "An Anonymous Communication Technique Using Dummies for Location-Based Services." In *Proceedings of the 3rd International Conference on Pervasive Services*. Washington, DC: IEEE Computer Society Press, 88–97.

[37] Krumm, J. 2011. "Trajectory Analysis for Driving." In *Computing with Spatial Trajectories*, edited by Y. Zheng and X. Zhou, 213–241. Berlin: Springer.

[38] Krumm, J., and E. Horvitz. 2004. "LOCADIO: Inferring Motion and Location from Wi-Fi Signal Strengths." In *Proceedings, the First Annual International Conference on Mobile and Ubiquitous Systems*. Washington, DC: IEEE Computer Society Press, 4–13.

[39] Lee, J., J. Han, and X. Li. 2008. "Trajectory Outlier Detection: A Partition-and-Detect Framework." In *Proceedings of the 24th IEEE Conference on Data Engineering*. Washington, DC: IEEE Computer Society Press, 140–149.

[40] Lee, J. G., J. Han, and K. Y. Whang. 2007. "Trajectory Clustering: A Partition-and-Group Framework." In *Proceedings of the 2007 ACM SIGMOD Conference on Management of Data*. New York: ACM, 593–604.

[41] Lee, W.-C., and J. Krumm. 2011. "Trajectory Preprocessing." Zheng, Y. 2011. "Location-Based Social Networks: Users." In *Computing with Spatial Trajectories*, edited by Y. Zheng and X. Zhou, 1–31. Berlin: Springer.

[42] Li, Q., Y. Zheng, X. Xie, Y. Chen, W. Liu, and M. Ma. 2008. "Mining User Similarity Based on Location History." In *Proceedings of the 16th Annual ACM International Symposium on Advances in Geographic Information Systems*. New York: ACM, 34.

[43] Li, Z., B. Ding, J. Han, and R. Kays. 2010. "Swarm: Mining Relaxed Temporal Moving Object Clusters." *Proceedings of the VLDB Endowment* 3 (1–2): 723–734.

[44] Li, Z., B. Ding, J. Han, R. Kays, and P. Nye. 2010. "Mining Periodic Behaviors for Moving Objects." In *Proceedings of the 16th ACM SIGKDD International Conference on Knowledge Discovery and Data Mining*. New York: ACM, 1099–1108.

[45] Li, Z., J. Lee, X. Li, and J. Han. 2010. "Incremental Clustering for Trajectories." In *Database Systems for Advanced Applications*, edited by H. Kitagawa, Y. Ishikawa, Q. Li, and C. Watanabe, 32–46. Berlin: Springer.

[46] Li, Z., J. Wang, and J. Han. 2012. "Mining Event Periodicity from Incomplete Observations." In *Proceedings of the 18th ACM SIGKDD International Conference on Knowledge Discovery and Data Mining*. New York: ACM, 444–452.

[47] Liao, L., D. Fox, and H. Kautz. 2004. "Learning and Inferring Transportation Routines." In *Proceedings of the National Conference on Artificial Intelligence*. Palo Alto, CA: AAAI Press, 348–353.

[48] Liu, S., K. Jayarajah, A. Misra, and R. Krishnan. 2013. "TODMIS: Mining Communities from Trajectories." In *Proceedings of the 22nd ACM CIKM International*

Conference on Information and Knowledge Management. New York: ACM, 2109 – 2118.

[49] Liu, S., L. Ni, and R. Krishnan. 2014. "Fraud Detection from Taxis' Driving Behaviors." *IEEE Transactions on Vehicular Technology* 63 (1): 464 – 472.

[50] Liu, W., Y. Zheng, S. Chawla, J. Yuan, and X. Xie. 2011. "Discovering Spatio-Temporal Causal Interactions in Traffic Data Streams." In *Proceedings of the 17th ACM SIGKDD International Conference on Knowledge Discovery and Data Mining.* New York: ACM, 1010 – 1018.

[51] Lou, Y., C. Zhang, Y. Zheng, X. Xie, Wei Wang, and Yan Huang. 2009. "Map-Matching for Low-Sampling-Rate GPS Trajectories." In *Proceedings of the 17th ACM SIGSPATIAL International Conference on Geographical Information Systems.* New York: ACM, 352 – 361.

[52] Maratnia, N., and R.A.D. By. 2004. "Spatio-Temporal Compression Techniques for Moving Point Objects." In *Proceedings of the 9th International Conference on Extending Database Technology.* Berlin: Springer, 765 – 782.

[53] McMaster, R. B. 1986. "A Statistical Analysis of Mathematical Measures of Linear Simplification." *American Cartographer* 13 (2): 103 – 116.

[54] Mokbel, M. F., C. Y. Chow, and W. G. Aref. 2007. "The New Casper: Query Processing for Location Services without Compromising Privacy." In *Proceedings of the 23rd IEEE Conference on Data Engineering.* Washington, DC: IEEE Computer Society Press, 1499 – 1500.

[55] Nergiz, M. E., M. Atzori, Y. Saygin, and B. Guc. 2009. "Towards Trajectory Anonymization: A Generalization-Based Approach." *Transactions on Data Privacy* 2 (1): 47 – 75.

[56] Newson, P., and J. Krumm. 2009. "Hidden Markov Map Matching through Noise and Sparseness." In *Proceedings of the 17th ACM SIGSPATIAL International Conference on Geographical Information Systems.* New York: ACM, 336 – 343.

[57] Nguyen, H., W. Liu, and F. Chen. 2017. "Discovering Congestion Propagation Patterns in Spatio-temporal Traffic Data." *IEEE Transactions on Big Data* 3 (2): 169 – 180.

[58] Niedermayer, J., A. Zufle, T. Emrich, M. Renz, N. Mamouliso, L. Chen, and H. Kriegel. 2014. "Probabilistic Nearest Neighbor Queries on Uncertain Moving Object Trajectories." *Proceedings of the VLDB Endowment* 7 (3): 205 – 216.

[59] Ochieng, W. Y., M. A. Quddus, and R. B. Noland. 2004. "Map-Matching in Complex Urban Road Networks." *Brazilian Journal of Cartography* 55 (2): 1–18.

[60] Pan, B., Y. Zheng, D. Wilkie, and C. Shahabi. 2013. "Crowd Sensing of Traffic Anomalies Based on Human Mobility and Social Media." In *Proceedings of the 21st Annual ACM International Conference on Advances in Geographic Information Systems*. New York: ACM, 334–343.

[61] Pang, L. X., S. Chawla, W. Liu, and Y. Zheng. 2011. "On Mining Anomalous Patterns in Road Traffic Streams." In *ADMA 2011: Advanced Data Mining and Applications*. Berlin: Springer, 237–251.

[62] Pang, L. X., S. Chawla, W. Liu, and Y. Zheng. 2013. "On Detection of Emerging Anomalous Traffic Patterns Using GPS Data." *Data and Knowledge Engineering* 87:357–373.

[63] Patterson, D. J., L. Liao, D. Fox, and H. Kaut. 2003. "Inferring High-Level Behavior from Low-Level Sensors." In *Proceedings of the 5th International Conference on Ubiquitous Computing*. New York: ACM, 73–89.

[64] Pei, J., J. Han, B. Mortazavi-Asl, and H. Pinto. 2011. "PrefixSpan: Mining Sequential Patterns Efficiently by Prefix-Projected Pattern Growth." In *Proceedings of the 29th IEEE Conference on Data Engineering*. Washington, DC: IEEE Computer Society Press, 0215.

[65] Pfoser, D., and C. S. Jensen. 1999. "Capturing the Uncertainty of Moving Objects Representation." In *Proceedings of the 6th International Symposium on Advances in Spatial Databases*. London: Springer-Verlag, 111–131.

[66] Pink, O., and B. Hummel. 2008. "A Statistical Approach to Map Matching Using Road Network Geometry, Topology and Vehicular Motion Constraints." In *Proceedings of the 11th International IEEE Conference on Intelligent Transportation Systems*. Washington, DC: IEEE Computer Society Press, 862–867.

[67] Potamias, M., K. Patroumpas, and T. Sellis. 2006. "Sampling Trajectory Streams with Spatio-temporal Criteria." In *Proceedings of the 18th International Conference on Scientific and Statistical Database Management*. Washington, DC: IEEE Computer Society Press, 275–284.

[68] Qiao, S., C. Tang, H. Jin, T. Long, S. Dai, Y. Ku, and M. Chau. 2010. "Putmode: Prediction of Uncertain Trajectories in Moving Objects Databases." *Applied Intelligence* 33 (3): 370–386.

[69] Quddus, M. A., W. Y. Ochieng, and R. B. Noland. 2006. "A High Accuracy Fuzzy Logic-Based Map-Matching Algorithm for Road Transport." *Journal of Intelligent Transportation Systems* 10 (3): 103–115.

[70] Richter, K., F. Schmid, and P. Laube. 2012. "Semantic Trajectory Compression: Representing Urban Movement in a Nutshell." *Journal of Spatial Information Science* 4:3–30.

[71] Rinzivillo, S., S. Mainardi, F. Pezzoni, M. Coscia, D. Pedreschi, and F. Giannotti. 2012. "Discovering the Geographical Borders of Human Mobility." *Künstl intell* 26 (3): 253–260.

[72] Song, R., W. Sun, B. Zheng, and Y. Zheng. 2014. "PRESS: A Novel Framework of Trajectory Compression in Road Networks." *Proceedings of the VLDB Endowment* 7 (9): 661–672.

[73] Su, H., K. Zheng, H. Wang, J. Huang, and X. Zhou. 2013. "Calibrating Trajectory Data for Similarity-Based Analysis." In *Proceedings of the 39th International Conference on Very Large Data Bases*. San Jose, CA: VLDB Endowment. 833–844.

[74] Tang, L. A., Y. Zheng, J. Yuan, J. Han, A. Leung, C. Hung, and W. Peng. 2012. "Discovery of Traveling Companions from Streaming Trajectories." In *Proceedings of the 28th IEEE International Conference on Data Engineering*. Washington, DC: IEEE Computer Society Press, 186–197.

[75] Tang, L. A., Y. Zheng, J. Yuan, J. Han, A. Leung, W. Peng, and T. L. Porta. 2012. "A Framework of Traveling Companion Discovery on Trajectory Data Streams." *ACM Transactions on Intelligent Systems and Technology* 5 (1): article no. 3.

[76] Terrovitis, M., and N. Mamoulis. 2008. "Privacy Preservation in the Publication of Trajectories." In *Proceedings of the 9th IEEE International Conference on Mobile Data Management*. Washington, DC: IEEE Computer Society Press, 65–72.

[77] Timothy, S., A. Varshavsky, A. Lamarca, M. Y. Chen, and T. Chounhury. 2006. "Mobility Detection Using Everyday GSM Traces." In *Proceedings of the 8th International Conference on Ubiquitous Computing*. New York: ACM, 212–224.

[78] Trajcevski, G., A. N. Choudhary, O. Wolfson, L. Ye, and G. Li. 2010. "Uncertain Range Queries for Necklaces." In *Proceedings of the 11th IEEE International Conference on Mobile Data Management*. Washington, DC: IEEE Computer Society Press, 199–208.

[79] Trajcevski, G., R. Tamassia, H. Ding, P. Scheuermann, and I. F. Cruz. 2009. "Continuous Probabilistic Nearest-Neighbor Queries for Uncertain Trajectories." In *Proceedings of the 12th International Conference on Extending Database Technology: Advances in Database Technology*. New York: ACM, 874–885.

[80] Trajcevski, G., O. Wolfson, K. Hinrichs, and S. Chamberlain. 2004. "Managing Uncertainty in Moving Objects Databases." *ACM Transactions on Database Systems* 29 (3): 463–507.

[81] Wang, Y., Y. Zheng, and Y. Xue. 2014. "Travel Time Estimation of a Path Using Sparse Trajectories." In *Proceedings of the 20th ACM SIGKDD International Conference on Knowledge Discovery and Data Mining*. New York: ACM, 25–34.

[82] Wei, L., Y. Zheng, and W. Peng. 2012. "Constructing Popular Routes from Uncertain Trajectories." In *Proceedings of the 18th ACM SIGKDD International Conference on Knowledge Discovery and Data Mining*. New York: ACM, 195–203.

[83] Xiao, X., Y. Zheng, Q. Luo, and X. Xie. 2010. "Finding Similar Users Using Category-Based Location History." In *Proceedings of the 18th Annual ACM International Conference on Advances in Geographic Information Systems*. New York: ACM, 442–445.

[84] Xiao, X., Y. Zheng, Q. Luo, and X. Xie. 2014. "Inferring Social Ties between Users with Human Location History." *Journal of Ambient Intelligence and Humanized Computing* 5 (1): 3–19.

[85] Xie, H., L. Kulik, and E. Tanin. 2010. "Privacy-Aware Traffic Monitoring." *IEEE Transactions on Intelligent Transportation Systems* 11 (1): 61–70.

[86] Xu, C., Y. Gu, L. Chen, J. Qiao, and G. Yu. 2013. "Interval Reverse Nearest Neighbor Queries on Uncertain Data with Markov Correlations." In *Proceedings of the 29th IEEE Conference on Data Engineering*. Washington, DC: IEEE Computer Society Press, 170–181.

[87] Xue, A. Y., R. Zhang, Y. Zheng, X. Xie, J. Huang, and Z. Xu. 2013. "Destination Prediction by Sub-Trajectory Synthesis and Privacy Protection against Such Prediction." In *Proceedings of the IEEE 29th Conference on Data Engineering*. Washington, DC: IEEE Computer Society Press, 254–265.

[88] Yan, X., J. Han, and R. Afshar. 2003. "CloSpan: Mining Closed Sequential Patterns in Large Datasets." In *Proceedings of the 3rd SIAM International Conference on Data Mining*. Washington, DC: IEEE Computer Society Press, 166–177.

[89] Yang, J., W. Wang, and S. Y. Philip. 2001. "Infominer: Mining Surprising Periodic Patterns." In *Proceedings of the 7th ACM SIGKDD International Conference on Knowledge Discovery and Data Mining*. New York: ACM, 395 – 400.

[90] Yang, J., W. Wang, and P. S. Yu. 2002. "Infominer+: Mining Partial Periodic Patterns with Gap Penalties." In *Proceedings, 2002 IEEE International Conference on Data Mining*. Washington, DC: IEEE Computer Society Press, 725 – 728.

[91] Yang, J., W. Wang, and P. S. Yu. 2003. "Mining Asynchronous Periodic Patterns in Time Series Data." *IEEE Transactions on Knowledge and Data Engineering* 15 (3): 613 – 628.

[92] Ye, Y., Y. Zheng, Y. Chen, J. Feng, and X. Xie. 2009. "Mining Individual Life Pattern Based on Location History." In *Proceedings of the 10th IEEE International Conference on Mobile Data Management*. Washington, DC: IEEE Computer Society Press, 1 – 10.

[93] Yin, H. B., and O. Wolfson. 2004. "A Weight-Based Map Matching Method in Moving Objects Databases." In *Proceedings of the 16th International Conference on Scientific and Statistical Database Management*. Washington, DC: IEEE Computer Society Press, 437 – 410.

[94] Yin, J., X. Chai, and Q. Yang. 2004. "High-Level Goal Recognition in a Wireless LAN." In *Proceedings of the 20th National Conference on Artificial Intelligence*. New York: AAAI Press, 578 – 584.

[95] Yoon, H., Y. Zheng, X. Xie, and W. Woo. 2011. "Smart Itinerary Recommendation Based on User-Generated GPS Trajectories." In *Proceedings of the 8th International Conference on Ubiquitous Intelligence and Computing*. New York: ACM, 19 – 34.

[96] Yoon, H., Y. Zheng, X. Xie, and W. Woo. 2012. "Social Itinerary Recommendation from User-Generated Digital Trails." *Journal on Personal and Ubiquitous Computing* 16 (5): 469 – 484.

[97] Yuan, J., Y. Zheng, and X. Xie. 2012. "Discovering Regions of Different Functions in a City Using Human Mobility and POIs." In *Proceedings of the 18th ACM SIGKDD International Conference on Knowledge Discovery and Data Mining*. New York: ACM, 186 – 194.

[98] Yuan, J., Y. Zheng, X. Xie, and G. Sun. 2011. "Driving with Knowledge from the Physical World." In *Proceedings of the 17th ACM SIGKDD International Conference on Knowledge Discovery and Data Mining. New York*: ACM, 316 – 324.

[99] Yuan, J., Y. Zheng, X. Xie, and G. Sun. 2013. "T-Drive: Enhancing Driving Directions with Taxi Drivers' Intelligence." *IEEE Transactions on Knowledge and Data Engineering* 25 (1): 220 – 232.

[100] Yuan, J., Y. Zheng, C. Zhang, X. Xie, and G. Sun. 2010. "An Interactive-Voting Based Map Matching Algorithm." In *Proceedings of the 11th IEEE International Conference on Mobile Data Management*. Washington, DC: IEEE Computer Society Press, 43 – 52.

[101] Yuan, J., Y. Zheng, L. Zhang, X. Xie, and G. Sun. 2011. "Where to Find My Next Passenger?" In *Proceedings of the 13th International Conference on Ubiquitous Computing*. New York: ACM, 109 – 118.

[102] Yuan, N. J., Y. Zheng, and X. Xie. 2012. "Segmentation of Urban Areas Using Road Networks." *Microsoft Technical Report*, MSR-TR-2012-65.

[103] Yuan, N. J., Y. Zheng, X. Xie, Y. Wang, K. Zheng, and H. Xiong. 2015. "Discovering Urban Functional Zones Using Latent Activity Trajectories." *IEEE Transactions on Knowledge and Data Engineering* 27 (3): 1041 – 4347.

[104] Zhang, D., N. Li, Z. Zhou, C. Chen, L. Sun, and S. Li. 2011. "iBAT: Detecting Anomalous Taxi Trajectories from GPS Traces." In *Proceedings of the 13th International Conference on Ubiquitous Computing*. New York: ACM, 99 – 108.

[105] Zheng, K., Y. Zheng, X. Xie, and X. Zhou. 2012. "Reducing Uncertainty of Low-Sampling-Rate Trajectories." In *Proceedings of the 28th IEEE International Conference on Data Engineering*. Washington, DC: IEEE Computer Society Press, 1144 – 1155.

[106] Zheng, K., Y. Zheng, N. J. Yuan, and S. Shang. 2013. "On Discovery of Gathering Patterns from Trajectories." In *Proceedings of the 28th IEEE International Conference on Data Engineering*. Washington, DC: IEEE Computer Society Press, 242 – 253.

[107] Zheng, K., Y. Zheng, N. J. Yuan, S. Shang, and X. Zhou. 2014. "Online Discovery of Gathering Patterns over Trajectories." *IEEE Transactions on Knowledge and Data Engineering* 26 (8): 1974 – 1988.

[108] Zheng, Y. 2015. "Trajectory Data Mining: An Overview." *ACM Transactions on Intelligent Systems and Technology* 6 (3): 29.

[109] Zheng, Y., Y. Chen, Q. Li, X. Xie, and W.-Y. Ma. 2010. "Understanding Transportation Modes Based on GPS Data for Web Applications." *ACM Transactions*

on the Web 4 (1): 1–36.

[110] Zheng, Y., Q. Li, Y. Chen, and X. Xie. 2008. "Understanding Mobility Based on GPS Data." In *Proceedings of the 11th International Conference on Ubiquitous Computing*. New York: ACM, 312–321.

[111] Zheng, Y., F. Liu, and H. P. Hsieh. 2013. "U-Air: When Urban Air Quality Inference Meets Big Data." In *Proceedings of the 19th ACM SIGKDD International Conference on Knowledge Discovery and Data Mining*. New York: ACM, 1436–1444.

[112] Zheng, Y., L. Liu, L. Wang, and X. Xie. 2008. "Learning Transportation Mode from Raw GPS Data for Geographic Application on the Web." In *Proceedings of the 17th International Conference on the World Wide Web*. New York: ACM, 247–256.

[113] Zheng, Y., T. Liu, Y. Wang, Y. Zhu, Y. Liu, and E. Chang. 2014. "Diagnosing New York City's Noises with Ubiquitous Data." In *Proceedings of the 2014 ACM International Joint Conference on Pervasive and Ubiquitous Computing*. New York: ACM, 715–725.

[114] Zheng, Y., Y. Liu, J. Yuan, and X. Xie. 2011. "Urban Computing with Taxicabs." In *Proceedings of the 13th International Conference on Ubiquitous Computing*. New York: ACM, 89–98.

[115] Zheng, Y., and X. Xie. 2011. "Learning Travel Recommendations from User-Generated GPS Traces." *ACM Transactions on Intelligent Systems and Technology* 2 (1): 2–19.

[116] Zheng, Y., X. Xie, and W.-Y. Ma. 2010. "GeoLife: A Collaborative Social Networking Service among User, Location and Trajectory." *IEEE Data Engineering Bulletin* 33 (2): 32–39.

[117] Zheng, Y., H. Zhang, and Y. Yu. 2015. "Detecting Collective Anomalies from Multiple Spatio-Temporal Datasets across Different Domains." In *Proceedings of the 23rd SIGSPATIAL International Conference on Advances in Geographic Information Systems*. New York: ACM, 2.

[118] Zheng, Y., L. Zhang, Z. Ma, X. Xie, and W.-Y. Ma. 2011. "Recommending Friends and Locations Based on Individual Location History." *ACM Transactions on the Web* 5 (1): 5–44.

[119] Zheng, Y., L. Zhang, X. Xie, and W.-Y. Ma. 2009. "Mining Correlation between Locations Using Human Location History." In *Proceedings of the 17th Annual ACM International Conference on Advances in Geographic Information Systems*. New York: ACM, 352–361.

[120] Zheng, Y., L. Zhang, X. Xie, and W.-Y. Ma. 2009. "Mining Interesting Locations and Travel Sequences from GPS Trajectories." In *Proceedings of the 18th International Conference on the World Wide Web*. New York: ACM, 791–800.

[121] Zhu, Julie Yixuan, Chao Zhang, Huichu Zhang, Shi Zhi, Victor O. K. Li, Jiawei Han, and Yu Zheng. 2017. "pg-Causality: Identifying Spatiotemporal Causal Pathways for Air Pollutants with Urban Big Data." *IEEE Transactions on Big Data*. doi:10.1109/TBDATA.2017.2723899.

[122] Zhu, Y., Y. Zheng, L. Zhang, D. Santani, X. Xie, and Q. Yang. 2011. "Inferring Taxi Status Using GPS Trajectories." *Microsoft Technical Report*, MSR-TR-2011-144.

찾아보기

어반 컴퓨팅

빅데이터로 변화하는 도시의 현재와 미래

발 행 | 2020년 5월 29일

지은이 | 유 정
옮긴이 | 최 만 균

펴낸이 | 권 성 준
편집장 | 황 영 주
편 집 | 조 유 나
디자인 | 박 주 란

에이콘출판주식회사
서울특별시 양천구 국회대로 287 (목동)
전화 02-2653-7600, 팩스 02-2653-0433
www.acornpub.co.kr / editor@acornpub.co.kr

이 도서의 국립중앙도서관 출판시도서목록(CIP)은 서지정보유통지원시스템 홈페이지(http://seoji.nl.go.kr)와
국가자료공동목록시스템(http://www.nl.go.kr/kolisnet)에서 이용하실 수 있습니다.(CIP제어번호: CIP2020020407)

책값은 뒤표지에 있습니다.